청각장애 아동을 위한

청각구어 중재의 실제

-가족중심 접근-

Ellen A. Rhoades, Jill Duncan 편저
윤미선 · 장선아 · 박현옥 · 이미숙 공역

학지사

Auditory-Verbal Practice: Toward a Family-centered Approach
Edited by Ellen A. Rhoades and Jill Duncan

역자 서문

전 세계적으로 신생아청각선별검사가 시행되면서 청각장애의 진단 연령과 중재 프로그램에 진입하는 아동의 연령이 낮아졌다. 점점 더 어린 아동들이 보청기와 같은 청각 보장구를 사용하고 있으며, 고심도 난청 아동을 위한 인공와우 이식의 연령도 현저히 낮아지고 있다. 이러한 조기진단과 조기중재의 궁극적인 목표는 청각장애 아동의 의사소통 능력을 발달시키고 일반 환경으로의 통합을 촉진시키는 데에 있다. 현재 청각구어 접근법/치료법(Auditory-Verbal Approach/Therapy)은 청각장애 아동의 듣기와 듣기를 통한 의사소통 능력의 극대화를 위해 가장 효과적인 방법으로 알려져 있다.

청각구어 접근법은 국내에 청각장애 아동의 인공와우 이식이 시작된 1990년대에 소개되었다. 이후 인공와우 프로그램에 있는 임상가와 특수교사를 중심으로 제한적으로 확산되었다. 청각구어 접근법의 확산에서 가장 큰 장벽은 국내에 일회성의 심포지엄 등으로만 소개가 되었을 뿐, 정기적이고 공식적인 교육과정이 제공되지 못한 점이었다. 청각구어 접근법의 교육과정 개설은 그동안 몇 차례의 시도가 있었으나 성사되지 못하다가, 드디어 올 여름 첫 과정을 시작하게 되었다. 이에 맞추어 『청각장애 아동을 위한 청각구어 중재의 실제』를 출판하게 된 것은 매우 뜻깊은 일이라 할 수 있겠다.

독자가 이 책의 제목을 보고 '청각구어 중재'의 구체적인 전략과 방법들, 예를 들어 임상 현장에서 바로 쓸 수 있는 듣기와 말하기, 언어의 치료 목표와 활동들이 담겨 있기를 기대하였다면 이 책을 다 읽고 난 후 실망할 것이다. 이 책에는 '청각구어 접근법'에 따라 청각장애 아동을 중재할 때 사용하는 듣기, 말하기, 언어 촉진을 위한 구체적인 방법이 수록되어 있지 않다. 저자들이 이 책을 통해 전달하고자 하는 것은 '가족중심'으로 청각구어 중재의 실제, 가족치료의 실제 그리고 가족중심의 실제를 통합하고 이해하는 것이다.

청각장애 아동과 의사소통장애 아동의 중재에 종사해 온 역자들은 이러한 가족중심 실제를 통한 접근이 올바른 '청각구어 접근법의 실제'를 위해 무엇보다 중요하고 기본이라는 점에 공감한다. 청각장애 아동을 대상으로 최선의 중재 서비스를 제공하고자 하는 임상가라면 듣기와 말하기의 구체적인 활동에 대해 고민하기 전에 '가족'을 알아야 하고 '가족중심'으로 실제가 진행되어야 한다는 점을 이해해야 한다. 가족치료와 가족중심 실제는 사실 방대하고 전문적인 영역이기에 이 책을 통해 이를 다 이해하는 것은 불가능하다. 따라서 이 책을 통해 독자는 '청각구어 중재'를 실행하는 데 있어 청각구어 임상가가 반드시 알아야 할 가족치료와 가족중심 실제를 접하고, 임상과 교육 현장에서 청각장애 아동에게 이를 실제로 행하는 출발점으로 삼기를 권한다. 나아가 이 책에서 소개하고 있는 가족중심 실제는 청각장애 아동뿐 아니라 의사소통장애 아동의 중재에서도 기본이 되어야 할 내용이므로, 현장의 임상가와 교사들이 여러 아동에게 폭넓게 적용할 수 있을 것이다.

이 책의 번역은 언어치료, 청각장애, 청각재활, 유아특수교육 분야에 종사하는 네 명의 전문가가 나누어 진행하였다. 제1, 2, 3, 9장은 장선아가, 제4, 5, 6, 7장은 박현옥이, 제8, 10, 11, 12, 15장은 윤미선이, 그리고 제13, 14장은 이미숙이 번역을 맡고, 수차례의 모임과 토의를 통해 의견을 나누어 완성하였다. 역자들이 그동안 만나 온 수많은 청각장애 아동과 그들의 가족이 이 책을 번역하게 된 진정한 원동력이었다. 그들에게 감사와 사랑을 전한다.

이 책이 청각장애 아동과 가족, 임상가와 교사에게 도움이 되기를 바라며 도움을 주신 모든 분들께 감사드린다.

2016년 2월

역자 일동

저자 서문

가족이란 자연이 만든 최고 걸작품이다.

–George Santayana, *The Life of Reason*

이 책은 교육청각학, 농교육, 언어병리, 청각재(자)활, 조기특수아동교육을 전공하는 대학원생들을 위한 교재로 저술되었다. 또한 청능재(자)활사, 조기중재 서비스 제공자, 청각구어 치료사와 청각구어 교육자를 포함하는 청각구어 전문가 등 청각장애 아동과 그 가족들의 기술과 이해를 증진시키고자 노력하며 일하는 임상가들을 위한 임상 지침으로 쓰이길 바란다.

저명한 교육자이자 철학가인 John Dewey는 "우리가 어제 가르쳤던 것을 그대로 가르친다면, 우리는 아이들의 내일을 강탈하는 것" 이라고 하였다. 이 책은 우리를 인도하는 그의 지혜를 실천하기 위한 것이다. 우리는 진화하기를 원하며, 우리의 서비스를 향상시킴으로써 더 많은 가족이 도움을 받기를 원한다. 우리가 추구하는 바는 우리 자신이 자기비판이나 성역화에 의해 제한되도록 내버려 두지 않는 것이다. 청각장애 아동과 그 가족들의 능력을 증진시키는 상황을 촉진하려면, 증거기반 실제가 우리가 어떻게 생각하고 무엇을 하는지에 영향을 미쳐야 한다.

이 책의 탄생은 첫 번째 편집자 Ellen A. Rhoades에게 두 버팀목 덕분에 가능했다. 첫 번째는 Ellen이 듣고 말하는 것을 가능하게 해 주었으며, 청각의 날개를 달고 자신의 속도로 날 수 있도록 해 준 그녀의 부모 Leonard와 Thyra Levine이다. 두 번째는 1975년에 조지아 대학교에서 박사 과정을 하는 동안의 스승이며 최초의 가족치료사이자 교수였던 Martha A. Foster다. Ellen은 청각구어 실제를 어떻게 수행해야 하는지, 자기 자신의 가족을 어떻게 보아야 하는지를 통해 가족을 근본적으로 변화된 체계로 끌어안게 된 것을 매우 깊이 감사한다. 그녀는 또한 부모 되기의 기쁨과 어려움을 알게 해 준 아들 Benjamin에게 감사한다.

두 번째 편집자 Jill Duncan에게는 이 책을 위한 하나의 동력이 있었다. 그것은 청각구어 임상가들이, 청각장애 아동들과 그 가족들을 위한 더 나은 서비스를 제공하기 위해 가족중심 서비스와 관련된 복잡한 여러 가지 정의와 임상의 실제를 이해하고 분별하도록 돕는 것이었다. 가족중심의 진정한 의미를 계속 배워 가면서, 그녀가 서비스를 제공했던 가족들과 그녀 자신의 가족들의 친절한 인내심에 대해 빚을 갚는 마음으로 이 책을 썼다.

우리 중 몇몇은 직장 때문에 가족들로부터 멀어지기도 한다. 그러나 우리 모두에게 있어서 가족은 우리가 하는 일에 영향을 준다. 불행히도, 이 책을 쓰는 과정에서 각 장의 여러 저자가 매우 특별한 스트레스를 주는 가족 문제를 겪기도 했다. 우리는 각 장의 모든 저자와 그 가족에게 특별한 감사를 보낸다. 이에 더하여, 몇몇 장은 저술을 가능하게 도와준 저자들의 가족 구성원이나 다른 중요한 사람들에게 특별히 바친다. 이들은 Anita Bernstein의 남편이자 청각장애 아동들을 위한 기구인 VOICE의 책임자인 Adrian Jaspan, Tommie V. Boyd의 부모 Howard와 Grace Vannoy, 또한 Liam Caldwell의 할머니 Elisa Zablan, Claire Harris의 어머니 Gwen Leitch Harris, Robyn Phillips의 남편 Peter, 아들 James와 Alex, Mary D. MacGinnis의 어머니 Hazel McGinnis Swanson Packard와 새아버지 Theo C. Packard 그리고 여동생 Diane Perry, Sabine Werne의 부모 Carola와 Günter Marsch, 그리고 영혼의 짝이자 남편인 Dietrich Werne, Alice Eriks-Brophy의 남편 Colin과 아이들 Christopher와 Nianne, Martha A. Foster의 부모 Mary Alice와 Walter Foster, Liz Worley의 남편 Paul과 네 아이들 Michael, Sarah, Alexa Worley와 Jessica Routley다.

어느 책이든 직접 책을 집필하지는 않았지만 책이 열매를 맺기 위해 중요한 역할을 하는 많은 사람들이 있다. 우리는 진심으로 시간을 들여 책을 읽고 귀중한 피드백을 제공해 주면서도, 이 책 어디에든 있을 수 있는 의도적이지 않은 오류에 대해 비난하지 않아 준 우리의 동료들에게 감사의 마음을 전하고 싶다. 진심으로 고마운 동료들은 다음과 같다. Ian Dempsey, Susan Easterbrooks, Norman Erber, Phil Goody, Kay Hooper, Alan Kelly, Anne McNally, Robyn Cantle

Moore, Jill Muhs, Ann Porter, Arlene Smitherman. 또한 우리를 위해 참고문헌들을 찾아준 훌륭한 사서인 Julie Thorndyke에게도 감사를 전한다. 그리고 너그럽게도 각 장을 맡아 그들의 시간과 노력 그리고 지식을 공유해 준 멋진 동료들에게 깊은 사의를 표한다. 각각의 저자가 이 책에 바친 시간과 함께, 우리의 가족 모두에게 감사하지 않을 수 없다. 가족은 우리가 영광스럽게도 섬길 수 있었으며 앞으로도 우리가 그들을 섬길 수 있도록 허락해 주었다. 또한 가족은 우리의 색깔을 가지고 우리가 하는 일을 할 수 있도록 능력을 주었다.

이 책은 가족중심 중재로 이끄는 다양한 관점을 임상가들에게 제공하도록 구성되었다. '만병통치약'은 없다. 독자들 중 일부는 체계적 가족치료의 핵심적인 구성 요소에 익숙하지 않을 수 있기 때문에 몇몇 장은 내용이 반복되어 있다. 그러나 이 책을 다 읽을 무렵이면, 우리는 모든 독자가 청각구어 실제, 가족치료 실제, 가족중심 실제라는 세 부분이 어떻게 통합될 수 있는지에 대해 발전된 이해를 갖게 되길 소망한다.

여러 측면에서 이 책은 독특하게 구성되어 있다. 이 책은 호주, 캐나다, 유럽, 미국 등지의 여러 사람들—임상가뿐만 아니라 부모—의 국제적인 협력으로 이루어졌다. 이 책은 또한 다양한 관점을 가진 여러 전문가와 같은 분야여도 다양한 관점을 제시하는 가족치료사, 청각구어 임상가, 대학 교수진, 연구자, 조기중재 서비스 제공자들의 융합으로 이루어졌다. 우리는 이러한 협력이 청각구어 임상을 알차게 하고 국제적인 수준에서 증거의 수준이 진화하도록 촉진하는 두 가지 목적을 이룬다고 생각한다. 이 책이 사고를 일깨우고 지속적인 연구를 자극하게 되는 것이 우리의 간절한 소망이다. 무엇보다도, 우리가 서비스를 제공하는 가족들은 우리에게서 최선의 것을 받을 자격이 있다.

편집자 Ellen A. Rhoades와 Jill Duncan

차 례

제 1 부

청각구어 중재의 실제

청각구어 치료

Jill Duncan and Ellen A. Rhoades

서 론

이 장은 청각장애 아동이나 청소년과 그의 가족들을 위한 몇 가지 중재 방법 중의 하나로서 청각구어(Auditory-Verbal: AV) 실제를 소개하고 있다. 첫 번째 절에서는 이론적인 배경을 살펴본다. 두 번째 절에서는 선구적인 청각구어 임상가들에게 미친 의학적인 영향을 포함한 역사적인 배경과 임상가들이 어떻게 자격 수여 과정을 개발해 왔는지, 그리고 21세기에 청각구어 실제가 널리 받아들여지도록 한 요인들을 정리하여 다룬다. 마지막 절에서는 청각구어 실제의 최근 자격 제도에 대해 간략하게 설명한다.

이론적 배경

이론이란 자연현상의 어떤 측면에 대해 잘 입증된 설명에 기초하는 믿음이며, 자연현상은 특정 현상들의 집합을 설명하는, 받아들여진 지식의 구조화된 체계다(Pearsall & Hanks, 2005). 그러므로 이론이란 필수적으로 증명 가능한 정보에 기초한다. 지난 20여 년간 이루어진 괄목할 만한 기술적 · 신경생물학적 진보에도 불구하고, 청각구어 실제에 대한 이론적인 배경은 본질적으로 바뀌지 않았다(Pollack, 1970; Rhoades, 1982). 50년 전의 믿음은 전문가들의 경험과 얼마 안 되는 실험적 증거들, 그리고 대부분 사례 연구의 형태에 기초를 두고 있다. 최근의 믿음들은 근래에 나오기 시작한 좀 더 광범위한 실험적 증거들에 의해 지지되고 있다(청각구어 연구 결과들의 고찰을 위해서는 제2장 참조). 이론적인 배경은 다음과 같다.

① 청력손실 정도에 상관없이, 대부분의 아동들은 최근의 청각 관련 기술을 적절히 일관적으로 적용하였을 때 작은 소리의 대화를 들을 수 있다(Archbold & O'Donoghue, 2009; Manrique, Cervera-Paz, Huarte, & Molina, 2009). 다시 말하면, 각 아동의 보청 또는 인공와우 청력 역치가 청각 보장구 없이 무엇을 들을 수 없는지보다 더 중요한 것으로 간주될 수 있다는 것이다.

② 자기암시 이론에 의하면 연구를 통해 타당성을 인정받은 내용은 기대 수준에 상당한 영향을 미치게 되고 이는 다시 수행력에 극적으로 영향을 미치게 된다(Madon, Guyll, Buller, Willard, Spoth, & Scherr, 2008; Madon, Guyll, & Spoth, 2004). 이러한 결과는 성인들이 아동이나 청소년 관련 성과를 위해서는 높은 수준의 기대를 유지해야 한다는 것을 의미한다(Morgan, 2007; Sanders, Field, & Diego, 2001).

③ 청감각을 보조하였을 때, 구어는 가장 쉽게 습득된다. 치료사와 부모들은 청감각에 우선 순위를 두어야 하는데, 이는 청감각이 청각장애 아동에게 있어서 종종 가장 약한 감각이기 때문이다. 뇌의 청각 신경이 소리에 의해 자극되지 못하면, 뇌는 다른 감각 양식을 처리하기 위해 재조직된다(Finney, Clementz, Hickok, & Dobkins, 2003). 이는 아동의 청감각을 강화시켜야 할 필요성을 의미한다(Moore & Amitay, 2007; Tremblay, Shahin, Picton, & Ross, 2009).

④ 인간은 언어적 본능을 타고난다. 그래서 언어는 생득적인 것으로, 눈에 보이며 순차적이고 위계적인 방식으로 발달한다(Pinker, 1994). 이는 언어 학습을 위한 탐험적이고 경험적인 방식을 직접적으로 의미하는 것이며, 임상가나 양육자가 발달적인 관점을 수용할 수 있도록 해 준다(Boysson-Bardies, 1999).

⑤ 주로 부모인 주 양육자들은 아동의 삶에 가장 중요하고 영향력 있는 존재라고 생각된다(Bronfenbrenner, 1979). 이는 양육자들은 자연스러운 부모-아동 상호작용을 촉진할 수 있으며 이를 통해 청각장애 아동의 의사소통 능력을 증진시킬 수 있다는 것을 의미한다

(McLean & McLean, 1999; Roush & Kamo, 2008).

⑥ 청각장애 아동은 적절한 청각 보장구의 이득을 취할 수 있다면 전형적인 말과 언어 모델에 접근할 수 있기 때문에 구어를 발달시킬 수 있다(Tobey & Warner-Czyz, 2009). 이러한 말과 언어 모델은 청각장애 아동의 가족과 건청 또래들이 제공해 주게 된다. 아동의 말은 그들이 듣는 것을 반영하는 경향이 있다(Kunisue, Fukushima, Nagayasu, Kawasaki, & Nishizaki, 2006).

⑦ 주류화(mainstreaming)는 여러 가지 이유로 중요하게 고려되어야 한다(Eckl-Dorna, Baumgartner, Jappel, Hamzavi, & Frei, 2004; Koster, Nakken, Pijl, & van Houten, 2009). 통합교육(inclusive education)은 전형적인 의사소통과 사회적 역할 모델, 전형적인 교사 기대의 수준, 역동적인 학습 조건에 대한 다양한 기회를 제공할 수 있다(Booth & Kelly, 2002; Guralnick, Neville, Hammond, & Connor, 2007; Ruils & Peetsma, 2009).

⑧ 생애 초기의 몇 년은 효과적인 의사소통 기술들을 배우기 위한 공식적이고 가장 민감한 시기다(Colletti, 2009; Tomasello, 2003; Yang, 2006). 이는 조기진단, 청각 테크놀로지를 통한 조기의 일관적인 작은 대화 말소리에의 노출, 조기중재에 대한 이론적 근거다(Moeller, 2000).

⑨ 듣기 기술의 발달을 위해서 작은 대화 말소리에 충분하고 일관적으로 접근할 수 있어야 한다. 이것은 역으로, 집중적이고 지속적인 청각적 주의집중을 증가시키기 위한 체계적인 접근의 필수 조건이 된다(Alain, Snyder, He, & Reinke, 2007; Clinard & Tremblay, 2008; Mahneke et al., 2006; Pascual-Leone, Amedi, Fregni, & Merabet, 2005).

요약하면, 이러한 아홉 가지 믿음은 요즈음 널리 받아들여지는 사실이며, 청각구어 실제를 위한 지속적인 근거를 대표한다. 이러한 지식들이 최근에 임상가들에게 제공되었음에도 불구하고, 이러한 설명적 진술들은 청각장애 아동들과 그들의 가족과 협력하는 청각구어 임상가들을 이끄는 불변의 원리를 대표한다.

청각구어 실제의 역사적 배경

청각장애 아동들을 위한 청각기반의 학습은 긴 역사를 가지고 있다. 1802년에 프랑스 의사

Jean Itard는 청각장애 아동들이 말을 들을 수 있도록 훈련을 받아야 한다고 주장했다(Pollack, 1970). 그 이후로, 의학 분야 전문가들은 청각 기반의 학습을 주장한 최초의 사람들이 되었다. 이러한 의사들로는 Victor Urbantschitsch(1847-1921), Max Goldstein(1870-1941), Emil Froeschels (1885-1972), Henk Huizing(1903-1972) 등이 있다(Wedenberg, 1951).

청각기반 학습에 미친 의학적 영향

1895년, 보청기와 인공와우가 발달하기 훨씬 이전에, 오스트리아의 이비인후과 의사 Urbantschitsch는 청각 학습의 필요성을 주창했다(Urbantschitsch, 1895, 1982). 그는 청각장애를 가진 아동들이 집중적인 교수와 연습을 통해 청각적 지각을 향상시킬 수 있다고 생각했다(Quint & Knerer, 2005). Urbantschitsch는 아주 적은 잔청으로도 조기에 충분히 자극을 받으면 자발적인 구어와 표현 언어를 발달시킬 수 있도록 이끌 수 있다고 주장했다. 그는 청각 자극을 '청각 체조(gymnastics)'로 비유했다(Goldstein, 1920).

Urbantschitsch와 그의 저서들은 특히 Max Goldstein, Emil Froeschels, Henk Huizing, Erik Wedenberg와 같은 다른 의사들에게 영향을 미쳤다(Ling, 1993). 이들은 다시, Helen Beebe, Ciwa Griffiths, Doreen Pollack의 철학과 선구적인 치료의 실제에 상당한 영향을 미쳤다. 청각구어 실제로 알려진 것에 이들의 복잡하고 집합적이며 의미심장한 유산이 영향을 미쳤기 때문에 Beebe, Griffiths, Pollack은 이 장의 마지막 부분에 연대기적 순서로 간략하게 정리하였다.

Max Goldstein은 미국의 이비인후과 의사였으며, 비엔나에 있는 동안 Urbantschitsch의 문하에서 공부하였다(Goldstein, 1920, 1939; Silverman, 1982; Wedenberg, 1951). Goldstein은 미국에 중앙농연구소(Central Institute for the Deaf)를 설립한 후, 세 차례의 전국청각장애교사연합(National Associations of Instructors of the Deaf) 합동 회의에서 순수하게 청각적인 교수법을 주장했다(Goldstein, 1920). 1939년 그는 『청각적 방법(*The Acoustic Method*)』이라는 책을 집필하였다. 이 책은 Urbantschitsch의 성취를 분명히 보여 주면서 아동의 손상된 청감각을 통해 말과 언어를 촉진하는 과정을 설명하였다. Goldstein은 청각적 방법은 구화 농교육 내에서 별개의 교육철학을 가진 별개의 방법론으로 간주되어야 한다고 주장했다(Goldstein, 1939). 이러한 입장은 농교육 내에 의미심장한 교육적 분파가 시작되는 기점이 되었다.

Emil Froeschels는 오스트리아 의사로, 역시 Urbantschitsch의 제자였다. Froeschels는 말장애를 공부하고 다루는 '로고페딕스(logopedics)'라는 용어를 고안해 냈다(Duchan, 2001; International

Association of Logopedics, 2006). Urbantschitsch의 영향으로, Froeschels는 청각장애 아동에게 매우 큰 관심을 가지게 되었다. Froeschels는 미국으로 이주하여 처음에는 Goldstein과 함께 일하였다. Froeschels는 뉴욕으로 옮겨 가서 Helen Beebe의 멘토이자 스승으로서 25년간 함께 일하였다(Beebe, Pearson, & Koch, 1984; Pennsylvania State University Library, 2004).

Doreen Pollack을 만나기 전에 프랑스 이비인후과 의사 Henk Huizing은 Urbantschitsch의 업적을 따르는 추종자 중 한 명일 뿐이었다(Ling, 1993). Huizing은 1940년대에 뉴욕에 있는 컬럼비아 노인병원에서 Pollack을 만나 함께 일하였다(Pollack, 1984). Huizing(1959)은 '아쿠페딕스(Acoupedics)'가 1947년이래 네덜란드에서 사용되어 왔다고 주장했다. 그러나 미국에 있는 동안 Pollack과 함께 일한 결과로, Huizing은 1951년에 아쿠페딕스를 어린 청각장애 아동들을 가르치는 새로운 방법으로 지정하였다(Pollack, 1970). Huizing(1959)은 아쿠페딕스를 "…청각 기능에 대한 교육과 재교육"을 목표로 하는 새로운 철학으로 구체화했다. "이것은 뇌의 과정이다. 이 방법의 측면에서 보면 최소한의 잔청이라도 의사소통을 위한 보조 지원으로 만드는 것을 목표로 해야 한다." (p. 76) Huizing의 저서와 아쿠페딕스의 발표에 뒤이어 차별화된 방법론으로서 아쿠페딕스라는 용어는 1969년에 저작권 등록되었으며, 전통적인 구화 청각 훈련 방법과는 차별적인 것으로 구체화되었다(Pollack, 1993).

다른 의사들이나 청능사, 특히 1950년대에 청각에 기반을 둔 관점에 영향을 미친 사람들이 있었는데, 스웨덴의 Erik Wedenberg, 영국의 Edith Whetnall, 유고슬라비아의 Peter Guberina 등이 있다. 그러나 이들은 1940년대에 선구적으로 청각에 기반을 둔 치료를 했던 3명의 청각구어 임상가에게 영향을 준 것 같지는 않다. Beebe, Griffiths, Pollack의 성과에 영향을 주었던 것은 1940년대에 개발된 트랜지스터 보청기였다. 제2차 세계대전처럼 이 보청기는 직접적인 영향을 주었는데, 아동들은 착용 가능한 증폭 시스템과 확립된 청각학 훈련법의 이득을 보기 시작했다.

선구적인 청각구어 임상가: 언어치료사, 청능사, 교사

Helen Beebe(1909-1989)는 미국에서 태어나 클락농학교(Clark School for the Deaf)에서 '농교사'로 교육받았으며 독화를 배웠다. 몇몇 농학교에서 가르치다가 컬럼비아 대학교에서 언어치료 과정을 수강하고, Beebe는 뉴욕에서 평생의 멘토가 된 Froeschels를 만나게 된다(Pennsylvania State University Library, 2004). 그녀의 책 『심도 난청 아동을 위한 지침(*A Guide to Help the Severely*

Hard of Hearing Child)』(1953)에서는 아동을 위한 단일감각 접근의 기초가 되는 교수법에 대해 설명하고 있다. Beebe는 "가정에서나 치료실에서나 독화는 가능한 한 배제되어야 한다. 그렇지 않으면 아동은 쉽게 독화에 의존하게 되고 잔청을 사용하지 않을 것이다."(p. 42)라고 하였다. 1978년에 Beebe는 자신의 사설 치료실을 기부하여 비영리 센터로 전환하고 생을 마감할 때까지 그곳에서 계속 청각구어 임상가로 일했다(Helen Beebe Speech and Hearing Centre, 2009). Beebe는 평생 여러 국제학회에서 논문을 발표했으며, 아동들에 대한 성공적인 사례 연구를 증명하고 이러한 성취를 가져온 교수법을 설명하였다(Pennsylvania State University Library, 2004).

Ciwa Griffiths(1911-2003)는 피지에서 태어나 호주에서 어린 시절을 보냈다. 그녀는 미국으로 이주하여(Wilson & Rhoades, 2004) 청능사와 교사로 교육을 받았으며, 종국에는 서던 캘리포니아 대학교에서 박사학위를 받았다(Griffiths, 1955). 1930년대에 Griffiths는 고심도 청각장애 아동들이 잔청을 개발하고 일반학급에 완전히 통합될 수 있다는 것을 깨달았다. 그녀는 1930년대 말에서 1940년대 초에 걸쳐 농교사들과 논쟁하며 청각장애 아동들에게 증폭 시스템을 제공하기 시작하였다(Griffiths, 1955). 1947년에 Griffiths는 뉴욕에서 연방기금 3년제 모델 프로그램을 개발하였다. 이 프로그램에서는 ① 심도 청각장애 유아들은 깨어 있는 시간 동안 내내 강력한 증폭기를 성공적으로 착용할 수 있다. ② 청각장애 아동들은 건청 또래와 함께 교육받으며 자연스러운 구어를 배울 수 있다. ③ 부모 상담 및 교육은 프로그램의 핵심적인 부분으로 통합되어야 한다(Fiedler, 1952)는 것을 주장하였다. 1954년 Griffiths는 캘리포니아에 HEAR 센터를 설립하였고 은퇴할 때까지 센터장으로 일하였다. 그녀는 조기에 효과적인 증폭을 하는 것이 구어에 필수적이라고 굳게 믿고(Griffiths & Ebbin, 1978), 증폭 처방법과 캘리포니아 주 최초로 주 전 지역에 걸친 신생아 청각 선별을 위한 청사진을 개발하기 위해 여러 해 동안 노력했다(Wilson & Rhoades, 2004).

Doreen Pollack(1920-2005)은 영국에서 태어나 런던 대학교에서 언어치료사로 교육받았다(Pollack, 1993). 1939년에 출판된 Goldstein의 책에 큰 영향을 받았으며, 이비인후과 의사 Edmund Fowler에게 채용되어 뉴욕의 컬럼비아 노인병원에서 일했다. 그 후 1948년에는 Huizing과도 일하였다(Pollack, 1993). 이들의 관계는 아쿠페딕스를 독립된 교수법으로 확립하려는 노력을 진전시켰다. 1965년부터 1981년에 은퇴할 때까지, Pollack은 콜로라도의 포터 기념병원에서 일했다(Pollack, 1993). 아쿠페딕스는 Pollack의 첫 번째 책에 설명되어 있다(Pollack, 1970). Huizing과 Pollack은 함께 일했으며 그들의 작업을 함께 출판했다(Huizing, 1951, 1959, 1964; Pollack, 1964, 1970, 1981, 1984; Huizing & Pollack, 1951). Pollack은 교사, 청능사, 언어치료사들이 청각구어 임상가가 될 수 있도록 많은 교육과정을 제공했다.

영국의 Edith Whetnall의 이과적 · 청각학적 업적과 유고슬라비아의 Peter Guberina의 청각학적 업적은 청능 훈련에 대한 진전된 지지를 제공했다(Guberina & Asp, 1981; Northern & Downs, 2002). 미국의 Antoinette Goffredo와 Marion Ernst, 캐나다의 Daniel Ling과 Louise Crawford, 유럽의 Susanne Schmid-Giovannini와 같은 임상가들이 있었지만, 초기에는 Beebe, Griffiths, Pollack의 획기적인 방법을 따르는 동료들이 수적으로 매우 적었다. 1960년대와 1970년대에 걸쳐 청각구어 실제를 사용하는 임상가들이 증가하였는데, 이는 Beebe, Griffiths, Pollack이 훈련과정을 통해 교육을 많이 한 영향이 컸다. 이러한 임상가들은 잘 정의된 단일 접근법을 논의하고자 하는 다양한 시도를 하였다.

청각구어 임상가들의 조직

1972년 Griffiths는 캘리포니아 패서디나에서 최초로 두 번의 국제 청각 회의를 개최하였다(Griffiths, 1991; HEAR Center and Alexander Graham Bell Association for the Deaf, 1979). 세 명의 선구적인 청각구어 임상가인 Beebe, Pollack, Griffiths가 처음으로 만난 곳이 이 회의에서였다. 5년 후에 George Fellendorf와 AG Bell 청각장애협회(AG Bell association for the Deaf and Hard of Hearing)의 전 총무이사가 만나서 연합체를 만들기로 제안하였다(Pollack, 1993). George Fellendorf는 1960년대에 Beebe에게 청각구어 중재를 받은 청각장애 아동의 부모였다. 1978년 Fellendorf는 워싱턴에서 회의를 주최했는데, 여기서 Pollack은 Huizing이 정의한 대로 아쿠페딕스의 기본적인 요소들을 포함해야 한다고 제안했다(Pollack, 1993). Daniel Ling이 Pollack, Beebee, Griffiths가 사용해 온 아쿠페딕스, 단일감각, 청각적 접근이라는 용어를 '청각구어(auditory-verbal)'로 대체하자고 제안했던 것도 이 회의에서였다(Ling, 1993). 그러고 나서 국제청각구어의사소통위원회(International Committee on Auditory-Verbal Communication: ICAVC)가 발족했다. 아쿠페딕스의 근본적인 개념론은 ICAVC로 옮겨졌다. 임상가, 이비인후과 의사, 청각구어 실제로부터 이득을 얻은 아동들의 부모로 이루어진 독립적인 집단으로 형성된 최초의 기구인 ICAVC는 곧바로 AG Bell 청각장애협회의 특별위원회가 되었다(Ling, 1993).

이후로 몇 년간 전 세계의 다양한 전문가들과 협력하면서 ICAVC 위원들은 AG Bell 청각장애협회로부터 독립하는 데 합의하고, 1987년 독립된 비영리 기관으로 국제청각구어협회(Auditory-Verbal International: AVI)를 설립하였다(Penn State Library, 2004). AVI의 목적은 "청각장애 아동들이 잔청을 최대한 이용하여 말과 언어를 발달시킬 수 있는 기회를 제공받는 것을 보장하는" 것이다(Auditory-Verbal International, 1987, p. 1). AVI 개정 정관(bylaw) 제4조: 목적 4.1은 다음과 같이 진술하고 있다.

> AVI의 주된 목적은 다음과 같다. 농이거나 난청을 가진 개인은 듣기와 말하기를 위한 첫 번째 기회로서 청각구어 원리에 기초한 자활(habilitation) 시스템에 접근 가능해야 한다. 이 자활 시스템은 적절하고, 세계적으로 사용되며, 전문적 · 표준적 · 통합적 시스템이어야 한다… (Auditory-Verbal International, 2003, 4.1조, p. 3).

설립자들은 최초의 정관과 개정 정관에서 청각구어 실제가 반드시 '첫 번째 기회'로 주어져야 한다고 공언하였다. 1980년대와 1990년대에 걸쳐 청각구어 실제를 청각장애 아동과 그의 가족들을 위한 '첫 번째 기회'로서의 중재 옵션으로 보는 관점은 '농구화교육(oral deaf education)'을 포함한 '농교육' 분야 내에서 많은 사람들의 양극화를 초래했다.

1994년, AVI는 자격증을 위한 첫 번째 시험을 시행하여, 청각구어 임상가들을 자격을 갖춘 청각구어 치료사(Certified AV Therapists)로 임명했다(Auditory-Verbal International, 2004; Ernst, 2000). AVI의 주된 기능이 청각구어 임상가들에게 자격을 주는 것이 되어 감에 따라 이러한 목적을 위한 법적인 변화가 필요하게 되었다. 18년 동안 법인으로 있었으나 2005년 계속되는 재정적인 어려움 때문에 AVI 회원들은 조직을 해체하기로 결정하였다. 이는 미국 국세청이 자격 부여와 자격증 프로그램을 금지하게 된 것에 기인하기도 하였다(Rech, 2005). AVI는 순자산을 AG Bell 청각장애협회로 이전하였다. 새로운 주관 제휴기관인 AG Bell 청각구어학회(AG Bell Academy for Listening and Spoken Language)는 그 후 워싱턴에 비영리 단체로 조직되었다. 이 제휴기관은 AVI가 시작했던 자격 부여 활동을 하고 있다(Auditory Verbal International, 2005a).

변화에 따른 부가적인 고려 사항

청력손실의 정도나 유형은 어떤 형태로든지 학습이나 말과 언어에 부정적인 영향을 끼칠 수 있다. 더욱이 청각장애 아동들을 위한 교육적 · 의사소통적 환경은 진화하고 있으며, 많은 청각장애 아동들이 부가적인 학습의 어려움을 갖는다는 것이 점점 더 널리 받아들여지고 있다(Rhoades, 2009의 고찰 참조). 요컨대, 부가적인 학습의 어려움이 교육적 · 의사소통적 성과에 영향을 미칠 수 있다는 것이다(Edwards & Crocker, 2008).

약 35~50년 전까지만 해도, 심한 청력손실을 가진 아동들은 특수학교에서 수화 또는 구화로 간주되는 방법으로 주로 교육을 받았다(Chute & Nevins, 2002; Keller & Thygesen, 2001; Marschark, 2009). 시각적 의사소통은 수화가 사회적 상호작용과 교과 학습을 위해 주된 수단으로 사용되는 것을 말한다(Lloyd, 1972). 구화 의사소통은 본질적으로 독화와 구어가 주된 상호작용과 학습의 수단이며, 청각은 효과적인 의사소통 기술을 학습하기 위해서 부수적으로 고려되는 것과 관련된 것이다(Simmons, 1971). 한 접근법이 다른 접근법보다 우수하다는 것을 증명하는 충분한 증거가 있지 않고서는, 이러한 학습을 위한 교육적 · 의사소통적 접근을 지지하는 사람들은 종종 매우 격앙된 열정에 고취된 논쟁에 휩싸였다. 20세기 후반에는 이러한 감정적인 혼란에 더하여 기숙학교라는 형태로 수화교육이든 구화교육이든 가족으로부터 아동들을 분리하는 교육을 매도하던 사람들이 있었다.

20세기 중반에 청각장애 아동들이 어떻게 교육받아야 하는가에 대해서 많은 변화가 있었다. 이러한 변화들 중에 일반학교의 일반학급, 부모 교육 및 부모 참여의 증가, 다양한 형태의 주류화, 여러 가지 의사소통 옵션을 제공하는 센터들 등이 있다. 의사소통에 대한 선택 기회는 우세한 구어의 기초 위에 청각에 기초한 방법, 진동촉각적 전략, 큐드스피치(cued speech), 수화, 지문자를 포함하는 통합적 접근을 포함한다. 의사소통적 · 교육적 환경은 전략들의 연속선으로, 가장 시각적인 것부터 가장 청각적인 것까지 분포한다고 볼 수 있다. 20세기 후반에 걸쳐 교육 세팅에 관계없이 청각이 차지하는 역할의 정도에 따라 의사소통 접근을 분류하였으며, 이는 [그림 1-1]과 같다. 이러한 관점에 따르면, 청감각은 청각구어 접근법 외에는 주된 것으로 받아들여지지 않았다.

그러나 21세기에 들어서면서 빠르게 진화하는 몇 가지 사건이 학습을 위한 주된 감각으로 청각을 사용하는 것에 대한 임상가들과 부모들의 태도를 급진적으로 변화시켰다. 이러한 사건들을 순서 없이 말하자면, ① 고심도 청각장애 아동들이 인공와우를 통해 작은 대화 어음을 들을

주로 시각?	시각-청각?	청각-시각?	주로 청각
수화	구화 큐드스피치 토털 커뮤니케이션	청각/구화	청각구어 치료

[그림 1-1] 청각적 집중도에 근거한 의사소통 옵션의 역사적인 연속선

수 있게 되었고, 이것이 구어를 배우게 할 수 있었다는 연구 결과가 반복적으로 나왔다(Geers, Tobey, Moog, & Brenner, 2008). ② 자연스러운 구어의 발달을 예측하는 주된 요소는 연령이며, 더 어린 아동들이 작은 대화 어음에 접근할 수 있게 되면 일반적인 구어 발달 단계를 따라 습득할 수 있으며 학업 기능을 향상시킨다는 분명한 증거들이 나왔다(Manrique, Cervera-Paz, Huarte, & Molina, 2009; Stacy, Fortnum, Barton, & Summerfield, 2006). ③ 널리 시행되는 신생아청각선별검사는 수천 명의 아기들이 조기 증폭과 조기 인공와우 수술뿐만 아니라 조기중재의 혜택을 받을 수 있게 했다(Kennedy & McCann, 2004; Neumann et al., 2006; Sood & Kaushal, 2009; Yoshinaga-Itano, 2004). ④ 청각에 기초한 의사소통을 더욱 선호하게 되었다(Alberg, Tashjian, & Wilson, 2008). 청각구어 실제를 통해 이득을 얻은 아동들의 증거가 축적되었다(제2장 참조). ⑤ 개인적으로 청각구어 실제를 해 오던 임상가들이 이를 세계적으로 확장시키려는 노력이 있었고, 대학과 다른 조직들에서 청각구어 전략을 수행할 수 있도록 전문가 훈련을 제공하게 되었으며 이 내용 중 많은 경우 인터넷을 통해 정보를 얻을 수 있게 되었다.

이러한 다섯 가지 요소는 임상가들이 대부분의 의사소통 옵션에서 청각에 기초한 전략들로 향하는 커다란 움직임으로 귀결되는 원인이 되었다([그림 1-2] 참조). 듣기(audition)는, 모든 의사소통 옵션에서 최우선될 필요가 없음에도 불구하고, 한 가지 옵션 외의 모든 옵션에서 철학적으로는 효과적인 요소라고 여겨진다(Easterbrooks & Estes, 2007). 사실, 청각/구화 양식을 고수하는 많은 사람들은 요즈음 구어를 촉진하는 방법으로써, 듣기를 주된 감각 양식으로 개발시키는 것의 가치를 수용한다. 그렇기 때문에, 청각구어 실제를 위한 국제 자격 단체인 AG Bell 청각구어학회는 21세기에 들어서면서 자격 과정을 청각구어 교육가들에게도 확대하였다(AG Bell Academy for Listening and Spoken Language, 2005b).

주로 시각?	시각-청각?	청각-시각?	주로 청각
수화	구화	청각/구화	청각구어 실제
		큐드스피치	청각구어 교육
		토털 커뮤니케이션	청각구어 치료

[그림 1-2] 청각적 집중도에 근거한 의사소통 옵션의 최근 연속선

청각구어 실제: 최근 상황

구화법과 청각구어 방법론 간의 교육학적 차별화는 감소하고 있다(AG Bell Academy for Listening and Spoken Language, 2005a). 앞서 말한 바처럼, 이는 조기진단, 조기중재, 인공와우나 디지털 보청기와 같은 청각 관련 기술의 진보에 따른 이득과 관련된다. 청각구어 임상가들은 현재 듣기 및 구어 전문가(Listening and Spoken Language Specialist)라고 불린다(AG Bell Academy for Listening and Spoken Language, 2005a).

최근 청각구어 원리

청각구어 실제는 Pollack(1970)이 최초로 정의하였으며, AVI(Auditory-Verbal International, 1993, 2005b)와 이후 AG Bell 청각구어학회(2005c)가 수정한 지도 원리를 따른다. AG Bell 청각구어학회는 현재 청각구어 실제의 원리를 유지하며, 필요하면 수정하는 것을 책임지고 있다.

청각구어 실제의 근본적인 강점은 모든 자격을 갖춘 청각구어 임상가들과 교육가들이 이러한 원리들을 인식하고 사용하는 데에 있다. 이 원리들은 본질적으로 투명하며, 청각장애 아동들을 위해 청각적 학습의 발달을 촉진하는 분명한 틀을 제공한다. 'Cert. AVT' 또는 'Cert. AVEd'가 되기 위해서는 이 모든 원리들을 고수해야 한다(AG Bell Academy for Listening and Spoken Language, 2005b, 2005c). [그림 1-3]은 LSLS 청각구어 치료의 원리(LSLS Cert. AVT)(2005d)와 LSLS 청각구어 교육의 원리(LSLS Cert. AVEd)(2005c)를 보여 주고 있다.

	LSLS 청각구어 치료의 원리 (LSLS 청각구어치료사자격) (2005d)	LSLS 청각구어 교육의 원리 (LSLS 청각구어교육자격) (2005c)
1	신생아, 영아, 유아 및 어린 아동들의 청력손실의 조기진단을 장려하고, 진단 이후 바로 청각적 관리와 청능구어 치료를 시작한다.	신생아, 영아, 유아 및 어린 아동들의 청력손실의 조기진단을 장려하고, 진단 이후 즉각적으로 청각적 관리와 청각적 자극의 이득을 극대화할 수 있는 최신의 적절한 청각보조기술을 사용한다.
2	청각적 자극으로 인한 이득을 최대한으로 얻을 수 있도록 즉각적인 사정평가와 적절한 최신 청각보조기술을 사용하는 것을 장려한다.	아동들이 듣기와 구어기술을 발달시키도록 즉각적인 청각적 관리와 구어 교수를 장려한다.
3	아동들이 구어를 발달시키기 위한 주된 감각 양식으로 듣기를 사용하는 것을 도울 수 있도록 부모*를 지도하고 안내한다.	아동의 일상생활을 통해 구어를 습득할 수 있도록 듣기와 말하기를 지지하는 청각적으로 조절된 환경을 만들고 유지한다.
4	부모가 적극적이고 일관된 개별 청능구어 치료에 참여하여 아동의 듣기와 구어 발달을 위한 주된 촉진자가 되도록 지도하고 안내한다.	삶의 모든 영역에서 듣기와 구어 발달을 효과적으로 촉진할 수 있도록 부모를 지도하고 안내한다.
5	아동의 일상생활을 통해 구어를 습득할 수 있도록 듣기를 지지하는 환경을 만들도록 부모를 지도하고 안내한다.	가정, 교실, 치료실, 병원, 센터 등의 세팅에서 아동과 가족을 위해 효과적인 교수를 제공한다.
6	삶의 모든 영역에서 듣기와 구어를 통합하여 나갈 수 있도록 아동을 도울 수 있게 부모를 지도하고 안내한다.	듣기와 구어를 최대화하면서 수업 계획과 교실 활동을 통해 아동에게 집중적이고 개별화된 교수를 제공한다.
7	듣기, 말하기, 언어, 인지, 의사소통에 있어서 자연스러운 발달적 패턴을 사용하도록 부모를 지도하고 안내한다.	듣기, 말하기, 언어, 인지, 의사소통에 있어서 자연스러운 발달적 패턴을 달성할 수 있는 장기목표, 단기목표, 전략을 개발할 수 있는 부모 및 전문가와 협력한다.
8	아동이 듣기를 통해 구어를 스스로 자기감독(self-monitoring)할 수 있도록 부모를 지도하고 안내한다.	각 아동의 듣기를 통한 구어 자기감독 능력을 촉진한다.
9	개별 청능구어 치료 계획을 개발하고 진전을 모니터링하며, 아동과 가족을 위해 계획이 효과적으로 이루어져 가는지 평가하기 위해 공식적 · 비공식적 진단 사정평가를 지속적으로 시행한다.	개별화 목표를 개발하고, 진전을 모니터링하며, 교수 활동의 효과를 평가하기 위해 진단적 평가를 사용한다.
10	아동 초기부터 지속적으로 적절한 서비스를 받으며, 건청 또래와 일반학교에서 교육받는 것을 장려한다.	아동이 성공적으로 기술들을 습득하게 되면 가능한 한 조기에 건청 또래들과 일반학급에서 교육받는 것을 장려한다.

* '부모' 라는 용어는 조부모, 친척들, 법적 보호자와 기타 양육자들을 포함하는 것으로 아동과 상호작용하는 양육자들을 말한다.

[그림 1-3] 청각구어 실제의 원리

청각구어 자격증

지도원리(AG Bell Academy for Listening and Spoken Language, 2005c, 2005d)뿐만 아니라, 청각구어 실제가 가지는 내재적인 강점은 1994년부터 시행되어 온 국제 자격 제도다(Auditory-Verbal International, 2004; Ernst, 2000). 이 엄격한 자격증 과정은 임상에 필요한 최소한의 능력을 보장하는 고도로 검증된 전문가들을 양성하는 것을 목표로 한다. 'LSLS Cert. AVT'와 'LSLS Cert. AVEd'는 모두 전문 훈련 과정과 집중 지도 과정(mentoring)을 요구하며 이론 시험을 통과하여야 자격증을 취득할 수 있다. 이렇게 자격을 갖춘 임상가들은 전문가 윤리 규정(AG Bell Academy for Listening and Spoken Language, 2005b)에 명시한 구체적인 윤리적 원리와 실제를 준수해야 한다. 이렇게 함으로써 자격을 갖춘 임상가들이 청각구어 실제를 통해 얻을 수 있는 최적의 결과를 가져올 수 있도록 고안된 지도 원리들을 준수할 수 있도록 보장한다. 더욱이 자격을 유지하기 위해서 임상가들은 2년마다 추가적인 교육을 지속적으로 받아야 한다. 이 교육은 청각구어 실제를 지지하는 실험적인 결과를 증가시킬 수 있는 연구에 참여하는 것을 포함한다.

결 론

부모들이 청각장애 아동을 위해 듣기를 통한 구어 습득을 선택한 경우, 구어의 학습 과정은 자발적일 수도 있고 그렇지 않을 수도 있다(Duncan, 2006). 청각구어 임상가들은 청각장애 아동들이 듣기를 통해 구어를 발달시키기 위해 요구되는 필수 조건들의 공급을 촉진하기 위해 최선을 다한다. 구어를 향상시키기 위해 잔존 청력에 중점을 두는 체계적인 임상은 오랜 역사를 가지고 있다. 현재의 청각구어 실제를 지속적으로 발전시키기 위해서는 청각구어 임상가들이 이 분명한 방법론을 이끄는 과정에 익숙해지는 것이 중요하다.

참고문헌

AG Bell Academy for Listening and Spoken language. (2005a). *About the Academy*. Retrieved 20 August 2009 from http://www.agbellacademy.org/about-academy.htm.

AG Bell Academy for Listening and Spoken Language. (2005b). *AG Bell Academy International Certification Program for Listening and Spoken Language Specialists (LSLS): Professional code of conduct*. Retrieved 20 August 2009 from http://www.agbellacademy.org/AcademyCodeofConductFinal112807.pdf.

AG Bell Academy for Listening and Spoken Language. (2005c). *Principles of LSLS Auditory-Verbal Education*. Retrieved 20 August 2009 from http://www.agbellacademy.org/principal-lsls.htm.

AG Bell Academy for Listening and Spoken Language. (2005d). *Principles of LSLS Auditory-Verbal Therapy*. Retrieved 20 August 2009 from http://www.agbellacademy.org/principal-auditory.htm.

Alain, C., Snyder, J. S., He, Y., & Reinke, K. S. (2007). Changes in auditory cortex parallel rapid perceptual learning. *Cerebral Cortex, 17*, 1074-1084.

Alberg, J., Tashjian, C., & Wilson, K. (2008). *Language outcomes in young children with hearing loss*. Presented February 25 at the National Early Hearing Detection and Intervention Conference in New Orleans, LA.

Archbold, S. M., & O'Donoghue, G. M. (2009). Cochlear implantation in children: Current status. *Pediatrics and Child Health, 19*(10), 457-463.

Auditory-Verbal International. (1987). *Auditory-Verbal International Articles of Incorporation*. Commonwealth of Pennsylvania Department of State and Corporation Bureau - Application Number 87151067.

Auditory-Verbal International. (1993, Winter). Auditory-verbal position statement (reprint). *The Auricle*, 5-6.

Auditory-Verbal International. (2003). *Bylaws: Auditory-Verbal international, Inc.* (rev.). Retrieved 9 September 2005 from http://www.auditory-verbal.org/docs/.

Auditory-Verbal International. (2004). *Certification in auditory-verbal therapy: Bulletin of Information*. Alexandria, VA: Auditory-Verbal International.

Auditory-Verbal International. (2005a). *Letter of Intent between Alexander Graham Bell Association for the Deaf, Inc. and Auditory-Verbal International, Inc.* Retrieved 9 September 2005 from http://www.auditory-verbal.org/ docs/.

Auditory-Verbal International. (2005b). *Auditory-verbal principles of practice (revised)*. Alexandria, VA: Auditory-Verbal International.

Beebe, H. (1953). *A guide to help the severely hard of hearing child*. New York: Karger.

Beebe, H., Pearson, H., & Koch, M. (1984). The Helen Beebe Speech and Hearing Center. In D. Ling (Ed.), *Early intervention for hearing-impaired children: Oral options* (pp. 15-63). San Diego, California: College Hill Press.

Booth, C. L., & Kelly, J. F. (2002). Child care effects on the development of toddlers with special needs. *Early Childhood Research Quarterly, 17*, 171-196.

Boysson-Bardies, B. (1999). *How language comes to children: From birth to two years*. London: MIT Press.

Bronfenbrenner, U. (1979). *The ecology of human development: Experiments by nature and design*. Cambridge, MA: Harvard University Press.

Chute, P. M., & Nevins, M. E. (2002). *The parents' guide to cochlear implants*. Washington, DC: Gallaudet University Press.

Clinard, C., & Tremblay, K. (2008). Auditory training: What improves perception and how? *Audiology Today, 20*(6), 23.

Colletti, L. (2009). Long-term follow-up of infants (4-11 months) fitted with cochlear implants. *Acta Oto-Laryngologica, 129*(4), 361-366.

Duncan, J. (2006). Application of the auditory-verbal methodology and pedagogy to school-age children. *Journal of Educational Audiology, 17,* 39-49.

Duchan, J. (2001). *History of Speech, Language Pathology in America.* Retrieved 16 December 2005, from http://www.acsu.buffalo.edu/~duchan/history_subpages/emilfroeschels.html.

Easterbrooks, S. R., & Estes, E. (2007). *Helping children who are deaf and hard of hearing learn spoken language.* Thousand Oaks, CA: Corwin Press.

Eckl-Dorna, J., Baumgartner, W. D., Jappel, A., Hamzavi, J., & Frei, K. (2004). Successful integration of cochlear-implanted children in regular school system. *International Congress Series 1273,* 409-412.

Edwards, L., & Crocker, S. (2008). *Psychological processes in deaf children with complex needs.* London: Jessica Kingsley.

Erler, S. F., & Garstecki, D. C. (2002). Hearing loss- and hearing aid-related stigma: Perceptions of women with age-normal hearing. *American Journal of Audiology, 11*(2), 83-91.

Ernst, M. (2000). *AVI Certification Council Report to the Board,* April 15, 2000. Private e-mail communication, July 5, 2000.

Fiedler, M. F. (1952). *Deaf children in a hearing world.* New York: The Ronald Press.

Finney, E. M., Clementz, B. A., Hickok, G., & Dobkins, K. R. (2003). Visual stimuli activate auditory cortex in deaf subjects: Evidence from MEG. *NeuroReport, 14*(1), 1425-1427.

Geers, A., Tobey, E., Moog, J. S., & Brenner, C. (2008). Long-term outcomes of early cochlear implantation in profoundly deaf children: From preschool to high school. *International Journal of Audiology, 47*(Suppl 2), S21-S30.

Goldstein, M. (1920). *An acoustic method for training the deaf.* Address presented at the Joint Convention of the Three National Associations of Instructors of the Deaf at Mt Airy, PA, June 1920.

Goldstein, M. (1939). *The acoustic method for training the deaf and hearing impaired child.* St. Louis, MO: Laryngoscope.

Griffiths, C. (1955). *The effects of auditory training on educational development.* Presented November 17 at the 31st annual convention of ASHA, Los Angeles, CA.

Griffiths, C. (1967). *Conquering childhood deafness.* New York: Exposition Press.

Griffiths, C. (1967). *Til forever is past.* New York: Exposition Press.

Griffiths, C. (Ed.) (1974). *Proceedings of the international conference on auditory techniques.* Springfield, IL: Charles C Thomas.

Griffiths, C. (1991). *HEAR: A four-letter word.* Laguna Hills, CA: Wide Range Press.

Griffiths, C., & Ebbin, J. (1978). *Effectiveness of early detection and auditory stimulation on the speech and language of hearing-impaired children.* Contract No. HSM 110-69-431. Washington, DC: Health Services Administration.

Guberina, P., & Asp, C. W. (1981). *The Verbo-tonal method for rehabilitating people with communication problems.* New York: International Exchange of Information in Rehabilitation.

Guralnick, M. J., Neville, B., Hammond, M. A., & Connor, R. T. (2007). The friendships of young children with developmental delays: A longitudinal analysis. *Journal of Applied Developmental Psychology, 28,* 64-79.

HEAR Center and Alexander Graham Bell Association for the Deaf. (1979). *Proceedings of the Second International Conference on Auditory Techniques.* February 14-17, 1979. Pasadena, CA: Unpublished.

Helen Beebe Speech and Hearing Center. (2009). *Our*

founder Helen Hulick Beebe. Retrieved 20 August 2009 from http://www.helenbeebe.org/helenbeebe.htm.

Huizing, H. (1951). Auditory training. *Acta Otolaryngolica Suppl, 100*, 158-163.

Huizing, H. (1959). Deaf-mutism: Modern trends in treatment and prevention. *Advances in Oto-Rhino-Laryngology, 5*, 74-106.

Huizing, H. (1964). Fundamental aspects in modern treatment of the deaf child. *Journal Laryngolica Oto, 78*, 669-674.

Huizing, H., & Pollack, D. (1951). Effects of limited hearing on the development of speech in children under three years of age. *Pediatrics, 8*(1), 53-59.

International Association of Logopedics. (2006). *History of Logopedics*. Retrieved 31 August 2005 from http://www.iaip.info/Organization/Committees/history.html.

Keller, C., & Thygesen, R. (2001). *International perspectives on special education research*. New York: Lawrence Erlbaum.

Kennedy, C., & McCann, D. (2004). Universal neonatal hearing screening moving from evidence to practice. *Archives of Disease in Childhood-Fetal and Neonatal Edition, 89*, F378-F383.

Koster, M., Nakken, H., Pijl, S. J., & van Houten, E. (2009). Being part of the peer group: A literature study focusing on the social dimension of inclusion in education. *International Journal of Inclusive Education, 13*(2), 117-140.

Kunisue, K., Fukushima, K., Nagayasu, R., Kawasaki, A., & Nishizaki, K. (2006). Longitudinal formant analysis after cochlear implantation in school-aged children. *International Journal of Pediatric Otorhinolaryngology, 70*(12), 2033-2042.

Ling, D. (1993). Auditory-verbal options for children with hearing impairment: Helping to pioneer an applied science. *The Volta Review, 95*(3), 187-196.

Lloyd, G. T. (1972). Communication methods. In L. G. Stewart (Ed.), *Perspectives in education of the deaf* (pp. 64-73). Washington, DC: US Department of Health, Education, and Welfare.

Madon, S., Guyll, M., Spoth, R. L., & Willard, J. (2004). Self-fulfilling prophecies: The synergistic accumulative effect of parents' beliefs on children's drinking behavior. *Psychological Science, 15*(12), 837-845.

Madon, S., Guyll, M., & Spoth, R. L. (2004). The self-fulfilling prophecy as an inter-family dynamic. *Journal of Family Psychology, 18*(3), 459-469.

Madon, S., Guyll, M., Buller, A. A., Willard, J., Spoth, R., & Scherr, K. C. (2008). The mediation of mothers' self-fulfilling effects on their children's alcohol use: Self-verification, informational conformity, and modeling processes. *Journal of Personality and Social Psychology, 95*(2), 369-384.

Mahneke, H. W., Connor, B. B., Appelman, J., Ahsanuddin, O. N., Hardy, J. L., Wood, R. A. et al. (2006). Memory enhancement in healthy older adults using a brain plasticity-based training program: A randomized, controlled study. *Proceedings of the National Academy of Sciences, USA, 103*(33), 12523-12528.

Manrique, M., Cervera-Paz, F. J., Huarte, A., & Molina, M. (2009). Advantages of cochlearimplantation in prelingual deaf children before when compared with later implantation. *The Laryngoscope, 114*(8), 1462-1468.

Marschark, M. (2009). *Raising and educating a deaf child: A comprehensive guide to the choices, controversies, and decisions faced by parents and educators*, 2nd ed. New York: Oxford University Press.

McLean, J., & Snyder-McLean, L. (1999). *How children learn language*. San Diego, CA: Singular.

Moeller, M. P. (2000). Early intervention and language development in children who are deaf and hard of hearing. *Pediatrics, 106*(3), 43-51.

Moore, D. R., & Amitay, S. (2007). Auditory training: rules and applications. *Seminars in Hearing, 28*(2), 99-109.

Morgan, S. L. (2007). Expectations and aspirations. In G. Ritzer (Ed.), *The Blackwell Encyclopedia of Sociology* (pp. 1528-1531). Oxford UK: Blackwell Publishing.

Neumann, K., Gross, M., Bottcher, P., Euler, H. A., Marlies, S-L., & Polzer, M. (2006). Effectiveness and efficiency of a Universal Newborn Hearing Screening in Germany, *Folia Phoniatrica et Logopedica, 58*, 440-455.

Nicholas, J. G., & Geers, A. E. (2006). Effects of early auditory experience on the spoken language of deaf children at 3 years of age. *Ear and Hearing, 27*, 286-298.

Northern, J., & Downs, M. (2002). *Hearing in children* (5th ed.). Philadelphia, PA: Lippincott Williams & Wilkins.

Pascual-Leone, A., Amedi, A., Fregni, F., & Merabet, L. B. (2005). The plastic human brain cortex. *Annual Review of Neuroscience, 28*, 377-401.

Pearsall, J., & Hanks, P. (2005). *Oxford dictionary of English* (2nd ed., rev.). New York: Oxford University Press.

Pennsylvania State University Library. (2004). *Guide to the Helen Hulick Beebe Papers*, 1927-1998. Retrieved 16 December 2005 from http://www.libraries.psu.edu/speccolls/FindingAids/beebe.body.html

Pinker, S. (1994). *The language instinct: How the mind creates language*. New York: HarperCollins.

Pollack, D. (1964). Acoupedics: A unisensory approach to auditory training. *The Volta Review, 66*, 400-409.

Pollack, D. (1970). *Educational audiology for the limited hearing infant*. Springfield, IL: Charles C Thomas.

Pollack, D. (1981). Acoupedics: An approach to early management. In G. T. Mencher and S. E. Gerber (Eds.), *Early management of hearing loss* (pp. 301-318). New York: Grune & Stratton.

Pollack, D. (1984). An Acoupedic program. In D. Ling (Ed.), *Early intervention for hearing impaired children: Oral options*. College Hill Press: San Diego.

Pollack, D. (1993). Reflections of a pioneer. *The Volta Review, 95*, 197-204.

Quint, C., & Knerer, B. (2005). *History of otorhinolaryngology in Austria from 1870 to 1920. The Journal of Laryngology and Otology, 19* (Suppl 30), 4-7.

Rech, S. (2005). *Auditory-Verbal International membership correspondence*. Retrieved 14 September 2005 from http://www.auditory-verbal.org/.

Rhoades, E. A. (2009). What can the neurosciences tell us about adolescent development? *Volta Voices, 16*(1), 16-21.

Rhoades, E. A. (2006). Research outcomes of Auditory-Verbal intervention: Is the approach justified? *Deafness & Education International, 8*, 125-143.

Rhoades, E. A. (1982). The auditory-verbal approach to educating hearing-impaired children. *Topics in Language Disorders, 2*, 8-16.

Roush, J., & Kamo, G. (2008). Counseling and collaboration with parents of children with hearing loss. In J. R. Madell, and C. Flexer (Eds.). *Pediatric audiology: Diagnosis, technology, and management* (pp. 269-277). Baltimore: York Press.

Ruils, N. M., & Peetsma, T. T. D. (2009). Effects of inclusion with and without special educational needs reviewed. *Educational Research Review, 4*(2), 67-79.

Sanders, C. E., Field, T. M., & Diego, M. A. (2001). Adolescents' academic expectations and achievement. *Adolescence, 36*(144), 795-802.

Silverman, R. (1982). Translator's preface. In V. Urbantschitsch, *Auditory training for deaf mutism and acquired deafness*. Washington, DC: Alexander Graham Bell Association for the Deaf. (Original work published 1895.)

Simmons, A. A. (1971). Language and hearing. In L. E. Connor (Ed.), *Speech for the deaf child: Knowledge and use* (pp. 280-292). Washington, DC: AG Bell Association for the Deaf.

Sood, M., & Kaushal, R. K. (2009). Importance of newborn hearing screening. *Indian Journal of Otolaryngology Head and Neck Surgery, 61*(2), 157-159.

Stacy, P. C., Fortnum, H. M., Barton, G. R., & Summerfield, A. Q. (2006). Hearing-impaired children in the United Kingdom, I: Auditory performance, communication skills, educational achievements, quality of life, and cochlear implantation. *Ear and Hearing, 27,* 161-186.

Tobey, E. A., & Warner-Czyz, A. D. (2009). Development of early vocalization and language behaviours of young hearing-impaired children. In V. E. Newton, (Ed.) *Paediatric audiological medicine,* 2nd ed. (pp. 428-451). West Sussex, UK: John Wiley.

Tomasello, M. (2003). *Constructing a language: A usage-based theory of language acquisition.* Cambridge, MA: Harvard University Press.

Tremblay, K. L., Shahin, A. J., Picton, T., & Ross, B. (2009). Auditory training alters the physiological detection of stimulus-specific cues in humans. *Clinical Neurophysiology, 120,* 128-135.

Tucker, I. (2009). The education of deaf and hearing-impaired children. In V. E. Newton, (Ed.) *Paediatric audiological medicine,* 2nd ed. (pp. 503-519). West Sussex, UK: John Wiley.

Urbantschitsch, V. (1982). *Auditory training for deaf mutism and acquired deafness* (S. R. Silverman, Trans.). Washington, DC: AG Bell Association for the Deaf. (Original work published 1895).

Wedenberg, E. (1951). *Auditory training of deaf and hard of hearing children.* Acta Otolaryngologica, Supplementum XCIV. Stockholm: Acta Oto-laryngologica.

Wilson, J., & Rhoades, E. (2004). Ciwa Griffiths: A celebration of a pioneer (1911-2003). *Volta Voices, 11*(3), 34-35.

Wu, C. D., & Brown, P. M. (2004). Parents' and teachers' expectations of auditory-verbal therapy. *The Volta Review, 104*(1), 5-20.

Yang, C. (2006). *The infinite gift: How children learn and unlearn the languages of the world.* New York: Scribner.

Yoshinaga-Itano, C. (2004). Levels of evidence: Universal newborn hearing screening (UNHS) and early hearing detection and intervention systems (EHDI). *Journal of communication Disorders, 37,* 451-465.

증거기반 청각구어 치료

Ellen A. Rhodes

개 요

이 장은 청각구어 중재가 신중히 고안된 전략에 기반을 둔 체계적인 실제이며, 나아가 반드시 그래야 한다는 전제하에 쓰였다. 이때 전략이란 가족 구성의 맥락에서 각 아동이 청각을 기반으로 하는 구어를 발달시키도록 촉진하는 것을 말한다. 바람직한 청각구어 실제는 이 책의 제1장에서 살펴본 경험적 결과에 기초한 원리들 위에 이루어진다. 이 장의 첫 번째 부분 절에서는 증거기반 치료를 구성하는 것이 무엇인지 논의하고, 청각구어 실제와 관련된 증거기반 연구들의 결과를 살펴볼 것이다. 두 번째 절에서는 이러한 증거기반 연구에 참여했던 청각구어 임상가들이 묘사한 공통적 특징들에 대해 논의할 것이다. 이 장은 시사점과 고려점, 권고사항으로 결론을 맺는다.

증거기반 실제로서의 청각구어 실제

과학적으로 지지되는 중재는 증거가 뒷받침되며 타당할 뿐만 아니라 강력하다는 가정에 의거한다(Graham, 2005). 증거기반 실제(Evidence-Based Practice: EBP)란 개개 임상가의 전문성(expertise)이 서비스 수혜자의 요구에 따라 우수한 연구 증거에 기초하여 임상적 의사 결정을 하는 것을 말한다(Sackett, Rosenberg, Gray, Haynes, & Richardson, 1996). EBP의 목표는 ① 임상적 결과를 향상시키고, ② 서비스의 질을 향상시키며, ③ 치료의 기준을 제공하는 것이다(Sackett, 1998). EBP는 체계적인 연구를 포함한 많은 자원으로부터 얻은 증거를 고려하는 임상적 의사 결정을 요구한다. 증거기반 실제에서 널리 받아들여지는 추세는 청각장애 아동과 그의 가족들에게 이득을 줄 수 있어야 한다는 것이다.

EBP는 "…체계적인 연구로부터 나온 최선의 실용 가능한 외적인 임상적 증거와 통합된 임상적 전문성"(Sackett et al., 1996, p. 71)으로 정의될 수 있다. '임상적 전문성'이란 긍정적인 결과를 가져오는 청각구어 임상 능력과 관련된 중재 전략을 말한다. '최선의 실용 가능한 외적인 임상적 증거'란, 청각구어 실제 자체는 충분한 데이터를 산출할 수 없기 때문에, 다양한 학문으로부터 나와야 하며 중재 전략을 이끄는 지식을 말한다. 이는 증거기반 청각구어 임상가들이 전통적인 학문의 경계를 넘어서서 움직여야 할 필요성이 있음을 뜻하는 것이다(Ratner, 2006; Reiss, 2009). '체계적인 연구'란 실제를 위한 최선의 접근법을 구성하는 모든 적절한 정보를 판별하고 조합하기 위해 적절한 문헌 조사를 하는 것을 말한다(Vetter, 2003). 요컨대, EBP는 증명이 가능하며 과학적인 증거로부터 나와야 한다(Foster, 1999).

증거는 서로 다른 연구 방법론을 사용한 연구들로부터 도출되어야 한다(Odom et al., 2005). 그러나 연구 조건이 다양할수록 일반화 가능성(generalizability)은 더 적어진다(Odom et al., 2005). 사실, 실제를 설명할 수 있는 증거가 발견되지 않더라도 체계적인 고찰을 해야 할 필요가 있다(Alderson & Roberts, 2000).

연구자들은 어떤 종류의 연구가 과학적인지에 대해 의견이 일치하지 않을 수 있다. 그러나 과학적인 의도는 과학적 증거의 본질에 대한 서로 다른 아이디어에 계속 의존하기보다는 준거의 측면에서 수렴하려 해야 한다(Schirmer & Williams, 2008). 청각구어 임상에 반영된 여러 학파의 증거중심 결과들이 급증한 것을 생각해 보면, 이것은 매우 어려운 일이다. 우리가 잘 아는 바와 같이 EBP는 "실제 임상(clinical practice)의 정규적인 부분이 되지는 않았다"(Brackenbury,

Burroughs, & Hewitt, 2008, p. 78). 대신에 임상적 고찰은 단순하게 관련 문헌을 고찰하지만, 구체적인 증거가 거의 없을 때 합리적인 판단을 하기 위해서는 주제를 더 광범위하게 토의해야 한다(Vetter, 2003).

연구지들의 논문 심사 과정은 과학적 데이터의 주춧돌이 되고 실증적 결과에 대한 문지기 역할을 수행하도록 고안되었다(Bidstrup, 2006). 이 과정은 투명한 과정이어야 하며, 심사자들은 심사하는 연구의 결과의 강점과 유의미성 또는 저자의 논지의 타당성을 평가할 수 있도록 그들의 객관적인 평가에 대한 설명을 할 수 있어야 한다(Kaplan, 2005). 혹자는 여러 가지 이유로 이 과정이 최근에 몇몇 전문가 집단과 연구지에 의해 왜곡되고 있다고 본다. 논문 심사 과정은 임상가들에게 EBP적 수단에 접근할 수 있도록 하며, 역으로 청각구어 임상의 질을 보장할 수 있게 한다.

효능과 효과

동료들에게 존중받고 정책 입안자들과 부모들에게 널리 받아들여지는 중재들은 원리와 설계가 객관적이고 수량화할 수 있는 증거를 기반으로 하여야 한다(Frattali, 2004). 전문가의 의견을 인용하거나 일화적인 보고에 의존하는 것은 요즘의 심사 문화(audit culture)의 첨단을 달리는 사람들에게 충분치 않다(Dollaghan, 2004; Hodkinson, 2008). 증거기반 연구들은 중재 효과를 검증하는 다양한 방법을 제안한다. 그 하나는 다양한 자원과 잘 훈련되고 주의 깊게 지도받은 임상가를 포함하여 이상적이고 매우 통제된 조건에서 중재를 철저하게 검증하는 것이다(Flay et al., 2005). 이러한 연구 결과를 치료의 효능(efficacy)이라 한다(Neely et al., 2007). 중재는 통제가 거의 안 되는 '실제 세계'에서 제공되기 때문에 '이상적인 조건'에서 산출되는 중재 프로그램의 효능은 청각구어 임상에서 비현실적일 수 있다(Zwarenstein, 2009).

증거기반 연구를 바라보는 또 다른 방법은 프로그램의 결과 또는 임상가가 사용한 특정 전략의 효과(effectiveness)를 검증하는 것이다. 이것은 효과적인 결과를 얻는 데 매우 효율적인 방법이다(Flay et al., 2005). 효과는 연구 결과가 거의 통제되지 않고 중재 결과를 일반화할 수 있는 '실제 세계'에 적용 가능하다는 것을 뜻한다(Ayd, 2000). 효과 연구의 목표는 연구 세팅이 아닌 세팅에서 청각구어 임상의 수행을 통해 중재 결과가 나온 것이라고 자신 있게 증명하는 것이다. 이 목표는 더 많은 청각장애 아동과 그들의 가족들에 대해 일관적인 결과를 증명함으로써 성취될 수 있다. [그림 2-1]은 특정한 효율적인 중재 전략이 효과가 있을 수 있음을 보여 주는 과정이다. 결과 효과가 증명되었을 때, 중재는 증거에 기반을 두었다고 간주될 수 있다.

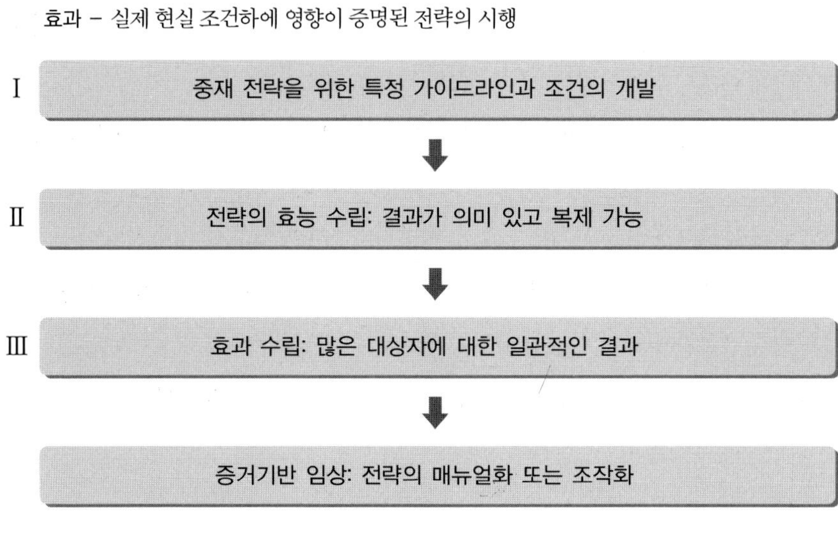

[그림 2-1] 중재 전략은 어떻게 증거기반 임상이 되는가

증거의 수준

EBP는 정책 입안자, 자금원, 행정가, 임상가, 멘토, 대학이나 기타 훈련 장소들, 부모들과 같은 이해 당사자들의 편에서 의사 결정에 대한 정보를 제공한다(Dollaghan, 2004). 이때 증거에는 다양한 수준이 있고 이 수준들을 분류하는 다양한 방법이 있다. 증거는 연구의 엄격함이나 방법론에 기반을 둔 강점의 견지에서 무게를 둘 수 있다(Frattali, 1998). 가장 높은 수준이나 가장 믿을 만한 증거는 대상자가 많고 무선 통제가 된, 잘 설계되고 연구된 시도를 포함한다(Frattali, 1998). 무선 통제 연구는 실험적 선입견을 피하기 위해 각 집단에 대상자들을 무선 배치한 치료/실험 그리고 비교/통제 집단을 사용한다(Martin, 2006). 이러한 조건들을 충족하는 것은 거의 불가능한데, 어린 아동들과 가족들을 서로 다른 중재 프로그램에 배치한다는 것은 윤리적이지 못하기 때문이다(Klingebiel, Niethammer, Dietz, & Bader, 2001). 우리는 통제 연구는 할 수 있지만 무선 배치는 할 수 없다.

청각구어 중재의 관점에서 대상자들을 두 집단에 배치하는 것은 여러 가지 이유로 어렵다(Eriks-Brophy, 2004; Guyatt & Rennie, 2002; Sim, Olasov, & Carini, 2004). 여러 변수에서 통제 집단과 실험 집단의 최소한의 대상자 수를 일치시킬 필요가 있기 때문이다(Guyatt & Rennie, 2002). 대상자들, 가족들, 교육의 다양한 특성이 이를 거의 불가능하게 만든다(Odom et al., 2005). 청력손실의 정도, 아동의 연령, 증폭을 사용한 경력, 부가적인 학습의 어려움, 문화와 언어의 다양성, 가족 구성, 학업 보조의 형태와 범위 등이 이러한 복잡한 특성이 된다. 또 다른 이유가 있는데, 이는 아직 분명하게 정의될 수 없는 중재 요소와 관련된 것이다(Odom et al., 2005). 연구자가 증거 기반 설계의 가장 높은 기준을 획득하기 위해서는 중재가 의도한 대로 시행되는 범위를 반드시 알아야 한다. 이것은 청각구어 임상에 필수적인 것으로 여겨지는 전략들을 '매뉴얼화' 또는 '조작화'하지 않고는 불가능할 것이다.

다음으로, 높은 증거 수준을 가진 것으로 간주되는 연구들은 전형적으로 비무선 배치 통제 집단을 사용하기 때문에 좀 더 달성이 가능하다. 이러한 연구들은 전향적이거나 후향적일 수 있는데, 분석을 복잡하게 하는 변수들을 바로잡기 위한 시도를 할 수도 있고 안 할 수도 있다. 이러한 유사(quasi) 실험 연구들은 종종 적은 수의 대상자 집단을 사용한다(Chow, Shao, & Wang, 2008; Department of Public Health Sciences King's College London, 2009; Frattali, 1998; Robey, 2004). 이러한 연구들은 일반화가 안 될 수도 있지만, 임상가들은 아직 중재를 지지하는 이러한 유형의 증거를 사용하며(Chow et al., 2008; Frattali, 1998) 특히 중재에 대한 기술적인 정보가 포함될 때 그렇다.

그러나 아동들이 이질적이라는 것뿐만 아니라 교육과 가족의 복잡성을 생각할 때 하나 이상의 연구 방법론이 중재 임상을 지도하도록 하는 것이 중요하다(Odom et al., 2005). "(하나의 방법보다) 임상에 더 효과적으로 정보를 제공하는 부가적인 정보의 세트를 제공하기 위해", 연구 방법론을 혼합하는 것은 가치 있는 일이다(Odom et al., 2005, p. 142). 요약하면, 적극적으로 구성된 유사 실험 연구는 중재 효과를 평가하기 위해 고안된 연구 설계의 유일한 형태가 아니다. 집중된 탐구와 해석을 통해 고려된 질적 연구 또한 적절하다(Brantlinger, Jimenez, Klingner, Pugach, & Richardson, 2005). 질적 연구는 중재 대상자들의 태도, 의견, 믿음을 탐구하고 때로는 과거의 중재 경험에 대한 후향적 회상을 이용하기도 하며(Brantlinger et al., 2005), 결과 데이터에 현실적인 관점을 제공할 수 있다(Timmins & Miller, 2007). 질적 연구가 유사 실험 연구를 개별화하고 중재 효율성에 대한 이해를 넓힐 수 있지만, 일반화 가능성을 가져오지는 못한다(Brantlinger et al., 2005). 그러나 약간의 증거들이라도 없는 것보다는 있는 것이 좋다(De Los Reyes & Kazdin, 2008).

유사 실험 연구 또는 질적 연구를 시작하기 전에 관련 문헌을 질적으로 적절하게 고찰하는 것은 인정할 수 있는 증거의 요소다(Frattali, 1998). 편견을 갖거나 적절한 자료를 생략하는 것은 어떤 이유에서라도 비윤리적이고 비전문가적이다(Lucas & Cutspec, 2005). 문헌을 고찰할 때는 최근 연구에 집중해야 한다(Dollaghan, 2004). 더욱이 증거기반 문헌을 고찰할 때 2차 인용은 가능한 한 피해야 한다(Mudry, 2008; Paradis, 2006).

최선의 실제

'최선의 실제(best practices)'는 임상적 전문성에 기초를 둔 중재를 말한다. 이는 다시, 중재 활동에 대해 합의된 가이드라인에 기초해야 한다. 중재 활동은 중재 과정으로서 결과에 대한 지속적인 평가를 포함한다(Hayes, 2005). 더욱이, '최선의 실제'는 표준화된 자료 수집과 관련된 과학적인 방법론을 따라야 한다(Hayes, 2005). 종종 EBP와 '최선의 실제'는 혼동된다(Hyde, 2009). "최선의 실제는 연구 공동체에서 합의한 준거에 따라 평가한 연구를 통해 확인되지 않는 한 증거기반 실제가 아니다." (Schirmer & Williams, 2008, p. 166) '최선의 실제'는 일반적으로 경험 많은 임상가나 문헌 해석에 대한 개인적인 의견에서 도출되지만, 이 실제의 내용의 준거에 대한 합의점은 알려진 바 없다(Schirmer & Williams, 2008). 청각구어 임상에 대해 진화하는 실험적인 지지를 볼 때, 임상가들은 '최선의 실제' 프로토콜을 구성하기 위한 과학적인 접근을 사용해야 할 것이다. 이 프로토콜은 임상적인 전문성 그 이상의 것이어야 한다. 이는 또한 증거 지지적 치료 또는 효능 연구에 기반을 둔다(Hayes, 2005).

청각구어 중재의 결과로 인한 변화에 대한 증거

역사적으로, 청각구어 실제를 다룬 문헌들의 대부분은 본질적으로 이론과 실험 기반적 근거(Pollack, 1967, 1971; Stewart, Pollack, & Down, 1961)를 논하거나 '최선의 실제'라고 간주되는 전략들(Beebe, 1953; Pollack, 1970; Vaughan, 1976)을 논하는 일화적인 것이었다. 뒤따라온 실험적인 증거들은 사례 연구나 후향적 설문인 경향이 있었다(Goldberg & Flexer, 1993, 2001; Robertson & Flexer, 1993; Wray, Flexer, & Vaccaro, 1997). 이러한 설문은 가장 낮은 수준의 증거로 구성되어 있었으며, 청각구어 실제에 대한 최소한의 지지를 제공하고 있다. 이러한 설문 연구는 그 당시에는 중요한 목적을 수행하였고, 몇몇 증거들은 매우 약했지만 없는 것보다는 나았다. 이러한 설문 연구와 함께 집단 연구가 시행되었지만, 일반화되기에는 집단 크기가 너무 작거나 보고된 데이터가 너무 제한적이었다(Pappas, Flexer, & Shackelford, 1994). 이러한 연구들은 청각구어 임상가들이 더욱 수용 가능하며 엄격한 연구 설계를 통해 연구를 수행해야 한다는 도전이 되었다.

21세기가 시작되면서, 청각구어 실제에 대한 실험적 지지에 변화가 일어났다. 하나의 세밀한 사례 연구가 출판되었고, 이 연구는 이전의 일화적 자료보다 질적으로 매우 향상된 것이었다(Warner-Czyz, Davis, & Morrison, 2005). 이처럼 후향적 연구의 질이 향상되었다(Easterbrooks & O'Rourke, 2001; Easterbrooks, O'Rourke, & Todd, 2000). 그리고 아마도 더 중요한 것은, 유사 실험 설계나 질적 연구 설계를 사용한 집단 연구가 출판된 것이다(Dornan, Hickson, Murdoch, & Houston, 2007; Duquette et al., 2002; Eriks-Brophy et al., 2006; Hogan, Stokes, Tyszkiewicz, & Woolgar, 2008; Neuss, 2006; Rhoades, 2001; Rhoades & Chisolm, 2001; Wu & Brown, 2004). 청각구어 실제를 지지하는 증거들은 이전에 보고된 것에 비하여 상당히 늘어났다(Rhoades, 2006).

청각구어 중재는 다음과 같은 경우에 더 이상 논란의 여지가 없는 것으로 간주된다. ① 상당한 수의 증거가 있는 무선 통제 연구가 있을 때, ② 결과가 복제되었을 때(Silver, 1995) 등이다. 더욱이 이 증거들 중에 유사 실험 연구가 상대적으로 계속 거의 없기 때문에(〈표 2-1〉 참조), 청각구어 실제는 의사소통과 교육 옵션의 측면에서 지속적으로 상당히 열정적이고 주관적인 논란의 부분이 될 것이다. 그러나 어떤 아동들에게는 효과적인 중재로 고려될 수 있다. 다양한 연구 설계와 측정이 사용되었지만, 2개 이상의 최근 연구 결과는 본질적으로 청각구어가 효과적인 중재라는 Rhoades와 Chisolm(2001), Rhoades(2001)의 결과를 지지한다. 어떤 연구 결과도 청각구어 중재가 모든 가족과 아동에게 효과적이라고 제안하지는 않으며, 이러한 제안은 논란의 여지가 있다(McWilliam, 1999). 더욱이 Eriks-Brophy 등(2006), Wu와 Brown(2004), Neuss(2006)의 가장 최근의 질적 연구는 Easterbrooks 등(2000), Easterbrooks와 O'Rourke(2001), Duquette 등(2002)이 이미 제시한 것을 지지한다. 마지막으로, 가능한 변화의 범위에 대한 준거에 따르면 청각구어 중재에 대한 요즈음의 증거들은 '가능한 변화에 대한 증거'를 반영한다(De Los Reyes & Kazdin, 2008). 이것은 "세 가지 이상의 측정, 정보원, 분석적 방법에서 나온 결과들의 50% 이상이 차이를 보이며, 적어도 세 가지 결과가 각각의 정보원, 측정, 방법으로부터 수집되었다." (De Los Reyes & Kazdin, 2008, p. 49)는 것을 뜻한다. 나아가, "증거는 중재가 목표로 한 결과 영역에서 가능한 변화를 제안하지만, 왜 비일관성이 발생하는지는 추후 연구해야 한다." (De Los Reyes & Kazdin, 2008, p. 49) 일반적으로 청각구어 실제는, 적어도 가족들과 그들의 청각장애 아동의 선택에 도움을 주는 증거기반 중재라고 간주될 수 있다.

Brackenbury 등(2008)에 의하면, "EBP를 효과적으로 촉진할 수 있는 가장 좋은 방법은… EBP를 시행하기 위해 노력하면서 그 한계를 인식하는 것이다." (p. 87) 다음 절에서 설명할 내용

표 2-1 청각구어 실제에 대한 최근 심사 연구 논문 정보

연구자/국가	연구 방법 및 기간	대상자	측정도구
Dornan 외, 2007/ 호주	집단 일치(12개월)	아동 29	PLS-4; CELF-3; PPVT-3; GFTA-2
Duquette 외, 2002/ 캐나다	질적/기술적: 초점집단	부모 41	면담/설문
Easterbrooks & O' Rourke, 2001/ 미국	후향적	부모 70	Leiter-R: Parent Rating Scale; 부모 평정척도/ 면담/설문
Easterbrooks 외, 2001/ 미국	후향적	부모 72	Leiter-R: Parent Rating Scale; 인구학적 특질 비교
Ericks-Brophy 외, 2006/ 캐나다	질적: 초점집단	청소년 16, 부모 24, 순회교사 14	면담/설문
Hogan 외, 2008/ 영국	유사-실험(12개월)	아동 37	PLS-3
Neuss, 2007/ 캐나다	질적	부모 5	부모면담/토의
Rhoades, 2000, Rhoades & Chisolm, 2000/ 미국	유사-실험 (12~24개월)	아동 40	SICD-R; PLS-3; OWLS
Warner-Czyz 외, 2005/ 미국	질적: 사례 연구(12개월)	아동 1	Rossetti Infant-Toddler Language Scale; 비디오 분석
Wu & Brown, 2004/ 호주	질적	부모 20, 교사 20	부모/교사 설문

의 경우 일반화 가능성에서는 제한되지만, 현재의 청각구어 실제에 대한 기술적인 증거를 제공한다. 이 연구들의 모음은 본질적으로 질적 연구이거나 적어도 유사 실험 설계 수준이며, 대상자들이 중재 옵션으로 청각구어 실제를 분명하게 확인한 10개의 연구를 반영하고 있는 총 11개의 심사 연구 논문이다(〈표 2-1〉 참조).

증거중심 청각구어 실제의 기술적 특성

청각구어 중재의 특성을 밝히기 위해 증거기반 연구들을 고찰하는 것은 흥미로운 일이다. 2000년 이후의 심사 연구들을 모두 정독하면 청각구어 중재의 확립된 원리를 넘어서 청각구어 실제에 대한 정보를 얻을 수 있다. 이 연구들은 호주, 캐나다, 영국, 미국의 청각구어 센터에 등록된 가족들을 기반으로 정보를 제시한다. 청각구어 실제의 특성은 11개의 출판된 논문 중 10개

의 연구에서 추출해 내었다. 이 4개 나라에서의 청각구어 실제와 특성들은 유사할 것으로 가정하며 그렇지 않은 경우에는 그에 대해 명기하고 있다.

여기서는 증거기반 청각구어 실제의 일부로 판명된 특성들만 다루고 있다. 이 절의 목적은 최근의 청각구어 임상을 설명하는 것이다. 이 연구들은 청각구어 교육가를 위한 자격 제도가 시작되기 전에 시행된 것들이다. 전형적인 전문 청각구어 센터에서 공유하고 있는 증거기반 청각구어 실제를 요약하고 시사점과 관련 이슈들을 논의한다.

청각구어 임상가

청각구어 임상가들은, 청각학, 언어병리학 또는 '농교육'에서 석사 이상의 학위를 가진 경험 많은 전문가들이라고 청각구어 자격 원리와 관련 윤리에 규정하고 있다(Hogan et al., 2008; Rhoades & Chisolm, 2001). 청각구어 임상가들은 신뢰할 수 있다고 간주된다(Wu & Brown, 2004). 부모들은 청각구어 임상가들이 지식과 기술, 헌신의 정도에 있어서 매우 높은 수준이라고 생각한다(Wu & Brown, 2004). 임상가들은 아동 발달 단계를 잘 알고 있고, 특히 청각기반 구어와 관련된 기술에 익숙하다(Wu & Brown, 2004). 임상가들은 정보뿐만 아니라 아동에 대한 관찰이나 아동을 위한 목표를 부모와 공유한다(Wu & Brown, 2006). 아동이 학령기가 되면 청각구어 임상가일 수도 아닐 수도 있는 교사들이 종종 부모들과 밀접하게 관련된다(Duquette et al., 2002; Eriks-Brophy et al., 2006; Wu & Brown, 2004).

중재 옵션으로서의 청각구어 실제

아동을 위해 청각구어 중재를 선택한 부모들은 매우 주도적으로 행동한다(Dornan et al., 2007; Easterbrooks et al., 2000; Hogan et al., 2008; Neuss, 2006; Rhoades & Chisolm, 2001; Wu & Brown, 2004). 그들은 아동이 정상이 되기를 원하며(Neuss, 2006), 학교와 지역사회에 통합되는 것을 중요하게 생각한다(Duquette et al., 2002; Eriks-Brophy et al., 2006; Neuss, 2006; Wu & Brown, 2004). 부모들은 장기적으로, 적어도 1년 또는 그 이상 청각구어 중재를 선택한다(Dornan et al., 2007; Easterbrooks et al., 2000; Eriks-Brophy et al., 2006; Horgan et al., 2008; Neuss, 2006; Rhoades, 2001; Rhoades & Chisolm, 2001; Wu & Brown, 2004). 어떤 아동들은 중등교육 수준이 될 때까지 계속해서 청각구어 서비스를 여러 해 동안 받는다(Duquette et al., 2002; Easterbrooks & O'Rourke, 2001; Eriks-Brophy et al., 2006;

Hogan et al., 2008).

어떤 청각구어 임상가들은 자신들의 청각구어 중재 프로그램을 높은 수준의 부모 또는 가족의 참여가 필요한 것이라고 한다(Dornan et al., 2007; Eriks-Brophy, 2004; Wu & Brown, 2004). 다른 청각구어 임상가들은 그들의 중재 서비스를 아동에 의한, 가족 초점(Rhoades, 2001; Rhoades & Chisolm, 2001) 또는 가족중심(Wu & Brown, 2004)인 것이라고 한다. 부모에 더하여, 형제자매와 조부모뿐만 아니라 가까운 친구들 또는 다른 친척들이 직접적으로 청각구어 실제에 관여될 수 있다(Wu & Brown, 2004).

청각구어 중재에 참여하는 대부분의 아동들은 긍정적인 구어의 성장을 보인다(Dornan et al., 2007; Hogan et al., 2008; Rhoades & Chisolm, 2001; Warner-Czyz et al., 2005). 이것은 또한 소수의 아동들은 청각구어 임상의 결과로 충분한 언어 성장을 보이지 않는다는 것을 말한다(Hogan et al., 2008; Rhoades, 2001; Rhoades & Chisolm, 2001). 진전의 속도에는 여러 가지 요인이 관련되는데, 진단 연령, 청각 보장구의 효과, 중복장애로 인한 요구의 유무 등이 그것이다(Hogan et al., 2008; Wu & Brown, 2004).

주요 서비스 요소

청각구어 실제는 종종 청각구어 치료(Auditory-Verbal Therapy: AVT)라고 알려져 있다. 청각구어 치료는 적어도 청각장애 아동과 아동의 부모 중 한 명 그리고 청각구어 임상가가 삼각 구도로 관여한다(Duquette et al., 2002; Easterbrooks & O'Rourke, 2001; Hogan et al., 2008; Neuss, 2006; Warner-Czyz et al., 2005; Wu & Brown, 2004). 전형적인 센터 중심 청각구어 치료 회기의 길이는 60~90분이며, 매주 1회, 10일 또는 2주에 한 번 이루어진다(Hogan et al., 2008; Warner-Czyz et al., 2005; Wu & Brown, 2004). 청각구어 중재에 있어서 청각구어 치료의 중심적 역할은 분명하다. 청각구어 치료 회기는 다른 학습적 문제가 발견되지 않은 아동들을 위한 서비스의 주요 단위다(Dornan et al., 2007; Easterbrooks & O'Rourke, 2001; Easterbrooks et al., 2000; Eriks-Brophy et al., 2006; Hogan et al., 2008; Neuss, 2006; Rhoades & Chisolm, 2001; Warner-Czyz et al., 2005; Wu & brown, 2004). 청각구어 치료 회기는 부모가 언어 촉진자가 되기 위해 필요한 요구를 충족하도록 집중적이고 개별화되어 있으며, 각 아동의 성장에 맞춘 청각구어 기술을 시범 보인다(Duquette et al., 2002; Easterbrooks & O'Rourke, 2001; Wu & Brown, 2004).

가족 역할 및 책무

'충분한 정보를 얻은 후에 선택'한 결과로써, 그리고 부모가 청각구어 치료에 참여함으로써, 부모들은 가정에서 청각 기반과 아동 중심의 풍부한 언어 활동을 계속적으로 시행한다는 것에 동의하는 것이다(Neuss, 2006; Wu & Brown, 2004). 모든 부모가 그런 것은 아니나, 아동이 협조적이지 않을 때 부모들은 종종 집에서 공식적인 청각구어 치료를 제공해야 한다고 느낀다(Neuss, 2006). 부모 중 어머니들이 청각구어 치료에 참여하는 경향이 있으며(Duquette et al., 2002; Neuss, 2006; Wu & Brown, 2004), 아버지들은 청각구어 치료 과정에서 스스로를 중요하지 않다고 생각할 수 있다(Neuss, 2006). 청각구어 임상가들은 청각장애 아동을 위해 집에서 언어 자극을 집중적으로 제공할 필요가 있다고 어머니들에게 알려 주기 때문에, 어머니들은 직장을 그만두거나 일하는 시간을 많이 줄이게 된다(Duquette et al., 2002). 어떤 어머니들은 아동과 '일하는' 시간이 하루에 평균 7시간으로 늘어났다고 보고한다(Wu & Brown, 2004). 어떤 어머니들은 청각구어 임상가들이 추천하는 만큼의 구어 자극의 양을 채우기가 어렵다고 한다. 이것은 어머니들이 집에서 충분한 언어 자극을 제공하지 못하는 데 따른 죄책감을 보고하는 원인이 될 수 있다(Neuss, 2006).

부모들은 훈련과 지지, 교육, 코치를 받으며, 또는 청각구어 치료 치료 회기를 통해 지도를 받는 경향이 있다(Dornan et al., 2007; Eriks-Brophy et al., 2006; Hogan et al., 2008; Wu & Brown, 2004). 아동이 학교에 가게 되면 부모는 교사, 후원자, 사례 관리자나 행정가, 장비 관리자, 사회적 상호작용의 촉진자와 지지 그룹의 구성원으로서 기능한다(Duquette et al., 2002; Neuss, 2006). 부모들은 아동의 교육에 적극적으로 관여한다(Duquette et al., 2002; Eriks-Brophy et al., 2006; Wu & Brown, 2004). 그들은 학업적으로나 사회적으로 지역사회에 통합되는 것이 매우 중요하다고 생각한다(Duquette et al., 2002; Eriks-Brophy et al., 2006; Wu & Brown, 2004). 학교에 다니는 동안 어머니의 역할은 구어 촉진자에서 아동의 교과목을 도와주는 과외교사로 바뀌어 간다(Duquette et al., 2002). 부모들이 아동의 교사와 가까이 의사소통하는 것이 학업적 성공을 보장하기 위해 필요하다(Duquette et al., 2002).

가족 특성

청각구어 중재를 자유롭게 선택하는 부모들은 "가정 내 활동을 적절하게 구성하는 데 상당한 양의 에너지를 사용하고, 치료를 받기 위해 상당한 거리를 이동하며, 이동과 치료 자체에 들어가는 재정적 비용을 부담한다"(Hogan et al., 2008, p. 162). 부모들이 처음에 청각구어 프로그램을 선택한다는 것은 그들이 모든 중재 활동에 적극적으로 참여할 동기가 충분하다는 것을 함축한다(Easterbrooks et al., 2000; Rhoades & Chisolm, 2001). 많은 엄마들이 청각구어 중재와 아동이 학교를 다니는 나머지 기간 동안 높은 동기를 유지한다(Duquette et al., 2002). 부모들과 임상가들은 청각장애 아동에게 유사한 수준의 높은 기대를 유지한다(Hogan et al., 2008; Rhoades & Chisolm, 2001; Wu & Brown, 2004). 부모들은 집요하고 낙관적이며 영적이고 인내심이 많은 경향이 있다(Neuss, 2006). 부모들은 청각구어 치료 회기에서 학습한 결과로 자신감을 얻는다(Wu & Brown, 2004).

청각구어 치료 프로그램에 참여하는 부모들은 전형적으로 교육 수준이 높다. 즉, 대학 교육 이상의 교육을 받았다(Duquette et al., 2002; Easterbrooks et al., 2000; Rhoades & Chisolm, 2001). 어떤 지역에서는 무료로 하기도 하지만 청각구어 치료가 비쌀 수 있기 때문에(Hogan et al., 2008), 청각구어 중재를 선택하는 가족들은 적어도 유럽과 북미에서는 유복한 경향이 있다. 그래서 이들은 일반적인 인구를 대표하지는 못한다(Easterbrooks & O'Rourke, 2001; Hogan et al., 2008; Rhoades & Chisolm, 2001). 청각구어 치료가 무료로 제공되어도, 가족들은 다음과 같은 이유에서 비싸다고 느낄 수 있다. ① 이동 거리/교통수단 요인(Hogan et al., 2008), ② 집에서 치료를 하기 위해 보모나 가정교사 또는 다른 임상가를 고용하도록 선택하는 경우(Neuss, 2006), ③ 아이의 촉진자, 가정교사, 지원자가 되기 위해 직장을 포기하는 경우 등이다(Duquette et al., 2002). 이런 선택들은 청각구어 임상가나, 부모로서의 죄책감에 기인한 무언의 압력을 지각한 결과일 수 있다(Neuss, 2006). 청각구어 치료를 제공하는 센터들의 지리적인 위치 때문에 가족들은 경우에 따라 이사를 못 가거나 혹은 이사를 할 수도 있다(Neuss, 2006). 많은 경우 어머니들은 직장이 없는 경우가 많다(Neuss, 2006; Wu & Brown, 2004). 직장을 가진 어머니들은 일하는 시간이 자유로운 것이 꼭 필요하다(Neuss, 2006).

미국에서 청각구어 중재 프로그램에 참여하는 가족들은 문화적으로 다양한 미국 인구를 대표하지 않는다(Rhoades & Chisolm, 2001; Rhoades, 2001; Easterbrooks, O'Rourke, & Todd, 2000; Easterbrooks & O'Rourke, 2001). 다른 나라들에서 청각구어 센터에 다니는 대상자들에 대한 정보는 없다. 이 장에서 살펴본 연구들은 미리 선택된 소수의 샘플을 대상으로 하거나, 의도적으로 영어를 말하지 못하는 가정을 제외하거나, 가족들의 문화적인 특성에 대한 언급을 하지 않았다(Dornan et al., 2007; Hogan et al., 2008; Duquette et al., 2002; Eriks-Brophy et al., 2006; Neuss, 2006; Wu

& Brown, 2004).

가족의 특성들, 역할이나 기능은 청각구어 중재를 받아들임에 따라 달라진다(Neuss, 2006). 상당히 자주, 부모들은 이러한 변화가 긍정적인 방향이라고 보고하며 적응한다(Neuss, 2006). 청각구어 임상가들은 부모들에게 지지적인 경향이 있고 임상가-부모 관계가 대부분 긍정적이므로 가족들은 일반적으로 잘 적응한다(Neuss, 2006).

서비스 세팅

청각구어 치료는 대부분 센터 중심으로 이루어진다(Dornan et al., 2007; Easterbrooks et al., 2000; Eriks-Brophy et al., 2006; Hogan et al., 2008; Neuss, 2006; Rhoades & Chisolm, 2001). 지역적 지원을 받는 것뿐 아니라, 어떤 부모들은 아동이 청각구어 치료를 받도록 하기 위해 먼 거리를 이동하는데(Easterbrooks et al., 2000), 청각구어 치료 회기에 참여하기 위한 평균 이동 거리가 50마일을 넘는다(Hogan et al., 2008). 미국이나 영국과 같은 나라들에서는 청각구어 임상이 사설 기관에서 주로 제공된다(Easterbrooks et al., 2000; Hogan et al., 2008; Rhoades & Chisolm, 2001). 청각구어 중재는 가족들의 시간을 많이 소모한다(Neuss, 2006). 청각구어 치료, 의학적 진료, 청각적 예약을 위해 다른 지역으로 이동하는 것뿐만 아니라, 가족들에게 집으로 방문하는 다른 지원 임상가들이 있는 경우가 있다(Hogan et al., 2008; Neuss, 2006).

그 밖의 중재 서비스

아동을 위한 정기 평가는 규준 참조와 표준화 검사를 포함한다(Dornan et al., 2007; Easterbrooks et al., 2000; Eriks-Brophy et al., 2006; Hogan et al., 2008; Rhoades & Chisolm, 2001). 다른 서비스들, 특히 지원 서비스들은 청각구어 센터(Dornan et al., 2007)나 다른 기관(Hogan et al., 2008)을 통해 제공될 수 있다. 부모들은 아동의 행동관리에 어려움을 겪을 수 있다(Neuss, 2006; Rhoades & Chisolm, 2001), 부모들은 건청 아동들보다 청각장애 아동들을 교육하는 데에 더 관대할 수 있다(Neuss, 2006). 부모가 아동의 행동을 관리하는 것을 돕는 지원 서비스는 적절하지 않을 수 있다(Neuss, 2006; Rhoades & Chisolm, 2001).

아동 특성

청각구어 중재 서비스에 지속적으로 참여하는 아동들은 대화 거리 범위에서 말 스펙트럼의 모든 범위를 제공하는 적절한 청각 보장구를 지속적으로 사용한다(Dornan et al., 2007; Eriks-Brophy et al., 2006; Hogan et al., 2008; Rhoades & Chisolm, 2001; Wu & Brown, 2004). 청력손실은 중등도에서 심도까지이며, 아동들이 사용하는 청각 보장구는 보청기 그리고/또는 인공와우를 포함한다(Easterbrooks & O'Rourke, 2001; Easterbrooks, O'Rourke, & Todd, 2000; Hogan et al., 2008; Rhoades, 2001; Rhoades & Chisolm, 2001).

몇몇 연구는 상당한 비율의 중복장애 아동을 포함하였다(Hogan et al., 2008; Rhoades, 2001; Rhoades & Chisolm, 2001; Wu & Brown, 2004). 그러나 어떤 연구들에서는 청각구어 센터에서 치료를 받는 아동들이 청각장애 아동들의 집단을 대표하지 못하는 것으로 보인다(Dornan et al., 2007; Easterbrooks & O'Rourke, 2001).

2개의 연구에서 여자 아동보다 남자 아동이 더 많이 보고되었으나, 변수로서 성별을 포함하여 분석한 연구는 없다(Dornan et al., 2007; Rhoades & Chisolm, 2001; Rhoades, 2001). 청각장애가 있는 남자 아동들은 청각구어 중재에서 여자 아동들만큼의 결과를 획득하지 못할 수 있다(Easterbrooks, O'Rourke, & Todd, 2000; Easterbrooks & O'Rourke, 2001). 예를 들어, 남자 아동들은 테이블에 앉아서 하는 구조화된 치료에 잘 따르지 않는 기질을 보일 가능성이 더 많고, 다른 방식으로 배우는 경향이 있다(Easterbrooks & O'Rourke, 2001). 남자 아동들의 부모들은 청각구어 임상에 대해 불만족을 표현할 가능성이 더 크며, 어떤 부모들에게는 좌절을 가져오는데, 그것은 청각구어 치료가 그들의 아들을 지지하지 못한다고 보기 때문이다. 그래서 이런 부모들 중 많은 수는 여자 아동들의 부모들보다 더 일찍 청각구어 서비스를 종결하기도 한다(Easterbrooks & O'Rourke, 2001).

청각구어 치료 전략

어떤 다른 전략이 청각구어 치료 전략보다 더 효과적이라는 증거는 없지만, 특정 중재 전략들이 문헌에서 언급되어 왔다. 언어를 획득하기 위한 매개체로 우선권은 시각보다 청각에 주어지며, 이것은 아동들이 듣기와 구어를 사용하도록 배운다는 것을 뜻한다(Dornan et al., 2007; Duquette et al., 2002; Easterbrooks, O'Rourke, & Todd, 2000; Easterbrooks & O'Rourke, 2001; Eriks-

Brophy et al., 2006; Hogan et al., 2008; Rhoades, 2001; Rhoades & Chisolm, 2001). '음향학적인 강조(acoustic highlighting)'는 청각과 언어 투입을 증강시키기 위해 청각구어 치료에 통합된 전략들 중의 하나로 특별히 이름 붙여진 것이다(Hogan et al., 2008). 다른 치료 전략들로는 의사소통을 촉진하기 위해 부모가 설명해 주기(parent interpreting)와 아동들의 불완전한 발화를 확장하기, 반복과 다양한 억양 패턴 사용하기, 가청도를 향상시키기 위해 아동 가까이에서 말하기, 듣기를 격려하고 독화를 피하기 위해 아동 옆이나 뒤에 위치하기, 대화를 자극하기 위해 아동의 주도나 흥미를 따르기가 있다.

시사점과 고려점

지난 10년간 출판된 연구들에서 도출한 설명들을 근거로 볼 때, 몇몇 고려점들이 타당한 것으로 보인다. 청각구어 실제를 객관적으로 정밀하게 조사해 본다면 더 자유롭게 진화할 수 있을 것이다. 이 절에서는 용어와 치료 전략에 대한 고려점들을 살펴보고, 이어서 연구에 대한 요구와 문제들을 논의하고자 한다.

청각구어 실제

청각구어 실제는 청각구어 접근법(Dornan et al., 2007; Rhoades, 2001; Rhoades & Chisolm, 2001) 또는 청각구어 치료(Academy for Listening and Spoken Language, 2007; Duquette et al., 2002; Hogan et al., 2008)라고 불린다. '접근법(approach)'은 상황이나 문제를 다루려는 의도를 가진 아이디어 또는 일련의 행동들, 또는 목표나 목적을 달성하기 위한 수단이라고 정의될 수 있다(*Webster's New Universal Unabridged Dictionary*, 1996). '방법(method)'은 일련의 과제를 시행하는 순서적인 방법, 특히 논리적인 방식으로 순서화된 것으로 보통 단계별로 된 것을 의미하는 체계적인 방법으로 정의될 수 있다(*Webster's New Universal Unabridged Dictionary*, 1996). '방법'이 본질적으로 좀 더 구체적이지만, 이 두 가지 용어에 대한 정의 간에는 서로 비슷한 내용이 있는 것으로 보인다. '치료(therapy)'는 질병이나 장해(disorder)/장애(disability)가 있다는 가정하에 약물치료나 치료적 훈련과 같이, 치료나 재활이 필요한 어떤 사람을 위한 돌보는 행동이라고 정의된다(*Webster's New Universal Unabridged Dictionary*, 1996). 다시 말하면, 치료는 어떤 병리적인 장애가 가족 체계 내에 있다는 것을 암시한다.

지난 10년간의 문헌을 고찰한 결과 임상가들이 청각구어 실제를 어떻게 보는가가 일관적이지 않다는 것을 발견하였다. 어떤 연구들은 청각구어 실제를 많은 사람들이 서비스의 주요 단위인 청각구어 치료라고 생각하는 것에 근거하여 정의하였다. 이미 지적하였듯이, 이러한 직접 서비스에 대한 강조는 "손상기반 또는 의학적 모델을 반영하는 것이다"(King, Tucker, Baldwin, & LaPorta, 2006, p. 52). 더욱이 청각구어 실제가 청각구어 치료라고 설명된다면, 각각의 청각구어 치료 회기에서 가족 지원이 제공된다는 암묵적인 가정이 있지 않는 한 가족중심의 본질에 의문이 있게 된다. 또한 청각구어 치료는 언어치료나 작업치료와 유사한 중재 수준이 아닌가라는 질문을 할 수 있다. 청각구어 치료가 중재의 총체적인 유형보다는 또 다른 치료라 한다면, 어떤 유형의 중재나 교육 프로그램에 있는 어떤 아이들이라도 청각구어 치료를 받을 수 있다고 가정할 수 있게 된다. 기부 단체들이 아동에 대한 직접 서비스를 중시하는 경향이 있는 것이 이러한 청각구어 중재의 이슈와 얽히게 된다. 반면에 청각구어 실제가 청각구어 치료 이상의 것을 아우르는 접근법이나 방법이라고 간주된다면, 특히 가족 지원의 관점에서 청각구어 임상가들은 아동 지향적인 청각구어 치료 이상의 서비스를, 특히 가족 지원의 관점에서 제공할 수 있도록 자격을 갖추어야 할 것이다. 청각구어 임상가들이 가족을 지원하는 데에 관여하는 범위는 아직은 문헌에서 다루어져 오지 않았다.

어떤 연구자들은 중재의 집중적인 본질을 논하면서 청각구어 치료를 청각을 기반으로 구어를 발달시키는 주요 수단으로 정의하였다. McWilliam(1999)은 집중적인 치료는 부모와 임상가들에게 호소력이 있다고 하였다. '더 많은 것이 더 좋은 것' 현상(McWilliam, Tocci, & Harbin, 1995)으로 알려진 이러한 경향은 청각구어 치료가 인정받는 이유를 설명하는 것으로 보인다. 어떤 치료적 임상도 특정한 정도의 시간을 매일 또는 매주 요구하게 되면 논란을 가져올 수 있을 것이다(McWilliam, 1999). "가족들은 시간을 두 배로 늘리면, 그 시간이 얼마든 아이를 위한 치료가 효과적이 될 가능성을 증가시킬 것이라고 생각하는 경향이 있다." (McWilliam, 1999, p. 179) 나아가, 집중적인 치료는 이와 관련된 비용 때문에 문제시될 수 있다(McWilliam, 1999). 또한 이러한 문제는 부모가 청각구어 임상가들과 공동으로 관여될 때 행정가와 부모들 사이에 논쟁으로 나타나게 될 수 있다. 의사소통 중재 임상에 대한 비교 연구가 요구된다고 할 수 있다(예: Heavner, Griffin, El-Kashlan, & Zwolan, 2006).

아동 특성과 치료 전략 간의 관계

건청 아동들에 대한 연구들은, 어떤 아동들은 특정 언어 교수 전략보다 다른 전략으로부터 더 많은 이득을 얻는다고 제안한다(Morisset, Barnard, & Booth, 1995; Yoder, Kaiser, & Alpert, 1991). 따라서 이러한 연구 결과들은 청각장애 아동들에게도 적용되어야 한다. 사실, 건청 아동들보다 청각장애 아동들 사이에 다양성이 더 크다고 보고되고 있다(Marschark, 2007b). 그러나 청각구어 임상가들이 사용하는 전략들이 반드시 모든 아동에게 효과적인 것은 아닐 것이다. 어떤 전략이 다른 전략보다 더 효과적임을 결정하기 위해서는 더 많은 연구 결과가 필요하다. 다른 전략이 더 나은 결과를 가져올 것이라고 판단하기 전에 각각의 전략이 어느 정도의 범위로 시행되어야 하는지 아는 것이 도움이 될 것이다. 청각구어 임상가들이 사용하는 전략들은 어느 정도까지는 '매뉴얼화' 되어야 한다. 즉, 청각구어 임상가들을 위한 가이드라인이 확립되면 가족들의 기능을 효과적으로 촉진할 것이다.

어떤 청각장애 아동들이 적절한 결과를 보이지 않는다고 해서 청각구어 임상이 틀렸다는 것을 입증하지는 않는다. 그보다는, 청각구어 임상가들에게 도전이 되는 상황을 제시한다고 볼 수 있다. 특별한 청각기반 구어 전략들은 특정 아동들의 특별한 요구를 충족하기 위해 청각구어 치료 회기에 포함되어야 할 것이다. 어떤 치료적 전략들은, 요즈음 청각구어 임상가들이 사용하듯이, 여자 아동의 가족들에게 더 적절할 수 있다(Easterbrooks & O'Rourke, 2001). 이것이 문화적 편견에 의한 것이라 할지라도(Alur, 2007), 여성 청각구어 임상가들이 학습 스타일에서의 남녀 차이를 고려하지 않은 데에서 비롯될 수도 있다(Baron-Cohen et al., 2005; McHale, Kim, Dotterer, Crouter, & Booth, 2009; Rhoades, 2008). 예를 들어, 남자 아동들은 테이블에 앉아 구조화된 언어기반 활동들을 하면서 잘 배우지 못할 수 있다(Baron-Cohen et al., 2005; McHale et al., 2009).

사회경제적 지위와 상관없이, 청각장애 아동들이 부수적인 학습 문제를 가질 위험이 매우 높을 수 있다는 것을 점점 더 많은 자료가 보여 주고 있다(Edwards & Crocker, 2008). 연구에 따르면, 청각장애 아동의 40%가 2차 장애를 가지고 있는 것으로 보고되고 있다(Gallaudet Research Institute, 2003). 특히 감각통합장애, 구강운동장애, 평형장애 또는 발달적 협응 장애로 종종 나타나는 경도에서 중등도의 신경학적 차이까지 고려한다면(Beer, Pisoni, & Kronenberger, 2009와 Rhoades, 2009b 참조), 이것은 너무 낮은 수치일 수 있다. 청각장애와 부가적인 학습 문제를 가진 아동들에 대한 중재를 포함하는 게재 연구 논문을 찾기는 어렵다(Powers, 2001). 또한 복잡한 요구가 있는 아동들은 청각구어 치료 회기 내에서 전략들을 수정해서 시행해야 할 필요가 있을 수 있다(Duncan, Rhoades, & Fitzpatrick, 출판 예정).

더욱이, 치료 전략을 사용하는 방식이 임상가들마다 다를 수 있다. 여러 명의 임상가가 시행하는 청각구어 치료 회기는 통일성과 다양성에 대해 잘 살펴볼 필요가 있다. 충실성 문제는 청각구어 임상가들이 각각의 치료 전략을 적절하게 시행하는지 결정하기 위해 다루어져야 할 필요가 있다. 이것이 이루어질 때까지, 질적으로 똑같다는 가정은 추정일 뿐이다. 청각구어 임상에 대한 연구의 한 가지 궁극적인 목표는 성별과 중복 장애에 상관없이 실험적으로 증명된 일련의 치료 전략을 개발하는 것이다. 이것은 매우 부담스러운 과제로 느껴질 수 있지만, 구어와 긍정적인 가족 기능을 촉진하는 대부분의 전략은 여러 학문에서 실험적으로 타당성이 증명되었으므로 전혀 비현실적인 것이 아니다(예: Norris & Harding, 1994). 융통성은 임상가의 전문성을 해치지 않으면서 임상적 가이드라인으로 통합될 수 있다(Garber, 2005). 질적인 모니터링과 확인은 교육 및 보건 관련 학문에서 증거기반 임상의 핵심 측면이다. 질적인 다양성과 서비스 공급의 다양성은 청각장애 아동들에게 서비스를 제공하는 임상가들 사이에 확인되어 왔다(Bamford et al., 2001). 이것은 청각구어 임상가들이 좋은 임상 가이드라인을 개발해야 할 필요성이 시급함을 추가한다.

가족 특성

일반적으로, 낮은 사회경제적 지위를 가진 가족들은 신체적 · 정신적 건강, 어머니의 낮은 교육 수준, 소수민족 문화, 청력손실과 관련 장애, 특수교육 서비스를 받는 경우 등이 불균형적으로 많다(Rhoades, 2008). 이 결과는 대다수의 문화가 유로-코카시안인 선진국인 경우에 모두 적용된다(Gabel, Curcic, Powell, Khader, & Albee, 2009). 가난한 가정에서 사는 가족들에 대한 중재 서비스를 제공하는 것이 치료 효과에 영향을 미치는 특별한 어려움을 가져온다는 것은 논란의 여지가 없다(Fox & Holtz, 2009). 낮은 경제적 수준의 아동들에게 향하는 부모의 언어는 질적 · 양적으로 유의미한 차이가 있다(Hart & Risley, 1995, 1999). 그럼에도 불구하고 청각장애와 다른 중복장애를 갖는 아동들의 가족의 다양성에 대한 쟁점들은 연구가 덜 되었다(Powers, 2001).

미국을 포함한 몇몇 나라에서는 청각기반 중재로 긍정적인 이득을 받은 아동들의 거의 대부분이 유복한 가정 출신이다(예: Geers, Tobey, Moog, & Brenner, 2008). 이와 비슷하게, 유복한 가정의 아동들은 인공와우의 혜택을 받을 가능성(Geers & Brenner, 2003)과 말지각 검사에서 더 높은 수행력을 보일 가능성(Niparko, 2003)이 있다. 따라서 청각구어 실제를 선택하는 많은 가정이 유복한 것은 놀랄 일이 아니다. 이에 대한 주된 예외는 호주에 사는 가정들이다. 호주에서는 ① 청각구어 치료가 가족들에게 무료로 제공되며, ② 정부는 청각장애 아동이 있는 가족에게 정기적으로 금전적인 지원을 제공한다. 이 지원은 중재 활동을 위해 이동하는 데에 드는 비용을 포함한다(Australian Government Centrelink, 2009). 더욱이, 호주의 가족들은 청각구어 치료를 센터중심이든지, 가정중심이든지 선택할 수 있다. 모든 선진국은 중산층 이하의 사회경제적 지위를 갖는 가족들을 위한 서비스를 제공하려는 노력을 해야 한다. 이를 달성하기 위해 중재 서비스의 본질이 바뀌어야 할 수도 있다. 그렇지 않으면 입법가나 정책 입안가, 기부자들은 유복한 가족들에게 주로 서비스를 제공하는 중재에 기금을 제공하는 것을 꺼릴 것이다.

문맹이나 비영어권 부모들에 대한 쟁점은 청각구어 문헌에서 아직까지 다루어지지 않았지만, 낮은 사회경제적 지위를 갖는 가족들에 대해서는 다루어졌다. 부모들이 영어를 읽지 못하면, 이들에게 정보가 전달될 수 있도록 하는 전략들이 개발되어야 한다. 이런 정보는 인쇄물이 아닌 매체와 다른 언어로 제공될 수 있다. 부모의 학습을 위해 대안적인 방법을 찾는 것은 낮은 경제적 지위를 갖거나 다문화 가족들에게 서비스를 제공하는 임상가들에게 매우 중요한 것으로 보인다(Young, Jones, Starmer, & Sutherland, 2005).

이 장에 요약된 연구들은 영어를 사용하는 백인들이 현재 대다수의 문화를 대표하는 나라들에서 시행되었다. 대부분의 청각구어 임상가는 영어만 사용하며(Rhoades, Price, & Perigoe, 2004), 따라서 다른 언어로는 청각구어 임상을 제공하지 않는다. 의심할 여지 없이, 이는 청각구어 실제를 다룬 대부분의 연구에서 왜 비영어권 가족들이 제외되었는지를 설명하는 주된 이유다. 그러나 통역을 사용하면 이는 더 이상 문제가 되지 않는다(Rhoades, 2006). 청각구어 치료에 참여하는 많은 아동이 이중언어를 사용하면 안 될 이유가 없으며(Pearson, 2008; Robbins, Green, & Waltzman, 2004; Thomas, El-Kashlan, & Zwolan, 2008), 적어도 소수 언어를 사용할 줄 알게 할 수 있다(Rhoades, 2009a).

최근의 청각구어 원리들에서 천명한 것처럼, 청각구어 임상가들은 문화적으로 민감해야 한다는 가정이 있다. 모든 백인 위주의 선진국에서 가족의 다문화성은 이제 평균이 된 현실에서, 문화적인 역량은 모든 임상가들에게 요구되는 능력이어야 한다(Rhoades et al., 2004). 사실, 다문화주의는 "통합, 사회적 정의, 상호 존중의 목표에 기반을 둔 윤리적인 힘"(Rhoades, 2008, p. 264)이기 때문에 청각구어 실제를 특징짓는 방침과 양립이 가능하다. 이와 같이, 청각구어 임상가들은 다양한 민족, 언어, 종교와 관습을 가진 다문화의 가족들을 존중하고 편안하게 대할 수 있어야 한다. 최소한으로 알고 있는 것만으로도 인종차별과 다른 편견을 감소시킬 수 있다. Rhoades(2008)가 고찰한 것처럼, 이것은 부모와 임상가 간 의사소통뿐만 아니라 중재 프로그램에서 아동과 가족의 성과를 촉진할 수 있다.

이는 최근의 청각구어 원리들에서 천명한 것처럼, 청각구어 임상가들은 가족 기능을 이해해야 한다는 것을 의미한다. 가족기반 중재를 지지하는 압도적인 증거들을 보면, 청각구어 임상가들은 다음과 같은 점들을 이해해야 한다. ① 중재의 다양한 가족기반 모델, ② 가족 체계적 관점에 통합되는 핵심 요소와 전략들이다. 이러한 지식들은 가족 기능과 청각장애 아동들에 대한 지원을 촉진할 수 있으며, 따라서 청각구어 임상의 효과를 향상시킨다.

서비스 전달 모델

청각구어 실제가 가족중심이라고 굳이 말하거나 쓰지 않아도 우리는 그렇게 가정하지만, 지도 원리에는 이러한 내용이 직접적으로 천명되지 않았다. 그럼에도 불구하고 몇몇 연구 결과는 가족기반 관점의 형태를 언급하고 있다(Neuss, 2006; Rhoades & Chisolm, 2001; Wu & Brown, 2004). 청각구어 실제는 현실적으로 전문가 지시적이고 아동 중심적이다. 이것은 임상가들이 가족과의 관계를 어떻게 개념화하는지(Espe-Sherwindt, 2008)와 청각구어 치료 회기 중에 실제로 어떤 일이 일어나는지에 달려 있다. 부가적으로, 가족지향성은 조직이나 프로그램의 철학에 따라 다양할 것이다. 청각구어 실제의 원리, 가족기반 실제의 원리, 임상가의 관점과 프로그램 철학 사이의 부조화는 가족들에게 혼란을 초래할 것이다. 현재, 청각구어 실제가 특정 가족기반 모델을 포함한다는 증거는 없다. 사실, 청각구어학회(Academy for Listening and Spoken Language)는 청각구어 임상가를 위한 특정 서비스 전달이나 가족기반 모델을 개발하거나 추천한 적이 없다. 청각구어 원리들은 특정 가족기반 서비스 전달 모델을 포함하지만, 사설이든 공립 세팅이든, 모든 청각구어 임상가가 가족 지원을 전적으로 시행하기는 어려울 것이다. 모든 임상가에 있어서 전달 모델의 지속성 또한 실현 가능하지 않을 것이다.

이 장에서 고찰한 기술적 결과들은 대부분 임상가가 보고한 실제와 청각구어 센터에서 청각구어 중재에 참여한 가족 구성원들의 반응에 기반을 두고 있다. 다양한 센터가 청각구어 실제의 다양한 가족기반 모델을 포함한다는 것을 보면, 가족들은 다양하게 영향을 받을 것이다. 아동 또는 가족의 성과는 가족기반 실제의 이러한 편차로 인해 위태로워질 수 있다. 더욱이, 임상가들은 "그들이 개인적인 강점, 능력, 삶의 경험, 대학 교육, 직업 경험을 기반으로 어떻게 임상을 하느냐에 따라 다르다…. 그러나 가족들의 요구를 충족하는 데 대한 치료사의 자신감과 역량에 있어서 점차적으로 진전이 있다."는 것은 서비스 전달 모델에서 직접적으로 기술되어 있다(King et al., 2006, p. 58).

대부분의 청각구어 임상가들은 사설 기관에 있다(Rhoades et al., 2004). 공립 학교들은 일반적으로 청각구어 임상가들을 고용하지 않는다. 독립적으로 일하는 청각구어 임상가들이 청각구어 실제 제공에 전문화된 기관에 고용된 청각구어 임상가들과 같은 수준으로 서비스를 제공할 수 있는가는 중요한 질문이다. 사실, 사설 임상가들이 협력적 네트워크로부터 독립적으로 가족기반 또는 가족중심 실제를 제공하는 것은 엄두를 못낼 만큼 비쌀 수 있다. 사설 비영리 센터에 고용된 청각구어 임상가들은 독립 사설 기관에 있는 임상가들보다 낮은 사회경제적 지위에 있는 가족들에게 더 이상 접근이 가능하지 않을 수 있다. 아마도 청각구어 실제는 모든 학군에서 이 중재가 제공되기 전에는 접근 가능하다고 간주되지 않을 것이다. 전 세계적으로 가족중심 청각구어를 시행하려는 목표는 현실적이지 않을 것이다. 아마도 좀 더 현실적인 도전은 모든 임상가에게 가족중심 실제나 가족기반 청각구어 치료를 시행하기 위해 필요한 기술들을 전수하는 것이다.

임상가

청각구어 임상가들은 농 교사, 청각사 또는 언어치료사로 먼저 훈련을 받았어야 한다. 이러한 훈련은 임상가들이 직접 치료를 중요시하는 경향이 있다는 것을 뜻한다. 그들은 또한 상담이나 정보 제공 서비스는 중요성에서는 두 번째라고 보는 경향이 있다(King et al., 2006). 관찰적 보고에 의하면, 가족중심 서비스 전달 모델에서 가족들과 그들의 아동의 요구를 충족하는 데 대해 임상가의 자신감과 역량이 발달적인 진보를 보여 주고 있다(King et al., 2006).

> 새로 졸업한 많은 치료사들은 처음에 아동들이 기초적인 기술을 발달시키도록 돕는 것에서 자신감을 키운다. 그 이후에 이들은 아동들의 응용 기술들의 발달을 촉진하는 데에 자신감과 기술을 발달시킨다. 이때 전문성을 개발하면서, 가족들의 우선순위에 대한 인식이 증가하고 치료사들은 서비스 전달에서 대인 관계의 측면에 더 집중할 수 있게 된다. 경험이 쌓이면서 이들은 가족들의 요구를 결정하고 가족 구성원들이 지원과 역량을 개발하도록 돕는 틀을 제공할 수 있는 총체적이고 다양한 관점을 택하게 된다. 발달의 다음 단계는 지역사회 수준

에서 장애인들에 대한 지지자가 되는 지식과 자신감의 수준에 도달하는 것이다(King et al., 2006, p. 58).

가족중심 서비스 모델로 전이하는 데에는 특정 수준의 준비와 수용성뿐만 아니라 전문가적 성숙도가 요구된다. 이는 청각장애 아동들과 그들의 가족의 요구를 더 넓은 관점에서 볼 수 있게 한다.

연구 논문

특히 이 장에서의 고찰은 9년간 이루어진 단지 10개의 연구에 국한되었으며, 아직 살펴볼 증거기반 연구 자료가 부족하다. 최초의 행동가는 Eriks-Brophy(2004)였다. 그녀는 다센터(multi-center) 협력 연구 프로젝트에 대한 설득력 있는 주장을 폈다. 이런 종단적 연구는 여러 기술 영역에서의 아동들의 성과뿐만 아니라 이러한 성과들이 가족과 아동의 특성에 어떻게 영향을 받는지에 대한 엄격한 평가를 포함해야 한다. 연구들이 더 많이 이루어지게 하려면 아마도 임상가들이 기꺼이 증거기반 연구에 참여하도록 자격 수여 과정에서 중점을 두어야 할 것이다. 후향적 설문 연구의 수준을 넘어서기 위해 보다 엄격하고 잘 설계된 연구가 매우 필요한 것뿐만 아니라, 임상가들은 가족지향적 실제를 반영하는 특정 전략들에 대한 협동 연구에 참여하도록, 또한 다문화 가족과 다문화 청각장애 아동들에 대한 서비스를 적극적으로 제공하도록 노력해야 한다. 청각구어 실제의 효과성에 관심을 가지고 있는 연구자들은 '완벽한 하나의' 연구를 하려 하기보다는 서로 연결되어 있는 예비 연구들을 연속적으로 시행할 수 있다. 응집력 있는 연구 프로그램은 청각구어 임상가들이 청각구어 실제의 과학적인 근거를 발전시키는 지식들을 창출해 낼 수 있게 할 것이다.

청력손실 또는 다른 장애의 영향은 가족 자원에 더 큰 요구를 부여할 수 있는데, 이는 가족들이 낮은 사회경제적 지위나 소수의 위치에 있거나 청각장애 아동이 중복적인 학습 문제가 있을 때 더 그러하다(Bruder, 2000). 앞으로의 연구는 이러한 가족들과 그들의 아이들, 특히 남자 아동들을 포함시켜야 한다. 청각구어 임상가들은 서비스 기반 접근보다는 모든 가족 구성원을 위한 성과기반 접근을 채택하는 것을 고려할 것이다(Eriks-Brophy, 2004; Rhoades, 2006).

청각구어 실제는 '서비스의 표준'이며 연구 결과들이 충분히 이해되고 일반화가 가능하기 때문에 증거기반 중재 전략을 어떤 형태로든 '매뉴얼화'하는 것이 중요하다. 지금까지, 여기보고된 연구들 중에 청각구어 임상가들이 청각장애 아동들과 그 가족들에게 시행한 특정 전략이나 서비스 요소를 지지하는 증거를 포함한 것은 없다. 예를 들어, 청각구어 임상가들이 더 효과적이라고 하는 특정 전략을 결정하는 것은 도움이 될 것이다. 이러한 기술적인 정보 없이는 청각구어 실제의 질과 동일성에 대한 가정은 결코 하지 말아야 할 것이다(Rhoades, 2006). 세계적으로 더욱더 많은 임상가가 자격을 취득하고 청각구어 실제를 대표하는 전략들을 시행한다는 사실에 비추어 볼 때, 어떤 전략들이 어떤 맥락에서 가장 효과적인지를 결정하는 것은 중요하다.

더욱이, 앞서 언급한 어떤 연구에서도 이런 서비스가 어떻게 제공되었는지에 대한 논의를 하지 않았다. 아직도 대답이 나오지 않은 질문들 중에는 다음과 같은 것들이 있다. 부모들에게 제공되는 지원은 어떤 수준인가? 이러한 지원이 어떻게 제공되어야 하는가? 부모들은 주제별로 어떤 지식을 어느 정도 알아야 하는가? 부모들은 청각장애 아동들에 대한 정보를 몇 퍼센트 정도 이해하는가? 가족을 체계로 보아야 하는가? 아니면 임상가는 어머니-아동 짝에 계속 집중해야 하는가? 모델링과 확장과 같은 언어 촉진 전략을 어머니에게 코치하는 잘 알려진 방법 이상으로 가족 구성원들이 어느 정도까지 어떻게 관여해야 하는가? 각각의 가족 구성원은 아동의 청각장애로 어떠한 영향을 받는가? 청각구어 임상가가 시행하는 청각구어 치료 회기에 부모가 참여해야 한다면, 어느 정도까지 적극적으로 참여하도록 요구해야 하는가? 청각구어 실제가 가장 잘 시행되는 가족지향 서비스는 어느 정도의 수준인가? 청각구어 실제는 가족중심이 될 수 있는가?

청각구어 중재를 지속하지 않는 아동들에 대한 종단적 연구가 필요하다. 청각구어 임상가들이 증거기반 실제에서 다양한 학문을 통해 지도받기 위해 학술적인 연구를 참조하는 것은 중요하다. 그러나 시간과 지식이 부족하여 임상가들이 어디서 어떻게 적절한 정보를 구할 수 있는지 아는 것이 어려울 수 있다(Nail-Chiwetalu & Bernstein Ratner, 2007). 체계적인 고찰과 청각구어 실제의 원리를 통해 최근 연구 증거들의 요약에 정기적으로 접근하는 것이 필요하다. 청각구어 임상가들을 위한 자격 수여 기관은 이러한 요구를 충족하기 위해 정기적인 이메일 서비스를 제공할 수 있을 것이다.

결 론

제한된 경험적 증거로 볼 때 청각구어 중재의 긍정적인 결과는 유복한 가족들을 중심으로 호주, 캐나다, 영국, 미국과 같은 유로-코카시안 주류 문화에 기반을 둔 선진국의 청각구어 센터들마다 광범위하게 나타나는 것으로 보인다. 사설 센터의 청각구어 임상가들에서 아동들의 결과에 대한 증거가 없는 것처럼, 본질적으로 저소득층이나 다문화 가족 또는 중복장애 아동들에 대한 청각구어 중재의 증거는 없다. 궁극적으로, 가족중심 접근으로서의 청각구어 실제의 증거 또한 매우 적다. 1년에 평균 1개의 연구로는 부족하다. 우리는 청각구어 실제를 단지 아동의 결과에 대한 치료적 접근으로 고려할 것인지, 궁극적으로 가족의 자기결정력을 증진시키는 다양한 수준의 지원을 제공하여 모든 가족 구성원의 요구를 충족할 수 있는지 질문해야 할 것이다. 증거는 임상가들의 정치적이거나 개인적인 경험에 의해서 조작되어서는 안 되며, 조심스럽게 중시될 필요가 있다. 그렇지 않으면 중재 임상은 타협된 것이다. 청각구어 실제는 더 많은 가족을 도울 수 있는 커다란 잠재력이 있는 것으로 보인다. 더 많은 후속 연구는 이런 방향으로 전문가들을 움직일 수 있다. Marschark(2007a)는 "토론은 좋다, 그리고 토론을 두려워하는 사람은 아마도 애초에 이 분야에 있지 말았어야 할 것이다."(p. 54)라고 주장하였다. 이 목적을 위해, 청각구어 실제에서 증거기반 실제가 주된 것이 아니라면, 적어도 지도 원리로서 포함되어야 한다.

참고문헌

Academy for Listening and Spoken Language. (2007). *Principles of LSLS Auditory-Verbal Therapy*. Retrieved 30 September 2009 from http://www.agbellacademy.org/principal-auditory.htm.

Alderson, P., & Roberts, I. (2000). Should journals publish systematic reviews that find no evidence to guide practice? Examples from injury research. *British Medical Journal, 320*(7231), 376-377.

Alur, M. (2007). Forgotten millions: A case of cultural and systemic bias. *Support for Learning, 22*(4), 174-180.

Australian Government Centrelink. (2009). Carer allowance (caring for a child under 16 years). Retrieved 30 September 2009 from http://www.centrelink.gov.au/internet/internet.nsf/payments/carer_allow_child.htm

Ayd, F. J. (2000). *Lexicon of Psychiatry, Neurology, and the Neurosciences* - 2nd ed. Baltimore: Lippincott Williams & Wilkins.

Bamford, J., Battersby, C., Beresford, D., Davis, A., Gregory, S., Hind, S. et al. (2001). Assessing service quality in paediatric audiology and early deaf education. *British Journal of Audiology, 35*(6), 329-338.

Baron-Cohen, S. (2000). Theory of mind in autism: A fifteen-year review. In S. Baron-Cohen, H. Tager-Flusberg, and D. J. Cohen (Eds.), *Understanding other minds: Perspectives from developmental cognitive neuroscience* (pp. 3-20). New York: Oxford University Press.

Baron-Cohen, S., Knickmeyer, R. C., & Belmonte, M. K. (2005). Sex differences in the brain: implications for explaining autism. *Science, 310*(5749), 819-823.

Beebe, H. H. (1953). *A guide to help the severely hard of hearing child*. Basel, Switzerland: S. Karger.

Beer, J., Pisoni, D. B., & Kronenberger, W. (2009). Executive function in children with cochlear implants. *Volta Voices, 16*(3), 18-21.

Bidstrup, B. (2006). Who reviews the reviewers? *Asian Cardiovascular & Thoracic Annals, 14*, 357-358.

Brackenbury, T., Burroughs, E., & Hewitt, L. E. (2008). A qualitative examination of current guidelines for evidence-based practice in child language intervention. *Language, Speech & Hearing Services in Schools, 39*(1), 78-88.

Brantlinger, E., Jimenez, R., Klingner, J., Pugach, M., & Richardson, V. (2005). Qualitative studies in special education. *Exceptional Children, 71*(2), 195-207.

Bruder, M. B. (2000). Family-centered early intervention: Clarifying our values for the new millennium. *Topics in Early Childhood Special Education, 20*(2), 105-115.

Chow, S.-C., Shao, J., & Wang, H. (2008). *Sample size calculations in clinical research* (2nd ed.). Boca Raton, FL: Chapman & Hall/CRC.

De Los Reyes, A., & Kazdin, A. E. (2008). When the evidence says, "yes, no, and maybe so". *Current Directions in Psychological Science, 17*(1), 47-51.

Department of Public Health Sciences King's College London. (2009). Retrieved 20 August 2009 from http://phs.kcl.ac.uk/teaching/ClinEpid/Evidence.htm.

Dollaghan, C. (2004). Evidence-based practice: Myths and realities. *The ASHA Leader, 12*, 4-5, 12.

Dornan, D., Hickson, L., Murdoch, B., & Houston, T. (2007). Outcomes of an auditory-verbal program for children with hearing loss: A comparative study with a matched group of children with normal hearing. *The Volta Review, 107*(1), 37-54.

Duncan, J., Rhoades, E. A., & Fitzpatrick, E. (in preparation). *Auditory (re)habilitation for adolescents with hearing loss*. New York: Oxford University Press.

Dunst, C. J., & Bruder, M. B. (2002). Valued outcomes of service coordination, early intervention, and natural environments. *Exceptional Children, 68*(3), 361-375.

Duquette, C., Durieux-Smith, A., Olds, J., Fitzpatrick, E., Eriks-Brophy, A., & Whittingham, J. (2002). Parents' perspectives on their roles in facilitating the inclusion of their children with hearing impairment. *Exceptionality Education Canada, 12*(1), 19-36.

Easterbrooks, S. R., & O'Rourke, C. M. (2001). Gender differences in response to auditory-verbal intervention in children who are deaf or hard of hearing. *American Annals of the Deaf, 146*(4), 309-319.

Easterbrooks, S. R., O'Rourke, C. M., & Todd, N. W. (2000). Child and family factors associated with children's success in auditory verbal therapy. *The American Journal of Otology, 21,* 341-344.

Edwards, L., & Crocker, S. (2008). *Psychological processes in deaf children with complex needs.* London: Jessica Kingsley.

Eriks-Brophy, A. (2004). Outcomes of auditory-verbal therapy: A review of the evidence and a call for action. *The Volta Review, 104*(1), 21-35.

Eriks-Brophy, A., Durieux-Smith, A., Olds, J., Fitzpatrick, E., Duquette, C., & Whittingham, J. (2006). Facilitators and barriers to the inclusion of orally educated children and youth with hearing loss in schools: Promoting partnerships to support inclusion. *The Volta Review, 106*(1), 53-88.

Espe-Sherwindt, M. (2008). Family-centered practice: Collaboration, competency and evidence. *Support for Learning, 23*(3), 136-143.

Flay, B. R., Biglan, A., Boruch, R. F., Castro, F. G., Gottfredson, D., Kellam, S., et al. (2005). Standards of evidence: Criteria for efficacy, effectiveness and dissemination. *Prevention Science, 6*(3), 151-175.

Foster, R. L. (1999). Evidence-based practice. *Journal of the Society of Pediatric Nurses, 4*(1), 4-5.

Fox, R. A., & Holtz, C. A. (2009). Treatment outcomes for toddlers with behavior problems from families in poverty. *Child and Adolescent Mental Health, 14*(4), 183-189.

Frattali, C. (1998). *Outcomes measurement: Definitions, dimensions, and perspectives.* New York: Thieme.

Frattali, C. (2004). Developing evidence-based practice guidelines. *The ASHA Leader, 12,* 13-14.

Gabel, S., Curcic, S., Powell, J., Khader, K., & Albee, L. (2009). Migration and ethnic group disproportionality in exploratory study. *Disability & Society, 24*(5), 625-639.

Gallaudet Research Institute. (2003). *Regional and national summary report of data from the 2002-2003 annual survey of deaf and hard of hearing children and youth.* Retrieved 20 August 2009 from http://gri.gallaudet.edu/demographics/2003_National_Summary.pdf/

Garber, A. M. (2005). Evidence-based guidelines as a foundation for performance incentives. *Health Affairs, 24*(1), 174-179.

Geers, A., & Brenner, C. (2003). Background and educational characteristics of prelingually deaf children implanted by five years of age. *Ear and Hearing, 24*(1 Suppl), 2S-14S.

Geers, A., Tobey, E., Moog, J. S., & Brenner, C. (2008). Long-term outcomes of early cochlear implantation in profoundly deaf children: From preschool to high school. *International Journal of Audiology, 47*(Suppl 2), S21-S30.

Goldberg, D. M., & Flexer, C. (1993). Outcome survey of auditory-verbal graduates: study of clinical efficacy. *Journal of the American Academy of Audiology, 4,* 189-200.

Goldberg, D. M., & Flexer, C. (2001). Auditory-verbal graduates: Outcome survey of clinical efficacy. *Journal of the American Academy of Audiology, 12,* 406-414.

Graham, S. (2005). Preview [Editorial]. *Exceptional Children, 71*(2), 135.

Guyatt, G. H., & Rennie, D. (2002). *Users' guides to the medical literature: A manual for evidence-based clinical practice.* Chicago: AMA Press.

Harbin, G., Rous, B., & McLean, M. (2005). Issues into designing state accountability systems. *Journal of Early*

Intervention, 27(3), 137-164.

Hart, B., & Risley, T. (1995). *Meaningful differences in the everyday experiences of young American children.* Baltimore: Paul H. Brookes.

Hart, B., & Risley, T. (1999). *The social world of children: Learning to talk.* Baltimore: Paul H. Brookes.

Hayes, R. A. (2005). *Build your own best practice protocols.* Hoboken, NJ: John Wiley.

Heavner, K., Griffin, B. L., El-Kashlan, H., & Zwolan, T. A. (2006). *The relationship between communication approach and spoken language in young cochlear implant recipients.* Paper presented 19 May at the Combined Otologic Spring Meeting, American Neurotologic Society Division in Chicago.

Hodkinson, P. (2008). Scientific research, educational policy, and educational practice in the United Kingdom: The impact of the audit culture on further education. *Cultural Studies Critical Methodologies, 8*(3), 302-324.

Hogan, S., Stokes, J. C. W., Tyszkiewicz, E., & Woolgar, A. (2008). An evaluation of auditory verbal therapy using the rate of early language development as an outcome measure. *Deafness and Education International, 10*(3), 143-167.

Hyde, A. (2009). Thought piece: Reflective endeavors and evidence-based practice: directions in health sciences theory and practice. *Reflective Practice, 10*(1), 117-120.

Kaplan, D. (2005). How to fix peer review: Separating its two functions–improving manuscripts and judging their scientific merit–would help. *Journal of Child and Family Studies, 14*(3), 321-323.

King, G. A., Tucker, M. A., Baldwin, P. J., & LaPorta, J. A. (2006). Bringing the Life Needs Model to life. *Physical & Occupational Therapy in Pediatrics, 26*, 43-70.

Klingebiel, T., Niethammer, D., Dietz, K., & Bader, P. (2001). Progress in chimerism analysis in childhood malignancies-the dilemma of biostatistical considerations and ethical implications. *Leukemia, 15*(12), 1989-1991.

Lucas, S. M., & Cutspec, P. A. (2005). The role and process of literature searching in the preparation of a research synthesis. *Centerscope, 3*(3), 1-26.

Marschark, M. (2007a). On ethics and deafness: Research, pedagogy and politics. *Deafness and Education International, 9*(1), 45-61.

Marschark, M. (2007b). *Raising and educating a deaf child: A comprehensive guide to the choices, controversies, and decisions faced by parents and educators.* New York: Oxford University Press.

Martin, J. N. S. (2006). *Introduction to randomized controlled clinical trials* (2nd ed.). Boca Raton, FL: Chapman & Hall/CRC.

McHale, S. M., Kim, J., Dotterer, A. M., Crouter, A. C., & Booth, A. (2009). The development of gendered interests and personality qualities from middle childhood through adolescence: A biosocial analysis. *Child Development, 80*(2), 482-495.

McWilliam, R. A. (1999). Controversial practices: The need for a reacculturation of early intervention fields. *Teaching Early Childhood Special Education, 19*(3), 177-188.

McWilliam, R. A., Tocci, L., & Harbin, G. L. (1995). *Services are child-oriented and families like it that way–but why?* Chapel Hill, NC: Early Childhood Research Institute: Service Utilization, Frank Porter Graham Child Development Center, University of North Carolina at Chapel Hill.

Merriam-Webster Online (2009). Retrieved 30 March 2009 from http://www.merriam-webster.com/dictionary/rehabilitation

Morisset, C. E., Barnard, K. E., & Booth, C. L. (1995). Toddlers' language development: sex differences with social risk. *Developmental Psychology, 31*(5), 851-865.

Mudry, A. (2008). Never trust secondary references: Examples from the early history of myringotomy and grommets. *International Journal of Pediatric Otorhinolaryngology,*

72, 1651-1656.

Nail-Chiwetalu, B., & Bernstein Ratner, N. (2007). An assessment of the information-seeking abilities and needs of practicing speech-language pathologists. *Journal of the Medical Library Association, 95*(2), 182-188.

Neely, J. G., Karni, R. J., Engle, S. H., Fraley, P. L., Nussenbaum, B., & Paniello, R. C. (2007). Practical guides to understanding sample size and minimal clinically important difference (MCID). *Otolaryngology - Head and Neck Surgery, 136*, 14-18.

Neuss, D. (2006). The ecological transition to auditory-verbal therapy: Experiences of parents whose children use cochlear implants. *The Volta Review, 106*(2), 195-222.

Niparko, J. (2003). Pointers in pediatric otolaryngology. *Audio-Digest Foundation. Otolaryngology, 36*(6), 1-7

Norris, J. A., & Harding, P. R. (1994). Whole language and representational theories: Helping children to build a network of associations. *Journal of Childhood Communication Disorders, 16*(1), 5-12.

Odom, S. L., Brantlinger, E., Gersten, R., Horner, R. H., Thompson, B., & Harris, K. R. (2005). Research in special education: Scientific methods and evidence-based practice. *Exceptional Children, 71*(2), 137-148.

Pappas, D. G., Flexer, C., & Shackelford, L. (1994). Otological and habilitative management of children with Down Syndrome. *Laryngoscope, 104*(9), 1065-1070.

Paradis, M. (2006). More belles infidèles-or why do so many bilingual studies speak with forked tongue? *Journal of Neuolinguistics, 19*, 195-208.

Pearson, B. Z. (2008). *Raising a bilingual child.* New York: Living Language.

Pollack, D. (1967). The crucial year: a time to listen. *International Audiology, 6*(2), 243-247.

Pollack, D. (1970). *Educational audiology for the limited hearing infant* Springfield, IL: Charles C Thomas.

Pollack, D. (1971). The development of an auditory function. *Otolaryngologic Clinics of North America, 4*(2), 319-335.

Powers, S. (2001). DEI: a survey of contributions and trends. *Deafness and Education International, 3*(3), 103-108.

Ratner, N. B. (2006). Evidence-based practice: An examination of its ramifications for the practice of speech-language pathology. *Language, Speech, and Hearing Services in Schools, 37*, 257-262.

Reiss, A. L. (2009). Childhood developmental disorders: An academic and clinical convergence point for psychiatry, neurology, psychology, and pediatrics. *Journal of Child Psychology and Psychiatry, 50*(1-2), 87-98.

Rhoades, E. A. (2001). Language progress with an auditory-verbal approach for young children with hearing loss. *International Pediatrics, 16*(1), 41-47

Rhoades, E. A. (2006). Auditory-based therapy when the home language is not English (HOPE). Audiology online course. Retrieved 20 September 2007 from http://www.audiologyonline.com.

Rhoades, E. A. (2006). Research outcomes of auditory-verbal intervention: Is the approach justified? *Deafness and Education International, 8*(3), 125-143.

Rhoades, E. A. (2008). Working with multicultural and multilingual families of young children. In J. R. Madell, and C. Flexer (Eds.), *Pediatric audiology: Diagnosis, technology, and management* (pp. 262-268). New York: Thieme.

Rhoades, E. A. (2009a). Learning a second language: potentials and diverse possibilities. *Hearing Loss, 30*(2), 20-22.

Rhoades, E. A. (2009b). What the neurosciences tell us about adolescent development. *Volta Voices, 16*(1), 16-21.

Rhoades, E. A., & Chisolm, T. H. (2001). Global language progress with an auditory-verbal approach. *The Volta Review, 101*(2), 5-24.

Rhoades, E. A., Price, F., & Perigoe, C. B. (2004). The changing American family and ethnically diverse children with hearing loss and multiple needs. *The Volta Review, 104*(4), 285-306.

Robbins, A. M., Green, J., & Waltzman, S. (2004). Bilingual oral language proficiency in children with cochlear implants. *Archives of Otolaryngology Head & Neck Surgery, 130,* 644-647.

Robertson, L., & Flexer, C. (1993). Reading development: A parent survey of children with hearing impairment who developed speech and language through the A-V method. *The Volta Review, 95*(3), 253-261.

Robey, R. R. (2004). Levels of evidence. *ASHA Leader, 9*(7), 5-6.

Sackett, D. L. (1998). Evidence-based medicine. *Spine, 23,* 1085-1086.

Sackett, D. L., Rosenberg, W. M. C., Gray, J. A. M., Haynes, R. B., & Richardson, W. S. (1996). Evidence-based medicine: what it is and what it isn't: It's about integrating individual clinical expertise and the best external evidence. *British Medical Journal, 312*(7023), 71-72.

Schirmer, B. R., & Williams, C. (2008). Evidence-based practices are not reformulated best practices. *Communication Disorders Quarterly, 29*(3), 166-168.

Silver, L. B. (1995). Controversial therapies. *Journal of Child Neurology, 10*(1), S96 -S100.

Sim, I., Olasov, B., & Carini, S. (2004). An ontology of randomized controlled trials for evidence-based practice: Content specification and evaluation using the competency decomposition method. *Journal of Biomedical Informatics, 37,* 108-119.

Stewart, J. L., Pollack, D., & Down, M. P. (1961). A unisensory program for the limited hearing child. *ASHA, 6*(5), 151-154.

Thomas, E., El-Kashlan, H., & Zwolan, T. A. (2008). Children with cochlear implants who live in monolingual and bilingual homes. *Otology & Neurotology, 29,* 230-234.

Timmins, P., & Miller, C. (2007). Making evaluations realistic: the challenge of complexity. *Support for Learning, 22*(1), 9-16.

Vaughan, P. (1976). *Learning to listen.* Don Mills, ON: General.

Vetter, N. (2003). What is a clinical review? [Editorial]. *Reviews in Clinical Gerontology, 13,* 103-105.

Warner-Czyz, A. D., Davis, B. L., & Morrison, H. M. (2005). Production accuracy in a young cochlear implanted recipient. *The Volta Review, 105*(2). 151-173.

Webster's New Universal Unabridged Dictionary (1996). New York: Barnes & Noble.

Wray, D., Flexer, C., & Vaccaro, V. (1997). Classroom performance of children who are hearing impaired and who learned spoken communication through the A-V approach: An evaluation of treatment efficacy. *The Volta Review, 99*(2), 107-119.

Wu, C. D., & Brown, P. M. (2004). Parents' and teachers' expectations of auditory-verbal therapy. *The Volta Review, 104*(1), 5-20.

Yoder, P. J., Kaiser, A. P., & Alpert, C. L. (1991). An exploratory study of the interaction between language teaching methods and child characteristics. *Journal of Speech & Hearing Research, 34,* 155-167.

Young, A., Jones, D., Starmer, C., & Sutherland, H. (2005). Issues and dilemmas in the production of standard information for parents of young children-Parents' views. *Deafness and Education International, 7*(2), 63-76.

Zwarenstein, M. (2009). What kind of randomized trials do we need? *Canadian Medical Association Journal, 180*(10), 998-1000.

윤리적 고려점

Rod G. Beattie

배 경

청각장애 영유아의 가족들을 대상으로 서비스를 제공하는 청각구어 임상가에게 윤리적으로 정당하고 가족중심적인 방식으로 일하고 있냐고 묻는다면, 그렇다고 자신 있게 말할 수 있는 사람은 극히 소수일 것이다. 그 소수의 임상가도 곧 자신이 하는 일이 가족중심이 아닌 다른 어떤 것이 아닌가 하는 의문이 들지 않게 하기 위해 나의 관심을 다른 데로 돌리려 할 것이다. 아직도 나는 그들이 하고 있다고 믿으며 말하는 것이 그들이 하고 있는 것과 같은 것인지 의문을 갖는다.

청각장애 아동을 위한 교육자 및 청각장애 아동의 가족과 일하는 임상가들과의 오랜 경험을 통해 알게 된 것은, 그들이 윤리에 대한 공식적인 훈련을 거의 받지 않았다는 것이다. 당연히, 윤리적으로 정당한 임상에 대한 단순한 질문은 '무엇이 옳은 일인가?' 라는 기본적인 질문일 것이다. 분명 여러 직종의 많은 사람이 이러한 질문을 가지고 있다. 그리고 나는 대부분의 사람은 윤리적 배경 유무와 상관없이, 윤리적 요구가 있을 때 비슷한 질문을 시작할 것이라고 생각한다.

단순히 '무엇이 옳은 일인가?'라는 질문과 더불어 이 장과 관련된 몇 가지 다른 질문들을 생각할 수 있는데, 이 질문들은 생각의 틀 역할을 할 수 있을 것이다. 청각구어 임상가들이 윤리적으로 정당한 서비스를 제공하는 것을 보장하기 위해 필요한 일반적인 훈련 또는 기술은 무엇인가? 청각구어 임상가들은 진정 가족중심 프로그램을 제공하고 있는가? 또는 그들의 서비스는 아마도 아동중심 또는 부모중심과 같은 어떤 다른 프로그램은 아닌가? 그리고 이 두 가지 질문을 합해 보면… 윤리적으로 정당한 가족중심 프로그램과 관련되어, 청각구어 임상가들이 스스로 하고 있다고 믿으며 말하고 있는 것과 그들이 실제로 하는 것 사이에 불일치가 있는 것은 아닌가?

우리가 알아야 하는 것

나는 청각구어 임상가 등 가족중심 실제에 종사하는 전문가들은 윤리에 대한 일반적인 이해를 가지고 있어야 한다고 생각한다. 여기서의 이해란, '윤리(ethics) 또는 윤리 강령(code of ethics)'은 일반적으로 개인이나 조직의 행동을 지도하는 행동 원리의 체계를 말한다는 사전적인 정의에 대한 이해를 넘어서는 것이어야 한다. 사전적인 수준에서조차도 많은 사람들이 윤리와 도덕성(morality)이라는 용어를 혼용하는 것은 놀랍지 않은데, 대부분의 사람은 철학가들이 종종 도덕성은 윤리적 규칙의 하위 개념이라고 주장하는 것을 모른다.

윤리와 도덕성은 자신이 속한 집단에 따라 원리, 가치, 믿음 등 여러 가지 의미로 받아들여진다. 이러한 의미들은 또한 선, 예절, 정직, 진실성과 같은 개념으로 연결된다. 그러나 진술과 정의를 명확하게 하려는 의도 없이는, 혼동과 오해의 여지가 많다. 극단적인 예로 '정직한 도둑'이 존재할 가능성은 정말 없는가? 로빈 후드와 같이 역사적이고 신화적인 사람이 사랑받고 있음에도 불구하고 말이다!

요즈음 우리가 살고 있는 사회의 복잡성을 생각하면, 임상가들이 단지 사전적 정의 이상의 더 높은 수준의 윤리적 이해를 갖는 것이 매우 중요한 것 같다. 임상가들은 최소한 현대의 윤리적 사고가 비롯된 전통적인 윤리 이론과 현대 생태의학에서 사용되는 가장 일반적인 윤리적 접근에 어느 정도 친숙해져야 할 것이다.

전통적 윤리 이론

역사적으로 철학가들은 지난 수 세기에 걸쳐 윤리라는 주제에 대해 탐구하고 해석했으며 후세를 위해 그들의 생각을 기록했다. 이러한 기록으로부터 최근의 윤리학자들은, 전통적인 윤리 이론들은 의무론(Deontology), 결과주의(Consequentialism), 덕 윤리(Virtue Ethics)를 포함한다고 제안하고 있으며, 몇몇 학자들은 상대주의(Relativism) 또는 본성 법칙(Natural Law) 윤리를 전통적인 이론에 포함시켜야 한다고 주장한다. 그러나 이 장에서는 소개하는 차원에서, 가장 널리 알려져 있고 전통적인 이론으로 받아들여지는 첫 세 가지 윤리 이론에 대한 설명에 집중할 것이다.

의무론

의무론은 의무에 기반을 둔 전통적인 윤리 이론이다. Kuczewski(2000)는 "의무론적 윤리학의 목적은 개인의 욕망과 상관없이 의무의 수행 또는 규범의 이행을 성취하는 것이라고 본다(온라인)" (Beattie, 2001, p. 204)고 기록하였다. 그리고 "이 학파는 욕망이나 행복이 도덕적 행동으로 이어진다는 것을 의심했기 때문에, 의무론자들은 선험적 원리로써 의무라는 일반적인 기반을 추구한다" (Kuczewski, 2000, Beattie, 2001, p. 204에서 인용). 따라서 의무론적 관점에서 청각구어 임상가들은, 가족들의 욕구와 필요가 임상가가 전문가적으로 가장 만족할 수 있는 조건 및 결과와 같지 않을 수 있다는 것을 인지할 필요가 있다. 이런 경우 선험적 원칙은 임상가에 앞서 가족이 만족해야 한다는 것이다.

결과주의

전통적인 이론으로서 결과주의자들은, 행동은 그 결과에 근거하여 좋은지 나쁜지 판단되어야 한다고 주장한다. 혼동의 여지가 있지만 Singer(1994)에 의하면, 결과주의자는 실용주의자로 알려져 왔다. 명확히 하자면, Kuczewski(2000)는, 가장 잘 알려진 결과주의의 형태는 실용주의라 불리며, 실용주의의 지지자들은 행복이나 쾌락으로 이끄는 행동을 할 필요가 있다고 주장한다. Kucsewski는 결과주의자들이 행동을 이끄는 기본적인 규칙을 만들려고 한다는 것을 지적하며 이런 입장을 확장하였다. 예를 들어, "가장 많은 사람에게 가장 좋은 것을 산출할 수 있는 행동을 선택하라." (Kuczewski, 2000, Beattie, 2001, p. 203에서 인용)와 같은 것이다. 가족중심 임상에서 청각구어 서비스를 제공하는 것과 관련하여 설명하자면, 이러한 서비스를 제공하는 조직은 자연스러운 환경이나 대부분의 가족들이 가장 편안하게 여기는 세팅에서 서비스를 제공하도록 결정해야 할 것이다. 이것이 임상가들이나 어떤 가족들에게는 시간이나 재정적인 문제 등에서 최선의 해결책이 아니라는 것을 알지라도 말이다.

덕 윤리

덕 윤리는 인간의 발달과 특성을 고려한 전통적인 이론이다. 덕 윤리를 지지하는 사람들은, 상황은 너무 다양하여 결과주의자들이 따르는 기본적인 규칙과 같은 것을 만드는 것이 그리 도움이 되지 않는다고 믿는다. 대신에, 덕 윤리주의자들은 이 다양한 상황을 더 잘 관리하도록 일조하는 사람들의 성격 특질들을 개발하는 것이, 의무와 행동을 지배하는 일반적인 규칙을 추구하는 것보다 더 낫다고 믿는다. Kuczewski(2000)에 의하면, 덕 윤리주의자들은 우리가 다양한 상황에서 올바른 판단을 내릴 수 있는 사람이 되기 위해 발달시켜야 할 성격 특질들이 무엇인지에 대한 의문을 가졌다. 청각구어 임상가들이 학부 과정 초기나 졸업 후 교육 기간의 일부, 또는 자격증 보수교육 동안에 의사 결정 기술을 발달시키는 것이 필요하다고 보는 것을 예로 들 수 있다. 그러므로 청각구어 임상가들은 일반적으로 수강하는 청각학, 청력손실, 청각 보조기기, 듣기, 말, 언어 등 일반적인 과목들에 더하여, 판단력과 의사 결정 능력을 향상시키기 위해 가족 체계, 가족 상담, 다문화, 종교적 차이, 언어학적으로 민감하도록 해 주는 정식 과목을 수강하여야 한다.

원리주의: 네 가지 원리의 '근대적' 윤리 접근

시간이 흐르면서, 전통적인 접근은 원리주의라고 알려진 '근대적' 접근으로 수렴되어 왔다. 원리주의는 여성해방주의자(Feminist)나 소수 집단, 내러티브 접근(Narrative approach)으로 알려진 기타 다른 접근들을 포함한다. Kuczewski(2008)는 원리주의에서 생체의학적 윤리를 '실행하는' 것은 자율성(autonomy), 선행(beneficence), 무해성(non-maleficence), 정의(justice)의 '네 가지 원리' 간의 균형을 유지하는 문제임을 어떻게 주장하는지 설명하였다. Beauchamp와 Childress (1979, 1989, 1994)는 그들의 잘 알려진 저서를 여러 차례 개정하면서 이 네 가지 원리를 개발하고 설명하였다. 이러한 틀에서 네 가지 원리주의 접근과 결의론(Casuistry, 사례기반 사고[case-based reasoning])은 생체의학 윤리에서 가장 잘 알려진 두 가지 방법이 되었고, 여러 의학 임상가, 재활 인력, 교육가에 의해 널리 적용되어 왔다(Kuczewski, 2008).

이 절에서는 원리주의에 대한 간단한 설명으로 시작하여 청각구어 임상가들과 가족중심 실제와 관련된 여러 가능한 윤리적 고려점들을 강조한다. 먼저 네 가지 원리에 초점을 맞춘 다음의 네 가지 질문을 생각해 보자.

- 가족중심 프로그램에서, 청각구어 임상가나 제공자 조직과 표준적인 청각구어 서비스 전달 '순서와 일상'은 부모의 의사 결정 자율성을 존중하는가?
- 청각구어 임상가의 가족중심 임상 기반은 전체적으로 가족들에게 좋은 일인가? 또는 청각장애 아동의 임상적 듣기/언어/말에서의 결과를 위해 물질주의적/부권주의적으로 접근하는 것은, 모두를 위해 '좋은 것'을 짓밟는 것인가?
- 청각구어 임상가의 가족중심 실제(사설 또는 기관에서)는 적절하게 고안되었으며 해로움의 가능성을 최소화하기 위해 최선의 관리가 되고 있는가?
- 우리는 가족중심 청각구어 프로그램을 시행하는 데에 있어서 가족과 사회의 이익과 부담을 적절하게 배분할 수 있는가?

2000년부터 Kuczewski의 온라인 자료들은 각각의 사례별로 자율성, 선행, 무해성, 정의의 네 가지 원리가 어떻게 균형을 이루는지에 대해 자세히 설명하고 있다. 그러나 2008년에 Kuczewski는, 이것은 보기보다 훨씬 더 복잡하다고 인정했다. 왜냐하면 네 가지 '의무'는 항상 있어야 하지만 상황이나 맥락은 독특하고 예측하기 어려운 방식으로 서로 대치되기 때문이다. Kuczewski(2008)는 실제로 환자가 치료될 수 있는 조건임에도 치료를 거부하고 죽기를 바랐던 사례로 이 복잡한 원리들의 균형에 대해 설명하였다. 이 경우, 갈등은 환자의 욕구(자율성)에 대한 존중과 환자의 안녕을 돌보아야 하는 의사의 의무(선행) 간에 발생한다. 이런 경우는 극단적인 의학적 딜레마지만, 가족중심의 실제 임상에서 청각구어 임상가들은 이와 같은 두 가지 의무를 사용하여 사례를 만들 수 있다. 아동과 가족을 위해 수화 의사소통을 포함시키고자 하는 부모의 욕구에 대한 존중과 이것이 아동의 듣기 기술의 발달을 방해할 것이라고 청각구어 임상가가 강하게 반대하는 경우를 생각해 보자.

이미 설명했듯이, 모든 사례는 독특하기 때문에, 네 가지 원리에 대한 다음과 같은 설명이 가족중심 청각구어 프로그램에서 발생할 수 있는 몇 가지 사례의 윤리적 논의에 대한 유용한 설명이 되기를 바란다.

자율성

독립적으로 스스로 결정하는 것은 모두의 권리다. 그것이 가능하다면 말이다. 정보를 충분히 얻은 후에 자유롭게 독립적으로 결정을 내리는 권리와 더불어, 자율성은 위험을 감수하려는 자존감을 포함한다. 어떤 사람들에게는, 성공에 대한 희망을 버리는 한이 있더라도 개인의 자율성을 존중한다는 것은 여러 가지 의미가 있다. 넓은 의미에서 존중은 자율성을 지지하지만, 생태의학과 사회과학 분야에서 일하는 많은 전문가에게 자율성은 좁은 의미에서의 '동의서'로 생각된다. 그러나 Singer와 Powers(1993)가 돕는 관계에 대한 설명에서 썼듯이, "동의서는 단순한 법적 절차 이상의 것을 의미한다. 이는 가족들과 함께 일하기 위한 일반적인 원리를 대표한다"(p. 21).

연구 프로그램에서 동의서에 대한 규정들은 다음과 같다. ① 사생활과 자율성을 지키는 안전 장치, ② 가족 구성원들이 기꺼이 참여하도록 보장, ③ 연구 목적과 목표가 분명하게 기술되고 이해되며 만족스러울 수 있도록 함 등이다. 가족중심 청각구어 실제는 연구 목적에 초점을 맞추지 않지만, 교육/발달 프로그램에 직접 적용할 수 있는 연구 환경에서 이러한 논의가 제기되었다. Tri-Council의 집행부(1996)는 "자유로운 동의는 강제성 없는 동의"라고 강조하였으며 가능할 때마다 참여자들에게 "적절한 시간과 개인적인 장소를 주고 연구 프로토콜에 참여할 것인지 잘 생각해 볼 수 있도록 해야 한다."(pp. 2-9)고 하였다. 청각구어 프로그램 참가에 대한 부모 동의는 연구가 청각구어 프로그램의 초점이 아니어도 흥미로운 사안이다. 가족중심 청각구어 프로그램의 경우, 선행의 예로는 프로그램의 존재의 의미(raison detre)를 가지고 설명하는 것이 가장 좋다. 이는 능력, 기술, 지식을 개발함으로써 아동과 가족에게 좋은 일을 하는 것이다. 그러나 '참여에 동의하는' 결정에 있어서 강요당하고 몰리거나 급하게 몰아쳤다고 느끼는 부모는 분명히 불만을 표시할 것이다. 이와 비슷하게, 청각구어 임상에서 비윤리적으로 강제된 동의의 예로는 가족이 프로그램을 받아들이는 것이 특정 청각 기술을 얻거나 출석 의무를 채우는 것, 특정 사람이나 서비스에 접근할 수 있는 것, 또는 반대로 특정 기술, 사람 또는 프로그램을 피하는 것과 연관되어 있다고 느끼는 경우다.

자신의 아이가 (스트레스 가득한) 청각장애로 확정되었을 때, (복잡한) 청각 보장구들을 결정하고 구입했을 때, (신비로운) 치료를 받아야 한다는 권유를 받고 스케줄이 잡혔을 때, 상처받은 부모들을 존중하면서 권위를 가지고 대하는 것이 얼마나 어려울지 생각해 보자. 가족중심 청각구어 프로그램에 참여한다는 데 대한 부모의 동의가 자유롭고 강제성이 없었는가? 아니면 전문 용어의 파도가 덮치는 가운데 '한데 묶여' 동의한 것인가? 부모들은 정서적으로 안정된 상태에서 적절한 정보를 얻고 충분히 쉬고 머리를 맑게 한 상태인가? Tri-Council 집행부(1996)의 보고서는 자율성 존중의 두 가지 기본적인 요소를 강조하였다. ① 신중하게 개인적 선택을 할 수 있는 사람들의 자기결정을 존중해야 한다. ② 의존적이고 장애가 있거나 능력이 저하된 사람들이 기만당하지 않도록 부가적인 보호(그리고 아마도 시간적인 여유)를 제공받아야 한다. 대부분의 부모가 이러한 점들을 인지하고 있고, '의존적이고 장애가 있거나 능력이 저하되지' 않았다고 간주되지만, 부모들은 충분히 동의하기에는 아직은 정서적으로 메말랐고 그들 가족의 상황을 다시 생각해 볼 만한 시간이나 여유가 없었을 가능성이 있다.

선 행

웹스터 사전에 의하면 선행은 친절이나 자선과 같은 행동을 수행함으로써 선을 행하거나 생산하는 것을 뜻하거나 이와 연관되어 있다. 선행은 물론, 암시되지 않으면서 교육직 또는 봉사직에서 다른 사람들에게 또는 다른 사람들을 위하여 이루어져야 한다. 분명히 많은 가족중심 청각구어 프로그램들을 비영리 단체에서 운영하고 있다. 그러나 이는 프로그램에 참여하는 사람들이 자신들은 자선을 받는 경우라고 느끼게 되고, 이는 다시 그들이 받은 이득에 대한 대가로 무언가를 '빚지고' 있다고 느낄 수 있다는 것을 뜻한다. 조기중재 청각구어 프로그램에 대한 몇 년간의 경험이 있는 부모들은 직접적으로나 또는 여러 형태로 재정적인 지원을 하고 싶어 할지도 모른다. 그러나 서비스를 받기 위해 재정적으로 반드시 '기여해야' 한다거나, 모금 행사나 방송 이벤트에 반드시 '참여해야' 한다고 느끼게 된다면 선행을 해야만 한다는 암시를 받은 것으로 변색된다.

선행이나 선을 행하는 일과 관련된 이러한 정의와 설명에 더하여, 가족중심 청각구어 실제에 대하여 간단한 용어로 '선'을 설명하는 것은 매우 어려운 일이다. 초기에는 많은 새로운 부모들이 진전이 기대보다 느리면, 임상가들이나 자신들의 초기 노력으로부터 좋은 일이 거의 생기지 않았다고 느낄 수 있다. 부모들이 부적절한 상담을 받았거나 시간적인 발달적 준거에 대해 제한된 이해를 가지고 있으면, 그들은 기대했던 목표가 달성되지 않았을 때 불안하거나 낙심할 것이다. 반대로 중재 전략을 적용할 때, 충분하게 자주 그리고 적절한 강도로 충분한 활력을 가지고, 인내와 믿음으로 하면 반드시 진전이 있을 것이라고 과도하게 '장미빛 미래로 호도되어 왔다'고 느끼면 부모들은 좌절하거나 화가 날 것이다. 이런 경우, 가족의 반응으로 불신이나 분노와 같은 행동이나 감정이 더 자주 나타난다고 해도 놀랄 일이 아닐 것이다.

선행을 한다는 것은, 모두의 좋은 의도와 노력의 결과가 긍정적으로 달성되지 않거나 훨씬 기대에 못 미치는 결과로 끝나는 경우들도 있다는 것을 분명히 밝히는 것을 뜻할 수 있음을 생각해야 한다. 가족들에게는 매우 실망스러운 일이지만, 시간과 경험으로 보아 가족들을 정직하게 대했기 때문에 처음에는 비극적인 것으로 보였던 것도 장기적인 관점에서 가족중심 청각구어 프로그램의 긍정적인 이득으로 다시 생각하게 될 수 있다.

무해성

무해성에 대한 단순한 사전적 정의는 타인을 해치지 않는 것이다. 또한 무해성은 원리주의의 네 기둥 중에서 자율성 원리의 빛과, 해로움과 이득의 비율의 관점으로 종종 해석된다. 아주 기본적인 수준에서 의학이나 사회과학의 생윤리학 분야에서의 무해성은 대부분, 처음부터 해로움을 방지하거나 해로움이 발생했을 때는 이를 제거하는 의무를 갖는 것을 뜻하는 것으로 이해된다.

청각장애 아동들을 위한 모든 조기중재 프로그램의 분명한 목표는 의사소통 접근 방식(청각구어, 구화, 토털 커뮤니케이션, 수화)이나 전달 초점(아동중심, 부모중심, 가족중심)과 상관없이 관련된 모든 사람의 복지에 전반적인 이득을 제공하는 것이다. 사실, 어떤 윤리적 접근도 의도적으로 피해를 주는 방법을 창조하거나 개발하고 전달하지는 않는다. 그러나 비의도적인 피해나 피해가 있을 수 있는 가능성은 언제나 있다. 가족중심 청각구어 프로그램의 관점에서, 아동, 부모 그리고 아마도 가족들에 대한 '잠재적 피해'를 개념화하는 것이 가능할 것이다. 이것은 위기관리 정책이 필요한 강력한 이유가 된다.

다음과 같은 문제점에 대해 생각해 보자. 수화 접근을 지지하는 사람들은 구화 접근법을 배타적으로 사용하는 것이 아동에게 잠재적 피해를 가져올 수 있다고 종종 주장해 왔다. 이들은 아동의 언어학적 · 교육적 · 사회적 · 정서적 · 문화적 복지의 측면에서 우려를 표명한다(Komesaroff, 1998 참조). 부모와 가족 구성원들에 대한 피해를 생각해 보면, 심리적인 측면에서의 잠재적 피해는 다음과 같은 경우에 관련되어 있을 수 있다. ① 훈련을 부적절하게 받은 평가자가 '나쁜 소식'을 배려 없이 전달했을 때, ② 지원, 정보, 안내가 부적절하게 이루어져서 부모들이 어떤 일이 일어날 것이고 무엇이 필요한지 알지 못하기 때문에 과도하게 스트레스를 받은 경우, ③ 아동의 발달 지연을 보상하기 위해 '속도를 낼 필요성' 때문에 임상가가 강요하는 것처럼 보이는 공격적인 태도를 보일 때, ④ 신생아청각선별검사 및 중재(EHDI) 프로그램에서 '최대한의' 부모/가족 청각구어 요구 조건들이 부적절한 부모-아동 간 애착이나 스트레스성 정신 건강 문제의 원인이 될 때 등이다.

다른 관점에서 보자면, 심리적인 측면이 제대로 다뤄지지 않으면 청각구어 중재 과정에서 해로움이 발생할 가능성이 있다. 양질의 가족중심 청각구어 프로그램에서 부정적인 결과가 나올 가능성은 거의 없지만, 해로움이 예기치 못한 사건과 상황에서 발생할 수 있다는 것을 인지하는 것은 중요하다. Clayton과 Tharpe(1998)는 신생아청각선별검사에서 위양성(false positive) 판정을 받은 경우, 부모와 아동 모두에게 장기적인 영향을 미칠 수 있다는 것을 지적하면서 이것이 단순한 가능성의 정도만을 의미하지 않는다고 설명하였다. 이들이 지적한 여러 가지 문제점들 중에는 부모들이 자신의 아이가 아프고 연약하며 다치기 쉽다고 느끼는, 부모로서의 왜곡된 지각을 가지게 될 가능성이 있다. 이들은 또한 이러한 부모들의 지각이 누그러지지 않고 아주 오랜 기간 동안 자녀에 대해 불필요한 걱정으로 이어질 수 있다고 하였다. 이러한 부모들은 광범위한 경제적인 문제를 일으키기도 하는데, 작은 의학적인 문제를 아주 큰 문제로 만들거나 응급 의료에 불필요하게 의뢰하기 때문이다. Clayton과 Tharpe가 신생아청각선별검사가 부모에게 미칠 수 있는 부정적인 장기적 효과를 설명한 것에 비추어, '치료' 서비스를 받는 가족들에게 이와 유사한 문제는 없는지 생각해 보자. 우리는 임상가들이 청각장애가 있는 아동에게 동시에 여러 가지 '치료' 서비스를 받게 하는 부모들에 대해 얼마나 자주 이야기하는지 생각해 볼 필요가 있다. 이런 부모들은 자신의 아이가 '장애'가 있으며 아이가 '치료'를 얼마나 필요로 하는지에 대해 왜곡된 지각을 가지고 있지는 않은가? 어쩌면 자녀의 발달적인 잠재력을 해치고, 경제적인 부담으로 이어지는 여러 가지 서비스를 받고 있는 것은 아닌가? 이러한 의문에 어느 정도 증명된 '그렇다'는 대답을 할 수 있을 것이다. 또한 이러한 문제는 무해성과 해로움의 최소화에 대한 우려를 제기한다.

정 의

정의의 원리는 개인과 집단의 권리와 평등성을 지지한다. 정의는 윤리적 의사 결정의 기반으로 비용 효과성이나 경제적 효율성을 거부한다. 정의와 비차별성의 원리는 개인과 집단이 고려되었을 때 복잡해진다. 국제장애인통합기구(Inclusion International)와 로이어 연구소(Roeher Institute)(1999)에 의하면, "비차별성의 원리는 모든 사람이 정신적이거나 신체적인 장애, 또는 어떠한 다른 특성의 유무나 기대의 기반 위에 삶, 의료적 치료, 차별 없는 수용에 대한 권리를 갖는다는 믿음에 기초한다"(Snodden, 2000, p. 6). 이 문구는 특히 가족중심 청각구어 프로그램이 '치료로부터의 제외'를 함축하거나 암시한다면 특별히 흥미롭다. 청각장애만 있거나, 가족중심 청각구어 서비스에 잘 '반응하는' 행동의 아동들만 선택하는 것은 정의롭지 못하다! 가족중심 청각구어 실제에 적합한 발전된 수준의 기기를 사용하는 아동만 선택하는 것은 정의롭지 못하다. 가족중심 청각구어 프로그램에 잘 '반응하는' 특성과 자원을 가진 부모와 가족들만 선택하는 것 또한 정의롭지 못하다! 그렇다면 임상가의 선을 행하고자 하는 폭넓은 욕구와 정의의 조건이 균형을 이루는 것은 가능한가? 즉, 오는 사람은 모두 받아야 한다거나, 아니면 자율성과 정의에 도전하는 위험을 감수해야 한다는 것인가?

국제장애인통합기구와 로이어 연구소(1999)의 문서에는 정의의 원리가 개인과 집단의 권리와 평등성을 어떻게 지지하는지 설명되어 있다. 공평하고 평등한 자원의 배분을 보장하기 위해 모든 사람은 잠재력을 개발하며, 개인적 · 사회적 안녕을 성취하기 위해 필요한 것을 공급받을 권리가 있다. 국제장애인통합기구와 로이어 연구소 문서의 공동 저자들은, 정의의 원리는 윤리적 원리로서 경제적 효율성과 비용 효과성을 거부한다고 주장하며, 선행과 최대 이득(best interest)을 전문가 책무의 유일한 기반으로 보았다. 이에 대한 Tri-Council 집행부(1996)의 입장은 다음과 같다.

> 정의는 법이 목적으로 하는 윤리적 원리다. 행동이 합법적이라고 해서 반드시 윤리적인 것은 아니다. 이처럼, 아동들에 대한 일반적인 연구가 개개 아동을 위험에 처하게 할 수 있는 것과 같이, 윤리적으로 정당할 수 있는 행동이 반드시 합법적인 것은 아니다(pp. 2-3).

가족중심 청각구어 프로그램의 의미와 정의의 많은 요소와 요구 사항들이 관리되어야 하는 방법은 상상을 초월할 정도로 복잡할 수 있다. 이는 다음과 같은 내용에서 볼 수 있다.

> 청각장애 영역의 전문가들은 청각장애 아동이 늦게 판별되는 문제와 관련하여 오랫동안 애석하게 생각해 왔다. 뒤늦은 진단의 부정적인 결과는 질적 및 양적으로 증명되어 왔으나, 그러한 문헌을 살펴보는 것은 이 장을 쓰는 데에 거의 기여하지 못하였다(Beattie, 2010, p. 36).

그러나 흥미롭게도, '정의가 구현되는지' 또는 신생아청각선별검사에 이어 조기중재를 시작하려는 좋은 의도를 가진 임상가의 욕구와, 무거운 마음으로 '죄책감을 느끼며' 준비도 되기 전에 조기중재를 시작하려는 가족 사이에 합리적인 균형이 이루어지는지와 같은 의문을 가질 수 있다. 가족중심 청각구어 프로그램에서 압력이나 영향력 없이 부모 또는 가족의 결정이 내려질 수 있는가? 개인과 가족의 안녕을 보장하기 위해 사용할 수 있는 자원들이 요구되었는가?

부모와 가족들이 대안적인 의사소통 접근에 동시에 참여하기로 결정한다면, 사설 기관이나 기관 기반 가족중심 청각구어 프로그램의 '황금률'이 대안 중 하나로 타협되고 뒤이어 포기될 것인가?

쉬어가기

지금까지, 이 장의 초점은 청각구어 임상가들이 윤리적이라는 것에 대해 생각하도록 돕기 위해 필요한 배경 정보가 무엇인지 개괄하는 것이었다. 많은 일반적인 의문들이 제시되었고, 윤리적으로 건전한 가족중심 청각구어 프로그램을 제공하는 데에 도전이 되는 것에 초점을 맞추어 가능한 윤리적 딜레마를 설명하였다. 어떤 부분들은 직접적으로 다루었지만 이 장의 진짜 목적은 인식과 관심을 불러일으키는 것이었다.

이 장의 다음 절에서는 일반적인 의미의 가족중심 실제의 원리에 대한 윤리적 이슈들에 초점을 맞춘다. 그럼에도 불구하고 기회가 될 때마다 청각구어 임상가들의 관점으로 돌아가고자 한다.

가족중심 실제의 원리: 청각구어 임상가에게 주는 시사점

배 경

Boys Town 국립연구병원 웹사이트의 전문가 자료(2009)를 보면, 미국에서 "가족중심 서비스 제공의 철학은 조기중재 영역에서 소개되었으며 1986년 「공법 99-457」의 전문에 법으로 제정되었다"(para. 1). 가족중심 실제의 이러한 모델은 정의와 실행의 두 가지 측면 모두에서 기준이 되어 왔다. 0~3세 대상자에 대한 서비스를 제공하는 청능사들에 대해 특별히 말하자면, 이러한 전문가들이 가족중심 서비스 전달 모델을 잘 알고 있어야 한다는 것이다. 그러나 가족중심 서비스를 그들의 임상에 어떻게 통합시켜야 하는지에 대한 공식적인 훈련을 받은 전문가들은 거의 없다. 이에 대하여, 가족중심 임상의 원리를 리뷰하고 이러한 모델을 구현하기 위한 제안들이 있다.

Boys Town 국립연구병원 웹사이트(2009)에 제시되어 있는 가족중심 실제의 원리들은 대략적인 요약으로서 대표적인 원리들을 조합한 것이다. 이것은 버지니아 주의 알렉산드리아에 있는 부모정보훈련센터에서 Boys Town에 제공한 것이다.

① 가족은 아동의 첫 번째이자 가장 좋은 지지자다.
② 가족들이 자신들에게 필요한 서비스가 무엇인지 결정한다.
③ 효과적인 조기중재 서비스는 가족들로 하여금 환영받고 있다고 느끼게 하며 가족들에 의해 이루어진다.
④ 특별한 요구를 갖는 아동은 다른 모든 아동과 같이 지역사회 내 가족들에서 우선순위를 갖는 구성원이다.
⑤ 가족의 관점과 가치관은 윤리적 · 인종적 · 문화적 배경을 포함한 인생 경험에 의해 형성된다.
⑥ 가족 지원은 아동의 특별한 요구를 충족하는 통합적인 부분이다.
⑦ 가족과 전문가들은 성공적이기 위해 상호 존경하고 믿는 태도로 함께 일해야 한다(Boys Town National Research Hospital, 2009, 부표제 1-7).

가족중심 실제의 다양한 '조합'을 설명하는 데에 주정부 2곳에서 사용한 핵심 가치에 대한 문서가 도움이 된다. 매사추세츠 아동가족부는 '시작부터 가족과 함께하기(Working with Families Right from the Start)' 프로젝트를 통해 가족중심 실제에 대한 그들의 진정성에 대해 보고하였다. 이 주정부의 아동 복지의 실제는 여섯 개의 핵심 가치에 따라 서비스를 정의하고 제공한다. 그것은 아동주도, 가족중심, 지역사회 초점, 강점기반, 문화적 다양성/문화적 능력에 중점, 계속 학습에 중점이다. 네브라스카 주 보건복지서비스 시스템(Health and Human Services System)에도, 정도는 다르지만 이와 비슷한 내용으로 가치, 믿음, 원리의 핵심 세트를 통해 전달해야 한다는 내용이 있다. 이러한 조합은 배려, 개별화, 강점기반, 문화적 능력, 개발지원팀, 성과 초점, 요구중심, 융통성, 무조건, 정상화, 지역사회 기반과 같은 요소들을 포함한다(Nebraska Department of Health & Human Services, 2007).

일반적인 내용과 주제가 이 기관들이나 다른 유명한 조직의 가족중심 실제에 관한 성명서에 들어 있지만, 매우 다양하고 표현의 차이가 있어서 이 내용들을 분명하게 정의하는 것은 불가능해 보인다. 사실, 가족중심 실제는 오랜 시간 동안 근거가 되는 이론으로부터 비롯된 것이며, 독창적인 신조나 성명서로부터 한번에 탄생한 것이 아니므로 모호하다고 볼 수도 있다. 가족중심 실제의 기원에 대해서는 *Best Practice/Next Practice*의 2000년 여름호에서 '황제에게 옷을 입힐 수 있는가?' 라는 제목으로 다루어졌다. 그럼에도 국립자원센터(National Resource Center: NRC)가 가족중심 실제와 평생 계획(Family-Centered Permanency Planning, 2009)에 대해 결론을 내린 것처럼, 다음과 같은 네 가지 본질적인 요소로 축약할 수 있다.

① 가족 단위가 관심의 초점이다.
② 효과적으로 기능할 수 있도록 가족의 능력을 강화하는 것을 강조한다.
③ 가족들은 정책, 서비스, 프로그램 평가의 모든 측면을 설계하는 데에 관여한다.
④ 가족들은 좀 더 광범위하고 다양한 지역사회 기반의 지원과 서비스 네트워크에 연결된다.

다음의 네 개 절에서는 청각장애 아동과 그들의 가족들을 위한 이러한 가족중심 청각구어 실제에 대한 의무라고 생각되는 점들에 대해 설명할 것이다.

관심의 초점: 가족이라는 단위

NRC(2009)는 "가족중심 실제는 가족을 집단적인 단위로 보고 가족 구성원들의 안전과 복지를 보장하도록 이루어져야 한다."(para. 1)고 천명하였다. 윤리 의식을 가진 가족중심 청각구어 임상가들은 이 성명서와 다른 행동을 하지 않지만, '집단적 단위로서의 가족'을 중재하는 목표를 실제로 달성하는 것과 관련하여 어려움을 겪을 수 있다. 가족을 중재하는 것은 상당한 경제적인 부담과 시간적인 헌신을 요구하며, 이는 청각구어 임상가들이 가족중심보다는 좀 더 아동중심이 되거나 부모 한 명에 집중하게 될 가능성을 증가시킨다. 청각구어 임상가의 관점에서 보면 가족을 집단적인 단위로서 중재하는 것의 어려움이 아마도 그들 자신의 자원과 시간적 헌신과도 연관될 것이다. 집단적인 가족 단위가 더 커질수록 더 많은 자원이나 시간이 필요하며, 서비스의 초점이 더 흐려지게 됨으로써 임상가를 당황하게 한다. 요즈음의 윤리적 선행의 측면에서, 임상가로서 집단적인 가족 단위를 위해 좋은 일을 하는 것은 쉽게 받아들여질 만하다. 그러나 나는 집단으로서의 가족이 '희석된' 이득을 얻는 것으로 보이지만 서비스의 '목적'인 아동은 최대선에서 '빠져 버린' 것 같을 때, 임상가들이 '최대 다수를 위한 최대 선'이라는 전통적인 결과주의자의 금언을 달성하였다고 생각할 수 있을지 궁금하다.

가족 기능 증진

가족들이 효과적으로 기능하는 능력을 증진시킨다는 측면에서, NRC(2009)는 다음과 같이 단순하게 천명하였다. "가족중심 실제의 주된 목적은 가족이 그들의 책임을 수행하기 위한 잠재력을 강화시키는 것이다." (para. 1) 이러한 목적에서 청각구어 치료의 원리 열 가지 중 여섯 가지가 NRC의 가족중심 실제에 대한 성명을 반영한다. '부모'에 조부모, 친척, 보호자 등 아동과 상호작용하는 어떠한 양육자도 포함하는 AG Bell 청각구어학회가 천명한 원리의 3~8번의 내용을 살펴보자.

③ 아동이 구어를 발달시키기 위한 주된 감각 양식으로 듣기를 사용하는 것을 도울 수 있도록 부모들을 지도하고 안내한다.

④ 부모가 적극적이고 일관된 개별 청각구어 치료에 참여하여 아동의 듣기와 구어 발달을 위한 주된 촉진자가 되도록 지도하고 안내한다.

⑤ 아동의 일상생활을 통해 구어를 습득할 수 있게 듣기를 지지하는 환경을 만들도록 부모를 지도하고 안내한다.

⑥ 삶의 모든 영역에서 듣기와 구어를 통합하여 나가도록 아동을 도울 수 있게 부모를 지도하고 안내한다.

⑦ 듣기, 말하기, 언어, 인지, 의사소통에 있어서 자연스러운 발달적 패턴을 사용하도록 부모를 지도하고 안내한다.

⑧ 아동이 듣기를 통해 구어를 자기 감독(self-monitoring)할 수 있도록 부모를 지도하고 안내한다.

청각구어 임상가들이 AG Bell 청각구어학회의 원리를 실제로 고려한다면, 이것은 가족중심 실제라는 NRC의 원리를 옹호하는 증거가 될 수 있다. 그러나 특히 서비스 전달의 공평성과 모든 가족들에 대한 포용성을 고려한다면 원리주의의 정의라는 측면이 반드시 함께 고려되어야 한다. 그렇지 않으면 임상의 실제는 정의롭지 않다고 볼 수 있다.

모든 프로그램 요소에 참여하는 가족들

NRC(2009)의 세 번째 원리는 "가족중심 임상가들은 의사 결정과 목표 설정 과정에서 전문가적 지식을 이용하여 가족들과 파트너가 되고, 각 가족에 맞는 개별화되고 문화적으로 반응적이며 적절한 서비스를 제공해야 한다."(para. 1)다. 이 원리는 청각구어 임상가들의 자율성 보장에 가장 큰 어려움을 주는 것으로 보인다. 내부적으로 청각구어 임상가들은 부모들과 청각장애 아동의 가족 구성원들이 '자율적'이 되도록 노력을 기울여야 한다. 그러나 외부적으로는 분명히 여러 가지 '자율성을 빼앗는' 압력이 있다.

자녀가 농으로 진단받았을 때 이에 대한 지식을 가지고 있는 가족들이 거의 없다는 것은 널리 알려진 사실이다. '농에 대해 무지한' 사람들은 임상가들이 '전문적인 지식'을 가지고 있다고 여긴다. 대부분의 가족 구성원은 처음에는 이해할 수 없는 평가나 진단, 절차의 세계에 던져지며, 이후에는 무수하게 많은 낯선 기술이나 방법, 중재로 떠밀린다. 자신이 청각장애에 대한 전문가라고 믿는 가족들은 매우 드물다! 70년도 더 전에 Ewing과 Ewing은 다음과 같이 썼다.

> 부모들은 농아동의 흥미와 말을 이용한 활동을 연결 지어야 하는 다리를 만들 수 있는 경험이나 지식을 전혀 가지고 있지 않다. 그들이 할 수 있는 최대한의 역할은 다리를 만드는 재료를 준비하고, 다리를 만드는 일을 전문가에게 넘겨 주는 것이다(Ewing & Ewing, 1938, p. 94).

물이 다리 아래를 흐르듯이, Ewing과 Ewing은 생각도 바뀌어 갔다.

> 분명히 농아동 재활의 첫 단계는 부모 스스로 거쳐야 한다…. 부모들은 집에서 아동을 위해 '말하는 환경'을 만들어야 한다…. 농아동은 또한 사회적으로 호의적인 환경이 필요할 뿐만 아니라 입술을 보고 단어를 읽는 기회를 가져야 한다. 무엇보다도, 자신이 보는 단어를 의미와 연결할 수 있도록 특별한 도움을 받아야 한다(Ewing & Ewing, 1954, pp. 132-133).

Ewing과 Ewing은 가족중심 실제의 방향으로 움직이고 부모/가족이 참여하는 것의 분명한 이점을 인식한 것처럼 보인다. 그러나 요즘의 임상가들에게 그런 것처럼 과거에도 경험 많은 임상가들에게는 이렇게 하는 것이 쉬운 일이었지만, 경험이 없는 부모들에게는 과거에나 요즘에나 쉬운 일이 아니다. 요즘의 청각구어 임상가들이 격려해 준다 해도 청각장애가 있는 아이를 위해 자율적으로 독립적이 되고 의사 결정을 한다는 것은 현대의 부모들에게 아주 불편한 일일 수 있다. 그렇지 않다면, 부모들이 우리에게 "어떻게 해야 할지 말해 주세요!"라고 말하는 것을 왜 그리 많이 듣겠는가?

더 큰 지역사회에 연결된 가족들

NRC(2009)는 가족중심 실제의 네 번째 필수 요소에 대한 설명에서, 더 큰 지역사회의 광범위한 관여를 분명하게 명기하고 있다. "가족중심 중재는 의사소통의 극대화를 위해 자원들을 사용하고, 공유된 계획, 여러 지역사회 간의 협조, 그리고/또는 가족과 직접적으로 관련된 이웃 체계를 돕는다." (para. 1) 이에 대한 지지자들은 이렇게 하는 것이 유익하고, 잠재적인 이득이 잠재적인 피해를 능가할 수 있다고 강력하게 주장한다. 그렇다면 예를 들어, 청각구어 임상가들은 아이들의 의사소통을 최대화하기 위해 수화와 독화를 포함시키기를 원하는 자율적인 가족들이 자원들을 사용할 수 있도록 어떻게 도울 수 있는가? 자기 방식대로만 하려는 생각이 머릿속에 가득하다면, 윤리적으로 이끌어진 가족중심 청각구어 임상가들은 이런 경우 아무 말도 하지 않는 것이 나을 것이다.

윤리적으로 이끌어진 가족중심 청각구어 실제의 또 다른 측면을 고려해 본다면, 아동들을 위한 가족의 자율적인 교육적 욕구와 LSLS 청각구어 치료의 열 번째 원리, 즉 "조기 교육부터 적절한 서비스와 함께 건청 또래와 일반학교에서의 교육을 증진시킨다." (AG Bell Academy, 2007) 간의 몇 가지 갈등을 생각해 볼 수 있다. 청각장애 학생들을 위한 교실이나 장소가 있다면, 몇몇 부모들은 무엇보다 다음과 같은 정당한 이유로 이러한 배치를 원할 것이다. 예를 들어, 청각장애 특수교사, 낮은 교사 대 학생 비율, 일반적으로 더 나은 음향 환경, 유사한 장애와 경험을 가진 또래들과의 상호작용과 같은 것들이다. 청각구어 임상가들은 가족의 선택이 잘못 되었다고 믿으면서도 가족들이 교육적 선택권을 가질 수 있도록 돕기 위해 자원들을 사용하는 데에 헌신하려는 철학을 일치시킬 수 있을 것인가? 청각구어 임상가들은 아동들이 일반학교에서 건청 또래들과 매일 상호작용함으로써 얻는 이득을 가질 기회가 적어서 고통받을 수 있다는 믿음을 보여 줄 수 있는가?

숨겨지거나 가려진 윤리적인 문제점

원리주의의 원칙들을 이해하면서, 가족중심의 틀 안에서 좋은 청각구어 실제를 제공하거나 달성하는 올바른 결정에 도달하기 위해 개인적인 믿음과 교육적인 신념 간의 더 나은 균형을 이루는 것이 가능해야 한다. 그러나 아주 어린 청각장애 아동과 그들의 가족들을 위해 일할 때 사례에 따라 개별적이고 윤리적인 문제점들이 발생할 가능성이 많다. 여기서는 윤리적인 딜레마가 발생하는 경우를 강조한 몇 가지 일반적인 문제들을 제시하고자 한다. 이러한 문제들은 청각구어 임상의 조직이나 청각구어 임상가들, 청각구어의 결과에 어려움을 가져올 수 있다. 또한 자민족중심주의(ethnocentrism), 시간, 그리고 아마도 연구들에도 매우 구체적인 문제들이 발생할 수 있다.

'조직'이 문제인가

그렇다. 청각구어 프로그램의 조직(organization)과 관련된 구조적이며 윤리적인 문제가 있을 수 있다. 예를 들어, 윤리적으로 확고한 가족중심 청각구어 실제 서비스를 지원하는 임상의 규모와 재정 자원이 확보되지 않을 수 있다. 재정 지원이 잘 되고 자격을 갖춘 직원들이 있으며 주변 지역사회 서비스와 지원 체계에 잘 연결되어 있어도, 너무 큰 대규모의 센터중심 청각구어 프로그램에서는 여러 단계의 행정과 뒤죽박죽된 서비스 때문에 아동과 가족들이 길을 잃을 수도 있다. 이와 대조적으로, 작은 사설 청각구어 프로그램에서는 서비스가 개인에게 잘 맞을 수 있지만, '고립된' 임상가가 특히 주변 지역사회로 가족들을 연결하는 부분에서 필요한 것을 제공하고 지속할 수 있는 자원이나 충분한 지식이 없거나 또는 외부와의 연결이 안 될 수 있다. 이 두 가지 경우 모두 '조직'에 있는 사람들은 그들의 책임에 대해 '좋은 일'을 하고 싶어 한다. 그러나 단순한 방임이나 조직의 한계로 인해 '피해'를 줄 수 있다.

'임상가'가 문제인가

그렇다. 가족중심 실제에서 청각구어 임상가들이 윤리적인 문제의 근본이 될 수 있다는 것은 생각할 수 있는 일이다. '어린 청각장애 아동'의 경우, 교육가들 사이의 상호작용이나 사회적 지역사회 지원과 가족 기능은 근본적으로 충분히 이해받지 못하고 '결과'는 일관적으로 예측이 가능하지 않다(Roush & McWilliam, 1994). 예측 불가능성의 예로, Williams와 Darbyshire(1982)는 다음과 같이 설명하였다. "전문가들과 접촉하게 되면 감정적인 어려움(진단 이후에 오는 충격이나 깊은 무력감)을 덜게 되는 것이 아니라 부모로서의 부적절감이 더 증가될 수 있다." (p. 28) 이러한 관점의 선상에서… 청각구어 임상가들이 치료 과정을 명백하게 하지 않고, 이론적인 지식과 임상적인 경험을 가진 사람만이 아동을 도울 수 있다는 인상을 풍기며 부주의하게 이를 모호하게 하면 부모들이 얼마나 더 자율성을 잃게 될지 생각해야 한다. 이런 경우에 부모의 자율성을 해치는 것이 정의롭지 못한 것이 된다.

'인식'이 문제인가

그렇다. 청각구어 치료의 이점에 대한 인식은 가족중심 실제의 윤리적 문제와 부딪힐 수 있다. Roush와 McWilliam(1994)은 조기중재 서비스에 대한 전반적인 설명을 할 때, 공공 정책의 입법과 수정이 질적인 서비스를 제공하려는 조기중재 서비스 제공자들에게 어떻게 점점 압력을 가하게 되는지 설명하였다. Roush와 McWilliam(1994)에 앞서, Meadow-Orlans(1990)가 청각장애 특수교사들이 질적인 서비스를 제공하려는 인식이 오히려 더 큰 통제를 하게 만들 수 있다고 하였다. Meadow-Orlans는 책임감이 이렇게 변하게 되면 가족들로부터 더욱 멀어지게 만들 수 있으며, 의존적 관계를 촉진하는 바람직하지 않은 부작용을 가져올 수 있으므로, 사회적이고 감정적인 문제보다 인지적이고 교육적인 측면을 강조하라고 제안하였다. 이제 조기중재에 대한 이러한 보다 광범위한 인식을 넘어서서, 부모들이 증명할 수 없는 인터넷 구글 검색으로 '멋드러진 문구들에 매달리거나', 임상가들이 우발적으로 너무 많은 것 혹은 너무 적은 것을 약속하는 등 청각구어 임상가가 마주치게 될 수 있는 인식 관련 윤리적 문제들을 생각해 보자. 적절한 조건이 좋은 결과를 가져올 것이라고 낙관하면서도 "아무리 주의 깊게 계획할지라도 계획한 대로 안 될 수 있다."라는 Robert Burns의 말을 마음에 새겨야 할 것이다.

'자민족중심주의'가 문제인가

그렇다. 의심의 여지없이 자민족중심주의는 청각구어 가족중심 실제에 있어서 윤리적인 위협이다. Gatty(2003)는 "자민족중심주의의 맥락은 자신의 집단이 다른 집단보다 우월하다는 어떤 개인의 믿음이나 태도를 말하며, 인간 본성에 뿌리 깊게 자리 잡고 있다."(p. 420)고 하였다. 대부분의 선진국은 일반적인 '농교육'에서 분명한 '불균형'이 있다. 전형적으로 백인, 중산층, 중년의 남성 지도자, 정책 입안자, 교사교육가가 기준이다. 일선의 교육가들에 대한 설명을 하자면, 그들은 백인, 중산층, 중년, 그러나 전형적으로 여성이다! 자민족중심주의의 편협된 관점이 가져올 수 있는 효과와 관계가 있는 것은, 현실은 대부분의 청각구어 임상가들이 그들 자신의 가정과는 민족적으로 매우 다른 다양한 가족들과 함께 일한다는 것이다. 해외에서 일하는 자원봉사자들을 위한 웹 기반 문서들을 보면, Unite for Sight(2009)는 "문화적 차이에 '익숙해지는' 것보다 더 중요한 것은 자민족중심주의에 빠지지 않는 것이다."(para. 2)라는 문구로 시작하고 있다. 분명히 이것은 일반적이거나 구체적인 '농교육'에도 적용된다. 가족중심 프로그램에 있는 청각구어 임상가들은 자민족중심주의와 관련된 폐해를 끼치려 하지 않을 것이다. 그러나 그들의 편견을 '인식'하거나 매우 다양한 세계관을 가진 사람들과 문화적으로 민감하게 반응하는 훈련에 있어서, 일반적인 나머지 교육/임상 인구보다 더 나을 것이 없는 것으로 보인다.

'시간' 이 문제인가

그렇다. 시간 또는 아마도 시간의 흐름이 가족중심 청각구어 프로그램에 대한 몇 가지 다양한 윤리적 문제의 핵심이 될 수 있다. 예를 들어, 시간 문제는 과거의 인식이나 약속과 관련될 수 있다. Roush와 McWilliam(1994)은, 1990년에 Koester와 Meadow-Orlans가 "나이 많은 아동들의 부모들은 어린 아동들의 부모들보다 전문가들과의 관계를 덜 긍정적으로 생각하는 경향이 있다는 것"(p. 5)을 어떻게 발견했는지 설명했다. 그래서 도움을 주려는 백인, 중산층, 중년의 임상가들의 노력에도 불구하고, 시간이 부모들의 마음을 더 호의 있게 만드는 것 같지는 않다. 과도하게 낙관적이었던 약속들이 이루어지지 않았거나 언어적 한계로 인한 복합적인 이유로 기대했던 전반적인 교육적 성취가 덜 이루어지면, 현실을 깨닫게 되면서 희망이 사라지고 임상가들에 대한 좋은 의도가 감소하게 된다. 교육적인 경험에 대해 부정적으로 기억하는 청각장애 아동의 부모들이나 농 성인들이 종종 애석해하는 것은 어느 정도 도덕적인 불만족과 관련되어 있다. 불편한 일이지만 이런 불만족을 교육의 '불충분' 으로 인식하는 경우가 점차 증가하고 있으며, 이는 법정 다툼으로 이어져 '손해' 배상으로 연결되고 있다(참고: Deafness Forum of Australia, 2007).

'연구' 가 문제인가

그렇다. 연구가 가족중심 청각구어 실제와 관련된 윤리적인 문제를 가져올 수 있다. 일화적 보고나 후향적 사례 연구가 아닌 '연구' 의 기준을 충족한다면 청각구어 실제에 대한 연구 전체에 대한 것으로 생각할 필요는 없으며 농에 대한 일반적인 '연구' 보다는 낫다고 볼 수 있다. Gatty(2003)는 "자민족중심주의는 인간 본성에 아주 깊게 뿌리박고 있으며, 지난 200년간 농교육 연구 전반에 걸쳐 영향을 미쳐 왔다."(p. 421)고 하였다. 불행히도 그 자체의 존재 의미인 진리를 향한 숭고한 연구보다는 일반적으로 이미 알려지고 지지받고 받아들여진 믿음, 원리나 입장을 정당화하기 위해 선택적으로 수집된 자료를 이용한 연구들이 자리 잡고 있는 것이 현실이다.

> 훌륭한 연구는 지적으로 도전적이며 시간과 집중적인 노력이 필요하고, 보통 비용이 많이 든다. 나쁜 연구는 훌륭한 연구와 비슷할 수 있지만, 단지 나쁜 것이 더 있다는 이유로 나쁜 연

> 구가 될 수 있는 잠재력을 가진 것 같다. 멋진 자료로 치장되고 과대포장으로 주장을 펼치는 잘못된 사례 연구는 불행히도 많은 사람들에게 혼동을 준다(Beattie, 2005, ICED Maastricht).

캐나다 아동청각실행위원회(Canadian Working Group on Childhood Hearing[CWGCH], 2005)의 실행 보고 요약을 보면, "기존의 연구를 근거로 했을 때 영구적인 선천적 난청을 가진 아동들을 위한 네 가지 일반적인 의사소통 방식인 구화(aural/oral), 청각구어 치료(auditory verbal therapy), 미국 수화(American Sign Language), 토털 커뮤니케이션(total communication)의 효과성을 결정하는 것은 불가능하다"(p. xiii). 각 의사소통 방식을 지지하는 사람들이 이론적인 근거, 긍정적인 프로그램 성과, 결과를 지지하는 연구의 질에 대해 열정적으로 논쟁하는 동안, CWGCH 성명은 연구소위원회의 결론에 근거하여 다음과 같은 무익한 결론을 제시하였다. "체계적인 고찰을 통해 얻는 결과는 네 가지 청각 의사소통 방식에 있어서 절대적이거나 상대적인 효과를 증명하거나 부당성을 증명하지 못하였다."(p. 68) 방법적 효능을 밝히기 위해서는 연구가 더 필요한 것으로 보이지만, 이 장에서 초점을 맞추고 있는 가족중심 청각구어 프로그램에 대한 연구 결과들은 CWGCH 그룹이 메타 분석하여 얻은 다음과 같은 결과보다 훨씬 더 분명하다. "조기 발견과 견고한 가족 참여는 청각장애 영유아의 말과 언어 발달에 향상을 가져온다."(p. xiii)

청각구어 임상가와 서비스에 대한 도전과 쟁점

이 장의 내용은 지금까지 몇 가지 목표를 달성하였다. ① 생의학 윤리의 배경 요소들을 밝혀내고, ② 가족중심 실제의 일반적인 원리들과 관련된 몇 가지 윤리적 쟁점을 강조하였으며, ③ 청각구어 실제 그 자체에서 감추어졌거나 불분명한 몇 가지 구체적인 윤리적 도전을 제시하였다. 윤리적으로 정당한 가족중심 청각구어 실제의 자율성, 선행, 무해성, 정의의 균형을 잡는 것은 원리주의에서 설명한 의학적인 상황에서 균형을 잡는 것과 마찬가지로 어렵다. 청각구어 임상가들은 가장 단순한 수준에서 청각구어 전문가 조직의 원리와 가족중심 실제의 필수적인 요소들 간에 균형을 잡아야 한다. 그러나 이것이 전부가 아니다. 가족중심 실제의 바로 그 본질은 다른 사람들, 조직과 체계들이 다양하게 전개되는 심리-사회-언어-교육적 드라마의 부분을 뜻한다.

임상가가 청각장애 아동 및 부모와 일주일에 한 번 한 시간 동안 클리닉에서 회기를 진행하면서 윤리적으로 정당한 가족중심 실제를 하고 있다고 생각하면 이것은 망상이다. 이 시나리오는 완전히 다른 것이다. 이것은 아동중심 실제이거나 아니면 부모중심 실제일 것이다. 그리고 이루어진 작업과 성취된 목표는 칭찬할 만하지만, 이것이 무엇이 아닌지를 아는 것은 중요하다. 내향적으로 초점을 맞추고, '안전한' 치료는 외향적이고 확장적으로 바뀌어야 한다. 이것은 감독의 역할이 공유되고 모든 배우들이 칭찬받으며 이들이 위엄 있게 위험을 감수하며 초연하는 '무서운' 영화를 보도록 바뀌어야 하는 것과 같다.

이러한 변화의 부분으로, 윤리적으로 정당한 가족중심 실제에 대한 청각구어 임상가들의 성장을 위한 영역이 있다면 조직적 행동이론(organizational behavior theory)에 대한 이해를 넓히라고 추천하고 싶다. AG Bell 청각구어학회의 핵심 기능 중에서는, '제5영역: 부모 지도, 교육, 지원'(AG Bell Academy, 2007)이 가장 논리적으로 필요한 내용일 것이다. 이때 고려해야 할 주된 영역은 임상가가 의식적 기능과 잠재적인 기능에 대한 이해를 더 넓혀 가는 것이다.

조직의 의식적-잠재적 기능

Wolfensberger(1992)는 모든 조직이나 집단이 공통적으로 가지고 있는 요소 중의 하나가 무의식적으로 기능하는 경향성이라고 하였다. 이러한 무의식적인 기능을 설명하기 위해, Wolfensberger는 집단이나 조직은 종종 대중에게 공개되고 널리 유포된 명문화된 정책 선언과 프로그램에 대한 설명이 있지만, 그 집단의 조직원들은 사실 그들이 전혀 의식하지 않는 방향으로 기능하고 있을 수 있다고 하였다. 실제로, 사람들이 매일 하는 활동은 정책이나 매뉴얼, 절차에 명기된 것과는 매우 다르다고 할 수 있다(Steer & Beattie, 2002). 조직 행동에 대한 사회학이나 심리학 문헌에서는 이런 현상을 '의식적' '잠재적' 조직 기능이라고 정의해 왔다(Hess, Markson, & Stein, 1995). 의식적 기능은 '선행되며' 분명하고 명백하다. 그리고 논란의 여지없이 남을 돕는 조직의 이미지를 보여 준다(Oliver, 1999). 이와 대조적으로, 잠재적 기능은 "외현적으로 설명되기보다는 내재적이거나 기저에 있으며, 감추어졌거나 천명되지 않는다." 또한 같은 분야에서 일하는 사람들은 "그들의 기관, 서비스 조직이나 분야가 이러한 잠재적 기능을 가지고 활동한다는 것을 전혀 의식하지 못할 수 있다"(Steer & Beattie, 2002, CD-ROM). [그림 3-1]은 이러한 두 가지 기능을 간단한 삽화로 표현해 본 것이다.

이러한 조직 행동에 대한 정보는 윤리적으로 정당한 가족중심 조기중재 청각구어 프로그램을 계획하고 평가하는 데에 중요한 시사점을 제시한다. 첫 번째 단계는 서비스 전달 조직과 임

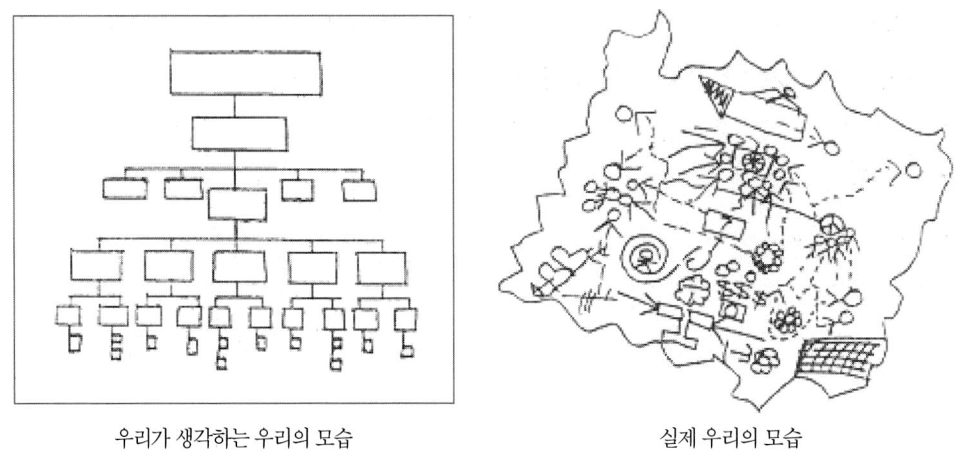

[그림 3-1] 조직 행동의 의식적 · 잠재적 기능에 대한 삽화

상가들이 '조직의 미사여구와 타성에 젖은 의식적인 성명을 침착하게 분석'하는 것이다(Steer & Beattie, 2002, CD-ROM). 두 번째 목표는 잠재적인 기능을 의식적으로 통제하기 위한 전략을 구상하여, 이로써 잠재적인 기능이 계속 조직을 통제하는 수단이 되지 않도록 해야 한다(Steer & Beattie, 2002).

청각구어 임상가들의 의식적-잠재적 기능

청각구어 임상가 개개인은 조직과 마찬가지로, 가족중심 프로그램에서 청각장애 아동과 그들의 부모들을 가르치고 일하는 그들의 열정 뒤에 있는 진짜 이유와 목적을 밝혀낼 필요가 있다. 윤리적으로 정당한 프로그램을 시행하는 데에 실패할 가능성을 피하기 위해 임상가들은 원리주의의 원칙들을 의식하면서, 그들의 개인적인 미사여구, 타성이나 의식적인 성명을 분석할 필요가 있다. 조직처럼, 청각구어 임상가들은 가족중심 실제에서 잠재적인 기능을 의식적으로 통제하도록 하는 전략을 필요로 한다. 즉, '청각장애 아동에게 수화를 쓰면 아동이 말을 배우지 못할 것이다.'와 같은 예를 들 수 있다.

그러나 윤리적으로 정당한 가족중심 청각구어 실제뿐만 아니라 다른 개인적인 의식적/잠재적 역설 기능의 영역에서 주의하는 것이 필요하다. 모든 잠재적 기능을 실제로 파악한 조직이나 임상가들은 거의 없을 것이다. 이는 부분적으로는 이렇게 하는 것이 넓은 의미에서 비싼 대가를 치르기 때문이다. 구체적으로 이런 과정은 개인적으로 아주 고통스러운 개인적 신념에 직면하게 되거나 힘 있는 선의의 슈퍼바이저, 구성원이나 후원자들을 괴롭히게 될 수 있다. 이를 피하기 위해 조직이나 임상가 양측에서 덜 고상해 보이더라도 분명하게 명기할 수 있는 목표를 선택하는 것이 낫다.

앞으로 나아가기

실제로 무슨 일이 일어나고 있는지, 진정한 목적과 목표, 절차가 무엇인지 배우는 유일하게 믿을 수 있는 방법은 상당한 기간 동안 사회적 체계, 조직, 임상가들을 관찰하고 실제 행동과 성과를 기록하는 것이다. 그러므로 조직의 기획, 관리, 평가 담당자들과 청각구어 임상가들은 적어도 다음의 세 가지를 행해야 한다.

① 총체적인 가족중심 청각구어 서비스와 프로그램, 또는 적어도 프로그램이 속한 맥락에서라도 뒷받침하는 윤리적 쟁점들을 살펴보아야 한다.
② 장기간에 걸쳐 지속적인 기반 위에 가족중심 청각구어 서비스와 프로그램이 실제로 무엇을 달성했는지 살펴보아야 한다.
③ 다른 임상가나 교육자들, 학자들 및 전문 단체와 조직들이 말하고 주장하는 다른 접근들에 의해 그들 자신의 진리 추구가 방해받지 말아야 한다.

가족중심 프로그램을 시행하는 청각구어 임상가들이 윤리적으로 정당한 방식으로 이러한 세 가지 일을 행할 때, 어렵고 충격적이며 불쾌한 결과가 있을 수 있다. 사실, 몇몇 임상가나 조직이 치유, 회복, 학습과 재활에 대한 가족들의 요구에 대해 서비스를 제공하는 것이 아니라, 단순히 그들의 직업을 유지하고 가치 있다고 느끼는 것을 지키는 것과 같은 잠재적 기능이 존재할 가능성이 있다. 다행히도, 이런 아주 부정적인 가능성은 매우 드물며 대부분의 청각구어 임상가들은 그들이 서비스를 제공하는 가족들을 위한 최상의 성과를 위해 매일 노력하고 있다.

참고문헌

AG Bell Academy. (2007, July 26). *Principles of LSLS Auditory-Verbal Therapy.* Retrieved 15 March 2009 from AG Bell Academy for Listening and Spoken Language: www.ag-bellacademy.org.

Beattie, R. G. (Ed.). (2001). *Ethics in deaf education: The first six years.* San Diego, CA: Academic Press.

Beattie, R. G. (2005, July). *Using ethical principles to balance personal beliefs and educational convictions with good practice.* Paper presented at the 20th International Congress on the Education of the Deaf, Maastricht, The Netherlands.

Beattie, R. G. (2010). The ethics of newborn hearing screening. In C. Driscoll and B. McPherson (Eds.), *Newborn screening systems: The complete perspective* (pp. 31-48). San Diego, CA: Plural Publishing.

Beauchamp, T. L., & Childress, J. F. (1979). *Principles of biomedical ethics.* New York: Oxford University Press.

Beauchamp, T. L., & Childress, J. F. (1989). *Principles of biomedical ethics* (3rd ed.). New York: Oxford University Press.

Beauchamp, T. L., & Childress, J. F. (1994). *Principles of biomedical ethics* (4th ed.). New York: Oxford University Press.

Best Practice/Next Practice. (2000, Summer). Can we put clothes on this emperor? *National Child Welfare Resource Center for Family-Centered Practice, 1*(1), 1-18.

Bodner-Johnson, B., & Sass-Lehrer, M. (2003). *The young deaf or hard of hearing child: A family-centered approach to early education.* Baltimore: Paul H. Brooks.

Boys Town National Research Hospital. (2009). Resources for professionals: Supporting families. *The principles of family-centered practice-Implications for audiologists.* Retrieved 10 June 2009 from Boys Town National Research Hospital at http://www.babyhearing.org/Audiologists/families/families1.asp.

Canadian Working Group on Childhood Hearing. (2005). *Early hearing and communication development.* Ottawa, ON: Minister of Public Works and Goverment Services Canada.

Clayton, E. W., & Tharpe, A. M. (1998). Ethical and legal issues associated with newborn hearing screening. In F. H. Bess (Ed.), *Children with hearing impairment: Contemporary trends* (pp. 33-45). Nashville, TN: Vanderbilt Bill Wilkerson Center Press.

Commonwealth of Massachussetts. (2009). *A three-tiered approach to developing a family-centered child welfare practice-September 2002.* The Massachusetts Department of Social Services. Retrieved 10 June 2009 from Commonwealth of Massachusetts at http://www.mass.gov/?pageID=eohhs2homepage&L=1&L0=Home&sid=Eeohhs2

Deafness Forum of Australia. (2007, July). Education needs of deaf children receive recognition in Queensland. *Oneinsix - Deafness Forum of Australia, July, 5.*

Ewing, I. R., & Ewing, A. W. (1938). *The handicap of deafness.* London: Longmans, Green.

Ewing, I. R., & Ewing, A. W. (1954). *Speech and the deaf child.* Manchester: Manchester University Press.

Gatty, J. C. (2003). Redefining family-centered services: Early interventionist as ethnographer. In B. Bodner-Johnson and M. Sass-Lehrer (Eds.), *The young deaf or hard of hearing child: A family-centered approach to early education* (pp. 403-424). Baltimore: Paul H. Brooks.

Hess, B. B., Markson, E. W., & Stein, P. J. (1995). *Sociology.* Boston: Allyn & Bacon.

Komesaroff, L. R. (1998). *The politics of language practices in deaf education.* Unpublished doctoral dissertation, Deakin University, Burwood, VIC, Australia.

Kuczewski, M. (2000). *Thinking about ethics. Introduction:*

Methods in bioethics. Retrieved 31 January 2000 from http://www-hsc.usc.edu/~mbernste/THINKINGABOUTETHICS.HTML.

Kuczewski, M. (2008). *Week 2: Methods of Bioethics: The Four Principles Approach, Casuistry, Communitarianism.* Retrieved 8 October 2009 from http://bioethics.lumc.edu/online_masters/degree_requirements.html.

Matkin, J., & Roush, N. D. (1994). *Infants and toddlers with hearing loss: Family-centered assessment and intervention.* Baltimore: York Press.

Meadow-Orlans, K. (1990). The impact of childhood hearing loss on the family. In D. F. Moores, and K. Meadow-Orlans (Eds), *Educational and developmental aspects of deafness* (pp. 321-338). Washington, DC: Gallaudet University Press.

Merriam-Webster's New Collegiate Dictionary (10th ed.). (1990). Springfield, MA: Merriam-Webster.

National Resource Center (NRC) for family-Centered Practice and Permanency Planning. (2009). *Best Practice/Next Practice* (Summer 2000) "Can We Put Clothes on This Emperor?" Retrieved 10 June 2009 from http://www.hunter.cuny.edu/socwork/nrcfcpp/index.html.

National Resource Center (NRC) for family-Centered Practice and Permanency Planning. (2009). *Family-centered practice and practice models.* Retrieved 10 June 2009 from http://www.hunter.cuny.edu/socwork/nrcfcpp/info_ services/family-centered-practice.html.

Nebraska Department of Health & Human Services. (2007). *Family centered practice.* Retrieved 10 June 2009 from http://www.dhhs.ne.gov/jus/portrait/FCP.pdf.

Oliver, M. J. (1999). Capitalism, disability, and ideology: A materialist critique of the normalization principle. In R. J. Flynn, and R. A. Lemay (Eds.), *A quarter century of normalization and social role valorization: Evolution and impact.* Ottawa, ON: University of Ottawa Press.

Roeher Institute and Inclusion International. (1999). *Genome(s) and justice: Reflections on a holistic approach to genetic research, technology and disability.* Toronto: Roeher Institute/Inclusion International.

Roush, J., & McWilliam, R. A. (1994). Family-centered eary intervention: Historical, philosophical, and legistlative issues. In J. Roush, and N. D. Matkin (Eds.), *Infants and toddlers with hearing loss: Family-centered assessment and intervention* (pp. 3-21). Baltimore: York Press.

Singer, G. H. S., & Powers, L. E. (Eds.). (1993). *Families, disabilities, and empowerment: Active copying skills and strategies for family interventions.* Baltimore: Brooks.

Singer, P. (1994). Deciding what is right. In P. Singer (Ed.), *Ethics* (pp. 243-246). Oxford: Oxford University Press.

Snodden, K. (2000). Genetics: Genetics and Deaf people. (C. Acquiline, Ed.) *World Federation of the Deaf: News, 13*(1), 5-6.

Steer, M., & Beattie, R. G. (2002). Vision impairment service provider agencies: The manifest and latent function paradox. *Proceedings of the 11th ICEVI World Conference: New Visions: Moving Toward an Inclusive Community* [CD-ROM]. Noordwijkerhout, The Netherlands: ICEVI.

Tri-Council Working Group. (1996). *Code of conduct for research involving humans.* Ottawa, ON: Minister of Supply and Services.

Unite for Sight. (2009). *Module 7: Cultural Differences and Cultural Understanding.* Retrieved 15 June 2009 from Cultural Competency Online Course: http://www.uniteforsight.org/cultural-competency/module7.

Williams, D. M., & Darbyshire, J. O. (1982). Diagnosis of deafness: A study of family responses and needs. *The Volta Review, 84,* 24-30.

Wolfensberger, W. (1992). *A brief introduction to social role valorisation as a higher order concept for structuring human services* (rev. ed.). Syracuse, NY: Training Institute for Human Service Planning, Change Agentry and Leadership.

체계적 가족 관점

능력강화와 환경

Ellen A. Rhoades

개 요

가족은 가족중심 중재에서 가장 중요한 변화의 주체다. 변화의 주체는 어린 아동과 주 양육자다. 그러나 아동이 성장하면서 점차 아동 자신이 변화의 주체가 된다. 이로 인해 아동-부모 쌍에서 가족 체계로, 가르치는 것에서 능력을 갖추는 것으로, 기관 중심에서 자연스러운 환경 중심으로 초점이 변하고 있다. 이 장에서는 임상가들이 치료 활동에 가족 상황을 포함할 필요가 있다는 점에 대해 논의한 후, 아동의 청각장애에 보다 직접적으로 관련이 있는 사람이 누구인가에 대해 논의할 것이다.

능력강화

그동안 조기중재 프로그램 내에 바람직한 변화가 있었으며 이러한 변화는 청각구어 임상가들의 서비스를 받는 가족에서도 나타나고 있다. 가족중심 중재는 이러한 능력강화 조건인 모든 가족 구성원의 자기결정의 성과를 촉진한다.

표찰과 낙인, 예외와 자성적 예언

현실적으로 모든 사회에서는 청각장애를 평가 절하한다. 따라서 부모들이 자녀에게 어떤 장애가 있다는 것을 알게 되면 아동들은 명시적으로 표찰을 받게 되는 것이다(Boysen, Vogel, & Madon, 2006; Lollis, 2003). 표찰 이론(labeling theory; Mead, 1934)에 의하면, 부모들은 그들이 갖고 있는 청각장애에 대한 선입견에 따라 반응하게 된다. 이러한 선입견은 청각장애에 대한 부정적 태도를 지속적으로 형성하는 데 영향을 미쳤을 가능성이 있다(Downs & Rose, 1991). 부정적인 사회적 의미는 다르거나 열등하다고 여겨지는 사람들에게 부여되는 것으로, 낙인(stigma)으로 불리기도 한다(Dudley, 2000). 청각장애라는 낙인은 부모의 기대에 나쁜 영향을 미칠 수 있다. 청각장애인에 대한 낙인은 모든 문화에 걸쳐 나타나는데, 독선적이거나 권위적인 사람 또는 극단적인 종교주의자, 인종차별주의자의 경우에는 보다 심할 수 있다(Fischer, Greitemeyer, & Kastenmuller, 2007; Mpofu & Harley, 2008; Weisel & Zaidman, 2003). 표찰과 낙인의 효과는 기대 수준에 영향을 미치는 것과 같이 복잡하고 강력하다(Erler & Garstecki, 2002; Weisel & Tur-Kaspa, 2002). 다시 말해서, 기대 수준은 피그말리온 효과로 알려진 바와 같이, 기대와 행동에 영향을 미친다(Dunham, Baron, & Banaji, 2006; Morgan, 2007).

자녀에게 낙인이 될 만한 장애가 있는 경우 부모들은 두려움이나 절망감을 느끼게 된다(Hatzenbuehler, Nolen-Hoeksema, & Dovidio, 2009). 특별히 거의 대부분의 부모가 청각장애에 대해 경험도 없고 그에 대해 잘 알지 못하기 때문에 더욱 그러하다. 그렇기 때문에 양육에 대해 확신이 없고, 심지어 성공적으로 양육을 했던 경험이 있는 부모라 하더라도 자기확신이 부족하다. 부모들은 자신들이 자녀의 듣기와 구어 기술을 촉진시킬 수 있는 '특별한 전략'을 알지 못하므로 자녀를 청각구어 임상가에게 데려가야 할 필요가 있다고 생각한다. 아동에게서 특별한 기술을 이끌어 내는 경험이 풍부한 기관중심 임상 전문가는 부모들에게 매우 강력한 인상을 줄 수 있다. 부모들은 이러한 치료적인 활동을 집에서 실행해 보려 하지만 그게 쉽지도 않고 시간도 많이 든다는 것을 알게 된다. 예를 들어, 부모의 입장에서 본 시나리오는 다음과 같을 수 있다. ① 청각구어 임상가는 내 자녀가 듣고 말하는 기술을 발달시킬 수 있는 전문가다(전문가에 대한 긍정적 기대). ② 부모로서 나는 청각장애를 지닌 나의 아이의 듣기와 말하기를 촉진시킬 수 있는 지식이나 경험이 없다(자신에 대한 부정적 기대). 청각구어 임상가에 대한 지속적인 부모의 신뢰는 아동을 향상시킬 수 있다. 결과적으로, 청각구어 치료는 아동이 모든 의사소통 영역에서 연령에 적합한 기술을 나타낼 수 있을 때까지 수년간 지속된다.

자성적 예언은 기대가 사회적 실현에 어떤 영향을 미치는지를 설명한다(Jones, 1977). 사람들은 여러 다양하고 복잡하거나 또는 그다지 복잡하지 않은 방식으로 사람들에게 잘못된 기대를 하거나 부적절하게 소통한다. 이러한 방식으로 의사소통을 하고 나면 이와 같은 부정적 기대에 부합하려고 행동이 적응한다. 한마디로, 기대는 미래의 행동이 변화할 수 있도록 행동을 조건화한다. 이러한 순환 과정의 결과, 본래의 기대는 사실이 된다(Lollis, 2003). 흥미롭게도 연구 결과에 의하면, 부정적인 자성 예언은 긍정적인 자성 예언보다 강력하다(Madon, Guyll, Spoth, & Willard, 2004; Madon et al., 2008).

자기결정

20세기 후반기 동안, 부모들의 역량강화 운동이 일어났다(Davila, 1992). 역량강화는 부모들이 스스로 독립하기 위해 필요한 지식과 기술을 갖추도록 하는 것이다. 그러나 21세기 초기에는 보다 발전된 형태의 운동이 나타나기 시작했다. 즉, '능력강화(enablement)'로의 발전이 일어났다(Wehmeyer, 2004). 이것은 임상가들이 사람들이나 가족들에게 권위를 부여할 때, 임상가들 역시 권위를 지닐 능력이 있다는 것을 의미한다(Wehmeyer, 2005). 역량강화 모델에서 임상가들은 자기결정 옹호자들이 긍정적으로 보는 것과 같지 않더라도 지지자가 될 수 있다. 따라서 역량강화만으로는 충분하지 않다. 따라서 가족중심 실제로 여겨지는 능력강화가 보다 적절한 체제로 제시되고 있다.

능력강화는 가족들에게 긍정적 성과를 성취하기 위해 필요한 것들을 제공한다. 시간의 흐름에 따라 여러 사람과 상황에 대해 역동적 구성이 형성되므로 능력강화는 장기적인 상호작용 과정이다(Wehmeyer, 2004). 생태학적 모델에서 능력강화는 가족 구성원들이 그들 자신의 삶을 통제하고 독립적 옹호에 참여할 수 있게 되는 것과 같은 긍정적 성과로 이끈다(Lee & Wehmeyer, 2004). 능력을 갖게 된 사람들은 자신들의 지원 체계 속에서 유능하고 자립적이다. 청각구어 임상가들은 촉진자의 역할을 함으로써 가족들이 충분한 지식을 갖추고 자신과 가족에 대해 긍정적인 느낌을 갖도록 하는데, 이러한 기술과 자원은 적응 행동과 자기결정을 위해 반드시 필요하다. 임상가들은 이러한 능력을 사용할 수 있는 기회를 제공하여 가족들의 능력을 강화한다. 한마디로, 능력강화는 많은 전문가를 위한 패러다임 변화에 필수적이다.

스스로 의사 결정을 하는 사람들은 자신들의 강점과 제한점을 잘 이해한다. 그들은 의사 결정을 할 때, 과정을 평가하는 것은 물론 목표를 설정하고 달성한다(Turnbull & Turnbull, 2006). 서비스 제공 모델을 위한 능력강화 모델에서(예: King, Tucker, Baldwin, & Laporta, 2006), 자기결정은 과정이자 결과다(Wehmeyer, 2004). 자기결정 능력을 갖춘 사람들은 그들 자신의 삶에서 주체자로 행동한다. 자기결정 능력을 갖추었다는 것은 자기인식이 있고 높은 기대를 하며 탄력성과 독립성은 물론 낙천적 성격을 소유하고 있으며 자신감 있고 융통성 있게 문제 해결 행동을 하는 것이다(Shogren & Turnbull, 2006; Ryan & Deci, 2000).

청각장애에 대한 오너십

오너십(ownership)이라는 것은 통제 혹은 소유를 의미하므로 소속의 의미를 지니고 있다. 이와 같이 오너십은 사물이나 조건에 대한 사람들의 행동에 영향을 미친다. 어떤 부모들은 그들 자녀의 청각장애에 대한 오너십을 바로 수용한다. 그러나 부모들이 혼란이나 흥분 상태 혹은 그들 자녀의 청각장애에 대해 배우는 과정에서 부정적인 정서를 경험한 상태인 경우, 자녀의 청각장애에 대한 오너십을 갖는 것을 유보할 수도 있다. 결과적으로 어떤 임상가들은 일시적으로 청각장애에 대한 오너십을 갖고 있어야 할 수도 있다. 예를 들어, 장애 자녀를 수용하지 않는 부모와 일하는 임상가는 청각사나 다른 전문가에게 전화하는 일을 그들이 책임지고 해야 할 수도 있다. 그러나 전문가가 구조자나 구원자의 역할을 해서는 안 된다. 전문가는 가능한 한 빨리 가족에게 오너십을 이양해야 하며, 만일 바로 그렇게 되지 않을 경우 가족 구성원들이 스스로 다양한 자원과 지원을 활용할 수 있도록 기회를 만들어 주는 촉진자의 역할로 변화해야 한다. 촉진자가 되는 것은 청각장애 아동에 대한 주요 책임을 아동의 주 양육자가 갖도록 하는 것을 의미한다. 자녀에 대해 책임을 갖게 되면 부모들은 통제권과 다른 사람을 배제할 수 있는 권리와 같은 특권을 갖게 된다.

양육자가 청각장애에 대한 책임을 갖게 된 후, 중요한 장기 목표는 청각장애에 대한 책임을 아동에게 점진적으로 넘겨 주는 것이다. 예를 들어, 아동이 자신의 청각 기기에 대한 책임을 갖고 배터리를 스스로 가는 것은 이러한 전이 과정의 첫 번째 단계다. 마찬가지로 학교에 배터리를 가지고 가고 청각 체계를 체크하는 것은 성숙한 아동의 책임이다. 이전에는 그렇지 않았더라도 청소년기가 되면 도움을 요청하는 것과 어떤 유형의 전략이 특정 상황에서 제한을 최소화하기 위해 필요한지를 아는 것은 물론 청각 기기 선정과 조절 과정에서 아동의 생각을 들어야

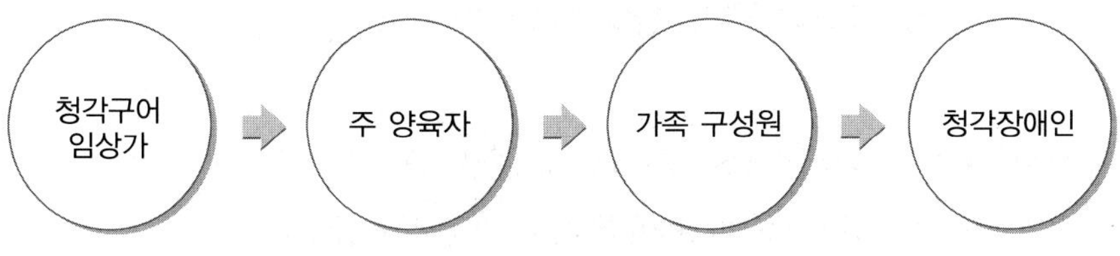

[그림 4-1] 오너십의 전이

한다. 시간이 흐르면서 아동과 가족의 요구가 변화하기 때문에 이들의 확장된 요구를 충족할 수 있도록 서비스를 변화시키고 모든 가족 구성원이 자기결정 능력을 갖출 수 있도록 해야 한다. 이것은 청소년이 변화와 의사 결정의 주요 주체자라는 것을 의미한다.

임상가들은 힘든 상황 속에서 청소년을 도와줄 수 있고, 부모와 청소년 간에 보다 강한 울타리를 만들 수 있는 양육자가 누구인지 파악할 수 있다. 부모의 과잉보호는 일종의 청소년기의 박탈과 유사하게 간주될 수 있다. 이와 같이 청소년들은 그들의 독립적 행동을 이해하고 분리와 자기결정 과정이 시작될 수 있는 과정에 있어야 한다. 부모들은 청소년기에 보다 높은 기대를 할 수 있도록 고무되어야 한다. 청각장애 자녀가 자기결정 능력을 잘 갖추었고 유사한 문화에 속한 부모를 소개받는 것은 매우 도움이 될 수 있다.

환 경

관습은 가족치료사들에게 매우 중요하게 간주된다(Imber-Black, Roberts, & Whiting, 2003). 생태학적 관점에서 볼 때, 아동의 자연스러운 환경인 가족 상황을 배제하고는 아동을 이해할 수 없다. 어린 일반 아동들에게 일반적인 환경인 자연스러운 환경은 조기중재 서비스에서 가장 적절하다(Childress, 2004). "자연스러운 환경이란 단지 장소를 의미하는 것이 아니라, 중재 활동이 일어나는 상황을 의미한다." (Hanft & Pilkington, 2000) 이것은 장난감이나 가정 용품, 가족 구성원, 가족의 경험 등과 같은 가족의 비공식적 자원을 먼저 사용한다는 것을 의미한다. 아동의 환경을 이해하려 할 때, 임상가들은 가족의 조직 방식을 결정하고 체계적 혹은 집합적 단위로서 의미를 발견하는 방식에 영향을 미치는 가족 과정(family process)에 대해 알아야 한다. 그 안에는 가족의 과정과 문화를 반영하는 가족의 일상과 의식에 대한 학습이 포함된다. 이 절에서는 청각장애 아동과 그 가족을 위한 가족중심 중재에 적용될 수 있는 가족의 일상과 의례에 대해 살펴보고자 한다.

일과와 의례

가족의 일과(routines)와 의례(rituals)는 가족과 자녀의 발달에 매우 중요하다(Fiese, 2006). 가족의 생득적인 규칙성은 긍정적인 아동 성과에 도움이 되는 가족 구성의 지표인 듯하다(Spagnola & Fiese, 2007). 흥미롭게도, 이러한 연계성은 사회경제적 상태나 지정학적 위치와 상관없이 모든 가족에게 적용된다(Fiese et al., 2002). 따라서 임상가들은 일과와 일상의 중요성을 알아야 한다.

가족의 일과

가족 일과는 대개 일상생활 중 두 사람 또는 그 이상의 가족 구성원들이 관여하고 가족 구성원들의 일시적 · 무의식적 혹은 순간적인 행동이 정규적으로 반복되는 경향이 있다(Fiese et al., 2002). 이와 같이 다분히 일상적인 상호작용에 참여하는 가족 구성원들 간의 의사소통은 예측 가능하며 도구적인 특성을 갖게 되어 거의 의식하지 않는 생각이 신체 활동이나 구어 활동 모두에서 나타난다(Schuck & Bucy, 1997). 더욱이 이러한 지속적인 반복적 행동은 가족 구성원이 아닌 사람들에게서도 쉽게 관찰될 수 있다(Fiese et al., 2002). 식사 시간, 잠자는 시간, 집안 일, 텔레비전 시청 시간 등은 대표적인 가족 일과의 예다. 연구 결과에 의하면, 가족의 일과에는 인종적 차이가 반영되어 있다. 예를 들어, 식사 시간 동안 몇몇 아시아 가정에서는 집단 활동에 대해 토론하지만, 그에 반해 코카시안 미국인 가정에서는 개인적 활동에 초점을 두는 경향이 있다(Martini, 1996). 문화적 차이는 물론, 가족 일과 속에 아동의 참여 수준에 대한 연령 기대와 성역할도 매우 다양하다(Gannotti & Handwerker, 2002; Schulze, Harwood, Schoelmerich, & Leyendecker, 2002).

일과에 대한 예측성은 자녀가 일반 아동이든 장애 아동이든 상관없이 부모들의 우울감을 감소시키고 만족감과 양육 능력감을 증대시킨다(Churchill & Stoneman, 2004; Fiese, Wamboldt, & Anbar, 2005). 일과 조절과 일과 의미성은 결혼 관계의 질과 관련되며, 결과적으로 아동의 사회정서적 발달과도 관련된다(Spagnola & Fiese, 2007).

일과는 안정감을 주기 때문에 어린 아동이 일과 속에서 자라야 한다는 것은 널리 알려진 사실이다(Dunlap, 2004). 가족 일과는 아동 행동 및 신체 발달과 관련된다(Churchill & Stoneman, 2004; Denham, 2003). 예를 들어, 규칙적인 수면 시간은 학업 성취의 예견치가 된다. 또한 일과에 대한 예측성은 아동에게 안정감을 주지만, 그에 비해 예측이 어렵고 잘 모르는 세계는 그렇지 않다. 예측 가능한 일과는 아동에게 사건에 대한 지식을 제공하고 그에 따라 언어 학습이 촉진될 수 있다(Farrar, Friend, & Forbes, 1993; Hare, Jones, Thomson, Kelly, & McRae, 2009). 가족 일과는 문해 능력 및 학업 성취와 관련되고, 그와 더불어 사회성, 언어, 인지 발달과도 관련된다(Ely et al., 2001; Fiese, Eckert, & Spagnola, 2005; Martini, 2002; Rosenkoetter & Barton, 2002). 일과는 또한 스트레스가 많은 시기로 알려진 기간 동안 부모와 청소년 간의 정서적 유대에도 영향을 미친다(Fiese, 2006).

아동기와 청소년기 동안 식사 시간의 중요성에 대해 높은 관심이 제기되고 있다. 이러한 활동 유형은 아동의 문화적 사회화, 언어 기술, 문해력 및 학업 성취, 정신적 건강과 영양, 작업 개념 등과 연관된 조화로운 언어 및 비구어적 활동을 포함한다(Ely, Gleason, MacGibbon, & Zaretsky, 2001; Fiese, Foley, & Spagnola, 2006; Larson, Branscomb, & Wiley, 2006; Markson & Fiese, 2000; Paugh, 2005). 예를 들어, 식사 시간 동안에는 메타언어적 대화가 단순히 화용적이거나 의미적인 언어에 비해 보다 잘 나타난다(Ely et al., 2001). 많은 가족에게는 식사 시간이 다양한 수준의 인지와 언어를 촉진하고 문해와 학업 기술을 촉진하는 기회가 된다(Spagnola & Fiese, 2007).

어린 아동이 서로 다른 것에 관심이 있다 하더라도, 아이들은 자기 가족의 일상적이고 주기적인 일과에 보다 적극적으로 참여하는 경향이 있다. 이들의 주기성은 기저귀 갈아 주기, 우유 먹이기, 목욕하기, 책 읽어 주기, 낮잠 준비하기, 놀이하기 등을 포함한 일과에 근거한다(Addessi, 2009). 학령 전 아동이나 초등학생의 경우, 이것들은 청소를 하거나 학교 갈 때 입을 옷 선택하기, 쿠키 만들기, 주말에 부모를 도와 자동차 청소하기 등과 같은 활동이 포함될 수 있다. 규칙성은 어린 아동에게 일과로 통합된다. 일상적 일들이 주기적으로 반복되는 것은 생물학적 · 사회적 · 환경적 리듬과 관련된다(Addessi, 2009). 일과에는 반복 패턴이 있기 때문에, 아동의 활동에 대한 기대와 예측, 습관적 행동에 대한 이해, 의미를 나누고 궁극적으로 그것을 조절할 수 있는 능력을 촉진한다(Addessi, 2009). 이것은 아동이 세상 속에서 그들의 위치를 안정적으로 습득하고, 이것을 통해 의미를 추론하며 통제감을 발달시키는 방법이다(Fogel & Garvey, 2007).

가족 행사

일과와 같이, 의례적인 가족 행사에는 다양한 가족 구성원이 포함되고 가족의 문화를 반영한다(Fiese, 2006). 그러나 행사는 가족 활동에 의미를 제공한다. 따라서 행사에 포함된 의사소통은 매우 상징적인 경향이 있다. 행사는 가족의 정체성과 정서적 관계 그리고 집단 의미의 형성을 촉진한다(Fiese et al., 2002; Kubicek, 2002). 다시 말해서, 가족 행사는 개인적 가치 및 가족 안정성이나 응집력 등과 관련된다(Bronfenbrenner, 1976; Fiese & Wamboldt, 2000). 가족 행사는 오랜 시간이 흐른 뒤에도 지속되며, 매우 정서적이라는 특징을 지닌다(Fiese et al., 2002). 비록 의례가 세대를 넘어 확장될 수 있지만 가족 구성원이 아닌 경우에는 관찰하기 어렵기도 하고 해석하기도 어렵다(Fiese et al., 2002). 가족 행사의 전형적인 예는 생일과 명절, 가족과 전통적인 재회, 결혼식과 장례식, 종교적 관습, 통과 의례 등이다. 가족 행사가 가족 관계와 정서적 지원을 강화시킬 수 있다고 한 것과 같이, 이들은 가족 갈등을 보다 심각하게 하고 가속시킬 수도 있다. 역동적인 사건인 가족 행사는 시간에 따라 변화할 수 있고 가족의 요구에 따라 수정될 수 있다. 그렇지 않은 경우, 의례는 의미도 없고 의무적이기만 할 뿐이다(Schuck & Bucy, 1997). 가족 일과가 도구적인 것에서 상징적 행위로 변화할 경우, 이것은 가족 행사가 될 수 있다(Schuck & Bucy, 1997). 그러나 일요일 저녁이나 유월절 안식일이나 라마단 단식과 같이 행사와 일과 간에 명확한 선이 항상 있는 것은 아니다.

일반적으로 가족 일과와 행사는 가족 구성원들의 정신 건강, 소속감, 안녕 등과 관련이 있다. 행사와 일과는 아동 발달은 물론 가족 조직과 응집을 위한 상황적 배경이 된다(Spagnola & Fiese, 2007). 가족 행사와 일과는 일상적 삶에서의 스트레스를 낮추고 사회경제적 상태와 언어, 학업, 사회적 기술 발달(Spagnola & Fiese, 2007)과 문화 측정치로도 작용한다(Fiese et al., 2002). 일과와 행사에 대한 발달 과정은 다음과 같다. "일과와 행사는 편안한 상호 교류이고 가족을 하나로 뭉치게 하는 동안 자율감을 촉진시킨다." (Spagnola & Fiese, 2007, p. 296)

분 열

일과와 행사에서의 분열(disruption)은 가족 간의 말다툼과 스트레스를 만들고, 가족 구조와 정서적 유대에 영향을 미친다(Spagnola & Fiese, 2007). 일과와 행사가 분열되거나 단절될 만한 이유는 다음과 같이 매우 다양하다. ① 아동의 장애 진단, ② 아동의 부적절한 행동, ③ 아동의 장애와 관련된 낙인, ④ 행사에 참여하는 동안 아동의 장애에 대한 고통스러운 기억에 의해 유발된 슬픔 등이다(Schuck & Bucy, 1997). 예를 들어, 식사 시간 중에 이루어지는 상호작용에 아동이 참여할 수 있는 능력이 부족하여 그에 따른 갈등 상황이 야기되고, 따라서 상호작용이 보다 경직될 수 있다(Janicke, Mitchell, & Stark, 2005). 흥미롭게도, 일과의 어려움은 남아보다 여아에게 보다 부정적으로 작용한다(Churchill & Stoneman, 2004).

아이가 어리거나 행동 문제 및 의사소통적 어려움이 있는 경우는 가족의 의례와 일과를 방해하는 전형적인 스트레스를 야기할 수 있다. 더욱이 부모들에게는 어린 아동을 돌보는 과정에 따른 일과를 형성할 시간이 필요하다(Spagnola & Fiese, 2007). 어떤 부모들에게는 이러한 일이 매우 힘들 수 있다. 첫 번째 자녀에게 작용했던 일과가 두 번째 자녀에게는 작용하지 않을 수도 있다. 아동의 기질, 장애, 행동 특성과 관련된 현재 가족 상황은 이러한 것에 영향을 미친다(Lucyshyn et al., 2004; Woods & Goldstein, 2003).

그리고 여러 가지 이유로 청각장애 아동과 함께하는 것이 가족 일과와 의례를 깨뜨릴 수 있다. 가족의 일과는 일반적인 스트레스 기간 동안 가족에게 안정감을 주는 데 결정적으로 작용할 수 있다(Schuck & Bucy, 1997). 다시 말해서, 일과와 행사는 긍정적 경험이 될 수도 있고 위기를 만드는 상황이나 대응 메커니즘으로 작용할 수도 있다(Schuck & Bucy, 1997).

중 재

가족 기능과 자원, 우선순위, 관심 진단에 참여하는 동안 임상가들은 가족의 일과와 의례에 대해 알아 가는 것을 중요하게 생각해야 한다(Schuck & Bucy, 1997). 가정은 아동의 환경 체계에서 커다란 영향을 미치는 부분이므로, 가정의 반복적이고 의미 있는 상호작용을 파악하고 이해하는 것은 모든 가족중심 임상가에게 매우 필수적인 사항이다. 임상가들의 첫 번째 임무 중 하나는 가족의 일과와 행사를 파악하는 것이다. 이것은 질문지와 면담, 관찰 등을 통해 수집될 수 있다(Spagnola & Fiese, 2007). 가족일과 검목표(Family Routines Inventory; Jensen, James, Boyce, & Hartnett, 1983)나 가족의례 질문지(Family Ritual Questionnaire; Fiese & Kline, 1993)와 같은 표준화된 질문지가 사용될 수 있다. 정교화된 대화를 통한 융통성을 허락하는 개방형 질문이 개별적으로 적용될 수도 있고(Rhoades, 2007a), 생태문화적 가족면담(Ecocultural Family Inverview; Weisner, Bernheimer, & Coots, 1997)과 같은 상업적으로 개발된 것을 사용할 수도 있다. 직접 관찰이나 녹화자료 관찰도 보다 객관적인 자료를 위한 코딩 체계에 포함될 수 있다(Speith et al., 2001).

어떤 방법으로 일과와 행사를 파악하는가와 상관없이 임상가들은 개방형 질문이나 폐쇄형 질문을 할 때 불쾌한 언사를 피해야 한다. 예를 들어, 오랜 시간 동안 눈 맞춤을 하거나 신체적 접촉을 하는 것은 가능한 한 피해야 하고, 때로는 휴식을 하도록 하여 가족 구성원들의 반응을 도울 수도 있다(Rhoades, 2008). 임상가들은 가정 방문을 하여 가정에서 자연스럽게 발생하는 가족의 일과에 참여할 수 있는 기회를 가질 수 있다(Rhoades, 2007b). 가족 구성원들은 점진적으로 임상가들과 이러한 정보를 공유한다. 특별히 일과와 행사의 중요성을 알게 되면 더욱 공유하게 된다(Schuck & Bucy, 1997). 임상가들은 가족의 일과와 행사를 존중하고 지지하면서 이러한 것들이 그들 가족의 강점임을 이해할 수 있도록 해야 한다. 임상가들은 또한 자녀의 청각장애로 인해 가족의 일과와 행사에서 변화가 있었는지, 있었다면 어느 정도인지를 알아야 한다(Schuck & Bucy, 1997). 일과나 행사의 변화 혹은 상실은 상실감과 슬픔을 유발할 수 있다.

결과적으로, 임상가들은 가족들이 해체된 일과와 행사를 재구성하도록 인내심을 갖고 지원해야 한다(Maul & Singer, 2009). 임상가들은 효과적인 청각 기반의 전략을 사용하여 적절한 언어적 상호작용을 촉진할 수 있어야 한다(Kashinath, Woods, & Goldstein, 2006). 가족 구성원들은 그들의 일상생활 중의 비계 설정에 참여하고 있을 때 자녀의 행동을 구조화하게 되고 궁극적으로 적절한 참여라는 목표를 성취할 수 있게 된다(Martini, 2002). 한 일과 속에서 부모가 나타내는 효과적인 의사소통 전략은 모든 일상 속에서 실행될 수 있을 것이며 아동의 의사소통적 성과에 긍정적 효과를 가져올 수 있다(Kashinath et al., 2006). 마찬가지로, 임상가들은 모든 가족 구성원의 요구를 충족하기 위해 가족의 일과와 행사를 수정 · 보완하도록 가족과 협력할 수 있다(Maul & Singer, 2009). 같은 토큰을 이용하여, 임상가들은 가족의 일과와 행사를 방해할 수밖에 없는 중재 활동에 대한 가족의 부담을 피하도록 할 수 있다(Schuck & Bucy, 1997). 임상가들은 가족과 협력하여 아동의 특별한 행동을 감소시키고 이를 통해 가족의 일과와 행사에 대한 아동의 참여를 높일 수 있다(Buschbacher, Fox, & Clarke, 2004).

임상가들은 문화마다 일과표가 매우 다르다는 것을 알아야 한다(Lam, 2008; Spagnola & Fiese, 2007). 또한 사회경제적 지위와 관계없이 모든 가족 구성원이 동일한 일과에 참여하는 것은 아니라는 것도 알아야 한다(Serpell, Sonnenschein, Baker, & Ganapathy, 2002). 예를 들어, 어떤 가족의 경우는 식사 시간보다 책 읽기 시간이 보다 용이하고 긍정적인 일과일 수 있다. 더욱이, 임상가들은 일과와 의례는 양육 단계에 따라 변화한다는 것도 알아야 한다(Fiese, 2006; Fiese & Wamboldt, 2000). 아동이 성장하고 언어 능력이 향상됨에 따라 가족의 일과는 보다 평범해질 것이고, 행사도 보다 의미 있게 될 것이다. 때때로 가족 구성원들은 변화가 건강한 것이라는 것에 대한 확신을 얻고 싶어 할 수 있다. 가족의 생애주기나 부모의 양육 단계와 상관없이 임상가들은 중재 활동을 가족의 일과와 의례 속에 포함시켜야 한다(Maul & Singer, 2009). 이렇게 할 때, 청력 기반의 언어 촉진 전략이 보다 잘 유지될 수 있다(Maul & Singer, 2009).

가족들이 '의례가 없이(underritualized)' 생활할 때, 이들은 정체성이나 안정성을 경험하지 못하여 고위험 상태가 될 수 있다. 따라서 임상가들은 가족들이 의미 있고 적절한 일과와 의례를 만드는 것을 촉진하도록 노력해야 한다. 그러나 발달에 대한 Sameroff의 교류 모델에 대한 논의에서, Spagnola와 Fiese(2007)가 제시한 세 가지 중재는 주목할 만하다. ① 치료교육(remediation)—아동 행동 방법의 변화, 예를 들어 청각장애 아동에게 보장기기를 제공하는 것이다. ② 재정의(redefinition)—부모가 아동의 행동을 해석하는 방법에서의 변화, 예를 들어 아동의 부적절한 행동을 방해 행동으로 보지 않고 정상적인 행동으로 볼 수 있도록 돕는 것이다. ③ 재교육(reeducation)—부모가 지식을 쌓아 아동과 상호작용하는 방법을 변화시키는 것이다. 이들은 중재에서 재교육이 가장 어렵다고 한다. 왜냐하면 위축된 일과는 방임, 학대 및 정신병리적 문제 등에서 비롯되었기 때문이다. 또한 임상가들은 무엇보다 먼저 왜 조직이 부족한지에 대해 물어봐야 한다고 제안하였다. 네 번째 중재는 '재편성(realignment)'이라고 제안하였다(Fiese & Wamboldt, 2000). 재편성은 "가족 갈등이 일과의 중요성보다 심할 때"(Spagnola & Fiese, 2007, p. 295) 선택할 수 있는 중재다. 갈등은 부부간의 불화와 이혼 등으로 인해 발생하거나 청각장애 자녀의 중재 유형에 대한 견해 차이로 인해 발생할 수 있다. 일과의 재편성은 가족들에게 일과의 중요성을 알려 주고 이미 있는 일과를 수정하거나 강화하고, 모든 가족 구성원이 수용할 만한 새로운 일과를 개발하는 것이다.

오늘날 많은 일하는 부모가 직면하는 시간적 제약을 고려할 때, 아동과 부모가 스트레스를 받지 않고 방해받지 않는 '질적으로 바람직한 시간'을 만드는 것은 매우 드물고 어려울 수 있다(Kremer-Sadlik & Paugh, 2007). 비록 질이 양을 보완하기 위한 의도가 있다 하더라도, 이것은 그에 해당하지 않을 수도 있다. 부모들이 청각장애 자녀를 청각구어 센터에 데려가기 위해 상당한 에너지와 시간, 돈을 소비하는 것이 반드시 적절한 청각구어 중재라고 해석될 수는 없다(Roper & Dunst, 2003). 일과나 의례와 연계되지 않은 치료적 활동은 부모들을 딜레마에 빠지게 하거나 스트레스를 주거나 부가적인 부부간의 문제를 심화시킬 수 있다(제2장과 제15장 참조). 더욱이, 몇몇 부모는 일과 및 의례와 관련되지 않은 치료 활동을 실행하지 않는다(Segal, 2004). 이것은 일과와 의례가 중재 활동에 포함되어야 한다는 것을 지지한다. 이러한 일과는 실제로 가족들에게 정서적 유대를 강화하고 관계 형성을 돕는 데 필요한 질적 시간을 제공한다(Kremer-Sadlik & Paugh, 2007). 책을 읽는 시간이나 심부름을 하는 시간, 저녁 식사 후 정리하기, 가족 행사 준비하기 등과 같은 시간 속에서 '질적인 순간'을 찾을 수 있다. 임상가들은 무엇이 중요하고 그렇지 않은지를 알려 줄 수 있어야 한다. 가족들이 중요하게 생각하는 일과와 의례는 중재를 위한 상황이 될 수 있다(Wetherby & Woods, 2006). 결과적으로, 일과와 가족 행사 중심의 활동이 지역사회와 임상가들의 놀이중심 치료 활동보다 우선될 때(Woods & Kashinath, 2007) 청각구어 실제가 발전할 수 있다.

많은 청각장애 아동의 부모는 언어 향상을 위해 명시적으로 계획된 구조화된 것보다 그들의 가정 일과 속에서 실행하는 이러한 치료 활동을 좋아한다(Zaidman-Zait, 2007). 다시 말해서, 부모들은 그들의 일과를 방해하는 치료 활동을 좋아하지 않는다. 가족 일과와 행사 및 아동의 성과 간의 관계를 확인하기 위해 부가적인 자료가 필요하다(Kubicek, 2002). 가족 일과와 행사에 영향을 미치는 청각구어 치료를 경험한 청각장애 아동에 대한 자료도 없고, 만일 영향을 미친다면 청각장애와 관련한 문제가 가족의 생활 전반에 걸친 일과와 행사에 어느 정도 영향을 미치는지는 알려지지 않았다. 더불어, 놀이 중심과 일과 중심의 청각구어 치료 성과와 비교하기 위해서도 자료가 필요하다. 명확히 가족중심 중재 영역에 대한 연구가 필요하다.

결 론

가족들에게 주도권을 주는 것은 가족들이 자신의 환경 내 변화에 영향을 미치는 그들 자신의 능력에 대한 확신을 갖도록 한다. 궁극적으로 변화는 보다 강력한 일과와 행사를 만든다. 가족 일과와 행사에 포함된 중재 실제는 가족중심 중재와 일치한다. 가족 구성원들은 가족중심 중재를 통해 청각구어 치료의 목표를 충족할 수 있는 변화의 주체가 될 수 있다.

참고문헌

Addessi, A. R. (2009). The musical dimension of daily routines with under-four children during diaper change, bedtime, and free-play. *Early Child Development and Care, 179*(6), 747-768.

Boysen, G. A., Vogel, D. L., & Madon, S. (2006). A public versus private administration of the implicit association test. *European Journal of Social Psychology, 36,* 845-856.

Bronfenbrenner, U. (1979). *The ecology of human development: Experiments by nature and design.* Cambridge, MA: Harvard University Press.

Buschbacher, P., Fox, L., & Clarke, S. (2004). Recapturing desired family routines: A parent-professional behavioral collaboration. *Research and Practice for Persons with Severe Disabilities, 29*(1), 25-39.

Childress, D. C. (2004). Special instruction and natural environments. *Infants and Young Children, 17*(2), 162-170.

Churchill, S. L., & Stoneman, Z. (2004). Correlates of family routines in Head Start families. *Early Childhood Research & Practice, 6*(1). Retrieved 19 September 2009 from http://ecrp.uiuc.edu/v6n1/churchill.html.

Davila, R. R. (1992). The empowerment of people with disabilities. *OSERS News in Print, 5*(2), 2.

Denham, S. A. (2003). Relationships between family rituals, family routines, and health. *Journal of Family Nursing, 9*(3), 305-330.

Downs, W. R., & Rose, S. R. (1991). The relationship of adolescent peer groups to the incidence of psychosocial problems. *Adolescence, 26*(102), 473-492.

Dudley, J. R. (2000). Confronting stigma within the services system. *Social Work, 45*(5), 449-455.

Dunham, Y., Baron, A. S., & Banaji, M. R. (2006). From American city to Japanese village: A cross-cultural investigation of implicit race attitudes. *Child Development, 77*(5), 1268-1281.

Dunlap, L. L. (2004). *What all children need: Theory and application* (2nd ed.). Lanham, MD: University Press of America.

Ely, R., Gleason, J. B., MacGibbon, A., & Zaretsky, E. (2001). Attention to language: Lessons learned at the dinner table. *Social Development, 10*(3), 355-373.

Erler, S. F., & Garstecki, D. C. (2002). Hearing loss- and hearing aid-related stigma: Perceptions of women with age-normal hearing. *American Journal of Audiology, 11*(2), 83-91.

Farrar, M. J., Friend, M. J., & Forbes, J. N. (1993). Event knowledge and early language acquisition. *Journal of Child Language, 20*(3), 591-606.

Fiese, B. H. (2006). *Family routines and rituals.* New Haven, CT: Yale University Press.

Fiese, B. H., Foley, K. P., & Spagnola, M. (2006). Routine and ritual elements in family mealtimes: Contexts for child well-being and family identity. *New Directions in Child and Adolescent Development, 111,* 67-90.

Fiese, B. H., & Kline, C. A. (1993). Development of the family ritual questionnaire: Initial reliability and validation studies. *Journal of Family Psychology, 6,* 290-299.

Fiese, B. H., Tomcho, T. J., Douglas, M., Josephs, K., Poltrock, S., & Baker, T. (2002). A review of 50 years of research on naturally occurring family routines and rituals: Cause for celebration? *Journal of Family Psychology, 16*(4), 381-390.

Fiese, B. H., & Wamboldt, F. S. (2000). Family routines, rituals, and asthma management: A proposal for family-based strategies to increase treatment adherence. *Families, Systems, and Health, 18*(4), 405-418.

Fiese, B. H., Eckert, T., & Spagnola, M. (2005). Family context in early childhood education: Practices and beliefs associated with early learning. In B. Spodek (Ed.), *Hand-*

book of research on the education of young children (2nd ed.), (pp. 393-409). Fairfax, VA: TechBooks.

Fiese, B. H., Wamboldt, F. S., & Anbar, R. D. (2005). Family asthma management routines: Connections to medical adherence and quality of life. *Journal of Pediatrics, 146*, 171-176.

Fischer, P., Greitemeyer, T., & Kastenmuller, A. (2007). What do we think about Muslims? The validity of Westerners' implicit theories about the associations between Muslims' religiosity, religious identity, aggression potential, and attitudes toward terrorism. *Group Processes and Intergroup Relations, 10*(3), 373-382.

Fogel, A., & Garvey, A. (2007). Alive communication. *Infant Behavior and Development, 30*, 251-257.

Gannotti, M. E., & Handwerker, W. P. (2002). Puerto Rican understanding of child disability: Methods for the cultural validation of standardized measures of child health. *Social Science and Medicine, 55*, 2093-2105.

Hanft, B. E., & Pilkington, K. O. (2000). Therapy in natural environments: The means or end goal for early intervention? *Infants & Young Children, 12*(4), 1-13.

Hare, M., Jones, M., Thomson, C., Kelly. S., & McRae, K. (2009). *Activating event knowledge. Cognition, 111*, 151-167.

Hatzenbuehler, M. L., Nolen-Hoeksema, S., & Dovidio, J. (2009). How does stigma "get under the skin?": The mediation role of emotion regulation. *Psychological Science, 20*(10), 1282-1289.

Imber-Black, E., Roberts, J., & Whiting, R. A. (2003). *Rituals in families and family therapy* (rev. ed.). New York: W. W. Norton.

Janicke, D. M., Mitchell, M. J., & Stark, L. J. (2005). Family functioning in school-age children with cystic fibrosis: An observational assessment of family interactions in the mealtime environment. *Journal of Pediatric Psychology, 30*, 179-186.

Jensen, E. W., James, S. A., Boyce, W. T., & Hartnett, S. A. (1983). The Family Routines Inventory: Development and validation. *Social Science and Medicine, 17*(4), 201-211.

Jones, R. A. (1977). *Self-fulfilling prophecies: Social, psychological, and physiological effects of expectancies*. Hillsdale, NJ: Erlbaum.

Kashinath, S., Woods, J., & Goldstein, H. (2006). Enhancing generalized teaching strategy use in daily routines by parents of children with autism. *Journal of Speech, Language, and Hearing Research, 49*, 466-485.

King, G. A., Tucker, M. A., Baldwin, P. J., & LaPorta, J. A. (2006). Bringing the Life Needs Model to life: Implementing a service delivery model for pediatric rehabilitation. *Physical & Occupational Therapy in Pediatrics, 26*(1/2), 43-70.

Kremer-Sadlik, T., & Paugh, A. L. (2007). Everyday moments: Finding "quality time" in American working families. *Time & Society, 16*(2/3), 287-308.

Kubicek, L. F. (2002). Fresh perspectives on young children and family routines. *Zero to Three, 22*(4), 4-9.

Lam, H. M. Y. (2008). Can norms developed in one country be applicable to children of another country? *Australian Journal of Early Childhood, 33*(4), 17-24.

Larson, R. W., Branscomb, K. R., & Wiley, A. R. (2006). Forms and functions of family mealtimes: multidisciplinary perspectives. *New Directions for Child and Adolescent Development, 111*, 1-15.

Lee, S., & Wehmeyer, M. L. (2004). A review of the Korean literature related to self-determination: Future directions and practices for promoting the self-determination of students with disabilities. *Korean Journal of Special Education, 38*(4), 369-390.

Lollis, S. (2003). Conceptualizing the influence of the past and the future in present parent-child relationships. In L. Kuczynski (Ed.), *Handbook of dynamics in parent-child relations* (pp. 67-87). Thousand Oaks, CA: Sage.

Lucyshyn, J. M., Irvin, L. K., Blumberg, E. R., Laverty, R., Horner, R. H., & Sprague, J. R. (2004). Validating the construct of coercion in family routines: Expanding the unit of analysis in behavioral assessment in families of children with developmental disabilities. *Research and Practice for Persons with Severe Disabilities, 29,* 104-121.

Madon, S., Guyll, M., Spoth, R. L., & Willard, J. (2004). Self-fulfilling prophecies: The synergistic accumulative effect of parents' beliefs on children's drinking behavior. *Psychological Science, 15*(12), 837-845.

Madon, S., Guyll, M., & Spoth, R. L. (2004). The self-fulfilling prophecy as an inter-family dynamic. *Journal of Family Psychology, 18*(3), 459-469.

Madon, S., Guyll, M., Buller, A. A., Willard, J., Spoth, R., & Scherr, K. C. (2008). The mediation of mothers' self-fulfilling effects on their children's alcohol use: Self-verification, informational conformity, and modeling processes. *Journal of Personality and Social Psychology, 95*(2), 369-384.

Markson, S., & Fiese, B. H. (2000). Family rituals as a protective factor against anxiety for children with asthma. *Journal of Pediatric Psychology, 25,* 471-479.

Martini, M. (1996). "What's New?" at the dinner table: Family dynamics during mealtimes in two cultural groups in Hawaii. *Early Development and Parenting, 5,* 23-24.

Martini, M. (2002). How mothers in four American cultural groups shape infant learning during mealtimes. *Zero to Three, 22*(4), 14-20.

Maul, C. A., & Singer, H. S. (2009). "Just good different things": Specific accommodations families make to positively adapt to their children with developmental disabilities. *Topics in Early Childhood Special Education, 29,* 155-164.

Mead, G. H. (1934). *Mind, self, and society.* Chicago: University of Chicago Press.

Morgan, S. L. (2007). Expectations and aspirations. In G. Ritzer (Ed.), *The Blackwell Encyclopedia of Sociology* (pp. 1528-1531). Oxford: Blackwell.

Mpofu, E., & Harley, D. A. (2008). Racial and disability identity: Implications for the career counseling of African Americans with disabilities. *Rehabilitation Counseling Bulletin, 50*(1), 14-23.

Patterson, J., & Kirkland, L. (2007). Sustaining resilient families for children in primary grades. *Childhood Education, 84*(1), 2.

Paugh, A. L. (2005). Learning about work at dinnertime: Language socialization in dual-earner American families. *Discourse & Society, 16*(1), 55-78.

Rhoades, E. A. (2008). Working with multicultural and multi-lingual families of young children. In J. R. Madell, and C. Flexer (Eds.). *Pediatric audiology: Diagnosis, technology, and management* (pp. 262-268). New York: Thieme.

Rhoades, E. A. (2007a). *Caregiver Intake Interview.* Retrieved 15 Sept 2009 from http://www.agbell.org/uploads/Caregiver_Intake_Interview.pdf.

Rhoades, E. A. (2007b). Setting the stage for culturally responsive intervention. *V olta Voices, 14*(4), 10-13.

Roper, N., & Dunst, C. J. (2003). Communication intervention in natural learning environments: guidelines for practice. *Infants and Young Children, 16*(3), 215-226.

Rosenkoetter, S., & Barton, L. R. (2002). Bridges to literacy: Early routines that promote later school success. *Zero to Three, 22*(4), 33-38.

Ryan, R. M., & Deci, E. L. (2000). Self-determination theory and the facilitation of intrinsic motivation, social development, and well-being. *American Psychologist, 55,* 66-78.

Schuck, L. A., & Bucy, J. E. (1997). Family rituals: Implications for early intervention. *Topics in Special Education Early Childhood, 17*(4), 477-493.

Schulze, P. A., Harwood, R. L., Schoelmerich, A., & Leyendecker, B. (2002). The cultural structuring of parenting and universal developmental tasks. *Parenting: Science and Practice, 2,* 151-178.

Segal, R. (2004). Family routines and rituals: A context for occupational therapy interventions. *The American Journal of Occupational Therapy, 58*(5), 499-508.

Serpell, R., Sonnenschein, S., Baker, S., & Ganapathy, H. (2002). Intimate cultures of families in the early socialization of literacy. *Journal of Family Psychology, 16,* 391-405.

Shogren, K. A., & Turnbull, A. P. (2006). Promoting self-determination in young children with disabilities. *Infants & Young Children, 19*(4), 338-350.

Spagnola, M., & Fiese, B. H. (2007). Family routines and rituals: A context for development in the lives of young children. *Infants & Young Children, 20*(4), 284-299.

Speith, L. E., Stark, L. J., Mitchell, M. J., Schiller, M., Cohen, L. L., Mulvihill, M. et al. (2001). Observational assessment of family functioning at mealtime in pre-school children with cystic fibrosis. *Journal of Family Psychology, 26,* 215-224.

Turnbull, A. P., & Turnbull, R. (2006). Self-determination: Is a rose by any other name still a rose? *Research and Practice for Persons with Severe Disabilities, 31,* 1-6.

Wehmeyer, M. L. (2005). Self-determination and individuals with severe disabilities: Reexamining meanings and misinterpretations. *Research and Practice for Persons with Severe Disabilities, 30,* 113-120.

Wehmeyer, M. L. (2004). Self-determination and the empowerment of people of with disabilities. *American Rehabilitation, 28,* 22-29.

Weisel, A., & Tur-Kaspa, H. (2002). Effects of labels and personal contact on teachers' attitudes toward students with special needs. *Exceptionality, 10*(1), 1-10.

Weisel, A., & Zaidman, A. (2003). Attitudes of secular and religious Israeli adolescents towards persons with disabilities: A multidimensional analysis. *International Journal of Disability, Development and Education, 50*(3), 309-323.

Weisner, T. S., Bernheimer, L., & Coots, J. (1997). *The eco-cultural family interview manual.* Los Angeles: UCLA Center for Culture and Health.

Wetherby, A. M., & Woods, J. J. (2006). Early social interaction project for children with autism spectrum disorders beginning in the second year of life: a preliminary study. *Teaching Early Childhood Special Education, 26*(2), 67-82.

Woods, J., & Goldstein, H. (2003). When the toddler takes over: Changing challenging routines into conduits for communication. *Focus on Autism and Other Developmental Disabilities, 18,* 176-181.

Woods J. J., & Kashinath, S. (2007). Expanding opportunities for social communication into daily routines. *Early Childhood Services, 1*(2), 137-154.

Zaidman-Zait, A. (2007). Parenting a child with a cochlear implant: A critical incident study. *Journal of Deaf Studies and Deaf Education, 12*(2), 221-241.

영향의 순환

Jill Duncan

배 경

가족들의 능력을 강화하려면, 임상가들은 가족 체계가 상호작용하고 아동 발달에 영향을 미치는 복잡한 방식을 인식하고 존중하여 이를 반영한 논리적이고 포괄적인 중재 양식을 포괄해야 한다(Xu & Filler, 2008). 영향은 가족 체계 내의 각 구성원을 둘러싸고 있다(Phelan, 2004). 이것은 청각구어 임상가들이 청각장애 아동을 영향 요인들과 구분해서 이해할 수 없다는 점을 고려할 때 매우 중요하다. 기능하는 가족 내의 역동적인 관계들을 체계적으로 생각하는 것은 매우 필수적이다. 왜냐하면 청각장애 아동의 발달 과정과 결과는 환경적 특성과 발달하는 아동의 특징이 결합된 기능이기 때문이다(Noonan & McComick, 2006). 이 장은 가족들이 능력을 갖추기 위한 이론적 기초이자 참조 틀로 Bronfenbrenner의 생태체계 이론(ecological systems theory)을 요약한 것이다. 이 장에서는 영향의 순환적 개념에 대해 설명하고, 가족 참여의 여러 단계별로 핵심적인 요소를 영향의 순환적 관점에서 살펴본다.

Bronfenbrenner의 생태체계 이론

Bronfenbrenner의 생태체계 모델(Bronfenbrenner & Morris, 1998)에서는 아동을 아동 발달에 영향을 미치는 가족 내적 구조 및 가족 외적 구조로 구성된 복잡한 생태 환경 내에 있는 존재로 보았다(Bronfenbrenner, 1979). 이 모델은 '인간 발달의 생물생태학적 모델'이라 불린다(Bronfenbrenner, 2001; Bronfenbrenner & Morris, 1998, 2006). Bronfenbrenner의 생물생태학적 모델은 원 환경을 대표하는 네 개의 층위로 설명하였다(Bronfenbrenner, 1979). 앞서 설명했던 것과 같이, Bronfenbrenner는 발달하는 개인에 대한 생물학적 영향을 포함한 다섯 번째 체계를 추가하였다(Bronfenbrenner, 2001; Bronfenbrenner & Morris, 1998, 2006). 각 체계는 이 절에 이어서 설명한다.

Bronfenbrenner 이전에 인간 과학 영역의 학문에서는 아동과 가족을 구분하고 개별적인 행동을 인위적인 상황에서 연구하였다(Weisner, 2008). 예를 들어, Bronfenbrenner의 체계 모델 이전에는 아동 심리학자들은 아동을, 사회학자들은 가족을, 인류학자들은 사회와 문화를, 경제학자들은 경제를, 정치학자들은 정부와 정치를 각각 연구하였다. Bronfenbrenner는 학문 영역 간의 벽을 없애고 생애주기에 따라 학문 영역 간의 상호관계성을 주장하였다(Weisner, 2008).

한편, Bronfenbrenner(1979)는 아동 발달을 발달 중인 인간을 형성하는 통합적인 경험의 연속으로 묘사했다. Bronfenbrenner와 Crouter(1983)는 인간의 발달은 "환경과 개인의 생물학적 특성의 상호작용 결과로 이루어진 지속적인 행동 패턴이나 개념 내 삶의 과정에서의 변화" (p. 359)라고 하였다. Bronfenbrenner는 '경험'을 상황으로 보고 상황은 개인이 존재하는 환경을 구성하는 상황과 사건을 포함한다고 설명하였다. 환경적 상황은 "개인의 발달에 의해 영향을 받거나 개인의 발달에 영향을 주는 유기체 밖의 사건이나 조건" (Bronfenbrenner & Crouter, 1983, p. 359)으로 볼 수 있다.

Bronfenbrenner의 모델은 다양한 영향이 이것을 변화시킬 수 있기 때문에 역동적이다. 이 모델은 개인과 직접 면대면으로 상호작용하는 환경(소구조)과 개인의 발달에 간접적으로 영향을 미치는 환경(외부 구조와 대구조)을 검증한다(Bronfenbrenner & Morris, 2006). 이 모델의 근거는 개인의 발달과 학습은 환경적 조건으로 둘러싸여 있으며 환경적 조건 내에서 행동으로 표현된다는 것이다. 이것은 분리되어 나타나지 않는다(Bronfenbrenner, 1979). 이 모델 내에서의 상호작용은 발달하는 아동이 둥지 체계에 영향을 미치기도 하고 영향을 받기도 하므로 양방향적이다(Bronfenbrenner, 2001; Bronfenbrenner & Morris, 1998; Xu & Filler, 2008). 아동은 역동적이고 확장적인 환경 구조 속에 포함된다(Huston & Bentley, 2010). 이러한 상황은 아동과 직접 접촉하는 가족 구성원과 같은 사람들과 부모의 고용주나 지역 내 공무원 등과 같은 아동과 직접 접촉하지 않는 사람들도 포함한다. 이 장에서는 이러한 부분에 대해 설명하고자 한다.

Bronfenbrenner와 Morris(1998, 2006)의 생물생태학적 모델에서는 발달을 시간의 흐름에 따라 발생하는 이와 같은 다섯 가지 환경 체계의 영향을 받는 것으로 보았다. 이는 Bronfenbrenner가 사용한 용어로 가장 잘 설명될 수 있다. 각 체계는 Bronfenbrenner의 설명을 사용하여 다음과 같이 정의되었고, 몇 가지는 보다 최근의 설명이 추가되었다. 이것은 이 모델을 청각구어 임상가들에게 적용할 수 있도록 선정한 것이다. [그림 5-1]은 Bronfenbrenner의 종합적인 작업에 근거하여 밝혀진 핵심 개념 모델의 시각적 이미지다.

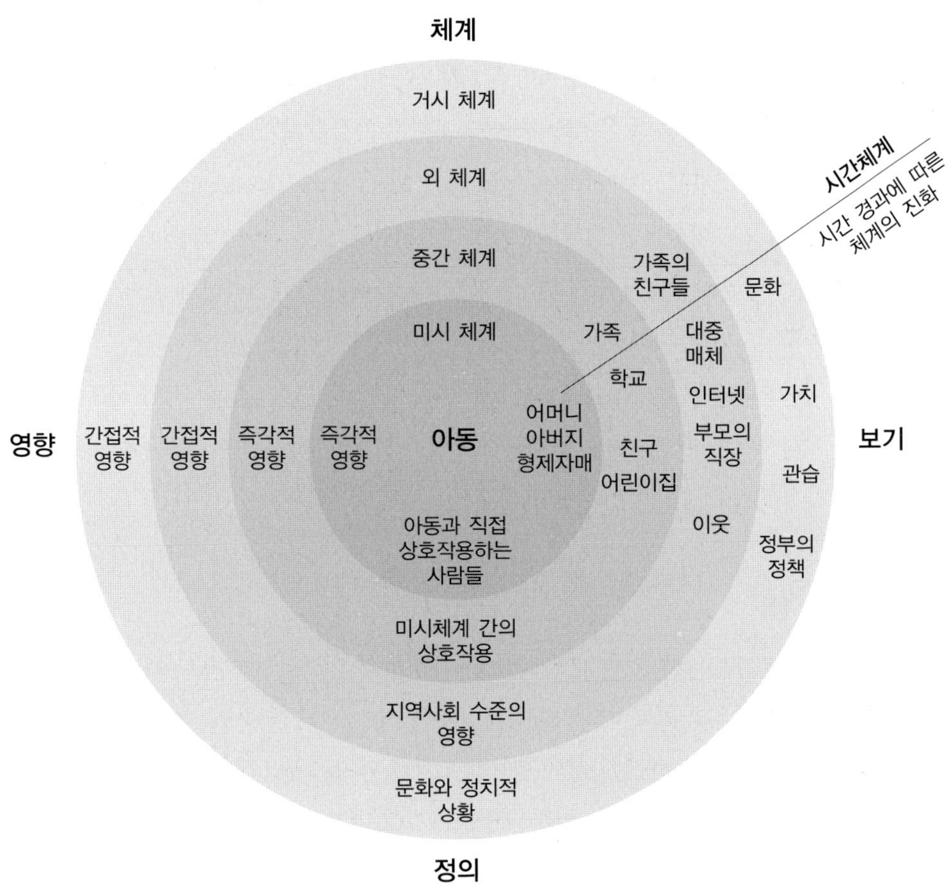

[그림 5-1] 영향의 순환(Bronfenbrenner의 연구에 근거함)

미시 체계: 직접 아동과 상호작용하는 사람들

미시 체계(microsystem)는 본래 다음과 같이 정의되었다. "…특별한 물리적 특성 및 자료가 있는 상황 속에서 변화하는 개인에 의해 경험하는 역할과 활동 유형과 대인 관계다."(Bronfenbrenner, 1979, p. 22) 여기서 핵심어는 아동과 직접 접촉하는 사람들을 포함하는 '대인 관계'다. Bronfenbrenner(1994)는 이후에 이 개념에서 경험은 "…현재의 환경 내에서 보다 복잡한 상호작용과 활동에 일관적이고 지속적으로 참여하도록 초대하고 허락하고 억제하는 특정한 물리적 · 사회적 · 상징적 특성을 필요로 한다."(p. 1645)는 사실을 포함하여 확장하였다. 후에 미시 체계에 추가된 이것은 특별히 중요하다. 왜냐하면 이것은 대인 관계가 시간이 흐르면서 보다 복잡해진다는 것을 강조했기 때문이다. 이러한 상호관계는 고정적인 것이 아니라 지속적으로 변화하여 결과적으로 아동의 전반적인 발달을 촉진한다.

Bronfenbrenner(1979)의 모델에서 면대면 상호작용은 미시 체계에서 일어난다. 기본 원리는 개인이 상황 속에서 경험을 수동적으로 수용하기보다는 환경을 보다 적극적으로 구성하고 이것에서 의미를 이끌어 낸다는 것이다(Bronfenbrenner, 2001; Bronfenbrenner & Morris, 1998, 2006). Bronfenbrenner(1979)는 아동과 직접적으로 상호작용하는 중요한 사람이라는 신념 체계는 매우 중요한데, 이는 이러한 사람들이 지속적인 상호적 상호작용의 개시자이자 유지자로 기능하기 때문이라고 제시하였다. 따라서 대개 부모인 어린 아동의 삶 속의 중요한 사람은 미래의 인지 발달에 강력한 영향을 미친다(Bronfenbrenner, 1979). 아동과 아동의 삶에서 중요한 사람 사이에 일어나는 보다 복잡한 상호작용은 발달을 촉진한다. 가장 영향력이 있는 영향의 순환 고리는 아동의 즉각적인 삶의 공간으로 구성된다(Brendtro, 2006).

미시 체계의 적용

부모 Bronfenbrenner(1988)는 모든 아동은 "그들에게 무분별하게 몰입한 사람과 보다 복잡한 상호작용을 점진적으로 발달시키는 것이 필요하다."(p. 262)고 하였다. 이러한 사람들이 부모다. 이러한 관계는 아동이 부모의 양육 행동에 영향을 미치고 부모가 아동의 행동에 영향을 미치므로 양방적이다(Brendtro, 2006). 이것을 염두에 두고 청각구어 임상가는 부모-아동 상호작용을 아동 발달과 부모의 일관된 반응성을 검증하는 조건으로 활용할 수 있다. 예를 들어, 임상가는 부모-아동 상호작용을 관찰하고, 이것을 이용하여 아동의 학습을 최대화할 수 있도록 부모에게 조언할 수 있다. 제1장에서 설명한 바와 같이, 청각구어 훈련 모델 내에서 임상가들은 아동과 부모의 상호적 관계를 구어와 비구어, 인지, 정서 등 모든 영역에서 살펴보아야 한다. Bronfenbrenner(1979)는 이러한 상호작용은 아동의 지속적인 발달에 가장 강력한 예측 능력을 갖는다고 생각하였다. 예를 들어, 임상가들은 부모가 아동 발달을 이해하도록 지원하고, 이는 아동-부모 상호작용에 영향을 미치게 된다. 결과적으로는 부모-아동의 상호작용이 최대화된다. 이것은 아동과 직접 접촉하는 다른 사람에게도 똑같이 적용된다.

형제 형제는 청각장애 아동에게 집 안팎에서 다양하게 상호작용할 수 있는 많은 기회를 제공한다. 중요한 것은, 형제들이 가치 있는 의사소통 및 행동 모델을 제공할 수 있다는 점이다. Bronfenbrenner의 이론에서는 아동의 학습이 가족 상황 속에서 자연스럽게 발생하는 일과 내에서 최대화될 수 있다고 제안했다. 그렇기에 청각구어 임상가들은 형제가 아동 학습을 강화하도록 도울 수 있다. 따라서 청각구어 임상가에게 있어서 아동-형제의 상호작용을 관찰하고 형제를 지원하는 것은 매우 중요한 일이다.

물리적 환경 Bronfenbrenner와 Morris(2006)는 미시 체계가 물리적 환경이 아동의 발달에 미치는 영향을 강조하고 있다고 제안하였다. 이것은 만일 사람과 사물 그리고 상징 간의 복잡한 상호작용이 발생한다면 더욱 그렇다(Bronfenbrenner & Morris, 2006). 부모가 아동의 학습을 최대화하기 위해 환경적 상황을 조절할 수 있도록 돕는 청각구어 임상가는 물리적 환경의 이점을 최대화할 수 있다. Bronfenbrenner와 Morris(2006)는 활용 가능한 물리적 자원과 관계없이 그러하다고 하였다. 아동 발달을 촉진하기 위해서는 비싼 장난감이 필요하지 않다. 그 대신 부모와 청각구어 임상가의 창의성이 필요하다. Bronfenbrenner(1979)는 발달을 촉진하는 기본적인 수단은 아동의 삶에서 기본이 되는 사람인 부모를 통해서라고 믿었다. 요약하자면, 청각구어 임상가는 부모가 최상의 아동 발달을 촉진하도록 돕기 위하여 환경과 활용 가능한 자원을 창의적으로 이용해야 한다.

중간 체계: 미시 체계 간의 상호작용

Bronfenbrenner(1979)는 중간 체계(mesosystem)를 "성장하는 아동이 적극적으로 참여하는 두 개 이상의 환경들 간의 상호작용"(p. 25)이라고 하였다. 아동이나 청소년에게 있어서 이것은 가정, 어린이집, 학교, 또래, 이웃 사람이 해당될 수 있다. 중간 체계의 예로는 가족들과의 경험(미시 체계 중 한 가지)과 학교 경험(또 다른 미시 체계) 간의 상호작용이나 학교 경험과 종교 생활(또 다른 미시 체계), 아동의 경험과 또래의 경험(또 다른 미시 체계) 간의 상호작용 등이 있다. 영아나 어린 아동들의 경우, 이것은 어린이집(미시 체계 중 한 가지)과 가족들과의 상호작용이 해당될 수 있다(Bronfenbrenner, 1979). 보다 연령이 높은 아동의 경우, 방과 후 교실과 학교 간의 상호작용이 중간 체계가 될 수 있다.

중간 체계는 개념적으로 이해하기 어려울 수 있다. 왜냐하면 중간 체계는 서로 다른 미시 체계가 상호작용하여 많은 동일한 성향(propositions)을 가지고 있기 때문이다(Bronfenbrenner, 1979). 중간 체계는 환경의 경계에서 발생한다(Bronfenbrenner, 1979). 중간 체계는 미시 체계의 집합이며, 두 개의 미시 체계 간의 의사소통이다. 예를 들어, 부모와 교사의 의사소통이 중간 체계로 간주된다.

Bronfenbrenner(1979)는 아동 발달에 영향을 미치는 여러 미시 체계(가족, 학교, 지역사회) 간의 상호작용은 아동의 발달에 간접적으로 영향을 미치기 때문에 아동과 직접 상호작용하는 것만큼 중요하다고 하였다. 이러한 체계가 아동 발달의 조건으로 잘 작용할 수 있는 능력은 체계들 간의 상호작용 여부와 특성에 따른다(Ho, 2001). 예를 들어, 어린이집 교사와 의사소통할 수 있는 부모의 능력은 아동에게 영향을 미친다.

중간 체계의 적용

여러 상황에 참여하기 아이들은 하나 이상의 환경에서 동일한 활동에 참여한다. 예를 들어, 아동은 가정에서 부모와 있을 수도 있고 조부모와 있을 수도 있다. 아동의 활동 참여에 대한 성인의 반응은 아동에게 영향을 미친다(Bronfenbrenner, 1979). 또한 어린이집이나 학교에 처음 가는 날과 같이 새로운 환경에 처음 들어갈 때 생태학적 전이가 일어난다. 여러 다양한 환경이 관여하게 될 때, 각 환경 내에서 성인들 간에 적극적이고 효과적인 의사소통이 이루어지는 것은 매우 중요하다(Bronfenbrenner, 1979). 이러한 의사소통은 양방적(의사소통에서 양방적인)으로 또는 일방적(부모 의사소통 책에 기록된 내용을 읽는 것과 같이 일방적)으로 이루어질 수 있다.

여러 상황에서 아동과 가족을 관찰하는 것은 청각구어 임상가들이 잠재적인 양방적 영향을 이해할 수 있도록 도울 것이다. 청각구어 임상가들이 고려할 수 있는 여러 다양한 상황으로는 확대가족, 놀이 집단이나 과외 활동, 이웃이나 지역사회 환경 등이 있다. 청각구어 임상가들은 이러한 각 미시 체계 내에 있는 사람들의 의사소통 방식에 특별히 관심을 기울여야 한다. 그러고 나서 임상가들은 아동 발달을 촉진하고 의사소통의 기회를 최대화하기 위해 아동과 상호작용하는 부모나 다른 성인들에게 피드백을 제공해야 한다.

의미 있는 참여 앞서 언급한 바와 같이, 아동은 여러 사람이 있는 다양한 환경에 참여하고 이것은 아동 발달에 영향을 미친다. 아동 발달에 영향을 미칠 수 있는 효과적인 방법은 가정과 확대가족, 어린이집이나 학교 등과 같이 가능한 많은 환경 내에 있는 사람들에게 영향을 미치는 것이다(Bronfenbrenner, 1979). 예를 들어, 청각구어 임상가들은 아동과의 의미 있는 상호작용을 극대화하기 위해 어린이집 교사나 확대가족 구성원들에게, 연령이 높은 아동들의 경우는 여가 활동의 리더나 가족의 친구들에게 영향을 미치거나 코칭을 할 수 있다. 청각구어 임상가들이 아동에게 영향을 미치는 다양한 미시 체계 내의 영향력 있는 사람들을 파악하여 이들이 청각구어 훈련에 대해 알도록 하거나 부모가 이들에게 정보를 제공할 수 있도록 돕는 것은 매우 중요하다.

사회적 통합 조기에 확장된 사회적 통합을 할 수 있는 기회는 많이 있다. 학교는 일반적인 사회적 기회를 제공해야 한다. 학교는 아동에게 직접 영향을 미치는 특별한 환경이기 때문에 미시 체계다. 청각구어 임상가는 학교와 가족, 아동 간 의사소통, 인지, 정서적 연계를 포함한 사회적 통합의 여러 측면에 대해 잘 알고 있어야 한다. 예를 들어, 학교와 가족이 서로 다른 행동적 기대를 하고 있는 것을 파악하는 것은 임상가들이 해야 하는 매우 중요한 일이다. 임상가는 이를 통해 가족 구성원과 학교 담당자들과 상호작용을 하여 아동의 행동에 대한 기대가 일치될 수 있도록 할 필요가 있다.

외 체계: 지역사회 수준의 영향

외 체계(exosystem)는 아동과 직접 상호작용하거나 접촉하지 않는 사회적 상황들 간의 연계다. Bronfenbrenner(1979)는 외 체계란 "아동이 직접 적극적으로 참여하지 않지만 아동이 포함된 환경에서 일어나는 것에 영향을 미치거나 영향을 받는 하나 또는 그 이상의 환경"(Bronfenbrenner, 1979, p. 25)이라고 하였다. Bronfenbrenner는 이것이 임상가들이 변화를 위한 노력을 기울이기에 가장 효과적인 개별적 체계 내 요소들 간의 상호작용이라고 하였다(Phelan, 2004).

외 체계의 예에는 부모의 직장, 가족 친구들과 이웃들, 미디어 등이 포함된다. 예들 들어, 부모의 고용주는 부모와 아동 간 상호작용에 직접적으로(근무 시간) 영향을 미치기도 하고 간접적으로(고용 스트레스, employee stress) 영향을 미치기도 한다. 부모의 고용은 변화가 어려운 근무 시간이나 가정 내에서 연습시킬 수 있는 부모의 기술 능력에 영향을 미치기 때문에 청각구어 재활 측면에 영향을 미친다.

외 체계의 적용

부모 지원 집단 및 부모 자문 지원 집단에 참여하는 부모는 보다 경험이 많은 부모와 접촉하고 지식과 감정을 공유할 기회를 갖게 된다(Bronfenbrenner, 2001). 이러한 기회를 통해 부모-아동 관계가 변화될 수 있으며, 서비스 제공자 선택이나 의사결정 과정이 변화될 수 있다. 이러한 모든 것은 청각장애 아동에게 영향을 미치는 잠재 요소다. 마찬가지로 부모 자문은 자문을 받는 회기에 아동이 직접 참여하지 않더라도 아동에게 영향을 줄 수 있다(Bronfenbrenner, 2001). 이는 지원 그룹이나 자문에 참여하는 형제자매에게도 해당된다.

외적 책무성 자녀를 돌보는 것 외에도 부모는 그들의 일상에 영향을 미칠 수 있는 다른 부가적인 책무성과 관계들이 있다(Bronfenbrenner, 1979). 확대가족, 직장과 종교적 책임 등이 이러한 것에 해당될 수 있다. 이러한 활동에 아동이 직접 관여하지 않아도 부모는 관계가 되어 있다. 이러한 외적 책임을 위해 필요한 시간을 포함하여 다양한 요인은 아동의 환경과 아동과 부모의 상호작용에 영향을 줄 수 있다. 청각구어 임상가가 이러한 외적 요소들을 파악하고 있는 것은 매우 중요하다.

거시 체계: 문화와 정치적 상황

거시 체계(macrosystem)는 개인이 살고 있는 문화를 의미한다. Bronfenbrenner(1979)는 "거시 체계란 앞서 설명한 하위 체계들(미시 체계, 중간 체계, 외체계)를 포함하는 것으로, 이러한 체계 내에 포함된 하위 문화나 문화 전체, 신념 체계나 이데올로기 등이 이에 해당된다."(p. 26)고 하였다. 문화적 상황은 정부의 법규나 사회경제적 상황, 민족성 등을 포함한다(Bronfenbrenner, 1979).

이 모델에서 Bronfenbrenner가 소수/다수 문화 내 참여자들의 주관적 경험과 문화를 포함한 것이 지나치게 지엽적이라는 점에 대해 논란이 있다(Weisner, 2008). 문화는 지역사회를 구성하고, 가족을 구성하며 아동에게 영향을 미친다(Weisner, 2008). Bronfenbrenner(1979, 2001)는 논문 전반에 걸쳐 이러한 체계들이 통합되고 하나의 체계를 다른 체계와 분리해서 생각할 수 없다고 설명하였다. 이러한 점을 염두에 두면, 거시 체계는 지엽적이지 않고 각 체계들 간의 상호작용을 통해 통합될 수 있다.

거시 체계의 적용

문화적 가치, 법과 관습 특정한 가족의 문화는 그것이 지역사회 내에서 소수이거나 다수인 것과 상관없이, 개인의 생활양식에 영향을 미친다. 이것은 부모와 임상가 간의 상호작용이나 재활 과정에 참여하는 사람들과의 상호작용 방식에도 영향을 미친다(Huston & Bentley, 2010). 청각구어 임상가는 가족의 문화를 충분히 이해하고 필요하다면 중재 방법을 변화시키도록 노력해야 한다.

사회적 네트워크 가족의 확대된 사회적 네트워크의 정도와 유형, 권한은 아동에게 직접적으로 혹은 간접적으로 영향을 미친다. 이러한 사회적 네트워크에는 종교 단체, 부모-학교 조직, 확대가족 구성원 등이 포함될 수 있다. 가능하다면, 이러한 사회적 네트워크 내에 청각구어 임상가를 포함하여 구성원들이 가족을 지원할 수 있는 위치에 있도록 할 수 있다. Bronfenbrenner(1979)는 임상가들은 확대된 사회적 네트워크가 없는 가족을 파악하여 가족의 요구에 필요한 수정이 이루어질 수 있도록 해야 한다고 하였다.

부가적 활동 아동이 아동 발달에 대해 다양한 기대를 하는 여러 의사소통 대상자와 다양한 환경에 참여하는 것은 아동 발달에 영향을 미친다. 여기에는 과외 활동이나 사교 모임, 스포츠 활동이나 문화 체험 활동 등이 포함될 수 있다. Bronfenbrenner(1979)는 이러한 부가적 활동은 아동 발달과 일상적인 가족 기능에 중요한 역할을 한다고 믿었다. 청각구어 임상가들이 이러한 활동을 잘 살펴보는 것은 아동 발달을 도울 수 있는 합리적인 방법이다.

변화 체계: 시간의 흐름에 따른 체계 변화

변화 체계(chronosystem)는 삶의 과정에 따른 사회역사적 상황뿐 아니라 환경적 사건과 전이의 유형이다(Bronfenbrenner & Morris, 1998, 2006). Bronfenbrenner와 Morris(1998, 2006)는 아동 발달의 변화에 관여하는 생물학적 특성이나 유전적 특성을 이해하는 것도 중요하다고 하였다. 발달하는 아동의 생물학적 · 유전적 특성과 아동이 경험하는 환경 간의 조합은 상호적이고 교류적이다(Huston & Bentley, 2010). 예를 들어, 아동 특성과 행동은 기술을 훈련하도록 하는 다양한 반응을 유도한다(Huston & Bentley, 2010).

Bronfenbrenner와 Morris(1998, 2006)는 인간의 발달 과정에서 개인은 그들에게 중요한 사람들과 사회적 네트워크의 영향에 따라 변화하고 성장한다고 하였다. 요약하자면, 영향의 순환적 고리는 시간의 흐름에 따라 변화한다. 이러한 관점은 발달적 성과에 영향을 미치는 현상을 밝히고자 한다(Bronfenbrenner & Morris, 1998, 2006). 발달에 영향을 미치는 요소, 특히 학교에 입학하는 것과 같은 중요한 변화 시점에 대해 연구해야 한다. 아동이 현재 상황과 어린 시절의 전이를 어떻게 극복하였는가는 이후 전이에 영향을 미친다(Bronfenbrenner & Morris, 1998, 2006).

변화 체계의 적용

부모-아동 관계 부모-아동 관계는 역동적이다. Bronfenbrenner와 Morris(2006)는 아동의 연령이 높아지게 되면 이들의 발달 능력의 수준과 범위가 향상되고 이것은 부모-아동 관계에 영향을 미친다고 하였다. 아동이 독립적으로 자기결정을 할 수 있는 개인이 되면서, 부모-아동 관계는 변한다. 부모와 아동은 그들의 생활 주기에 따라 발전하는 것과 같이 변화한다는 것을 기억해야 한다(Bronfenbrenner & Morris, 2006).

청각구어 임상가의 기능 Bronfenbrenner의 모델(Bronfenbrenner & Morris, 2006)을 기반으로, 시간의 흐름에 따라 임상가들의 역할은 가족 내에서 일어나는 변화에 대처하도록 변화해야 한다. 처음에는 아동과 부모 모두와 집중적인 면대면 상호작용을 하는 것으로 시작하는 역할을 한다. 아동과 부모가 성장함에 따라 청각구어 임상가의 역할은 직접적인 접촉을 덜 하고 보다 자문을 많이 하는 방향으로 변화될 수 있다. 아동의 성장에 따라 변화하는 청각구어 임상가의 역할을 명료하게 하는 것은 가족의 기대를 잘못 이해하는 것을 피하기 위해 중요하다.

핵심 개념

Bronfenbrenner는 저술을 통해 여러 중요한 개념을 설명하였다. 그가 제안한 개념들은 아동 발달을 둘러싼 영향의 순환에 대해 청각구어 임상가들의 이해를 촉진할 수 있는 핵심 개념이다. 이러한 핵심 개념은 근접 발달, 생리심리학적 특성, 상호 교류적 활동, 정서적 관계, 제삼의 집단, 생태학적 전이 등이다. 각각에 대한 설명은 다음과 같다.

근접 발달

Bronfenbrenner는 근접 발달(proximal process)을 '발달 엔진'이라 하였는데, 이것은 "직접적인 환경 세 가지, 즉 사람, 사물, 상징 간의 상호작용을 포함한다."(p. 638)고 하였다. Bronfenbrenner와 Morris(2006)의 인간 발달에 대한 역동적 견해는 직접적인 환경과 발달하는 사람과의 장기적인 상호작용의 결정적 중요성을 강조하였다. 이것은 근접 발달로 알려졌다. 근접 발달의 예는 영아를 먹이고 달래는 것과 어린 아동과 놀이하는 것, 학령기 아동의 경우 새로운 기술을 배우고 읽는 것 등이 있다. Bronfenbrenner(1995a, 1995b)는 근접 발달은 인간 발달의 기본적인 추진력이라고 하였다. 근접 발달의 핵심 개념은 장기적 학습, 직접적인 면대면 상호작용 등이다.

생리심리학적 특성

Bronfenbrenner와 Morris(2006)는 임상가들이 개인의 생리심리학적 특성을 고려해야 한다고 하였다. 개인의 생리심리학적 특성은 환경 내에서 반응을 초래하거나 격려한다. 건강 문제나 장애는 개인의 특성으로 고려될 수 있다(Bronfenbrenner & Morris, 2006). 일반적으로 개인의 특성은 근접 발달에 영향을 미칠 수 있는 생물학적 근거로 간주될 수 있다(Bronfenbrenner & Morris, 2006). 따라서 Bronfenbrenner에 의하면, 영아가 청각장애로 진단받을 경우 이것은 부모와 아동의 상호작용, 아동 발달, 영향의 고리 등을 변화시킬 수 있는 잠재적 요소가 된다.

상호 교류적 활동

Bronfenbrenner가 인정한 Vygotsky(1990)의 상호 교류적 활동은 한 사람이 다른 사람과 공동활동을 하는 과정에 있는 역동적 관계다. 이러한 상호 교류적 활동은 근접 과정처럼 장기적인 관계를 경험하는 사람들 속에서는 일어날 필요가 없다. 어린 아동에게 있어서, 이러한 조율은 기술 습득을 촉진하고 상호 의존성에 대한 이해를 촉진한다. 행동은 분리된 활동이 아니라 아동의 삶 속에서 양방적이고 상호 교류적으로 발생한다. 어린 아동의 경우, 이러한 조율은 기술 습득을 촉진하고 상호 의존성에 대한 이해를 촉진한다(Bronfenbrenner, 1979). 상호 교류 체계가 발달할 수 있는 범위는 부분적으로 발생 상황, 시간, 참여자, 즉각적인 강화 등에 따라 달라질 수 있다(Bronfenbrenner, 1979). 이러한 상호 교류적 과정은 발달하는 아동이 성인과 정서적 애착을 형성하는 범위에 따른다.

정서적 관계

정서적 관계는 Bronfenbrenner(2001)가 발달하는 아동과 이들과 장기적인 애착을 형성하는 사람들 간의 양방적 관여로 지지될 수 있는 학습과 발달로 설명한 바와 같다. 보다 복잡한 활동에 적극적으로 참여하는 것은 Bronfenbrenner의 정서적 관계 개념의 핵심이다. Bronfenbrenner(2001)는, Vygotsky(1990)가 했던 것처럼, 이러한 학습 경험 내 통제의 균형은 점차 발달하는 개인에게로 전이된다고 설명하였다. 강력한 양방적인 정서적 애착 형성은 아동이 현재 생활하고 있는 물리적 · 사회적 · 상징적 환경 내에서의 활동에 참여하고 집중할 수 있도록 촉진하고 아동에게 동기를 갖게 한다.

제삼의 집단

Bronfenbrenner(2001)는 아동과 공유된 활동을 격려하고 돌봐 주는 사람에 대한 이해와 관심을 표현하고 격려하고 지원하고 지지하는 사람들을 '제삼의 집단(third party)'으로 일컬었다. 다시 말해서, Bronfenbrenner는 모든 부모는 격려와 지지가 필요하다는 점에 대해 분명한 생각을 갖고 있었다. 그는 둘 이상의 부모가 모인 곳에서 각 부모는 서로 제삼 집단의 역할을 할 수 있다고 하였다. 양육 지원 그룹 구성원, 확대가족 구성원, 부모의 친한 친구들은 제삼 집단의 역할을 할 수 있다. 나이가 많은 형제나 다른 일상적인 가정 중심의 활동에 참여하는 다른 사람들도 이러한 역할을 할 수 있다.

생태학적 전이

Bronfenbrenner(1979, 2001)는 생태학적 전이는 환경 내에서 역할이나 상황의 변화, 또는 역할과 상황의 조합의 변화로 인해 개인의 지위가 바뀔 때 일어난다고 하였다. 그는 모든 생태학적 전이는 발달적 과정의 결과이자 원인으로 작용한다고 하였다. 전이는 발달하는 개인과 환경적 상황에서의 변화의 상호작용이다. 청각구어 임상가들이 아이들의 학년이 올라가거나 중학교에 입학하는 것, 발레 학원을 다니기 시작하는 것, 가족 구성원의 병환이나 죽음 등과 같은 특별한 사건과 같은 잠재적인 환경적 변화를 이해하는 것은 매우 중요하다.

청각구어 임상가와 영향의 순환

모든 인간은 그들이 역할과 책임이 있는 사회적 체계에 의해 심각하게 영향을 받는다(Bronfenbrenner, 1973, 1979). 부모가 청각구어 훈련을 통해 구어를 습득할 것을 선택한 청각장애 아동에게 있어서, 청각구어 임상가는 이미 아동의 순환적 영향의 고리 속에 포함된 것이다.

Bronfenbrenner의 생물생태학적 모델에 청각구어 실제의 원리를 적용하자면, 청각구어 임상가는 부모에게 '코치'를 하는 중요한 역할을 한다. 임상가의 역할은 아동과 매일 상호작용하는 부모에게 코치를 하거나 영향을 미치는 것이다. 부모에게 코칭을 하는 역할은 청각 언어 훈련의 열 가지 원리 중 일곱 가지 정도에 명확히 나타난다. 이러한 코칭의 역할은 임상가-아동의 영향이 기본적으로 간접적이고 청각구어 임상가-부모의 영향은 직접적이라는 것을 설명한다.

Bronfenbrenner의 체계적 관점은 아동에게서 영향의 고리를 이해하고 존중하는 임상가를 지원하게 될 것이다. 임상가는 가족이 청각장애를 이해하고 그것이 그들의 현재 영향의 고리에 미치는 영향을 이해하도록 도울 수 있다. 아동이 현재의 미시 체계 속에 있도록 하는 것은 매우 중요하다(Phelan, 2004). 임상가는 가족들이 아동 발달에 대한 여러 가지 영향을 이해하는 과정을 촉진할 수 있다. Bronfenbrenner의 이론은 아동을 문제로 생각하는 구성주의적 진단 과정에 대해 문제를 제기하기도 한다(제11장 참조). 아동 발달이나 성향을 아동의 능력 프로파일과 분리해서 생각하기는 어렵다(Brendtro, 2006).

결 론

Bronfenbrenner의 모델은 일련의 인과관계에 대한 한 가지 이론 또는 원인이나 학습이나 발달에 대한 한 가지 이론이 아니다. 그보다는 임상가들이 아동이 속한 상황 내에서 이들을 보다 면밀히 이해할 수 있도록 돕는다(Weisner, 2008). 아동기의 생태는 시간이 흐름에 따라 변화하기 때문에 역동적이다. 아동과 가족의 참여는 정체된 것이 아니라 상황에 따라 달라지기 때문에 지속적으로 변화하는 상호작용이다. 환경적 요구는 물론 인성이나 능력과 같은 개인적 특성은 아동과 청소년의 발달 과정을 형성하는 데 함께 관여한다. 이러한 점을 염두에 두면, 다층적인 환경에서의 상호작용을 관찰하고 모든 수준에서 시간의 흐름에 따른 변화를 살펴보는 것은 매우 중요하다(Xu & Filler, 2008). 청각구어 임상가들이 아동과 가족의 상호작용 상황을 살펴보고 최대한의 발달을 촉진하는 것은 중요하다. 따라서 청각구어 임상가는 체계적으로 생각하고 중요한 관계를 결정해야 한다.

참고문헌

Brendtro, L. (2006). The vision of Urie Bronfenbrenner: Adults who are crazy about kids. *Reclaiming Children and Youth, 15*(3), 162-166.

Bronfenbrenner, U. (1973). The social ecology of human development: A retrospective conclusion. In F. Richardson (Ed.), *Brain and intelligence: The ecology of child development* (pp. 113-123). Hayattsville, MD: National Educational Press. Reprinted in Bronfenbrenner, U. (2005). *Making human beings human: Bioecological perspectives on human development.* Thousand Oaks, CA: Sage.

Bronfenbrenner, U. (1979). *The ecology of human development: Experiments by nature and design.* Cambridge, MA: Harvard University Press.

Bronfenbrenner, U. (1988). Strengthening family systems. In E. F. Zigler, and M. Frank, (Eds.), *The parental leave crises: Toward a national policy* (pp. 143-160). New Haven, CT: Yale University Press. Reprinted in Bronfenbrenner, U. (2005). *Making human beings human: Bioecological perspectives on human development.* Thousand Oaks, CA: Sage.

Bronfenbrenner, U. (1994). Ecology models of human development. In T. Husen, and T. N. Postlethwaite (Eds.), *International encyclopaedia of education* (2nd ed., Vol. 3, pp. 1643-1647). Oxford, UK: Pergamon Press/Elsevier Science.

Bronfenbrenner, U. (1995a). The bioecological model from a life course perspective: Reflections of participant observer. In P. Moen, G. Elder, and K. Luscher (Eds.) *Examining lives in context: Perspectives on ecology of human development* (pp. 599-618). Washington, DC: American Psychological Association.

Bronfenbrenner, U. (1995b). Developmental ecology through space and time: A future perspective. In P. Moen, G. Elder, and K. Luscher (Eds.) *Examining lives in context: Perspectives on ecology of human development* (pp. 619-647). Washington, DC: American Psychological Association.

Bronfenbrenner, U. (2001). The bioecological theory of human development. In N. J. Smelser, and P. B. Baltes (Eds.), *International encyclopaedia of the social and behavioural sciences,* Vol. 10 (pp. 6963-6970). New York: Elsevier.

Bronfenbrenner, U., & Crouter, A. (1983). The evolution of environmental models in developmental research. In W. Kessen, and P. H. Mussen (Eds.), *Handbook of child psychology, Vol. 1: History, theory, and method* (pp. 357-414). New York: Wiley.

Bronfenbrenner, U., & Morris, P. A. (1998). The ecology of developmental processes. In R. M. Lerner (FA.) *Handbook of child psychology,* 5th ed., Vol. 1 (pp. 993-1028). New York: Wiley.

Bronfenbrenner, U., & Morris, P. A. (2006). The bioecological model of human development (pp. 793-828). In W. Daman, and R. M. Lerner (Eds.), *Handbook of child psychology, Vol 1: Theoretical models of human development.* New York: Wiley.

Ho, B. (2001). Family-centered integrated services: Opportunities for school counselors. *Professional School Counseling, 4*(5), 357-361.

Huston, A. C., & Bentley, A. C. (2010). Human development in societal context. *Annual Review of Psychology, 61*(7), 7.1-7.28.

Noonan, M. J., & McCormick, L. (2006). *Young children with disabilities in natural environments: Methods and procedures.* Baltimore: Brookes.

Phelan, J. (2004). *Some thoughts on using an ecosystem perspective.* The International Child and Youth Care Network,

CYC-ONLINE, 68. Retrieved 21 July 2009 from http://www.cyc-net.org/cyc-online/cycol-0904-phelan.html.

Vygotsky, L. S. (1990). *Mind in society: The development of higher psychological processes*. Cambridge, MA: Harvard University Press.

Weisner, T. (2008). The Urie Bronfenbrenner Top 19: Looking back at his bioecological perspective. *Mind, Culture, and Activity, 15*, 258-262.

Xu, Y., & Filler, J. (2008). Facilitating family involvement and support for inclusive education. *The School Community Journal, 18*(2), 53-71.

체계적인 가족치료

Anne Hearon Rambo, Ellen A. Rhoades,
Tommie, V. Boyd, and Nathalie Bello

개 관

몇몇 임상가는 청각장애 아동을 돕고자 하는 열정으로 청각구어 실제를 실행하곤 한다. 그러나 아동을 효과적으로 도우려면 아동의 가족과 효과적으로 일하는 방법을 배워야 한다. 이 장에서는 일반 아동들 중 특별한 요구가 있거나 청각장애가 있는 아동의 가족 참여의 중요성에 대한 역사를 살펴보고자 한다. 또한 특별한 요구가 있는 아동을 둔 가족이 직면하는 어려움을 살펴보고자 한다. 전문가들이 아동과 부모, 형제 그리고 그들과 함께 살고 있는 다른 가족 구성원(예: 조부모)에 대해 체계적으로 생각해야 하는 이유를 알아보기 위해 한 사례를 예로 제시하였다. 이 예에서는 체계적인 가족치료와 이러한 모델 몇 가지를 선정하고 그에 대한 설명을 제시한다. 다음으로는, 임상가들이 실행할 수 있는 다양한 가족치료 모델에서 제시된 것을 포함하여 가족치료의 중요한 쟁점을 살펴보게 될 것이다. 마지막으로, 질적인 가족치료를 위해 의뢰할 때 가장 바람직한 것이 어떤 것인지에 대해 논의할 것이다.

사례 한 어머니가 가족치료실에 앉아 있었는데, 그 어머니의 얼굴에는 눈물 자국이 있고 매우 피곤

> 해 보였다. 그녀는 청각장애 자녀가 반복적으로 무단 결석을 하는 문제에 대한 도움을 받고자 치료를 원하였다. 그러나 청각장애 자녀는 현재 17세로 치료를 거부하였고, 어머니가 임의대로 자녀를 끌고 오기에는 너무 컸다. 어머니는 "내가 문제인가요, 아님 우리 아이가 문제인가요?" "만일 내가 문제라면, 내가 뭘 잘못하고 있나요? 그리고 만일 우리 아이가 문제라면 치료를 거부하는 저 아이를 위해 어떻게 도우실 건가요?"라고 말하였다.

이 어머니가 잘 모르고 있었던 것은 이들의 가족치료사(이 장의 제1 저자)가 체계적 가족치료의 실제를 따르고 있다는 점이다. 체계적 가족치료에서는 치료사가 어머니나 자녀 누구에게도 책임을 물을 필요가 없으며, 모든 가족 구성원 간의 복잡한 상호작용 기능에서의 문제를 보기 위하여 가족 모두가 치료실에 오지 않아도 된다. 관계의 상호 의존성으로 알려진 체계적인 가족치료는 다음과 같은 두 가지 가정을 근거로 한다. 첫째, 모든 행동은 상황 속에서 가능하다는 것이고, 둘째, 가장 유용한 치료적 초점은 개별적인 병리보다 패턴과 상황에 초점을 두어야 한다는 것이다(Cottrell & Boston, 2002). 이와 같은 이해를 하고 임할 경우, 가족치료사는 앞서 제시한 어머니와 아들의 문제를 해결할 수 있을 것이다.

앞서 언급한 어머니의 이야기는 이 장에서 서로 다른 체계 모델 안에서 가족치료사의 관점으로 재차 반복해서 언급하게 될 것이다.

가족 체계가 중요한 이유

이 절에서는 가족 참여가 특별한 요구를 지닌 아동의 치료에 가장 중요한 이유에 대해 살펴볼 것이다. 더불어, 가족 체계를 그저 개인의 집합체로 보기보다는 한 단위로 개념화하는 데 필요한 사고로의 변화를 위해 만들어진 사례를 한 가지 제시하였다. 체계적인 사고를 통해, 가정 상황에서 아동을 중재하는 여러 효과적인 방법을 향한 문이 열리게 될 것이다.

특수아동을 위한 가족 옹호

특별한 요구가 있는 아동을 위한 대부분의 성과—권익의 향상, 통합, 보다 개별화된 특수 서비스—는 임상가나 법률가에 의해서 얻어진 것이라기보다, 가족 구성원들이 주장한 바에 따른 결과다(Asberg, Vogel, & Bowers, 2008; Turnbull & Turnbull, 1997). 임상가들이 가족들의 노력을 지지하기도 했고, 법률가들이 옹호자들의 압력에 반응하긴 했으나, 주요 촉발자는 변화를 밀어붙인 부모와 형제, 조부모, 그리고 가족 구성원들과 관련된 주변 사람들이다(Asberg et al., 2008; Turnbull & Turnbull, 1997).

세계적으로 특수교육의 역사는 대개 비슷한 형태로 발전되었다(Winzer, 2009). 초기에 지방이나 재정적 자원이 없는 지역에서는 특별한 요구가 있는 아동들의 일차적 책임자는 이웃이나 마을로부터 지원을 받는 부모인 것으로 여겨졌다(Keller & Thygesen, 2001). 부모들은 다른 사람들에게서 특별한 편의를 얻기 위해 자녀의 장애를 설명했다(Keller & Thygesen, 2001). 일반적으로 자격을 갖춘 임상가들은 짧은 시간 동안 지원을 하고, 지원하는 동안 이들은 부모들에게 상담자의 역할을 하며, 부모들은 특별한 요구를 지닌 자녀의 교육에 필요한 기본적인 중재의 상당 부분을 실행하였다(Chitiyo, 2006). 여러 상황을 고려할 때, 특수교사들이 부모와 일하기 위해 그들의 요구를 이해하는 것이 보다 용이했다. 이 모델은 '비공식적 통합 모델'이라 한다. 이것이 의미하는 바는 아동이 비공식적으로 같은 연령 집단의 또래들 속에 통합되는 것이다. 이 비공식적 모델은 개발도상국에서 자주 사용한다(Artileis & Hallahan, 1995; Chitiyo, 2006; Kibria, 2005).

역사적인 관점에서 그다음 단계는 자원과 대중의 인식이 발전하게 됨에 따라 '특수학교 모델'로 변화하는 단계다. 19세기에 청각장애 아동들은 대개 교사들의 개별화된 관심을 받는 특수학교에 배치되었다(Ballard, 1990; Korkunov, Nigayev, Reynolds, & Lerner, 1998). 특수학교는 대부분 기숙사제이고 가족들과 분리되었기 때문에 부분적으로는 힘든 점이 있었다. '특수학교' 배치는 선진국에서는 더 이상 선택하는 방법이 아니다(International Disability and Development Consortium, 1998; Keller & Thygesen, 2001).

선진국과 개발도상국 모두에서 '통합모델(mainstream model)'이 '특수학교 모델'을 대신하고 있다(Chitiyo & Chitiyo, 2007). 실제로, '통합'의 개념은 대부분의 국가에서 보다 문화적으로 적절한데, 여기서 가족과 함께 가정에서 지내도록 하는 것은 매우 중요한 가치다(IDDC, 1998). 이와 같은 극적인 정책의 변화는 1960년대에 시작되고 1970년대에 정점을 이룬 전 세계적인 인권과 시민권리 운동의 영향을 받은 부모/가족 옹호 집단에 의한 것이다(Safford, 2006; Winzer, 2009). 특별한 요구를 지닌 아동의 가족 구성원들은 그들의 아이들이 소수자로서 억압받아 왔고, 그들이 분리를 통해 교육적으로나 사회적으로 차별받아 왔다는 것을 알아야 한다(Sloper, Beresford, & Rabiee, 2009). 가족들은 모든 연령 수준에서 그들의 자녀가 일반학급에서 개별화된 서비스를 받으며 교육받도록 최대한 통합될 것을 요구했다(Ainscow, Booth, & Dyson, 2006;

Keearney & Kane, 2006). 비록 정책과 실행 간에 많은 불일치가 있어 왔고 현재도 있지만(Hyde & Power, 2004; Lundeby & Tøssebro, 2008), 이러한 새로운 정책의 결과는 괄목할 만하다(Checker, Remine, & Brown, 2009; Drudy & Kinsella, 2009).

가장 자주 인용되는 예 중 하나는 다운 증후군 아동의 존중에 대한 부모들의 주장이 성공한 것이다(Lapin & Donnellan-Walsh, 1977). 1970년대 이전에는, 선진국에서도 다운 증후군 아동은 출생 시부터 시설에 배치되었다(Buckley, Bird, & Sacks, 2006). 이들은 읽기를 못할 것이라고 생각되었고, 그저 자립하도록 두었다. 오늘날, 조기 중재와 적절한 통합의 결과로 다운 증후군 아동들은 성인기에 결함을 최소화하여 기능적으로 생활할 수 있게 되었다(Buckley et al., 2006). 그러나 다운 증후군 아동들에 대한 조기 중재나 일반학급 통합교육이 없었더라면, 이러한 것이 가능하지 않았을 것이다. 한마디로, 특별한 요구를 지닌 아동에 대한 옹호는 가족 구성원들에게 매우 중요한 역할을 한다.

이러한 특수교육의 경향에서 선도적인 것은, 청각구어 임상가와 청각장애 아동의 부모들 간에 형성된 동반자 관계다. 이들은 1960년대에 '통합 모델'을 주장하기 위해 협력하였다(Beebe, 1953; Griffiths, 1965; Pollack, 1970; Wilson & Rhoades, 2004). 청각장애 아동들에게 특별히 중요한 것은 조기 발견, 조기 증폭기 착용, 듣기와 말하기 기술 향상을 위한 조기중재다. 이것은 부모들이 청각장애 자녀를 특수학급에 그냥 두지 않아야 한다는 것을 의미한다. 그보다, 부모와 임상가들은 청각구어 훈련에서 도움을 받는 아동은 일반 아동이 있는 일반학급에서 교육을 받아야 한다고 확신한다. 비록 이들이 다수의 청각장애 아동의 부모나 교사로부터 멀어지고 소수자가 되더라도 그것이 옳다고 생각했다. 실제로, 농(deaf) 아동이라도 건청 또래로부터 배울 수 있고, 통합 구성원의 일부가 될 수 있다(Fiedler, 1952).

'통합 모델'을 적용하는 나라에서 현재 활용 가능한 개별화된 다양한 대안에서는 부모가 그들의 권리를 이해하고 그들 자녀의 요구에 가장 적합하다고 판단되는 서비스를 주장할 수 있는 권한을 부여하였다(Rambo, 2001). 세계적으로 특수아동의 부모들은 그들 자녀가 적절한 지원을 받을 수 있도록 하기 위한 변화에 영향을 미치고 있다(Kibria, 2005; Laws, Byrne, & Buckley, 2000; Robinson, Shore, & Enersen, 2007). 마찬가지로, 청각구어 치료를 이용하고 있는 청각장애 아동의 부모들도 그들 자녀를 위한 옹호를 지속해야 한다(Simser, 1999). 부모-전문가의 동반자 관계는 청각구어 치료 초기부터 실행되어야 하는데, 이것은 청각장애의 정도와 상관없이 부모의 자녀에 대한 높은 기대 수준과 관련된다(Wu & Brown, 2004). 하나의 의사소통 수단이 모든 청각장애 아동에게 적절하다는 개념은 없다(Rhoades, 2006). 몇몇 교육자는 청각장애 아동을 위해 개별화된 계획을 세우는 것보다 수화를 알려 주는 것이 보다 용이하다고 느끼기 때문에 이것은 매우 중요하다(Mckee & Smith, 2003). 따라서 지속적인 가족 옹호는 모든 가능한 교육 체계에서 결정적이다.

특별한 요구가 있는 가족을 위한 지원과 정보 제공

학습 문제가 있는 아동은 가족의 지원을 필요로 한다(Fox, Dunlap, & Cushing, 2002). 가족 참여와 지원은 아동의 인지, 의사소통 그리고 사회적 기술 발달에 결정적이다(Bennett & Hay, 2007; Guralnick, 2006; Hart & Risley, 1999). 다시 말해서, 모든 유형의 교육 프로그램은 부모 및 다른 가족 구성원들의 지원을 받을 때 보다 바람직한 성과를 가져올 수 있다(Rambo, 2001). 특별한 요구가 있는 아동의 가족 구성원들도 그들 자신을 위한 지원을 필요로 한다는 것을 염두에 두어야 한다(Asberg et al., 2008). 또한 부모들은 지원적이고 비공식적인 활동에 참여할 때 보다 적절한 양육 행동을 할 수 있게 되었다고 한다(Chang, Park, Singh, & Sung, 2009). 한마디로, 가족 참여를 실행하는 중재 프로그램은 가족 구성원들에게 지원과 정보를 제공한다.

가족 관계에 대한 중재 효과를 검증했던 연구들은 대개 어머니-아동과 일반적인 가족 실제에 관련한 것이었고, 가족에 대한 아버지의 다양한 역할에 대해서는 간과해 왔다(Palm & Fagan, 2008). 그러나 아버지들은 많은 가족 구조 체계, 기대, 그리고 부모 역할에 대한 신념에서 선구자이자 개척자다(Saracho & Spodek, 2008). 아버지들은 돈을 벌어다 주는 사람 이외에도 도덕적 지침 제공자이자 성 역할 모델이고 자애로운 사람이다. 역사적으로 아버지에 대해서는 충분히 인식되지 못하였다(Carpenter & Towers, 2008; Palm & Fagan, 2008). 연구 결과에 따르면, 아버지들은 특별히 아동의 적절한 발달에 매우 중요하다(Honig, 2008). 아버지에 대한 연구 결과를 분석한 연구(Saracho & Spodek, 2008)에서는 아버지들이 그들 자녀의 학업 성취와 또래 관계, 행동 조절, 자기평가와 정신적 상태에 관심을 갖는다고 한다. 실제로 아버지의 양육은 자녀의 발달과 중재 성과, 특히 남아에 집중하는 경향을 나타내고 있다(Nelson & Coyne, 2009).

장애 아동을 둔 가정은 일반 가정에 비해 부부간의 문제가 보다 많을 수 있다(Rhoades, Price, & Perigoe, 2004; Seligman & Darling, 2007). 이러한 현상은 일반적으로 '남다른' 자녀를 둔 것에 대한 스트레스에서 비롯되는 것으로 설명되고 있다(Singer, 2006). 특히 어머니들이 보다 높은 우울감을 경험할 수 있다(Herbert & Carpenter, 1994). 아동의 특별한 요구는 특정 반응을 초래하고, 이 때문에 부모들의 스트레스가 가족 갈등을 높여 이혼을 유발하기도 한다. 또한 그로 인해 아동의 가정에서 남성의 역할 모델이 부족해질 수도 있다. 아버지가 없는 가정은 양부모가 있는 가정에 비해 낮은 교육적 성취와 높은 공격성, 자기조절 능력의 부족과 더불어 가난을 경험하게 되는 경향이 있다(Honig, 2008).

간단히 말해서, 임상가들이 그들의 치료와 지원 활동에 아버지들을 참여시켜야 하는 이유는 매우 다양하다. 따라서 경험이 풍부한 청각구어 임상가들이 적절한 중재 성과를 위해 필수불가결한 협력자로 가족을 생각하는 것은 너무도 당연하다. 흥미롭게도, 인공와우 수술을 하여 구어를 사용하는 아동의 부모들은 수화를 사용하는 청각장애 아동의 부모에게 제공되는 것과 비슷한 양의 사회적 지원을 필요로 하지만 실제로는 지원을 덜 받고 있다(Asberg et al., 2008). 가족 지원으로부터 청각장애 아동이 여러 측면에서 도움을 받고 있으며(예: Kluwin, Stinson, & Colarossi, 2002), 청각장애 아동의 가족들은 다양한 지원을 필요로 하며 요청하고 있다는 증거가 많이 있다(Ingber & Dromi, 2009). 그러나 가족 참여 프로그램의 성과와 아동의 특별한 요구로 인한 스트레스가 어느 정도 감소되었는지에 대한 실증적 자료는 매우 부족한 상황이다.

체계적 사고로의 전환

청각구어 임상가들은 부모에게 정보를 제공할 때 가족과 함께 일한다고 생각하지만 여전히 아동을 주요 중재 대상자로 생각한다. 그러나 임상가들은 가족중심 중재를 실행하기 위해서는 가족에게 초점을 두어야 한다는 점을 인식해야 한다. 하지만 이러한 접근은 모두 체계적인 사고 방법으로 변환하는 것만큼 효과적이지 않다(Cottrell & Boston, 2002). 부모와 아동 모두를 주요 중재 대상자로 하는 프로그램도 전체로서 체제에 초점을 맞추는 것만큼 효과적이지 않다(Cottrell & Boston, 2004; Kumpfer & Alvarado, 2003; Szapocznik & Kurtines, 1989; Szapocznik & Williams, 2000).

체계적으로 생각할 때, 임상가들은 가족을 하나의 단위 체제로 생각하고 어떤 문제 행동도 체제의 맥락 속에서 고려한다. 비합리적이거나 적절하지 않은 것처럼 보이는 양육 행동이나 아동 행동일지라도 상황 속에서는 의미가 있을 수 있으며, 보다 바람직한 행동을 촉진하기 위해서는 맥락 그 자체가 변화될 필요가 있다. 몇 가지 예는 다음과 같다. ① 아동이 지속적으로 제시간에 잠자리에 드는 것을 거부하는 것은 부부가 그들의 결혼 생활을 유지하는 것에 대한 논쟁을 야기하는 요인이 될 수 있다. ② 어머니의 과잉보호는 안전망이 되어 그것이 없을 경우 아동은 적절히 기능할 수 없게 된다. ③ 아버지가 전혀 참여하지 않거나 말을 하지 않는 경우 어머니와 아동은 보다 각별히 가까워질 수 있다.

관계는 서로 얽혀 있으며 가족 체계 속의 구성원들은 상호 의존적이다. 가족 체계는 ① 전체성과 순위, ② 위계적 구조, ③ 적응적인 자조 집단의 세 가지 특성을 지닌다(Cox & Paley, 2003). 첫 번째 특성은 전체는 부분의 합보다 크다는 것을 의미하며, 부분은 그 자체로 이해될 수 없다는 것이다. 두 번째 특성은 가족은 그 안에 그리고 자신들끼리 하위 체계를 지닌다는 것을 의미한다. 예를 들어, 부부 관계, 형제 관계, 부모-자식 관계 등이 있다. 세 번째 특성은 가족은 청각장애 진단으로 인한 어려움 등과 같이 외적 요인에 적응하기 위해 재구성될 수 있는 개방적이고 생명력이 있는 체계라는 점이다. 청각장애 아동은 가족 체계와 그 하위 체계를 이해하지 않고는 이해될 수 없다. 마찬가지로 청각장애 아동의 어머니도 남편과의 관계 및 다른 자녀와의 관계를 배제한 채 이해될 수 없다. 예를 들어, 문제가 있는 부모-아동 관계는 부부간의 역기능과 관련되었을 수도 있다(Cox & Paley, 1997).

체계적인 가족치료나 대인 관계적 가족치료는 아동기와 십 대에 영향을 미치는 여러 문제에 대해 효과적인 치료로 알려져 있다(Carr, 2009; Office of Juvenile Justice and Drug Prevention Programs, 2008; Priebe & Pommerien, 1992). 그러나 오직 한 명의 가족 구성원과 체계적이고 대인 관계적인 작업을 시작하는 인지-행동적 개인치료와 같은 프로그램도 효과적이다. 그러나 이것은 내담자의 동기가 있어야 한다. 만일 치료를 받는 사람이 우울증이 있어 잘 참여하지 않는 경우라도, 다른 가족 구성원인 배우자와 함께함으로써 효과적인 변화를 가져올 수 있다.

체계적인 가족치료는 1950년대부터 시작되었고, 이 치료는 아동과 청소년 치료를 위한 강력하고 효과적인 치료 방법으로 알려졌다(Cottrell & Boston, 2002). 체계적인 가족치료는 여러 연구결과를 통해 정신장애, 기분장애, 청소년기의 섭식장애, 약물 및 알코올 문제, 아동기의 품행 문제, 결혼 문제 등과 같은 다양한 문제 행동 치료에 효과적임이 입증되었다(Cottrell & Boston, 2002; Sprenkle, 2007).

체계적인 가족치료: 기원과 역사

1950년대와 1960년대 후반에 정신분석센터(Centers of Psychoanalytic), 세대 간 통합 가족치료(Intergenerational Family Therapy), 정신연구기관(Mental Research Institute: MRI)이 설립되었다. 이 세 가지 모델—세대 간, 정신분석적, MRI—은 가족치료 모델의 1세대로 간주된다. 이후 1970년대

와 1980년대에는 해결 중심(Solution Focused), 밀라노(Milan), 담화적(Narrative), 구조적(Structural), 전략적(Strategic) 가족치료 등과 같은 2세대 모델이 개발되었다. 이 장의 다음 절에서는 1세대 모델 각각에 대해 살펴보고 이것이 여전히 실행되고 있는지, 2세대 모델이 이것을 계승한 것이라면 어디서 어느 정도인가를 살펴보게 될 것이다. 첫 번째로 살펴보게 될 것은 정신연구기관(MRI) 모델이다. 이 모델은 이전의 치료 모델과 거의 완벽하게 단절되었고, 2세대 모델로 계승되었다.

정신연구기관 모델

인간 행동을 상호 의존적이고 서로 다른 문화 상호 간의 의사소통(Weakland, Fisch, Watzlawick, & Bodin, 1974)으로 설명하는 정신연구기관(Mental Research Institute: MRI) 모델은 체계적인 가족치료에서 가장 영향력 있는 모델 중 단연코 으뜸이다(Rambo & Green, 2005). 이 모델은 모든 행동은 상황 속에서 의미가 있다고 본다. 이것은 기준을 갖지 않은 모델인데, 그 의미는 MRI 치료사들은 가족이 잘 기능하도록 하기 위한 단 하나의 '옳은' 방법이 있거나 치료를 요하는 가족이 '병리적'이거나 역기능적이라고 생각하지 않는다는 것이다. 그보다 MRI 치료사들은 문제는 상호작용 유형이 쌓이면서 비롯되는 것이라고 보았다. 상호작용 패턴은 과거에는 적응적이었다 하더라도 현재는 더 이상 적절하지 않은데도 대체되지 않았을 수 있다. MRI 치료사들은 먼저 각 내담자의 현실에 대해 듣고, 선입견이나 판단 없이 그 현실을 이해하고 타당화하려고 노력한다(Chubb & Evans, 1990; Watzlawick, Weakland, & Fisch, 1974). MRI 모델의 효과성을 입증하는 많은 연구가 있다(Chubb & Evans, 1990; Priebe & Pommerien, 1992; Weakland & Ray, 1995).

MRI 치료사들을 포함하여 현재 모든 학파의 가족치료사들은 그들이 함께하는 사람들을 지칭할 때, '환자'라는 표현보다는 '내담자'라는 표현을 사용한다. 이러한 용어의 변화로 치료사들이 병리적으로 가정하는 경향이 제거되었다(Fisch, Weakland, & Segal, 1982). 각 내담자에 대한 묘사에서부터, MRI 치료사들은 참여하는 개인들이 상호작용하는 방법과 이러한 상호작용이 견고해지거나 혼란스러워지는 방법에 대한 개념을 발전시켰다(Fisch et al., 1982). 그 후 MRI 치료사들은 가족이 이와 같은 부적응적 패턴에서 나오도록 재미있고 때로는 엉뚱해 보이는 중재와 더불어 가볍게 충격을 준다(Weakland & Ray, 1995).

예를 들어, 남편과 아내가 자녀의 청각장애 문제에 대해 각각 달리 접근할 수 있다. 아내이자 어머니는 자녀를 돌보는 데에 많은 참여를 하며 남편이 좀 더 참여를 해야 한다고 생각한다. 아내가 남편에게 참여를 하라고 요구할수록, 남편은 점점 움츠러들고 아내가 잔소리를 한다고 느낀다. 이러한 상황에서 치료사는 두 사람의 이야기를 비판하지 않으면서 잘 듣고 존중해야 한다. MRI 가족치료는 모든 가족이 한자리에 있어야 할 것을 요하지 않으므로 치료사는 부부를 각각 따로 만날 수도 있다. 치료사는 아내가 남편에게 강하게 요구할수록 남편이 점점 뒤로 물러서게 되는 것을 간파할 수 있다. 따라서 치료사는 아내에게 다른 방법, 예를 들어 아내가 옹호 모임에 가입하고 모임에 참석하느라 남편이 직장에서 돌아온 저녁에 집에 있지 않는 날이 생기는 것과 같은 방법을 제안한다. 이러한 변화에 놀라서 남편은 보다 적극적으로 변화를 찾으려 할 수 있고, 이 부부는 보다 균형 잡힌 관계로 변할 수 있다.

2세대: 해결 중심의 가족치료

일반적인 2세대의 가족치료 모델은 해결 중심의 가족치료(Solution Focused Family Therapy)이다. 이것은 해결 중심의 신념치료(Solution Focused Brief Therapy)로도 알려져 있다(de Shazer, 1985). 이것은 판단이나 선입견 없이 내담자의 말을 공감하여 듣는 것이다. 그러고 난 후 초점은 처음 내담자가 불평했던 문제에서 문제가 아니었던 시점으로 옮겨 간다(de Shazer, 1985). 특별한 요구가 있는 자녀를 충분히 돌보지 않는 남편에 대한 아내의 불평에 대한 예를 언급하면서, 해결중심 치료사는 아내에게 그녀의 남편이 충분히 관여했던 시절을 상기해 보도록 한다. 치료사는 아내에게 "그 시절과 다른 것은 무엇이지요?"라고 질문한다. 남편에게도 아내가 불평하지 않았던 시절에 대해 질문한다. 양쪽 모두에게 그들 관계의 강점에 초점을 맞추어 행복했던 시간을 재현해 보도록 격려한다.

비교적 새로운 방법이었음에도 불구하고, 1980년대 후반과 1990년대 초반에 독보적이었던 이 강점 중심의 모델은 강력한 임상적 지지를 받았다. 해결 중심의 가족치료는 미국에서 '유망하고' 추천할 만한 치료로 인식되었다(Office of Juvenile Justice and Drug Prevention Programs, 2008; Substance Abuse and Mental Health Services Administration, 2008). 15개의 통제된 임의 표본 연구에서 해결 중심의 가족치료의 효과성을 제시하였다(Gingerich & Eisengart, 2000; Kim, 2008). 더불어, 이 모델은 가족치료사들에게 잘 알려져 있다. 미국과 유럽의 해결 중심 신념치료 협회는 아프리카, 아시아, 남아메리카에서 훈련을 실시하고 있다.

2세대: 가족치료에 대한 밀라노 접근

가족치료에 대한 밀라노 접근(Milan Approach to Family Therapy)은 1980년대에 개발되었다.

'순환 질문(circular questioning)'과 '긍정적 함의(positive connotation)' 개념이 이 접근에 포함되었다. 순환 질문이란 가족 중 한 사람에게 다른 가족 구성원들과의 관계에 대해 질문하는 것으로, 이것은 가족들 간의 상호작용적 패턴을 파악하기 위해 개발되었다(Boscolo, Cecchin, Hoffman, & Penn, 1987). 긍정적 함의는 가족이 이전에 무엇을 했는가에 대해 긍정적으로 진술하는 것이다(Boscolo et al., 1987). 이러한 진술은 역설적이고 변화를 유도하는 효과가 있지만, 주요 목적은 내담자의 복잡한 현실을 확인하는 것이다(Boscolo et al., 1987). 앞에 나온 남편과 아내의 예를 활용하여 보면, 부부가 각각 그들의 밀어붙이기/거리두기 행동을 지속적으로 이야기하게 두고, 이것을 그들 결혼 생활의 독자적인 요소로 보는 것이다. 부부가 이 상황을 문제가 많은 것으로 생각하더라도 치료사는 이 상황을 강점으로 재구조화한다. 이것은 역설적이며 미국에서 널리 사용되지는 않는다.

이 밀라노 모델은 유럽과 캐나다에서 많이 사용되고 있으며, 다른 가족치료 모델에 영향을 미쳤다. 미국에서는 긍정적 함의 기법 자체가 관리치료나 다른 규제체(regulatory bodies)의 요구에 맞게 자리를 잘 잡지 못했다. 부가적으로 조용하고 중립적인 이 치료 팀은 미국 가정에는 문화적으로 일치하지 못하였고 선호되지 않았다(Mashal, Feldman, & Sigal, 1989). 그럼에도 불구하고 다른 접근들이 실패했을 때, 이 모델이 효과적이라는 것을 임상적으로 지지하는 연구들이 있었다(Mashal et al., 1989). 숙련된 질문에 초점을 맞춘 이것은 역사적으로 중요하다.

2세대: 담화적 가족치료

담화적 가족치료(Narrative Family Theapy)는 본래 1980년대 초반에 뉴질랜드와 호주에서 개발되었으며, 이후 1990년대에 전 세계로 확산되었다(White & Epston, 1990). 내담자의 관점을 존중하면서(White, 2007), 담화적 치료사들은 단 하나의 실재(reality)는 없다고 주장한다. 그보다는 서로 다른 개별적인 관점으로 구성된 사회적 실재가 있다고 한다. 이 모델에 따르면 치료사들은 내담자를 판단하거나 단언하지 않는 방식으로 상호작용하며 모든 행동은 정치적 · 문화적 · 가족적 상황 속에서 살펴본다(Dickerson, 2007; Witty, 2002).

또한 담화적 치료사들은 상호작용에 초점을 맞추는 것에서 벗어나 각 내담자 개인의 개별적 이야기에 초점을 맞춘다(Dickerson, 2007). 담화적 모델에서 내담자는 그들의 삶을 다시 쓰도록 지원을 받는다(White, 2002; White, 2007). 예를 들어, 남편/아내 상황에 있는 아내에게, 여성에 대한 문화적 억압 속에서 겪게 되는 개인적인 어려움에 대해 질문하고, 여성으로서 무시당하거나 거부당하는 것에 저항하도록 도울 수 있는 최선의 행동은 무엇인지 생각해 보도록 할 수 있다.

실제로, 아내가 밝힌 '특별한 성과'란 아내가 예속당하지 않았다고 느끼는 시간을 의미한다고 할 때, 이것은 해결 중심의 치료사들이 주장한 '예외(exception)'와 상당히 유사하다(Hecker & Wetchler, 2003). 담화적 모델의 일부는 문화적 · 정치적으로 비판을 받기 때문에, 초기 연구 결과들이 비교적 유망(Besa, 1994)했음에도 불구하고 표준화된 연구가 많이 실행되지 않았다(Etchison & Kleist, 2000).

정신분석적 가족치료

정신분석적 가족치료(Psychoanalytic Family Therapy)는 가족치료의 1세대 모델 중에서 두 번째다. 정신분석적 치료는 가족이란 각자 규칙과 개별적인 문화를 지닌 살아 있는 체계라고 생각하는 모델이다(Ackerman, 1958). 이 모델에서는 치료사는 전체 가족을 하나의 완전한 체제로 보면서 점차 성장을 억제하는 숨겨진, 무의식적 요인으로 인식을 가져가야 한다고 보는 장기적인 통찰을 중요시한다(Ackerman, 1958; Scharff & Scharff, 1991). 장기 모델에서와 같이 이 모델은 전 세계적인 기반에서 더 이상 많이 실행되지 않는데, 부분적으로는 관리 의료의 제약(Alperin, 1994) 때문이기도 하고 그 결과가 보다 직접적인 가족치료에 비해 아동에게 효과적이지 않기 때문이기도 하다(Smyrnios & Kirkby, 1993; Szapocznik & Williams, 2000). 그러나 심리분석학을 배경으로 하는 가족치료는 최근 두 개의 치료에 적용됨으로써 다시 관심을 받게 되었다.

2세대: 정서에 중점을 둔 가족치료

정서에 중점(Family Focused)을 둔 가족치료(Johnson, 2004)는 정신분석 이론에 근거하여 정서 표현과 통찰에 집중한다. 이 모델은 애착 이론과 가족 체계 이론을 병합한 것이다(Johnson, 2004). 청각장애로 진단받는 것과 같은 스트레스가 많은 조건으로 인해 가족 체계가 변화할 때, 가족 구성원들의 애착을 촉진하기 위해 기본적인 감정을 표현하도록 격려한다(Dankowski, 2001). 이 모델은 효과가 입증된 중재(evidence-based effective treatment)로 알려졌다. 이 모델에서 가족치료사들은 부모가 안전하고 감정을 자제하는 환경(neutral holding environment)을 만들고 그 안에서 부정적인 상호작용 패턴을 변화시키기 위해 자유로운 감정 표현을 할 수 있도록 한다. 예를 들어, 앞의 남편과 아내 시나리오를 다시 적용하자면, 아내는 남편으로부터 무시당한다는 느낌을 받을 때 무시당한다는 느낌을 표현하도록 하고, 그러한 거부의 느낌이 자녀에게 있을 경우와 관련지어 보도록 하고, 더불어 남편은 아내의 말을 공감하며 듣도록 안내한다.

2세대: 구조적 가족치료

1960년대부터 시작된 구조적 가족치료(Structured Family Therapy; Bloch & Rambo, 1994)는 치료사가 직접적이고 적극적인 권위를 갖는 역할을 하는 모델이다. 이 모델에서 치료사는 내담자가 통찰력을 갖도록 기다리기보다 내담자에게 경계와 제한 그리고 구조를 설정함으로써 명확하게 가족 체계를 승인하는 방식으로 역할을 한다. 이 모델에서 부모들은 치료사가 그들에게 하는 것과 같이 자녀에게 지시적이고 확고하게 한다(Minuchin, 1974; Minuchin & Fishman, 1981; Nichols & Schwartz, 2007). 예를 들어, 이 장 전체에서 예시로 들었던 아내와 남편의 사례를 활용하자면, 부부간의 구조를 바꿀 수 있도록 그들에게 특정 과제를 주고 팀으로써 보다 많은 일을 하도록 한다. 구조적 가족치료는 효과적이므로 이혼을 생각했던 가족들에게 인기가 있다(Dore, Lindblad-Goldberg, & Stern, 1998). 청각구어 임상가들이 사용할 수 있는 몇몇 구조화된 기법은 제7장과 제12장에서 논의하게 될 것이다.

2세대: 전략적 가족치료

전략적 가족치료(Strategic Family Therapy)는 구조적 가족치료의 변형으로, 이 두 모델을 적용하는 치료사들은 효과적인 가족치료의 구성 요소에 관해 비슷한 생각을 갖고 있다. 그것은 명확한 경계, 명확한 위계, 효과적으로 제한된 상황이다(Haley, 1991). 그러나 전략적 가족치료사들은 가족들에게 그들이 실행할 수 있는 변화가 무엇인지 단순히 말하는 것보다, MRI 치료사들이 사용하는 것과 같은 즐거운 지시, 예를 들어 논쟁을 덜 하도록 유머가 있는 지시를 제안하는 것과 같은 방법을 사용한다(Haley, 1991). 예를 들어, 전략적 가족치료사들은 부부를 여전히 팀으로 생각하지만, 이것에 대해 직접적으로 이야기하기보다는 퍼즐 맞추기와 같은 활동을 하면서 같이 문제를 해결하고 서로를 돕도록 한다. 청각구어 치료사들이 실행할 수 있는 몇 가지 전략적 변화는 제7장과 제12장에서 논의할 것이다.

구조적 가족치료와 전략적 가족치료는 치료사가 가족들이 실행해야 할 적절한 방법에 대한 공통된 개념을 가지고 있는 표준 모델(normative models)이다. 구조적/전략적 가족치료의 치료사는 정신분석 치료사와 같이 가족은 특정한 방식으로 기능해야 한다고 생각한다. 이것은 표준화되지 않은 MRI 모델과 이 이론의 영향을 받은 다른 모든 모델과는 상반된다. 전문가들이 두 가지 모델의 전략을 사용하는 것과 같이, 대부분의 연구에서는 구조적 모델과 전략적 모델을 모두 포함하고 있다(Stanton, 1979). 구조적/전략적 치료사들은 비록 가족들과 그들이 갖고 있는 생각을 직접적으로 나누지 못하더라도 가족은 어떻게 기능해야 하는지에 대한 표준화된 개념을 갖고 있기 때문에 다른 치료사들은 구조적/전략적 치료 모델이 권위적이고 지나치게 조정을 하는 듯하고, 때로는 '고압적'이라고 비난한다(Gardner, Burr, & Wiedower, 2006; Vetere, 2001).

그럼에도 불구하고 이 두 모델을 결합하여 저소득층 가정이나 비행 청소년에게 적용할 경우 매우 효과적이다(Szapocznik & Williams, 2000). 이 두 모델은 미국과 라틴 아메리카에서는 매우 널리 사용된다. 이 모델들은 많은 연구를 통해 그 효과가 입증되었고, 1970년대 이후로 그 인기가 지속되고 있다(Szapocznik & Williams, 2000). 미국 청소년 사법위원회(The US Office for Juvenile Justice)는 전략적 가족치료와 결합한 구조적 가족치료를 바람직한 모델로 평가했다. 이 모델은 풍부하고 높은 긍정적 연구 결과를 통해 최상의 등급을 받았다. 실제로, 구조적/전략적 가족치료는 약물 남용자와 그 가족을 위한 대안적 치료로 제시되고 있다(Stanton, Todd, & Associates, 1982).

3세대: 기능적 가족치료

기능적 가족치료(Functional Family Therapy)는 1980년대에 개발되었다(Alexander & Parsons, 1982). 기능적 가족치료는 구조적 가족치료와 전략적 가족치료의 두 단계를 조합한 것이다. 첫 번째로 전략적 치료를 하고, 그러고 난 후 초기 변화가 나타나 가족들이 보다 들을 준비가 되었을 때 구조적 치료를 한다(Alexander & Parsons, 1982). 연구에서는 이 치료가 비행 청소년에게 효과적이었다고 한다. 한 연구에서는 상습적 비행 발생의 감소율이 25%에서 60%로 변화하였다고 한다(Alexander & Parsons, 1982). 기능적 가족치료는 진정한 증거 기반의 가족치료 모델 중 하나이고, 매우 괄목할 만한 실적을 가지고 있다(Alexander & Parsons, 1982).

세대 간 통합 가족치료

이 치료법은 초기 1세대 가족치료의 세 번째이자 마지막 모델이다. 세대 간 통합 가족치료(Intergenerational Family Therapy)는 자연 체계 이론에 근거하여 개인은 그들의 원래 가족으로부터 분리되는 과정을 향해 간다는 모델이다(Bowen, 1966; Kerr & Bowen, 1988). 진정한 분화는 가족 구성원들이 성인기에 다른 가족들과 친밀하면서도 자율적인 삶을 살 수 있게 되는 것이다(Bowen, 1966; Kerr & Bowen, 1988). 세대를 망라한 가족 로열티 이론(Boszormenyi-Nagy & Sparks, 1973)이 개인적 권위 개념(Williamson, 2002)과 더불어 세대 간 통합 가족치료 모델에 포함되었다(Nichols & Schwartz, 2007). 이 장의 앞에서 제시된 사례를 다시 살펴보면, 아내는 남편이 보다 많이 참여하기를 주장했다. 이 사례에서 아내는 세대 간 통합 가족치료사의 도움으로 그녀의 도움 요청이 어린아이와 같았다는 것을 알게 되고, 따라서 아내는 어른스러우면서 효과적인 방법으로 다른 사람과 관계하는 방법을 알아 가게 될 것이다. 그와 더불어, 세대 간 통합 가족치료사들은 남편이 거리를 두고자 하는 것이 자신의 어린 시절과 관계가 있다는 것을 남편이 직시하도록 할 수 있다. 이것은 전형적으로 장기적인 통찰 중심의 모델이다.

세대 간 통합 가족치료사들은 성과보다는 발달 이론에 관심을 갖는다. 따라서 2004년까지도 세대 간 통합 가족치료에 대한 실증적 성과 자료가 거의 없었다(Miller, Anderson, & Keala, 2004). 그러나 연구 결과에 따르면, 낮은 분리 수준을 가진 사람들은 결혼이나 다른 관계에서의 어려움으로 인해 불안 수준이 높다는 이론을 지지하고 있다(Harvey & Bray, 1991). 흥미롭게도 자신의 부모와 매우 분리된 관계를 맺고 있는 치료사들은 보다 효과적인 치료사가 되었다고 한다(Lawson & Brossart, 2003). 세대 간 통합 가족치료는 전 세계적으로 실행되고 있다.

검토와 사례 예시 이 장의 서두에서 소개한 청각장애 청소년의 사례를 다시 생각해 보면, 청소년은 변화를 위해 훈련 회기에 참여할 필요가 없는 것처럼 보일 수 있다. 규준이 없는 가족치료 모델은 누구의 잘못인지를 진단하기 위한 진단을 하지 않는다. 이 사례의 경우, 제1 저자는 MRI 모델을 적용하여 이 사례를 잘 해결했다. 어머니는 청소년 자녀가 학교에 출석하도록 하기 위해 많은 시도를 했다. 어머니는 독립적인 아들을 억지로 학교에 출석시키려 하는 경직된 사고 패턴에 '고착' 되어 있었다. 이와 달리 치료사는 아들이 한동안 집에 있도록 하였다. 그리고 어머니에게는 홈스쿨링에 필요한 양식을 수행하는 것을 돕도록 하였다. 어머니는 아들에게 학교에 가지 않고 어머니와 함께 집에 있으면서 어머니가 집에서 하는 일을 도와야 한다고 말하였다. 집안일과 일거리를 해야 하는 일정을 보면서 그 아들은 학교에 가는 편이 낫다고 생각하게 되었다. 이와 같이 하여 아들은 어머니에게 학교에 가도록 허락해 달라고 하게 되었으며, 곧이어 컴퓨터 관련 자격증을 받고 출석률도 매우 높은 상태로 졸업하게 되었다.

이 사례에서는 오래된 패턴을 버리고 새로운 것을 적용하였다. 이 사례의 경우, 치료사가 해결 중심의 지시를 하기보다는 어머니가 아들이 학교에 가도록 할 수 있는 시간과 이러한 시간이 다른 점은 무엇인지를 파악하는 데 초점을 두고 어머니를 격려하였다. 담화적 접근을 적용하여, 어머니에게 아들에 대한 새로운 희망의 이야기를 완성하도록 하였다. 보다 규준화된 접근—구조적 및 전략적—은 치료사가 어머니에게 책임을 이양하도록 한다. 정신분석적 접근이나 세대 간 통합 모델과 같은 보다 통찰 중심적인 모델은 이러한 위기 상황에는 사용되지 않왔을 것인데, 이 모델들은 어머니가 이러한 유형의 문제가 그들 가계 내에서 어떻게 전달되는지를 살펴보게 할 것이다. 모든 모델은 각 특정 상황에 보다 적합한 특정 전략을 가지고 있으며 특정한 공통 요소를 지니고 있다는 것을 알아야 한다.

체계적 가족치료에 대한 주요 쟁점

임상가들이 체계적으로 생각하는 방향으로 변화할 때, 새로운 대안적 접근들이 가능할 것이다. 이러한 대안들은 효과가 검증된 가족치료 모델과 역사적으로 중요한 가족치료들로부터 정리된 것이다. 이 절에서는 이러한 모델에 대해 논의할 것이며, 가족치료사들이 선정하고 참고할 수 있도록 이러한 모델들의 공통점과 고려할 사항에 대해 살펴볼 것이다.

일반적 사실

모든 가족치료 모델은 개인을 분리해서 살펴보기보다는 상호작용과 상황에 초점을 맞춘다. 모든 모델은 가능성과 내담자/가족의 강점에 대해 희망을 갖도록 권유한다. 가장 중요한 것은 이들은 모두 개인 내의 병리 증상보다 상황 내에서의 어려움을 진단한다. 이는 체계적 가족치료 모델들의 공통적인 요소인 개인에서 체제로의 주요한 변화다.

몇몇 치료사는 비체계적 관점의 가족치료를 연습한다. 이들은 개인과 함께할 때 그러할 것처럼 가족들과 함께할 때 행동적 또는 인지-행동적인 기법을 활용한다. 그들에게 있어서 방 안에서 가족이 함께하는 것은 가족치료가 된다(Friedberg, 2006). 이러한 비체계적 접근의 효과성은 다른 행동적 그리고 인지-행동적 접근에서 가장 잘 고려되었다. 비록 이러한 것이 매우 효과적인 것으로 알려졌다 하더라도(Office of Juvenile Justice and Drug Prevention Programs, 2008), 아동과 청소년이 아니라면, 체계적인 접근이 보다 효과적이다(Cottrell & Boston, 2002; Sprenkle, 2007).

연구자들(Duncan, Miller, & Sparks, 2004; Sprenkle & Blow, 2004)은 모든 가족치료 접근에서 성공하기 위한 공통 요소들을 다음과 같이 제시했다. ① 내담자와 따뜻하고 지지적인 관계 형성하기, ② 긍정적 성과가 가능하다는 희망 설정하기, ③ 지역사회, 확대가족, 신앙 공동체 등과 같이 가족을 위한 사회적 지원망을 구성하기 등이다(Duncan et al., 2004). 내담자의 생각을 사려 깊게 경청하는 태도는 관계 형성에 있어 매우 중요하다. 긍정에 기댄 희망을 격려하고, 가족과 더불어 일하는 것에 대한 궁극적인 성취를 믿어야 한다.

가족들이 청각장애 자녀가 성장하면서 겪게 되는 어려움에 적응하는 것과 같이, 청각구어 임상가들은 기본적인 가족치료 전략을 활용하여 가족들을 지원할 수 있다. 이러한 것들 중에서 가장 중요한 것은 상황에 대한 각 개인들의 견해를 판단하지 않고 경청하는 것이다. 또한 임상가들은 아동기 추억에 대해 질문할 수 있고(정신분석적 가족치료), 유사한 상황에 대한 세대 간 반응 패턴을 묻거나(세대 간 통합 가족치료), 가족의 규칙과 경계의 중요성에 대해 부모에게 상기시켜 줄 수도 있다(구조적 및 전략적 가족치료). 또는 그저 조용히 가족들이 새로운 것을 시도하도록 도울 수도 있으며(MRI 가족치료), 부모에게 이미 영향을 주었던 것에 초점을 맞출 수도 있다(해결중심 및 담화적 가족치료). 지금까지는 가족치료 영역과 장애 아동에 대한 조기중재 서비스 간의 통합이 잘 이루어지지 않았다(Malone, Manders, & Stewart, 1997). 청각구어 임상가들은 가족들의 역량을 촉진하기 위한 여러 방법을 이해함으로써 가족들을 잘 도울 수 있다. 결론적으로, 지금까지 살펴본 여러 모델에서 적용하고 있는 구체적인 전략들은 이 책의 나머지 장에서 보다 자세히 살펴보게 될 것이다.

가족치료사에게 의뢰해야 하는 시기는 언제인가

청각구어 임상가들은 이와 같은 여러 가지 아이디어를 직접 적용할 수 있다. 그러나 가족치료사들이 청각구어 임상가들과 같은 치료를 직접 실행할 수 없는 것과 같이, 어떤 때는 임상가들이 자격 있는 가족치료사들에게 의뢰해야 할 필요가 있다는 것을 깨달을 수 있다. 가족치료사들은 가족치료, 사회복지, 심리학, 정신병리학 등과 같은 다양한 영역의 학위를 가지고 있다. 그럼에도 가족치료사들은 대개 국제가족치료협회(International Association for Family Therapy) 또는 치료사들의 지역이나 나라에 있는 가족치료 협회에서 부여하는 임상가 자격을 가지고 있다. 이 협회들은 특정 영역에서 자격을 갖춘 가족치료사들의 명단을 제공하고 사설 치료비를 낼 수 없는 가족들을 위해 저렴한 비용을 안내하기도 한다. 다른 자원으로는 신앙을 기반으로 한 조직과 아동 및 가족 안내 센터, 대학에서 설립한 결혼 및 가족 치료 훈련 프로그램, 사설 기관 등이 포함될 수 있다.

이혼이나 아동의 지속적인 심각한 비행을 잘 다룰 수 있는 능력이 없는 경우, 약물 남용이나 다른 중독, 가정 내 폭력, 아동을 시설에 보내려 하는 상황 등과 같이 가정 내에서 삶에 커다란 변화를 줄 만한 위기 상황이 있다면 가족치료사들에게 의뢰하는 것을 고려해 볼 수 있다

(Kaslow, 2001). 예를 들어, 어떤 가정에서 일관된 체계나 정체성을 찾고자 하는 경우, 이것은 가족치료사에게 의뢰해야 하는 충분한 이유가 될 수 있다(Kaslow, 2001). 가족이 어떤 결정을 하든 간에 가족치료사들과 삶을 변화시키는 문제들에 대해 지속적으로 이야기하는 것이 도움이 된다. 아동이 정서적 · 성적 · 신체적 학대를 당하고 있는 것이 의심될 경우, 적절한 기관을 알려 주는 것과 더불어 가족치료를 권할 수 있다. 마지막으로, 가족들이 지속적으로 아동 중심의 가족을 유지하길 원하고, 청각구어 중재에서의 변화를 거부하는 것과 같이 문제가 있는 가족도 있다. 이러한 경우, 부모들이 지나치게 상심하기 전에 가족치료사들로부터 자문을 받는 것이 보다 효과적일 수 있다.

가족치료사를 선택하는 과정에서 고려해야 할 사항

가족치료사들이 가족을 하나의 체계로 보더라도, 모든 치료사가 능력이 있고 신뢰할 만하며 아동의 치료 상황에 적극적으로 참여하지는 않을 것이다(Lund, Zimmerman, & Haddock, 2002; Miller & McLeod, 2001; Sori, 2006). 더욱이 언어 발달 지체/언어장애 또는 말의 명료성이 낮은 청각장애 아동은 치료적 통합 과정에서 부가적인 어려움이 따를 것이다.

따라서 가족치료사들을 선정할 때는 다음의 내용들을 고려해야 한다. ① 치료적 상황에서 청각장애 아동을 참여시키는 데 동의하기, ② 청각장애의 영향에 대해 이해하기, ③ 청각장애 아동에 대한 사람 중심의 접근을 나타내기, ④ 아동의 언어 수준에서 효과적으로 의사소통하는 방법을 알기, ⑤ 학습의 어려움이나 가족의 어려움 등과 같은 청각장애로 인한 관련 문제들에 대해 이해하기, ⑥ 부모의 기대 수준을 이해하고 지원하기, ⑦ 안전한 치료적 상황 내에서 아동을 포함하여 실제적인 전략들을 효과적으로 실행하기 등이다(Lund et al., 2002; Malone et al., 1997; Seligman & Darling, 2007; Sori, 2006).

부모가 가족치료사들에 대한 자문을 선택할 경우, 임상가들은 부모에게 동의서에 사인하도록 요청할 수 있다. 동의서가 있어야 가족치료사들은 청각구어 임상가들과 의사소통할 수 있다. 경험과 지식이 풍부한 가족치료사들은 결혼과 가족에 대한 적절하지 않은 정보를 흘리지 않으면서 청각구어 임상가들과 잘 협력할 수 있다. 나아가, 가족치료사들은 아동의 진보나 부모들이 아동을 방해하거나 도울 수 있는 방법 등에 대해 임상가와 이야기할 것이다.

결 론

가족 옹호 집단의 역사와 업적을 살펴볼 때, 가족은 임상가들의 역할에 많은 도움이 된다는 것을 알 수 있다. 가족 참여가 없다면, 청각장애 아동은 최우선적으로 최선의 지원을 받을 수 없을 것이다. 가족들은 그들의 가족 구성원들에게 정서적 지원과 긍정적인 자아 개념을 제공할 수 있다. 그러나 이러한 결정적인 역할을 잘하는 것은 특별한 도움이 필요한 아동의 부모와 형제들에게 어려운 일일 수 있다. 가족들은 그들만의 어려움이 있기 때문에 그들 아동의 요구에 적합하게 변화해야 하며, 그러한 요구의 변화에 따라 그들의 삶도 변화해야 한다. 가족이 이러한 어려움에 잘 대처할 때, 그들의 능력과 가치가 강화될 수 있다(Wilson, 2005). 다시 말해서, 가족들이 보다 신뢰할 만하고 유능하다고 느낄 때, 이들의 역량과 능력이 강화될 수 있다(Anuradha, 2004).

다음과 같은 가족중재의 핵심 요소에 유념하는 것은 매우 중요하다. ① 가족들이 지역사회 내의 공식적인 지원 집단은 물론 종교 단체나 확대가족과 같은 비공식적인 집단과 접촉하고 지원받을 수 있도록 하기, ② 가능한 경우 긍정적 요소에 초점을 두고, 모든 가족 구성원들을 격려하여 희망을 만들기, ③ 각 가족 구성원들과 긍정적이고 신뢰를 쌓으며 일하기 등이다. 만일 가족의 긴장과 고통이 높아지거나 상황이 위험해진다는 우려가 있을 경우, 실력 있는 가족치료사에게 이러한 상황을 진단받도록 권고할 수 있다. 긍정적인 '가족-가족치료사-임상가'의 파트너십은 모든 관련인에게 도움을 줄 수 있다.

참고문헌

Ackerman, N. (1958). *The psychodynamics of family life.* New York: Basic.

Ainscow, M., Booth, T., & Dyson, A. (2006). Inclusion and the standards agenda: Negotiating policy pressures in England. *International Journal of Inclusive Education, 10,* 295-308.

Alexander, J., & Parsons, B. (1982). *Functional family therapy.* Monterey, CA: Brooks/Cole.

Alexander, J. F., & Sexton, T. L. (2002). Functional family therapy: A model for treating high-risk, acting-out youth. In J. Lebow (Ed.), *Comprehensive handbook of psychotherapy: Integrative/eclectic,* Vol. 4 (pp. 111-132). New York: Wiley.

Alperin, R. (1994). Managed care versus psychoanalytic psychotherapy: Conflicting ideologies. *Clinical Social Work Journal, 22*(2), 200-213.

Anuradha, K. (2004). Empowering families with mentally ill members: A strengths perspective. *International Journal for the Advancement of Counseling, 26*(4), 383-391.

Artilies, A., & Hallahan, D. (Eds.) (1995). *Special education in Latin America.* Westport, CT: Praeger.

Asberg, K., Vogel, J., & Bowers, C. (2008). Exploring correlates and predictors of stress in parents of children who are deaf: Implications of perceived social support and mode of communication. *Journal of Child and Family Studies, 17*(4), 486-499.

Ballard, K. (1990). Special education in New Zealand: Disability, politics, and empowerment. *International Journal of Disability, Development, and Education, 37*(2), 109-122.

Beebe, H. H. (1953). *A guide to help the severely hard of hearing child.* New York: Karger.

Bennett, K., & Hay, D. (2007). The role of family in the development of social skills in children with physical disabilities. *International Journal of Disability, Development and Education, 54*(4), 381-397.

Besa, D. (1994). Evaluating narrative family therapy using single-system research designs. *Research on Social Work Practice, 4*(3), 309-325.

Bloch, D., & Rambo, A. (1994). A history of family therapy: Ideas and characters. In M. Elkaim (Ed.), *Panorama des therapies familiales* (pp. 115-132). Paris: Editions du Seuil.

Boszormenyi-Nagy, I., & Sparks, G. (1973, reprinted 1984). *Invisible loyalties.* New York: Routledge.

Boscolo, L., Cecchin, G., Hoffman, L., & Penn, P. (1987). *Milan systemic family therapy.* New York: Basic Books.

Bowen, M. (1966, reprinted 1994). *Family therapy in clinical practice.* New York: Aronson.

Buckley, S., Bird, G., & Sacks, B. (2006). Evidence that we can change the profile, from a study of inclusive education. *Down Syndrome Research and Practice, 9*(3), 51-53.

Carpenter, B., & Towers, C. (2008). Recognizing fathers: The needs of fathers of children with disabilities. *Support for Learning, 23*(3), 118-124.

Carr, A. (2009). The effectiveness of family therapy and systemic interventions for child-focused problems. *Journal of Family Therapy, 37*(1), 3-45.

Chang, M., Park, B., Singh, K., & Sung, Y. Y. (2009). Parental involvement, parenting behaviors, and children's cognitive development in low-income and minority families. *Journal of Research in Childhood Education, 23*(3), 309-324.

Checker, L. J., Remine, M. D., & Brown, P. M. (2009). Deaf and hearing impaired children in regional and rural areas: Parent views on educational stress. *Deafness & Education International, 11*(1), 21-38.

Chitiyo, M. (2006). Special education in Zimbabwe: Issues

and trends. *The Journal of the International Association of Special Education, 7*(1), 22-26.

Chitiyo, M., & Chitiyo, G. (2007). Special education in South Africa: Current challenges and future threats. *The Journal of the International Association of Special Education, 8*(1), 61-68.

Chubb, H., & Evans, E. (1990). Therapist efficiency and clinic accessibility with the mental health research institute brief therapy model. *Community Mental Health Journal, 26*(2), 139-149.

Cottrell, D., & Boston, P. (2002). Practitioner review: The effectiveness of systemic family therapy for children and adolescents. *Journal of Child Psychology and Psychiatry and Allied Health Disciplines, 43*(5), 513-586.

Cox, M., & Paley, B. (1997). Families as systems. *Annual Review of Psychology, 48,* 243-267.

Cankowski, M. E. (2001). Pulling on the heart strings: An emotionally focused approach to family life cycle transitions. *Journal of Marital and Family Therapy, 27*(2), 177-187.

Dare, C. (2002). Psychoanalysis and family systems revisited: The old, old story? *Journal of Family Therapy, 20*(2), 165-176.

de Shazer, S. (1985). *Keys to solution in brief therapy.* New York: Norton.

Dickerson, V. (2007). Remembering the future: Situating oneself in a constantly changing field. *Journal of Systemic Therapies, 26*(1), 23-37.

Dore, M., Lindblad-Goldberg, M., & Stern, L. (1998). *Creating competence from chaos.* New York: Norton.

Drudy, S., & Kinsella, W. (2009). Developing an inclusive system in a rapidly changing European society. *International Journal of Inclusive Education, 13*(6), 647-663.

Duncan, B., Miller, S., & Sparks, J. (2004). The myth of the medical model. In B. Duncan, S. Miller, & J. Sparks (Eds.), *The heroic client: A revolutionary way to improve effectiveness through client-directed outcome-informed therapy* (pp. 32-50). San Francisco: John Wiley.

Etchison, M., & Kleist, D. (2000). Review of narrative therapy: Research and utility. *The Family Journal, 8*(1), 61-66.

Fiedler, M. F. (1952). *Deaf children in a hearing world.* New York: The Ronald Press.

Fisch, R., Weakland, J., & Segal, L. (1982). *The tactics of change: Doing therapy briefly.* New York: Jossey-Bass.

Foster, M. A., & Berger, M. (1985). Research with families with handicapped children: A multi-level systemic perspective. In L. L'Abate (Ed.), *Handbook of family psychology and therapy* (pp. 741-780). Homewood, IL: Dorsey Press.

Fox, L., Dunlap. G., & Cushing, L. (2002). Early intervention, positive behavior support, and transition to school. *Journal of Emotional and Behavioral Disorders, 10*(3), 149-157.

Friedberg, R. (2006). A cognitive-behavioral approach to family therapy. *Journal of Contemporary Psychotherapy, 36*(4), 159-165.

Gardner, B., Burr, B., & Wiedower, S. (2006). Reconceptualizing strategic family therapy: Insights from a dynamic systems perspective. *Contemporary Family Therapy, 28*(3), 339-352.

Gingerich, W. J., & Eisengart, S. (2000). Solution-focused brief therapy: A review of the outcome research. *Family Process, 39,* 477-498.

Griffiths, C. (1965). The young deaf child. *Acta Otolaryngologica, 206*(Suppl), 43.

Guralnick, M. (2006). Family influences on early development: Integrating the science of normative development, risk and disability, and intervention. In K. McCartney & D. Phillips (Eds.), *Handbook of early childhood development* (pp. 44-61). Oxford: Blackwell.

Haley, J. (1991). *Problem-solving therapy* (2nd ed.). San Francisco: Jossey-Bass.

Hart, B., & Risley, T. R. (1999). *The social world of children: Learning to talk*. Baltimore: Paul H. Brookes.

Harvey, D. M., & Bray, J. H. (1991). Evaluation of an intergenerational theory of personal development: Family process determinants of psychological and health distress. *Journal of Family Psychology, 4,* 298-325.

Hecker, L., & Wetchler, J. (2003). *An introduction to marriage and family therapy*. New York: Haworth Press.

Herbert, E., & Carpenter, B. (1994). Fathers–the secondary partners: Professional perceptions and a father's reflections. *Children and Society, 8*(1), 31-41.

Honig, A. S. (2008). Supporting men as fathers, caregivers, and educators. *Early Child Development and Care, 178* (7/8), 665-687.

Hyde, M., & Power, D. (2004). Inclusion of deaf students: An examination of definitions of inclusion in relation to findings of a recent Australian study in regular classes. *Deafness & Educational International, 6*(2), 82-99.

Ingber, S., & Dromi, E. (2009). Demographics affecting parental expectations from early deaf intervention. *Deafness & Education International, 11*(2), 83-111.

International Disability and Development Consortium. (1998). *Seminar on inclusive education: Proceedings of Agra, India, March 1998 conference*. Retrieved 15 January 2009 from http://www.eenet.org.uk/theory_practice/agra/report.txt

Johnson, S. (2004). *The practice of emotionally focused couple therapy: Creating connection*. New York: Routledge.

Kaslow, F. W. (2001). Families and family psychology at the millennium. *American Psychologist, 56*(1), 37-46.

Kearney, A., & Kane, R. (2006). Inclusive education policy in New Zealand: Reality or ruse? *International Journal of Inclusive Education, 10,* 201-219.

Keller, C., & Thygesen, R. (2001). *International perspectives on special education research*. New York: Lawrence Erlbaum.

Kerr, M., & Bowen, M. (1988). *Family evaluation*. New York: Norton.

Kibria, G. (2005). Inclusion education and the developing countries: The case of Bangladesh. *The Journal of the International Association of Special Education, 6*(1), 43-47.

Kim, J. (2008). Examining the effectiveness of solution-focused brief therapy: A meta-analysis. *Research on Social Work Practice, 18*(2), 107-116.

Kluwin, T., Stinson, M., & Colarossi, G. (2002). Social processes and outcomes of in-school contact between deaf and hearing peers. *Journal of Deaf Studies and Deaf Education, 7*(3), 200-213.

Korkunov, V., Nigayev, A., Reynolds, L., & Lerner, J. (1998). Special education in Russia: History, reality, and prospects. *Journal of Learning Disabilities, 31*(2), 186-192.

Kumpfer, K. L., & Alvarado, R. (2003). Family strengthening approaches for the prevention of youth problem behaviors. *American Psychologist, 58*(6/7), 457-465.

Lapin, C. L., & Donnellan-Walsh, A. (1977). Advocacy and research: A parent's perspective. *Journal of Pediatric Psychology, 2*(4), 191-196.

Laws, G., Byrne, A., & Buckley, S. (2000). Language and memory development in children with Down Syndrome at mainstream and special schools: A comparison. *Educational Psychology, 20*(4), 447-457.

Lawson, D. M., & Brossart, D. F. (2003). The relationship between counselor trainee family of origin structure and counseling effectiveness. *The Clinical Supervisor, 22,* 21-36.

Lund, L. K., Zimmerman, T. S., & Haddock, S. A. (2002). The theory, structure, and techniques for the inclusion of children in family therapy: A literature review. *Journal of Marital and Family Therapy, 28*(4), 445-454.

Lundeby, H., & Tøssebro, J. (2008). Exploring the experiences of "not being listened to" from the perspective of parents with disabled children. *Scandinavian Journal of Disability Research, 10*(4), 258-274.

Malone, D. M., Manders, J., & Stewart, S. (1997). A rationale for family therapy specialization in early intervention. *Journal of Marital and Family Therapy, 23*(1), 65-79.

Mashal, M., Feldman, R., & Sigal, J. (1989). The unraveling of a treatment paradigm: A follow up study of the Milan approach to family therapy. *Family Process, 28*(4), 457-470.

McKee, R., & Smith, E. (2003). *Report on a survey of parents of "high" and "very high needs" deaf students in mainstream schools.* Deaf Studies Research Report No.1, Deaf Studies Research Unit, School of Linguistics and Applied Language Studies, Victoria University of Wellington. Retrieved 15 January 2009 from http://www.victoria.ac.nz/lals/research/deafstudies/DSRU site/reports.aspx

Miller, R., Anderson, S., & Keala, D. (2004). Is Bowen theory valid? A review of basic research. *Journal of Marital and Family Therapy, 30*(4), 453-466.

Miller, L. D., & McLeod, E. (2001). Children as participants in family therapy: Practice, research, and theoretical concerns. *The Family Journal, 9*(4), 375-383.

Minuchin, S. (1974). *Families and family therapy.* Boston: Harvard Press.

Minuchin, S., & Fishman, C. (1981). *Family therapy techniques.* Boston: Harvard Press.

Nelson, D. A., & Coyne, S. M. (2009). Children's intent attributions and feelings of distress: Associations with maternal and paternal parenting practices. *Journal of Abnormal Child Psychology, 37*(2), 223-237.

Nichols, M., & Schwartz, R. (2007). *Family therapy: Concepts & methods* (8th ed.). Boston: Allyn and Bacon.

Office of Juvenile Justice and Drug Prevention Programs. (2008). *OJJDP Model Programs Guide.* Retrieved 10 May 2009 from http://www.ojjdp.ncjrs.org/programs/mpg.html

Palm, G., & Fagan, J. (2008). Father involvement in early childhood programs: Review of the literature. *Early Child Development and Care, 178*(7/8), 745-759.

Pollack, D. (1970). *Educational audiology for the limited hearing infant.* Springfield, IL: Charles C Thomas.

Priebe, S., & Pommerien, W. (1992). The therapeutic system as viewed by depressive inpatients and outcome: An expanded study. *Family Process, 31*(4), 433-439.

Rambo, A., (2001). *I know my child can do better: A frustrated parent's guide to educational options.* New York: Contemporary Press/McGraw-Hill.

Rambo, A., & Green, S. (2005, Nov/Dec). Family therapy history and models. *Family Therapy Magazine,* 1-12.

Rhoades, E. A. (2006). Research outcomes of auditory-verbal intervention: Is the approach justified? *Deafness and Education International, 8*(3), 125-143.

Rhoades, E. A., Price, F., & Perigoe, C. B. (2004). The changing American family and ethnically diverse children with hearing loss and multiple needs. *The Volta Review, 104*(4), 285-305.

Robinson, A., Shore, B. M., & Enersen, D. L. (2007). *Best practices in gifted education: An evidence-based guide.* Waco, TX: Prufrock.

Safford, E. (2006). *Children with disabilities in America: A historical handbook and guide.* Westport, CT: Greenwood.

Saracho, O. N., & Spodek, B. (2008). Fathers: The "invisible" parents. *Early Child Development and Care, 178*(7/8), 821-836.

Scharff, D. E. (2003). Psychoanalytic models of the mind for couple and family therapy. *Journal of Applied Psychoanalytic Studies, 5*(3), 257-267.

Scharff, D., & Scharff, J. (1991). *Object relations family therapy.* Northvale, NJ: Aronson.

Seligman, M., & Darling, R. B. (2007). *Ordinary families, special children: A systems approach to childhood disa-*

bility. New York: Guilford Press.

Simser, J. I. (1999). Parents: The essential partner in the habilitation of children with hearing impairment. *Australian Journal of Education of the Deaf, 5,* 55-62.

Singer, G. (2006). Meta-analysis of comparative studies of depression in mothers of children with and without developmental disabilities. *American Journal of Mental Retardation, 111*(3), 155-169.

Sloper, P., Beresford, B., & Rabiee, P. (2009). Every child matters outcomes: What do they mean for disabled children and young people? *Children & Society, 23,* 265-278.

Smyrnios, K. X., & Kirkby, R. J. (1993). Long-term comparison of brief versus unlimited psychodynamic treatments with children and their parents. *Journal of Consulting and Clinical Psychology, 61,* 1020-1027.

Sori, C. F. (2006). On counseling children and families: Recommendations from the experts. In C. F. Sori (Ed.), *Engaging children in family therapy: Creative approaches to integrating theory and research in clinical practice* (pp. 3-20). New York: Routledge.

Sprenkle, D. (2007). Effectiveness research in marriage and family therapy: An introduction. *Journal of Marital and Family Therapy, 29*(1), 85-96.

Sprenkle, D. H., & Blow, A. J. (2004). Common factors and our sacred models. *Journal of Marital and Family Therapy, 30,* 113-130.

Stanton, M. D. (1979). Family treatment approaches to drug abuse problems: A review. *Family Process, 18*(25), 261-280.

Stanton, M. D., Todd, T. C., & Associates. (1982). *The family therapy of drug abuse and addiction.* New York: Guilford Press.

Substance Abuse and Mental Health Services Administration of the United States. (2008). *Model programs-evidence based.* Retrieved 10 May 2009 from http://www.model-programs.samhsa.gov

Szapocznik, J., & Kurtines, W. M. (1989). *Breakthroughs in family treatment.* New York: Springer.

Szapocznik, J., & Williams, R. A. (2000). Brief strategic family therapy: Twenty-five years of interplay among theory, research and practice in adolescent behavior problems and drug abuse. *Clinical Child and Family Psychology Review, 3*(2), 117-134.

Turnbull, A., & Turnbull, H. (1997). *Families, professionals, and exceptionality: Collaborating for empowerment.* Columbus, OH: Merrill/Prentice Hall.

Vetere, A. (2001). Therapy matters: Structural family therapy. *Child Psychology and Psychiatry Review, 6,* 133-139.

Watzlawick, P., Weakland, J., & Fisch, R. (1974). *Change: Principles of problem formation and resolution.* New York: Norton.

Weakland, J., Fisch, R., Watzlawick, P., & Bodin, A. (1974). Brief therapy: Focused problem resolution. *Family Process, 13,* 141-68.

Weakland, J., & Ray, W. (1995). *Propagations: The work of the Mental Research Institute.* New York: Routledge.

White, D. (2002). *The intimacy paradox: Personal authority in the family system.* New York: Guilford Press.

White, M. (2007). *Maps of narrative practice.* New York: Norton.

White, M., & Epston, D. (1990). *Narrative means to therapeutic ends.* New York: Norton.

Williamson, D. S. (2002). *The intimacy paradox: Personal authority in the family system.* New York: Guilford Press.

Wilson, L. L. (2006). Characteristics and consequences of capacity-building intervention practices. *CASEmakers, 2*(3), 1-5.

Wilson, L. L. (2005). Characteristics and consequences of capacity-building parenting supports. *CASEmakers, 1*(4), 1-3.

Wilson, J., & Rhoades, E. A. (2004). Ciwa Griffiths: Celebration of a pioneer (1911-2003). *Volta Voices, 11*(3), 34-35.

Winzer, M. (2009). *From integration to inclusion: A history of special education in the 20th century*. Washington, DC: Gallaudet University Press.

Witty, C. (2002). The therapeutic potential of narrative therapy in conflict transformation. *Journal of Systemic Therapies, 21*(3), 48-59.

Wu, C-J. D., & Brown, P. M. (2004). Parents' and teachers' expectations of auditory-verbal therapy. *The Volta Review, 104*(1), 5-20.

가족치료의 핵심 구성 개념

Ellen A. Rhoades

배 경

세계보건기구(WHO)에서는 가족이란 "함께 생활하고, 함께 먹고, 그 외 가정 중심의 다른 활동을 함께 하는 집단" 이라고 하였다(Irwin, Siddiqi, & Hertzman, 2007, p. 21).

21세기에 나타나고 있는 가족과 사회의 극적 변화는 일차적으로 국제화 사회 형성의 주요 요소가 된 국제적인 이주 때문이다.(Chuang & Gielen, 2009, p. 275). 개발도상국의 경우 가족의 유형은 매우 다양하다(Cartledge, Kea, & Simmons-Reed, 2002; Harper, Jernewall, & Zea, 2004). 더욱이 가난, 삶의 방식, 가구의 유형도 다양하다(Grzywacz & Ganong, 2009). 똑같은 가족은 없으며, 심지어 문화적 배경이 같더라도 동일하지 않다(Xu, 2007). 청각구어 임상가들은 필히 각 가족 구조는 독특하지만 가족의 가치는 동일하다는 것을 존중해야 한다.

체계적 가족치료와 청각구어 치료 간에는 많은 공통점이 있다. 20세기 중반에 개발될 때, 두 치료들은 통합 치료의 범위에 있었다(Larner, 2004; Rhoades, 2006). 이 두 치료법은 임상적으로 지지를 받고 있지만 모두 무선 통제 연구라는 높은 기준을 충족할 만한 증거는 내놓지 못하고 있다(Larner, 2004; Rhoades, 2006). 어떤 임상가는 이들 치료 방법에 대한 증거가 불충분하다고 인식할 수 있으나 이는 적절하지 못한 인식이다(Stratton, 2007). 이와 같은 이유는 두 치료법의 치료들이 단계적인 조작적 기법보다는 언어를 기반으로 하며, 내담자 주도로, 관계적 과정에 초점을 두기 때문이다(Larner, 2004; Pollack, 1970). 이러한 두 치료들은 예술과 과학, 최상의 실제로 알려진 전략들, 높은 내담자의 기대, 개인적 희망과 자원성 등을 포함하고 있는데, 이 모든 것은 변화를 위해 매우 중요한 것이다(Larner, 2004; Pollack, 1970). 실제로, 체계적 가족치료는 청각구어 임상가들에게 많은 것을 제공한다.

기능적 체제로서 복잡하고 다양한 가족을 보다 잘 이해하기 위해, 청각구어 임상가들은 몇몇 기본적인 가족 패러다임이나 체계적 구조에 대한 이해를 포함하는 체계적 관점을 받아들여야 한다. 이러한 이해가 있을 때, 청각구어 임상가들은 청각장애가 가족에게 미치는 전반적인 영향을 보다 잘 파악할 수 있다. 청각장애 자녀가 있는 가족의 경우 가족의 기능적 측면에서 어려움을 겪을 수 있다. 아동의 장애는 "가족을 해체시키거나 기본적인 기능도 적절히 수행하기 어렵게" 할 수 있다(Grzywacz & Ganong, 2009, p. 203). 청각장애는 가족 체계의 모든 구성원, 즉 부모와 조부모, 형제와 청각장애 아동 자신에게 영향을 미치는 즉각적 혹은 영구적 변화를 가져올 수 있다.

이 장의 끝 부분에서는 가족의 구조, 상호작용, 적응성 등을 포함한 가족 기능의 기본적인 구성 요소를 점검할 것이다. 즉, 스트레스가 가족의 균형을 어떻게 방해할 수 있는지에 대해 논의하고, 아동기 청각장애가 가족 삶의 사이클에서 교류적 기간에 미치는 영향을 살펴볼 것이다. 이 장의 결론에서는 선정된 가족중심 중재 전략의 측면에서 이러한 구성 내용들을 살펴볼 것이다. 그리고 다음 장에서는 여기서 제시하였던 구성 내용들을 보다 확장해서 살펴볼 것이다.

체계적 관점

전반적 체계 이론은 생물학, 심리학, 경영학, 교육학, 사회학 및 컴퓨터 등과 같은 복잡한 체계의 모든 부분의 상호작용적 특성을 묘사하기 위한 간학문적 틀이다(von Bertalanffy, 1950; Weiner, 1961). 체계 이론은 개인과 가족, 지역사회를 다루기 위한 개념적 틀을 제공한다(Fox, 2009; Pellegrini, 2009). 체계 내의 부분들은 서로 의사소통하고 영향을 주고받는다. 다음의 두 가지 원칙이 이 이론의 핵심이다. ① 전체는 부분과 다르며 부분의 합보다 크다. ② 체계는 비록 피드백을 통해 변화한 후에라도 가족의 기능을 유지하기 위해 균형 상태를 유지하려고 한다(Pellegrini, 2009). 이러한 원리/원칙은 가족중심 실제와 체계적 가족치료의 기본이다. 체계적 사고는 임상가들로 하여금 변화를 달리 볼 수 있도록 한다. 즉, 원인과 결과 패러다임 속에서 행동을 이해하려는 일차적 관점은 지나치게 단순하다(Pellegrini, 2009). 체계적 관점에서 볼 때, 변화는 체계적 적응—체계 내에서의 문제 해결—에서 야기된 결과로 설명된다.

천성이나 양육의 질과 같은 체계적인 가족 행동은 세대를 거쳐 지속된다는 주장들이 있다(Belsky, Conger, & Capaldi, 2009). 이러한 양육 패턴은 사회경제적 상태나 다른 환경적 조건에 의해 영향을 받을 수 있다(Conger, Belsky, & Capaldi, 2009). 특별히 낮은 사회경제적 상태는 다양한 가족 스트레스의 원인이 된다(Milkman, 2008). 양육이 부정적이고 적대적이든 또는 긍정적이고 생산적이든 상관없이 양육은 사회적 지원, 학업 성취, 발달적 능력을 촉진하는 습득된 지식 등에 의해 중재될 수 있다(Conger et al., 2009; Neppl, Conger, Scaramella, & Ontai, 2009; Spielberger & Lyons, 2009).

가족 기능

청각장애가 가족에게 어떻게 영향을 미치는지를 고려하기 전에, 임상가들은 가족 체계를 능동체로 이해해야 한다. 개별 구성원으로 조직된 가족 체계 전체는 부분의 합보다 크다(Bateson, 1971). 다시 말해서, 전체는 전체의 요소나 개별 구성원을 약화시키지 않는다(Grych, Raynor, & Fosco, 2004). 이와 같은 전체에 대한 체계 원리는 가족 체계 이론에 포함되었으며, 가족 구성원들은 독자적인 요소나 개별 구성원으로 조직된 전체라는 것을 의미한다(Mangelsdorf & Schoppe-Sullivan, 2007). 체계 이론으로 정의하면, 가족은 자연스럽고 지속적이며 복잡한 사회 체계로, 이 안에서 각 개인의 느낌과 요구, 경험이 가족 내의 다른 가족에게 영향을 미친다(Goldenberg & Goldenberg, 2008). 가족 구성원은 상호 의존적이고 반응적이며 상호작용적이므로 '순환성(circularity)'의 원리가 가족 관계 유형에 적용될 수 있다(Mangelsdorf & Schoppe-Sullivan, 2007; Seligman & Darling, 2007). 이러한 순환 과정은 각 구성원들의 주관적 실제에 기초하므로 '상호적 인과성'이라 불릴 수도 있다. 구성원들은 자신들의 다양한 관점에 근거하여 다양한 방식으로 서로에게 영향을 미친다(Becvar & Becvar, 2000). "가족 체계 속에서의 입력(input)은 체계 속으로 되돌아 성과(output)를 가져오게 되고, 따라서 가족들에게로 가는 입력은 다음의 성과가 된다." (Hecker, Mims, & Boughner, 2003, p. 49) 다시 말해서, "어떤 행동은… 반응이고 반응은 또한 행동이다" (Dallos & Draper, 2000, p. 25).

가족 입력은 지역사회로부터의 외적 힘을 반영한다. 예를 들어, 산모의 절반 이상은 출산 후 3개월 이내에 직장으로 돌아가고 이들 중 대다수는 전일제로 일한다. 대부분은 전일제 직업을 그들 아이가 6개월이 될 때까지 유지하며, 이들은 시간, 스케줄, 에너지의 갈등 등과 같은 직장-가정 일로 인한 갈등을 보다 많이 경험하게 된다(Marshall & Tracy, 2009). 혼자 아이를 키우거나, 근로 환경이 좋지 않은 직장에서 일하거나, 비정상적인 영아를 키우는 어머니들은 우울감을 보고할 가능성이 높다(Marshall & Tracy, 2009). 많은 직장 여성의 경우, 가정에서의 스트레스는 직장에 영향을 미치고 직장과 가정에서의 스트레스는 부부 관계에 영향을 미친다(Bakker, Demerouti, & Dollard, 2008). 이처럼 직장과 가정이라는 미시 체계는 서로 연결되어 있다.

아동은 ① 가족 체계, ② 개인들, 상호작용하는 가족 그리고 사회적 기관과 같은 보다 큰 사회적 네트워크라는 두 가지 체계의 구성원이다. 그러나 가족은 아동이 속한 체계 중에서 가장 기본적이며 가장 강력한 체계다(Seligman & Darling, 2007). 아동을 이해하기 위해서는 전체 가족 속에 어떻게 적응하고 있는지를 파악해야 한다(Lambie & Daniels-Mohring, 1993). 각 아동의 가정은 작은 사회다. 각 가정은 그들 고유의 문화, 언어, 가치, 영성, 지배 정책, 신앙을 갖고 있으며, 각 가정은 지식과 양육에서 서로 다른 방식을 지닌다(Imig, Bokemeier, Keefe, Struthers, & Imig, 1997). 각 가정은 그들만의 조직화된 힘의 구조를 갖고 있으며 규칙과 정서적 경계를 형성한다. 이러한 것들은 각 구성원들을 서로 연결하는 비가시적인 끈으로 각 구성원들이 매일의 일과 속에서 기능하고 변화에 적응하도록 한다(Corey, 2001; Lambie & Daniels-Mohring, 1993). 명시적인 동의는 가족 내에서의 적절한 행동 범위와 권리, 의무 등을 결정한다(Corey, 2001). 그러나 규칙은 깨질 수 있으며 갈등이나 위기 상황 속에서는 더욱더 그러할 것이다. 실제로, 건강한 가족 체계는 안정성은 물론 성장과 변화를 지속한다(Davies & Cicchetti, 2004). 이러한 관점에서 볼 때, 기능적으로 개방된 체계는 역동적인 평형 상태 속에 있다(Becvar & Becvar, 2000).

가족 구조: 특성과 양식

다양한 요인이 각 가족 구조의 고유성을 형성한다. 이러한 변인들은 문화적 · 개념적 양식은 물론 구성원 특성과 관계가 있다(Goldenberg & Goldenberg, 2008; Seligman & Darling, 2007). 구성원의 특성은 다음과 같다.

- 성적 기호와 성 역할에 대한 태도
- 혼합 또는 확대 가족의 존재 여부, 규모와 영향
- 부모의 결혼과 고용 상태
- 가정에서 함께 거주하는 사람들의 수와 구성
- 혼합(merged), 위탁(foster) 혹은 입양(adoptive) 가족의 유무와 범위
- 현재 살고 있는 나라에서 거주한 세대 수
- 구성원들의 정신과 신체 건강
- 종교, 인종과 언어
- 사회경제적 상태, 직업과 교육 수준
- 종교
- 가족 생애주기의 단계

이와 같은 상호 연계적 특성은 독특한 의사소통과 관계 유형을 형성한다. 문화와 관계없이 이러한 특성은 시간의 흐름에 따라 변화하고 가족의 기능과 그들의 신념 체계에 영향을 미친다(Seligman & Darling, 2007; Zuo, 2009).

문화적 유형(cultural style)은 가족의 신념(beliefs)을 포함한다. 많은 구성원의 특성은 가족의 신념 체계에 영향을 미친다. 이러한 신념들은 다시 청각장애 진단에 대한 가족들의 반응 양식에 영향을 준다. 각 가족은 이미 청각장애에 대한 미신, 전형적 생각, 비난하는 태도 등을 경험했을 수 있으며, 이는 장애 진단에 대한 그들의 반응에 영향을 미친다. 이념적 유형에는 가족사가 포함된다. 이러한 이념적 유형에는 가족의 문화적 패턴에 의해 영향을 받을 수 있는 다세대적 규율, 가치와 대처 방식 등이 포함된다(Seligman & Darling, 2007). 가족의 신념은 청력손실 진단에 대한 가족들의 반응에 영향을 미친다. 예를 들어, 교육에 높은 가치를 두는 가족은 개인의 음악적 역량에 높은 가치를 두는 다른 가족에 비해 청각장애 진단에 대해 매우 다르게 반응할 것이다.

가족의 특성은 가족이 생활하는 물리적 환경과 함께 각 가족의 일상에 대한 접근 방식에 영향을 미친다(Osher & Osher, 2002). 또한 아동의 변인은 가족의 다양성에 영향을 미친다. 이러한 요인들에는 출생 순위, 청력손실의 정도, 확진과 중재 시기, 의사소통 양식, 다른 학습 문제 유무, 다른 자녀의 청력손실 여부 등이 포함될 수 있다(Ingber & Dromi, 2009). 요약하자면, 많은 변인이 아동의 청력손실에 대한 가족의 반응에 영향을 미치며, 이것은 모든 가족 구성원의 요구

를 충족하는 정도에 영향을 미친다. 아이들은 상당히 적응을 잘하며, "가족의 다양한 기능 양식의 상황 속에서 살아날 수 있다"(Davies & Cicchetti, 2004, p. 478). 이것은 가족이 필요로 하는 지원의 유형과 범위는 물론 청각장애 아동을 지원하는 양식에서 많은 차이가 있다는 점을 강력히 제안한다(Ingber & Dromi, 2009). 이는 임상가들은 반드시 가족들과 협력해야 하고 가족을 명확한 존재로서 옹호해야 한다는 것을 시사한다.

친척의 유형과 가계도

친척은 생물학적으로 연계되지 않았더라도 어떤 가계의 근원을 공유하는 사람들을 모두 포함한다(Belgrave & Allison, 2006). 친척 간의 친밀도는 사람들 간의 의무를 만들 수 있다. 현재 많은 가족이 중요하게 생각하지 않는 효심과 존경(예: Kao & Travis, 2005)이 어떤 문화에서는 특별히 중요한 가치가 될 수도 있다(예: Maehara & Takemura, 2007). 기능적 친족 관계가 어떤 가족들에게는 더욱더 중요하게 여겨질 수도 있다(Singh, 2009). 특별히 가족중재라는 측면에서 볼 때, "가족이 소수 집단에 속하고 치료사가 주류 문화에 속한 경우, 가족의 경험은 치료사의 '정상' 개념과 가족 구조 및 관계에 대한 서술에 의해 가려지고 편집될 수도 있다"(Singh, 2009, p. 36).

가계도는 체계적 가족치료에서 가족의 친척 패턴을 그릴 때 사용된다. 백인계 미국인의 친척에 대한 생각이 흑인계 미국인 가족들과 다른 것처럼(Watt-Jones, 1997), 영국계 코카시안의 친척 유형은 영국계 남부 아시아인의 친척 유형과 다르다(Singh, 2009). 자신들과 다른 가족들과 일하는 청각구어 임상가들은 각 가족의 구조화 관계를 이해할 때 특별히 조심해야 한다(Singh, 2009). 예를 들어, 이혼 경험이 없는 기혼 임상가는 한부모의 친척 형태를 이해하기 위해 노력해야 하며, 그렇게 하지 않을 경우 한부모 가정이나 재혼 가정의 가족 구조를 이해하지 못할 수 있다.

가족 상호작용: 하위 체계, 경계, 협상, 연합, 응집

가족은 그들의 가족 구조에 영향을 받는 하위 체계로 구성되어 있다(Okun & Rapaport, 1980). 배우자, 부모, 형제, 세대 간, 가족 외부의 하위 체계는 각 가족 구성원과 독특하게 상호작용하고 관계를 형성한다. 개인은 몇 가지 하위 체계 내의 구성원이 될 수 있다. 예를 들어, 형제가 없는 성인은 양육 하위 체계, 부부 하위 체계, 세대 간 하위 체계의 일부가 될 수 있다. 게다가 하위 체계들의 조직은 변할 수 있으며 힘의 위계는 상대적인 것으로 수정될 수 있다(Minuchin, 1974). 예를 들어, 실행 하위 체계는 아동에 대한 훈육 권한을 지닌 구성원들로 구성되는데, 이 안에는 조부모, 친구, 이웃, 부모 등이 포함된다. 실제로, 조부모가 반복적으로 부모의 권위를 침해하는 한부모 가정에서는 부모의 권위에 어려움이 있을 수 있다(Lindblad-Goldberg, 2006).

하위 체계 간에는 비가시적 경계가 있다. 이러한 경계 또는 '사회적 벽'은 가족 단위와 가족 외부의 커다란 사회적 체계는 물론 하위 체계 간 혹은 내각 구성원들의 역할로 정의될 수 있다. 요약하자면, "하위 체계 간의 경계는 누가 참여자인지, 어떻게 참여하는지를 규정하는 규칙이다"(Minuchin, 1974, p. 53). 대인 관계적 경계는 가족을 '보호'할 수 있으며 가족의 안정성에 대한 외적 위협을 거부함으로써 구성원들을 구분한다. 명확히 정의되지 않은 경계는 변화할 수 있으며, 가족 구성원들은 서로 협력하는 패턴을 계속 변화시킨다(Robbins & Szapocznik, 2000). 임상가들은 주요 훈육자나 주요 언어 촉진자와 같은 역할을 파악하기 위하여 가족 상호작용을 주의 깊게 관찰한다. 청력손실 진단을 받게 될 경우, 임상가들은 부모가 이러한 정보에 맞게 부모로서 양육 역할을 바꾸는지 여부를 관찰한다.

가족의 충성심은 강력하고 오래가고 감성적이며 생애 내내 지속될 수 있다. 경계의 투과성(permeability)과 분명함은 가족의 기능에 대한 지표가 될 수 있다. 가족이 부적절하거나 과다하게 경직된 경계를 가지고 있을 때 가족 구성원들은 서로 동떨어져 있다고 생각될 것이다. 예를 들어, 청각구어 중재 활동에 참여하지 않는 아버지는 청각장애 아동과는 유리되어 있는 것이다. 이와 달리, 경계가 엉성한 때에는 가족 구성원들이 서로 과도하게 밀착되어 서로 휘말리게 된다. 예를 들어, 어머니가 나이 많은 청각장애 자녀를 대신해서 말하는 것을 지속할 경우에는 적절하지 않은 부모–자녀 간 하위 체계가 나타날 수 있다. 세대 간에 명확한 위계질서가 부족하거나 서로를 곤란하게 한 것에 대한 반성이 부족하면 아동에 대한 부모의 통제는 비효율적이고 훈육 전략도 부실하게 되는 결과를 초래한다. 대부분의 가족의 경계는 이들 두 가지의 극단적 경계 사이에 놓여 있다(Minuchin, 1974).

각 가족 체계는 복잡한 개방적인 형태와 비개방적인 형태의 의사소통으로 구성되어 있다. 이는 협상과 문제 해결을 위한 언어적 또는 비언어적 수단들을 포함하고 있다(Early & GlenMaye, 2000; Goldenberg & Goldenberg, 2008). 가족 구성원 간의 상호작용은 깊고 다양한데, 이는 세상에 대한 내면의 의식과 가정뿐만 아니라 역사와 목표의식을 공유하고 있기 때문이다. 가족의 상호작용은 반복 가능하고 선호하는 협상 형태를 반영하는 경향이 있는데, 이렇게 함으로써 가족 구성원들은 일종의 예측 가능성을 가지고 조화롭게 지낼 수 있는 것이다(Goldenberg & Goldenberg,

2008). 청각장애 진단은 가족의 안정성을 일시적으로 방해하는 전형적인 예상 못한 위기다(Marschark, 2007). 청각장애라는 진단을 받음으로써 부모가 더 많은 어려움을 경험하기 때문에 가족 구성원들은 중재 활동을 위해 특별한 배려를 해 주어야만 한다. 그리고 청각장애라는 낙인은 가족의 정체성에 대한 개념을 재정립하게 만들 것이다(Lambie & Daniels-Mohring, 1993). 따라서 자녀가 청각장애라는 진단을 받게 될 경우 가족 체계의 재조직이 필요하게 된다. 이는 가족 구성원들이 일련의 과정을 거쳐 가족 내에서 서로 간의 관계 및 위상을 재협상함을 뜻한다. 효과적인 문제 해결 전략은 가족의 갈등들을 최소화할 수 있다.

상호작용 형태와 관련된 것은 두 명 이상의 가족 구성원 간에 만들어지는 연대나 연합이다. 가족 내 연합 형태는 건전할 수도 있고 그렇지 않을 수도 있다. 예를 들어, 임상가가 가족중심 모델이 아닌 중재 모델에서, 보다 강력한 어머니–아동 간의 연합을 북돋우게 되면 아버지의 권위를 약화시키거나 어머니의 과잉보호를 조장하여 전통적인 아버지 중심의 위계질서에 반하게 될 수 있다. 적절하지 않은 부모–아동 연합은 적절한 부부간 연합으로 대체되어야 한다(Robbins & Szapocznik, 2000).

가족 연합은 가족 구성원 상호 간의 정서적 결합이다(Olson, Russell, & Sprenkle, 1989). 가족 구성원들이 정서적으로 어느 정도 연결되어 있는지는 너무 밀접하여 구성원 각자가 자신의 독립된 정체성을 유지하기 곤란한 정도에서부터 구성원 각자가 서로 주의나 관심을 거의 보이지 않는 정도에 이르기까지 폭넓다. 다시 말해, 가족의 융합력은 하위 체계 내 가족 관계의 정서적 연계성과 단란함을 반영한다. 가족 적응성과 밀접한 관계가 있는 가족 융합력은 더 나은 가족의 정신적 · 사회적 · 심리적 건강과 관련되어 있다(Grzywacz & Ganong, 2009).

가족 적응성: 일과, 위기, 회복력

가족 적응성은 스트레스에 대처하기 위해 가족의 구조와 역할, 관계와 규칙을 변화시킬 수 있는 능력으로 나타난다. 가족 적응성에는 리더십, 협상, 규율 등이 포함된다(Ingber & Dromi, 2009; Olson et al., 1989). 중재에 대한 가족의 경직성, 유연성, 혼란한 반응은 가족 적응성을 반영하는 것으로 여겨질 수 있다. 어떤 가족은 폐쇄된 구조로 볼 수 있다. 즉, 그 가족 구성원들은 그들이 기능하는 방식에 계속 머물러 있다(Goldenberg & Goldenberg, 2008). 폐쇄된 가족은 수입과 지출을 제한하면서 외부 환경과 상호작용하는 것을 특징으로 한다(Corey, 2001). 이러한 가족 구성원들은 새로운 정보를 가리고 장애를 거부하면서 이러한 행동을 한다. 이러한 행동양식은 청각장애가 가족 체계를 위협하는 것으로 생각하기 때문일 수 있다. 청각장애를 계속 거부하는 가족들은 변화를 거부하고, 가족이 해체될 수도 있다(Becvar & Becvar, 2000). 이러한 가족들은 하위 체계들이 겹치거나, 큰아이가 공석 중인 배우자를 대신하여 정서적 · 신체적으로 부모의 하위 체계 속으로 들어오는 것과 같이 경직되거나 경계가 불완전하게 보일 수 있다. 폐쇄된 가족들은 가족 체계의 건강한 기능인 탐색, 자기발견, 안전, 창의성, 혁신, 변화와 개인의 잠재력 실현이 이루어질 수 없게 한다. 개방된 가족 체계는 가족의 합의하에 조절되는 상호작용 패턴을 나타내며, 나아가 가족의 경계가 보다 커다란 지역사회로 이어져 가족의 영역이 확장될 수 있을 만큼 충분히 유연하다(Corey, 2001). 건강한 또는 적응적 가족은 각 구성원들의 요구가 모든 가족 구성원 간의 독립성과 자발성과의 균형 속에 통합될 때 이루어질 수 있다(Corey, 2001).

가족들의 하위 체계는 안정성을 유지하면서도 외부의 피드백을 수용하면서 독립적이고 위계적으로 적응한다(Cox & Paley, 1997). 한마디로, 외적 힘은 하위 체계에 영향을 미친다. 임상가들은 가족 구성원들의 유동성과 서로의 관계를 촉진해야 한다. 가족이 유연할수록 보다 빠르게 효과적으로 변화할 수 있다. 임상가들은 가족들이 연속감을 잃지 않으면서 청각장애라는 문제에 대처할 수 있는 변화 과정을 격려할 수 있어야 한다(Minuchin, 1985). 가족 구조에는 문화적이고 개념적인 양식이 있다는 것을 염두에 두어야 하고, 가족중심 청각구어 임상가들의 역할은 "가족이 변화가 있을 때 가족의 구조 속에서 변화되는 상황에 적응할 수 있도록 가족을 돕는 것" (Lambie & Daniels-Mohring, 1993, p. 274)이다. 그럼에도 불구하고 임상가들은 그들이 가족을 변화시킬 수 없다는 점을 유념해야 한다. 가족들은 그들 스스로 변할 수 있을 뿐이다(Lipchik, 2002).

가족에게는 일과와 예측성이 필요하다. 명확하건 암묵적이건, 규칙은 가족 구성원들에게 역할과 기능을 알려 주고 할당한다. 청각장애 진단을 받을 경우, 가족 체계는 매우 심하게 불안정하게 되어 불안감이 팽배해진다(Seligman & Darling, 2007). "위기 상황 속에서 비록 혼돈이 예측되더라도, 부모가 아동의 장애에 대처할 때 특별히 많은 어려움을 느끼고 삶의 방식에 영향을 미칠 때 보다 많은 어려움을 느끼게 된다." (Seligman & Darling, 2007, p. 27) 지속적인 혼란은 체계의 경계를 약화시키고 가족을 혼란스럽게 하며 의사소통의 단절과 부적절한 대응 전략, 건강하지 않은 정서적 반응을 야기한다. 더욱이 청력손실은 반복적으로 신속한 변화를 재촉하고 가족 삶의 주기의 단계를 뒤흔드는 조건이 될 수 있다(Carter & McGoldrick, 1980). 어떤 가족의 경우, 이것이 불안과 불확실함, 상실감으로 특징지을 수 있는 전환 과정으로 생각될 수도 있다(Lambie & Daniels-Mohring, 1993).

청각장애 외에 가족의 적응에 부정적인 영향을 미칠 수 있는 많은 고위험 요인이 있을 수 있다. 이러한 위험 요인들에는 성적·신체적·정서적 요인과 약물 남용은 물론, 가난, 직업적 스트레스, 낮은 양육 기술, 편견과 차별 등이 있다(Seligman & Darling, 2007). 편부모 가족 구조에게는 독특한 스트레스 요인들이 있고, 교육 수준이 낮을 경우에는 보다 심각하다(Cooper, McLanahan, Meadows, & Brooks-Gunn, 2009). 많은 요인이 부적응 가족과 관련되었음에도 불구하고, 대부분의 가족은 청각장애 아동으로 인한 어려움에 적절히 적응할 수 있다(Seligman & Darling, 2007). 그러나 가난은 가족 기능에 지속적으로 영향을 미치며 가난의 파괴적 영향은 간과되기 힘들다(Evans, 2004). 임상가들은 가족이 재정적으로 개선되는 것이 가족의 적응성과 중재 성과에 매우 많은 영향을 미치는 것임을 인식해야 하며(Burton, Lethbridge, & Phipps, 2008; Lukemeyer, Meyers, & Smeeding, 2000), 따라서 집중적인 지원을 보장해야 한다.

적응성과 관련된 것은 가족 회복력(resilience)이다. 가족 체계의 회복은 상황에 대한 수용과 현실적인 시각, 위기와 어려움 속에서 회복할 수 있는 강점과 잠재력과 더불어 낙관적인 견해와 관련이 있고 그로 인해 변화에 적응할 수 있다(Heiman, 2002). 회복력이 높은 가족들은 특별한 스트레스에 적응할 수 있는 능력이 풍부하다(Hawley & De Haan, 1996; De Haan, Hawley, & Deal, 2002). 가족 회복력은 문제 해결, 인내심, 어려움을 재구조화할 수 있는 능력 등과 같은 내적·외적 자원을 사용할 수 있는 능력을 반영한다(Greef, Vansteenwegen, & Ide, 2006). Greef 등(2006, p. 296)은 "가족 구성원들은 외부의 도움을 받기보다는 그들이 영향을 미칠 수 있고 여러 가지 일에 적극적으로 참여할 수 있다는 것을 믿어야 한다."고 하였다. 형제자매가 장애 형제자매에게 적응하는 방법은 가족 회복과 관련된다고 한다(Mandleco, Olsen, Dyches, & Marshall, 2003). 실제로, 대부분의 가족은 부정적인 위험 요인에 효율적으로 적응할 수 있다. 그들이 지닌 강점이 가장 좋은 자원이다(Gerhardt et al., 2003; Lipchik, 2002; Masten, 2001).

무비판적 중재: 자기성찰과 양육 패러다임

일반적으로 청각구어 임상가들은 자국의 주요 문화를 대표한다(Rhoades, Price, & Perigoe, 2004). 임상가들의 도움을 받는 가족이 매우 다양하다는 점을 생각해 볼 때, 임상가의 자기성찰(self-reflecting)은 매우 중요하다. 실제로, 자기성찰은 가족 체계 실제에서 핵심이고 결정적인 요인으로 간주된다(Roberts, 2005). 임상가들은 그들 자신의 편견에 대해 살펴보고 자신의 문화적·인종적 선호도, 편견과 지식에 대해 충분히 성찰해 볼 필요가 있다(Butler, 2009; Roberts,

2005). 이러한 자기반성 과정은 개인적인 두려움, 미신, 전형성, 부정적인 태도, 무지에 대한 반성을 의미한다(Dunham, Baron, & Benaji, 2006). 많은 임상가에게 있어서 이것은 백인과 유럽 중심적 관점을 재정의하는 것을 의미한다(Watt, Maio, Rees, & Hewstone, 2007). 자기반성은 임상가들로 하여금 끊임없이 의식적으로 또는 무의식적으로 갖게 되는 편견에서 벗어날 수 있도록 한다.

앞서 언급한 바와 같이, 임상가들은 자신과 다른 방식으로 행동하는 가족들을 비판하거나 비난하는 것을 피하기 위해 저항해야 한다. 이것은 병리적 패러다임과 '희생양을 비난하는' 것을 피하는 것을 의미한다(Hidecker, Jones, Imig, & Villarruel, 2009). 이것은 가족들을 임상가들이 세상을 보는 방식으로 분류하려 하는 태도인데, 특정 가족 구성원들이 다른 가족 구성원들과 달리 행동하는 이유를 설명하고자 할 때 더욱더 그렇다. 따라서 가족들은 개방적이고 폐쇄적이며 무작위적이고 조화로운 양육 패러다임의 반영으로 보아야 한다(Imig, 1993). Imig의 연구 팀(1997)에 의하면, 임상가들은 권위주의적 양육 방식, 허용적 양육 방식, 권위적 양육 방식, 방임적 양육 방식과 같은 기존의 네 가지 양육 방식과 다른 분류 기준이 필요하다는 점을 인식하고 있다(Baumrind, 1966; Lamborn, Mounts, Steinberg, & Dornbusch, 1991). 왜냐하면 방임적 양육 방식은 다문화에서는 적절하지 않기 때문이다(Rodriguez, Donovick, & Crowley, 2009).

부모의 양육에 대해 개방적인 접근은 가족 구성원들 간의 동등함을 장려하고, 집단을 통합하고 조화롭게 하며 가족의 적응력이 키워질 수 있도록 한다. 개방된 패러다임은 가족 구성원들이 반응적이고 민감하며, 구성원들끼리 토론의 결과로 합의된 목적을 위해 그들의 자원을 실제적으로 사용하는 것을 선호하는 것을 의미한다. 이러한 가족들은 실제적인 협력적 파트너십을 포함한 가족중심 중재를 좋아한다(Hidecker et al., 2009).

폐쇄적 양육 방식은 위계적으로 구조화, 전통적, 집단 중심적, 상벌 전략을 사용하며 변화를 거부하며 현재 상태에 머무르려 하는 특성을 지닌다. 폐쇄적 패러다임 속에 있는 가족들은 안정성과 가족 간 충성심, 예측성 그리고 설정된 일과를 좋아한다(Imig et al., 1997). 이러한 가족들은 그들의 정서에서 보다 개인적일 수 있다. 이러한 보다 전통적인 가족들은 임상가가 치료를 처방하는 전문가라고 생각하는 중재 방식을 선호한다(Hidecker et al., 2009).

임의적 양육 방식은 개별성, 융통성, 자율성, 자동성, 혁신과 독립성을 존중하는 가족을 의미한다. 이 횡적으로 구조화된 가족 체계의 특징은 흥미롭고 창조적인 중재 목표와 피드백이 변화의 역동 안에 통합되는 탐험적 특성이다(Imig et al., 1997). 가족 구성원들은 어떤 생각이 든 모든 아이디어를 적극적으로 살펴본다. Hidecker와 그 연구진(2009)에 의하면, 임상가들은 임의적 양육 방식에 있는 이러한 가족들을 위해 창의적으로 개별화된 중재 활동을 실행할 수 있다.

조화로운 양육 방식에서는 가족의 규칙과 지식이 경험과 상황 그리고 환경 내에서 나온다. 이들 가족 구성원은 성공적인 가족 기능을 위해 무엇이 필요한지를 직관적으로 알고 있기 때문에 외부로 의사소통을 할 필요를 크게 느끼지 않는다(Imig et al., 1997). 자원은 동일하게 유지되고, 가족은 변하지 않는다. 이와 같이 조화로운 양육 방식을 나타내는 가족들과 일하는 임상가들이 가족들과 동일하게 움직인다면 조화롭고 평화로운 관계가 성립될 수 있다(Hidecker et al., 2009).

지금까지 살펴본 패러다임은 여러 양육 방식을 설명하고 있으며, 각각은 "이들은 모두 궁극적으로 비슷한 이해와 통찰력, 그리고 앎의 방식을 포괄하고 그에 도달하는 것이므로"(Imig et al., 1997) 모두 적절하다. 각 가족 체계는 각각의 견해와 강점과 단점과 장애물을 갖고 있다. 임상가들은 각 가족이 선호하는 양육 방식을 인정하고 '조절하면서' 적용할 수 있을 정도로 융통성이 있어야 한다는 것을 유념해야 한다.

스트레스와 전이 기간

스트레스는 삶의 정상적인 부분으로 여겨지는 매우 주관적인 현상으로, 이것은 가족 구성원들이 배우고 성장할 수 있도록 도울 수도 있고 가족체계의 문제를 일으킬 수도 있다. 스트레스로 문제가 유발되는 것은 일반적으로 스트레스를 개선하기 위해 아무 행동도 하지 않을 때 일어난다. 스트레스는 신체적 · 인지적 또는 행동으로 나타날 수 있다. 대개는 개인과 가족의 기능, 상황에 따라 달라질 수 있다(Cotton, 1990; Feher-Prout, 1996; Thompson, Gustafson, Hamlett, & Spock, 1992). 스트레스 요인은 청각장애와 같이 각 개인이 위협 요인이라고 생각하는 자극으로 정의될 수 있다. 가족이 스트레스 상황에 어떻게 적응하는가는 그들이 스트레스 요인을 정의하는 방식이나 문화적 견해, 그들의 강점과 이용 가능한 자원에 따라 달라진다(Xu, 2007).

20세기 후반에는 정서적 상태의 순환(Kubler-Ross, 1969)이 부모들이 청각장애에 대처하고 느끼는 방식에 관련한 전문가들의 생각을 지배하였다. 청각장애 자녀로 인해 슬픔이 지속된다는 이러한 의학적 접근은 부모가 이를 비극으로 받아들이는 것을 전제로 한다(Luterman & Maxon, 2002; Sloman, Springer, & Vachon, 1993). 그러나 지금은 비록 청각장애가 커다란 스트레스 요인이긴 하지만, 가족에게 미치는 영향은 다양하다고 생각한다(Van Hove et al., 2009), 이러한 생각은 어떤 부모는 그들 자녀가 농아인 것에 대해 깊은 정서적 어려움을 실제로 겪지만, 이 어려움을 일반화하고 병리화하는 것은 피해야 한다(Jackson, Traub, & Turnbull, 2008).

이 장의 나머지 부분은 평형 구조, 스트레스 상황일 수 있는 전이 기간, 그리고 체계적 관점에서의 청각장애에 대해 다루고자 한다.

평 형

평형(equilibrium)은 체계가 균형을 유지할 수 있도록 규칙이 있는 방식으로 가족 구성원들이 서로 관련되었다고 생각하는 가족 체계 개념으로 통합될 수 있는 역동적 과정이다. 가족 체계는 평형을 찾으려는 경향이 있다. 이러한 균형 추구 기능은 안정성을 유지하는 데 도움을 준다(Carlson, Sperry, & Lewis, 2005). 스트레스 요인은 가족의 평형에 영향을 미친다. 스트레스 요인은 가족의 균형을 방해하는 모든 것이 될 수 있다. 예를 들어, 아동의 청각장애 진단이나, 자녀에게 인공와우 수술을 해 줄 것인지 여부를 결정하는 것, 의사소통 양식을 선정하기, 의사소통을 잘하지 못하는 자녀와 생활하기 등과 같은 것이 모두 이에 해당한다. 어떤 스트레스는 모든 가족의 하위 체계에 있기도 하다.

전이 기간

가족들이 성장하면서 안정기를 겪는 것은 매우 일반적이다. 이러한 안정기는 안정성과 예측성을 지닌 것으로 볼 수 있다. 또한 가족들이 전이 기간(periods of transition)를 겪는 것도 정상적이다. 이러한 전이 기간은 그들 자녀가 부차적으로 학습 문제를 지니고 있다는 것을 알게 되는 것과 같이 예기치 않거나 완전히 스트레스가 많은 사건으로 볼 수 있다(Lambie & Daniels-Mohring, 1993). 가족 구성원 중 누군가가 스트레스를 겪고 있을 때, 다른 구성원은 가족과 힘든 가족 구성원의 필요를 채워 주기 위해 돕는 부차적인 과제를 수행하게 될 수 있다. 상당한 스트레스를 겪고 있을 경우, 그 가족에게는 외부 지원이 필요할 수도 있다(Osher & Osher, 2002). 공식적/비공식적인 지역사회의 지원이 충분하지 않거나 부적절하다면, 가족 구조는 손상될 수 있다. 예를 들어, 지역사회와 괴리되었다고 느끼거나 서로 돕지 못한다고 느끼는 부모들은 결혼생활의 해체를 일으킬 수 있는 정서적 결별을 겪게 된다. 이것은 가족이 일시적으로 그들 구성원 모두를 양육하지 못하도록 한다(Osher & Osher, 2002). 저소득 가족의 경우, 부모가 그들 자녀에게 효율적으로 집중할 수 있도록 돕기에 앞서 부모의 요구에 초점을 맞추어 사회적 지원을 할 수 있는 중재가 필요하다(Lee, Anderson, Horowitz, & August, 2009).

비록 가족의 생애 주기에서 많은 전이 기간이 있긴 하지만 그들 자녀의 청각장애 진단은 매우 결정적인 기간이다(제9장 참조). 부모들이 결정적인 결과를 들었다면 그 일은 가족에게 매우 크게 기억될 수 있는 사건이 된다. 진단은 가족의 미래에 영향을 미치고 그들 가족 구조와 관계에 영속적인 변화를 주는 새로운 발달적 과정의 시작이 된다. 청각장애 진단은 임상가들의 특별한 관심을 요하는 첫 번째 결정적인 전이 기간이다. 제9장에서는 가족들이 다양한 전이 기간 동안 반응할 수 있는 다양한 방식에 대해 설명하고 있다.

청각장애

가족 체계는 개인의 성장을 허락하지 않는 폐쇄된 체계일 수 있다. 경계가 경직되거나 혼란스러울 경우, 가족 구성원들은 건강한 방식으로 관계를 맺으려 하지 않는다. 어머니-아동 쌍에 대한 중재 활동은, 특별히 만일 각 가족 내에 있는 경계의 투과성에 관심을 주지 않는다면, 건강하지 않은 가족 기능을 개선시킬 수 있다. 예를 들어, 임상가가 아동에게 초점을 맞출 때, 이것은 가족에서 아동 중심성을 촉진할 수 있다(Barragan, 1976). 이것은 부모가 다른 가족 구성원의 필요를 돕지 못할 정도로 아동에게 몰입하도록 할 수 있다. 이와 같이 임상가가 어머니-아동 쌍에게 초점을 맞출 경우, 다른 자녀나 배우자에게 관심을 기울이지 못하게 하여 결혼 생활의 문제를 심화시킬 수 있다(Grych, Raynor, & Fosco, 2004). 가족의 성장을 방해하는 것 외에, 이러한 중재는 가족 내 모든 아동에게 정서적으로 부정적인 영향을 줄 뿐 아니라 학습 결과에도 부정적인 영향을 줄 가능성이 높다(Grych, Raynor, & Fosco, 2004; Minchin, 1974).

선행 연구(Jackson & Turnbull, 2004)에 의하면, 청각장애는 가족 기능에 부정적인 영향을 미친다. 청각장애는 가족 간 상호작용, 가족 자원, 양육, 아동에 대한 지원과 같은 영역에 영향을 미친다. 이러한 영향은 부모의 청력 상태, 아동의 청력손실의 정도, 부모의 교육 수준, 이미 선택한 의사소통 양식에 대한 부모의 유능성 등과 같은 요인에 따라 달라질 수 있다(Jackson & Turnbull, 2004). 더욱이 이 연구에서는 ① 참여자의 대다수가 중산층의 백인 가족이었고, ② 참여 가족의 아동들이 심한 청력손실을 갖고 있었으며, ③ 대부분의 연구는 일반화하기에 어려움이 있는 소수의 대상자를 대상으로 연구했다는 점 등을 지적하고 있다. 결과적으로 Jackson과 Turnbull(2004)은 보다 많은 연구가 실행되어야 한다고 하였다. 이들은 다음과 같은 연구가 필요하다고 하였다. ① 다수의 보다 다양한 가족과 그들 자녀를 포함, ② 큐드 스피치, 수화, 청각구어 실제 등과 같은 다양한 의사소통 방식이 가족에게 미치는 영향에 대한 검증, ③ 다양한 지원과 다양한 방법 가운데 가장 잘 맞는 것은 무엇인지에 대한 결과 등이다(Jackson & Turnbull, 2004).

전략과 고려 사항

가족 구성원들과 협력하기 위해 청각구어 임상가들은 여러 체계적인 가족치료 모델로부터 많은 전략을 '빌려' 올 수 있다. 이 절에서는 치료적 협력을 재구성하고 개발하는 기본 전략에 대해 논의하고자 한다. 이 절의 끝 부분에서는 많은 임상가에게 영향을 미치는 윤리적 문제와 관련된 가족-임상가 경계에 대해 살펴보게 될 것이다.

재구성

재구성(reframing)은 새롭고 보다 긍정적인 관점으로 행동을 보고 가족들의 행동에 대한 기술을 새롭게 재정의하는 것이다(Corey, 2001). 재구성은 다른 현실감을 형성하는 강력한 행동 전략이며(Robbins & Szapocznik, 2000), 가족 구성원들에게 상황을 정상화한다(Lambie & Daniels-Mohring, 1993). 이것은 임상가들이 가족들에게 어떤 것이 부정적인 관점을 유발하는지에 대한 개념을 제공한다. 재구성은 가족 구성원들이 분노, 좌절, 혹평 등과 같은 비생산적인 정서를 긍정적이고 배려하며 생산적인 정서로 변화시키도록 할 수 있다(Early & GlenMaye, 2000). 재구성에 내재된 핵심 원리는 인생에서 좋은 것과 나쁜 것은 없고 오직 그에 대한 각 사람들의 관점이 있을 뿐이라는 것이다. 재구성은 긍정적인 부분을 강조하여 최적의 마음 상태, 즉 힘든 삶을 회복하고 긍정적인 적응을 하는 상태를 유지하도록 한다(Peterson, 2000). 재구성은 가족의 불화를 경감시켜(Beck & Strong, 1982) 효율적인 학습과 창의성을 향상시키도록 낙관적으로 생각하게 한다(Jakobsson, Ylvén, Moodley, 2007; Sternberg & Lubart, 1995; Yates, 2002). 가족들이 난관 상황과 내용을 변화시킬 수 있도록 함으로써, 긍정적 재구성은 어려움이 발생할 가능성을 최소화한다(Rutter, 1990).

Lipchik(2002, p. 16)이 언급한 바와 같이, "전부 다 문제인 것은 없다." 임상가들은 가족과 긍정적이고 편안하게 이야기 나누는 것이 도움이 된다는 것을 알 수도 있다(Tracy, Kolmodin, & Papademetriou, 2002). 삶을 재구성하도록 동기를 주는 메시지는 상투적인 말로 들릴 수 있지만 그럼에도 불구하고 효과적이다(Kim & Keller, 2008). 긍정적 재구성의 예는 '고진감래' 또는 "현재의 상황이 어려울수록 강인한 사람들은 계속 앞으로 나아간다." 또는 "잔이 반이 빈 것이 아니라 반이 차 있다." 등이다. 긍정심리학에서 많은 증거 기반의 문헌(Dweck, 2006; Gable & Haidt, 2005; Seligman & Csikszentmihalyi, 2000)이 제시되고 있으며, 이것은 치료사들에게 영향을 미친다(Kazak, 2008; Minuchin & Fishman, 1981).

치료적 협력

치료적 협력(alliance)은 가족중재에서 복잡하고 결정적인 증거 기반의 일부다(Knobloch-Fedders, Pinsof, & Mann, 2007; Rait, 2000; Symonds & Horvath, 2004). 임상가는 첫 번째 만남에서 가족과 긍정적이고 개방적이며 강력한 관계를 형성해야 한다. 이것은 상호 신뢰와 존중, 배려와 좋아하는 마음에서 생길 수 있으며, 궁극적으로 파트너십이 생기게 된다(Johnson & Wright, 2002; Rait, 2000). 이것은 노력을 통해 가족들과 '함께'하게 되는 것을 의미한다(Rait, 2000; Robbins & Szapocznik, 2000). 구조적 가족치료에서 가족과 '함께하는 것'은 가족 구성원들의 부적응 양식을 변화시키는 데 도움을 줄 수 있다(Corey, 2001). 이 부분에 대해서는 제12장에서 보다 더 설명하게 될 것이다. 가족치료사들은 '치료적 제휴'의 과정으로 가족들과 함께하기 위해 다른 치료적 접근들을 수용하여, 가족 구성원들과 임상가가 공감적으로 듣고, 정서적으로 밀착되고 정보와 목표를 나누고, 목표하는 바를 수행하기 위해 무비판적 태도로 협력할 수 있어야 한다(Critchfield & Benjamin, 2006; Lipchik, 2002; Thompson, Bender, Lantry, & Flynn, 2007).

가족 구성원들과 긍정적인 협력 관계를 갖는 것은 목표 달성 여부의 주요 지표가 될 수 있다(Blow, Sprenkle, & Davis, 2007). 가족중심 중재에서 이러한 긍정적 대인관계 형성의 중요성을 고려할 때, 효과적인 협력이 성공적으로 협력하는 것과 가족들의 만족도와 직접적으로 관련된다는 것은 그리 놀랄 만한 일이 아니다(Thompson et al., 2007; Trute & Hiebert-Murphy, 2007). 가족과 임상가가 항상 같은 인종으로 연결되기는 어렵다. 따라서 문화를 넘어 스스로 자기를 돌아보는 임상가들이 부모 및 청소년과 치료적 협력 관계를 형성하는 과정에서 안전하고 정서적 연계 문제에 대해 특별히 주의해야 한다. 이와 같은 노력을 통해 문화적 차이를 극복할 수 있는 치료적 협력 관계가 형성될 수 있을 것이다(Pandya & Herlihy, 2009).

임상가들이 목표나 중재 활동에 대해 가족과 견해가 다르거나 부정적인 표현을 할 때, 문화적으로 민감하지 못하거나 부모들이 잘 따르지 않는 것에 대한 견해를 표현할 때 가족들과 협력 관계에 문제가 생길 수도 있다(Safran, 1993). 결과적으로, 가족들과 협력하려면 임상가들은 전문적 기술을 개발해야 한다. 임상가들은 "가족 구성원들과 장황하고 지루한 양식으로 협력하지 않아야 한다" (Rait, 2000, p. 200). 다시 말해서, 임상가들은 가족들이 스스로 독립할 수 있도록 도와야 한다. 가족들은 거부하는 것이 아니라 단지 이해하지 못할 뿐이다(de Shazer, 1984). 실제로, 숙련된 임상가들은 변화를 촉진하여 가족들이 적응하고 반응할 수 있게 한다(Lipchik, 2002).

자기공개

각 가족들과 협력 관계를 촉진하기 위해 사용할 수 있는 여러 가지 전략이 있는데, 일부는 제12장에서 설명하게 될 것이다. 가족의 기능에 대해 잘 알지 못하는 임상가들이 사용할 수 있는 몇 가지 간단한 전략이 있다. 그중 하나는 중재 활동의 한 예로서 가족 구성원의 특별한 취미에 대해 언급하는 것과 같이 가족의 관심사를 추적해 보는 것이다(Robbins & Szapocznik, 2000). 이렇게 함으로써 임상가와 가족 구성원 사이의 협동과 정서적 친밀감이 촉진된다.

또 다른 손쉬운 전략은 임상가의 입장을 토론 대상으로 삼는 방법인 자기공개(self-disclosure)다(Roberts, 2005). 자기공개는 임상가의 진술 내용 취지에 대해 가족들과 솔직해지는 것을 뜻한다(Butler, 2009). 예를 들어, 청각구어 임상가가 청각장애를 갖고 있거나 청각장애를 가진 가족 구성원이 있다면, 이러한 정보를 가족들과 공유하는 것이 가족의 참여를 촉진하는 데 도움이 될 수 있다. 마찬가지로 청각구어 임상가가 부모라면, 이 정보는 청각장애를 가진 아동의 부모들과 유대관계를 맺는 데 활용될 수 있다. 다만, 경계를 침해하지 않기 위해 주의해야 하므로 자기공개는 한 번에 조금씩 이루어져야 한다(Roberts, 2005). 자기공개가 이루어진 때에는 신속히 대화가 내담자의 고민 사항으로 되돌아가야 한다. 공개는 다양한 관점을 이끌어 내기 위해 사용될 수 있으나 해결책을 제공하기 위해 사용되어서는 안 된다. 공개는 대화에 새로운 정보를 추가한다거나, 가족의 관점을 논의되고 있는 이슈로 전환시킬 수 있다(Butler, 2009). 일반적으로 자기공개는 공유하고 있는 경험들에 대한 확인을 통해 중재 과정의 신비로움이 제거됨으로써 가족과 청각구어 임상가 간의 협력을 증진시킬 수 있다.

따라 하기

또 다른 전략은 가족의 분위기, 상호작용의 속도와 형식에 보조를 맞추는 것으로 모방(Minuchin, 1974) 또는 따라 하기(mimicry)다(Chartrand & Bargh, 1999). 사람들의 무의식적 성향인 행동 모방은 낯선 두 사람이 사회적 상호작용을 하는 동안 사회적·정서적 연대, 친밀 관계, 감정 이해 등을 촉진하는 '카멜레온 효과'가 있다(Chartrand & Bargh, 1999; Stel, van Baaren, & Vonk, 2008). 이는 보편적인 인간 행동으로서, 오래전부터 왜 입양아가 양부모를 닮아 가고 비슷하게 행동하는 경향이 있는지에 대한 답이 되어 왔다(Minuchin, 1974). 요약하자면, 증거 기반의 모방 전략은 모방자의 사회적 영향을 증대시키고 모방자를 더욱더 포용하게 한다(Bailenson & Yee, 2005; Guéguen & Martin, 2009).

임상가들은 가족 구성원의 대화 형식, 말하는 유형, 언어 수준, 버릇, 자세 그리고 감정의 정도 등에 적응하기 위하여 자주 그리고 은연중에 흉내 내기 전략을 사용한다(Minuchin, 1974). 예를 들어, 임상가는 가족 구성원들이 자주 사용하는 호감 가는 말투를 따라 하거나, 다른 가족 구성원들이 자주 길게 말을 멈추는 것을 따라 한다. 가족의 습관들을 흉내 내는 것은 상호작용의 동시성을 촉진함으로써 친밀함, 협조 및 호감적인 인상을 주며(Guéguen, Jacob, & Martin, 2009), 결과적으로 치료를 위한 협력을 이끌어 낸다(Meissner, 1996).

신체 언어는 긍정적이거나 부정적인 태도들을 전달하고 존경, 보살핌, 솔직함, 거리감, 문화적 차이, 권위 또는 지배 등을 포함하고 있다(Frank, Dirven, Ziemke, & Bernárdez, 2007). 신체 언어는 목소리 톤 같은 준언어, 몸짓, 눈 맞춤, 고개 끄덕이기 및 얼굴 표정 같은 비언어적 신호(예: Stel & van Knippenberg, 2008)뿐 아니라, 쌀쌀맞게 굴거나 가까운 신체 접촉을 하는 것 등을 포함한다. 의도와 달리 가족들에게 공격적이고 무례하거나 위협적으로 보일 위험을 피하기 위해 임상가들은 사람들이 다른 사람들과의 사이에 필요로 하는 공간 및 이 공간과 문화와의 관계에 대해 배울 필요가 있다(Ting-Toomey, 1999). 예를 들어, 상대적으로 내성적이고 쌀쌀맞은 호주, 북유럽 그리고 몇몇 아시아 국가 출신의 가족들과 대조적으로 아프리카, 라틴, 중동 그리고 지중해 문화권 출신의 가족들은 매우 가까이에서 상호작용하고 신체 접촉하는 것을 좋아한다(Altman & Chemers, 1984). 권위나 냉냉함의 입장을 담고 있는 신체 언어를 잘 알고 피할 줄 아는 것 역시 도움이 된다. 예를 들어, 정보를 제공하는 강의 중에 임상가가 손가락으로 어느 한 부모를 직접 가리키는 것은 해당 부모에게는 비난, 공격, 빗댐 또는 임상가의 힘에 대한 확인처럼 보일 수 있다(Reiman, 2007).

중재 질문

일차원적 사고는 체계적 사고와 확연히 다르다. 일차원적 질문들은 문제점이 개인에 국한되어 있다고 보고, 각 개인의 주변 여건에 초점을 맞춘다(Tomm, 1988). 이러한 일차원적 사고는 책임을 돌리거나 방어적 태도를 만들어 냄으로써 문제를 병리화한다. 그러나 체계적 사고는 순환적이고 반성적인 질문들을 포함하고 있는데, 이는 일차원적 질문들보다 판단적이지 않고 보다 중립적이며 예의 바른 것이다(Pellegrini, 2009). 순환적 질문은 상황이나 문맥에 대해 개인에게 "가족 중 누가 검사 결과에 관심을 갖는가?"라는 질문을 한다. 순환적 질문은 가족 제도 내에서 또는 가족중심의 중재 과정에서 개개인이 서로에게 미치는 영향들을 연결해 나가도록 유도한다(Tomm, 1988). 재귀적 질문은 개개인으로 하여금 각자의 행동, 신념 및 그 결과들에 대해 고려하고 대안을 모색하도록 격려해 준다(Tomm, 1988). 즉, 재귀적 질문은 가족 구성원이 그들의 행동과 가치 시스템에 대해 생각하게 함으로써 변화를 촉진한다. 체계적 관점에서 가족들과 일하는 전문가들은 일차원적 질문보다는 재귀적이고 순환적인 중재 질문을 사용하는 경향이 있다.

가족과 임상가 간 경계

임상가가 가족들과 긍정적인 유대관계를 형성하는 것도 중요하지만, 이들 관계는 가족 기능이 잘 작동하도록 건전해야 한다. 특수아동을 둔 가족과 임상가들에 대한 어느 연구에서 가족-임상가 간 경계(family-practitioner boundaries)와 관련하여 선호도를 검사하였다(Nelson, Summers, & Turnbull, 2004). 세 가지 중요한 결과가 도출되었다. 첫째, 부모들은 접근하기 쉽고, 신뢰할 수 있고, 유연하고, 언제든지 도움을 받을 수 있는 임상가들을 선호한다. 이는 부모들이 일반적인 업무 시간 이외에도 임상가를 만나고 싶어 한다는 것을 의미한다. 또한 임상가들이 유연하게 시간을 낼 수 있도록 적절한 관리적 지원을 선호하는 것과 일맥상통한다. 둘째, 부모들은 가족에 대해 '단순한 사례 연구나 직업상 만나는 대상' 그 이상의 관심을 가져주는 임상가를 선호한다. 셋째, 어떤 부모들은 임상가를 친구처럼 또는 가족처럼 생각하는 '이중 관계'를 선호하기도 한다. 그러나 이 관계에서는 임상가가 가족-임상가 역할의 경계 밖으로 밀려나게 된다. 이는 "발생 가능한 갈등과 오해에 노출"(Nelson et al., 2004, p. 161)됨으로써, 정서적 위기, 상반된 이해 관계 및 잠재된 편애 등을 포함하는 심각한 질문에 직면하게 된다. 결과적으로 Nelson 등(2004)은 가족-임상가 간 경계가 보다 유연해질 경우의 영향에 대해 추가적인 연구가 필요하고, 그러한 경계는 문화적으로 고려되어야 한다고 주장하였다.

결 론

청각구어 서비스를 제공하기에 앞서, 임상가들은 우선적으로 개별 아동이 겪어야만 하는 환경에 대해 잘 이해하고 있어야 한다. 이는 체계적 틀 내에서 청각구어 중재를 고려해야 한다는 뜻이다. 유능한 임상가들은 개별 아동의 가족을 이해하려 애쓴다. 이 장은 가족 체계의 관점에서 필수적인 개념들을 소개하였다. 일부 가족치료 전략은 체계적 틀 내에서 고려되는 청각구어 중재에 적용될 수 있다. 다음 장에서는 이러한 개념들을 상세히 설명하고자 한다.

임상가들은 복잡 다양한 현실들이 있음을 유념해야 한다(Lipchik, 2002). 똑같은 상황을 인식함에 있어서 가족과 청각구어 임상가의 생각이 완전히 다를 수도 있다. 이러한 주관적인 인식의 차이는 오랜 세대에 걸쳐 전해진 규범과 가치관에 의해 영향을 받은 결과다(Klever, 2005). 가족 구성원이 믿는 것은 실질적인 결과를 낳는다. 즉, 그들의 신념이 그들의 현실을 만드는 것이다. 청각장애 아동이 가족 체계에 통합되어 있으므로, 청각구어 중재는 아동 혼자 받을 수 없는 것이다. 따라서 임상가들은 가족과 각 구성원의 인식을 이해하는 데 모든 노력을 기울여야 한다.

비록 청각구어 임상가들이 아동에 대한 중재 활동을 지시하고, 그럼으로써 아동의 청각장애가 가족 기능에 미치는 영향을 최소화한다 하더라도 이러한 활동들이 청각적 어려움이 있는 아동을 '치유'하지는 못한다. 중재 프로그램은 부모의 스트레스에 역점을 두어야 하며, 그 결과 아동의 성과를 최적화할 수 있다(Rao & Beidel, 2009). 각 가족과 구성원들은 매우 독특하여, 어느 한 가족치료 모델에서 가져온 전략들이 일부 가족에게는 효과가 있겠지만 다른 가족들에게는 효과가 없을 수 있다. 그러므로 경험이 많은 임상가들은 체계적 패러다임을 반영한 가족기반 중재 전략들에 각기 다른 여러 가족치료 모델로부터 차용한 다양한 전략을 섞어 사용한다. 이렇게 함으로써 임상가들은 가족의 요구를 충족하기에 적절한 전략들을 선택할 수 있게 된다.

참고문헌

Altman, I., & Chemers, M. M. (1984). *Culture and environment.* New York: Cambridge University Press.

Bailenson, J. N., & Yee, N. (2005). Digital chameleons: Automatic assimilation of nonverbal gestures in immersive virtual environments. *Psychological Science, 16*(10), 814-819.

Bakker, A. B., Demerouti, E., & Dollard, M. F. (2008). How job demands affect partners' experiences of exhaustion: Integrating work-family conflict and crossover theory. *Journal of Applied Psychology, 93,* 901-911.

Barragan, M. (1976). The child-centered family. In P. J. Guerin (Ed.), *Family therapy: Theory and practice* (pp. 234-248). New York: Gardner Press.

Bateson, G. (1971). The cybernetics of "self": A theory of alcoholism. *Psychiatry, 34*(1), 1-18.

Baumrind, D. (1966). Effects of authoritative parental control on child behavior. *Child Development, 37,* 887-907.

Beck, J. T., & Strong, S. R. (1982). Stimulating therapeutic change with interpretations: A comparison of positive and negative connotation. *Journal of Counseling Psychology, 29*(6), 551-559.

Becvar, D. S., & Becvar, R. J. (2000). *Family therapy: A systematic integration.* Boston: Allyn & Bacon.

Belgrave, F. Z., & Allison, K. W. (2006). *African American psychology: From Africa to America.* Thousand Oaks, CA: Sage.

Belsky, J., Conger, R., & Capaldi, D. M. (2009). The intergenerational transmission of parenting: Introduction to the special section. *Developmental Psychology, 45*(5), 1201-1204.

Blow, A. J., Sprenkle, D. H., & Davis, S. D. (2007). Is who delivers the treatment more important than the treatment itself? The role of the therapist in common factors. *Journal of Marital and Family Therapy, 33*(3), 298-317.

Burton, P., Lethbridge, L., & Phipps, S. (2008). Children with disabilities and chronic conditions and longer-term parental health. *Journal of Socio-economics, 37*(3), 1168-1186.

Butler, C. (2009). Sexual and gender minority therapy and systemic practice. *Journal of Family Therapy, 31*(4), 338-358.

Carlson, J., Sperry, L., & Lewis, J. A. (2005). *Family therapy techniques: Integrating and tailoring treatment.* New York: Routledge.

Carter, E. A., & McGoldrick, M. (1980). The family life cycle and family therapy: An overview. In E. A. Carter, & M. McGoldrick (Eds.), *The family lift cycle: A framework for family therapy* (pp. 3-20). New York: Gardner Press.

Cartledge, G., Kea, C., & Simmons-Reed, E. (2002). Serving culturally diverse children with serious emotional disturbances and their families. *Journal of Child and Family Studies, 11*(1), 113-126.

Chartrand, T. L., & Bargh, J. A. (1999). The chameleon effect: The perception-behavior link and social interaction. *Journal of Personality and Social Psychology, 76,* 893-910.

Chuang, S. S., & Gielen, U. P. (2009). Understanding immigrant families from around the world: Introduction to the special issue. *Journal of Family Psychology, 23*(3), 275-278.

Conger, R. D., Belsky, J., & Capaldi, D. M. (2009). The intergenerational transmission of parenting: Closing comments for the special section. *Developmental Psychology, 45*(5), 1276-1283.

Cooper, C. E., McLanahan, S. S., Meadows, S. O., & Brooks-Gunn, J. (2009). Family structure transitions and maternal parenting stress. *Journal of Marriage and Family, 71,* 558-574.

Cotton, D. H. G. (1990). *Stress management: An integrated approach to therapy*. New York: Brunner/Mazel.

Corey, G. (2001). *Manual for theory and practice of counseling and psychotherapy*. Belmont, CA: Wadsworth/Thomson Learning.

Cox, M., & Paley, B. (1997). Families as systems. *Annual Review of Psychology, 48*, 243-267.

Critchfield, K. L., & Benjamin, L. S. (2006). Integration of therapeutic factors in treating personality disorders. In L. G. Castonguay, & L. E. Beutler (Eds.), *Principles of therapeutic change that work* (pp. 253-274). New York: Oxford University Press.

Dallos, R., & Draper, R. (2000). *An introduction to family therapy: Systemic theory and practice* (2nd ed.). Buckingham, UK: Open University Press.

Davies, P. T., & Cicchetti, D. (2004). Toward an integration of family systems and developmental psychopathology approaches. *Development and Psychopathology, 16*, 477-481.

De Haan, L., Hawley, D. R., & Deal, J. E. (2002). Operationalizing family resilience: A methodological strategy. *The American Journal of Family Therapy, 30*, 275-291.

de Shazer, S. (1984). The death of resistance. *Family Process, 23*(1), 11-17.

Dunham, Y., Baron, A. S., & Benaji, M. R. (2006). From American city to Japanese village: A cross-cultural investigation of implicit race attitudes. *Child Development, 77*, 1268-1281.

Dweck, C. S. (2006). *Mindset: The new psychology of success*. New York: Random House.

Early, T. J., & GlenMaye, L. F. (2000). Valuing families: Social work practice with families from a strengths perspective. *Social Work, 45*(2), 118-130.

Evans, G. W. (2004). The environment of childhood poverty. *American Psychologist, 59*, 77-92.

Feher-Prout, T. (1996). Stress and coping in families with deaf children. *Journal of Deaf Studies and Deaf Education, 1*(3), 155-166.

Fox, M. (2009). Working with systems and thinking systemically-disentangling the crossed wires. *Educational Psychology in Practice, 25*(3), 247-258.

Frank, R. M., Dirven, R., Ziemke, T., & Bernárdez, E. (2007). *Body, language and mind. Volume 2: Sociocultural situatedness*. Berlin: Mouton De Gruyter.

Gable, S. L., & Haidt, J. (2005). What (and why) is positive psychology? *Review of General Psychology, 9*(2), 103-110.

Gerhardt, C. A., Vannatta, K., McKellop, J. M., Zeller, M., Taylor, J., Passo, M. et al. (2003). Comparing parental distress, family functioning, and the social support for caregivers with and without a child with juvenile rheumatoid arthritis. *Journal of Pediatric Psychology, 28*(1), 5-15.

Goldenberg, I., & Goldenberg, H. (2008). *Family therapy: An overview* (7th ed.). Belmont, CA: Brooks/Cole.

Greef, A. P., Vansteenwegen, A., & Ide, M. (2006). Resiliency in families with a member with a psychological disorder. *The American Journal of Family Therapy, 34*(4), 285-300.

Grych, J. H., Raynor, S. R., & Fosco, G. (2004). Family processes that shape the impact of interpersonal conflict on adolescents. *Development and Psychopathology, 16*, 649-665.

Grzywacz, J. G., & Ganong, L. (2009). Issues in families and health research. *Family Relations, 58*, 373-378.

Guéguen, N., & Martin, A. (2009). Incidental similarity facilitates behavioral mimicry. *Social Psychology, 40*(2), 88-92.

Guéguen, N., Jacob, & Martin, A. (2009). Mimicry in social interaction: Its effect on human judgment and behavior. *European Journal of Social Sciences, 8*(2), 253-259.

Harper, G. W., Jernewall, N., & Zea, M. C. (2004). Giving

voice to emerging science and theory for lesbian, gay, and bisexual people of color. *Cultural Diversity and Ethnic Minority Psychology, 10*(3), 187-199.

Hawley, D. R., & De Haan, L. (1996). Toward a definition of family resilience: Integrating lifespan and family perspectives. *Family Process, 35,* 283-295.

Hecker, L. L., Mims, G. A., & Boughner, S. R. (2003). General systems theory, cybernetics, and family therapy. In L. L. Hecker, & J. L. Wetchler (Eds.), *An introduction to marriage and family therapy* (pp. 39-62). Binghamton, NY: Haworth Press.

Heiman, T. (2002). Parents of children with disabilities: Resilience, coping and future expectations. *Journal of Developmental and Physical Disabilities, 14*(2), 159-171.

Hidecker, M. J. C., Jones, R. S., Imig, D. R., & Villarruel, F. A. (2009). Using family paradigms to improve evidence-based practice. *American Journal of Speech-Language Pathology, 18,* 212-221.

Imig, D. R. (1993). Family stress: Paradigms and perceptions. *Family Science Review, 6,* 125-136.

Imig, D. R., Bokemeier, J. K., Keefe, D., Struthers, C., & Imig, G. L. (1997). From welfare to well-being: Families and economics. *Michigan Family Review, 2*(2), 69-82.

Ingber, S., & Dromi, E. (2009). Demographics affecting parental expectations from early deaf intervention. *Deafness & Education International, 11,* 83-111.

Irwin, L. G., Siddiqi, A., & Hertzman, C. (2007, June). Early child development: A powerful equalizer. Final Report. *World Health Organization's Commission on the Social Determinants of Health.*

Jackson, C. W., & Turnbull, A. (2004). Impact of deafness on family life: A review of the literature. *Topics in Early Childhood Special Education, 24*(1), 15-29.

Jackson, C. W., Traub, R. J., & Turnbull, A. P. (2008). Parents' experiences with childhood deafness: Implications for family-centered services. *Communication Disorders Quarterly, 29*(2), 82-98.

Jakobsson, E., Ylvén, R., & Moodley, L. (2007). Problem solving and positive family functioning: Some reflections on the literature from a cross-cultural point of view. *South African Journal of Occupational Therapy, 37*(3), 14-17.

Johnson, L. N., & Wright, D. W. (2002). Revisiting Bordin's theory on the therapeutic alliance: implications for family therapy. *Contemporary Family Therapy, 24*(2), 257-269.

Kao, H-F. S., & Travis, S. S. (2005). Effects of acculturation and social exchange on the expectations of filial piety among Hispanic/Latino parents of adult children. *Nursing and Health Sciences, 7*(4), 226-234.

Kazak, A. E. (2008). Commentary: Progress and challenges in evidence-based family assessment in pediatric psychology. *Journal of Pediatric Psychology, 33*(9), 911-915.

Kim, C., & Keller, J. M. (2008). Effects of motivational and volitional email messages with personal messages on undergraduate students' motivation, study habits, and achievement. *British Journal of Educational Technology, 39*(1), 36-51.

Klever, P. (2005). Multigenerational stress and nuclear family functioning. *Contemporary Family Therapy, 27*(2), 231-248.

Knobloch-Fedders, L. M., Pinsof, W. M., & Mann, B. J. (2007). Therapeutic alliance and treatment progress in couple psychotherapy. *Journal of Marital and Family Therapy, 33,* 245-257.

Kubler-Ross, E. (1969). *On death and dying.* New York: MacMillan.

Lambie, R., & Daniels-Mohring, D. (1993). *Family systems within educational contexts: Understanding students with special needs.* Denver, CO: Love.

Lamborn, S. D., Mounts, N. S., Steinberg, L., & Dornbusch, S. M. (1991). Patterns of competence and adjustment among adolescents from authoritative, authoritarian, indulgent, neglectful families. *Child Development, 62,* 1049-1076.

Larner, G. (2004). Family therapy and the politics of evidence. *Journal of Family Therapy, 26,* 17-39.

Lee, C-Y. S., Anderson, J. R., Horowitz, J. L., & August, G. J. (2009). Family income and parenting: The role of parental depression and social support. *Family Relations, 58,* 417-430.

Lindblad-Goldberg, M. (2006). Successful African-American single-parent families. In L. Combrinck-Graham (Ed.). *Children in family context: Perspectives on treatment,* 2nd ed. (pp. 148). New York: Guilford Press.

Lipchik, E. (2002). *Beyond technique in solution-focused therapy.* New York: Guilford Press.

Lukemeyer, A., Meyers, M. K., & Smeeding, M. (2000). Expensive children in poor families: Out-of-pocket expenditures for the care of disabled and chronically ill children in welfare families. *Journal of Marriage and Family, 62*(2), 399-415.

Luterman, D., & Maxon, A. (2002). *When your child is deaf: A parent's guide* (2nd ed.). Austin, TX: Pro-Ed.

Maehara, T., & Takemura, A. (2007). The norms of filial piety and grandmother roles as perceived by grandmothers and their grandchildren in Japan and South Korea. *International Journal of Behavior Development, 31*(6), 585-593.

Mandleco, B., Olsen, S., Dyches, T., & Marshall, E. (2003). The relationship between family and sibling functioning in families raising a child with a disability. *Journal of Family Nursing, 9*(4), 365-396.

Mangelsdorf, S. C., & Schoppe-Sullivan, S. J. (2007). Emergent family systems. *Infant Behavior & Development, 30,* 60-62.

Marschark, M. (2007). *Raising and educating a deaf child.* New York: Oxford University Press.

Marshall, N. L., & Tracy, A. J. (2009). After the baby: Work-family conflict and working mothers' psychological health. *Family Relations, 58,* 380-391.

Masten, A. S. (2001). Ordinary magic: Resilience processes in development. *American Psychologist, 56,* 227-238.

Meissner, W. W. (1996). *The therapeutic alliance.* New Haven, CT: Yale University Press.

Milkman, R. (2008). Flexibility for whom? Inequality in work-life policies and practices. In N. Crouter (Ed.), *Work-life policies that make a difference for individuals, families, and organizations.* Washington, DC: The Urban Institute Press.

Minuchin, S. (1974). *Families and family therapy.* Cambridge, MA: Harvard University Press.

Minuchin, S., & Fishman, H. C. (1981). *Family therapy techniques.* Cambridge, MA: Harvard University Press.

Minuchin, S., (1985). Families and individual development: Provocations from the field of family therapy. *Child Development, 36,* 289-302.

Nelson, L. G. L., Summers, J. A., & Turnbull, A. P. (2004). Boundaries in family-professional relationships: Implications for special education. *Remedial and Special Education, 25*(3), 153-165.

Neppl, T. K., Conger, R. D., Scaramella, L. V., & Ontai, L. L. (2009). Intergenerational continuity in parenting behavior: Mediating pathways and child effects. *Developmental Psychology, 45,* 1241-1256.

Okun, B. F., & Rapaport, L. J. (1980). *Working with families: An introduction to family therapy.* North Scituate, MA: Duxbury Press.

Olson, D. H., Russell, C. S., & Sprenkle, D. H. (1989). *Circumplex model: Systemic assessment and treatment of families.* New York: Haworth Press.

Osher, T. W., & Osher, D. M. (2002). The paradigm shift to true collaboration with families. *Journal of Child and Family Studies, 11*(1), 47-60.

Pandya, K., & Herlihy, J. (2009). An exploratory study into

how a sample of a British South Asian population perceive the therapeutic alliances in family therapy. *Journal of Family therapy, 31*, 384-404.

Pellegrini, D. W. (2009). Applied systemic theory and educational psychology: Can the twain ever meet? *Educational Psychology in Practice, 25*(3), 271-286.

Peterson, C. (2000). The future of optimism. *American Psychologist, 55*(1), 44-55.

Pollack, D. (1970). *Educational audiology for the limited hearing infant.* Springfield, IL: Charles C Thomas.

Rait, D. S. (2000). The therapeutic alliance in couples and family therapy. *Journal of Clinical Psychology, 56*(2), 211-224.

Rao, P. A., & Beidel, D. C. (2009). The impact of children with high-functioning autism on parental stress, sibling adjustment, and family functioning. *Behavior Modification, 33*(4), 437-451.

Reiman, T. (2007). *The power of body language.* New York: Simon & Schuster.

Rhoades, E. A. (2006). Research outcomes of auditory-verbal intervention: Is the approach justified? *Deafness and Education International, 8*(3), 125-143.

Rhoades, E. A., Price, F., & Perigoe, C. B. (2004). The changing American family and ethnically diverse children with multiple needs. *The Volta Review, 104*(4), 285-305.

Robbins, M. S., & Szapocznik, J. (2000). Brief strategic family therapy. *Juvenile Justice Bulletin, April,* 1-11.

Roberts, J. (2005). Transparency and self-disclosure in family therapy: Dangers and possibilities. *Family Process, 44*, 45-63.

Rodriguez, M. M. D., Donovick, M. R., & Crowley, S. L. (2009). Parenting styles in a cultural context: Observations of "protective parenting" in first-generation Latinos. *Family Process, 48*(2), 195-210.

Rutter, M. (1990). Psychosocial resilience and protective mechanisms. In J. Rolf, A. S. Masten, D. Cicchetti, K. H. Nuechterlein, & S. Weintraub (Eds.), *Risk and protective factors in the development of psychopathology.* New York: Cambridge University Press.

Safran, J. D. (1993). Breaches in the therapeutic alliance: An arena for negotiating authentic relatedness. *Psychotherapy, 30*(1), 11-24.

Seligman, E. P., & Csikszentmilhayi, M. (2000). Positive psychology: An introduction. *American Psychologist, 55*(1), 5-14.

Seligman, M., & Darling, R. B. (2007). *Ordinary families, special children: A systems approach to childhood disability.* New York: Guilford Press.

Singh, R. (2009). Constructing "the family" across culture. *Journal of Family Therapy, 31*(4), 359-383.

Sloman, L., Springer, S., & Vachon, M. L. (1993). Disordered communication and grieving in deaf member families. *Family Process, 32*(2), 171-183.

Spielberger, J., & Lyons, S. J. (2009). Supporting low-income families with young children: Patterns and correlates of service use. *Children and Youth Services Review, 31*, 864-872.

Stel, M., van Baaren, R. B., & Vonk, R. (2008). Effects of mimicking: Acting prosocially by being emotionally moved. *European Journal of Social Psychology, 38*, 965-976.

Stel, M., & van Knippenberg, A. (2008). The role of facial mimicry in the recognition of affect. *Psychological Science, 19*(10), 984-985.

Sternberg, R. J., & Lubart, T. I. (1995). *Defying the crowd: Cultivating creativity in a culture of conformity.* Toronto: Free Press.

Stratton, P. (2007). Enhancing family therapy's relationships with research. *Australian and New Zealand Journal of Family Therapy, 28*(4), 177-184.

Symonds, D., & Horvath, A. O. (2004). Optimizing the alliance in couple therapy. *Family Process, 43*, 443-455.

Thompson, S. J., Bender, K., Lantry, J., & Flynn, P. M. (2007). Treatment engagement: Building therapeutic alliance in home-based treatment with adolescents and their families. *Contemporary Family Therapy, 29*, 39-55.

Thompson, R. J., Gustafson, K. E., Hamlett, K. W., & Spock, A. (1992). Psychological adjustment of children with cystic fibrosis: The role of child cognitive processes and maternal adjustment. *Journal of Pediatric Psychology, 17*(6), 741-755.

Ting-Toomey, S. (1999). *Communicating across cultures*. New York: Guilford Press.

Tomm, K. (1988). Inventive interviewing: Part III. Intending to ask linear, circular, strategic, or reflexive questions. *Family Process, 27*(1), 1-15.

Tracy, R. J., Kolmodin, K. E., & Papademetriou, E. A. (2002, May). *Reframing within proverbs*. Paper presented at the Midwestern Psychological Association Convention, Chicago.

Trute, B., & Hiebert-Murphy, D. (2007). The implications of "working alliance" for the measurement and evaluation of family-centered practice in childhood disability services. *Infants & Young Children, 20*(2), 109-119.

Van Hove, G., De Schauwer, E., Mortier, K., Bosteels, S., Desnerck, G., & Van Loon, J. (2009). Working with mothers and fathers of children with disabilities: Metaphors used by parents in a continuing dialogue. *European Early Childhood Education Research Journal, 17*(2), 187-201.

von Bertalanffy, L. (1950). An outline of general systems theory. *British Journal for the Philosophy of Science, 1*(2), 139-164.

Watt-Jones, D. (1997). Toward an African American genogram. *Family Process, 36*, 375-383.

Watt, S. E., Maio, G. R., Rees, K., & Hewstone, M. (2007). Functions of attitudes towards ethnic groups: Effects of level of abstraction. *Journal of Experimental Social Psychology, 43*(3), 441-449.

Weiner, N. (1961). *Cybernetics*. Cambridge, MA: MIT Press.

Xu, Y. (2007). Empowering culturally diverse families of young children with disabilities: The double ABCX model. *Early Childhood Education Journal, 34*(6), 431-437.

Yates, S. M. (2002). The influence of optimism and pessimism on student achievement in mathematics. *Mathematics Education Research Journal, 14*(1), 4-15.

Zuo, J. (2009). Rethinking family patriarchy and women's positions in presocialist China. *Journal of Marriage and Family, 71*, 542-557.

가족기반 청각구어 중재

가족중심 실제

Ellen A. Rhoades

개 관

이 장은 가족중심 실제에 관한 간략한 소개를 제공한다. 가족기반 중재는 증거를 기반으로 하는 가장 앞서 가는 "최고의 실제" (Hammond, 1999; Harbin, McWilliam, & Gallagher, 2000)로 간주되고 있다. 가족중심 실제는 정책 결정자, 법률가, 자금 제공자, 행정가, 임상가, 가족과 같은 관련 당사자들에게 목표를 제공한다. 이상적인 가족중심 모델까지는 이르지 못하나 중간 단계에 있는 가족기반 중재 모델들도 있다. 가족중심 실제의 관점에서, 궁극적으로 일부 임상가에게는 기존의 생각과 행동 방식을 바꾸는 패러다임이 요구된다. 증거를 기반으로 하는 가족중심의 조기중재와 특수교육 서비스는 청각구어 임상가에게 청각장애 아동과 그 가족에게 어떻게 서비스를 제공할 것인지를 다시 생각하게 하는 도전이 될 수 있다.

가족기반 실제의 서막

가족의 참여라는 화두가 특수교육자와 정책 책임자 사이에 확산되기 시작한 것은 1960년대와 1970년대이나(Hebbeler, Smith, & Black, 1991; McLaughlin & Shields, 1987; Simmons-Martin, 1975), 그보다 앞서 문헌에는 부모 참여와 가족기반 실제가 등장했다(Fiedler, 1952). 이후 부모와 가족의 특성이 아동의 수행에 중요한 영향을 미친다는 증거들이 충분히 축적되고 증명되었다(Stevens & Mathews, 1978). 전문가는 보다 효율적인 부모와 교사가 되도록 부모를 훈련시키는 권위자의 역할을 하였다(Conant, 1971). 이러한 '모델' 프로그램은 아동 중심이고 부모는 '격려자'의 역할을 하며 전문가가 감독하는 방식으로(Osher & Osher, 2002), 아동을 중재의 기본 단위로 인식하였다(Dunst, 1996; Shelton, Jeppson, & Johnson, 1987).

그룹 미팅, 인쇄물 배부, 부모를 위한 도서 대여를 통해 '부모 교육'이 특별한 도움을 필요로 하는 아동과 일하는 전문가들의 활동 영역(de rigueur)이 되었다(Gordon, 1969). 전문가들은 정서적 지지와 가정 방문을 하였다(Schlesinger, 1969; Webster & Cole, 1979). 가정 방문이 강조되었고(Giesy, 1970), 전문가들은 부모에게 어떻게 자녀의 언어와 행동을 촉진하는가를 교육했다(Becker, 1971; Caldwell, 1971). 이러한 시도를 통해 양 부모(Lillie, Trohanis, & Goin, 1976), 나아가 확대가족 구성원(Rhoades & Massey, 1975)을 중재에 참여시켰다. 전문가들은 가족의 요구와 문화적 차이를 검토하고 부모 참여를 위한 노력을 개별화하는 데 진력했으며(Honig, 1975), 부모를 참여시킨 프로그램의 긍정적인 결과들이 반복적으로 보고되었다(Hess, 1969; Schaefer, 1972).

미국에서는 50여 년 전에 부모를 위한 가정 지도용 통신 교재가 생겼다(John Tracy Clinic, 1968). 이 교재는 청각장애 아동의 부모에게 자녀에게 효과적으로 언어를 가르치는 방법을 알려 주었다. 같은 시기에 미국 교육청의 장애아동 조기교육 프로그램이 전국의 다양한 시범 프로젝트를 지원하기 시작했다(Hebbeler et al., 1991). 이러한 프로젝트들은 '첫 번째 네트워크(First Chance Network)'의 한 부분이 되었고, 도움이 필요한 어린 아동을 위한 모델 프로그램을 연방정부 차원에서 재정적으로 지원하게 되었다. 여기에는 부모의 강한 참여가 필수적으로 포함되었다. 포테이지 프로젝트(Portage Project)와 같은 일부 프로그램은 이후 여러 나라에서 성공적으로 재현되었다(Brue & Oakland, 2001). '첫 번째 네트워크'의 프로그램 중에 적은 수의 프로그램이 특별히 청각구어 치료를 위해 개발되었고(Coates, 1981; Horton & Sitton, 1970; Northcott, 1974; Rhoades, 1982), 그중 하나는 계속 진행 중이다(Rhoades, 2005). 이렇게 여러 지역에 분포된 프로젝트의 결과들은 연방정부가 특수교육 대상 아동과 가족에 대한 서비스를 발전시키는 데 영향을 주었다(Hebbeler et al., 1991).

부모의 참여는 일차적으로 0~5세의 어린 아동의 가족에게 초점이 맞추어졌다(예: Simmons-Martin, 1983). 이러한 프로그램이 아동 주도라 하여도, 부모가 핵심적인 역할을 했다. 임상가의 관점은 본질적으로 단선적이어서 부모를 아동의 수행력에 영향을 주는 일차적인 원인 요인으로 간주하였다. 그러나 임상가들은 부모의 참여를 전문가 주도 프로그램 안에서 매우 효과적인 보완책(supplement) 정도로 받아들이는 경향이 있었다(Lillie, 1976). 일부 교육자는 일반적인 결함의 관점에서 '부모 교육'을 제공하는 것에 대해 우려를 표했다. 왜냐하면 부모 교육이 부모의 자신감을 손상시키는 부적절한 관점에서 지식을 제공하기 때문이다(Hess, 1980). '부모 코치' 또한 부모가 자녀의 언어 발달을 촉진하는 데에 부적절하므로 임상가가 그들을 코치해야 한다는 병리적인 모델을 따르고 있다(Hess, 1980). 전문가-부모의 파트너십은 전문가는 숙련된 사람이고 부모는 훈련의 대상이라는 관점을 기반으로 했다. 부모는 하위 그룹으로 참여하기는 하나, 전문가가 프로그램의 결정권을 갖고 있었다(Lillie et al., 1976). 이러한 관계는 실제로 파트너십이라기보다 연합(alliances) 관계로 볼 수 있다(Lillie, 1976). 불행하게도, 이러한 연합은 대부분의 장애 아동의 부모는 전문가의 관여 없이는 효과적으로 양육을 할 수 없다는 가정을 따른다. 흔히 이러한 연합은 성공적이지 않으며, 실패의 원인은 긍정적인 파트너십을 위해 필요한 임상가-부모의 태도와 행동에 대한 이해의 부족 때문으로 추정된다(Blue-Banning, Summers, Frankland, Nelson, & Beegle, 2004).

가족기반 모델의 연속성

부모가 아동의 수행력에 영향을 줄 수 있고, 실제로 영향을 준다는 사실을 기본으로 다른 여러 요인이 추가되었다(Bruder & Bricker, 1985). 1980년대 후반에서 1990년대에는 '부모 참여(parent involvement)'가 '가족 참여(family involvement)'로 대체되었다. 그러나 '부모 훈련(family training)'은 부모들 스스로도 '가족 훈련'으로 바꿀 필요성을 느끼지 못했다(Guerney & Moore, 1979). 다양한 가족에게 서비스를 제공해야 하는 상황이 증가하면서(Swick, Boutte, & van Scoy, 1994), 공동체의 영향과 교육의 조절로 변화가 이루어졌다(Bronfenbrenner, 1979). 실제로, Bronfenbrenner의 가족중심 실제에는 인간 발달의 생태학적 모델이 영향을 주었다. 제5장에서 아동에게 주는 영향에 대한 논의를 하였다. 임상가는 가족이 아동의 삶에서 지속적인 존재라는 점을 확인하고 가족의 참여를 지지한다(Brewer, McPherson, Magrab, & Hutchin, 1989). 프로그램들은 임상가 주도 또는 아동 주도 대신에 궁극적으로 가족 주도로 변화하고 있다(Osher & Osher, 2002). 1990년대를 통해 이러한 가족중심 돌봄의 수요자 주도 철학은 조기교육, 특수교육, 작업치료, 사회복지, 심리, 의학, 특별한 도움이 필요한 아동의 조기중재 등 많은 영역으로 확산되었다(Dokken, Simms, & Cole, 2007; Dunn, 2000; Dunst, Johanson, Trivette, & Hamby, 1991; Judge, 1997; Litchfield & MacDougall, 2002; Rosenbaum, King, Law, King, & Evans, 1998; Shelton et al., 1987; Sheridan, Warnes, Cowan, Schemm, & Clarke, 2004).

가족기반 중재를 향한 이러한 진보적 움직임과 더불어 가족은 역량이 강화되어야 하는 존재라는 인식이 점차 높아졌다(Dunst, Trivette, & Deal, 1988). 역량강화는 가족 구성원 각자 그리고 전체가 자신을 가치가 있고 경쟁력이 있으며 자신의 삶을 스스로 조정한다고 느낄 수 있는 마음 상태로 간주되었다(Davila, 1992). 당시의 일반적인 견해는 가족의 역량이 강화되면 가족은 독립심과 자기결정에 필요한 기술과 정보를 갖게 된다는 것이었다. 역량강화를 위해서는 가족을 위한 자기결정의 목적에 도달하기 위해 임상가와 부모가 파트너로 참여하는 것이 필요하다(Nystrom, 1989; Sullivan, 1992). 그러나 제4장에서 논의한 바와 같이, 역량강화보다는 '능력강화(enablement)'가 현재의 가족중심적 사고를 반영하는 보다 적절한 용어로 보인다.

21세기에 들어서서, 가족기반 중재 모델 안에서도 보다 분명한 구분이 이루어지고 있다(Espe-Sherwindt, 2008). 임상가가 가족을 어떻게 보며 작업을 하는지가 모델 간에 차이가 있다(Dunst, 1996). 이러한 연속선의 한쪽 끝에는 전문가 주도의 모델이 있으며, 그다음에 가족연합(family-allied), 가족중점(familly-focused), 가족중심(family-centered)의 모델이 위치한다([그림 8-1] 참조). 모든 가족기반 모델이 가족중심은 아니다. 각 모델들은 '가족지향성의 척도'에 따라 용어에 차이가 있다(Dunst et al., 1991). 이는 각 모델들이 이론적 지향점이나 개념적 틀뿐 아니라 가족의 요구에 대응하고 임상가가 가족에게 반응을 하는 수준 등을 포함하는 서비스 전달 방법이 다양함을 의미한다(Dunst, 1996).

가족은 모든 가족기반 중재 모델의 일차적 중재 단위로 간주된다(Dunst et al., 1991). 임상가는

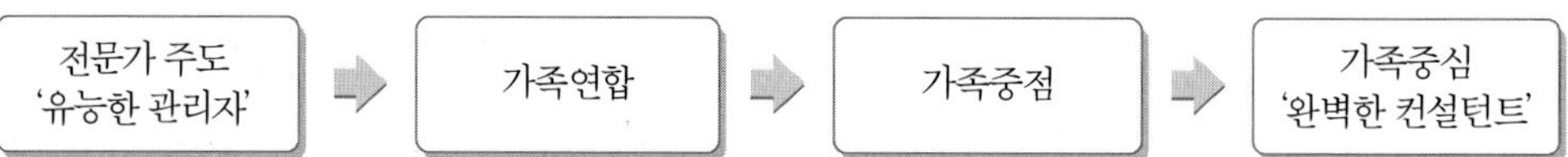

[그림 8-1] 가족기반 중재 모델들

사회 체계의 구조적 틀에 따라 '가족이 서로 다른 생태 체계 안에서 사건에 따라 어떻게 영향을 주고받는지' 이해할 수 있다(Dunst et al., 1991). 모든 가족기반 모델은 임상가가 가족의 경쟁력 강화의 필요성을 주장한다는 점에서 유사하나, 그 정도는 모델에 따라 확실하게 차이가 있다. 모든 가족기반 모델에서 임상가는 정보와 정서적 지지뿐 아니라 자원을 제공한다. 각 중재 프로그램은 이렇게 다양한 가족기반 모델 중 하나로 특징지을 수 있다.

전문가 주도 모델

전문가가 주도하는 가족기반 모델은, 임상가가 노련한 관리자로서 가족의 필요를 주목하고 조종하며 각 아동의 요구를 결정하는 것을 의미한다. 임상가는 변화의 행위자이며, 최초의 의사 결정자다. 왜냐하면 가족이 자녀의 특별한 요구를 독립적으로 마주할 능력이 있는 존재로 간주되지 않기 때문이다(Dunst, 1996). 임상가는 아동과 가족의 기능을 평가한다(Dunst et al., 1991). 임상가는 목적, 치료, 아동 평가가 포함된 중재 계획을 결정한다. 임상가는 또한 아동의 치료사 역할을 한다. 사례 관리자로 가족을 위한 서비스를 조정한다(Dunst et al., 1991). 이 모델의 제안자들은 전문가가 가족의 관점이 아닌 자신의 고유한 관점에서 가족의 요구를 결정하는 사람으로 본다(Dunst, 1996). 이러한 모델은 가족기반 중재 모델의 한쪽 끝에 위치하고 있다([그림 8-1] 참조).

가족연합 모델

가족연합 모델(family-allied model)의 관점에서 가족은 임상가의 능숙한 지도 아래에서 중재 활동을 실행할 수 있는 존재다. 그러나 임상가가 먼저 아동/가족의 요구와 중재 활동을 확인해야 한다(Dunst, 1996). 즉, 가족은 임상가의 대리인이다(Dunst, Boyd, Trivette, & Hamby, 2002). 부모의 참여에는 자문이나 기부금 모금 등이 포함된다. 임상가는 부모가 효과적으로 중재 활동을 수행하도록 부모를 지원하고 정보를 제공하는 중재 프로그램을 고안할 수 있다(Bruder & Bricker, 1985). 임상가는 무엇이 중요하며, 가족에게 도움이 되기 위해 필요한 것이 무엇인지를 생각한다(Dunst, 1996). 가족은 사례 조정 과정에서 특정한 역할을 수행한다(Dunst et al., 1991). 중재 활동은 어느 정도 경직되고 비반응적인 방식, 즉 서비스가 주중의 정상적인 업무 시간에만 제공되는 것과 같은 방식으로 진행될 수 있다. 임상가는 강점을 갖고 있는 가족에 있어서도, 가족의 약점과 결핍된 부분을 바로잡아 주는 것을 자신의 목적으로 여긴다. 임상가는 원칙적으로 치료 제공을 추구한다(Dunst, 1996). 역량강화는 기본적으로 임상가가 부모의 역할을 침해할 수 있는 가부장적인 방식 안에서 이루어진다(Dunst, 1996). 임상가가 청각구어 치료 회기에서 언어 모델과 촉진자의 역할을 맡는 경우가 이러한 예다.

가족중점 모델

가족중점 모델(family-focused model)의 제안자들은 가족을 보다 긍정적인 방향에서 본다. 이들은 가족이 정보를 갖고 선택을 할 수 있으나 여전히 전문가의 지도를 필요로 한다고 생각한다. 따라서 임상가는 자신의 기술과 지식 기반을 토대로 가족의 역량을 강화시키기 위한 결정을 한다(Dunst, 1996). 임상가는 가족이 갖고 있는 강점을 바라보지만, 그들이 약점도 갖고 있으므로 '보호'가 필요하며, 또는 그들의 요구에 맞는 최상의 선택을 위해 도움이 필요하다고 본다(Trivette, Dunst, Boyd, & Hamby, 1996). 가족은 임상 서비스의 고객이다. 부모와 임상가는 목적과 활동의 선택 및 결과 분석을 함께한다. 임상가에게는 지속적인 지도, 충고, 보조, 격려를 제공할 책임이 있는 것으로 간주된다. 그리고 아동 진전의 책임은 여전히 임상가에게 남아 있다. 임상가는 아동 발달과 관련하여 아동과 가족의 요구에 대한 자신의 평가를 바탕으로 광범위한 활동 계획을 수립한다. 가족이 임상가를 활용하는 범위는 사례 조정 실제에 상세히 설명되어 있다(Dunst et al., 1991). 이러한 모델은 종종 가족 주도로 평가된다. 임상가는 전문적이고 가치 있는 서비스를 이용하여 가족을 모니터링하지만(Dunst et al., 2002), 여전히 우월적 위치를 차지한다(McCollum, 1999). 서비스의 중점은 가족에게 있다. 임상가는 이론적으로 예방을 추구한다(Dunst, 1996). 중재 서비스는 가족이 자연스러운 환경에 있을 때, 즉 모든 가족 구성원이 집에 있는 저녁이나 토요일 오전에 가정 방문을 하는 것과 같이 보다 반응적이다. 정보는 개별적으로, 또는 부모 모임과 같은 집단을 통해서 제공된다.

가족중심 모델

가족중심 모델(family-centered model) 안에서 임상가는 가족을 동등한 파트너이며 궁극적인 의사 결정자로 본다. 임상가는 가족의 대리인이다. 이 말은 임상가가 가족이 개별화되고 유연하며 반응적인 방식으로 자원과 지원, 서비스를 받도록 가족의 도구 역할을 하는 것을 의미한다. 예를 들어, 임상가는 가족의 집, 방과 후 교실의 돌봄 프로그램 등과 같은 다양한 자연스러운 상황에서 가족을 지원할 수 있다(ASHA, 2008). 가족중심 임상가는 가족이 속한 공동체까지 포함하여 가족의 도움 없이는 자신이 아동을 도울 수 없다는 것을 잘 알고 있다(Trute & Hiebert-Murphy, 2007). 임상가는 부모에게 '선임' 파트너의 자격을 주고, 자신의 역할은 가족 기능을 강화하고 지원하는 것임을 인식한다(Dunst et al., 2002; Espe-Sherwindt, 2008). 가족중심 모델에서 임상가는 가족이 중재 활동을 따라가게 하기보다는 가족이 필요로 하는 지원이 무엇인지를 먼저 고려한다. 가족이 확인한 요구와 생활 방식에 따라 사례 관리자의 일을 결정한다(Dunst et al., 1991). 임상가는 조정을 포기한다. 즉, 그들은 아동의 진전을 직접 촉구하는 데 대한 책임을 가족에게 양도한다. 왜냐하면 무엇이 중요하며 무엇이 아동의 발달을 촉진하는가를 가족이 결정하기 때문이다(Dempsey & Keen, 2008). 유능한 관리자에서 컨설턴트로 임상가의 역할이 바뀌므로(Espe-Sherwindt, 2008), 가족중심 중재는 자문 모델(consultative model)으로 볼 수 있다. 자문 모델은 여러 다양한 관심으로 표현되므로 서비스의 범위는 다양한 가족의 요구를 충족하도록 제공될 수 있다.

현실적으로 가족중심 실제는 가족 주도다. 임상가는 가족의 결정이 자신의 견해와 다르더라도 각 가족의 의사 결정권을 인정해야 한다(Bamm & Rosenbaum, 2008). 이러한 생태학적 접근 방법은 아동과 가족 모두가 그들의 지역사회 내에서 '더 높은' 수행 수준을 달성하도록 한다(Osher & Osher, 2002). 서비스 내에서의 반응적인 방식은 고도로 유연하며 문화적으로 민감한 실제를 제공하는 것으로 이어진다(Denney, Itkonen, & Okamoto, 2007; Xu, 2007). 결과에 대한 기대가 높으며, 프로그램의 결과는 삶의 질과 아동과 가족의 요구를 기반으로 한다(Osher & Osher, 2002). 임상가는 원칙적으로 촉진자의 역할을 추구한다(Dunst, 1996). 임상가는 가족이 중재 활동에 초점을 맞추어 그들의 강점을 강화한다면 보다 유능해질 수 있는 강점과 능력을 갖고 있다고 생각한다(Dunst, 1996). 능력을 강화함으로써 가족은 일상생활 속의 일들과 경험에 대한 통제감이 향상되는 것과 같은 역량을 갖추게 된다.

증거 고찰

제2장에서 정의하고 논의한 증거기반 실제에 따르면, 경험적 결과나 과학적 연구가 중재 활동을 지지해야 한다. 청각구어 실제인지 또는 가족기반 중재인지에 관계없이 증거의 기준은 절충이 가능한 부분이 아니라는 의미다. 연구 결과는 네 가지 가족기반 중재 모델 간의 차이를 지

지한다. 가족의 특성, 아동의 장애나 나이에 관계없이 부모 요인에 따라 이들 가족지향 프로그램 간의 차이점이 생긴다(Dunst et al., 2002). 가족중심 실제는 다른 중재 모델보다 가족에게 더 도움이 되는 것으로 나타난다(Chao, Bryan, Burstein, & Ergul, 2006; Wade, Mildon, & Matthews, 2007). 많은 가족과 아동의 결과를 보면, 가족중심 중재가 긍정적인 영향을 주는 것으로 보고되고 있다(Chao et al., 2006; Dunst, Trivette, & Hamby, 2007; King, King, Rosenbaum, & Goffin, 1999; Law et al., 2003; Wilson, 2005). 나아가 어머니와 아버지 모두 가족중심 중재의 결과로 가족의 삶의 질이 향상되었다고 유사하게 반응하였다(Wang et al., 2006). 요약해 보면, 이러한 가족 지원과 아동 수행력 사이의 실증적 연관성에는 가족–아동과 또래–아동 간의 관계 강화, 아동이 자연스러운 환경에서 학습할 기회의 증가, 아동의 의사소통과 사회적 행동 기술의 증진, 보다 다양한 가족과의 정서적인 파트너십의 증진이 포함된다(Odom & Wolery, 2003). "부모가 우선순위에 두고 있는 교육과 마찬가지로 가족의 상호작용은 지원을 받아야 한다."(Odom & Wolery, 2003, p. 166)는 것이 임상가가 갖고 있는 공통된 생각이다.

임상가들이 가족중심 실제를 위한 지원과 필요성을 보고하고 있음에도 불구하고(Crais, Roy, & Free, 2006), 실제 현장에서는 폭넓은 지원이나 전문가의 채용이 아직 이루어지지 않고 있다(Craft-Rosenberg, Kelly, & Schnoll, 2006; Crais et al., 2006; Dunst et al., 2002). 많은 임상가가 가족중심 중재의 실제를 '회피하는 구실'로 자신은 가족에 중점을 두고 중재를 한다고 말하는 것에 대해 논란이 계속되고 있다(Craft-Rosenberg et al., 2006). 대부분의 중재 프로그램은 아동에 초점을 두고 진행된다(Harbin et al., 2000). 부모–임상가의 파트너십이라는 미사여구가 실제 '부모의 지위'를 가리고, 개인적 경험에 따른 개인의 목소리를 전문가가 무시하게 하는 계기가 된다는 증거들도 보인다(Cole, 2007, p. 165). 게다가 여러 증거는 임상가가 학령기 동안에도 특수 아동의 부모에게 귀를 기울이지 않고, 부모의 지식과 견해를 저평가하고 있음을 보여 준다(Lundeby & Tøssebro, 2008). 능력강화는 많은 가족에서 무시된 상태로 남아 있으며, 진정한 파트너십은 전문가의 정체성을 위협하거나 전문가의 권위에 대한 침해로 받아들여진다(Murray, 2000).

나아가 부모 중에 학교와 관계를 유지하면서 자녀에 대한 일차적인 책임을 져야 하는 사람은 어머니로 보면서도 그들의 개인적인 경험은 무시한다(Cole, 2007). 특별한 도움이 필요한 아동의 아버지와 어머니가 원하는 것을 따르기보다 임상가의 객관적인 지식을 가장 높은 우선순위에 두는 것에 대해서도 많은 논란이 있다(Cole, 2007). 어떤 경우에는 임상가와 협력하지 못하는 부모를 병리적으로 보며, 문제의 한 부분으로 낙인찍는다(Lundeby & Tøssebro, 2008).

간단히 말하면, 가족중심 실제는 임상가에게 실현이 어려운 목표로 남아 있다(Bruder, 2000).

Espe-Sherwindt(2008)가 요약한 바에 따르면, 이것은 다음과 같은 여러 요인에서 비롯되었을 수 있다. ① 임상가가 가족중심 실제의 가치를 아직 받아들이지 못한다. ② 임상가에게 주어진 환경과 훈련이 충분하지 않았다. ③ 프로그램 행정가의 지원이 부족하다. ④ 정부나 건강보험의 규정이 특정한 서비스에 대해서만 비용을 청구하도록 되어 있다. ⑤ 임상가는 자신은 노련한 전문가이며 가족은 수동적인 수혜자라는 역할 분담을 포기하고 싶지 않다.

가족중심 실제

가족중심 실제(family-centered practice)는 임상가와 다양한 가족들에게 공통적으로 이득을 주는 파트너십 기반의 중재로 정의할 수 있다. 여기서 각 가족은 내재적 강점과 자원을 갖고 있으며, 그들의 경쟁력을 촉진할 수 있는 존재로 간주된다(Wilson, 2005). 또한 가족중심 실제에서는 존엄성, 존경심, 공유하는 정도, 능동적 참여, 의사 결정, 협력이라는 핵심 개념을 포함한다(Brown & Remine, 2008). 임상가는 가족이 역량을 강화하여 스스로 결정할 수 있게 하는 중요한 존재다(Dunst, Trivette, & Deal, 1994). 가족중심 접근 방법을 수용한 임상가에게는 아동의 연령에 관계없이 가족이 중재의 단위다. 가족이 능력을 갖도록 하는 프로그램을 대표하는 원칙은 다음과 같다. ① 공동체 의식의 고양, ② 자원과 지원 준비하기, ③ 책임의 공유와 협력, ④ 가족의 무결성 보호, ⑤ 가족 기능의 강화, ⑥ 예방적인 서비스 실행 등이다(Dunst et al., 1991).

가족중심 실제는 다음과 같은 요소들을 포함하는 것으로 요약할 수 있다.

- 문화적으로, 구조적으로 차이가 있는 가족의 다양성을 존중한다.
- 가족의 강점, 개별성, 상호작용 유형을 인정하고 존경하며, 가치를 부여하고 따른다.
- 유연하고 편견이 없는 포괄적인 지원과 정서적 지원을 하고, 각 가족 구성원에게 정보를 제공한다.
- 자원에 대한 가족의 선택과 조정이 가족의 경쟁력 강화를 가능하게 한다.
- 가족과 임상가의 협력적 파트너십이 의사 결정을 쉽게 한다.
- 가족 활동은 공동체의 맥락 안에서 가족의 일상 핵심을 구성하며, 중재 활동의 기반으로 다루어진다.
- 임상가는 가족의 다양성에 민감하게, 또한 가족의 요구에 유연하게 반응한다.

제6장에서 논의한 체계적 가족치료 모델에 비추어, 가족중심 중재 모델은 체계적 가족중재 모델로 재구성될 수 있다. 체계론적 관점은 가족중심 중재의 핵심이다.

초학문적 팀

팀 접근은 모든 가족중재 프로그램에서 이루어져야 하며(Garland, Frank, Buck, & Seklemian, 1996), 특히 청각장애 아동의 경우에는 발달적으로 비전형적인 다양성을 보일 위험이 높기 때문에 팀 접근이 더욱 필요하다(Beer, Pisoni, & Kronenberger, 2009; Edwards & Crocker, 2008; Rhoades, 2009). 팀 접근에서는 아동과 가족을 통합적이며 상호작용하는 전체로 보고, 다면적인 문제의 쟁점이 임상가 한 명이 맡기에는 지나치게 복합적이라는 것을 인정한다(Woodruff & McGonigal, 1988). 여러 특수 분야의 전문가들이 함께 모여 서로 효과적으로 의사소통을 하며 팀을 이루어야 한다. 그러나 팀 접근 방법들은 임상가 간의 상호작용의 구성이나 조직 면에서 차이가 있다(Fewell, 1983; Taylor, 2004). 서로 다른 중재 프로그램에서 사용되고 있는 팀 접근 방법들은 다학문적, 간학문적, 초학문적으로 나눌 수 있다(Taylor, 2004).

초학문적 팀 구성원들은 각 임상가가 서로 독립적으로 일하기보다 의사소통, 협력, 협조, 협업, 공동 의견을 최적화하기 위해 학문의 경계를 넘어 일을 한다(Lyon & Lyon, 1980). 한 명의 기본적인 서비스 제공자가 종종 모든 중재 영역을 통합한다(McWilliam & Scott, 2001). 부모는 초학문적인 팀을 구성하는 일원이며 전적으로 팀에 기여하고 의사 결정자로서 높은 존중을 받는다(Woodruff & McGonigal, 1988). 팀의 각 구성원들은 팀에 이득이 되는 다른 구성원의 지식과 강점을 인정하고 강화한다(Lyon & Lyon, 1980). 각 아동의 발달은 가족이라는 맥락 안에서 통합적이고 상호작용적인 시각으로 본다(Gargiulo & Kilgo, 2000). 초학문적 팀에서 제공하는 서비스는 효과적인 관계 형성이 가능하도록 협력적이며 자문을 하는 특성을 갖는다(Mayhew, Scott, & McWilliam, 1999). 고도의 상호작용을 하는 초학문적 팀의 접근 방식은 가족중심 실제를 위한 이상적인 팀 모델이다(McWilliam & Scott, 2001).

초학문적 관점은 가족과 아동의 다면적 요구에 맞춘 서비스를 제공하는 데 필수적이다. 능력 강화의 틀 안에 있는 가족중심 서비스 제공 모델은 다면적 시스템에서 건강, 사회, 교육 서비스의 협력적인 제공에 영향을 준다(예: King, Tucker, Baldwin, & LaPorta, 2006). 서비스 제공 모델은 아동, 가족, 그들이 살고 있는 공동체의 요구에 폭넓게 맞추어져야 하며, 관여하는 모든 사람의 강점에 초점을 두어야 한다. 가족중심 서비스 제공 모델을 채택하고 적용하는 것은 도전적일 수 있으므로, 임상가는 주인 의식을 갖고 모델의 철학과 구성 틀을 발전시켜야 한다. 이것이 노련하고 존경받는 임상가들에게서 나타나는 특성이다(King et al., 2006).

가족과 임상가의 협력적 파트너십

가족과 임상가의 파트너십은 두 사람 모두에게 의미가 있는 동등하고 협력적인 관계여야 한다. 협력적 파트너십은 관계적이며 참여적인 행동과 연관이 있다(Espe-Sherwindt, 2008).

관계 기술

관계의 수준에서, 작업에서의 협력은 모든 가족중심 중재의 핵심이다(Espe-Sherwindt, 2008). 이것은 임상가가 가족을 대할 때, 따뜻함, 돌봄, 신뢰, 공감하는 경청, 존경, 가족에의 헌신을 보여 주는 것을 의미한다. 관계적 실제에는 효과적인 의사소통 기술이 포함된다. 의사소통은 긍정적이고 이해 가능하며 적절해야 한다. 가족에 대한 비판적이지 않은 헌신이 필요하다(Blue-Banning et al., 2004). 헌신은 정서적으로 민감한 가족 구성원을 지속적으로 격려하는 것도 포함된다. 임상가는 일반적으로 참여 기술보다 관계 기술을 잘 실행하는 것으로 보고되고 있다(Wade et al., 2007).

참여 기술

협력적 파트너십에서 참여의 측면은, 임상가가 권위의 균형을 잘 맞추어 가족이 의사 결정권자이며 변화의 주체가 되도록 하는 것을 의미한다. 임상가가 참여 행동에 영향을 주는 정도는 실제 행해지고 있는 가족기반 모델에 따라 영향을 받는다. 즉, 참여 행동이 많을수록 가족중심 서비스에 가까운 것으로 보면 된다. 임상가가 자신의 분야에서 경쟁력 있는 전문 기술을 소지하고 있는 것과는 별도로, 임상가의 균형 감각은 문제를 해결하고 서비스를 수행하는 능력을 좌우한다(Blue-Banning et al., 2004). 이것은 누구 한 사람이 특별한 우위를 차지하거나 막강한 영향력을 행사하는 것을 최소화하고, 각 가족 구성원이 존중을 받으며 자기결정(self-determination)을 할 수 있게 한다(Blue-Banning et al., 2004). 참여 기술은 임상가에게 보다 어려운 과제일 수 있다. 그것은 임상가가 시간표, 의사 결정, 외부 조정, 이미 준비되어 있는 충고 등에 대한 자신의 역할을 재정비하여야 하기 때문이다(Espe-Sherwindt, 2008). 임상가는 가족의 요구에 따라 경청하고 촉구하는 컨설턴트의 역할을 하여야 하며, 이는 경험이 많은 임상가와 새내기 임상가 모두에게 도전적인 역할 변화일 수 있다.

협력과 자문

협력적 파트너십은 이상을 공유하며, 최상의 실제를 위한 실행을 함께한다(Blue-Banning et al., 2004). 이것은 임상가가 가족의 가치를 인정하고 가족이 할 수 있도록 하는 것을 의미한다(Blue-Banning et al., 2004). 임상가와 가족이 자유롭게 정보를 공유하며, 존경심과 유연성을 갖추고 가능한 방법을 통해 수시로 상호 간에 의사소통이 이루어진다(Kasahara & Turnbull, 2005). 임상가와 가족은 서로 공통의 지지자이며, 각 개인의 독특한 요구와 강점을 인정한다(Kasahara & Turnbull, 2005).

임상가가 가족에게 증거 기반의 편견 없는 정보를 제공하므로, 가족은 충분한 정보를 갖고 선택을 할 수 있다(Dunst et al., 2007). 가족중심 임상가는 가족에게 자문을 하는 컨설턴트의 역할을 하는데, 이는 변화에 직접적인 영향을 주지 않는 힘이 없는(poweless) 컨설턴트다. 가족이 변화를 만든다. '완벽한' 컨설턴트는 요청을 받은 사항에 대해 정보를 제공하는 사람이다(Espe-Sherwindt, 2008). 가족이 이 정보로 무슨 일을 하는가는 컨설턴트의 책임이 아니다. 컨설턴트는 자신이 적절하고 효과적인 조언을 제공한다는 믿음과 더불어, 자신이 서비스를 제공하는 가족도 믿음으로 대한다. 컨설턴트는 사전에 정해진 조언이나 확약을 하는 것을 삼간다. 그들은 유연성을 갖고 많은 다양한 가족과 일을 한다. 컨설턴트는 모든 수준에서 윤리적이어야 하며 진실을 말하고 의심을 하지 않으며 다른 사람의 결정을 수용한다. 컨설턴트는 일괄적이며 적의나 거부, 다른 사람의 무관심 때문에 포기하지 않는다. 궁극적으로 컨설턴트는 자신의 행동에 대해서만 책임이 있다는 것을 알고 있다(Espe-Sherwindt, 2008).

협력적 파트너십을 막는 장벽

선행 연구 결과들은 가족과 임상가의 파트너십을 확실히 지지하고 있으나 이러한 관계는 흔히 스트레스로, 때로는 문제로 남아 있다(Hodge & Runswick-Cole, 2008). 이는 가족지향 실제의 수행에서 가장 어려운 단계다(Bamford, Davis, Hind, McCracken, & Reeve, 2000). 문제가 되는 많은 파트너십의 실제 중 몇 가지를 소개하면 다음과 같다.

- 임상가는 자녀에 대한 부모의 지식을 저평가할 수 있다(Dale, 1996).
- 학력이 낮거나 소수민족 출신의 부모는 임상가가 자신들의 강점을 인정하지 않는다고 느

낄 수 있다(Lundeby & Tøssebro, 2008).

- 임상가는 가족 구성원을 기본적으로 정보 제공자로만 간주한다(Hodge & Runswick-Cole, 2008).
- 임상가는 서비스를 정규 근무 시간에만 제공한다(Osher & Osher, 2002).
- 임상가는 부모의 강점보다 부족한 점에 초점을 맞춘다(Madsen, 2009).
- 임상가와 센터는 자신들이 변화를 창조하는 중심 요소라는 가정하에 모인다(Osher & Osher, 2002).
- 임상가는 가족의 이상, 희망, 요구를 확인하기보다는 가족 내의 문제를 해결하려는 노력에 초점을 둔다(Early & GlenMaye, 2000).
- 임상가는 부모가 그들의 고유한 양육 방식을 다수의 문화적 기대에 충족하는 방식으로 바꾸도록 종용한다(Azzopardi, 2000).
- 임상가가 부모의 지식이나 바람 또는 아동의 학습 스타일을 무시하고 특정 방식으로 중재 활동을 한다(Hodge & Runswick-Cole, 2008).
- 임상가가 부모가 느끼는 신뢰나 역량에 비해 지나치게 낮은, 때로는 지나치게 높은 지원을 제공한다(Brown, Abu Bakar, Rickards, & Griffin, 2006).
- 가족이 역량을 촉진하고 창조적 사고를 발전시키도록 하는 대신 임상가가 목적과 서비스의 구조를 결정한다(Early & GlenMaye, 2000).
- 임상가는 가족이 구어를 촉진할 역량이 있다고 가정하는 데 실패할 수 있다(Howe & Simmons, 2005).
- 임상가가 지역적으로나 의사소통적인 면에서 가족과 접하는 것이 쉽지 않을 수 있다(Bamm & Rosenbaum, 2008).
- 임상가가 치료 회기를 진행하며, 부모에게 구조화되고 규칙에 따라 책상에 앉아서 진행하는 것이 최선의 치료 활동이라는 선입견을 줄 수 있다. 또한 이는 부모에게 '많은 것이 좋은 것'이라는 오해를 주고, 부모가 부모 이상의 역할을 해야 한다는 잘못된 생각을 갖게 할 수 있다(Brown & Nott, 2006; Hanft & Pilkington, 2000; Hodge & Runswick-Cole, 2008).

청각구어학회(Academy for Listening and Spoken Language, 2007)에 따르면, 모든 청각구어 임상가는 청각학, 언어치료학, 가족 지원, 조기교육, 특수교육, 청각장애 아동을 위한 교육에서 핵심 역량을 갖추고 있어야 한다(AG Bell Academy for Listening and Spoken Language, 2009). 이는 청각구어 임상가가 여러 학문 영역을 아우르는 사람이어야 한다는 기대를 의미한다. 청각구어 임상가는 활동과 경험에 근거하여 묵시적인 지식을 발전시킨다. 그들은 '최전선에서' 일하며, 다양한 청각장애 아동의 적절한 성장을 촉진하기 위한 전문 지식을 보여 준다. 그러나 이것으로는 충분하지 않다. 임상가는 증거 기반의 성인 학습과 상담 전략뿐 아니라 체계 관점을 기반으로 하여 그들의 지식을 넓혀야 한다(Bodner-Johnson, 2001).

힘의 이동이나 전문가의 역할 변화로 인해 위협받는 느낌이 임상가에게 문제가 될 수 있다. 따라서 청각구어 임상가가 안정감과 역량을 갖고, 가족과 가족이 속한 공동체의 다른 임상가와 힘과 책임을 공유하는 것을 편안하게 받아들이는 것이 중요하다(Bamm & Rosenbaum, 2008). 가족중심 접근이 완전히 받아들여진다면 개념적인 모델은 재구성될 필요가 있다. 가족중심 중재는 경제적인 면에서 다른 어느 가족기반 접근보다 효율적일 수 있다. 즉, 이 중재에서는 학교 시스템과 다른 조직의 재정적인 부담이 줄어들 수 있다(Bamm & Rosenbaum, 2008). 그러나 이것은 개인 치료실을 운영하는 임상가에게는 부정적인 영향을 줄 수 있다.

특수교사와 언어재활사가 청각장애 아동에게 서비스를 제공하는 임상가의 다수를 차지하고 있음에도 불구하고, 이들은 가족중심 실제에 관해 충분히 훈련을 받지 못하고 있다(Campbell, Chiarello, Wilcox, & Milbourne, 2009; Campbell & Sawyer, 2009). 모든 임상가는 가족기반의 틀 안에서 그들의 기본 특정 지식을 적용하도록 기대된다. 일부 청각사가 가족중심 실제가 가족의 스트레스를 줄일 수 있다고 보여 주었으나(Gravel & McCaughey, 2004), Campbell과 동료들(2009)은 문헌 연구를 통해 임상가들이 전통적인 서비스를 계속 제공하고 있으며, 부모가 지켜보는 가운데 아동을 직접 치료한다고 보고했다. 나아가 많은 임상가들은 스스로를 가족중심 실제에서 경쟁력이 있다고 보지 않는다. 전형적인 청각구어 임상가 역시 이들과 다르게 생각하고 행동한다는 징후는 거의 없다.

결 론

"가족이란 궁극적으로 '거부나 해고가 없는' 단체다." (Osher & Osher, 2002, p. 48) 청각장애의 즉각성과 영구성에 비추어, 가족의 관계와 능력을 강화하는 것은 매우 중요하다. 따라서 청각장애 아동의 중재에서 가족 주도의 실제를 추천한다. 여전히 일부 임상가는 전문가 주도로 부모가 참여하는 중재 관점을 유지하고 있으나(Anderson, 2002), 자료들은 대부분의 가족기반 실제가 가족협력 또는 가족중점 실제를 채용하고 있음을 보여 준다(Dunst et al., 1991; Dunst et al., 2007). 그러나 가족기반 중재 서비스의 가장 최신 지견은 가족중심 그리고 컨설턴트로서의 임상가라는 패러다임의 변화를 요구한다.

중재의 매 단계에서 청각구어 임상가가 가족이 협력적인 참여를 하도록 촉진하는 것이 필요하다. 또한 임상가가 자신이 서비스를 제공하는 가족의 역량을 믿는 것이 중요하다. 임상가가 가족기반 중재를 채택한다면, 모델과 관계없이 그들은 기본 원칙을 수용한다. 이러한 원칙은 가족 기능을 강화하는 데 영향을 준다. 이는 임상가가 가족을 이해하는 것이 필요함을 의미한다. 또한 이것은 임상가가 가족에 대한 자신의 이해를 보여 주고 가족 기능을 강화하기 위한 목적으로 상담 기술을 효과적으로 사용하는 것과 같은 가족 체계적 사고를 해야 함을 의미한다.

참고문헌

Academy for Listening and Spoken Language. (2007). *Listening and Spoken Language Specialist Certification.* Retrieved 30 September 2009 from http://www.agbellacademy.org/certification.htm.

American Speech-Language-Hearing Association. (2008). *Service provision to children who are deaf and hard of hearing, birth to 36 months* [Technical Report]. Retrieved 30 September 2009 from http://www.asha.org/policy.

Anderson, K. (2002). Parent involvement: The magic ingredient in successful child outcomes. *The Hearing Review, 9*(11), 24-27, 56.

Azzopardi, A. (2000). A case study of a parents' self-advocacy group in Malta. *Disability & Society, 15*(7), 1065-1072.

Bamford, J., Davis, A., Hind, S., McCracken, W., & Reeve, K. (2000). *Evidence on very early service delivery: What parents want and don't always get.* Paper presented at A Sound Foundation Through Early Amplification: Proceedings of an International Conference, Chicago IL.

Bamm, E. L., & Rosenbaum, P. (2008). Family-centered theory: Origins, development, barriers, and supports to implementation in rehabilitation medicine. *Archives of Physical Medicine and Rehabilitation, 89,* 1618-1624.

Becker, W. C. (1971). *Parents are teachers: A child management program.* Champaign, IL: Research Press.

Beer, J., Pisoni, D. B., & Kronenberger, W. (2009). Executive function in children with cochlear implants. *Volta Voices, 16*(3), 18-21.

Blue-Banning, M., Summers, J. A., Frankland, H. C., Nelson, L. L., & Beegle, G. (2004). Dimensions of family and professional partnerships: Constructive guidelines for collaboration. *Exceptional Children, 70*(2), 167-184.

Bodner-Johnson, B. (2001). Parents as adult learners in family-centered education. *American Annals of the Deaf, 146*(3), 263-269.

Brewer, E. J. J., McPherson, M., Magrab, P. R., & Hutchin, V. L. (1989). Family-centered, community-based, coordinated care for children with special health care needs. *Pediatrics, 83,* 1055-1060.

Bronfenbrenner, U. (1979). *The ecology of human development: Experiments by nature and design.* Cambridge, MA: Harvard University Press.

Brown, J. D., & Nott, P. (2006). *Family-centered practice in early intervention for oral language development: Philosophy, methods, and results.* New York: Oxford University Press.

Brown, P. M., Abu Bakar, Z., Rickards, F. W., & Griffin, P. (2006). Family functioning, early intervention support, and spoken language and placement outcomes for children with profound hearing loss. *Deafness and Education International, 8*(4), 207-226.

Brown, P. M., & Remine, M. D. (2008). Flexibility of programme delivery in providing effective family-centred intervention for remote families. *Deafness and Education International, 10*(4), 213-225.

Bruder, M. B. (2000). Family-centered early intervention: Clarifying our values for the new millennium. *Topics in Early Childhood Special Education, 20*(2), 105-115.

Bruder, M. B., & Bricker, D. (1985). Parents as teachers of their children and other parents. *Journal of the Division for Early Childhood, 9*(2), 136-150.

Brue, A. W., & Oakland, T. (2001). The Portage guide to early intervention. *School Psychology International, 22*(3), 243-252.

Caldwell, B. (1971). *Home teaching activities.* Little Rock, AK: Center for Early Development and Education.

Campbell, P. H., Chiarello, L., Wilcox, M. J., & Milbourne, S. (2009). Preparing therapists as effective practitioners in early intervention. *Infants & Young Children, 22*(1), 21-31.

Campbell, P. H., & Sawyer, L. B. (2009). Changing early intervention providers' home visiting skills through participation in professional development. *Topics in Early Childhood Special Education, 28*(4), 219-234.

Chao, P-C., Bryan, T., Burstein, K., & Ergul, C. (2006). Family-centered intervention for young children at-risk for language and behavior problems. *Early Childhood Education Journal, 34*(2), 147-153.

Coates, B. (1981, December 22). Program opens children's ears. *Temple Daily News*, A3.

Cole, B. (2007). Mothers, gender and inclusion in the context of home-school relations. *Support for Learning, 22*(4), 165-173.

Conant, M. M. (1971). Teachers and parents: Changing roles and goals. *Childhood Education, 48*(3), 114-118.

Craft-Rosenberg, M., Kelly, P., & Schnoll, L. (2006). Family-centred care: Practice and preparation. *Families and Society, 87*(1), 17-25.

Crais, E. R., Roy, V. P., & Free, K. (2006). Parents' and professionals' perceptions of the implementation of family-centered practices in child assessments. *American Journal of Speech-Language Pathology, 15*, 365-377.

Dale, N. (1996). *Working with families of children with special needs*. London: Routledge.

Davila, R. R. (1992). The empowerment of people with disabilities. *OSERS News in Print, 5*(2), 2.

Dempsey, I., & Keen, D. (2008). A review of processes and outcomes in family-centered services for children with a disability. *Topics in Early Childhood Special Education, 28*(1), 42-52.

Denney, M. K., Itkonen, T., & Okamoto, Y. (2007). Early intervention systems of care for Latino families and their young children with special needs: Salient theme and guiding implications. *Infants & Young Children, 20*(4), 326-335.

Dokken, F., Simms, R., & Cole, F. S. (2007). The many roles of family members in "family-centered care" – Part II. *Pediatric Nursing, 33*(1), 51-52, 70.

Dunn, W. (2000). *Best practice occupational therapy: In community service with children and families*. Thorofare, NJ: Slack.

Dunst, C., Trivette, C., & Deal, A. (1988). *Enabling and empowering families*. Cambridge, MA: Brookline.

Dunst, C. J. (1996). *Early intervention in the USA: Programs, models, and practices*. Berlin: de Gruyter.

Dunst, C. J. (2002). Family-centered practices: Birth through high school. *Journal of Special Education, 36*, 139-147.

Dunst, C. J., Boyd, K., Trivette, C. M., & Hamby, D. W. (2002). Family-oriented program models and professional helpgiving practices. *Family Relations, 51*(3), 221-229.

Dunst, C. J., Johanson, C., Trivette, C. M., & Hamby, D. (1991). Family-oriented early intervention policies and practices: Family-centered or not? *Exceptional Children, 58*(2), 115-126.

Dunst, C. J., Trivette, C. M., & Deal, A. (1988). *Enabling and empowering families: Principles and guidelines for practice*. Cambridge, MA: Brookline.

Dunst, C. J., Trivette, C. M., & Deal, A. (1994). *Enabling and empowering families*. Cambridge, MA: Brookline.

Dunst, C. J., Trivette, C. M., & Hamby, D. W. (2007). Meta-analysis of family-centered helpgiving practices research. *Mental Retardation and Developmental Disabilities Research Reviews, 13*, 370-378.

Early, T. J., & GlenMaye, L. F. (2000). Valuing families: Social work practice with families from a strengths perspective. *Social Work, 45*(2), 118-130.

Edwards, L., & Crocker, S. (2008). *Psychological processes in deaf children with complex needs*. London: Jessica Kingsley.

Espe-Sherwindt, M. (2008). Family-centred practice: Collaboration, competency and evidence. *Support for Learning, 23*(3), 136-143.

Fewell, R. R. (1983). *The team approach to infant education.* Rockville, MD: Aspen.

Fiedler, M. F. (1952). *Deaf children in a hearing world.* New York: Ronald Press.

Gargiulo, R. M., & Kilgo, J. L. (2000). *Young children with special needs: An introduction to early childhood special education.* Albany, New York: Delmar.

Garland, C., Frank, A., Buck, D., & Seklemian, P. (1996). *Skills inventory for teams.* Norge, VA: Child Development Resources Training Center.

Giesy, R. (1970). *A guide for home visitors.* Nashville, TN: Demonstration and Research Center for Early Education, George Peabody College.

Gordon, I. J. (1969). *Developing parent power.* Princeton, NJ: Educational Testing Service.

Gravel, J. S., & McCaughey, C. C. (2004). Family-centered audiologic assessment for infants and young children with hearing loss. *Seminars in Hearing, 25*(4), 309-317.

Guerney, B. G., & Moore, C. D. (1979). *Fortifying family ties.* Washington, DC: US Department of Health, Education, and Welfare, Public Health Service.

Hammond, H. (1999). Identifying best family-centered practices in early intervention programs. *Teaching Exceptional Children, 31*(6), 42-46.

Hanft, B., & Pilkington, K. (2000). Therapy in natural environments: The means or end goal for early intervention? *Infants & Young Children, 12*(4), 1-13.

Harbin, G. L., McWilliam, R. A., & Gallagher, J. J. (2000). *Services for young children with disabilities and their families.* New York: Cambridge University Press.

Hebbeler, K. M., Smith, B. J., & Black, T. L. (1991). Federal early childhood special education policy: A model for the improvement of services for children with disabilities. *Exceptional Children, 58*(2), 104-112.

Hess, R. D. (1969). *Parental behavior and children's school achievement: Implications for Head Start.* Princeton, NJ: Educational Testing Service.

Hess, R. D. (1980). *Experts and amateurs: Some unintended consequences of parent education.* New York: Longman.

Hodge, N., & Runswick-Cole, K. (2008). Problematising parent-professional partnerships in education. *Disability & Society, 23*(6), 637-647.

Honig, A. S. (1975). *Parent involvement in early childhood education.* Washington, DC: National Association for the Education of Young Children.

Horton, K. B., & Sitton, A. B. (1970). Early intervention for the young deaf child. *Southern Medical Bulletin, August,* 50-57.

Howe, F., & Simmons, B. J. (2005). Nurturing the parent-teacher alliance. *Phi Delta Kappa Fastbacks, 533,* 1-41.

John Tracy Clinic. (1968). *Getting your baby ready to talk: A home study plan for infant language development.* Los Angeles, CA: John Tracy Clinic.

Judge, S. (1997). Parental perceptions of help-giving practices and control appraisals in early intervention programs. *Topics in Early Childhood Special Education, 17,* 457-476.

Kasahara, M., & Turnbull, A. P. (2005). Meaning of family-professional partnerships: Japanese mothers' perspectives. *Exceptional Children, 71*(3), 249-265.

King, G., King, S., Rosenbaum, P., & Goffin, R. (1999). Family-centered caregiving and well-being of parents of children with disabilities: Linking process with outcome. *Journal of Pediatric Psychology, 24*(1), 41-53.

King, G. A., Tucker, M. A., Baldwin, P. J., & LaPorta, J. A. (2006). Bringing the Life Needs Model to life: Implementing a service delivery model for pediatric rehabilitation. *Physical & Occupational Therapy in Pediatrics, 26,* 43-70.

Law, M., Hanna, S., King, G., Hurley, P., King, S., Kertoy, M. et al. (2003). Factors affecting family-centred service delivery for children with disabilities. *Child: Care, Health, and Development, 29*(5), 357-366.

Lillie, D. L. (1976). *An overview to parent programs.* New

York: Walker.

Lillie, D. L., Trohanis, P. L., & Goin, K. W. (1976). *Teaching parents to teach*. New York: Walker.

Litchfield, R., & MacDougall, C. (2002). Professional issues for physiotherapists in family-centred and community-based settings. *Australian Journal of Physiotherapy, 48,* 105-112.

Lundeby, H., & Tøssebro, J. (2008). Exploring the experiences of "not being listened to" from the perspective of parents with disabled children. *Scandinavian Journal of Disability Research, 10*(4), 258-274.

Lyon, S., & Lyon, G. (1980). Team functioning and staff development: A role release approach to providing integrated educational services for severely handicapped students. *The Journal of the Association for the Severely Handicapped, 5*(3), 250-263.

Madsen, W. C. (2009). Collaborative helping: A practice framework for family-centered services. *Family Process, 48,* 103-116.

Mayhew, L., Scott, S., & McWilliam, R. A. (1999). *Project INTEGRATE: A training and resource guide for speech and language pathologists.* Chapel Hill, NC: Frank Porter Graham Child Development Center University of North Carolina at Chapel Hill.

McCollum, J. A. (1999). Parent education: What we mean and what that means. *Topics in Early Childhood Special Education, 19,* 147-149.

McLaughlin, M. W., & Shields, P. M. (1987). Involving low-income parents in the schools: A role for policy? *Phi Delta Kappan, 69*(2), 156-160.

McWilliam, R. A., & Scott, S. (2001). A support approach to early intervention: A three-part framework. *Infants & Young Children, 13*(4), 55-66.

Murray, P. (2000). Disabled children, parents and professionals: Partnership on whose terms? *Disability & Society, 4,* 683-698.

Northcott, W. (1974). UNISTAPS: A family-oriented infant/preschool program for hearing-impaired children and their parents. *Peabody Journal of Education, 51*(3), 192-196.

Nystrom, J. F. (1989). Empowerment model for delivery of social work services in public schools. *Social Work in Education, 11,* 160-170.

Odom, S. L., & Wolery, M. (2003). A unified theory of practice in early intervention/early childhood special education: Evidence-based practices. *The Journal of Special Education, 37*(3), 164-173.

Osher, T. W., & Osher, D. M. (2002). The paradigm shift to true collaboration with families. *Journal of Child and Family Studies, 11*(1), 47-60.

Rhoades, E. A. (1982). Early intervention and development of communication skills for deaf children using an auditory-verbal approach. *Topics in Language Disorders, 2*(3), 8-16.

Rhoades, E. A. (2005). Ellen. In W. Estabrooks (Ed.), *We learned to listen* (pp. 149-176). Washington, DC: AG Bell Association.

Rhoades, E. A. (2009). What the neurosciences tell us about adolescent development. *Volta voices, 16*(1), 16-21.

Rhoades, E. A., & Massey, C. (1975). A grandparent's workshop. *The Volta Review, 77,* 557-560.

Rosenbaum, P., King, S., Law, M., King, G., & Evans, S. (1998). Family-centered service: A conceptual framework and research review. *Physical and Occupational Therapy in Pediatrics, 18,* 1-20.

Schaefer, E. S. (1972). Parents as educators: Evidence from cross-sectional, longitudinal and intervention research. *Young Children, 27,* 227-239.

Schlesinger, H. S. (1969). A child first. *The Volta Review, 71,* 545-551.

Shelton, T. L., Jeppson, E. S., & Johnson, B. H. (1987). *Family-centered care for children with special health care needs.* Bethesda, MD: Association for the Care of

Children's Health.

Sheridan, S. M., Warnes, E. D., Cowan, R. J., Schemm, A. V., & Clarke, B. L. (2004). Family-centered positive psychology: Focusing on strengths to build student success. *Psychology in the Schools, 41*(1), 7-17.

Simmons-Martin, A. (1975). Facilitating parent child interactions through the education of parents. *Journal of Research and Development in Education, 8*(2), 96-102.

Simmons-Martin, A. (1983). Salient features from the literature, with implications for parent-infant programming. *American Annals of the Deaf, 128*(2), 107-117.

Stevens, J. H., & Mathews, M. E. (1978). *Mother/child father/child relationships.* Washington, DC: National Association for the Education of Young Children.

Sullivan, W. P. (1992). Reclaiming the community: The strengths perspective and deinstitutionalization. *Social Work, 37,* 204-209.

Swick, K. J., Boutte, G., & van Scoy, I. (1994). Multicultural learning through family involvement. *Dimensions, 22*(4), 17-21.

Taylor, J. S. (2004). *Intervention with infants and toddlers: The law, the participants, and the process.* Springfield, IL: Charles C Thomas.

Trivette, C. M., Dunst, C. J., Boyd, K., & Hamby, D. W. (1996). Family-oriented program models, helpgiving practices, and parental control appraisals. *Exceptional Children, 62*(3), 237-248.

Trute, B., & Hiebert-Murphy, D. (2007). The implications of "working alliance" for the measurement and evaluation of family-centered practice in childhood disability services. *Infants & Young Children, 20*(2), 109-119.

Wade, C. M., Mildon, R. I., & Matthews, J. M. (2007). Service delivery to parents with an intellectual disability: family-centred or professionally-centred? *Journal of Applied Research in Intellectual Disabilities, 20,* 87-98.

Wang, M., Summers, J. A., Little, T., Turnbull, A., Poston, D., & Mannan, H. (2006). Perspectives of fathers and mothers of children in early intervention programmes in assessing family quality of life. *Journal of Intellectual Disability Research, 50*(12), 977-988.

Webster, E. J., & Cole, B. M. (1979). Effective leadership of parent discussion groups. *Language, Speech, and Hearing Services in Schools, 10,* 72-80.

Wilson, L. L. (2005). Characteristics and consequences of capacity-building parenting supports. *CASEmakers, 1*(4), 1-3.

Woodruff, G., & McGonigal, M. J. (1988). *Early intervention team approaches.* McLean, VA: Council for Exceptional Children.

Xu, Y. (2007). Empowering culturally diverse families of young children with disabilities: The double ABCX model. *Early Childhood Education Journal, 34*(6), 431-437.

사회정서적 고려점

Robyn Phillips, Liz Worley, and Ellen A. Rhoades

개 관

청각장애의 진단은 대부분의 건청 부모를 위기나 혼동의 상황으로 치닫게 할 것이다. 이러한 위기의 범위는 가족 구성원이 진단의 시기에 어떻게 기능하느냐에 달려 있다. 진단은 청각장애 아동에게 여러 가지 사건이 줄지어 일어나는 상황의 시작이며, 단기적이거나 장기적인 가족 구성원의 붕괴를 가져올 수 있다. 이것은 부모, 조부모, 형제자매, 청각장애 아동 자신을 포함한 가족 구성원 모두에게 영향을 미치는 즉각적이거나 영구적인 변화를 수반한다. 이 장에서는 예측하지 못한 스트레스 상황에 대한 가족 구성원들의 반응과 가족의 생애주기에서 듣기와 관련된 전이 단계에 대해 논의하고자 한다. 또한 청각장애에 대한 가족들의 반응성을 다루기 위한 일반적인 구성 요소에 대한 개괄로 마무리할 것이다.

예기치 못한 스트레스 상황

아동의 장애와 같이 매우 높은 스트레스 요인들은 부모의 슬픔을 야기할 수 있다. 이 슬픔은 종종 슬픔 주기(grief cycles) 또는 단계로 불리는 쇼크, 무기력, 부인, 분노, 절망, 수용과 같은 강렬한 정서적 상태와 관련된다(Attig, 1996; Rich, 1999). 감정은 예측할 수 없지만 본질적으로 주기성을 띤다. 이 주기성은 함께 발생할 수도 있고 서로 분리되거나 다시 돌아오는 능동적 단계와 수동적 단계를 모두 포함한다(Attig, 1996). 이러한 강렬한 느낌들은 나쁜 뉴스에 대한 정상적인 반응이지만, 반드시 선형적인 형태로 일어나는 것은 아니며 모든 사람이 경험하지는 않는다(Rich, 1999). 전문가들은 이러한 감정들을 정상화하고, 슬퍼하는 부모들이 폭풍우 속에 혼자 있는 것이 아니라는 것을 깨닫도록 도우며, 이러한 부정적인 감정 상태 중 어느 것에라도 계속 머물러 있지 않도록 돌보아야 한다. 전문가들이 청력손실 이전의 상태로 되돌리거나 회복된다는 말을 부모에게 하는 것은 슬퍼하는 부모들을 존중하지 않는 것과 같다. 대신에 슬퍼하는 부모들이 청력손실의 결과에 대해 잘 판단할 수 있도록 도와야 하며, 이로써 가족 내에 평온함을 회복시킬 수 있다(Rich, 1999). 아동의 청각장애는 건청 부모와 가족들에게 지속적인(계속 재발하는) 스트레스 요인이 될 수 있다. 이러한 스트레스 요인은 제7장에서 논의한 예기치 못한 상황과 전이 단계를 포함한다.

진단 이전

신생아청각선별검사가 보편화되기 이전에는 대부분의 부모가 청력손실을 발견하기 전까지 아기와 정서적인 유대를 맺을 수 있었다(Fitzpatrick et al., 2007). 이제 신생아청각선별검사는 미국, 영국, 캐나다 등의 나라에서 일반적으로 시행된다(Ozcebe, Sevinc, & Belgin, 2005; Swanepoel, Hugo, & Louw, 2006). 조기진단, 가장 적절한 증폭 기술을 사용한 조기 적합, 조기중재의 시작과 같은 긍정적인 영향에 대한 많은 논의가 신생아청각선별검사를 지지한다. 이러한 조기진단과 조기중재를 받은 아동이 진단과 중재가 늦어진 아동에 비해 더 긍정적인 결과를 보여 주고 있다(Geers, Tobey, Moog, & Brenner, 2008; Moeller, 2000; Samson-Fang, Simons-McCandless, & Shelton, 2000).

일반적으로 부모들은 신생아청각선별 서비스에 대해 높은 만족도를 보인다(예: MacNeil, Liu,

Stone, & Farrell, 2007). 처음 청각선별검사를 할 때 어떤 부모들은 양육에 대한 불안과 양가감정으로 인해 참여를 꺼리는 반응을 보이기도 한다. 그러나 청력손실을 확정 짓는 재검사는 부모가 아동을 대하는 태도를 바꾸는 강한 압력이 될 수 있다. 청력손실의 확정을 포함한 이러한 평가 과정은 결국 매우 유의미한 스트레스 요인으로 작용하는데, 이는 대부분의 건청 부모는 그들의 개인적인 경험이나 지식의 한계를 벗어나는 자신이 모르는 상황들을 알아 가는 단계이기 때문이다(Eleweke, Gilbert, Bays, & Austin, 2008; Gruss, Berlin, Greenstein, Yagil, & Beiser, 2007; Jackson, Traub, & Turnbull, 2008; Mitchell & Karchmer, 2004).

진 단

여러 문화권에서 공통적으로 건청 부모들은 아이가 청각장애로 진단받은 직후의 불안 중 하나로 가족 구성원들의 독특한 감정적인 반응을 보고한다(Burger, Spahn, Richter, Eissele, Löhle, & Bengel, 2005; Meinzen-Derr, Lim, Choo, Buyniski, & Wiley, 2008; Neuss, 2006; Spahn, Richter, Burger, Lohle, & Wirsching, 2003). 부모들의 반응에는 다음과 같은 경우들이 포함된다. 어떤 예기치 못한 일이 발생했을 때 받는 쇼크, 자신의 아이와 자신들의 변화된 처지에 대한 슬픔이나 비통함, 기대했던 '완벽한' 아이를 잃은 데 대한 애도, '정상적인' 아이에 대해 가진 기대와 꿈에 대한 실망감, 청력손실이 자신의 아이가 남들과 다르다는 의미라는 것의 부인, 무엇을 배워야 하는지 잘 모르겠고 불확실한 데 대한 공포, 아이가 지역사회의 일원이 될 수 있을지 등 아이의 미래에 대한 걱정, 부모의 부주의로 청력손실을 일으켰을지 모른다는 죄책감, 이런 일이 자신들한테 일어났다는 데 대한 화와 분노, 아이가 쉽게 의사소통하지 못하는 데 대한 좌절감, 아이가 건청인들처럼 기능할 수 있도록 하고 싶은 욕망, 이 외에도 부적절감, 상처받기 쉬움, 후회와 같은 감정들이 있다(Luterman, 2006; McCracken, Young, & Tattersall, 2008). 부모의 불안은 청력 검사 결과가 정확하지 않은 기간 동안 더 증폭된다(Steinberg et al., 2007). 자녀의 청력 상태를 알지 못하는 것은 부모에게 어려운 짐이 될 수 있으며, 불확실성과 우울감을 가져올 수 있다.

부모의 감정은 문화적이고 이념적인 스타일을 포함하여 가족 구조 특성의 영향을 받는다(Li, Bain, & Steinberg, 2004). 이러한 스타일들은 부모가 자녀의 청각장애를 미신적인 믿음의 결과로 받아들이는지, 어떤 죄의 결과로 받아들이는지, 믿음에 기초한 '매서운 시련'이나 신이 내린 의지적이고 도덕적인 특별한 경험으로 받아들이는지, 또는 '의학적인 문제'(다음의 글상자 참조)로 받아들이는지에 영향을 미친다(Young & Tattersall, 2007). 개인적인 특성이나 성격적인 차

의학적 모델

의학적인 모델은 아동의 청력손실에 대한 원인과 결과 간의 인과관계에 중점을 둔 병리적인 원인론을 말한다. 아동은 결함이 있으나 비난받을 이유는 없다. 치료는 가능한 한 최대한 '정상화' 하는 것을 목표로 한다. 이 모델은 결함을 가지고 있는 사람들에 대한 사회의 일반적인 태도에 영향을 미친다. 이 모델은 여러 임상가가 제공하는 중재와 특수교육 정책을 형성한다.

이는 부모들의 진단에 대한 반응을 예측하거나 일반화하는 것을 더욱 어렵게 만들 수 있다. 부모들은 아주 심한 스트레스를 경험하면, 정보를 기억하기 어렵게 된다(Margolis, 2004).

진단의 시기가 진단에 대한 강한 정서적인 반응에 영향을 준다는 증거들이 있다(Young & Tattersall, 2007). 18개월 이전에 청각장애로 진단받은 아동의 어머니가 느끼는 스트레스 수준은 늦게 진단받은 아동의 어머니보다 더 높게 나타났다(Meinzen-Derr et al., 2008). 이러한 초기의 어려움은 슬픔을 경험하면서 더 악화된다. 그러나 늦게 진단받은 아동의 몇몇 부모는 ① 자녀의 청력손실을 좀 더 일찍 의심하지 못했다는 죄책감(Fitzpatrick et al., 2007), ② 자녀의 의사소통 기술 발달이 지연됨으로써 부모-자녀 관계 형성에 부정적인 영향을 끼칠지 모른다는 걱정(Quittner, Leibach, & Marciel, 2004)을 토로한다. 청력손실의 발견으로 인한 즉각적인 스트레스와 뒤늦은 진단이 아이의 구어 발달에 미치는 잠재적인 영향을 비교했을 때, 부모들은 출생 시에 진단받는 것이 더 좋다고 보고한다(Fitzpatrick et al., 2008; Magnuson & Hergils, 1999; McCracken et al., 2008).

영아기 이후까지 진단을 받지 못했어도, 많은 부모는 직관적으로, 때때로 자녀가 무언가 다르고 잘못되었으며 부족하다는 것을 느낀다. 이런 부모들은 청력손실이 확정되었을 때 입증되었다고 느끼거나 안도감을 갖게 된다. 그러나 어떤 부모들은 '무언가 잘못되었다는' 의심이 즉각적으로 해결되지 못했다는 이유로 진료 체계에 대해 좌절하거나 화를 내게 된다(Glover, 2003; Omondi, Ogal, Otieno, & Macharia, 2007). 언제 진단을 받았는지와 상관없이 진단은 가족들로 하여금 사회적인 관계와 정신적인 기능에 영향을 주는 새로운 체계의 과제로 옮겨 가게 한다. 대부분의 부모는 중재 과정이 계속됨에 따라 안정되어 가며, 처음에 느꼈던 부정적인 생각이 향상되는 것을 경험한다(Spahn et al., 2003).

부모들은 조기진단과 '치료'가 자녀와 자신들이 '비정상적'이고 비전형적이라는 생각을 없애 주고, 특히 발전하는 보청 기술(hearing technology)을 통해 근본적으로 어느 정도의 정상성을 획득할 수 있으리라고 기대하거나 희망한다(Sach & Whynes, 2005). 첫아이의 부모들은 청력손실에서 비롯된 감정과 부모 역할을 처음 하는 데에서 비롯된 감정을 구분하는 것이 매우 어려울 수 있다(Sach & Whynes, 2005). 계속되는 진단 과정에서 첫째가 아닌 아이들의 부모들은 앞에 놓인 과제에 효과적으로 대처할 수 있다는 자신감과 같은 또 다른 감정을 가질 수 있다(Glover, 2003). 각 가족은 그들의 가족 특성에 따라 진단에 대해 서로 다르게 반응한다. 흥미롭게도, 아동의 청각 또는 언어 상태와 부모의 스트레스 정도 간의 관련성에 대해서는 불분명하고 제한된 데이터가 있을 뿐이다(Burger et al., 2006; Pipp-Siegel, Sedey, & Yoshinaga-Itano, 2002). 부모의 실망감은 진전이 없기 때문에 발생하는데, 특히 부모가 반드시 내려야 하는 결정을 스트레스 상황에서 종종 의심을 가지고 내린 후에 따라오는 결과이기 때문이다(Burger et al., 2006). 부모와 아동 간에 의사소통이 원활하게 되는 정도가 부모의 스트레스와 관련이 있다는 증거들이 있다(Mapp & Hudson, 1997).

상실과 변화에 대한 반응들은 독특하다. 가족 체계가 청각장애를 경험하는 방식은 세대 간 관계에 기반을 두는 것으로 보이며, 체계적 요구는 다음의 세 가지 영역에서 체계적인 요구를 평가할 수 있다. ① 아동이 가족 내에서 하는 역할, ② 가족 구성원 간의 정서적 통합력, ③ 가족 체계가 감정적 표현과 성장을 촉진 또는 방해하는 방식 등이다(Worden, 2001). 또한 조율하는 요소로 외적 자원과 지원 체계를 고려할 수 있으며, 부모의 반응을 변화나 손실에 대한 적응이나 대처 방법을 찾는 과정으로 설명하는 것이 도움이 될 수 있다. 부모들은 가상적인 세상에서 상실을 경험한다. 부모들은 동화와 적응에 기반을 둔 요구도 있지만, 압도됨과 동시에 부적절함을 느끼며 공포, 분노, 불안, 혼란, 절망, 슬픔, 죄책감, 비난과 같은 강한 감정들을 이겨 나가야 한다(Corr, 2002; Kurtzer-White & Luterman, 2003).

장애 관리

청각장애 아동의 가족들 대부분은 이전에는 그들에게 생소했던 장애 관리와 같은 문화에 억지로 참여한다(다음의 글상자 설명 참조). 이는 새로운 문화적 기준을 수용하면서 동시에 부모 자신의 불안과 불확실한 감정들을 다루는 것과 관련된다. 부모들은 건강관리 체계 내에서 중재 과정의 의사 결정자로서 중추적인 역할을 하기 위해 어떤 자원이라도 사용하면서 조정자와 협상가가 된다(Eleweke & Rodda, 2000; Magnuson & Hergils, 1999). 슬픔 주기 모델에서 새로운 스트레스 요인은, 아이가 학습적인 어려움이 있는지 결정하기 위한 평가를 받아야 하는 것이며 이

장애 문화

문화는 인간의 경험으로 형성되는 비자발적으로 학습된 행동을 포괄한다. 장애 문화는 청각장애와 같은 장애를 가진 사람들의 집단에 적용된다. '장애 문화'(Devlieger, Albrecht, & Hertz, 2007)의 조건은 다음과 같다.

- 장애와, 가족과 친구로부터의 소외의 지각
- 장애의 경험뿐만 아니라 생존을 위한 전략에 의미를 더하는 안전하고 지지적인 환경에의 몰입
- 이러한 환경에서 양육되고 자라날 수 있는 시간과 자유

것은 슬픔의 주기를 다시 시작하게 한다.

청각장애 아동이 청각적으로 접근하여 대화가 가능한 수준으로 구어를 사용할 수 있도록 하는 것은 가족들의 전 생애에 걸쳐 영향을 준다. ① 아동의 보청기를 처음 적합하는 날, 그리고/또는 ② 인공와우 이식 과정 등이 가족들에게 특별한 역사적 사건이 되는 경우가 많다(Spahn et al., 2003). 아동이 어떤 청각 보장구라도 착용하게 되면, 청력손실이 있다는 것을 다른 사람에게 드러내는 것이 되므로 부모들에게 매우 중요한 순간이 된다(Sjoblad et al., 2001). 사실, 부모들과 나이 많은 청각장애 아동들에게 청각 보장구의 생김새는 불안과 다른 부정적인 태도를 가중시킬 수 있다(Brown & Pinel, 2003; Pachankis, 2007; Sjoblad et al., 2001). 더욱이, 부모들은 청각 보장구의 사용과 관리에 대해 많은 걱정거리와 셀 수 없이 많은 질문을 가질 것이다.

보청기가 아동에게 충분한 증폭을 제공하지 못하면, 부모들은 인공와우의 필요성에 대해 알아봐야 하는 또 다른 전이 기간을 경험하게 되며(Beadle, Shores, & Wood, 2000; Zaidman-Zait & Most, 2005), 아동이 나이가 들어 가는 것은 부모의 스트레스가 증가하는 것과 직접적인 상관이 있다(Burger et al., 2006). 인공와우 이식이 필요한 경우 다음과 같은 문제들이 스트레스를 가져온다. 아동이 수술적 처치를 받아야 하는 문제, 의사와 기계의 선택, 보험, 재정, 교통, 그리고 가족들의 스케줄을 변경해야 하는 문제들이 종종 진단으로부터 1~2년 내에 발생한다(Most & Zaidman-Zait, 2003). 인공와우를 이식한 후에는 많은 부모가 수화 의사소통 접근법에서 주로 구어를 사용하는 접근법으로 이동한다(Watson, Hardie, Archbold, & Wheeler, 2007). 따라서 인공와우 이식의 과정은 새로운 희망과 기대로 더 복잡해지는데, 실현이 될지 안 될지 확실하지 않으며 결과가 매우 다양하게 나타나기 때문이다(Marschark, Lang, & Albertini, 2002). 사실, 어음처리

기를 착용하고 나서 몇 주에서 몇 년간 지속될 수 있는 우울이나 부인, 실망을 겪는 부모들이나 나이 많은 아동들이 있다(Anagnostou, Graham, & Crocker, 2007; Shin, Kim, Kim, Park, Kim, & Oh, 2007; Yucel & Sennaroglu, 2007). 가족들의 기대는 몇 년간 끊임없이 변하는 상태에 있을 수 있다(Perold, 2006; Weisel, Most, & Michael, 2007).

부모들은 또한 조기중재 프로그램과 의사소통 방식의 선택, 광범위하고 집중적인 자활에 노력하는 정도, 부모 자신의 커리어/직업을 신중하게 고려해야 하며, 청각장애 아동뿐 아니라 가족 구성원 모두의 욕구를 충족하기 위해 가족들의 일상생활을 어떻게 바꾸어야 하는지 고려해야 한다. 이러한 문제들은 가족들의 문화적 유형과 이념적 유형에 비추어 고려되어야 한다. 진단과 효과적인 청각 보장구의 적합에 이어, 많은 부모에게 다음 분수령이 될 수 있는 것은 아이를 처음으로 일반학교에 보내는 것이다. 부모들은 아이가 또래 수준의 언어 능력을 가지고 있을 때조차 상당한 공포를 느끼게 된다. 잠재적으로 문제가 될 수 있는 걱정은 아이가 사회적으로 소외되거나 학급에서 학습을 잘 따라갈 수 있을지에 대한 것들이다(Leyser & Kirk, 2004; Schorr, 2006). 더욱이 유치원, 초등학교, 중학교까지 지속적으로 부모가 청각장애와 관련된 문제들을 관리해야하며, 여기에는 청각 보조기기의 선택, 교육적 배치, 법적인 권리, 주류화 서비스의 선택과 기타 특별 보조뿐만 아니라 고등교육이나 직업 선택 문제가 포함된다(Wheeler, Archbold, Hardie, & Watson, 2009). 아이를 키우는 과정에서 발생하는 부가적인 학습 문제, 지속되는 의사소통 능력 지연, 외로움, 괴롭힘, 따돌림 등의 사회 · 정서적인 문제들로 인해 부모들은 힘든 결정을 해야 할 수 있다. 이러한 문제 상황들은 불안과 스트레스를 악화시키며, 각 가족 내의 모든 하위 체계에 긴장을 유발한다.

어떤 가족들은 필요로 하는 기본 정보와 정서적인 지지를 받지 못하는 것이 분명하다(10장 참조). 많은 가족이 준비되지 않은 채로 장애 관리 문화에 뛰어들게 된다. 많은 부모가 아이의 청각장애를 이해하고 적절하게 대처하도록 다른 부모들을 도와주고 싶어 하는 이유는 부분적으로는 그들 자신의 아이들의 진단과 이후 사회적 · 교육적 · 의사소통적 요구에 대처한 개인적인 경험 때문이다(Yucel, Derim, & Celik, 2008). 부모들은 종종 건설적으로 청력손실을 관리하기 위해 그들 자신이 겪은 고통스러운 노력을 다른 사람들이 피할 수 있도록 돕고 싶어 한다.

의사결정 상황과 과정

부정적인 정서적 문제들을 어떻게든 타개해 나가는 동안, 그리고 청각 보장구의 관리, 유지,

적절한 사용에 대한 새로운 관련 기술과 기술적 정보를 이해하려고 애쓰는 동안, 가족들은 상대적으로 빠르게 많은 결정을 내려야 한다는 압력을 느낄 수 있으며, 어떤 가족들은 결정의 순간에 혼동되고 상반되는 입소문 때문에 혼란을 느낀다(Freeman, Dieterich, & Rak, 2002; Jackson et al., 2008; Kluwin & Stewart, 2000; Rice & Lenihan, 2005; Spahn et al., 2003). 이것이 의사 결정 과정에 상당한 스트레스를 더할 수 있다(Feher-Prout, 1996). 각각의 결정은 새로운 문화의 규칙과 규준, 나아가 장애 관리와 치료적 활동을 학습하도록 참여를 이끌어 낸다.

청각장애 아동의 부모가 된다는 것은 여러 번 방향을 잃어버리는 경험을 하게 되는 복잡한 시도일 수 있다. 청력손실을 진단받은 지 12개월 이내에 부모로서 스트레스를 받는 의사 결정이 요구되는 상황들이 있다. 보청기, 의사소통 양식의 결정, 부모의 진로 선택, 인공와우, 교통 및 재정적 문제, 유전 상담, 조기중재 프로그램, 문화적인 문제들과 가족들의 일상생활 등이 그것이다. 스트레스 받는 또 다른 의사 결정 상황은 아동기와 청소년기에 걸쳐 발생할 수 있는데, 형제자매 관계, 교육적 배치, 청각 보장구, 이후의 인공와우 이식, 주류화 문제, 교육적 권리, 또래 관계, 계속되는 의사소통 능력 지연, 학습 문제, 고등교육으로의 전이 등이다. 이들 중의 어떤 결정이라도 부모에게는 감정적으로 무거운 짐이 될 수 있으며(Duncan, 2009; Ramsden, Papaioannou, Gordon, James, & Papsin, 2009), 어떤 것들은 다른 것들에 비해 더 스트레스를 가져온다. 예를 들어, 의사소통 방식의 선택은 부부간의 또는 가족 외적인 스트레스를 많이 가져올 수 있다(Jackson et al., 2008).

어떤 부모들은 자녀의 최선의 이익을 위해 빨리 선택하는 방법밖에 다른 대안은 없다고 느낀다. 때때로 임상가들이 부모들에게 위급하다는 이러한 생각을 불러일으킨다. 어떤 부모들은 시행착오를 겪으며 가능한 한 의사 결정에 보다 느긋하게 접근하는 방법을 사용한다. 다른 경우로, 자녀가 신생아청각선별 프로그램으로 진단받은 경우 부모들은 아주 위급하다는 생각을 갖지 않을 수 있다. 이는 의사소통과 언어 발달에 미치는 청력손실의 영향이 양육자에게 즉각적으로 분명하게 보이지 않기 때문이거나(Fitzpatrick, Graham, Durieux-Smith, Angus, & Coyle, 2007), 부모가 편리한 시간에 청각사를 만나는 스케줄을 잡는 데에 꽤 시간이 걸리기 때문일 가능성이 많다(Sjoblad, Harrison, Roush, & McWilliam, 2001).

여러 가지 이유로, 청각장애 아동들은 유전 상담에 점점 더 많이 의뢰되고 있다. 이는 또한 부모들의 열의나 증가된 불안과 공포를 초래할 수 있다. 주류 문화의 가족보다 더 큰 스트레스에 놓여 있기 쉬운 소수민족 가족에서는 더 그러할 것이다(Steinberg et al., 2007). 더욱이 유전 검사 결과는 그들 자신과 부모로서의 그들의 역할에 대한 정서적이고 인지적인 재평가를 하도록 만들 수 있다. 부모로서의 여러 가지 감정 중에서 자기비난이나 죄책감이 생기거나, 다시 생기거나, 아니면 없어진다(Steinberg et al., 2007). 임상가들이 편견 없는 증거 중심의 정보를 제공하지 않거나 가족의 요구에 맞춘 충분한 정서적인 지지를 제공하지 않을 때 부모들은 의사 결정을 내리기가 더 어렵다(Glover, 2003; Jackson et al., 2008; Steinberg et al., 2007). 부모들의 의사 결정 과정은 그들의 가치관과 믿음에 의해 수정될 수 있으며, 전문가와 부모 집단으로부터의 지지를 통해 이후에 더 수정될 가능성이 열려 있다(Li et al., 2004).

성별에 따라 의사 결정 상황에 차이가 있을 수 있다. 아버지들은 종종 문제를 해결하기로 하거나, 아니면 그들 자신의 감정적인 반응을 다스리기 위해 상황에서 피해 있는 방법을 선택한다. 어머니들은 강렬한 감정적인 표현으로 갑작스럽게 울곤 한다. 어떤 상황에서는 배우자 간의 갈등이 증가하고, 문제를 공유하고 의사 결정하는 데에 공평하지 않은 역할 때문에 부당함을 느끼게 된다. 부모들은 아이가 안전하지 못할까 봐 두려움을 느낀다. 많은 부모가 의사 결정에 따르는 감정적인 반응을 다뤄야 할 때 외로움을 느낀다(Jackson et al., 2008; Sach & Whynes, 2005; Wathum-Ocama & Rose, 2002).

놀라울 것도 없이, 부모가 경험하는 압력의 측면에서 볼 때, 확진을 받고 중재를 시작하기까지의 기간이 종종 가장 길고 어렵게 느껴진다(Rice & Lenihan, 2005). 스트레스가 많은 전이 기간과 불안을 가중시키는 의사 결정 사항들은 불건강한 가족 관계를 악화시키고, 나아가 가족 체계를 악화시킬 수 있다. 역으로, 청각장애 아동을 키우는 것은 협동적인 문제 해결을 증진시키고, 따라서 더 강해진 가족 체계 내에서 가족 관계가 더 가까워지도록 촉진하는 의사 결정의 기회를 가져올 수도 있다(Jackson & Turnbull, 2004).

청각구어 실제에 대한 접근 가능성의 제한

한 국가 내에서나 국가 간에, 우리가 목격하는 보건에 있어서의 불평등은 세계적으로 많은 도전을 제시하고 있다(Marmot, 2005). 더욱이, 도시와 농촌 지역 간의 교육이나 보건의 불평등이 세계적으로 나타난다(Levin & Leyland, 2006; Speelman, 2007). 청각구어 임상의 공급과 관련하여, 세계적으로나 청각구어 임상가들이 더 많이 있는 나라들에서나 많은 가족에게 지리적인 제한점이 상당히 크다(Academy for Listening and Spoken Language, 2007). 청각구어 임상만 배타적으로 시행하는 센터는 많지 않으며, 그런 센터들 중에 많은 센터가 제한적인 기금으로 운영되는 사설 비영리 기관이다. 현실적으로 자격을 갖춘 청각구어 임상가들은 대부분 사설 기관에서 일하고 있으며, 이는 다시 말하면 청각구어 실제가 종종 제한된 재정적 수준의 가족들에게는 쉽게 접근하기 어렵다는 것을 뜻한다(Rhoades, 2008). 가정기반 서비스를 제공하는 것은 사설 기관의 청각구어 임상가들이 제공할 수 있는 방법이 아닐 수 있다(Brown & Remine, 2008).

미국은 전 세계에서 가장 많은 수의 청각구어 임상가들이 있지만, 시골 지역의 경우 가족들은 임상가를 만나기가 어렵고, 임상가들은 훈련을 받기가 어렵다(Proctor, Niemeyer, & Crompton, 2005). 청각구어 임상가들이 있는 곳에 살지는 않지만 청각구어 치료를 꼭 받고 싶어 하는 가족들은 경제적인 희생을 해야 한다. 사실, 부모들은 청각구어 임상가에게 서비스를 받기 위해 오랜 시간 이동하거나 심지어 이사를 가기도 한다(Fitzpatrick et al., 2008; Jackson & Turnbull, 2004; Neuss, 2006). 이동을 하거나 이사를 가는 것은 비용이 들고, 다른 가족들로부터 분리되어 지원을 받지 못하게 하기도 한다. 또한 이를 감당하기 어려운 가족들도 많다(Yucel et al., 2008).

지난 10년간 3차 청각구어 센터에 등록된 72가족에 대한 후향적 연구에 의하면, 이 가족들은 일반적인 청각장애 아동들의 경우를 대표하지 않는다(Easterbrooks, O'Rourke, & Todd, 2000). 이들은 전체 청각장애 아동 중 몇 안 되는 아동들의 가족들로, 어머니의 교육 수준이 높고 상대적으로 높은 임금 수준을 보였으며, 이는 무엇보다도 어머니들이 아이들과 집에서 상당히 많은 시간을 보내는 것이 가능하도록 하였다(Easterbrooks et al., 2000). 가족들이 청각구어 프로그램에 접근하고 성공적으로 참여하는 데에 있어서의 잠재적인 장벽은, 부모와 다른 사람들이 지각하는 것처럼, 대부분 보건에 대한 사회적 결정 요인에 뿌리를 두고 있다. 세계적으로 불평등하게 이루어져 온 청각구어 실제의 맥락은 어떤 가족들에게는 스트레스와 불안을 가중시킬 수 있다.

임상가-가족 부조화

가족중심의 관점에서 볼 때 임상가들은 청각장애라는 기반 위에 가족들과 협력적인 관계를 형성해야 한다. 이는 ① 임상가들이 학교나 임상에서의 경험으로 청각과 관련된 문제들에 대한 지식을 습득했으며, ② 가족 구성원들이 그들 자신의 아이들에 대한 지식을 갖게 되었다는 것을 의미한다. 이러한 파트너십은 임상가와 가족들이 아동의 결과가 증진되도록 촉진하는 데 서로 협조한다는 것을 뜻한다(DesJardin, 2005). 청각구어 임상가들은 가족들이 자신 있게 구어 의사소통 기술을 촉진하도록 만들 수 있다(Zaidman-Zait & Most, 2005). 이는 제4장과 제5장에서 논의한 바와 같이, 부모 코칭과 관련되어 있을 수도 있고 아닐 수도 있다(Graham, Rodger, & Ziviani, 2009). 이와 상관없이, 임상가들이 부모와 갖는 관계는 가족들의 관점과 태도에 엄청난 영향을 끼친다(Roush & Kamo, 2008).

임상가들이 다양한 가족 체계와 일하는 것은 중요한 일이지만, 어떤 가족 체계는 청각구어 임상가들이 지원하기에는 너무 어려울 수 있다. 이런 경우 가족들에게 더 큰 스트레스를 주게 되고 문제가 많은 중재가 될 수 있다. 이는 경험이 없는 임상가, 경험이 있지만 다양성에 큰 가치를 두지 않는 임상가, 상담 전략에 전문성이 없는 임상가에게서 일어날 가능성이 높다. 여러 가지 의견의 불일치가 발생할 수 있는데, ① 중재에 대한 기대, 목표, 또는 행동 계획, ② 인성, 문화적 또는 의사소통적 갈등, ③ 가족 체계가 생각하는 것에 대한 임상가의 제한된 관점, 또는 ④ 변화에 대한 가족들의 저항이 그것이다. 이러한 경우, 임상가-가족 부조화가 발생한다. 가족과 임상가의 관점 사이에 부조화가 발생하면 아동의 성과에 부가적인 위험 요소를 가져오거나(Coll & Magnuson, 2000) 부가적인 가족 스트레스를 유발할 수 있다.

예를 들어, 어떤 가족은 임상가가 공감적으로 경청하고 정보를 제공해 주면서도 전문가로서의 거리를 두기를 원하지만, 어떤 가족은 임상가가 가족들과 정서적인 유대를 가지길 원한다(Nelson, Summers, & Turnbull, 2004). 이와 유사하게, 어떤 임상가들은 가족들과 정서적인 유대를 갖는다는 것에 대해 서로 다른 느낌을 가질 수 있다. 이는 문제가 될 수 있으며 이 책의 다른 장에서 더 논의할 것이다. "궁극적으로, 목표는 장점을 극대화하고 단점을 최소화하는 경계선을 정의하여 가족들과 교육가들 사이에 상호 보상이 되는 상황을 만드는 것이다."(Nelson et al., 2004, p. 163) 관여된 모든 입장의 요구를 충족하는 가이드라인을 어떻게 달성할 수 있는가는 가족중심 임상가에게 어려운 문제일 수 있다.

청각구어 실제를 시행할 수 있는 자격을 갖춘 임상가들의 수는 제한되어 있기 때문에(Rhoades, Price, & Perigoe, 2004), 이 분야에서 임상가-가족 부조화는 쉽게 해결될 수 없는 진퇴양난의 문제를 대표한다. 이 책의 다른 장에서는 청각기반 구어 기술과 청각 관련 문제들과 관련된 지식 기반을 촉진하는 치료사로서 임상 기술에서 전문성을 개발하는 것보다, 가족과 임상가가 서로 조화를 이루도록 촉진하기 위한 능력에 초점을 맞추고 있다.

다문화적 한계에 대한 지각

문헌을 고찰해 보면 가족의 스트레스뿐만 아니라 사회경제적 지위와 어머니의 교육 수준이 아동의 성과에 영향을 미친다는 것은 불분명하다(Pipp-Siegel et al., 2002; Rhoades et al., 2004). 다른 중재 프로그램에서 이득을 얻는 아동들과 비교할 때, 청각구어 실제로부터 이득을 얻는 가족들은 유복한 경향이 있는데다가, 청각장애 아동의 나이가 더 어린 경향이 있고, 종종 다른 장애가 없는 백인 여자 아동인 경우가 많다(Easterbrooks et al., 2000). 사실, 구어와 인공와우가 유복한 가정의 여자 아동과 관련이 있다는 결과는 반복적으로 보인다(예: Fortnum, Marshall, Bamford, & Summerfield, 2002; Geers & Brenner, 2003). 남자 아동들은 여자 아동들과 같은 언어 수준이나 완전한 통합 상태를 달성하지 못하는 경향이 있다(Easterbrooks et al., 2000). 이런 상황을 더 복잡하게 만드는 것은 청각구어 중재를 시행할 수 있는 자격을 갖춘 임상가들이 전형적으로 백인 여성이고 특수교사나 언어치료사에 비해 수적으로 제한되어 있다는 사실이다(Rhoades et al., 2004).

청각장애의 진단은 논란의 여지가 없을 정도로 대부분의 가족에게 심각하게 영향을 끼친다. 모든 사회에서 소수민족 가족들에게는 확대가족으로부터의 지원 부족, 제한적인 재정적 자원, 언어적인 어려움, 임상가로부터 문화적인 오해를 받는 것과 같은 문제들이 복합될 수 있다(Chuang & Gielen, 2009). 이러한 여러 가지 스트레스 요인과 관련하여, Cornish, McMahon과 Ungerer(2008)는 비영어권의 소수 문화적 배경을 가진 어머니들이 높은 비율로 지속적인 우울증으로 고통받고 있다는 것을 발견하였다. 이 분야에서 후속 연구가 더 필요하다는 것은 조금도 의심의 여지가 없는데, 청각구어 실제의 성과는 초기 어머니-아동 관계에 강하게 관련되어 있기 때문이다(DesJardin, 2006; Neuss, 2006).

가족들이 청각장애에 반응하는 방식은 문화적으로 차이가 있다. 예를 들어, 이집트인 어머니의 경우 손자가 청각장애 진단을 받은 것이 할아버지에게 부끄러움을 주었기 때문에 이집트에 살고 있는 자신의 아버지와의 관계가 단절되었다고 하였다(Jackson et al., 2008). 어떤 터키 어머니는 가족들이 청각장애가 있는 자녀를 낳은 것에 대해 자신을 비난했다고 보고했다(Yucel et al., 2008). 몇몇 아시아권 문화에서 온 가족들은 침묵하거나 눈 맞춤을 피함으로써 특수교육에 대한 의사 결정을 미루려 한다는 보고들도 있다(Nelson et al., 2004).

Marmot의 연구(2005)는 이런 불평등의 뿌리에 더 큰 사회학적 이슈가 있다는 것을 분명하게 보여 준다. 청각구어 임상가들이 다수 민족 문화를 반영하지 않는 문화적 준거는 가족중심 실제의 근본적인 전제에 도전을 하는 것이며, 부가적인 스트레스의 근원이 된다. 청각장애 아동의 가족들이 청각구어 실제를 어떻게 지각하는가의 관점에 메울 수 없는 틈이 벌어질 수 있다. 요약하면, 문화적 둔감성과 연합된 제한적인 접근 가능성이 청각장애 아동을 위해 청각구어 서비스를 원하는 가족들에게 부가적인 스트레스 요인이 될 수 있다.

중복장애 아동

Rhoades 등(2004)은 문헌 고찰을 통해 청각장애 아동들의 약 40% 정도가 청력손실 외에 의학적으로 진단된 장애를 가지고 있다고 보고하고 있다. 중복장애를 가진 아동들의 수는 감각 처리 문제와 같은 가벼운 신경학적 역기능까지 포함하면 더 많아질 것이다(Rhoades, 2009). 중복장애 아동들의 비율은 아동들이 나이 들어 감에 따라 증가하는 경향이 있다(Edwards & Crocker, 2008). 이런 아동의 가족들은 청각장애만 있는 것으로 진단받은 아동의 부모들보다 또 다른 더 심한 스트레스를 경험할 수 있다(Hintermair, 2000; Pipp-Siegel et al., 2002). 게다가 청각장애와 함께 부가적인 장애를 가진 아동의 가족들이 받는 지원의 수준은 더 낮은 경향이 있다(Fortnum et al., 2002). 중복장애 아동의 부모들은 혼란스러운 기대 수준을 가지고 있을 수 있다. 적어도 이러한 부모들은 막연한 꿈을 버리고, 결함보다는 장점에 초점을 맞추는 광범위하게 전문화된 학제 간(interdisciplinary) 평가와 중재 팀의 협력적인 지원을 요구한다(O'Connell & Casale, 2004; Roush, Holcomb, Roush, & Escolar, 2004; Schum, 2004).

중복장애 아동의 가족들은 그들이 선택한 적 없는 복잡한 문제에 대처하면서도 형제자매나 직업에도 최선을 다해야 하는 등 압도당하고 이리저리 몰리는 감정을 느낄 수 있다. 중복된 학습 문제들의 독특성으로 인해 가족들은 구성원 모두에게 알맞은 지역사회를 찾는 데에 어려움이 있을 수 있다. 충분한 지원이 따라오지 않으면, 사회적 고립이나 소외와 같은 문제들이 발생할 수 있다(Bodner-Johnson, 2001; Hintermair, 2000; Jackson et al., 2008; Luterman, 2004; Rice & Lenihan, 2005). 이러한 가족들은 아버지-아동 관계가 소원해지거나, 어머니-아동 하위 체계가 뒤얽혀 있거나 상호 의존적일 수 있고, 아동중심 가족과 같은 역기능적 관계를 가질 위험성이 증가한다(Barragan, 1976; Robin & Foster, 2003).

중복된 학습 문제들은 종종 구어 지체 및 행동 문제와 관련된다. 부모들은 아동의 발달 지체, 특히 대인관계 문제에 대처하는 것에 더 높은 수준의 스트레스와 어려움을 호소하는 경향이 있다(Long, Gurka, & Blackman, 2008). 더욱이, 아동이 자라나면서 행동 문제가 지속될 때 부모의 스트레스는 더 증가하는데, 많은 부모가 아동의 대처 능력에 대한 걱정을 하기 때문이다. 아동의 전반적인 기능 수준을 향상시키기 위한 학습 행동 관리 전략은 중복장애 아동의 부모들에게는 매우 중요한 것이다(Long et al., 2008).

청소년

많은 아동이 청소년기를 시작하는 시점인 10세 무렵에 의사소통의 지체나 장애가 지속되는 것이 관찰되는데, 이는 다시 효과적인 부모-청소년 의사소통에 장애물이 될 수 있다(Bat-Chava, 2000; Lukomski, 2007). 어떤 청각장애 청소년의 부모들은 아동의 보청 기기에 대해 당황감이나 다른 부정적인 감정을 표현하면서 지속적으로 청각장애라는 낙인을 찍는다. 이러한 부모들의 감정은 부모-아동 관계와 가족 체계에 부정적인 영향을 끼치며, 청소년들이 보청 기술의 가치를 낮게 평가하는 원인이 된다(Brown & Pinel, 2003).

부모들의 걱정과 불안은 청각장애 청소년과 관련되어 증가할 수 있다. 부모들은 자신의 아이가 학업을 잘 수행하기를 원하지만, 그보다 성격, 공감 능력, 동기, 끈기와 같은 개인 간 또는 개인 내 기술과 도덕성 발달을 더 중요하게 생각할 수 있다(Kolb & Hanley-Maxwell, 2003). 청소년의 부모들은 아이들의 취업 가능성, 사회화, 지역사회/교육적 지원에 대한 요구를 더 중요시할 수도 있다(Brown, Moraes, & Mayhew, 2005; Conti-Ramsden, Botting, & Durkin, 2008; Schneider, Wedgewood, Llewellyn, & McConnell, 2006).

서구화된 나라들에서는 청각장애 청소년이 있는 소수민족 가족들이 종종 심각한 아버지의 부재, 문화적인 고립과 외로움, 종교적/인종적/언어적 주변인화(marginalization)뿐만 아니라 정신 건강의 문제를 경험한다(Atkin, Ahmad, & Jones, 2002; Sinnott & Jones, 2005; Vostanis, Hayes, Du Feu, & Warren, 1997). 요약하자면, 청소년기는 종종 많은 청각장애 아동과 그의 가족에게 대표적으로 중요한 전이 단계다.

가족 구성원의 반응성

연구자들은 일반적으로 청각장애 아동에 대한 어머니의 반응에 초점을 맞추어 왔다. 가족 체계 관점으로 생각하면, 앞으로 청각장애라는 상황에 대한 다른 가족 구성원들의 반응성에 관한 연구 자료가 더욱 필요하다.

어머니

조기중재를 하는 동안, 어머니들은 청각장애 아동을 위한 주 양육자, 중재 사례 관리자, 언어 촉진자로서 주된 역할을 한다(Eriks-Brophy, Durieux-Smith, Olds, Fitzpatrick, Duquette, & Whittingham, 2007). 그들은 이러한 역할들에 대한 분노로 괴로워하기도 한다(Luterman & Ross, 1991). 대부분의 양육자 연구는 어머니에게 초점을 맞추는데, 이는 어머니들이 시간 여유가 있고 아동들과 하는 모든 활동에 관여하기 때문이다.

자녀의 학령전기에 겪는 어머니들의 스트레스에 대한 연구 결과들은 연구들 간에 상반된 결과로 인해 결론을 내릴 수 없다. 어머니들은 종종 스트레스를 경험하는데, 청각장애로 인해 가족들의 시간과 자원을 관리하는 데에 부가적인 노력이 요구되기 때문이다. Lederberg와 Golbach (2002)는 어머니들이 지각하는 스트레스는 축적되고 부가되는 과정이라고 하였다. 어머니들은 사회적 지원으로서 조기중재를 이용하며, 조기중재는 그들이 스트레스를 조절할 수 있도록 돕는다(Meadow-Orlans, 1994). 이후에 어머니들의 스트레스는 아동이 발달 준거나 발달적 요구를 달성하는 데 실패하는 것과 관련될 수 있다(Stuart, Moretz, & Yang, 2000). 어머니들은 종종 아동이 언어 지연, 덜 심각한 청력손실, 사회적 지원의 부족, 중복장애를 가질 때 심각한 스트레스를 받는다(Lederberg & Golbach, 2002).

어머니들이 주로 아동의 주 양육자인 경향이 있으며, 애착은 아동과 어머니 간의 정서적인 유대로 형성된다. 일관적이고 상호 호혜적인 안전감과 동시발생적인 애착 패턴은 아동이 가족 체계 내에서 잘 자라나고 중요한 구성원이라고 느끼게 되는 데에 매우 중요하다(Hart & Risley, 1999). 두 가지 주된 걱정은, 청각장애의 진단이 어머니-아동 애착과, 어머니가 아동과 의사소통하는 데에 부정적으로 영향을 미치는가에 대한 것이다. 청각장애의 진단 그 자체는 아동이 일반적으로 발달하는 아동들보다 교육적으로, 의사소통적으로, 사회정서적으로, 기술적으로 더 많은 요구가 있다는 것을 뜻한다(Anagnostou, Graham, & Crocker, 2007). 어떤 경우에는 이러한 부가적인 요구를 깨닫게 되면 어머니와 아동 간의 관계가 무너질 수 있다.

청력손실의 중증도와 상관없이, 부모와의 애착을 보면 청소년기까지의 사회정서적 건강의 측면을 예측할 수 있다(Laible, Carlo, & Roesch, 2004). 어떤 어머니들은 당황감이나 아이의 청각 보장구에 대해 다른 부정적인 문제를 표현하면서 청각장애라는 낙인을 찍을지도 모른다. 이러한 어머니들의 감정은 어머니-아동 애착을 잠재적으로 방해할 수 있다(Kochkin, Luxford, Northern, Mason, & Tharpe, 2007). 청각장애에 대한 어머니의 태도 및 어머니의 반응성과 어머니-아동 애착 신뢰 점수는 유의미한 상관이 있다(Hadadian, 1995). 어머니들은 청각장애 아동을 그렇게 과잉보호하지도 않고 아동의 사회적 생활을 제한하지도 않는다. 청각장애에 대한 부모들의 반응은 매우 다양하다. 그러나 어머니들이 점점 더 아동 중심이 되면, 가족은 부적응적이 될 위험이 높아지고 아동의 발달은 위태롭게 될 것이다(Bell & Bell, 2005; Grych, Raynor, & Fosco, 2004).

Stuart 등(2000)에 의하면, 어머니들의 스트레스는 애착에 필연적으로 부정적 영향을 끼치지는 않는다. 그러나 부정적인 감정을 가지고 있는 어머니들은 전체 어머니들의 15%에 달한다. 어머니들이 영향을 받는 산후우울증, 해결되지 않은 상실감이나 청각장애나 다른 인생의 영역들에 대한 복잡한 슬픔으로 인해, 특히 적절하게 진단받고 다가올 문제들을 경감시키는 중재를 받지 못했을 때, 모성 애착과 장기적인 아동의 성과에 영향을 받기 쉽다(Knudson-Martin & Silverstein, 2009; Kushalnagar et al., 2007; Leckman-Westin, Cohen, & Stueve, 2009; Middleton, Scott, & Renk, 2009). 우울증은 말장애를 갖고 있는 아동의 어머니들에게서 임상적으로 더 유의미하게 나타난다는 연구가 있다(Rudolph, Rosanowski, Eysholdt, & Kummer, 2003). 청각장애 아동의 어머니들은 우울이나 불안에 대한 도움을 받으려고 노력하지 않을 수 있다. 이러한 개방성의 부족은 이후에 어머니들의 적응과 가족 기능을 방해할 수 있다(Harwood, McLean, & Durkin, 2007).

아버지

역사적으로, 아버지는 '보이지 않는' 또는 '주변적인' 부모로 간주되어 왔으며, 종종 자녀의 삶에 다른 역할을 한다고 가정되어 왔다. 아버지들은 가족들의 주된 경제적인 지원 수단인 경향이 있으며, 직장에 전일제로 근무할 가능성이 높다(Robbers, 2009). 직업 스트레스는 아버지들이 스스로 가정으로부터 거리를 두게 한다. 시간이 지나면서, 이는 어머니들의 지각에 영향을 끼치게 된다. ① 아버지들은 자녀와 배우자로부터 소원하게 된다. ② 어머니들은 자녀 양육에 대한 결정과 책임감으로 과부하된다(Crouter & Bumpus, 2001). 아버지들은 자녀의 수행 기대수준, 안식처를 제공하는 자신의 능력, 안전과 물질적 재화에 더 신경을 쓰는 것으로 보이며, 사실 아버지들이 어머니들보다 장애를 더 부담스럽게 느낄 수 있다(Fox, Bruce, & Combes-Orme, 2000).

그러나 장애아동의 아버지들에 대한 연구 결과들은, 아버지들이 장애에 대해 어머니들보다 더 강렬하게 반응할 수 있지만(Navalkar, 2004), 아버지들이 자녀에 대해 많이 공감할 수 있는 능력이 있고 또 그렇게 한다고 밝히고 있다(Lamb & Laumann-Billings, 1997). 더욱이, 점점 더 많은 아버지가 참여하기를 원하고 실제로 그렇게 하고 있다(McBride et al., 2005). 아동의 장애에 대한 아버지의 적응 과정은 꽤 길고 순탄치 않다. 어떤 아버지들은 극심한 스트레스와 우울을 경험하는데, 배우자에게 '강한' 모습을 보여야 할 필요를 느끼게 되면 이는 더 악화된다(Lamb & Laumann-Billings, 1997). 반면에, 아버지들은 지원을 못 받는다고 느낄 수 있다(Carpenter, 2002). 어떤 아버지들은 그들의 감정을 편안하게 토로하고, 어떤 아버지들은 장애를 가진 자녀와 더 가까운 정서적인 유대를 보고하기도 한다(Carpenter & Towers, 2008). 그러나 어머니가 아버지의 정서적 표현뿐만 아니라 아버지를 지원하는 중재적인 노력에 영향을 미칠 수 있다(McBride et al., 2005). 대부분의 아버지는 자녀의 장애를 알아 가는 것에 큰 어려움을 느끼면서도, 가족들을 지원하고 적절한 중재 활동을 가능한 한 빨리 시작해서 앞으로 나아가고 싶어 한다고 한다(Carpenter & Towers, 2008).

아동의 청각장애는, 중재 프로그램을 받을 수 있는지 여부에 따라(Luterman & Ross, 1991), 아버지들이 가지는 자녀의 직업에 대한 기대에 부분적으로 영향을 줄 수 있다(Spahn, Burger, Loschmann, & Richter, 2004). 아버지들은 종종 자녀의 청력손실과 관련된 이슈들에 장기적인 관점을 가지고 어머니보다 좀 더 거리가 있는 역할을 수행한다(Steinberg et al., 2000). 그러나 청각장애 아동들과의 중재 활동에 높은 수준으로 참여하는 아버지를 둔 아동이 더 높은 성과를 내는 경향이 있다(Musselman & Kircaali-Iftar, 1996). 다른 가족 구성원들은 아버지의 역할을 조정함으로써 아동의 활동에 부모의 참여를 증가시킬 수 있다(Fox et al., 2000). 어린 청각장애 아동들은 어머니에게 그런 것처럼 아버지에게 애착을 형성할 수 있다(Hadadian, 1995).

방어기제로서의 부인(denial)이 아버지들이 아동의 청각장애에 적응하는 데에 도움이 될 수도 있고 그렇지 않을 수도 있지만, 아버지들은 어머니들보다 더 자주 부인한다(Kurtzer-White & Luterman, 2003). 이와 관련하여 청각장애 아동의 아버지는 어머니들보다 좀 더 회복력이 있는 것으로 보이는 경향이 있다(Anagnostou et al., 2007). 이러한 회복력은 아버지의 경우 매일의 삶에서 청각장애 관련 문제들로 인한 스트레스 요인으로부터 물리적으로 떨어질 수 있기 때문이기도 하다. 청각장애 아동에 대한 아버지들의 정서적인 반응에 대한 연구 자료는 충분하지 않다. 이와 상관없이, 여성 임상가들이 아버지들과 일하는 것을 편안하게 느낄 수 있는 기술을 개발해야 하는 것은 분명하다.

형제자매

형제자매들은 일생 동안 유지되는 정서적인 유대를 형성한다(Ainsworth, 1991). 따라서 부모와 임상가는 이러한 하위 체계의 중요성을 인지해야 한다. 형제자매는 자원을 놓고 서로 경쟁하지만, 동시에 서로를 지원할 수 있다(Whiteman & Christiansen, 2008). 사실, 형제자매 하위 체계는 "그들 자신의 힘과 역동성을 가지고 있는"(Young, 2007, p. 26) 것으로 보인다. 아동이 자신의 정체성을 형성하고 재확인하는 관계가 형제자매 하위 체계다. 가족 내에서 형제자매가 청각장애 아동과 갖는 경험은 부모가 갖는 경험만큼 다양하며, 성별, 출생 순서, 기질, 발달 단계, 부모와의 애착(Raghuraman, 2008)과 중재 결과에 영향을 받을 것이다. 그들의 경험은 좋기도 하고 나쁘기도 할 것이며, 이점이 있기도 하고 불리하기도 할 것이다. 가족 관계는, 특히 부모 하위 체계가 개인의 대처 유형보다 형제자매 적응에 더 큰 영향을 끼칠 수 있다(Barr, McLeod, & Daniel, 2008). 부모의 적응-대처 전략을 강화하는 것이 형제자매 하위 체계를 돕는 것으로 보인다(Giallo & Gavidia-Payne, 2006).

모든 가족 구성원 중에, 건청 형제자매는 청각장애 형제자매에 대한 의사소통의 어려움, 의학적 문제, 가족 외의 반응, 현재나 미래의 걱정으로 인해 가장 큰 좌절을 경험하는 것으로 보인다(Pit-Ten Cate & Loots, 2000). 남자 형제보다는 여자 형제가 대처를 위한 문제 해결 전략을 더 사용하는 경향이 있다. 그러나 이것도 해결책을 찾을 수 없을 때에는 문제가 된다(Pit-Ten Cate & Loots, 2000). 장애 아동들의 형제자매들은 흔히 그들의 경험에 대한 반응으로 보건의료 임상 쪽의 직업을 찾는다(Seligman & Darling, 2007).

장애 아동의 형제자매들이 보고하는 여러 가지 느낌과 경험 중에, 그들 스스로의 성공에 대한 죄책감, 형제자매의 청각장애에 대한 슬픔, 완벽해야 한다는 부담감, 장애 형제자매를 돌보고 책임져야 한다는 부담감, 사람들을 기쁘게 해 주고 싶은 욕구, 개별화(individuation)의 문제, 다른 사람들의 반응에 대한 지나친 걱정, 미래에 대한 걱정, 고립감, 정보 부족, 장애 형제자매와의 관계 어려움, 관심받고 싶은 욕구, 가족 구성원 중 몇몇에 대한 미움과 분노, 불안과 낮은 자기정체감, 신체적 반응과 학교생활의 어려움 등이 있다(Siblings Australia, 2009). 형제자매들은 그들 자신이 진퇴양난에 처한 것으로 느끼는데, 이는 그들 스스로 자신의 욕구를 채우기를 원하는 동시에, 부모가 청각장애 아동을 포함한 가족 내의 모든 아동의 욕구를 채워 주는 데 균형을 잡기 위해 노력하는 것을 인식한다. 이는 가족 내에 한 명 이상의 장애 아동이 있을 때 더 문제가 된다(Eriks-Brophy et al., 2007).

조부모

조부모의 교육 수준은 부모와 마찬가지로 가족 체계 내의 역할과 가족 구성원들이 청각장애에 대처하는 방법에 영향을 미친다(Pit-Ten Cate, Hastings, Johnson, & Titus, 2005). 조부모는 자신의 자식과 손주에 대한 슬픔을 느끼며, 부모와 같은 반응을 경험할 수 있다(Luterman & Ross, 1991). 조부모는 표현하지 않더라도 강하고 깊은 슬픔을 경험하며, 자신의 슬픔과 미래에 대한 걱정을 해결하는 데에 더 많은 시간이 걸릴 수 있다(Luterman, 1996). 조부모는 손주에 대한 무기력감, 주저함, 혼란 후에 적응 단계를 경험할 것이다(Nybo, Scherman, & Freeman, 1998). 부모와 다르게 인식하기 때문에 심지어 부모에게 부가적인 부담이 될 수 있다(Hastings, 1997). 조부모는 또한 자신의 자녀인 부모와 같은 속도로 기술적 · 치료적 정보를 이해해 가는 데에 어려움을 겪을 수 있으며, 이는 긴장의 원인이 될 수 있다(Luterman, 1996).

청각장애의 진단은 기존의 부모-자녀 관계가 건강하든 그렇지 않든 관계를 악화시킬 수 있다(Nybo et al., 1998). 조부모는 대처 과정에 대한 지원이 필요하면서도 가족들을 위한 자원이 될 수 있다. 외조모는 외조부나 친조부모보다 가족들을 더 도와준다. 가까운 어머니-딸 유대관계는 어머니들의 스트레스를 줄여 준다(Mitchell, 2007).

그러나 조부모의 입장에서 손주의 장애가 자신의 일상생활에 크게 영향을 주지 않는다면, 부모의 걱정과 스트레스를 충분히 이해하기 어렵다. 아마도 이것이 어떤 부모들이 자신들의 부모보다 다른 청각장애 아동들의 부모와 더 큰 공감과 유대감을 느끼게 되는 이유일 것이다. 확대가족 구성원들이 예약과 중재 활동에 참여하거나 진단의 순간부터 부모와 함께 집중적으로 관여하지 않는 한 이런 상황은 계속될 수 있다.

청각장애 아동

개개 청각장애 아동은 가족 체계의 부분임에도, 임상가들은 아동의 감정을 고려하지 않고 태만하게 생각할 수 있다. 청력손실 상태에 대한 어린 아동들의 반응이나, 반응의 차이가 인지될 때 이것을 가족 구성원들이 인지하는지에 대해 알려진 연구 자료는 없다. 아동들이 부모나 형제자매와 이러한 감정을 공유한다면, 이는 가족들의 슬픔과 걱정에 부정적으로 작용할 가능성이 있다. 아동이 어떤 시점에 자신들을 특정 명칭이나 구절로 부르거나, 경멸 및 비하하거나, 부정적인 정서로 대하거나, 또는 물건 취급을 한다고 느끼기 시작하는지 알아보기 위한 연구가 필요하다. 임상가와 부모들이 묘사하는 구절들 때문에 아동들이 언제 속상해하는지, 특정 행동이 그들을 소외시킨다고 생각하고 속상해하는지 알면 도움이 될 것이다.

청각장애 아동들이 청소년기가 되어 가는 8~12세 즈음(Arnett, 2004), 청각장애가 그들을 부정적인 쪽으로 규정한다고 느낄 수 있다(reviewed by Duncan, Rhoades, & Fitzpatrick, 출간 중). '꼬리표' '낙인' '고정관념' '자기충족적 예언'과 같은 구성 요소가 의식적으로 느껴지지는 않았어도, 많은 청소년이 어떤 사람들은 자신들을 건청 또래와 같은 방식으로 보거나 대하지 않는다는 것을 직관적으로 안다(Kent & Smith, 2006). 사실, 청소년들은 다른 사람들이 생색을 내고 잘난 척하거나 으스대는 행동에 대해 강한 반응을 보고한다(Bauman, 2004). 그들은 또한 태도적인 차이를 보이는 사람들에게 관심이 없다. 더욱이 그들은 낙인찍히는 것을 거부한다(Kent, 2003; Richardson, Woodley, & Long, 2004). 연령이 높은 아동들은, 음악 소리에서 미세한 차이를 청각적으로 듣지 못하는 것과 같이, 그들의 청각장애가 가져오는 제한점들을 인식하기 시작한다.

고정관념으로 규정되는 것에 대한 공포는 스트레스가 가득한 상황을 만들 수 있다. 이는 청각장애 아동들이 피드백으로부터 배울 수 있는 기회를 억압하게 함으로써 자기이해를 손상시킬 수 있으며, 이것은 다시 자아정체감과 자아존중감을 발달시키는 것을 방해하게 된다(Marx & Stapel, 2006; Wout, Danso, Jackson, & Spencer, 2008). 연구 결과에 의하면, 청소년들은 부모에 대해 자기충족적 예언 효과를 가질 수 있으나 반드시 반대 방향으로도 가지지는 않는다고 하였다. 요약하자면, 자기충족적 예언은 반드시 상호적으로 일어나는 것은 아니며, 아마도 이는 부모들이 부모-아동 관계에 더 큰 힘을 가지고 있기 때문일 것이다(Madon, Guyll, & Spoth, 2004). 긍정적인 가족 지원은 청각장애 아동들의 건강한 사회정서적 성장을 위해 필수적이다(Kent & Smith, 2006). 부모와 청각장애 아동 간의 효과적인 의사소통은 청소년의 자아존중감, 대처 전략, 전반적인 정신 건강에 긍정적인 영향을 주는 경향이 있다(Jambor & Elliott, 2005; Wallis, Musselman, & MacKay, 2004).

많은 청소년이 그들이 지각한 낙인의 상태를 의식하고 산다. 이는 다시, 청각 관련 기술이 가치 없다고 느끼게 하고 이러한 기술의 이점을 지속적으로 취하지 않게 할 것이다(Brown & Pinel, 2003). 청각 보장구를 숨기려고 노력하면서, 어떤 청소년들은 자기이해를 학습하고 획득하는 것을 포함한 일상생활에 또 다른 강력하고 부정적인 영향을 끼치는 여러 가지 스트레스 요인에 직면하게 된다(Marx & Stapel, 2006; Pachankis, 2007; Wout et al., 2008). 어떤 부모들은 궁극적으로 자녀의 청각장애에 대한 장기적인 생각을 하게 되고, 따라서 청각 보장구를 당연한 것으로 받아들이게 된다. 그렇게 함으로써 이러한 부모들은 아동의 정상성에 대한 자기지각을 촉진할 수 있다. 결과적으로, 이러한 가족의 아동들은 청각 보장구를 착용하는 것을 편안하게 느낀다. 이와 같이, 그들의 친구들도 청각 보장구를 쉽게 받아들인다. 이러한 아동들은 분명한 정체감을 갖는 자신감 있는 청소년으로 성숙해 가기 쉽다(Kent & Smith, 2006).

교육적 성취에 미치는 영향은 차치하고라도, 아동기에 의사소통 능력이 부족하면 또래와 다른 가족 구성원과의 대인 관계가 방해받을 수 있다. 예를 들어, 어떤 청각장애 아동은 만연한 긴장감, 슬픔, 죄책감, 분노, 좌절, 피로, 당황감, 집착, 비안전감, 절망, 외로움, 모욕, 자기 안으로의 위축, 무기력감과 높은 수준의 우울감을 경험할 수 있다(Boyd, Knutson, & Dahlstrom, 2000; Most, 2007; Schorr, 2006). 청각장애 아동들은 사회적 소외나 또래들의 거부, 괴롭힘을 당하거나 또래들로부터 여러 가지로 희생양이 될 위험성이 크다(Baumeister, Storch, & Geffken, 2008; Weiner & Miller, 2006). 사회적 고립감은 아동의 자아개념, 친밀감, 동지 의식에 부정적인 영향을 줄 수 있으며, 이는 다시 부모 및 청소년기의 스트레스와 불안을 가중시킬 수 있다(Leyser & Kirk, 2004; Pachankis, 2007). 더욱이, 지속적인 사회정서적 고통은 아동의 동기와 학습 능력에 영향을 미친다(Damasio, 1994; Kolassa & Elbert, 2007).

연령이 높은 아동들의 개인화, 정체감 형성, 자율성, 자기통제 능력에 대한 욕구에는 이러한 문제들이 복합되어 있다(Nikolaraizi & Hadjikakou, 2006; Nucci, Hasebe, & Lins-Dyer, 2005). 가족 체계 내에서 이러한 역할과 과제를 재조직함에 따라 가족들의 생애주기는 청소년기를 지나며 상당한 변화와 스트레스를 겪게 된다. 가족과 또래 관계가 슬픔과 수용을 오고 가는 아동의 주기적 움직임을 촉진할 수도 있고 방해할 수도 있다는 것은 상식적인 것이다. 제10장에서 논의한 것처럼, 아동을 위한 지원 체계는 필수적이다. 그들의 다른 가족 구성원들처럼, 아동들은 서로 공유하고 '그들 자신의 이야기를 하도록' 격려받아야 한다.

관리와 반응성

이 절에서는 임상가들이 청각장애 아동 및 그 가족들과 관계를 맺을 때 반드시 알아야 하는 일반적인 고려점들을 강조하고 있다. 임상가들을 위한 구체적인 제안들은 이 책 곳곳에서 제공하고 있다.

스트레스 관리와 대처

청력손실은 건청 가족 구성원들에게 특별히 심한 만성적인 스트레스 요인이 될 수도 있고 그렇지 않을 수도 있다(Lederberg & Golbach, 2002; Pipp-Siegel et al., 2002). 어찌되었든, 스트레스의 정도는 일반적으로 시간이 흐를수록 감소한다(Burger et al., 2005). 가족 체계는 처음에 이런 상황에 대한 '규칙'이 부족하기 때문에, 가족 기능의 새로운 수준이나 재조직화가 개발되어야 한다. 그러므로 부모들은 대처 과정에 반응해야만 한다(Feher-Prout, 1996). 대처 기술은 스트레스 상황과 이로 인한 부정적인 정서를 관리하기 위해 필요한 인지적 · 행동적 노력으로 정의될 수 있다(Lazarus, 1993). 대처 과정은, 때때로 무의식적이며, 시간에 따라 다양하게 나타나는 정보의 탐색, 행동의 방향, 행동의 억제, 사고 과정과 관련된다. 이러한 역동적인 과정들은 정서를 통제하고 청력손실과 환경을 적응적으로 향상시킬 수 있도록 해 준다. 대처 행동들은 정서에 초점을 맞추거나 문제에 초점을 맞출 수 있다(Lazarus, 1993). 정서 초점은 좀 더 기분이 나아질 수 있도록 다른 부모들을 찾는 것 등을 말하며, 문제 초점은 정보를 찾기 위해 인터넷을 검색하는 것과 같은 행동을 말한다. 사실, 정보와 해결책을 찾는 적극적인 문제 초점 대처 스타일은 부모가 인공와우와 이에 따른 서비스를 받도록 결정한 것에 대해 만족하는가와 관련된다(Sach & Whynes, 2005; Spencer, 2004; Zaidman-Zait, 2007). 새로운 전략을 개발하는 것은 가족의 적응력을 반영한다. 이는 가족 구성원들의 새로운 역할과 책임으로 결론지을 수 있으며, 가족 체계에 질서 의식을 가져오게 된다.

부모에게 제공하는 정서적인 지원은 스트레스 상황에서 그들 자신의 감정을 다루는 방법을 촉진할 수 있다. 다양한 지원은 부모의 대처 능력에 영향을 줄 수 있다(Ingber & Dromi, 2009). 청력손실과 같은 상황에 대처하는 것은 적응적이 될 수 있고 이는 문제 상황에 대한 긍정적인 반응이며, 또는 부적응적이 될 수 있고, 이는 문제 상황에 대한 부정적인 반응이다. 예를 들어, 적응적 또는 '좋은' 대처 전략은 아동의 귀꽂이(이어몰드)에서 나는 피드백 문제를 최소화하기 위해 부모가 여러 자원으로부터 정보를 적극적으로 찾을 때다. 부적응적 또는 '나쁜' 대처 전략은 아들의 귀꽂이에서 지속적으로 피드백이 생길 때, 어머니가 계속적으로 청각사를 비난하는 것이다. 적응적인 대처는 스트레스를 극복하기보다는 관리하는 것이다. 각각의 가족의 대처 전략은 상황과 환경에 적응하며 시간이 흐름에 따라 변화한다. 대처 과정에 대한 긍정적인 측면의 하나는 가족들이 적응 전략들을 배웠을 때, 시간이 흐름에 따라 강해지고 정서적으로 가까워지며 기능적으로 건강해질 수 있다는 데에 있다(Paster, Brandwein, & Walsh, 2009).

청력손실은 없어질 수 없으며, 따라서 가족 구성원들은 청력손실을 현실적으로 이해하고 관리하는 방법을 배우는 것이 더 도움이 된다(Corr, 2002). 어떤 식이든, 이러한 반응들은 개인의 역동적인 본질과 지각된 문제에 대한 그들의 반응에 대한 의식적이고 적극적인 반응들을 인정한다. 청력손실에 대처하는 것은 문화, 재정, 성별, 교육 수준, 어머니의 상태, 부모 전략 및 기술, 부모 지각뿐만 아니라 의사소통 방식, 중재 연령, 가족들이 사용 가능한 자원의 범위, 청각장애 아동이 중복장애가 있는지의 여부, 건청 또래에 비해 아동의 언어 수준이 지체되어 있는지 아닌지 등, 다양한 가족 변인에 의해 영향을 받는다.

장애 아동의 부모들은 일반 아동의 부모들에 비해 문제 해결 전략에 의존하면서 다양한 대처 전략을 사용하는 경향이 있다(Geers et al., 2008; Jackson & Turnbull, 2004; Moeller, 2000; Paster et al., 2009; Pipp-Siegel et al., 2002; Samson-Fang et al., 2000). 몇몇 정서초점 전략은 부모의 우울감이나 고립감을 증가시킬 수 있으며, 따라서 문제초점 전략들과 균형을 이루는 서비스가 이루어져야 한다. 장애 아동의 부모들은 또한 일반 아동의 부모들에 비해 사회적 지원을 더 찾는 경향이 있다. 대처 전략에 영향을 주는 요소들과 같은 요인들은 회복력 요인들과 유사하다. 가족의 회복력은 효과적인 가족 특질과 긍정적인 환경 맥락에 의존한다(Glidden, Billings, & Jobe, 2006; Paster et al., 2009). 역사적으로, 청각장애와 관련된 회복력에 대한 연구는 제한적이며 청각중심 세상(hearing world)에서 듣지 못한다는 것에 초점을 맞추어 왔다(Young et al., 2008).

슬픔 상담

가족들과, 이런 대처 과정에 충분히 관여할 수 없는 가족 내의 개인들은 지속되고 지연되거나 과장된 슬픔 그리고/또는 신체 증후로 나타나는 해결되지 않았거나 복잡한 슬픔 또는 상실감을 경험한다. 어떤 가족 구성원들은 정서적으로 압도되고, 분노에 차 있으며, 우울하거나 수동적이라고 느끼며, 또는 비현실적인 믿음을 포함한 인지적인 왜곡을 보일 수 있다. 그들은 아직 몇 년 전에 진단받은 청각장애나 다른 학습 문제들을 부인하고 있을 수 있다. 그들은 아이가 '완치' 되거나 치료될 수 있다고 생각하며 계속 한 임상가에서 다른 임상가로 찾아다닐 수 있다. 이러한 부모들은 때때로 체계적이지 못하거나 진단 결과를 혼동하고 있다(Yoshinaga-Itano, 2002). 적응적인 대처 전략이 아닌 어떠한 것도 부모-아동 간 정서적 유대와 가족 내 아동의 안전에 부정적인 파급 효과를 가져올 수 있다(Radke-Yarrow, 1991).

임상가들은 가족들이 대처 과정에 참여하도록 도울 수 있다(Worden, 2001). 이를 위한 한 가지 방법은 청력손실로 인한 요구들을 확인하는 것이다(Rich, 1999). 임상가들은 청각장애 아동을 과잉보호하고 헌신하는 가족들을 찾아 도움을 줄 수 있다. 이러한 아동중심 가족들은 진단에 대해 해결되지 않은 반응을 하고 있을 것이다. 이러한 가족들은 특히 슬픔 상담을 전문적으로 하는 가족치료사나 사회사업가와 상담하여 도움을 받을 수 있다(Kurtzer-White & Luterman, 2003).

종결의 부재

가족들에게 종결이란 없다. 청각장애는 아동의 의사소통, 교육, 대인 관계 기능에 대한 영향 때문에 지속적이고 체계적인 적응을 필요로 한다. 특히 의사소통 기술에서의 지연이 청각장애와 내재적으로 얽혀 있기 때문에, 어린 아동의 언어 발달과 슬픔의 과정을 분리하는 것은 가능하지 않다(Yoshinaga-Itano, 2002). 이러한 종결의 부재는 '애매한 손실'로 설명될 수 있는데, 가족들은 성취한 것을 축하해야 하면서 동시에 잃어버린 포부와 아직 성취하지 못한 목표—즉, 슬픔을 넘어선 '달성' 대신에 손실과의 '조화'를 선택하는 것(Simons, 2001)—에 대해 애도해야 한다. 가족들은 기대 수준의 변화를 받아들여야 하며, 청각장애 및 이와 관련된 책임에 적응적으로 대처할 뿐만 아니라, 개인적으로나 체계적으로도 새로운 정체성을 개발할 필요가 있다.

각 개인이 겪는 슬픔의 과정은 네 가지 과제와 관련되며, 이 과정은 인성, 당시의 스트레스 요인, 애착의 본질과 같은 매개체에 의해 영향을 받는다(Worden, 2001). 이러한 과제들은 ① 아이가 완벽하지 않다는 현실을 수용하는 것, ② 슬픔과 다른 부정적인 정서를 이겨 내고 행하는 것, ③ 청각장애라는 현실적인 새로운 환경에 적응하는 것, ④ 정서적으로 제자리를 찾고 삶에서 나아가는 것이다(Worden, 2001). 부모들은 이러한 과제들을 통해 순환하기 때문에, 세상에서 자신의 자리를 다시 배우고 재건설하고 다시 즐기며, 자아 이미지를 구체적으로 발달시킨다. 부모들은 더 큰 전체의 부분으로서 다시 온전하게 되어 간다(Attig, 1996).

부모들은 그들의 삶에 대한 지각을 확장시키는 더 큰 전체로서의 지역사회의 일부가 된다. 형제자매, 조부모, 부모들을 위한 단체와 같이 가족들을 위한 지지적인 매개체는 손실, 혼란, 고통, 성공을 공유하는 기회를 제공할 수 있다. 이러한 단체들은 청각장애가 가족들에게 부과하는 변화와 요구를 이해하게 하는 수단을 제공한다. 이러한 서술적인 접근은 가족들이 청각장애라는 선택 불가능한 상황에서 선택할 수 있는 기회를 강조한다. 가족 구성원들은 다른 사람들과의 관계를 통해 의미를 발견하는 적극적인 이야기 공유자(story-sharer)가 될 수 있다. 그들의 이야기는 아무 힘이 없는 이야기에서 적응적인 대처와 선택의 이야기로 변할 수 있다. 각 구성원의 정서적인 과정은 대처의 차원이 포함될 때 슬픔보다 넓게 된다(Attig, 1996).

조기중재 기간 동안, 부모들이 그들의 감정에 대해 토론하는 것보다 아동의 의사소통 기술을 촉진하는 것에 초점을 맞출 때, 기술의 달성에 대한 열망은 적극적인 대처 기제로 생각될 수 있다(Lederberg & Golbach, 2002). 임상가가 복잡한 정보를 충분히 공급해 주는 것이 동반되면, 이는 긍정적인 방향으로 부모의 에너지를 재조준하도록 도우며, 매우 바람직하다. 사실, 처음 청각장애를 진단받은 아동의 부모들이 상당한 양의 지식과 많은 정서적인 지원, 체계적 · 개별적 특성에 대한 임상가의 진정한 민감성을 요구한다는 것—적어도 스트레스 요인은 최소화하면서 동시에 진단 과정의 긍정적인 측면은 극대화한다면—은 널리 알려져 있다(Weichbold, Welzl-Mueller, & Mussbacher, 2001).

많은 가족 체계가 무의식적으로 청각장애에 상당히 잘 적응한다는 사실은 차치하고라도, 종결의 부재는 가족들의 생애주기를 통해 남아 있다. 청각장애를 가진 높은 연령의 아동, 청소년, 성인의 부모들은 아직도 청각 관련 문제 상황이 발생할 때마다 매번 같은 정서적 문제를 겪는다. 청각장애인이 직면하는 새로운 환경적 장애물은 부모에게는 크지 않은 스트레스가 될 것이다. 본질적으로, 생애주기 동안 여러 가지 변인이 발생하며, 따라서 가족 반응은 예측하기 어렵다(Calderon & Greenberg, 1993). 청각장애는 대부분의 부모가 아이들을 위해 원하는 것이 아니었다. 삶에서 부모가 정상 청력을 가진 아이를 소원하는 것은 지속된다.

결 론

가족 체계의 모든 구성원에게 영향을 주는 청각장애의 사회정서적 파급 효과를 고려할 때 반드시 생각해야 하는 다양한 변인이 있다. 임상가들은 가족 구조와 상호작용 또는 관련된 하위 체계를 인식하고, 이는 다시 가족 적응력에 영향을 준다. 슬픔은 끝을 알 수 없다는 것을 깨닫고 대부분의 가족은 궁극적으로 청각장애라는 바라지 않는 진단을 수용하며, 결국은 이루어져야 할 것을 행한다(Seligman & Darling, 2007).

청력손실의 정도나 청력손실에 대한 이전의 경험 둘 다 개개 가족 구성원이 경험하는 슬픔의 범위와 손실을 예측할 수는 없다. 진단이 확정되고 따라오는 초기 기간은 특히 건청 부모들에게 높은 스트레스가 될 수 있다. 부모들은 슬픔과 상실, 정보의 수집, 의사 결정, 청각장애 아동의 부모가 된다는 것과 관련된 새로운 문화에 적응해야 하므로, 일반적인 부모-자녀의 초기 유대 과정은 붕괴될 것이다. 아동과 그들의 가족들의 장기적인 성과를 위해 임상가의 지원은 결정적일 수 있다.

아동의 청각장애는 어떤 가족들에게는 바라지 않는 파급 효과가 의도하지 않게 나타나는 것을 의미한다. 예를 들어, 부정적인 결과로 증가된 어머니의 스트레스, 정상 청력을 가진 형제자매에게 관심을 덜 주는 것, 재정적인 어려움, 아동 보육의 어려움이 포함된다(예: Sach & Whynes, 2005). 증가된 지원 또는 적어도 이러한 것들에 대한 가족의 지각이 가족들의 스트레스 지각의 감소를 가져온다는 것은 분명하다(예: Asberg, Vogel, & Bowers, 2008). 스트레스의 감소는 가족들의 삶에 더 높은 만족감을 가져온다(Asberg et al., 2008). 아마도 향상된 청각구어 임상 기술과 더 효과적인 가족중심 청각구어 중재 전략은 청각장애가 가족 구조와 관계에 가져오는 부정적인 결과를 더욱 감소시킬 수 있을 것이다.

참고문헌

Academy for Listening and Spoken Language. (2007). *Locate a certified listening and spoken language specialist®*. Retrieved 27 January 2009 from http://www.agbellacademy.org/locate-therapist.htm.

Ainsworth, M. (1991). Attachments and other affectional bonds across the life cycle. In C. M. Parkes, J. Stevenson-Hinde, & P. Marris (Eds.), *Attachment across the life cycle* (pp. 33-51). London: Routledge.

Anagnostou, F., Graham, J., & Crocker, S. (2007). A preliminary study looking at parental emotions following cochlear implantation. *Cochlear Implants International, 8*(2), 68-86.

Arnett, J. J. (2004). *Emerging adulthood: The winding road from the late teens through the twenties.* New York: Oxford University Press.

Asberg, K. K., Vogel, J. J., & Bowers, C. A. (2008). Exploring correlates and predictors of stress in parents of children who are deaf: Implications of perceived social support and mode of communication. *Journal of Child and Family Studies, 17,* 486-499.

Atkin, K., Ahmad, W. I. U., & Jones, L. (2002). Young South Asian deaf people and their families: Negotiating relationships and identities. *Sociology of Health and Illness, 24*(1), 21-45.

Attig, T. (1996). *How we grieve.* New York: Oxford University Press.

Barragan, M. (1976). The child-centered family. In P. J. Guerin (Ed.), *Family therapy: Theory and practice* (pp. 234-248). New York: Gardner Press.

Barnett, D., Hunt, K. H., Butler, C. M., McCaskill, J. W., Kaplan-Estrin, M., & Pipp-Siegel, S. (1999). Indices of attachment disorganization among toddlers with neurological and non-neurological problems. In J. Solomon, & C. George (Eds.), *Attachment disorganization* (pp. 189-212). New York: Guilford Press.

Barr, J., McLeod, S., & Daniel, G. (2008). Siblings of children with speech impairment: Cavalry on the hill. *Language, Speech, and Hearing Services in Schools, 39,* 21-32.

Bat-Chava, Y. (2000). Diversity of deaf identities. *American Annals of the Deaf, 145*(5), 420-428.

Bauman, H-D. L. (2004). Audism: Exploring the metaphysics of oppression. *Journal of Deaf Studies and Deaf Education, 9*(2), 239-246.

Baumeister, A. L., Storch, E. A., & Geffken, G. R. (2008). Peer victimization in children with learning disabilities. *Child and Adolescent Social Work Journal, 25,* 11-23.

Beadle, E. A. R., Shores, A., & Wood, E. J. (2002). Parental perceptions of the impact upon the family of cochlear implantation in children. *Annals of Otology, Rhinology, & Laryngology, 185*(Supp), 111-114.

Bell, L. G., & Bell, D. C. (2005). Family dynamics in adolescence affect midlife wellbeing. *Journal of Family Psychology, 19*(2), 198-207.

Bodner-Johnson, B. (2001). Parents as adult learners in family-centered early education. *American Annals of the Deaf, 146*(3), 263-269.

Bowlby, J. (1991). Postscript. In C. M. Parkes, J. Stevenson-Hinde, & P. Marris (Eds.), *Attachment across the life cycle* (pp. 293-297). London: Routledge.

Boyd, R. C., Knutson, J. F., & Dahlstrom, A. J. (2000). Social interaction of pediatric cochlear implant recipients with age-matched peers. *Annals of Otology, Rhinology, & Laryngology, 109*(12), 105-109.

Brown, J. D., Moraes, S., & Mayhew, J. (2005). Service needs of foster families with children who have disabilities. *Journal of Child and Family Studies, 14*(3), 417-429.

Brown, P. M., & Nott, P. (2006). Family-centered practice in early intervention for oral development: Philosophy, methods, and results. In P. E. Spencer, & M. Marschark, (Eds.), *Advances in the spoken language development of deaf and hard-of-hearing children.* New York: Oxford University Press.

Brown, P. M., & Remine, M. D. (2008). Flexibility of programme delivery in providing effective family-centred intervention for remote families. *Deafness and Education International, 10*(4), 213-225.

Brown, R. P., & Pinel, E. C. (2003). Stigma on my mind: Individual differences in the experience of stereotype threat. *Journal of Experimental Social Psychology, 39,* 626-633.

Burger, T., Spahn, C., Richter, B., Eissele, S., Löhle, E., & Bengel, J. (2006). Psychic stress and quality of life in parents during decisive phases in the therapy of their hearing-impaired children. *Ear & Hearing, 27*(4), 313-320.

Burger, T., Spahn, C., Richter, B., Eissele, S., Löhle, E., & Bengel, J. (2005). Parental distress: The initial phase of hearing aid and cochlear implant fitting. *American Annals of the Deaf, 150*(1), 5-10.

Calderon, R. (2000). Parental involvement in deaf children's education programs as a predictor of child's language, early reading and socialemotional development. *Journal of Deaf Studies and Deaf Education, 5*(2), 140-155.

Calderon, R., & Greenberg, M. (1993). Considerations in the adaptation of families with school-aged children. In M. Marschark, & M. D. Clark (Eds.), *Psychological perspectives on deafness* (pp. 27-47). New York: Lawrence Erlbaum.

Carpenter, B. (2002). Inside the portrait of a family: The importance of fatherhood. *Early Child Development and Care, 172*(2), 195-202.

Carpenter, B., & Towers, C. (2008). Recognising fathers: The needs of fathers of children with disabilities. *Support for Learning, 23*(3), 118-125.

Chuang, S. S., & Gielen, U. P. (2009). Understanding immigrant families from around the world: Introduction to the special issue. *Journal of Family Psychology, 23*(3), 275-278.

Cole, E. (1992). *Listening and talking: A guide to promoting spoken language in young hearing-impaired children.* Washington, DC: AG Bell Association for the Deaf.

Cole, E. B., & Flexer, C. (2007). *Children with hearing loss: Developing listening and talking: Birth to six.* San Diego, CA: Plural.

Coleman, M., & Ganong, L. (2002). Resilience and families. *Family Relations, 51*(2), 101-102.

Coll, C. G., & Magnuson, K. (2000). Cultural differences as sources of developmental vulnerabilities and resources. In J. P. Shonkoff & S. J. Meisels (Eds.), *Handbook of early childhood intervention,* 2nd ed., (pp. 94-114). New York: Cambridge University Press.

Commission on the Social Determinants of Health. (2008). Final Report/Executive Summary. (2008). *Closing the gap in a generation: Health equity through action on the social determinants of health.* World Health Organization.

Conti-Ramsden, G., Botting, N., & Durkin, K. (2008). Parental perspectives during the transition to adulthood of adolescents with a history of specific language impairment. *Journal of Speech, Language, and Hearing Research, 31,* 84-96.

Cornish, A. M., McMahon, C., & Ungerer, J. A. (2008). Postnatal depression and the quality of mother-infant interactions during the second year of life. *Australian Journal of Psychology, 60*(3), 142-151.

Corr, C. A. (2002). Coping with challenges to assumptive worlds. In J. Kauffman (Ed.), *Loss of the assumptive world. A theory of traumatic loss* (pp. 125-138). New York: Brunner-Routledge.

Crouter, A. C., & Bumpus, M. F. (2001). Linking parent's work stress to children's and adolescent's psychological adjustment. *Current Directions in Psychological Science,*

10(5), 156-159.

Damasio, A. (1994). *The feeling of what happens.* New York: Harcourt.

DesJardin, J. L. (2006). Family empowerment: Supporting language development in young children who are deaf or hand of hearing. *The Volta Review, 106*(3), 275-298.

DesJardin, J. L. (2005). Maternal perceptions of self-efficacy and invlovement in the auditory development of young children with prelingual deafness. *Journal of Early Intervention, 27,* 193-209.

Devlieger, P. J., Albrecht, G. L., & Hertz, M. (2007). The production of disability culture among young African-American men. *Social Science & Medicine, 64,* 1948-1959.

Duncan, J. (2009). Parental readiness for cochlear implant decision-making. *Cochlear Implants International, 10*(S1), 38-42.

Duncan, J., Rhoades, E. A., & Fitzpatrick, E. (in preparation). *Adolescents with hearing loss: Auditory (Re)habilitation.* New York: Oxford University Press.

Easterbrooks, S. R., O'Rourke, C. M., & Todd, N. W. (2000). Child and family factors associated with deaf children's success in auditory-verbal therapy. *The American Journal of Otology, 21,* 341-344.

Edwards, L., & Crocker, S. (2008). *Psychological processes in deaf children with complex needs.* London: Jessica Kingsley.

Eleweke, C. J., Gilbert, S., Bays, D., & Austin, E. (2008). Information about support services for families of young children with hearing loss: A review of some useful outcomes and challenges. *Deafness and Education International, 10*(4), 190-212.

Eleweke, C. J., & Rodda, M. (2000). Factors contributing to parents' selection of a communication mode to use with deaf children. *American Annals of the Deaf, 145*(4), 375-383.

Eriks-Brophy, A., Durieux-Smith, A., Olds, J., Fitzpatrick, E., Duquette, C., & Whittingham, J. (2007). Facilitators and barriers to the integration of orally educated children and youth with hearing loss into their families and communities. *The Volta Review, 107*(1), 5-36.

Feher-Prout, T. (1996). Stress and coping in families with deaf children. *Journal of Deaf Studies and Deaf Education, 1*(3), 155-166.

Fitzpatrick, E., Angus, D., Durieux-Smith, A., Graham, I. D., & Coyle, D. (2008). Parents' needs following identification of hearing loss. *American Journal of Audiology, 17,* 38-49.

Fitzpatrick, E., Graham, I. D., Durieux-Smith, A., Angus, D., & Coyle, D. (2007). Parents' perspectives on the impact of the early diagnosis of childhood hearing loss. *International Journal of Audiology, 46,* 97-106.

Fjord, L. L. (2001). Ethos and embodiment: the social and emotional development of deaf children. *Scandinavian Audiology, 30*(Suppl 53), 110-115.

Fortnum, H. M., Marshall, D. H., Bamford, J. M., & Summerfield, A. Q. (2002). Hearing-impaired children in the UK: Education setting and communication approach. *Deafness and Education International, 4*(2), 123-131.

Fox, G. L., Bruce, C., & Combes-Orme, T. (2000). Parenting expectations and concerns of fathers and mothers of newborn infants. *Family Relations, 49*(2), 123-131.

Freeman, B., Dieterich, C. A., & Rak, C. (2002). The struggle for language: Perspectives and practices of urban parents with children who are deaf and hard of hearing. *American Annals of the Deaf, 147*(5), 37-44.

Geers, A., & Brenner, C. (2003). Background and educational characteristics of prelingually deaf children implanted by five years of age. *Ear and Hearing, 24*(Suppl 1), 2S-14S.

Geers, A., Tobey, E., Moog, J., & Brenner, C. (2008). Long-term outcomes of cochlear implantation in the preschool years: From elementary grades to high school. *International Journal of Audiology, 47*(Suppl 2), S21-S30.

Giallo, R., & Gavidia-Payne, S. (2006). Child, parent and

family factors as predictors of adjustment for siblings of children with a disability. *Journal of Intellectual Disability Research, 50*(12), 937-948.

Glidden, L. M., Billings, F. J., & Jobe, B. M. (2006). Personality, coping style and well-being of parents rearing children with developmental disabilities. *Journal of Intellectual Disability Research, 50*(12), 949-962.

Glover, D. M. (2003). The deaf child-challenges in management: A parent's perspective. *International Journal of Pediatric Otorhinolaryngology, 67S1*, S197-S200.

Graham, F., Rodger, S., & Ziviani, J. (2009). Coaching parents to enable children's participation: An approach for working with parents and their children. *Australian Occupational Therapy Journal, 56*, 16-23.

Gruss, I., Berlin, M., Greenstein, T., Yagil, Y., & Beiser, M. (2007). Etiologies of hearing impairment among infants and toddlers: 1986-1987 versus 2001. *International Journal of Pediatric Otorhinolaryngology, 71*, 1585-1589.

Grych, J. H., Raynor, S. R., & Fosco, G. M. (2004). Family processes that shape the impact of conflict on adolescents. *Development and Psychopathology, 16*, 649-665.

Hadadian, A. (1995). Attitudes toward deafness and security of attachment relationships among young deaf children and their parents. *Early Education and Development, 6*(2), 181-191.

Hart, B., & Risley, T. R. (1999). *The social world of children: Learning to talk*. Baltimore: Paul H. Brookes.

Harwood, K., McLean, N., & Durkin, K. (2007). First-time mothers' expectations of parenthood: What happens when optimistic expectation are not matched by later experiences? *Developmental Psychology, 43*(1), 1-12.

Hastings, R. P. (1997). Grandparents of children with disabilities: A review. *International Journal of Disability, Development and Education, 44*(4), 329-340.

Hintermair, M. (2000). Children who are hearing impaired with additional disabilities and related aspects of parental stress. *Exceptional Children, 66*(3), 327-332.

Hintermair, M. (2004). Sense of coherence: A relevant resource in the coping process of mothers of deaf and hard-of-hearing children? *Journal of Deaf Studies and Deaf Education, 9*(1), 15-26.

Honig, A. S. (2008). Supporting men as fathers, caregivers, and educators. *Early Child Development and Care, 178* (7/8), 665-668.

Hoyer, W. J., & Roodin, P. A. (2003). *Adult development and aging* (5th ed). New York: McGraw-Hill.

Hughes, D. A. (2007). *Attachment-focused family therapy*. New York: W. W. Norton.

Ingber, S., & Dromi, E. (2009). Demographics affecting parental expectations from early deaf intervention. *Deafness & Education International, 11*(2), 83-111.

Jackson, C. W., Traub, R. J., & Turnbull, A. P. (2008). Parents' experiences with childhood deafness: Implications for family-centered services. *Communication Disorders Quarterly, 29*(2), 82-98.

Jackson, C. W., & Turnbull, A. (2004). Impact of deafness on family life: A review of the literature. *Topics in Early Childhood Special Education, 24*(1), 15-29.

Jambor, E., & Elliott, M. (2005). Self-esteem and coping strategies among deaf students. *Journal of Deaf Studies and Deaf Education, 10*(1), 63-81.

Jamieson, J. R. (1995). Interactions between mothers and children who are deaf. *Journal of Early Intervention, 19*(2), 108-117.

Joint Committee on Infant Hearing. (2007). *Year 2007 position statement: Principles and guidelines for early hearing detection and intervention programs*. Retrieved 24 January 2009 from http://www.pediatrics.org/cgi/content/full/12/4/898.

Kent, B. A. (2003). Identity issues for hard-of-hearing adolescents aged 11, 13, and 15 in mainstream settings. *Journal of Deaf Studies and Deaf Education, 8*(3), 315-324.

Kent, B., & Smith, S. (2006). They only see it when the sun shines in my ears: Exploring perceptions of adolescent hearing aid users. *Journal of Deaf Studies and Deaf Education, 11*(4), 461-476.

Kluwin, T., & Stewart, D. (2000). Cochlear implants for younger children: A preliminary description of the parental decision process and outcomes. *American Annals of the Deaf, 145*(1), 26-32.

Knudson-Martin, C., & Silverstein, R. (2009). Suffering in silence: A qualitative meta-data-analysis of postpartum depression. *Journal of Marital and Family Therapy, 35*(2), 145-158.

Kochkin, S., Luxford, W., Northern, J., Mason, P., & Tharpe, A. M. (2007). MarkeTrak VII: Are 1 million dependents with hearing loss in America being left behind? *The Hearing Review, 14*(10), 10-36.

Koester, L. S., Brooks, L., & Traci, M. A. (2000). Tactile contact by deaf and hearing mothers during face-to-face interactions with their infants. *Journal of Deaf Studies and Deaf Education, 5*(2), 127-139.

Kolassa, I-T., & Elbert, T. (2007). Structural and functional neuroplasticity in relation to traumatic stress. *Current Directions in Psychological Science, 16*(6), 3221-325.

Kolb, S. M., & Hanley-Maxwell, C. (2003). Critical social skills for adolescents with high incidence disabilities: Parental perspectives. *Exceptional Children, 69*(2), 163-179.

Kurtzer-White, E., & Luterman, D. (2003). Families and children with hearing loss: Grief and coping. *Mental Retardation and Developmental Disabilities Research Reviews, 9*, 232-235.

Kushalnagar, P., Krull, K., Hannay, J., Mehta, P., Caudle, S., & Oghalai, J. (2007). Intelligence, parental depression, and behavior adaptability in deaf children being considered for cochlear implantation. *Journal of Deaf Studies and Deaf Education, 12*(3), 335-349.

Laible, D. J., Carlo, G., & Roesch, S. C. (2004). Pathways to self-esteem in late adolescence: The role of parent and peer attachment, empathy, and social behaviors. *Journal of Adolescence, 27*, 703-716.

Lamb, M. E., & Laumann-Billings, L. A. (1997). Fathers of children with special needs. In M. E. Lamb (Ed.), *The role of the father in child development* (3rd ed.) (pp. 179-190). New York: John Wiley.

Lazarus, R. S. (1993). Coping theory and research: Past, present, and future. *Psychosomatic Medicine, 55*, 234-247.

Leckman-Westin, E., Cohen, P. R., & Stueve, A. (2009). Maternal depression and mother-child interaction patterns: Association with toddler problems and continuity of effects to late childhood. *Journal of Child Psychology and Psychiatry, 50*(9), 1176-1184.

Lederberg, A. R., & Golbach, T. (2002). Parenting stress social support in hearing mothers of deaf and hearing children: A longitudinal study. *Journal of Deaf Studies and Deaf Education, 7*(4), 330-345.

Levin, K. A., & Leyland, A. H. (2006). A comparison of health inequalities in urban and rural Scotland. *Social science and Medicine, 62*(6), 1457-1464.

Leyser, Y., & Kirk, R. (2004). Evaluating inclusion: An examination of parent views and factors influencing their perspectives. *International Journal of Disability, Development, and Education, 51*(3), 271-285.

Li, Y., Bain, L., & Steinberg, A. G. (2004). Parental decision-making in considering cochlear implant technology for a deaf child. *International Journal of Pediatric Otorhinolaryngology, 68*, 1027-1038.

Long, C., Gurka, M. J., & Blackman, J. A. (2008). Family stress and children's language and behavior problems: results from the National Survey of Children's Health. *Topics in Early Childhood Special Education, 28*, 148-157.

Lukomski, J. (2007). Deaf college students' perceptions of their social-emotional adjustment. *Journal of Deaf Studies and Deaf Education, 12*(4), 486-494.

Luterman, D. (2006). The counseling relationship. *ASHA Leader, 11*(4), 8-9, 33.

Luterman, D. (2004). Counseling families of children with hearing loss and special needs. *The Volta Review, 104*(4), 213-220.

Luterman, D. M. (1996). *Counseling persons with communication disorders and their families* (3rd ed). Austin, TX: Pro-Ed.

Luterman, D. M., & Ross, M. (1991). *When your child is deaf.* Baltimore: York Press.

MacNeil, J. R., Liu, C., Stone, S., & Farrell, J. (2007). Evaluating families' satisfaction with early hearing detection and intervention services in Massachusetts. *American Journal of Audiology, 16*(1), 29-56.

Madon, S., Guyll, M., & Spoth, R. L. (2004). The self-fulfilling prophecy as an intrafamily dynamic. *Journal of family Psychology, 18*(3), 459-469.

Magnuson, M., & Hergils, L. (1999). The parents' view on hearing screening in newborns: Feelings, thoughts and opinions on otoacoustic emissions screening. *Scandinavian Audiology, 28*(1), 47-56.

Mapp, I., & Hudson, R. (1997). Stress and coping among African American and Hispanic parents of deaf children. *American Annals of the Deaf, 142*(1), 48-56.

Margolis, R. H. (2004). Boosting memory with informational counseling: Helping patients understand the nature of disorders and how to manage them. *The ASHA Leader, 9,* 10-11, 28.

Marmot, M. (2005). Social determinants of health inequalities. *The Lancet, 365*(19), 1099-1104.

Marshall, J. (2000). Critical reflections on the cultural influences in identification and habilitation of children with speech and language difficulties. *International Journal of Disability, Development and Education, 47*(4), 355-369.

Marschark, M., Lang, H. G., & Albertini, J. A. (2002). *Educating deaf students: From research to practice.* New York: Oxford University Press.

Marx, D. M., & Stapel, D. A. (2006). It depends on your perspective: The role of self-relevance in stereotype-based underperformance. *Journal of Experimental Social Psychology, 42,* 768-775.

McBride, B. A., Brown, G. L., Bost, K. K., Shin, N., Vaughn, B., & Korth, B. (2005). Paternal identity, maternal gate-keeping, and father involvement. *Family Relations, 54,* 360-372.

McCracken, W., Young, A., & Tattersall, H. (2008). Universal newborn hearing screening: Parental reflections on very early audiological management. *Ear and Hearing, 29*(1), 54-64.

Meadow-Orlans, K. P. (1994). Stress, support, and deafness: Perceptions of infants' mothers and fathers. *Journal of Early Intervention, 18*(1), 91-102.

Meinzen-Derr, J., Lim, L. H. Y., Choo, D. I., Buyniski, S., & Wiley, S. (2008). Pediatric hearing impairment caregiver experience: Impact of duration of hearing loss on parental stress. *International Journal of Pediatric Otorhinolarnyngology, 72,* 1693-1703.

Middleton, M., Scott, S. L., & Renk, K. (2009). Parental depression, parenting behaviors, and behavior problems in young children. *Infant and Child Development, 18,* 323-336.

Mitchell, W. (2007). Research review: The role of grandparents in intergenerational support for families with disabled children: A review of the literature. *Child and Family Social Work, 12,* 94-101.

Mitchell, R. E., & Karchmer, M. A. (2004). Chasing the mythical ten percent: Parental hearing status of Deaf and hard of hearing students in the United States. *Sign Language Studies, 4*(2), 138-160.

Moeller, M. P. (2000). Early intervention and language development in children who are deaf and hard of hearing. *Pediatrics, 106*(3), 1-9.

Most, T. (2007). Speech intelligibility, loneliness, and sense of coherence among Deaf and hard-of-hearing children in individual inclusion and group inclusion. *Journal of Deaf Studies and Deaf Education, 12*(4), 495-503.

Most, T., & Zaidman-Zait, A. (2003). The needs of parents with cochlear implants. *The Volta Review, 103*, 99-113.

Musselman, C., & Kircaali-Iftar, G. (1996). The development of spoken language in deaf children: Explaining the unexplained variance. *Journal of Deaf Studies and Deaf Education, 1*(2), 108-120.

Navalker, P. (2004). Fathers' perception of their role in parenting a child with cerebral palsy: Implication for counseling. *International Journal for the Advancement of Counselling, 26*(4), 375-382.

Nelson, L. G., Summers, J. A., & Turnbull, A. P. (2004). Boundaries in family-professional relationships: Implications for special education. *Remedial and Special Education, 25*(3), 153-165.

Neuss, D. (2006). The ecological transition to auditory-verbal therapy: Experiences of parents whose children use cochlear implants. *The Volta Review, 106*(2), 195-222.

Nikolaraizi, M., & Hadjikakou, K. (2006). The role of educational experiences in the development of Deaf identity. *Journal of Deaf Studies and Deaf Education, 11*(4), 477-492.

Nucci, L., Hasebe, Y., & Lins-Dyer, M. T. (2005). Adolescent psychological wellbeing and parental control of the personal. *New Directions for Child and Adolescent Development, 108*, 17-30.

Nybo, W. L., Scherman, A., & Freeman, P. L. (1998). Grandparents' role in family systems with a deaf child: An exploratory study. *American Annals of the Deaf, 143*(3), 260-267.

O'Connell, J., & Casale, K. (2004). Attention deficits and hearing loss: Meeting the challenge. *The Volta Review, 104*(4), 257-271.

Omondi, D., Ogal, C., Otieno, S., & Macharia, I. (2007). Parental awareness of hearing impairment in their school-going children and healthcare seeking behaviour in Kisum district, Kenya. *International Journal of Pediatric Otorhinolaryngology, 71*, 415-423.

Ozcebe, E., Sevinc, S., & Belgin, E. (2005). The ages of suspicion, identification, amplification, and intervention in children with hearing loss. *International Journal of Pediatric Otorhinolaryngology, 69*, 1081-1087.

Pachankis, J. E. (2007). The psychological implications of concealing a stigma: A cognitive-affective-behavioral model. *Psychological Bulletin, 133*(2), 328-345.

Paster, A., Brandwein, D., & Walsh, J. (2009). A Comparison of coping strategies used by parents of children with disabilities and parents of children without disabilities. *Research in Developmental Disabilities, 30*(6), 1337-1342.

Payne, C., & Duncan, J. (2001). Cora Barclay Centre uses videoconferencing to reach students who are deaf and hearing impaired in remote locations. *Australian Journal of Education of the Deaf, 7*, 45-46.

Percy-Smith, L., Jesen, J. H., Caye-Thomasen, P., Thomsen, J., Gudman, M., & Lopez, A. G. (2008). Factors that affect the social well-being of children with cochlear implants. *Cochlear Implants International, 9*(4), 199-214.

Perigoe, C. B., & Perigoe, R. (2004). Foreword. *The Volta Review, 104*(4), 211-214.

Perold, J. L. (2006). An investigation into the expectations of mothers of children with cochlear implants. *Cochlear Implants International, 2*(1), 39-58.

Pipp-Siegel, S., Sedey, A. L., & Yoshinaga-Itano, C. (2002). Predictors of parental stress in mothers of young children with hearing loss. *Journal of Deaf Studies and Deaf Children, 7*(1), 1-17.

Pit-Ten Cate, I. M., & Loots, G. M. P. (2000). Experiences of siblings of children with physical disabilities: An empirical investigation. *Disability and Rehabilitation, 22*(9), 399-408.

Pit-Ten Cate, I. M., Hastings, R. P., Johnson, H., & Titus, S. (2005). Grandparent support for mothers of children with and without physical disabilities. *Families in Society, 88*(1), 1-6.

Porter, L., & McKenzie, S. (2000). *Professional collaboration with parents of children with disabilities.* London: Whurr.

Proctor, R., Niemeyer, J. A., & Compton, M. V. (2005). Training needs of early intervention personnel working with infants and toddlers who are deaf and hard of hearing. *The Volta Review, 105*(2), 113-128.

Punch, R., Creed, P. A., & Hyde, M. (2005). Predicting career development in hard-of-hearing adolescents in Australia. *Journal of Deaf Studies and Deaf Education, 10*(1), 146-160.

Quittner, A. L., Leibach, P., & Marciel, K. (2004). The impact of cochlear implants on young deaf children. *Archives of Otolaryngology-Head and Neck Surgery, 130,* 547-554.

Radke-Yarrow, M. (1991). Attachment patterns in children of depressed mothers. In C. M. Parkes, J. Stevenson-Hinde, & P. Marris (Eds.), *Attachment across the life cycle* (pp. 115-126). London: Routledge.

Raghuraman, R. S. (2008). The emotional well-being of older siblings of children who are deaf or hard of hearing and older siblings of children with typical hearing. *The Volta Review, 108*(1), 5-35.

Ramsden, J. D., Papaioannou, V., Gordon, K. A., James, A. L., & Papsin, B. C. (2009). Parental and program's decision making in paediatric simultaneous bilateral cochlear implantation: Who says no and why? *International Journal of Pediatric Otolaryngology, 73,* 1325-1328.

Rhoades, E. A., Price, F., & Perigoe, C. B. (2004). The changing American family and ethnically diverse children with hearing loss and multiple needs. *The Volta Review, 104*(4), 285-305.

Rhoades, E. A. (2008). Working with multicultural and multilingual families of young children. In J. R. Madell, & C. Flexer (Eds.), *Pediatric audiology: Diagnosis, technology and management* (pp. 262-268). New York: Thieme.

Rhoades, E. A. (2009). What the neurosciences tell us about adolescent development. *Volta Voices, 16*(1), 16-21.

Rice, G. B., & Lenihan, S. (2005). Early intervention in auditory/oral deaf education: Parent and professional perspectives. *The Volta Review, 105*(1), 73-96.

Rich, P. (1999). *The healing journey through grief: Your journal for reflection and recovery.* New York: John Wiley.

Richardson, J. T. E., Woodley, A., & Long, G. L. (2004). Students with an undisclosed hearing loss: A challenge for academic access, progress, and success? *Journal of Deaf Studies and Deaf Education, 9*(4), 427-441.

Robbers, M. L. P. (2009). Facilitating fatherhood: A longitudinal examination of father involvement among young minority fathers. *Child Adolescent Social Work, 26,* 121-134.

Robin, A. L., & Foster, S. L. (2003). *Negotiating parent-adolescent conflict: A behavioral family systems approach.* New York: Guilford Press.

Roos, S. (2002). *Chronic sorrow: A living loss.* New York: Brunner-Routledge.

Roush, J., Holcomb, B. A., Roush, M. A., & Escolar, M. L. (2004). When hearing loss occurs with multiple disabilities. *Seminars in Hearing, 25*(4), 333-345.

Roush, J., & Kamo, G. (2008). Counseling and collaboration with parents of children with hearing loss. In J. R. Madell, & C. Flexer (Eds.), *Pediatric audiology: Diagnosis, technology, and management* (pp. 269-277). Baltimore: York Press.

Rudolph, M., Rosanowski, F., Eysholdt, U., & Kummer, P. (2003). Anxiety and depression in mothers of speech impaired children. *International Journal of Pediatric Otorhinolaryngology, 67,* 1337-1341.

Sach, T. H., & Whynes, D. K. (2005). Pediatric cochlear implantation: The views of parents. *International Journal of Audiology, 44,* 400-407.

Samson-Fang, L., Simons-McCandless, M., & Shelton, C. (2000). Controversies in the field of hearing impairment: Early identification, educational methods, and cochlear implants. *Infants and Young Children, 12*(4), 77-88.

Saracho, O. N., & Spodek, B. (2008). Fathers: The "invisible" parents. *Early Child Development and Care, 178*(7/8), 821-836.

Sawyer, J. A. (2007). Mindful parenting, affective attunement, and maternal depression: A call for research. *Graduate Student Journal of Psychology, 9,* 3-9.

Schneider, J., Wedgewood, N., Llewellyn, G., & McConnell, D. (2006). Families challenged by and accommodating to the adolescent years. *Journal of Intellectual Disability Research, 50*(12), 926-936.

Schorr, E. A. (2006). Early cochlear implant experience and emotional functioning during childhood: Loneliness in middle and late childhood. *The Volta Review, 106*(3), 365-379.

Schum, R. (2004). Psychological assessment of children with multiple handicaps who have hearing loss. *The Volta Review, 104*(4), 237-255.

Seligman, M., & Darling, R. B. (2007). *Ordinary families, special children: A systems approach to childhood disability.* New York: Guilford Press.

Shin, M-S., Kim, S-K., Kim, S-S., Park, M-H., Kim, C-S., & Oh, S-H. (2007). Comparison of cognitive function in deaf children between before and after cochlear implant. *Ear and Hearing, 28*(2), 22S-28S.

Siblings Australia. (2009). *Concerns for Sibs.* Retrieved 17 February 2009 from www.siblingsaustralia.org.au/concern_sibs.asp.

Simons, V. (2001). Ambiguous loss: Learning to live with unresolved grief. *Journal of Marital and Family Therapy, 27*(2), 278.

Sinnott, C. L., & Jones, T. W. (2005). Characteristics of the population of deaf and hard of hearing students with emotional disturbance in Illinois. *American Annals of the Deaf, 150*(3), 268-272.

Sjoblad, S., Harrison, M., Roush, J., & McWilliam, R. A. (2001). Parents' reactions and recommendations after diagnosis and hearing aid fitting. *American Journal of Audiology, 10*(1), 24-31.

Spahn, C., Burger, T., Loschmann, C., & Richter, B. (2004). Quality of life and psychological distress in parents of children with a cochlear implant. *Cochlear Implants International, 5,* 13-27.

Spahn, C., Richter, B., Burger, T., Lohle, E., & Wirsching, M. (2003). A comparison between parents of children with cochlear implants and parents of children with hearing aids regarding parental distress and treatment expectations. *International Journal of Pediatric Otorhinolaryngology, 67,* 947-955.

Speelman, E. (2007). Rural-urban inequality in Asia. *CAPSA Flash, 5*(9), 1-4.

Spencer, P. (2004). Individual differences in language performance after cochlear implantation at one to three years of age: Child, family, and linguistic factors. *Journal of Deaf Education and Deaf Studies, 9,* 395-412.

Steinberg, A., Brainsky, A., Bain, L., Montoya, L., Indenbaum, M., & Potsic, W. (2000). Parental values in the decision about cochlear implantation. *International Journal of Pediatric Otorhinolaryngology, 55*(2), 99-107.

Steinberg, A., Kaimal, G., Ewing, R., Soslow, L. P., Lewis, K. M., Krantz, I., & Li, Y. (2007). Parental narratives of genetic testing for hearing loss: Audiologic implications for clinical work with children and families. *American Journal of Audiology, 16*(1), 57-67.

Stuart, A., Moretz, M., & Yang, E. Y. (2000). An investigation of maternal stress after neonatal hearing screening.

American Journal of Audiology, 9, 135-141.

Swanepoel, D. W., Hugo, R., & Louw, B. (2006). Infant hearing screening at immunization clinics in South Africa. *International Journal of Pediatric Otorhinolaryngology, 70,* 1241-1249.

Thompson, R. A. (2006). Developing persons, relationships, and science. *Human Development, 49,* 138-142.

Trute, B., Worthington, C., & Hiebert-Murphy, D. (2008). Grandmother support for parents of children with disabilities: Gender differences in parenting stress. *Families, Systems and Health, 26*(2), 135-146.

Vostanis, P., Hayes, M., Du Feu, M., & Warren, J. (1997). Direction of behavioral problems in deaf children and adolescents: Comparison of two rating scales. *Child: Care, Health, and Development, 23*(3), 233-246.

Wallis, D., Musselman, C., & MacKay, S. (2004). Hearing mothers and their deaf children: The relationship between early, ongoing mode match and subsequent mental health functioning in adolescence. *Journal of Deaf Studies and Deaf Education, 9*(1), 1-14.

Wathum-Ocama, J. C., & Rose, S. (2002). Hmong immigrants' views on the education of their deaf and hard of hearing children. *American Annals of the Deaf, 147*(3), 44-52.

Watson, L. M., Hardie, T., Archbold, S. M., & Wheeler, A. (2007). Parents' views on changing communication after cochlear implantation. *Journal of Deaf Studies and Deaf Education, 13*(1), 104-116.

Weichbold, V., Welzl-Mueller, K., & Mussbacher, E. (2001). The impact of information on maternal attitudes toward universal neonatal hearing screening. *British Journal of Audiology, 35*(1), 59-66.

Weiner, M. T., & Miller, M. (2006). Deaf children and bullying: Directions for future research. *American Annals of the Deaf, 151*(1), 61-70.

Weisel, A., Most, T., & Michael, R. (2007). Mothers' stress and expectations as a function of time since child's cochlear implantation. *Journal of Deaf Studies and Deaf Education, 12*(1), 55-64.

Weiss, R. S. (1991). The attachment bond in childhood and adulthood. In C. M. Parkes, J. Stevenson-Hinde, & P. Marris (Eds.), *Attachment across the life cycle* (pp. 66-76). London: Routledge.

Wheeler, A., Archbold, S. M., Hardie, T., & Watson, L. M. (2009). children with cochlear implants: The communication journey. *Cochlear Implants International, 10*(1), 41-62.

Whiteman, S. D., & Christiansen, A. (2008). Processes of sibling influence in adolescence: individual and family correlates. *Family Relations, 57,* 24-34.

Worden, J. W. (2001). *Grief Counseling and grief Therapy* (3rd ed.). New York: Springer.

World Health Organization. (2006). *Convention on the Rights of Persons with Disabilities.* Retrieved 21 February. 2009 from http://www.un.org/disabilites/convention/conventionfull.shtml.

World Health Organization. (2006). *Deafness and hearing impairment. Fact Sheet No. 300.* Retrieved 21 February. 2009 from http://www.who.int/mediacentre/fact-sheets/fs300/en/print.html.

Wout, D., Danso, H., Jackson, J., & Spencer, S. (2008). The many faces of stereotype threat: Group-and self-threat. *Journal of Experimental Social Psychology, 44*(3), 792-799.

Yoshinaga-Itano, C. (2002). The social-emotional ramifications of universal newborn hearing screening, early identification and intervention of children who are deaf or hard of hearing. In R. Seewald, & J. Gravel (Eds.), *A Sound Foundation Through Early Amplification 2001: Proceedings of the second International Conference* (p. 224). Great Britain: St. Edmundsbury Press.

Young, A., & Tattersall, H. (2007). Universal newborn hearing screening and early identification of deafness:

Parents' responses to knowing early and their expectations of child communication development. *Journal of Deaf Studies and Deaf Education, 12*(2), 209-220.

Young, A., Green, L., & Rogers, K. (2008). Resilience and deaf children: A Literature review. *Deafness and Education International, 10*(1), 40-55.

Young, S. (2007). The forgotten sibling. *ANZ Journal of Family Therapy, 28*(1), 21-27.

Yucel, E., Derim, D., & Celik, D. (2008). The needs of hearing impaired children's parents who attend to auditory verbal therapy-counseling program. *International Journal of Pediatric Otorhinolaryngology, 72*(7), 1097-1111.

Yucel, E., & Sennaroglu, G. (2007). Is psychological state a determinant of speech perception outcomes in highly selected good adolescent cochlear implant users? *International Journal of Pediatric Otorhinolaryngology, 71,* 1415-1422.

Zaidman-Zait, A., & Most, T. (2005). Cochlear implants in children with hearing loss: Maternal expectations and impact on the family. *The Volta Review, 105*(2), 129-150.

Zaidman-Zait, A. (2007). Parenting a child with a cochlear implant: A critical incident study. *Journal of Deaf Studies and Deaf Education, 12*(2), 221-241.

Zaidman-Zait, A. (2008). Everyday problems and stress faced by parents of children with cochlear implants. *Rehabilitation Psychology, 53*(2), 139-152.

가족 지원

Anita Bernstein and Alice Eriks-Brophy

개 관

부모가 자녀의 청각장애를 처음 알게 되었을 때, 이들에게 즉시 필요한 것은 여러 영역에 걸친 정보와 지원이다(Atkins, 2001; Cole & Flexer, 2007; Schuyler & Kennedy Broyles, 2006; Sebald & Luckner, 2007; Zaidman-Zait, 2007). 청각장애 아동의 90~95%는 가족 중에 청각장애인이 전혀 없는 가정에서 출생한다(Mitchell & Karchmer, 2004; Northern & Downs, 2002). 이들 아동의 가족은 청각장애에 대해 알지 못하므로 청각장애의 진단에서부터 아동을 위한 의학적 · 기술적 · 교육적 결정을 위해 집중적인 지원을 필요로 한다. 가족중심 서비스 모델은 청각장애와 사회적 지원 시스템, 서비스, 자원에 관한 지식을 통합해서, 청각장애 아동의 부모에게 요구되는 다양한 역할에 충실하게 적응할 수 있도록 부모를 돕는다. 어떤 가족중심 중재 방법이든 그 기본 원칙은 가족 공동체를 돕고 강화하며 지지하는 것이다(Watts Pappas, McLeod, & McAllister, 2009).

현대 가족을 구성하는 요소는 매우 다양하다. 한부모, 이혼 부모, 이중 부모로 이루어진 가족, 혼합 또는 세대 간 가족, 동성 부모, 입양 자녀를 둔 가족, 양자를 들인 가족 등 여러 가지 형태의 가족 구성이 있다. 이러한 가족 단위에는 아동의 양육자, 형제자매, 확대된 가족 구성원,

가족의 친구들, 사회적 · 문화적 공동체 등이 포함된다. 또한 가족의 구성과 형태의 다양성에 대한 고려와 함께 임상가는 여러 변수가 가족의 기능에 영향을 줄 수 있다는 것을 숙고해야 한다. 이러한 변수로는 가족의 역할 구조, 문화적 차이, 부모의 교육 수준, 주 언어에 대한 부모의 학습 과정, 가족의 사회경제적 상태(SES) 등이 있다.

선행 연구에 따르면, 자녀 중에 특별한 도움을 필요로 하는 아동이 있는 가족들은 가족중심 서비스에서 아동을 도우려는 자신들의 노력을 지원했을 때 중재 서비스에 대한 만족감이 높은 경향이 있다. 또한 이런 경우에 가족은 스트레스를 덜 받고 복지 수준이 증가하여 아동의 전반적인 발달에 보다 효과적인 촉진자가 될 수 있었다(DesJardin, 2009; Law, Garrett, & Nye, 2003; Sebald & Luckner, 2007; Watts Pappas & McLeod, 2009; Watts Pappas, McLeod, & McAllister, 2009; Wood Jackson & Eriks-Brophy, 2005). 지원을 하고 또한 지원을 받는 데 있어 가족 구성원 모두가 중요한 역할을 하므로 임상가는 모든 가족 구성원이 가족 기능에 참여하는 노력을 하도록 돕는 방법을 고려해야 한다. 임상가는 청각장애의 진단이 가족 구성원에게 서로 다른 식으로 영향을 미친다는 사실에 주목하고 각 구성원의 특별한 요구에 맞추어 이들을 돌보아야 한다. 가족 지원은 가족과 개인의 요구에 따라 여러 단계에서 직접 일대일 상담, 집단 네트워크, 정보 제공, 특정 집단을 목표로 하는 지역 활동의 여러 형태로 제공된다. 이 장에서는 가족 형태 안에서 가능한 지원 범위와 이러한 지원의 협력 증거와 연관된 전략들을 살펴본다. 또한 '팁'으로 다양한 가족과 그 구성원을 지원할 수 있는 제안들을 제공한다.

초기 단계 가족에 대한 지원

자녀가 장애나 의학적 문제를 갖고 있다는 소식을 들었을 때 어머니와 아버지는 이를 수용하는 정서적 단계에서 서로 다르게 반응하는 경향이 있다(Fidalgo & Pimental, 2004; Porter & Edirippulige, 2007). 또한 가족의 기능에 영향을 주는 가족의 압력과 스트레스는 가족 구성원 개개인에게 다르게 작용을 한다. 청각구어 임상가의 중요한 역할 중 하나는 각 가족 구성원에게 정확하고 적절한 정보를 주고 지원을 하여, 각 가족 구성원 간의 관계가 증진되고 그들 각자의 개별적인 목표와 요구가 이루어지도록 하는 것이다.

아동의 청각장애와 관련된 여러 영역의 정보를 제공하는 것은 청각구어 임상가의 중심 역할이다. 실제로, 전통적인 '경험 있는 임상가' 중재 모델에서도 정보 제공은 가장 중요한 임상가의 역할 중 하나로 간주되었다(Watts Pappas et al., 2009). 현재의 가족중심 모델에서 임상가의 역할에는 많은 변화가 있으나, 부모에게 정보를 제공하는 것은 청각구어 실제에서도 임상가의 중요한 역할로 남아 있다.

가족중심 중재에서는 임상가가 아닌 부모가 의사 결정자이며, 부모는 아동의 중재 프로그램에서 능동적인 참여자다. 임상가는 부모에게 정보를 제공하고 조언을 하며 부모가 가족의 관점에서 적절한 결정에 이르도록 지원을 한다(Watts Pappas et al., 2009). 부모의 존재는 담당 임상가의 전문가적 능력, 참여 수준, 사회성 기술 등과 같은 비중을 차지한다(McKenzie, 1994). 훌륭한 임상가의 자질에는 부모의 감정에 부드럽고 민감하게 반응하며 임상가로서의 역할에 충실한 존경받을 수 있는 태도, 부모의 질문에 대해 그들이 이해할 수 있게 대답하고 정보를 제공하는 노력 등이 포함된다. 부모들은 임상가가 부모가 필요로 하는 지원을 하고, 자녀의 프로그램, 예후, 성공 가능성, 어려움에 대해 실제적이고 정직하게 직접적인 정보를 제공했을 때 특히 고마워한다(Freedman & Capobianco Boyer, 2000; Glogowska & Campbell, 2000; Luterman, 2004; Sebald & Luckner, 2007; Tye-Murray, 2009; Watts Pappas & McLeod, 2009).

정보를 제공할 때의 팁

- 이해하기 쉬운 말을 사용하고 전문적인 용어를 나열하지 않는다.
- 한번에 너무 많은 정보를 꺼내 놓지 않는다.
- 각 가족 구성원에게 새로운 정보를 각자의 개인적인 경험에서 통합하고 처리할 수 있는 시간을 준다.
- 가족에게 '자신의 이야기 말하기' 시간을 준다.
- 한 회기 내에 또는 여러 회기에 걸쳐 각 가족 구성원의 이해 수준에 따라 정보를 반복해서 제공하고, 가족의 경험과 상황에 맞추어 이를 의미 있게 만든다.
- 임상가가 동의하지 않는 정보의 요구나 가족의 결정에 대한 판단을 피한다.
- 정보를 제공할 때는 개방적이고 정직하며 공감하는 태도를 보여 준다.
- 각 가족 구성원의 요구를 인정하고 정보를 제공하여 건강한 가족 체계의 재활을 돕고 지원한다.
- 제공된 정보에 대한 정서적 반응을 확인하고 인정한다.

부부 관계

제9장에서 자녀가 청각장애라는 진단을 받았을 때의 반응이 가족 안의 부부 관계에 영향을 줄 수 있음을 논의했다. 이러한 반응의 범위는 부부와 다른 가족 구성원 사이의 관계를 강화하는 것부터(Blacher & Baker, 2007; Verté, Hebbrecht, & Roeyers, 2006), 이혼율을 높이는 데까지(Ouellette, 2005) 광범위하다. 어떤 부부는 청각장애의 진단이 부모로서 함께 이루어 가야 할 공동의 목표를 주었기 때문에 부부의 관계를 더욱 강하게 하였다고 보고했다(Eriks-Brophy et al., 2007; Ouellette, 2005). 반면, 청각장애의 진단 시 상대방이 보인 정서적 반응의 정도나 반응 시간의 차이 등이 배우자에게 무감각, 무분별, 무례함 등으로 받아들여져서 결혼 생활의 불협 요소로 작용하기도 한다(Ouellette, 2005). 또한 자녀를 돌보고 식사를 준비하는 등 부모로서 해야 할 의무를 재구성해야 하고, 자녀의 장애에 적응하는 기간에 겪는 정서적인 어려움 등으로 인해 부부 사이의 관계를 원만하게 할 에너지나 시간이 거의 없게 될 수도 있다.

이 주제에 관련해서는 현재 진행된 연구가 거의 없으나, Eriks-Brophy 등(2007)이 진행한 집단 간담회에 참석했던 청각장애 아동의 부모들은, 부부 사이의 관계가 부정적으로 가는 것을 막기 위하여 자녀를 키우는 데 필요한 일상의 일들을 공유하는 것이 중요하다고 강조했다. 부부가 공유해야 할 것은 좋은 극복 기술을 발전시키고, 열린 의사소통 통로를 유지하며, 모든 감정을 수용하고, 좋은 청취 기술을 보여 주는 것이다. 특히 어린 자녀를 양육하며 일상에서 당면하는 어려움에 대처하는 동기와 건강한 정신 건강을 유지하기 위해 부모가 어느 정도 자기만의 시간을 갖도록 집안의 책임을 나누는 것이 필요하다.

부부 관계를 지원할 때의 팁

- 가능하면 부모 두 사람이 모두 중재 시간에 참석하게 한다.
- 부모가 정기적으로 서로 열린 마음으로 의사소통을 하도록 격려한다.
- 부모가 자녀의 진단에 대해 느끼는 감정, 부모의 역할 조정과 책임, 배우자의 반응에 대한 생각 등을 서로 교환하게 한다.
- 부부는 각자 자신만의 시간 그리고 함께하는 시간을 모두 갖도록 한다.
- 부모에게 필요하고 부모가 요청한 정보들을 부모 두 사람에게 제공한다.
- 정기적으로 부모의 질문과 관심에 집중하는 시간을 제공한다.
- 부부의 갈등을 해소하고 관계를 강화할 필요가 있을 때는 전문적인 가족치료사의 도움을

받도록 권한다.

- 청각장애 아동의 부모 그룹에 참여하여 지원을 받도록 권한다.
- 아동의 중재 활동에 적극적으로 참여하도록 부모를 격려한다.
- 부모가 운동, 독서, TV 프로그램 시청, 음악 감상과 같은 자신이 좋아하는 활동을 독립적으로 할 수 있는 시간을 정기적으로 갖도록 권한다.

부모가 모두 일을 하는 가족을 위한 직장-가정 간의 균형

많은 아동의 부모는 직장을 다니고 있다. 직장을 다니고 있는 장애 아동의 부모는 종종 직장과 가정의 책임 사이에서 중대한 갈등에 직면한다. 이것은 부모의 스트레스와 건강 문제를 높이고, 직업 만족도를 낮추며, 자신과 결혼 관계에 대한 만족감을 떨어뜨리고, 부모의 역할 수행력을 질적으로 저하시킨다(Malsch, Rosenzweig, & Brennan, 2008; Rosenzweig, Brennan, & Ogilvie, 2002; Rosenzweig, Brennan, Huffstutter, & Bradley, 2008). 부모는 일차적으로 특별한 도움을 필요로 하는 자녀를 돌보는 가족의 책임과 연관된 독특한 요구들을 해결하기 위하여 자신의 직업 환경을 조절해야 하는 문제에 직면한다. 이들의 어려움은 아동을 돌보며 정기적인 병원 검진이나 중재 시간에 참여하는 시간을 찾는 것과 자신의 일상적인 업무 시간, 전문가로서의 목표, 개인적인 꿈과 어떻게 조화를 이루는가다(Parish & Cloud, 2006; Rosenzweig et al., 2002; Rosenzweig et al., 2008).

현재 특별한 도움을 필요로 하는 아동의 수는 많으나, 이들 아동의 부모가 모두 직업이 있을 때 가족 안에서 발생하는 갈등에 대한 연구는 거의 없다(Malsch et al., 2008; Rosenzweig et al., 2002). 이것은 일반 발달 과정에 있는 아동의 부모가 직업을 갖고 있을 때 마주치는 문제와는 많은 차이가 있다(Malsch et al., 2008; Rosenzweig et al., 2002). 부모의 요구가 적절히 반영되지 않는 고용 상황에서, 특별한 도움이 필요한 아동을 돌보는 것은 고용률과 부모의 정신 건강에 부정적인 영향을 주는 '숨겨진' 문제다. 장애 아동의 부모의 요구에 편의를 제공하지 않는 고용 환경은 역으로 이들 가족의 빈곤율을 높이는 것에도 기여할 수 있다(Malsch et al., 2008; Rosenzweig et al., 2008).

특별한 도움이 필요한 아동의 존재는 특히 여성의 고용에 영향을 주고, 결과적으로 여성이 일에 완전히 몰두하는 것을 방해하며 고용 시간을 감소시킨다(Malsch et al., 2008; Parish & Cloud, 2006; Rosenzweig et al., 2002). 특별한 도움을 필요로 하는 아동의 어머니는 아동의 양육과 관련된 요구에 따라 자신의 직업을 바꾸고, 때로는 아동을 돌보기 위해 완전히 직장을 떠난다. 이러한 어머니의 고용 감소는 도움이 필요한 아동을 둔 편모일 경우 더 심하다(Rosenzweig et al., 2008). 특별한 도움이 필요한 어린 아동의 가족은 일반 발달을 보이는 또래 아동의 가족보다 가난한 경우가 많으며, 어머니의 고용이 어려운 여러 상황은 그 가족의 경제적인 복지에도 잠재적으로 부정적인 결과를 초래한다(Fujiura & Yamaki, 2000; Parish & Cloud, 2006).

특별한 도움이 필요한 아동의 부모는 자녀 양육이나 자녀의 질병으로 인해 직장에 장기 결근을 해야 할 수 있다(Malsch et al., 2008; Rosenzweig et al., 2008). 동료들은 질병이나 아동 양육을 핑계로 이러한 결근을 한다고 느끼며, 부당하고 자신이 피해를 본다고 느껴서 이들 아동의 부모에게 분노를 느낄 수도 있다(Casey, 2008). 일하는 부모는 장애 아동을 돌보는 부모의 책임에 힘겨워하며, 실직이나 감봉 등과 같은 드러난 결과뿐 아니라 직장에서 차별을 받고 따돌림을 당하는 데 고통을 느낀다고 보고했다. 많은 부모는 그들이 동료보다 더 열심히 일을 해야 하고, 책임량보다 많은 업무를 맡는 것이 불가피하다고 느끼고 있었다. 또한 휴가는 동료보다 적게 쓰며 몸이 아프더라도 병가를 낼 수가 없으며 해고의 위험성이 다른 사람보다 크다고 느끼고 있었다. 이들은 또한 자신이 생산성이 낮고 직업 윤리가 부족하며, 동료보다 기여도가 낮은 고용자로 인식되고 있을 것으로 느끼고 있었다(Casey, 2008; Malsch et al., 2008; Rosenzweig et al., 2002). 많은 고용주가 표면적으로는 유연한 작업 환경에 대한 정책을 유지하고 있으나, 고용자의 입장에서는 그러한 편의를 요구하거나 누리는 것을 단념하게 하는 드러나지 않은 '조직의 문화'를 알기 때문에 실제로 이득을 보지 못하고 있다(Malsch et al., 2008).

특별한 도움이 필요한 아동의 부모는 일하는 가족이 당면하는 도전을 돕기 위한 자원에 접근하지 못할 수 있다(Rosenzweig et al., 2002). 가족과 관련하여 혜택을 주거나 고용에서의 차별을 막는 정책 등은 부모의 직업 관련 만족도를 높이고 개인의 복지를 증진시키는 것을 목적으로 한다(Malsch et al., 2008; Parish & Cloud, 2006; Rosenzweig et al., 2002). 이러한 정책에는 근로 시간 중에 정기적인 중재 회기나 학교, 병원의 약속에 참석할 수 있도록 하는 것이 포함된다. 유연한 근로 시간의 조정, 전일제가 아닌 시간제 근무의 가능성, 휴가나 학교 휴일에 아이 돌보기, 응급상황에 대한 대처, 일과 관련해서 물리적 장소의 배려, 근무 시간 조정의 유연성이 해당된다(Casey, 2008; Malsch et al., 2008; Rosenzweig et al., 2002; Rosenzweig et al., 2008). 고용자 관련 대책들에 덧붙여서 가족과 직업의 요구를 양립할 수 있는 필수적인 것은 작업장과 공동체 내의 사려 깊고 인정이 많은 상급자와 동료들의 존재와 가족 지원 시스템 등이다(Casey, 2008; Malsch et al., 2008; Rosenzweig et al., 2002).

직장과 부모로서의 책임 사이의 균형이 잘 이루어지지 못하면, 부모의 참여가 중재 모델 자체의 일부분인 가족중심 조기중재 프로그램에 등록한 부모에게 많은 갈등이 야기된다. 아동의 나이에 관계없이 청각구어 접근법을 선택한 부모는 특별한 어려움에 직면하는데, 그것은 청각구어 접근법이 부모의 참여를 필수적인 기본 요소로 하기 때문이다. 청각구어 접근법을 포함하는 중재 프로그램에서는 직장인 부모가 적극적으로 참여하는 창조적인 전략들이 청각장애 아동의 기회를 증진시키기 위해 필요하다.

부모 모두 일을 하는 가족을 지원할 때의 팁

- 부모에게 확대가족, 아동을 돌보는 사람, 가까운 친구, 그 외 사회 지원 시스템의 다른 중요한 구성원들의 도움을 받도록 권한다. 이 사람들이 부모 대신에 중재 회기에 참석하고 아동 양육의 문제들을 도울 수 있다.
- 유연한 스케줄을 마련한다. 부모의 참여도를 높이기 위해 부모가 번갈아서 청각구어 치료 회기에 참석할 수 있도록 스케줄을 조정한다.
- 부모가 자신의 직업 관련 상황과 갈등을 밝히고 의사소통을 하도록 권한다.
- 직업을 갖고 있는 부모가 아동 양육, 가사 노동, 아동과의 중재 활동을 교대로 하도록 한다.
- 고용주에게 정기적인 중재 활동과 병원 진료를 위한 유연한 근로 시간을 요구하도록 부모에게 권한다.
- 부모의 고용주에게 청각장애 아동을 양육하는 것이 얼마나 어려우며, 중재에 부모가 참여하는 것이 장기적으로 유리하다는 점을 설명하는 편지를 보낸다.
- 아동 양육 보조 수당, 월급 이체 프로그램, 의료보험, 보조기기 지원들을 포함하여 필요한 지원을 제공하는 기관과 부모를 연결시킨다.
- 아동 발달에서 청각장애가 주는 영향과 청각장애 아동의 일하는 부모가 직면하는 도전에 대해 부모가 고용주, 상사, 동료에게 주의를 상기시키도록 한다.
- 공기업뿐 아니라 사기업에서도 차별과 선입견에 따른 불이익에 대항하고 스스로를 보호하는 권리가 있음을 부모에게 깨우쳐 준다.
- 현재 진행되는 사회 운동, 예를 들어 특별한 도움이 필요한 아동이 있는 가정의 경제적 복지와 부모가 동등한 고용 기회를 가질 권리를 확보하는 정책을 요구하는 움직임 등에 동참하도록 부모에게 권한다.

일을 하는 한부모

특별한 도움이 필요한 아동의 한부모와 관련한 연구, 즉 이런 한부모들이 어떻게 상황을 극복하고, 어떻게 조기중재 프로그램을 통해 가장 효과적으로 지원을 받는 것인지에 대한 최근 연구는 거의 없다. 특별한 도움을 필요로 하는 아동을 기르는 한부모가 동시에 전일제 일을 할 때 발생하는 문제는 앞서 다룬 부모가 둘 다 일을 하는 가족이 마주하는 문제보다 매우 심각하게 커지므로, 한부모를 지원하는 특별한 가족중심 중재가 긴급히 요구된다(Roeher Institute, 1999). 임상가들은 편부와 마찬가지로 편모도 이질적인 집단임을 인지해야 한다. 어떤 부모는 자녀를 완전히 보호하지 못할 수도 있고, 어떤 경우는 한부모, 양부모, 계모나 계부 등도 있다. 이들 그룹은 각각 고유의 요구가 있다. 임상가들은 각 가족의 구성 형태와 상황에 대해 개별적인 관심을 기울이고 창조적인 사고를 해야 한다. 일을 하는 한부모의 대다수는 양육에 있어 부가적인 지원 체계를 요구한다. 이는 이들에게 부가적인 재정적 지원과 서비스를 받을 수 있는 정보를 제공하는 것을 정당화한다. 일하는 한부모는 또한 새로운 잠재적인 동업자와 관계를 형성하는 것을 당혹스러워하며 스스로 휴직이나 휴가를 요청할 수 있다.

자녀의 완전한 보호자가 아닌 부모의 경우에도 역시 아동의 양육에 능동적으로 참여하는 방법을 찾으려 할 수 있다. 예를 들어, Carpenter와 Towers(2008)는 양육권을 갖고 있지 않은 아버지의 경우에도 어머니 없이 자녀와 시간을 보낼 기회를 필요로 한다고 지적했다. 또한 편부의 경우에 혼자서 주 양육자라는 것에 상처를 받고, 지지해 주는 사회적 네트워크를 발전시키는 것을 어려워할 수 있다는 점도 충분히 고려해야 한다. 한부모는 남자든 여자든 청각장애 아동을 양육하는 것이 어렵고, 시간이 많이 필요하며, 사회적으로 고립되어 있다고 생각할 수 있다.

한부모를 지원할 때의 팁

- 임상가는 약속 시간을 정할 때에 만일 아동의 주 양육자가 원한다면 부모가 별도 시간에 참석하는 조건을 제시한다.
- 각 부모의 일과를 고려하여 중재 활동 계획을 짤 때 가능하면 유연하게 한다.
- 한부모가 다른 한부모들을 만나는 지원 그룹에 참석하게 한다.
- 한부모를 지원하는 그룹에 참석하는 것이 여의치 않으면 면대면이나 인터넷을 통한 지원을 시작할 것을 고려한다.

주 양육자인 어머니

많은 연구가 특별한 도움이 필요한 아동을 둔 어머니의 양육자로서의 역할, 정서적 반응, 유착 관계, 기대, 상호작용 행동 등에 초점을 맞추고 있다. 반면, 아버지의 지각과 경험, 역할에는 상대적으로 적은 관심을 둔다. 임신과 분만 과정에서 생물학적인 어머니의 역할을 고려하면, 청각장애의 진단 시에 어머니는 아버지가 경험하는 것보다 더 많은 스트레스, 죄책감, 우울, 비탄감을 느낄 수 있다. 나아가, 아기에 대한 현실과 기대 사이의 불일치는 아버지보다 어머니에게서 더 클 수 있다(Luterman, 2004; Seligman, 2000). 이러한 잠재적인 어려움들에 대해 조기중재의 모든 측면과 모든 과정에 부모가 둘 다 참여할 수 있도록, 가족중심 조기중재 프로그램의 초기부터 대처해야 한다(Atkins, 2001; Luterman, 2004). 청각구어 임상가들은 부모가 가족치료나 개별 상담 시간에 참석해서 이러한 주제들에 관해 논의를 하여 부가적인 지원이 필요한 복합적인 정서 반응을 표현하도록 권유한다.

선진국에서 어머니들은 일반적으로 특별한 도움이 필요한 아동을 돌보는 일차 양육자다(Hanvey, 2002). 장애 진단이 내려진 후, 부모가 둘 다 직업을 갖고 있는 경우에 대부분 자의건 타의건 직장을 그만두고 가사를 돌보며 자녀를 지원하는 역할을 하는 것은 어머니다(Gordon, Cuskelly, & Rosenman, 2008; Shearn & Todd, 2001). 이것은 어머니들에게 다음과 같은 결과를 초래할 수 있다. ① 향후 연금 수령액의 손실이 뒤따르는 수입의 감소, ② 경력과 기회의 손실, ③ 후일 일터로 복귀하는 것이 어려워질 가능성, ④ 정서적 스트레스, 신체적 소진, 집에서 아동을 돌보는 역할과 책임에서 비롯되는 고립감 등이다. 이러한 요소들은 어머니의 복지와 건강뿐 아니라 전체 가족에도 영향을 준다(Shearn & Todd, 2001). 어머니가 가진 이러한 스트레스의 상당 부분은 아동에게 특별한 도움을 주어야 하는 자체보다는 충분한 지지를 받고 있지 못하다고 어머니가 느끼는 것과, 사용 가능 자원의 부족, 양육을 잠시 맡아 주는 지원과 기회의 결핍 등에서 비롯된다(Roeher Institute, 2000). 집 밖에서 계속 일을 하는 어머니의 경우에는 아이를 돌봐야 하는 것과 자신의 경력을 따라야 하는 것 사이에서 일어나는 갈등이 더 많은 죄책감과 스트레스를 유발할 수 있다(Atkins, 2001).

아동의 일상생활을 돌보는 일차적인 책임이 어머니에게 있다는 전제 아래, 부모 중 청각구어 프로그램과 가정기반 언어 자극 활동에 원칙적으로 참여하는 사람은 어머니다(Eriks-Brophy et al., 2007; Meadow-Orlans, Mertens, & Sass-Lehrer, 2003). 어머니는 자녀의 청각장애와 교육적인 선택 등에 관련된 정보를 탐색하는 기본적인 인터넷 사용자다(Porter & Edirippulige, 2007). 어머니들은 유사한 상황의 다른 사람으로부터 지원을 받으려 하는 반면, 아버지들은 배우자에게 전적으로 의존하는 경향이 크다(Hintermair, 2000). 청각장애 아동의 어머니는 높은 스트레스 수준, 배우자 관계에서의 낮은 만족도, 배우자로부터의 불충분한 지원, 자신에게 할애하는 시간이 아버지에 비해 부족한 것을 경험한다(Brand & Coetzer, 1994; Meadow-Orlans, 1994). 그러나 가족중심 프로그램에 참여함으로써 어머니의 스트레스 수준을 효과적으로 낮추는 것이 가능하다(Pipp-Siegel, Sedey, & Yoshinaga-Itano, 2002). 어머니들은 자신의 신체적 · 정신적 · 종교적 복지에도 신경을 쓰도록 권유를 받아야 하며, 이는 가족중심 조기중재 프로그램의 기본적인 주제가 되어야 한다.

어머니를 지원할 때의 팁

- 다른 가족 구성원을 중재 활동에 참여시켜서 어머니의 짐을 덜어 준다.
- 청각장애와 가정 중재 프로그램의 전략에 관한 정보를 다른 가족 구성원에게도 제공하여 어머니가 모든 정보를 전달하는 유일한 사람이 되지 않게 한다.
- 어머니가 지원 그룹과 관계를 지속하게 하여 청각장애 아동을 키우며 공통적으로 겪는 문제들을 공유하게 한다.
- 어린 아동을 위한 놀이 시설, 시간제 돌보기 센터, 일시 돌봄 센터와 같은 지역사회 프로그램에 대한 정보를 제공한다.
- 어머니가 자신만의 시간을 갖도록 한다. 다른 어머니들과 아이 봐 주는 사람에 대한 정보를 교환하고 때로 아이 봐 주는 사람을 서로 교환하는 등의 유대를 갖도록 돕는다.

아버지

아버지의 역할은 문화적 · 경제적 · 기대 수준 등을 통해 자녀의 인생에 영향을 준다. 가족 기능과 아동 발달 촉진에서 아버지의 역할과 이러한 역할을 수행하는 데 있어 아버지의 요구에 대한 연구는 상대적으로 제한되어 있다(DesJardin, 2009; Gavidia-Payne & Stoneman, 2004). 실제로, 현재 조기중재 프로그램의 지원 시스템은 대부분 어머니의 요구와 지원에 중점을 두고 계속되고 있다(Carpenter & Towers, 2008). 특별한 도움이 필요한 아동을 양육하는 데 있어 아버지의 역할은 역사적으로 '저평가'되어 있었다(Seligman, 2000). 아버지들은 전통적으로 '지엽적' 또는 '보이지 않는' 부모로 취급받았고, 가족의 생계를 책임지는 역할로 귀속되어 결과적으로 아동의 양육과 발달에 대해 어머니들만큼 직접 관여하지도 않으며 관여할 수도 없었다(Carpenter & Towers, 2008; West, 2000). 특별한 도움이 필요한 아동의 아버지가 조기중재 프로그램에 참여하는 것에 관심이 있어도, 그들은 전형적으로 중재 서비스가 제공하는 기관의 시간과 자신의 직장 스케줄을 맞출 수가 없다고 말한다(Carpenter & Towers, 2008; Harrison, Henderson, & Leonard, 2007).

아버지는 어머니보다 청각장애의 진단에 대해 정서적으로 덜 민감하게 반응하며 보다 더 실용적일 수 있다. 그들의 기본적인 관심사는 청각장애 아동의 장기간에 걸친 교육과 직업에 대한 적응에 있는 것으로 보고되었다(Contact a Family, 2008a, 2008b; Seligman, 2000). 말할 것도 없이, 전국농아동협회(National Deaf Children's Society[NDCS], 2006)의 최근 연구 보고에 따르면, 많은 아버지는 서비스 제공자가 자신을 무시한다고 느끼며, 자녀의 일생의 어떤 요소들, 예를 들어 아동의 상태와 교육적인 선택에 관한 초기 정보에서 자신이 제외되었다고 느낀다. 직업과 관련한 일 때문에 아버지들은 종종 병원 약속이나 청각구어 치료 시간에 참석하지 못하고 배우자가 알려 주는 것에 의존한다. 아버지들은 지원 시스템은 배우자에게는 도움이 되나 자신들에게는 그렇지 못하다는 인식을 갖고 있다. NDCS의 연구와 다른 연구에서 아버지들의 가장 큰 요구는 자녀의 상태에 대한 정보를 얻고 다른 가족, 특히 청각장애 자녀를 둔 다른 아버지와의 연계를 갖는 것으로 나타났다(Harrison et al., 2007; National Deaf Children's Society, 2006; West, 2000).

최근의 증거들은 아버지가 중재 프로그램에 참여했을 때 아동의 행동과 참여도가 좋아지며 교육적 수행력이 증진되었음을 보여 준다(Goldman, 2005; Carpenter & Towers, 2008; Seligman, 2000). 실제로, 아버지가 집에 있는 가족에서 양육된 어린 청각장애 아동의 학업, 사회정서적, 언어 수행력이 아버지가 없는 가족의 아동보다 좋다. 임상가가 아버지의 노력을 인정해 줄 경우, 아버지는 자녀의 교육에 보다 지속적으로 관여를 하고 배우자에 대해서나 가족 전체와의 관계에서도 보다 지지적인 것으로 나타난다. 정리해 보면, 많은 아버지가 자녀에게 영향을 주는 의사 결정과 중재 활동에 모두 관여하기를 원한다는 증거들이 분명히 드러나고 있다. 그러나 앞에서 언급한 바와 같이, 특히 어린 시절에는 어머니가 아버지보다 직접적인 언어 자극과 치료 활동에 보다 많이 참여하고 있다(Eriks-Brophy et al., 2007; Meadow-Orlans et al, 2003).

영국의 '가족 만남(Contact A Family: CAF)' 기구(2008a, 2008b)는 자녀의 장애 판정에 대한 반응과 아버지의 역할에 대한 상세한 가이드를 개발하였다. 이 가이드에는 임상가에게 유용한 '아버지가 마련한 아버지를 위한 팁'이 실려 있다. 임상가는 청각구어 중재 전략을 마련할 때, 이 가이드에 실린 주제들을 발전시켜서 아버지에게 친숙한 환경을 만들 수 있다.

아버지들의 참여를 촉진하기 위한 팁

- 약속 시간을 정할 때 아버지의 참석이 가능하도록 아버지의 스케줄을 고려하여 융통성을 둔다.
- 만일 아버지가 활동에 참여할 수 없으면 전화로 아버지와 대화할 수 있는 길을 열어 둔다.
- 모임에서 아버지가 질문을 하도록 유도하고 회기 중에는 활동에 참여하도록 격려한다.
- 유사한 경험을 공유하는 다른 아버지들을 만날 수 있는 부모 지원 그룹에 참석하도록 아버지를 격려한다.
- 지원 그룹이 가능하지 않으면 아버지와 다른 아버지가 일대일로 만나거나 인터넷을 통해 만나는 것부터 시작한다.

아버지를 지원할 때의 팁

- 부모가 둘 다 모임에 참석했을 때 어머니에게만 집중하는 것을 피한다.
- 토론 중에 양육자로서 아버지의 역할을 강조한다. 아버지들은 밖에서 일하기 때문에 자녀의 양육에서는 제외된다는 가정을 하지 않는다.
- 중재 서비스를 포함하여 다른 집안일에서 아버지들의 요구와 필요를 확인한다.
- 아버지에게 어머니에게 제공한 것과 같은 교육을 한다. 아버지가 모임에 없었기 때문에 아버지는 관여를 시키지 않는다고 가정하지 않는다.

형제자매

형제자매 관계의 중요성을 놓고 보면, 청각장애 아동의 존재는 일반적인 발달 과정에 있는 형제의 복지와 심리적 발달에 심각한 영향을 줄 수 있다(Prizant, Meyer, & Lobato, 1997; Verté et al., 2006). 수많은 연구는 어떻게 특별한 도움이 필요한 아동이 형제자매에게 영향을 주는가에 대한 부모의 지각에 집중되어 있다(Tattersall &Young, 2003). 반면, 장애 아동의 형제자매의 지각과 요구에 연관된 연구 결과들은 극히 소수를 제외하고는 오래전에 이루어졌으며, 결론이 없거나 상반된 결과들을 보인다. 또한 이 연구들은 청각장애 아동의 가족에 대한 연구가 아니었다(Tattersall & Young, 2003). 어떤 연구들은 특별한 도움이 필요한 아동의 형제는 적응을 못하고, 도움이 필요한 아동을 향한 적개심과 경쟁 의식이 증가한다고 보고한다(Seligman, 2000). 이러한 어려움은 부모의 비일관적인 태도, 특별한 도움이 필요한 아동을 과보호하는 것, 일반 발달 과정에 있는 형제에게 책임 · 역할 · 행동과 관련해 지나치게 비현실적인 기대를 하는 것, 또 이들 형제에게 부가적인 돌봄과 가사일을 맡기는 것, 부모–아동 간 관계의 불균형, 형제에게 주는 질적인 시간의 부족과 같은 양육 태도의 차별에서 비롯될 수 있다(Bat-Chava & Martin, 2002). 특별한 도움을 필요로 하는 자녀에 대한 부모의 우선적인 배려는 형제간의 갈등을 잠재적으로 강화시킬 수 있다(McHale & Crouter, 2008; Meyer & Vadasy, 2008).

장애 아동의 형제자매가 정신건강 문제와 공포, 분노, 질투, 수치, 고독감으로 발전할 잠재적 가능성의 위험성이 높다는 점도 특별한 관심이 필요하다(Goring, 2001; Meyer & Vadasy, 2008; Verté et al., 2006). 반면, 다른 연구에서는 특별한 도움이 필요한 아동의 형제에서 다른 아동보다 심리적 · 사회적 어려움의 위험 가능성이 크지 않은 것으로 나타난다(Lardieri, Blacher, & Swanson, 2000; Taylor, Fuggle, & Charman, 2001). 실제로, 어떤 가족에서는 특별한 도움이 필요한 아동의 존재로 인해 가족 간의 공감, 관심, 형제간의 성숙과 인내 등이 강화된 것으로 보고되었다(Bellin, Kovacs, & Sawin, 2008; Goring, 2001). 형제는 가족 내에서 역할 모델, 교육자, 중간자, 조력자로서 행동하며, 또한 사회 안에서의 대인관계의 갈등을 해소하고, 집에서 아동의 양육을 하는 등의 중요한 발달과 사회화의 기능을 제공할 수 있다(Bellin et al., 2008).

형제의 역할과 반응에 연관된 많은 인식은 형제 자신들에게서보다 부모의 관점과 통찰력에서 비롯된다. 형제자매가 마주치는 쟁점에 대한 부모의 인식이 중요하게 취급되는 반면, 가족의 삶에서 장애가 있는 형제가 주는 영향에 대한 형제 자신의 인식은 상대적으로 연구가 거의 이루어지지 않았다. 특히 구어에 의존하는 청각장애 아동의 형제에 대한 연구는 더욱 찾기 어렵다. 예를 들어, Eriks-Brophy 등(2007)의 연구에서는 부모들이 모든 자녀의 요구 사이에서 균형을 유지하려는 노력이 중요하지만 그들에게 어려운 과제라고 보고했다. 모든 부모는 형제들의 경쟁, 주의 끌기, 이탈 행동, 형제자매에게 투자하는 시간이 적을 수밖에 없는 현실과 이로 인한 잠재적인 문제에 관해 언급했다. 부모들이 공감하는 것은 어린 청각장애 자녀에게 시간을 투자하고 함께하는 것에 비해, 특히 유치원과 저학년 시기의 정상 청력의 형제에게는 자녀가 원하는 것만큼 주의를 기울이고 함께해 주지 못한다는 점이다.

형제들은 종종 가족 안에서, 또한 보다 넓은 사회와 교육 환경 안에서 '해설자'와 언어와 행동의 모델 역할을 한다(Fillery, 2000). 실제로, 어떤 청각장애 청소년은 그들의 건청 형제가 자주 자신의 사회적 통역자로 행동하며, 요청하지 않아도 자기가 못 듣고 잘못 이해한 정보를 쉽게 번역해 준다고 보고했다(Eriks-Brophy et al., 2006). 수화를 사용하는 형제를 둔 6명의 일반 건청 성인을 대상으로 한 회고적 연구에서, 이들은 농 공동체에 적응하고 있으며, 형제에 대해 긍정과 부정을 동시에 보이는 복잡한 상호작용을 하는 것으로 나타났다(Tattersall & Young, 2003). 형제들은 자신이 원하지 않던 역할이나 책임을 맡게 되지만, 청각장애 형제와 상대적으로 정상적인 상호작용을 이루었다. 그들 중 몇몇은 형제자매의 청각장애가 그들 자신의 개인적인 직업의 선택에 영향을 주기도 했다.

Verté 등(2006)의 연구에서 구어에 의존하는 청각장애 아동 형제와 일반 발달을 하는 건청 형제 집단의 심리사회적 적응 능력을 사회 경쟁력, 문제 행동, 형제 관계 특성으로 비교하였다. 두 집단 간에 형제 관계의 질이나 심리적인 적응 능력에서 유의한 차이가 발견되지 않았다. 이들은 청각장애가 있는 형제자매에 대해 긍정적인 인식을 갖고 있었고, 건청 아동의 형제자매와 비교하여 적응에 더 큰 어려움을 보이고 있지 않았다. 연구자들은 이러한 긍정적인 결과는 장애 아동의 형제자매들이 부모가 장애 형제와 자신에 대해 차이가 없는 양육 태도를 갖고 있다고 인식하는 것과 연관이 있는 것으로 보았다.

형제 관계에 영향을 주는 많은 변수에는 나이, 출생 순서, 성, 터울, 가족 크기뿐 아니라 각 개인의 성격도 포함이 된다(Verté et al., 2006). 부모의 태도나 행동은 형제자매들이 후일 따라 하는 중요한 모델이 되므로 의미가 크다. 청각장애 아동의 존재가 형제에게 긍정적인 영향을 줄지 또는 부정적인 영향을 줄지 예측하기는 어렵지만, 형제간의 관계는 부모와의 관계를 포함하여 다른 어떤 관계보다도 오래 지속될 것이다(Conway & Meyer, 2008). 그러므로 형제에게 직접적인 지원을 하는 것이 가족중심 중재에서 특별히 중요하다. SibShops™은 특별한 도움을 필요로 하는 아동의 형제가 직면하는 문제에 대한 이해력을 증진시키도록 개발된 프로그램의 예다(Sibling Support, 2008). SibShop™ 모델은 활동을 함께하고 정보를 제공하며 놀이 상황에서 토론을 하여 가족 내의 모든 아동이 그들의 경험과 관심을 논의하고, 여러 가지 다양한 상황과 개인적인 감정을 효과적으로 극복하는 것을 배우고 미래를 준비하도록 돕는다. 이 모델은 또한 부모와 임상가에게 청각장애 아동의 형제가 관련된 기회들을 공유하고 배울 수 있게 한다.

가족중심 프로그램에서는 형제자매가 부수적인 구성원으로 중재 활동에 참여하는 것이 격려를 받는 반면, 지역사회중심 프로그램에서는 이들이 결과에 기여하는 능동적인 참여자가 된다. 많은 부모 지원 조직은 청각장애 아동의 삶에서 각 가족 구성원이 차지하는 역할에 대해 보다 관심을 가지게 되었고 모든 가족 구성원을 포함하도록 프로그램을 확장하고 있다. 예를 들어, 캐나다의 청각장애 아동을 위한 VOICE 프로그램에서는 형제들이 청각장애가 있는 형제나 자매와 자신의 성장 경험을 공유하고 연결하도록 돕는다. 지역 단위의 워크숍과 연례 총회에서 형제의 역할과 감정에 관심을 갖고 주목한다. 형제자매는 청각구어 회기, 부모와 함께 가는 놀이 시설, 사회적 활동에 참여하도록 권유를 받는다. 연례 가족여름캠프는 청각장애 아동의 형제가 유사한 경험을 가진 다른 형제와 우정을 쌓을 기회를 제공한다. VOICE에 대한 추가 정보와 청각장애 아동의 가족을 지원하는 다른 기구에 대한 정보는 부록에 수록되어 있다. 청각장애 아동의 형제가 갖고 있는 특별한 요구에 관하여서는 정보가 제한적이나, 특별한 도움을 필요로 하는 아동의 형제에 관한 많은 내용이 있으므로 도움을 받을 수 있다. SiblingSupport(2008) 웹사이트는 부모와 서비스 제공자가 특별한 도움이 필요한 아동의 형제를 지원하기 위해 알아야 하는 것에 관한 제언들을 제공한다. 이러한 제언의 많은 것은 청각장애 아동의 형제에게도 해당이 된다.

형제자매를 지원할 때의 팁

- 형제자매를 만나서 면담을 하기 전에 그들의 능력과 바람을 예단하는 것을 피한다.
- 형제들에게 장애가 있는 형제의 건강, 중재, 시간이 지나면 어떻게 진행될 것인지에 대한 정보를 제공한다.
- 자신이 잠재적으로 청각장애의 가능성이 있는지에 대한 형제들의 우려에 관심을 기울인다.
- 형제들에게 청각장애 형제가 있는 다른 또래를 만날 기회를 제공한다.
- 부모들에게 청력 상태에 관계없이, 서로 싸우고 놀리는 등의 전형적인 형제간의 행동이 나타날 수 있음을 상기시킨다.
- 부모들에게 청력 상태에 관계없이 모든 자녀에게 같은 수준의 기대와 부모의 보살핌을 주어야 한다는 것을 상기시킨다.
- 부모들이 가족 안에서 열린 의사소통 채널을 유지하고, 각 자녀와 정기적으로 일대일로 시간을 보내며 가족들이 각 아동이 이루는 성취를 축하하도록 격려한다.

확대가족 구성원에 대한 지원

확대가족 구성원은 핵가족의 확장이며, 숙모, 숙부, 백부, 조부모, 사촌 등 때로는 보다 먼 친척까지도 포함된다. 대부분의 경우에 확대된 가족 구성원들은 같은 거주지에 살지 않으나 가까이 살면서 긴밀한 공동체처럼 기능한다. 확대가족의 구성원이 핵가족과 가깝게 연결되어 있고 아동의 양육자를 지원하고 중재에 참여하는 핵심인 경우가 많으므로, 그들의 특별한 요구에 초점을 두는 것이 가족중재 서비스 지원 모델에서 특히 중요하다. 또한 많은 확대가족의 구성원들은 지역적으로 흩어져 있을 수 있다. 이런 경우 친구의 중요성이 저평가되어서는 안 된다. 친구는 핵가족을 지원하는 가치 있는 자원이 될 수 있다.

조부모

많은 경우에 현대의 가족은 아버지는 생계를 책임지고 어머니는 집에서 자녀를 양육하는 과거의 전통적인 가족의 모습과는 매우 차이가 있다. 부모가 밖에서 일을 하는 가족이 증가하고 있으며 이런 경우 조부모가 가정 밖에서 아동의 양육, 잠시 돌봐 주기, 비판적이지 않은 상담, 정서적 지원, 재정적 지원을 제공하는 핵심적인 지원을 할 수 있다(DesJardin, 2009). 세대를 걸치는 관계의 중요성과 장점이 잘 알려져 있고 조부모의 역할에 관련된 연구들이 최근 수행되었으나, 청각장애 아동과 그 가족의 삶에서 조부모의 역할을 밝히는 연구는 극히 미약하다(Mitchell, 2008).

장애 아동이 있는 가정에서 조부모의 역할에 관한 연구 중의 하나에서는, 임상가들이 특별한 도움이 필요한 손주를 지원하는 파트너로서 조부모의 존재와 역할을 무시하는 일이 흔하다고 지적했다(Findler, 2007). 가족 구성원들이 보다 능동적이고 실질적인 역할을 맡도록 격려하기 위해, 임상가들은 조부모들이 갖고 있는 특별한 요구를 인지해야 한다. 아동의 부모처럼 조부모들도 자신들이 기대했던 손주의 모습이 아닌 것으로 인해 가슴이 아프다. 이에 더하여 그들은 자신의 자녀가 특별한 도움이 필요한 아동을 양육하며 겪을 스트레스를 극복해야 하는 어려움에 대해 슬픔을 느낄 수 있다(Gibson, 2008).

Katz와 Kessel(2002)은 특별한 도움이 필요한 손주를 돌보는 조부모의 인식과 믿음을 검사했다. 그들의 발견에서는 조부모의 참여를 격려하고 지원하기 위해 임상가들이 계획을 세우고 중재를 해야 한다는 점이 두드러졌다. 특히 조부모들은 ① 손주의 특별한 요구에 관한 정보, ② 사회적 지원 서비스, ③ 그들이 일반적으로 가족을 돕는 방법과, 특별히 손주에게 도움이 되는 전략에 대한 도움을 요구했다. 또한 조부모들은 손주의 삶에 관심을 갖고 있고 능동적으로 기꺼이 참여하고자 하지만 어떻게 하는 것이 최선인지를 모를 수 있다. 조부모 모두 청각구어 치료 회기에 참석하여 집에서 구어 발달을 촉진하는 전략들을 배우고 지침을 받아 갈 수 있다. 부모를 지원하기 위해 이미 제공한 많은 '팁'과 정보들이 조부모에게도 당연히 유용하다(Gibson, 2008).

조부모를 지원할 때의 팁

- 청각장애에 대한 정보와 지역사회의 지원 서비스에 대한 정보를 제공한다.
- 손주에 대한 감정과 마찬가지로 자신의 자녀에 대한 감정도 확인한다.
- 특별히 조부모를 위한 그룹을 포함한 지원 그룹에 참여하도록 격려한다.
- 양육자로서 조부모의 역할을 인정한다.
- 조부모가 청각구어 치료 회기에 활동적으로 참여하도록 격려한다.
- 조부모가 듣기와 언어 자극 기술들을 발달시켜서 손주와 보내는 시간에 사용하도록 한다.
- 조부모가 자신의 자녀에 대해 그들의 감정과 요구를 인정하고 그들의 주도에 따르는 것으로 자녀를 지원하도록 격려한다.
- 인공와우 수술, 교육 환경의 변화, 전화하기, 또는 지역사회를 기반으로 하는 자원에 접하도록 돕는 다른 상황들을 포함하여 그들의 자녀를 지원하도록 조부모를 돕는다.
- 조부모가 치료 시간 동안에 또는 특별히 시간을 내서 일반 발달 과정에 있는 건청 손주를 돌보도록 한다.
- 조부모가 손주를 병원 약속이나 장보기에 데리고 가거나, 기타 다른 작은 일을 맡아 줘서 자신의 자녀에게 휴식할 수 있는 시간을 주도록 권한다.
- 조부모를 기금 모금이나 자원봉사를 할 수 있는 단체와 연결시킨다.

다른 확대가족 구성원과 친구들

장애 아동 부모의 형제자매와 친구들은 사회적 지원이나 아이를 잠시 돌봐 주는 것과 같은 중요한 서비스를 제공해 줄 수 있다. 그들이 기꺼이 이런 도움을 주는 것은 장애 아동의 부모와 형제자매나 친구 사이의 관계가 얼마나 가까운지에 달려 있다(Seligman, 2000). 앞서 언급한 조부모에게 제공하는 많은 정보와 요구, 지원, 전략들이 이들에게도 유용할 수 있다. 조부모의 경우와 마찬가지로, 숙부, 숙모, 친구들은 아동의 상태에 관한 정보와 가능한 지원 서비스, 그들이 아동과 가족을 도울 수 있는 방법에 대한 정보를 필요로 한다.

Zaidman-Zait(2007)는 어떻게 확대가족 구성원과 친구들이 청각장애 아동을 양육하는 부모의 극복 기제를 돕는지 보여 주었다. 그들의 지원에는 다음과 같은 것들이 포함된다. ① 진단을 받을 때 필요한 정보를 찾아줌, ② 기술, 의사소통, 교육에 대한 선택을 할 때 부모를 도움, ③ 병원 약속과 같은 일상의 과제를 돕거나, 보다 적극적으로 아동을 일시적으로 돌보아 줌, ④ 치료 회기에 참여하고 가정에서의 중재 전략을 도움, ⑤ 정서적 지지와 격려를 함 등이다.

부모-부모 간의 네트워크

부모-부모 지원 그룹은 특별한 도움이 필요한 아동과 가족을 위해 정보 제공, 상담, 사회적 활동의 조직 등을 포함한 많은 역할을 한다(부록 참조). 부모 지원 그룹, 또한 그보다 덜 공식적인 사회적 네트워크는 모두 부모가 자신감과 복원력을 발달시키는 데 중심이 된다(Zaidman-Zait, 2007). 많은 경우에 이러한 부모 네트워크를 통해 확립된 관계는 강하며, 청각장애 아동의 부모들은 '가족 같은' 친구로 서로를 인식하고 장기간 지속되는 우정으로 발전시킨다(Eriks-Brophy et al, 2007). 확대가족과 친구는 부모들이 자녀를 대할 때, 아동이 먼저이고 청각장애는 그다음이라는 것을 기억하도록 돕는 중요한 역할을 한다. 부모는 청각장애 아동을 양육하면서 유머 감각을 유지하고 다른 사람들과 웃음을 공유할 필요가 있다. 청각장애 아동의 부모가 부모 지원 그룹에 참여했을 때의 이점과 긍정적인 발견은 부모-부모 지원 프로그램의 영향을 조사한 결과와 유사하다(Eleweke, Gilbert, Bays, & Austin, 2008; Zaidman-Zait, 2007).

어떤 부모는 여러 가지 이유로 확대가족 체계의 도움을 받는 대신에 다른 청각장애 아동 부모의 도움을 선택한다. 가능한 이유는 다음과 같다. ① 자신들의 상황을 잘 이해하지 못하는 확대가족과 정서와 관심을 나누기가 꺼려짐, ② 확대가족은 적절한 지원을 제공하는 방법을 알지 못할 거라고 생각함, ③ 확대가족 구성원들은 도움이 안 되고 부적절하여 결국은 상황을 악화시키고, 부모의 고립감을 증가시킬 거라는 인식을 갖고 있음 등이다(Hintermair, 2006; Zaidman-Zait, 2007). Hintermair(2000)는 친구나 부모-부모 프로그램처럼 가족이 아닌 구성원으로 이루어진 '인위적' 네트워크 내에서, 유사한 경험을 가지고 조언과 충고를 주고받는 구성원이 제공하는 안전하고 배려하는 환경이 부모의 스트레스 수준에 긍정적인 영향을 준다고 보고했다. 아동의 장애를 극복하는 데 있어 자신들이 혼자가 아니라는 것을 알게 하기 때문이다. 특히 어머니들은 이러한 지원 그룹의 다른 어머니들에게서 큰 지원을 받는 것으로 보인다(Hintermair, 2000). 또한 Hintermair는 청각장애 성인과 교류를 하는 부모는 자녀의 장래에 대해 보다 안심하고, 자녀가 경쟁력 있는 것으로 느끼는 것을 발견했다(Hintermair, 2000). 유사한 결과로, Zaidman-Zait (2007)는 거의 모든 부모가 경험을 공유할 수 있는 또래 집단과의 접촉을 가장 중요하게 여기는 것으로 보고했다. 이러한 접촉은 아동 양육의 전략과 아동의 진전에 대해 토론하고, 가족의 이야기를 교환하는 기회를 제공한다. 부모들은 이러한 사회적 네트워크가 청각장애의 진단 직후에 특히 중요하며 고립감을 최소화하는 데 도움이 된다고 지적했다(Fitzpatrick et al., 2008). 이러한 지원 네트워크는 또한 부모의 스트레스를 지속적으로 줄이는 데도 중요하다(Eriks-Brophy et al., 2007).

특히 청각장애 아동의 가족 체계를 검토하는 연구자들은 임상가들에게 가족지원 네트워크를 발전시킬 것을 강하게 추천한다(Hintermair, 2000; Luterman, 2006; Van Kraayenoord, 2002). 사회적 네트워크의 이점이 선행 연구에 잘 나타나 있음에도 불구하고, 대부분의 부모는 부모 지원 그룹에 관한 정보를 받지 못했고 이러한 네트워크에 접근하는 방법도 모르고 있다(Eleweke et al., 2008; Hintermair, 2000). 가족이 접근할 수 있는 지원 단체의 웹사이트나 지역사회 부모 지원 네트워크의 목록에 관한 정보를 아동이 청각장애 진단을 받는 시점에서 제공하는 것을 추천한다(Eleweke et al., 2008). 이를 위해 임상가는 스스로 지역의 부모 지원 단체를 잘 알고 있어야 하며, 부모가 원하는 경우 이러한 그룹과 부모의 연결을 도와야 한다.

특수한 대상군의 가족

가족을 지원하고 가족의 감정, 사고방식, 요구와 행동을 이해하기 위해서 임상가는 항상 가족의 기능에 영향을 주는 특성을 주의 깊게 고려해야 한다(Bronfenbrenner, 1979; Hoover-Dempsey & Sandler, 1997). 임상가는 아동을 돌보고 중재 계획을 세우는 데 있어서, 가족의 구성, 문화와 종교의 차이, 부모의 교육이나 사회경제적 지위, 부가적인 장애 등의 영향을 고려해야 한다. 청각장애 아동에 대한 청각 구어 접근의 기대는 모두에게 동일하나, 듣고 말하는 것을 배우는 것과 별도로, 지원과 중재는 각 개별 가족의 요구, 능력, 현실에 맞추어져야 한다.

낮은 사회경제적 지위의 저소득층 가정

빈곤층이나 저소득 가정의 아동은 건강 문제의 위험성이 증가하며 학업 수행력이 감소하는 것으로 나타난다(Roseberry-McKibbin, 2008; Singer, 2003; Suskind & Gehlert, 2009). 가족은 의식주를 해결하기 위해 투쟁하며, 건강 관리는 아동의 신체적이고 인지적인 발달에 심각한 영향을 줄 수 있다. 빈곤은 뇌의 발달에 부정적인 영향을 줄 수 있고, 청각장애 아동에게는 말과 언어 발달 지체의 위험성을 증가시킨다(National Center for Children in Poverty, 1997; Roseberry-McKibbin, 2008). 언어장애와 빈곤의 인과관계에 대한 뚜렷한 증거가 확립된 것은 아니나, SES와 주 양육자, 특히 어머니의 교육 수준은 아동의 전반적인 언어 능력과 강한 상관이 있다(Hart & Risley, 1995;

Payne, 2003).

저소득층 가정의 건청 아동의 경우, 3세까지의 언어 자극을 다른 집단보다 적게 받으며 수용과 표현 어휘 수준이 낮고(Hart & Risley, 1995), SES가 중간인 그룹의 아동과 비교하여 언어와 문해 기술이 낮은 것으로 보고되었다(Roseberry-McKibbin, 2008; Singer, 2003; Suskind & Gehlert, 2009). 빈약한 의사소통 기술은 결과적으로 아동이 학업 수행에서 어려움을 보이고 학업 성취도가 낮아질 위험성을 높인다(Barone, 2006; Qi & Kaiser, 2004; Suskind & Gehlert, 2009). 특별한 도움이 필요한 어린 아동은 일반 발달 과정에 있는 또래보다 빈곤한 환경에 있고, 생활환경에 부정적인 위험성은 증가하고 수입은 감소하는 상황에 살고 있는 경우가 많은 것으로 나타난다(Parish & Cloud, 2006). 전체 미국의 빈곤층 이하의 가정에서 살고 있는 비율을 보면, 특별한 도움이 필요한 아동은 약 28%에 달하였으나, 특별한 도움이 필요하지 않은 아동은 16% 정도였다(Fujiura & Yamaki, 2000). 또한 부모가 둘 다 있는 가정에 비해 빈곤의 위험성이 큰 한부모 가정에서 특별한 도움이 필요한 아동의 수가 증가하고 있다. 생활이 어려운 빈곤층 가정의 청각장애 아동이 특히 취약하다(Roeher Institute, 2000).

경제적인 어려움을 겪고 있는 청각장애 아동의 가족과 일하는 임상가는 SES가 낮은 가정의 지원과 강화를 위해 고안된 프로젝트의 도움을 받을 수 있다. 현재 두 개의 가족중심 모델이 청각구어 임상가에게 적용이 된다. 첫째는 '관계 만들기(Making Connections)'로 현재 미국 10개 도시에서 진행되고 있다(Jordan, 2006). 이 조직은 저소득 가정을 참여시키고 지원하기 위한 사회적 네트워크를 발전시키는 프로그램을 개설해 왔다. 프로젝트 구성원들은 참여 활동 연구 전략을 사용하여 저소득층 가정과 이웃의 자산과 요구를 확인하고, 이 정보를 가족의 유대를 강화하는 프로그램 개발에 사용한다. 두 번째는 개발도상국인 남아프리카 레소토(Lesotho)의 프로젝트로, 특별한 도움이 필요한 아동의 부모를 훈련시켜서 다른 가족을 지원하고 훈련시키는 사람이 되게 하는 매우 효율적인 프로그램이다(McConkey, Mariga, Braadland, & Mphole, 2000). 부모 훈련생은 다른 가족을 지도하고 부모-부모 지원 그룹을 활성화하는 방법과 특별한 도움이 필요한 아동에 대해 지역사회와 임상가들을 교육하는 방법, 장애 아동의 요구를 보호하는 방법을 교육받는다. 부모 훈련생은 부모-부모 정보 회기, 지원 회합, 장난감 만들기 워크숍이나 형제자매를 위한 워크숍을 조직하는 기술을 발전시킨다. 이 그룹에서 개발한 훈련 매뉴얼과 프로그램은 다른 나라에도 성공적으로 전달되어 빈곤층 가정에 필요한 지원을 제공했다.

어떤 부모들은 본인 스스로가 긍정적인 학업 생활의 경험을 갖고 있지 않아, 그 결과 자신의 집이 아닌 중재 환경에 참여하는 것을 처음에 불편하게 느낄 수 있다. 나아가, 임상가들은 SES가

낮은 가정에서 이루어지는 부모 참여와 양육의 실제가 최적이 아닐 거라는 편견을 무의식중에 가지고 있을 수 있다(Payne, 2003). 임상가는 빈곤층 가정이 직면하고 있는 어려운 상황을 이해하고 가장 적절한 형태의 지원을 제공하며, 부모나 아동의 행동, 능력, 태도에 대해 섣부른 판단을 피하도록 한다(McConkey et al, 2000; Roseberry-McKibbin, 2008).

SES가 낮은 가족과 일할 때의 팁

- 각 가족 구성원의 쟁점과 요구를 주의 깊게 듣는다.
- 아동 부모의 생활 상태와 환경을 인지한다.
- 청각장애 자녀의 요구에 대한 가족의 참여와 제공 능력을 예단하는 것을 피한다.
- 각 가정 구성원이 사용 가능한 언어로 정보를 제공한다.
- 가족이 원하고 각 가족의 특별한 요구에 부응하는 서비스를 제공한다.
- 부모가 청각구어 치료 회기에서 능동적이고 즐겁게 역할을 맡도록 격려한다.
- 발달 단계에 대한 정보, 언어 발달과 언어가 풍부한 가정환경을 촉진하는 문화적으로 적절한 전략에 관한 정보를 제공한다.
- Hanen 프로그램과 같이 언어적 자극을 풍부하게 하는 훈련 과정에 참여하도록 부모를 이끈다.
- 부모에게 자녀와 책을 함께 읽고 자녀에게 최적의 긍정적인 경험을 이야기하도록 격려한다.
- 부모의 참여, 언어 자극 기술과 아동과의 상호작용 기술의 발전에 대해 긍정적인 피드백을 제공한다.
- 공동체에 접근하는 경로를 찾아주고 필요하다면 경제적인 지원을 제공한다.
- 중재 회기에 지속적으로 참여할 수 있도록 보모가 형제를 돌보게 하거나, 이동 수단을 제공하는 것과 같은 지원 서비스를 제공한다.
- 같은 지역에 살고 있는 멘토 가족과 새 가족을 연결시킨다.
- 부모 멘토가 되기 위한 훈련을 제공한다.

이중 언어와 다문화 가정

자녀의 장애에 대한 부모의 일반적인 반응, 특히 청각장애에 대한 반응에서 문화적인 차이가 중요한 요소이며, 이것이 다문화 배경을 가진 가족의 서비스 제공에 영향을 준다는 확실한 증거들이 있다(Ingstad & Whyte, 1995). 다음과 같은 부모의 반응과 경험이 이에 해당된다. ① 청각장애와 관련된 사회적 낙인, ② 전통적인 치료사나 주술사, 민간 요법, 종교를 통한 치료 방법, ③ 자녀의 청각장애의 원인에 대한 미신적 믿음 등이다(Callaway, 2000; Odom, Hanson, Blackman, & Kaul, 2003). 청각장애에 대한 개념, 믿음, 반응의 문화적 차이는 부모가 자녀의 요구에 대해 인지하는 것에도 강한 영향을 주는 것으로 볼 수 있다. 결과적으로, 부모는 자녀의 청각장애 진단을 둘러싼 논의를 시작하는 것을 꺼리고 조기중재의 필요성을 받아들이는 데 어려움을 겪을 수 있다.

미국 전역에서 실시한 학령전기 청각장애 아동의 부모 대상 연구에서 소수 문화의 부모들은 주류 문화의 부모들에 비해 자녀의 진단과 연관된 스트레스 수준은 높고 중재 서비스에 대한 만족도는 낮은 것으로 나타났다. 또한 소수 문화의 부모들은 중재 서비스에 참여하고 접근하는 데 있어 문화와 언어적 장벽이 있는 것으로 인지하고 있었다(Meadow-Orlans et al., 2003). 이러한 결과는 다양한 문화적 · 언어적 배경을 보이는 가족의 폭넓은 요구에 맞춘 중재의 필요성을 강조한다. 동시에 임상가는 같은 문화와 언어적 배경을 갖고 있는 가족이라 하여도 중재와 서비스 요구가 동일할 것이라는 가정을 하지 말아야 하며, 언어와 문화에 따른 특성을 무시하고 획일적으로 접근하는 것을 피해야 한다.

다문화 가정과 일할 때의 팁

- 언어 자료 제공자, 번역사, 통역사 등을 적절히 사용하고, 전문적 발달과 교육 프로그램을 통해 다문화적으로 경쟁력을 갖출 기회를 만든다.
- 제1언어가 동일한 다른 가족들과의 유대 관계에 대한 요구와 가능성을 논의한다.
- 가족이 원하면 가족 간의 빠른 접촉을 용이하게 하기 위하여 그들이 사용하는 언어와 가족들의 자료를 구축한다.
- 문화적 · 언어적으로 독특한 다문화 가정의 문제에 관해 부모-부모 조직에서 자문을 할 수 있도록 다문화와 다언어 가족으로 구성된 자문 위원회를 소집한다.
- 다문화 가정을 대상으로 하는 공공 정보 프로그램을 개발하고 청각장애 아동과 부모가 그들의 이야기를 공유하도록 이를 여러 인종의 매체를 통해 배포한다.
- 프로그램이나 서비스를 소개하는 안내지를 다양한 언어로 번역하여, 개별 언어를 사용하는 가족들이 사용할 수 있게 한다.
- 지역사회에 다언어 도서관을 만들고 가족 구성원을 위한 정보 자료를 제공한다.

- 필요하면 언어 자료 제공자, 번역사, 통역사를 제공한다.
- 청각장애와 관련된 다양한 주제에 대해 언어 자료 제공자, 통역사, 번역사를 훈련시킨다.
- 워크숍이나 콘퍼런스에서 청각장애 아동의 부모들이 자신들의 이야기와 제언을 공유하는 기회를 제공한다.
- 모든 중재 서비스에서 통역이 가능함을 확신시킨다.

복합적인 요구가 있는 아동의 가족에 대한 지원

청각장애 아동의 40%는 건강적 · 사회적 · 교육적 요구가 추가로 있는 것으로 추정된다(Edwards, 2007). 이런 아동들은 지적장애, 시각장애, 전반발달지체, 의사소통장애, 자폐범주성장애, 주의력결핍 과잉행동장애를 갖고 있을 수 있으며, 기타 의학적이고 신체적인 장애, 즉 천식, 간질, 뇌성마비, 취약X증후군, CHARGE 증후군과 같은 문제가 있을 수 있다. 또한 어떤 청각장애 아동들은 의학적으로 진단을 받지 않았으나 행동이나 정서적인 차이가 전반적인 기능에 영향을 줄 수 있다(Edwards, 2007; Rhoades, 2009). 이러한 중복장애는 출생 시부터 나타날 수도 있으나 그렇지 않은 경우도 있으며, 특정한 원인과 연관이 있을 수도 있고 없을 수도 있다. 많은 가족은 시간이 지나면서 점진적으로 아동의 추가적인 요구를 인지하게 된다. 나아가 아동에게 여러 가지 상황이 겹치게 되면 청각장애는 가족의 가장 큰 우려가 아닐 수도 있게 된다.

인공와우 이식과 같은 의학적 처치와 의사소통 양식에 대한 정보 접근에서 중복장애 아동의 가족에게는 불공정한 면이 존재한다(Hyde & Power, 2005). 심도 청각장애 아동 가운데에서 인종, 중복장애, SES는 인공와우 이식률에 영향을 주는 요인들이다(Fortnum et al., 2002; Hyde & Power, 2005). 청각장애 아동에게 모든 발달 영역에서 지원이 이루어지더라도, 학습장애가 같이 있는 아동은 추가로 보다 특화되고 집중적인 지원과 서비스를 필요로 한다. 특화된 기구와 의료적 처치가 필요할 수도 있다. 중복장애 아동의 가족을 지원하는 중재 과정에는 광범위한 영역의 전문가 집단이 관여하게 되며 전문가 간의 협력과 중재가 필수다. 이런 경우 청각구어 임상가는 단순히 가족에 대한 일차적 사례 관리자가 아니며, 다양한 전문가와의 협업을 조정하는 역할을 맡는다. 부모들은 가능한 한 많은 아동의 요구, 중재 방법의 선택, 자녀와 부모를 위해 가능한 여러 지원에 대해 알아야 한다.

복합적인 도움이 필요한 아동의 가족을 지원할 때의 팁

- 아동에게 가능한 의사소통, 교육, 의학적 선택을 결정하는 데 도움이 되는 객관적인 정보

를 제공한다.

- 아동의 중복장애를 토대로 아동의 잠재력에 대한 예단을 내리지 않는다.
- 가족과 아동에 관여하는 다른 전문가들과 긍정적으로 협력한다.
- 아동 진단의 복잡성, 잠재적인 학습장애, 이러한 요소들이 의사소통과 전반적인 발달에 영향을 주며 시간의 경과에 따라 어떻게 변화할 것인지에 대해 잘 알도록 충분한 정보를 제공한다.
- 부모들이 자신들의 상황과 유사한 부모 지원 그룹에 참여하도록 격려한다.
- 지원과 서비스를 이용할 때 아동과 가족의 권리에 대해 조언한다.
- 부모가 복합적인 요구가 있는 아동에게 도움이 되도록 건강관리 시스템과 협상하고 적절한 절차를 확보하는 데 필요한 기술을 발전시키도록 돕는다.

결 론

청각장애 아동과 그 가족에 대한 정보와 지원에 관한 객관적이고 논리적이며 타당한 연구가 부족한 상황이기는 하나, 다양한 가족에 대한 인식과 역할이 청각구어 실제의 중심임은 분명하다. 중재 서비스에서 가족을 지원하는 것은 청각장애 아동과 어머니를 넘어서, 아버지, 형제자매, 조부모, 친구, 그 밖의 확대가족 구성원까지 확대되어야 한다. 청각구어 임상가가 사용하는 효과적인 전략들은 수행력을 높이기 위해 그들이 중재의 모든 측면에 적극적으로 참여할 수 있게 모든 가족 구성원을 지지하여야 한다. 이렇게 되면 청각장애 아동의 가족은 스트레스가 감소하고 복지 수준이 상승하며 가족의 기능이 향상되고 제공되는 서비스에 대한 만족감도 증가한다. 가족은 보다 아동과 가까워지고 아동의 전반적인 발달을 촉진하는 데에 보다 굳건하고 효과적이 될 수 있다.

청각장애 아동에게 특화된 서비스를 제공하는 것에 덧붙여서, 청각구어 임상가는 가족에게 안전한 네트워크를 제공하기 위해 다른 가족중심 지원 단체와 일정하게 작업하려는 노력을 해야 한다. 이러한 파트너로는 가족기반의 사회복지 조직, 공교육 시스템, 지역사회 기반의 조직, 인종이나 종교에 기초한 기구가 있다. 이들은 지원, 변론, 건강이나 기타 사회적 서비스의 교육을 하며 조직의 구성원들이 가족과 아동의 지원 시스템의 요구에 따른 모임에 참여하게 한다 (Goode & Jones, 2006).

모든 가족이 유사한 수준의 지원을 요구하는 것은 아니다. 그러나 각 가족 구성원에게 청각장애의 영향에 관해 논의하고, 또래나 임상가의 도움을 받고, 정보 습득을 가능하게 하는 것이 필요하다. 또한 아동의 구어 촉진 기술을 발달시키고, 중재 프로그램에 능동적인 파트너로 참여하는 기회를 주는 것은 중요하다. 가족중심 중재는 가족을 아동의 삶에 지속적인 존재로 보고, 가족의 힘을 강화하고 문화적 다양성과 가족의 전통을 존중하며 지역사회중심 서비스의 중요성을 인지하여 가족-가족과 또래 지원을 격려한다. 청각장애 아동의 전체 지원 시스템에 적절한 도움과 교육을 제공하는 것은 가족중심 중재 모델의 핵심 요소다.

부록: 가족 지원 조직

청각장애 아동의 가족을 지원하는 조직은 여러 나라에 있다. 다음은 그중 몇 가지 프로그램의 예다.

www.chfn.org.tw

대만의 The Children's Hearing Foundation은 가족이 청각구어 중재 회기에 참여할 기회를 주며, 대만 전역에 가족 지원을 제공하는 4개의 센터를 두고 있다. 또한 이 단체는 대만과 중국의 임상가들을 대상으로 대만에서 청각구어 훈련 과정을 진행한다.

www.johntracyclinic.org

미국의 John Tracy Clinic은 청각장애 아동의 가족을 돕는 가장 오래되고 잘 알려진 조직으로 국제적으로 집중적인 가족지원 프로그램을 제공한다. 이 단체에서는 미국인과 외국인 가족을 위한 여름 캠프, 형제자매 프로그램, 지원 그룹, 부모 교육 등을 현장에서 제공한다. 또한 여기서는 영국과 스페인에서의 국제 통신 과정으로 청각장애 부모에게 청각장애와 언어 발달, 듣기와 구어 의사소통을 자극하는 활동, 부모 가이드, 학령전기 청각장애 아동의 부모를 위한 지침을 제공한다.

www.ndcs.org.uk

영국의 National Deaf Society는 청각장애 아동과 청소년의 지원 서비스 및 그들과 일하는 임상가와 가족을 위한 프로그램을 지원한다.

www.voicefordeafkids.com

VOICE for Hearing Impaired Children은 캐나다에서 1960년대에 만들어진 가장 큰 가족 지원 네트워크로, 가족 지원, 정책, 교육, 수입에 관계없이 청각구어 치료 제공, 전문가의 지도와 훈련을 담당한다. 각 지역 챕터의 네트워크를 통해 부모들이 다양한 연령대 아동의 가족과 청각장애 성인을 만날 수 있는 지원의 장을 마련해 준다. 청각장애 아동뿐 아니라 가족 전체와 부모, 조부모, 형제자매, 아버지, 아이 돌보는 사람과 같은 특정한 가족 구성원에게 교육, 이민 가족을 위한 모국어 지원, 사회 활동, 주말 가족 캠프, 월례 회의 등을 제공한다. 월례 회의에 참석할 수 없는 부모는 온라인으로 부모 모임에 참여할 수 있다. 자료실에는 다양한 언어의 책, 잡지, 비디오 등이 구성원들을 위해 준비되어 있다. VOICE는 청각구어 및 가족중심 중재와 연관된 연구를 지원한다.

참고문헌

Atkins, D. (2001). Family involvement and counseling in serving children who are hearing impaired. In R. Hull (Ed.), *Aural rehabilitation* (pp. 79-96). San Diego, CA: Singular Thomson Learning.

Barone, D. (2006). *Narrowing the literacy gap: What works in high poverty schools?* New York: Guilford Press.

Bat-Chava, Y., & Martin, D. (2002). Sibling relationships of deaf children: The impact of child and family characteristics. *Rehabilitation Psychology, 47,* 73-91.

Bellin, M., Kovacs, P., & Sawin, K. (2008). Risk and protective influences in the lives of siblings of youths with spina bifida. *Health and Social Work, 3*(3), 161-240.

Bennett, T., De Luca, D., & Allen, R. (1996). Families of children with disabilities: Positive adaptation across the life cycle. *Social Work in Education, 18*(1), 31-44.

Blacher, J., & Baker, B. (2007). Positive impact of intellectual disability on families. *American Journal on Mental Retardation, 112*(5), 330-348.

Brand, H. J., & Coetzer, M. A. (1994). Parental response to their child's hearing impairment. *Psychological Reports, 75*(3), 1363-1368.

Bronfenbrenner, U. (1979). *The ecology of human development.* Cambridge, MA: Harvard University Press.

Calderon, R. (2000). Parental involvement in deaf children's education programs as a predictor of child's language, early reading and social emotional development. *Journal of Deaf studies and Deaf Education, 5*(2), 140-155.

Calderon, R., & Greenberg, M. (1999). Stress and coping in hearing mothers of children with hearing loss: Factors affecting mothers and child adjustment. *American Annals of the Deaf, 144*(3), 7-18.

Callaway, A. (2000). *Deaf children in China.* Washington, DC: Gallaudet University Press.

Carpenter, B., & Towers, C. (2008). Recognizing fathers: The needs of fathers of children with disabilities. *Support for Learning, 23*(3), 118-125.

Casey, J. (2008). *Work-family issues for employed parents of children with disabilities.* Sloan Work and Family Research Network. Retrieved 6 May 2009 from http://wfnetwork.bc.edu/blog/work-family-issues-for-employed-parents-of-children-with-disabilities/comment-page-1#comment-1352.

Cole, E., & Flexer, C. (2007). *Children with hearing loss: Developing listening and talking.* San Diego, CA: Plural.

Contact a Family for Families with Disabled Children. (2008a). *Father's guide.* Retrieved 23 March 2009 from http://www.cafamily.org.uk/pdfs/fathers.pdf.

Contact a Family for Families with Disabled Children. (2008b). *Fathers' fact sheet.* Retrieved 23 March 2009 from http://www.cafamily.org.uk/fathers.html.

Conway, S., & Meyer, D. (2008). Developing support for siblings of young people with disabilities. *Support for Learning, 23*(3), 113-127.

DesJardin, J. (2009). Empowering families of children with cochlear implants: Implications for early intervention and language development. In L. S. Eisenberg (Ed.), *Clinical management of children with cochlear implants* (pp. 513-554). San Diego, CA: Plural.

Edwards, L. (2007). Children with cochlear implants and complex needs: A review of outcome research and psychological practice. *Journal of Deaf Studies and Deaf Education, 12*(3), 258-268.

Eleweke, C. J., Gilbert, S., Bays, D., & Austin, E. (2008). Information about support services for families of young children with hearing loss: A review of some useful outcomes and challenges. *Deafness Education International, 10*(4), 120-212.

Eriks-Brophy, A., Durieux-Smith, A., Olds, J., Fitzpatrick, E.,

Duquette, C., & Whittingham, J. (2006). Facilitators and barriers to the inclusion of orally-educated children with hearing loss in schools: Promoting partnerships to support inclusion. *The Volta Review, 106*(1), 53-88.

Eriks-Brophy, A., Durieux-Smith, A., Olds, J., Fitzpatrick, E., Duquette, C., & Whittingham, J. (2007). Facilitators and barriers to the inclusion of orally-educated children with hearing loss in schools: Children with hearing loss in their families and communities. *The Volta Review, 107*(1), 3-36.

Family Resource Coalition. (1996). *Guidelines for family support practice*. Chicago: Family Resource Coalition.

Faux, S. (1991). Sibling relationships in families of congenitally impaired children. *Journal of Pediatric Nursing, 6*, 175-184.

Fidalgo, Z., & Pimental, J. (2004). Mother-child and father-child interactions with Down syndrome children: A comparative study. *Journal of Intellectual Disability Research, 48*(4/5), 326.

Fillery, G. (2000). Deafness between siblings: Barrier or bond? *Deaf Worlds, 16*, 2-16.

Findler, L. (2007). Grandparents - the overlooked potential partner: Perception and practice of teachers in special and regular education. *European Journal of Special Needs Education, 22*(2), 199-216.

Fitzpatrick, E., Angus, D., Durieux-Smith, A., Graham, I., & Coyle, D. (2008). Parents' needs following identification of childhood hearing loss. *American Journal of Audiology, 17*, 38-49.

Fortnum, H., Marshall, D., & Summerfield, A. (2002). Epidemiology of the UK population of hearing-impaired children, including characteristics of those with and without cochlear implants: Audiology, aetiology, comorbidity and affluence. *International Journal of Audiology, 41*, 170-179.

Freedman, R., & Capobianco Boyer, N. (2000). The power to choose: Supports for families caring for individuals with developmental disabilities. *Health & Social Work, 25*(1), 59-68.

Fujiura, G., & Yamaki, K. (2000). Trends in demography of childhood poverty and disability. *Exceptional Children, 66*, 187-199.

Gavidia-Payne, S., & Stoneman, Z. (2004). Family predictors of maternal and paternal involvement in programmes for young children with disabilities. In M. A. Feldman (Ed.) *Early intervention: The essential readings*. Oxford: Blackwell.

Gibson, C. (2008). *Grandparents, information for families*. London: Contact a Family. Hobbs the Printers.

Glogowska, M., & Campbell, R. (2000). Investigating parental views of involvement in pre-school speech and language therapy. *International Journal of Language and Communication Disorders, 35*(3), 391-405.

Goldman, R. (2005). *Fathers' involvement in their children's education: A review of research and practice*. London: National Family and Parenting Institute.

Goode, T., & Jones, W. (2006). *A guide for advancing family-centered and culturally and linguistically competent care*. Washington, DC: National Center for Cultural Competence, Georgetown University Center for Child and Human Development.

Gordon, M., Cuskelly, M., & Rosenman, L. (2008). Influences on mothers' employment when children have disabilities. *Journal of Policy and Practice in Intellectual Disabilities, 5*(3), 203-210.

Goring, M. (2001). No two alike: Siblings in the family with hearing loss. *Volta Voices, 8*, 13-15.

Hanvey, L. (2002). *Children with disabilities and their families in Canada: A discussion paper*. Canadian National Children's Alliance for the First National Roundtable on Children with Disabilities. Retrieved 23 March 2009 from http://www.nationalchildrensalliance.com/nca/pubs/20

02/hanvey02.pdf.

Harrison, J., Henderson, M., & Leonard, R. (2007). *Different dads: Fathers' stories of parenting disabled children.* London: Jessica Kingsley.

Hart, B., & Risley, T. (1995). *Meaningful differences in the everyday experiences of young American children.* Boston: Allyn & Bacon.

Hintermair, M. (2000). Hearing impairment, social networks, and coping: The need for families with hearing-impaired children to relate to other parents and to hearing-impaired adults. *American Annals of the Deaf, 145*(1), 41-53.

Hintermair, M. (2006). Parental resources, parental stress, and socioemotional development of deaf and hard of hearing children. *Journal of Deaf Studies and Deaf Education, 11,* 493-513.

Hoover-Dempsey, K., & Sandler, H. (1997). Why do parents become involved in their children's education? *Review of Educational Research, 67,* 3-42.

Hyde, M., & Power, D. (2005). Some ethical dimensions of cochlear implantation for deaf children and their families. *Journal of Deaf Studies and Deaf Education, 11*(1), 102-111.

Ingstad, B., & Whyte, S. (1995). *Disability and culture.* Berkeley, CA: UCLA Press.

Johnson, K., & Wiley, S. (2009). Cochlear implantation in children with multiple disabilities. In L. S. Eisenberg (Ed.), *Clinical management of children with cochlear implants* (pp. 573-632). San Diego, CA: Plural.

Jordan, A. (2006). *Tapping the power of social networks: Understanding the role of social networks in strengthening families and transforming communities.* Baltimore: The Annie E. Casey Foundation.

Katz, S., & Kessel, L. (2002). Grandparents of children with developmental disabilities: Perceptions, beliefs, and involvement in their care. *Issues in Comprehensive Pediatric Nursing, 25*(2), 13-128.

Lardieri, L., Blacher, J., & Swanson, H. (2000). Sibling relationships and parent stress in families of children with and without learning disabilities. *Learning Disability Quarterly, 23,* 105-116.

Law, M., Garrett, Z., & Nye, C. (2003). Speech and language therapy interventions for children with primary speech and language delay or disorder. *Cochrane Database of Systematic Reviews, 3,* Art. No: CD004110. DOI: 10.1002/14651858.CD004110.

Luterman, D. (2004). Counseling families of children with hearing loss and special needs. *The Volta Review, 104,* 215-220.

Luterman, D. (2006). *Children with hearing loss: A family guide.* Sedona, AZ: Auricle Ink.

Malsch, A., Rosenzweig, J., & Brennan, E. (2008). *Disabilities and work-family challenges: Parents having children with special health care needs.* Sloan Work and Family Research Network. Retrieved 6 May 2009 from http://wfnetwork.bc.edu/encyclopedia_template.php?id=14822.

McConkey, R., Mariga, L., Braadland, M., & Mphole, P. (2000). Parents as trainers about disability in low-income countries. *International Journal of Disability, Development and Education, 47*(3), 309-317.

McHale, S., & Crouter, A. (2008). Families as non-shared environments for siblings. In A. Booth, A. Grouter, S. Bianchi, & J. Seltzer (Eds.), *Intergenerational caregiving* (pp. 243-256). Washington, DC: Urban Press.

McKenzie, S. (1994). Parents of young children with disabilities: Their perceptions of generic children's services and service professionals. *Australian Journal of Early Childhood, 19*(4), 12-17.

Meadow-Orlans, K. P. (1994). Stress, support and deafness: Perceptions of infants' mothers and fathers. *Journal of Early Intervention, 18,* 91-102.

Meadow-Orlans, K., Mertens, D., & Sass-Lehrer, M. (2003). *Parents and their deaf children.* Washington, DC: Gallaudet University Press.

Meadow-Orlans, K., Mertens, D., Sass-Lehrer, M., & Scott-Olson, K. (1997). Support services for parents and their children who are deaf and hard of hearing: A national survey. *American Annals of the Deaf, 142*(4), 278-293.

Meyer, D., & Vadasy, P. (2008). *SibShops: Workshops for siblings of children with special needs* (rev. ed.). Baltimore: Paul H. Brookes.

Mitchell, R., & Karchmer, M. (2004). Chasing the mythical ten percent: Parental hearing status of deaf and hard of hearing children in the United Status. *Sign Language Studies, 4*(2), 138-163.

Mitchell, W. (2008). The role played by grandparents in family support and learning: Considerations for mainstream and special schools. *Support for Learning, 23*(3), 126-135.

National Center for Children in Poverty. (1997). *Poverty and brain development in early childhood.* New York: National Center for Children in Poverty, Columbia School of Public Health.

National Deaf Children's Society. (2006). *"Has anyone thought to include me?": Fathers' perceptions of having a deaf child and the services that support them.* London: National Deaf Children's Society.

Northern, J., & Downs, M. (2002). *Hearing in children.* Baltimore: Lippincott Williams and Wilkins.

Odom, S., Hanson, M., Blackman, J., & Kaul, S. (2003). *Early intervention practices around the world.* Baltimore: Paul H. Brookes.

Ouellette, S. (2005). *For better or for worse: Keeping relationships strong while parenting deaf and hard-of-hearing children.* Retrieved 12 April 2009 from http://www.handsandvoices.org/articles/fam_perspectives/V10-2_betterworse.htm.

Parish, S., & Cloud, J. (2006). Financial well-being of young children with disabilities and their families. *Social Work, 51*(6), 223-232.

Payne, R. (2003). *A framework for understanding poverty* (4th ed.). Highlands, TX: Aha! Process.

Pipp-Siegel, S., Sedey, A., & Yoshinaga-Itano, C. (2002). Predictors of parental stress in mothers of young children with hearing loss. *Journal of Deaf Studies and Deaf Education, 7,* 1-17.

Porter, A., & Edirippulige, S. (2007). *Parents of deaf children seeking hearing loss-related information on the Internet: The Australian experience.* New York: Oxford University Press.

Prizant, B., Meyer, E., & Lobato, D. (1997). Brothers and sisters of young children with communication disorders. *Seminars in Speech and Language, 18,* 263-282.

Qi, C., & Kaiser, A. (2004). Problem behaviors of low-income children with language delays: An observation study. *Journal of Speech, Language, and Hearing Research 47,* 595-609.

Rhoades, E. A. (2009). What the neurosciences tell us about adolescent Development. *Volta Voices, 16*(1), 16-21.

Roeher Institute. (1999). *Labour force inclusion of parents caring for children with disabilities.* North York, ON: Rocher Institute.

Roeher Institute. (2000). *Beyond the limits: Mothers caring for children with disabilities.* North York, ON: Roeher Institute.

Roseberry-McKibbin, C. (2008). *Increasing language skills in students from low-income backgrounds.* San Diego, CA: Plural.

Rosenzweig, J., Brennan, E., Huffstutter, K., & Bradley, J. (2008). Child care and employed parents of children with emotional or behavioral disorders. *Journal of Emotional and Behavioral Disorders, 26*(2), 78-89.

Rosenzweig, J., Brennan, E., & Ogilvie, A. (2002). Work-family fit: Voices of parents of children with emotional and behavioral disorders. *Social Work, 47*(4), 415-424.

Schuyler, V., & Kennedy Broyles, N. (2006). *Making con-*

nections: Support for families of newborns and infants with hearing loss. Hillsboro, OR: Butte.

Sebald, A., & Luckner, J. (2007). Successful partnerships with families of children who are deaf. *Teaching Exceptional Children, 39*(3), 54-60.

Seligman, M. (2000). *Conducting effective conferences with parents of children with disabilities.* New York: Guilford Press.

Shearn, J., & Todd, S. (2001). Maternal employment and family responsibilities: The perspectives of mothers of children with intellectual disabilities. *Journal of Applied Research in Intellectual Disabilities, 13*(3), 109-131.

SiblingSupport. (2008). *Support the Sibling Support Project.* Retrieved 19 September 2008 from http://www.sibling-support.org/about/support.

Singer, J. (2003). *The impact of poverty on the health of children and youth.* Toronto: University of Toronto.

Smith, K., Landry, S., & Swank, P. (2000). Does the content of mothers' verbal stimulation explain differences in children's development of verbal and non-verbal cognitive skills? *Journal of School Psychology, 38,* 27-49.

Suskind, D. L., & Gehlert, S. (2009). Working with children from lower SES families: Understanding health disparities. In L. S. Eisenberg (Ed.), *Clinical management of children with cochlear implants* (pp. 555-572). San Diego, CA: Plural.

Tattersall, H., & Young, A. (2003). Exploring the impact on hearing children of having a deaf sibling. *Deafness and Education International, 5*(2), 108-122.

Taylor, V., Fuggle, P., & Charman, T. (2001). Well sibling psychological adjustment to chronic physical disorder in a sibling: How important is maternal awareness of their illness attitudes and perceptions? *Journal of Child Psychology and Psychiatry, and Allied Disciplines, 42,* 953-962.

Tye-Murray, N. (2009). *Foundations of aural rehabilitation: Children, adults, and their family members* (3rd ed.). Clifton Park, NJ: Delmar.

Van Kraayenoord, C. (2002). "I once thought I was a lousy mother:" The role of support groups. *International Journal of Disability, Development and Education, 49,* 5-9.

Van Riper, M. (1999). Maternal perceptions of family-provider relationships and well-being in families of children with Down Syndrome. *Research in Nursing and Health, 22,* 357-368.

Verté, S., Hebbrecht, L., & Roeyers, H. (2006). Psychological adjustment of siblings of children who are deaf or hard of hearing. *The Volta Review, 106*(3), 89-110.

Watts Pappas, N., & McLeod, S. (2009). Speech-language pathologists' and other allied health professionals' perceptions of working with parents and families. In N. Watts Pappas & S. McLeod (Eds.), *Working with families in speech-language pathology* (pp. 39-72). San Diego, CA: Plural.

Watts Pappas, N., McLeod, S., & McAllister, L. (2009). Models of practice used in speech-language pathologists' work with families. In N. Watts Pappas & S. McLeod (Eds.), *Working with families in speech-language pathology* (pp. 1-38). San Diego, CA: Plural.

West, S. (2000). *Just a shadow: A review of support for the fathers of children with disabilities.* Birmingham, UK: Handsel Trust.

Wood Jackson, C., & Eriks-Brophy, A. (2005). *Enhancing family involvement and outcomes following early identification of deafness.* Paper presented at the annual conference of the American Speech-Language and Hearing Association, November 2005, San Diego, CA.

Yoshinaga-Itano, C. (2000). Successful outcomes for deaf and hard of hearing children. *Seminars in Hearing, 21,* 309-325.

Yoshinaga-Itano, C. (2003). From screening to early identifications and intervention: Discovering predictors to successful outcomes for children with significant hearing loss. *Journal of Deaf Studies and Deaf Education, 8*(1), 11-30.

Zaidman-Zait, A. (2007). Parenting a child with a cochlear implant: A critical incident study. *Journal of Deaf Studies and Deaf Education, 12*(2), 221-241.

가족중심 평가

P. Margaret Brown and Anna M. Bortoli

개 관

특별한 도움이 필요한 어린 아동에게 제공되는 서비스의 기본 철학은 지난 수십 년 동안 진화하고 있다. 이러한 진화의 틀에서 연구자나 임상가들이 기본 철학의 중심에 두는 용어들이 순차적으로 등장한다. 여기에는 '가족친화(family friendly)' '가족중점(family focused)' '가족중심(family centered)'이라는 용어가 포함되며, 마지막 용어인 '가족중심'에는 서비스 제공에 대한 현재의 믿음이 내포되어 있다(Dunst, 2002).

가족중심 실제의 정의

임상가는 '가족중심'이란 용어를 여러 가지 방식으로 사용한다. 어떤 경우에 가족중심 실제는 임상가가 적용해야 하는 믿음이나 가치를 설명하는 데 사용된다(Bruder, 2000). 그러나 다른 경우에는 이 용어가 조기중재의 예시적 실제를 위한 지침으로 사용된다(Dunst, 1997). 이러한 차이에도 불구하고, 가족중심 중재의 정의에는 포괄적으로 다음의 다섯 가지 중요한 요소가 포함된다. 첫째, 가족중심의 임상가는 각 가족의 부족함보다 각 가족의 강점을 존중하고 이에 집중한다(Dunst, 1997). 실제로 중재 과정들은 이러한 강점을 확인하고 명확히 하는 목적으로 진행된다. 둘째, 임상가들은 부모의 선택, 참여, 의사 결정 과정 등을 존중하고 활발하게 촉진한다(Turnbull & Turnbull, 1997). 셋째, 가족과 임상가 간의 관계는 협력과 파트너 관계로 특징지어진다(Marshall & Mirenda, 2002). 넷째, 공동체 안에서 일어나는 가족 활동과 일상에 가치를 두고 이를 아동 발달을 위한 기초적인 수단으로 프로그램에 적용시킨다(Harbin, McWilliam, & Gallagher, 2000; Spagnola & Fiese, 2007). 마지막으로, 가족중심 패러다임에서 일하는 임상가는 다양성과 유연성에 민감하며 반응적인 특성을 실제 경험에 적용한다(Porter & McKenzie, 2000). 이러한 모든 요소가 존재할 때 임상가들은 가족의 생태문화(eco-cultural) 환경에 중점을 두고 가족의 기능에서 강점을 극대화하는 프로그램을 보다 잘 제공할 수 있다(Dunst, 1997). 이런 관점에서 가족 구성원들의 개별적인 쟁점에 대처하는 가족의 능력을 발전시키는 것이 아동의 수행력 증진과 마찬가지로 중재의 중요한 목표가 된다.

선행 연구를 보면 장애가 없는 영유아의 발달에서 가족 환경의 중요성이 분명하게 강조되고 있다(Shonkoff, 2006). 가족 환경은 비장애 아동과 마찬가지로 장애 아동에게도 중요하다. 조기중재의 핵심적 요소는 아동이 중재 프로그램에 진입하는 시기를 빠르게 하는 것이다. 그러나 빠른 진입만으로는 충분하지 않다. 조기중재 프로그램에서는 부모, 아동, 가족의 개별적인 요구에 대처하기 위하여 아동의 최초 그리고 가장 중요한 환경이며 학습과 발달의 주요한 자원으로 가족을 인정할 필요가 있다. 그렇게 함으로써 가족중심 패러다임의 채택이 자연스럽게 따라오며 포괄적인 논쟁에 새로운 관점을 추가한다.

가족중심 실제를 채택했을 때, 부모와 임상가 간의 상호작용이 주요 관심이고 계획이나 예후의 점검은 그보다 관심의 범위에서 벗어나는 것으로 보인다. 조기중재를 평가하는 요소가 어떤 것인지에 대한 이슈가 가족중심의 관점에서 수행될 수 있으나, 어떤 임상가에게는 이 점이 문제로 비춰질 수 있다(Crais, Roy, & Free, 2006). 또한 가족중심 실제에서 평가 수준에 관한 연구는 거의 관심을 받지 못했다.

이 장에서는 가족중심 원칙에 입각하여 아동 평가, 가족 평가, 프로그램과 임상가 평가의 정도에 관한 문헌들을 검토한다. 이를 통해 현재 사용 가능한 평가 도구들을 살펴본다. 또한 청각장애 아동 가족의 특별한 경우들을 참조한다.

아동 평가

가족중심 패러다임이 아동 평가에도 적용될 수 있는가? 나아가 이를 아동에게 적용해야 하는가? 만일 그렇다면 가족중심 아동 평가는 어떠한 것인가? 미국에서는 아동 평가, 특히 조기중재에서의 아동 평가에서 중요한 변화들이 있었다. 미국 연방법은 조기중재의 전국적인 서비스 지침을 확립하는 것을 중요하게 취급하고 있다. 1975년 이후 「장애인교육법(Individuals Disabilities Education Act: IDEA)」이 장애 아동의 권익 보호를 위해 위임되었고 많은 표준이 수립되었다. 이러한 표준은 서비스의 제공, 개인의 프로그램 계획을 포함하는 교육에서의 권리, 심리와 교육적 검사 관련 실제라는 세 가지 측면에 초점을 둔다(Benner, 2003). IDEA의 C장은 특히 조기중재에 초점을 맞추고 있다. 법안의 이 부분에서는 평가와 중재 과정에서 가족의 중요성을 강조하고 아동의 삶에서 가족의 역할을 확인한다. IDEA에서는 특히 어린 아동의 평가 방법은 전통적인 공식 검사로 국한되어서는 안 되며, 비공식적 · 실증적 · 가족중심 평가가 추가되어야 한다고 제시하고 있다.

공식 검사를 사용하는 대부분의 임상가는 공식 평가 과정을 통해 습득한 정보들은 비공식적인 평가를 통해 얻은 정보보다 객관적인 해석이 가능하다는 점을 강조한다. 공식 검사는 발달 영역에서 아동의 능력에 대한 양적인 측정치를 제공하며, 이를 통해 시간의 경과에 따른 비교와 일반적인 또래 집단과의 비교가 가능하게 한다. 이런 유형의 평가가 부모와 임상가에게 서비스의 용이성 및 프로그램과 중재의 향후 방향에 대한 결정을 내리는 데 도움을 주는 것이 사실이다. 그러나 조기중재를 둘러싼 철학과 실제의 변화에 따라 우리는 아동이 경험하는 상호작용, 가치, 일상과 같은 가족의 삶의 중요성을 인지하게 되었다. 이것은 프로그램을 계획하는 데 필요한 정보를 수집하는 과정에서 공식과 비공식 평가의 상대적 이점에 대한 피할 수 없는 논쟁으로 이어진다. 이러한 논쟁은 일반적인 대상자뿐 아니라 장애가 있는 어린 아동의 경우에 특히 중요하다(Bagnato, 2005; Neisworth & Bagnato, 2004).

장애 아동의 지원 여부를 결정하는 준거로서, 또한 시간의 경과에 따른 진전을 평가하고 프로그램의 효과를 측정하기 위해 전통적으로 공식적 평가가 요구되었다. 우리는 공식 평가의 필요성에 반대하는 논쟁을 하는 것이 아니고, 공식 검사 단독으로는 개별화 중재 프로그램의 내용과 전략을 이끄는 데 필요한 아동의 요구와 강점을 잡아내기가 부족하다는 최근의 관점을 지지한다. 임상에서의 평가는 아동의 특성, 매일의 일상생활, 그들의 생태문화적 맥락 및 그들이 지식과 기술을 습득하는 데 사용하는 환경으로부터 벗어나 평가가 진행된다. 이것이 공식적 임상 평가가 일상생활과 환경에서 아동의 수행력과 능력을 평가하는 데 실패하는 원인이며, 진정한 평가는 이러한 측면을 반영하여야 한다고 강하게 주장하는 학문적인 흐름이 존재한다(Neisworth & Bagnato, 2004). 또한 진정한 평가의 지지자들은 아동을 잘 모르는 사람이 인위적 환경에서 아동의 발달 기술을 측정했을 때, 아동의 진정한 능력이 결과에 반영되는 데 실패할 수 있다고 지적한다(Bagnato, 2005; Greenspan & Meisels, 1994; Neisworth & Bagnato, 2004). 대신 이들 연구자들은 아동의 능력 평가의 관점에서 보면 친숙한 사람이 아동의 실제 환경에서 평가를 진행했을 때, 아동의 실제 기술에 맞는 타당하고 신뢰할 수 있는 그림을 그릴 수 있다고 본다.

생태문화적 접근은 진정한 평가의 바탕이 되는 철학과 실제를 설명하는 여러 연구자가 사용하는 용어다. Cook, Tessier와 Klein(1996)에 따르면, 생태문화적 관점을 채택한 조기중재자들은 가족과 일하면서 부가적 요인들을 고려해야 한다. 이러한 요인은 아동이 속한 가족, 중요한 다른 사람과의 상호작용뿐 아니라 지역사회와 문화의 영향도 있다. 생태문화적 관점을 받아들임으로써, 조기중재자는 가족 체계에서 중요한 활동과 환경을 고려하며 보다 의미 있는 계획을 발전시켜서 아동과 가족에 대한 보다 현실적인 관점을 얻는다.

평가에 대한 조망에서 생태문화적 관점과 유사한 또 다른 하나는 맥락기반 평가(context-based assessment)다. 맥락기반 평가는 아동의 발달에서 가족과 환경의 기여를 포함하며 이러한 요소를 평가의 실행과 해석의 지침으로 삼는다(Benner, 2003). 맥락기반 평가의 이론적 기반은 생태심리학, 가족체계 이론, 구성주의에 있다.

생태심리학자들은 의사 결정과 이를 실행하는 활동 과정에서 개인의 특성과 행동을 이해하고자 한다. 이들이 관찰하는 것은 특정한 환경 안에서 개인의 목표 지향적 행동 사이의 관계다. Bronfenbrenner(1992)의 생태학적 관점에 따르면, 자연스러운 환경과 아동과 환경이 서로 상호작용하는 방식에 영향을 주는 외부적 요인이 논란의 대상이다. 또한 생태심리학자는 아동에 대한 보다 진정한 그림을 얻는 데에 관심이 있다. 공식적이고 전통적인 평가가 검사 점수의 형태로 정보를 주지만 이는 여전히 충분하지 않으며, 이러한 접근이 아동에게 영향을 주는 변수들에서 아동을 고립시켰다는 논란을 가져온다(Benner, 2003).

체계 관점에서 가족은 고유한 패턴과 상호작용에 따라 네 개의 주요 하위 체계로 구성되어 있다. 이 하위 체계는 배우자, 부모, 형제, 가족 외 체계로 구성되며, 각각은 규칙과 기능을 갖고 있다. Benner(2003)에 따르면, 가족과 함께 일하며 평가를 하려는 조기중재 프로그램의 임상가들은 가족 외 하위 체계의 구성원도 고려해야 한다. 그들은 가족 구성원과 상호작용하는 핵심 구성원이므로, 임상가가 이들과 상호작용을 하는 것은 가족 내 다른 구성원이나 다른 하위 체계에도 영향을 주는 것으로 나타난다.

구성주의는 Dewey(1916), Piaget(1952), Vygotsky(1993), Gardner(1991)의 작업에서 발전된 관점이다. 이들 이론가는 아동이 직접적으로 환경과의 상호작용의 경험을 통해 학습을 하며, 결과적으로 지속적인 상호작용을 통해 이를 형성하고 수정한다는 가설을 세웠다. 이런 관점에서 보면 가족의 역할과 가족의 상호작용은 평가의 중심에 있게 된다.

광범위한 연구들이 아동의 조기중재에서 부모의 역할과 기여는 아동의 발달적인 결과에 치명적 영향을 준다는 관점을 지지한다(Bernheimer & Keogh, 1995; Bernheimer & Weisner, 2007; Dunst, Hamby, Trivette, Raab, & Bruder, 2000; Schuck & Bucy, 1997; Spagnola & Fiese, 2007). 이러한 관점은 여러 다학문 분야의 전문적 조직들이 평가와 중재의 접근 방법에 대한 사고를 바꾸는 데에 영향을 주었다. 그 결과, 발달적으로 적합한 평가 기준 8개(Eight Developmentally Appropriate Practice Assessment Standards; Neisworth & Bagnato, 2004)가 국제적으로 조기중재 기관의 실행을 인도하는 기준으로 지지를 받게 되었다. 이 기준은 두 개의 기본적인 원칙을 기초로 한다. 즉, 평가는 발달적으로 적합해야 하며, 평가 과정에서 부모와 임상가는 파트너십을 이루어야 한다는 원칙이다. 8개의 기준은 실용성(utility), 용인성(acceptability), 확실성(authenticity), 공평성(equity), 감수성(sensitivity), 수렴(convergence), 협력(collaboration), 일치(congruence)이다.

먼저, 실용성은 평가의 유형이 ① 기능적 목표를 확인하고, ② 학습의 선호 방법을 확인하며, ③ 예후를 추적하고 요약할 수 있어야 한다는 의미다. 필수적으로 평가 결과는 우리가 무엇을 성취하고 그것이 어떻게 발생했음을 우리에게 말해 준다. 이런 유형의 정보에서 많은 부분은 부모의 관찰과 보고에 의존할 것이 분명하다.

두 번째 기준인 용인성은 평가가 문화적으로 용인되어야 하며 전형적인 아동의 표본이어야 한다는 점이다. 가족의 지식, 그들의 가치, 문화와 경험은 용인성에서 필수적이다.

세 번째 기준인 확실성은 아동이 자신이 속한 환경의 자연스러운 상황에서 보이는 기능적 행동을 평가해야 한다는 의미다. 평가 과정에 가족이 참여함으로써, 임상가가 접근하지 못하는 매우 중요한 정보를 습득할 수 있다.

네 번째 기준인 공평성을 확보하기 위해서는 개인의 차이에 맞춘 평가 접근 방법이 필요하다. 장애의 정도 및 유형에 따른 조정이 필요할 수 있다.

다섯 번째 기준인 감수성은 연령이나 기술 범위 안에서 필요한 항목의 수와 연관이 있다. 이는 특별한 도움이 필요한 아동을 평가할 때 필수적인 것으로, 그들의 발달적 궤적이 비전형적일 수 있고, 이것이 가족의 기능에 중요할 수 있으므로 작은 정도의 변화라도 측정하는 것이 중요하기 때문이다.

여섯 번째 기준은 다양한 자원으로부터 수집한 자료를 수렴하는 것이다. 평가와 보고 형식은 자료를 수렴하여 해석을 쉽게 하도록 구성되어야 한다. 이런 시각에서 보면 비공식적인 사적인 대화 자료를 최소한의 범위에서 사용하는 것도 자료의 수렴이라는 측면에서 의미가 있으며, 결과를 보다 가족 친화적이게 할 수 있다.

일곱 번째 기준은 협력이다. 평가는 다차원적이어야 하며, 부모와 다른 양육자를 포함하여 이해 당사자의 범위에서부터 입력이 필요하다. 각 협력자의 기여를 존중하는 것이 협력을 성공적으로 이루는 핵심이다.

마지막 기준은 일치와 관련된다. 어떤 평가들은 아동들이 갖고 있는 특별한 요구 때문에 특정 집단에 맞추어 특화될 필요가 있다.

이러한 기준에 더하여, Neisworth와 Bagnato(2004)는 임상가가 자신들이 사용한 평가의 유형을 측정 맥락의 연속선에서 보여 줄 것을 제안했다. 이 연속선의 양극단에는 탈맥락화와 맥락화가 있고, 그 사이에 다른 평가 접근법들이 함께한다. 저자는 네 가지의 접근 유형을 제안했다. 탈맥락화의 끝은 임상적인 접근이며 맥락화의 끝은 자연적인 접근이다. 이 사이에 가상과 유사 접근법이 있다.

이러한 측정 맥락의 연속선은 평가에서 '어디' '무엇' '어떻게' '누구'를 고려한다. '누구'와 관련하여, Neisworth와 Bagnato(2004)는 자격을 갖춘 전문가인 임상가와 부모 양쪽이 모두 평가 과정에서 책임과 역할이 있는 것으로 인지했다. 평가에서 '어떻게'는 탈맥락화의 말단에 있는 심리 측정과 구조화된 검사의 사용, 맥락화의 말단에 있는 부모 보고와 직접 관찰을 모두 포함한다. 이 연속선의 '무엇'은 측정할 행동을 확인하는 것이다. 연구자들은 탈맥락화 접근에서는 자극에 대한 표준화된 반응이, 맥락화 상황에서는 유도된 것과 자발적인 행동이 중요하다는 것을 확인했다. 평가를 한 곳이 '어디'인가도 영향을 주는 요인이다. Neisworth와 Bagnato(2004)는 연구실에서 진행된 평가와 재현된 상황은 탈맥락화이며, 아동의 삶의 바탕인 일상에서의 평가는 맥락화 접근 방법이 반영된 것이라고 제안했다.

연속선은 환경, 사건, 활동, 평가에 관여한 개인 간의 횡적인 참조도 가능하다. Neisworth와 Bagnato(2004)의 모델은 임상가와 부모가 특정한 시간에 필요한 평가 유형을 확인하고, 어디서, 언제, 누가 각 과정에 참여할지 결정하는 데 유용하다. 나아가 이것은 각 평가 유형에 동일한 가치를 부여한다. 저자들은 또한 모델에서 부모를 포함한 모든 중요한 팀 구성원들이 교류적 평가를 하여 정보와 평가의 의무를 공유하도록 권장한다(Neisworth & Bagnato, 2004).

평가는 문제 해결과 발전 전략을 위한 장기와 단기 결정을 위해 정보를 수집하는 과정이다. 이미 살펴본 바와 같이, 이를 위해서는 다양한 범주의 형태로 주의 깊게 자료를 수집하고 해석하는 것이 필요하다(Bigge & Stump, 1999). 또한 아동에 대한 전체적인 그림을 그리기 위해서는 폭넓은 범위에서 정보를 수집할 필요가 있다. 보다 공식적 유형의 평가는 특정한 정보를 요구하나, 맥락화와 자연스러운 실제에서의 평가에서 요구하는 것은 그보다 덜 명확하다. 우리가 알아야 하는 것이 무엇이며, 이러한 정보에 접근하기 위하여 어떻게 해야 하는가? 가족중심 접근에서 아동과 가족의 전체 그림을 완성시키기 위해서는 여러 가지 조각 정보를 수집하는 것이 중요하다. 임상가는 아동의 현재 수행력, 다른 사람과의 관계, 좋아하는 것과 싫어하는 것, 흥미, 최종적으로 가족과 친구와의 전형적인 일상에 관한 정보를 수집할 필요가 있다. 이러한 정보는 임상가가 중재를 맥락화하고 개별화하는 것을 돕는다. 우리는 이러한 정보의 근본적인 출처는 무엇보다 먼저 부모와 양육자라고 주장한다.

가족 구성원과 다른 양육자가 이 과정에 참여하는 것은 관여한 사람들이 역량을 강화하는 과정이 되며, 임상가는 이 과정에서 아동이 속한 환경의 범위 내에서 성공과 도전에 대한 정보를 제공받는다(Bagnato, 2005; Neisworth & Bagnato, 2004). 난청 아동과 관련하여 이러한 정보를 수집하는 방법 중 하나는 이야기 지도(Talking Map)다(Brown & Nott, 2006). 조기중재를 하는 임상가는 아동에게 중요한 규칙적인 일상에 관해 가족과 이야기를 나누며, 누가, 무엇을, 언제, 어디서, 어떻게 하는가를 찾는다. 우리는 기본적으로 이 활동들의 의사소통적 · 인지적 · 정서적 측면에 관심이 있으므로 사건과 관련해 발생한 의사소통 상황과 그에 대해 아동이 일반적으로 보이는 반응에 대해 질문한다. 이는 우리에게 아동의 일반적인 일상의 실증적 모습을 보여 줄 뿐 아니라, 부모에게는 그들이 아동과 공유하는 이러한 일상의 경험이 중재에서 중요한 요소라는 것을 느끼게 한다.

공식이든 비공식이든 모든 평가 과정은 아동과 부모를 존중하며 수행되어야 한다. Nuttall, Romero와 Kalesnik(1999)에 따르면, 이는 아동과 가족이 속해 있는 환경과 양육자가 가지고 있는 지식과 기술을 인정하고 가치를 존중하는 데에서 출발한다. 연구 결과를 보면, 부모와 다른 양육자가 평가 과정에 참여하는 것이 모든 경우에 적용되는 것은 아닌 것으로 나타난다(Crais & Belardi, 1999; Crais, Wilson, & Belardi, 1996; Crais, Roy, & Free, 2006; McBride, Brotherson, Joanning, Whiddon, & Demmitt, 1993; McWilliam et al., 2000; Simeonsson, Edmonson, Smith, Carnahan, & Bucy, 1995).

Simeonsson 등(1995)은 평가 과정에 부모가 관여하는 것에 관해 부모(N=39)와 임상가(N=81) 양쪽의 관점을 조사했다. 놀랍게도, 임상가의 대다수는 부모가 평가에 참여하는 것에 동의하지 않았다. 그러나 이 연구에서 대부분의 부모는 평가를 긍정적으로 느꼈고, 대상자의 1/3은 평가 결과에 동의하지 않음에도 불구하고 자신들이 평가 과정에 기여했다고 생각했다. 이것은 두 집단 간에 흥미 있는 견해의 차이가 있음을 확인한 것으로, 임상가들은 부모의 기여에 가치를 두지 않는 것으로 나타났다. McBride 등(1993)의 연구에서도 유사한 결과가 나타났는데, 부모 중 소수만이 의사 결정 과정에 참여하였다. McWilliam 등(2000)의 후속 연구에서는 평가와 의사 결정에서 부모 참여에 대한 부모와 임상가의 관점은 유의미한 차이가 있는 것으로 밝혀졌다.

Crais와 Belardi(1999)는 아동 평가에서 가족의 역할(The Role of Families in Child Assessment; Crais, Wilson, & Belardi, 1996) 척도를 사용하여 23쌍의 부모와 58명의 임상가를 대상으로 부모의 참여 정도를 연구했다. 연구자들은 이상과 실제 사이의 불일치를 발견했다. 가족의 특별한 역할에 대한 평가 전략은 자주 사용되지 않고 있었다. 134명의 임상가와 58 가족을 대상으로 한 대규모 연구에서 Crais, Roy와 Free(2006)는 임상가와 가족 모두 이상적으로는 아동의 평가에서 가족중심 실제를 도입하는 데에 강하게 동의한다는 것을 발견했다. 그러나 이렇게 두 집단이 모두 강하게 동의한다고 했음에도 불구하고 현장에서 실제로 이루어지는 경우는 매우 드물었다. 가장 이루어지지 않고 있는 부분은 평가 전에 가족에게 정보 제공하기, 가족이 평가 계획을 세우고 사용하는 전략을 돕기, 가족이 평가 장소를 선택하고 보고서를 검토하는 것이었다.

문헌에서는 부모와 조기중재 담당자가 이 과정을 함께 할 때에 아동에 관한 정보의 신뢰도와 타당도가 증가하는 것으로 나타난다(Bagnato & Neisworth, 1995; Bagnato, Suen, Brickley, Jones, & Dettore, 2002). 여러 사람이 모인 그룹에서 수집한 정보는 아동에 대해 보다 정확하고 특징적인 그림을 제공할 수 있다.

부모와 임상가가 함께 사용할 수 있는 유용한 도구로 자산기반 맥락 모델(Asset-Based Context Matrix: ABCM)이 있다(Wilson, Mott, & Batman, 2004). ABCM은 아동의 일상에서의 흥미와 능력을 고려하여 아동에 관한 기능적 정보를 수립하는 데 사용한다. 모델의 틀은 매일 일상에서 아동의 관심, 상호작용, 경험에 영향을 받는 결과를 평가하는 것을 기초로 한다. 가족의 일상과 관습은 아동의 발달에 영향을 주는 요소로 인지되며 자연스러운 환경에서 배우고 참여하여 아동에게 보다 의미 있는 학습이 되게 한다. ABCM 사용의 주요한 성과는 평가 과정에서 유용하고 기능적인 정보를 기반으로 하는 점이다. 임상가와 부모는 환경에 기초한 학습 기회에 관련된 정보를 쉽게 이용할 수 있다. ABCM은 부모와 임상가에게 가족의 가치와 흥미, 우선순위 등으로 파악한 '자산 기반의 기능적인' 정보를 수집하는 효율적인 방법을 제공한다(Wilson et al., 2004). 최종적으로, 이 모델은 아동의 발달과 흥미가 변화하는 것을 볼 수 있는 도구가 된다. ABCM은 평가 맥락의 연속선에서 맥락화의 말단에 위치한다.

평가의 또 다른 유용한 과정은 MAPs(Making Action Plans)로, McGill 활동계획 체계(McGill Action Planning System)의 원칙에 기초한다(Stainback & Stainback, 1997). MAPs는 아동을 알고 있는 주요 인물들이 함께 협력하여 계획을 하는 과정이다. 이것은 부모, 임상가, 확대가족 구성원, 기타 다른 사람들이 아동의 중요한 발달 과정 동안 정보와 지식을 공유하는 기회를 만든다(Bortoli & Byrnes, 2002). 포괄적인 도구로서(Stainback & Stainback, 1997), 기록된 정보와 그룹 안에서 이루어진 결정은 다양한 환경과 상황 안의 경험과 사건에 기초한다. 평가 맥락의 연속선에서 보면 MAPs는 맥락화의 말단에 위치한다. Steer(1999)에 따르면, MAPs 회의는 정보를 공유하고 협력적으로 문제를 해결하며, 부모와 임상가를 지원하고 실행 계획을 발전시키는 장이다. MAPs 회의는 지원 팀이 검토의 필요성을 인지하고 새로운 방향에 대해 논의하고자 할 때 필요하며, 회의 중에 참석자들이 '문제 해결 진술'을 하도록 격려한다(Bortoli & Byrnes, 2002). MAPs 과정은 협력과 가족중심 실제를 강조한다. Steer(1999)가 지적한 바와 같이, MAPs 과정은 임상가와 부모가 함께 작업해서 언제, 어디서, 무엇을 가르칠 것인지 결정하도록 격려한다. MAPs 과정에서 보다 중요한 것은 공통적인 이념과 공유하는 가치에 기초하여 의사 결정이 이루어지도록 하는 점이다.

몇몇 연구자는 가족-학교의 파트너십에 대한 불만족과 장벽을 보고했다(Lake & Billingsly, 2000; Stoner, Bock, Thompson, Angell, Heyl, & Crowley, 2005; Turnbull & Turnbull, 1997). 파트너십을 발달시키는 데 있어, 지속적인 관계보다는 일회성 에피소드로 다루어지는 경향이 더 많아 보인다(Thompson et al., 2007). 가족 평가 포트폴리오(Family Assessment Portfolio: FAP)는 장애가 있는 학령기 아동과 일하는 팀에서 사용하도록 개발된 평가 도구이나 조기 중재 팀에게도 유용하다. 이 도구는 집과 학교 간의 협력을 도모하기 위해 개발되었다(Thompson et al., 2007). 이러한 협력은 부모가 평가 과정에 참여하며 그들에게 자신에게 중요하다고 간주되는 정보를 의사소통할 기회를 제공하고 추후 임상가들이 아동에 대해 정확한 정보를 갖고 서비스가 아동의 요구와 흥미를 기초로 하도록 한다. FAP는 스크랩북, 동영상, 웹기반 프로파일의 세 요소로 구성되어 있다. 부모는 아동의 프로그램 계획을 다르게 만들도록 하기 위해 자신이 중요하다고 느끼는 정보를 제공할 수 있다. 앞서 언급한 도구와 마찬가지로, FAP는 평가 맥락의 연속선에서 맥락화의 끝에 위치한다. 주의 깊은 메모와 각 요소의 특성에 따라 어떤 부모들은 정보를 수집하는 데에 더 많은 시간을 들이기도 한다. 부모가 기술적인 면에서 서툴다면 어떤 요소들은 변화를 주어, 부모가 아동에 대한 자신의 지식을 기록할 수 있도록 하는 것이 필요하다.

가족 기능의 평가

Cook 등(1996)에 따르면, 가족이 능동적으로 평가 과정에 개입하고 참여했을 때, 가족기반 평가가 더 잘 이루어진다. 가족기반 평가에서 임상가는 가족을 둘러싸고 있는 환경과 활동을 고려하여, 가족, 임상가, 아동을 우선으로 하는 영역들을 포함한 일련의 평가 과정을 선택한다. 나아가 평가 과정은 가족 구조에 억지로 개입하지 않도록 하여, 진정한 실증적 평가의 달성을 추구하도록 해야 한다. 부모와 다른 일차 양육자의 역할이 가족중심 패러다임의 중추이므로, 임상가의 주요 과제는 가족을 잘 알고 그들의 강점, 요구, 우선순위를 평가하는 것이다.

이러한 것을 수행하는 방법 중 하나로, 가족이 어떻게 기능하는지에 대한 자기보고서를 가족에게 요청한다(Brown, Abu Bakar, Rickards, & Griffin, 2006). 학령전기 청각장애 아동을 둔 21 가족을 대상으로 하는 연구에서, 가족 기능에 대한 9개의 변수에 가족들이 직접 점수를 주도록 했다. 각 변수는 가족 구성원과 아동 사이의 상호작용의 질, 변화의 극복, 가족 구성원 사이의 지지와 아동 환경의 따뜻함, 가족 간의 의사소통, 아동의 사회화를 위한 노력, 가족 구성원의 자신감과 자존감, 의사 결정, 독립성이다. 연구 결과를 보면, 참여 가족들은 자신의 기능을 높이 평가하고 있었다. 특히 아동을 위한 학습 환경의 창조, 자신감, 의사 결정, 변화의 극복 항목에 대해 높은 점수를 주었다. 이것이 이들이 프로그램에 관여한 결과인지 또는 사전에 이미 갖고 있던 가족의 특성인지는 알 수 없다. 그럼에도 불구하고 가족이 참여하는 중재 초기에 이러한 도구를 사용하여 가족이 표현하는 강점과 요구에 따라 중재를 개별화하도록 돕는 중요한 정보를 제공할 수 있다.

가족을 더 잘 알기 위하여 임상가는 보다 비공식적인 방법을 사용할 수 있다. 임상가는 관찰과 객관적인 방법으로 기록한 자료를 면밀히 검토하여 의미를 추출할 수 있다. 이것이 어떻게 이루어지는가는 [그림 11-1]에 제시한 실제 진단 직후 제1 저자가 함께했던 가족의 이야기를 통해 볼 수 있다. 이 삽화는 사례 노트를 보고 재구성했다. 텍스트 분석을 통해 초기 단계에서 부모가 사용한 것으로 보이는 여러 가지 강한 특성을 확인했다. 이 부분은 굵은 글씨로 표시했는데, 이는 부모가 정보를 공유하기 위해 서로 분명하게 의사소통하는 가족임을 보여 준다. 부

첫 만남

청각 서비스의 전화가 울렸다. 롱포드 부부는 딸 샐리가 감각신경성 난청으로 진단을 받았다는 것을 우리에게 알리고, 이를 논의하고 지원을 받기 위해 **가정 방문을 요청**했다.

첫 방문

첫 방문 날, 휴일이 아니었음에도 **부모 두 사람 다 집에서 기다리고 있었다.** 어머니 게일 롱포드는 소아과 간호사이고, 아버지 아론은 엔지니어다. 나는 부모에게 그들의 이야기를 들려달라고 요청했다. 게일과 아론은 **각자** 다음과 같은 정보를 주었다.

샐리는 그들의 첫아이이며, 두 달 후에는 샐리의 동생인 둘째가 태어날 예정이다. 부부는 아이를 원했으나 **샐리를 갖기까지 수년이 걸렸다.** 임신과 분만은 정상이었으나 게일은 임신 기간 동안 입덧이 심하여 임신 초기부터 4개월까지 약물을 복용했다. 게일은 전업 주부가 되기 위해 **직장을 그만두었다.** 샐리가 태어났을 때, 그들은 크게 기뻤으며 게일은 집안 일을 돌보는 것보다 **많은 시간을 딸과 보냈다**고 말했다. 샐리는 매우 또랑또랑하고 활동적이지만 잠을 잘 자는 착한 아기였다. 샐리가 기분이 안 좋을 때면 게일은 **자신이 훈련받은 아기 마사지를 해 주었다.** 생후 3개월 무렵, 게일은 샐리가 큰 소리에도 반응을 하지 않는 것 같아 걱정이 되었다. **그들은 이에 대해 의논하고 가정 주치의에게 말을 했다.** 주치의는 샐리가 감기라서 그런 것이며, 보통 간호사들이 '너무 많이 알기' 때문에 자기 자녀에 대해 쓸데없는 걱정을 한다며 부모를 안심시켰다. 그러나 **게일의 우려는 해소되지 않았다.** 생후 7개월에 샐리는 선별검사를 통과하지 못했으나 반복검사에서 통과했다. **게일은 검사 시 샐리가 무슨 일이 벌어지는지 호기심을 갖고 들떠 있었으며 끊임없이 돌아봐서 검사받기가 어려웠다**고 느꼈다. 그래서 게일은 **추가 검사**를 요구했지만 거부되었다.

샐리는 8개월경 옹알이를, 12개월에 걷기를 시작했지만 18개월이 되어도 첫 낱말을 말하지 않았다. **게일과 아론은 가정의에게 찾아가 이비인후과로 의뢰해 줄 것을 요청했다.** 가정의는 시각적으로 검사했을 때 청각의 문제가 있다는 증거가 없으므로 샐리가 단순히 말이 늦는 것이라고 말했다. **게일은 대학병원을 찾아가 청각사를 만나게 해 달라고 강하게 요청했다.** 생후 21개월에 샐리는 왼쪽 귀는 심도, 오른쪽 귀는 고심도 난청이라는 진단을 받았다. 그녀는 일주일 안에 보청기를 착용했다. **부모는 샐리에게 보청기를 끼워 주는 데 거부감이 없었다.** 샐리는 아침에 보청기를 끼기 시작하면 밤에 잠잘 때까지 하루 종일 보청기를 빼지 않았다.

게일은 **이제는 무엇이 문제인지 알았으므로 마음이 편해졌다**고 말했다. 그들은 샐리의 미래에 대해 걱정을 했고, 게일은 샐리가 간호사는 될 수 없을 것이라고 슬퍼했다. 하지만 **아론은 미소 지으며 샐리가 어떤 식으로든 이상적인 간호사가 될 수 있을 것이고, 딸이 자신의 길을 선택하고 나아가리라는 것을 의심하지 않는다**고 말했다.

게일과 아론은 다음과 같은 질문을 준비하고 있었다.

- 청력도를 우리와 같이 자세히 다시 봐 줄 수 있는가?
- 샐리가 말로 의사소통하는 것을 배우고 명료하게 말을 할 수 있을까?
- 청력손실의 정도가 더 나빠질 수 있는가?
- 샐리에게 어떤 종류의 학교가 가능한가?

- 청각장애가 농을 의미하는가?
- 당신은 임신 중 복용한 약물이 청각장애를 일으켰다고 생각하나?
- 샐리의 동생은 어떨까? 그 아이도 청각장애를 갖고 태어날까?

첫 번째 방문에서 내가 관찰한 것은 다음과 같다. 샐리는 나의 방문에 대해 매우 흥미를 보이며 능동적으로 반응했다. 그녀는 미소를 지으며 많이 웃었다. 그녀는 장난감이 주변에 많이 있음에도 불구하고, 내가 자기를 계속 보고 있는지 보려고 거실의 가구에 올라갔다. 이러한 행동을 하고 난 뒤에 **게일이 샐리의 신발을 벗기며 "기어 올라가려면 먼저 신발을 벗어야지."라고 말했다. 그들이 이야기하는 동안 샐리는 게일이나 아론의 무릎에 앉았다. 그들은 꼭 껴안고 있었다. 부부는 종종 샐리에 대해 말하며 딸을 바라보았고 때로는 샐리가 대화에 참여하고 있는 것처럼 말을 걸었다**. 예를 들어 샐리를 보며, "샐리야, 지난주에 우리가 보청기를 갖고 왔지, 그렇지?"라고 말했다.

[그림 11-1] 삽화 - 롱포드 가족

모는 진단 과정 중에 지속적으로 자녀를 최우선에 두고 있다. 그들은 자녀를 잘 알고 있고 임상가와의 대화에서 분명한 말로 주도권을 잡고 있다. 그들은 자녀의 행동을 조정하지 않으며 대신 자녀의 활동을 자신들의 기대와 가족의 규칙에 맞게 유도하고 있다. 이 단계에서 그들은 부정의 징후를 보이지 않고 자녀를 돕는 과제를 잘해 나가기를 원했다. 부모는 임상가의 방문을 기다렸고, 그들의 인생에서 무엇보다 중요한 일에 관해 의사소통하는 것을 가장 우선순위에 두었다. 환경은 아동을 지지하는 가장 중요한 요인 중 하나다. 부모는 딸의 발달에 관한 자세한 정보를 제공할 수 있다. 그들이 중재 프로그램에 관여하는 동안 특성의 많은 부분을 논의하였고, 이는 부모를 강화시켰다. 그들은 이후에도 새로운 진단에 직면했을 때, 회복성, 자녀의 교육에서 자신들의 역할에 대한 강한 의식, 스스로에 대한 높은 기대감, 의사소통을 이끄는 능력과 다른 학교 서비스와 협상하는 기술의 발전들을 지속적으로 보여 주었다.

가족중심 실제의 평가

임상가는 그들의 업무와 프로그램에서 가족중심의 정도를 어떻게 평가할 수 있을까? Woodside, Rosenbaum, King과 King(2001)은 서비스 제공자를 위한 돌봄 과정 측정(Measure of Processes of Care for Service Provides: MPOC-SP)에서, 가족중심 특성에 따라 27개 항목에서 4점 척도로 임상가의 행동을 측정하도록 구성된 설문을 개발했다. 연구자들은 측정 도구를 개발하고 정교화하여 전문직 대상자 324명을 표본으로 타당성을 검증하고, 요인 분석 원칙을 사용하여 결과를 네 개의 요인 척도로 분류하였다. 네 개의 요인은 대인 관계에서 민감하게 반응하기, 일반적인 정보 제공하기, 아동에 관한 특별한 정보를 나누기, 사람들을 존중하여 대하기다. 이 연구의 결과에 따르면, MPOC-SP는 시간의 경과와 개인 간의 차이를 보여 주는 신뢰할 수 있는 평가 도구다.

Bailey, Buysse와 Palsha(1990)가 일찍이 제안한 실제를 평가하는 가장 효과적인 방법 중의 하나는 임상가에게 자신의 실무에 대한 평가를 하도록 하는 것이다. 이들 저자에 따르면, 이러한 접근의 중요한 장점으로는 비용이 적게 들고, 스스로에게 평점을 주면서 자신의 실무에 대한 자각을 높이는 긍정적인 효과가 있으므로 자기평정(self-rating)은 신뢰할 수 있는 측정법으로 간주된다. 그러나 이러한 자기평정 결과에 실제보다는 평가자 스스로의 신념이 반영되는 경우도 있을 수 있다. Crais와 Wilson(1996)의 후속 연구에서는 많은 임상가가 특히 평가 영역에서 광범위하게 가족중심 실제를 이행하고 있다고 보고하였으나, 연구자들은 이러한 결과에 어느 정도 회의적이었으며, 실제 자체보다 임상가들의 신념이 반영된 결과로 보인다고 제안했다.

이러한 논쟁의 제기에도 불구하고, 가족중심 패러다임 채택의 근간은 신념과 함께한다. 비록 이러한 신념이 실제를 보증하지는 않는다 해도, 신념이 없다면 가족중심 실제는 수행되지 않을 것이다. 그러면 조기중재 분야에서 일하는 임상가들의 신념은 무엇이라고 알려져 있는가?

가족중심 실무 점검표(Family-Centered Practice Checklist: FCPC)는 Wilson과 Dunst(2005)가 고안한 상대적으로 단순한 도구다. 이 도구는 스스로 점수를 주는 자기평정 도구를 사용하거나, 함께하는 전문가들의 의견을 반영하여 사용할 수도 있다. 또한 멘토링과 전문적인 평가 과정의 도구로도 가치가 있다. FCPC는 관계적이며 참여적인 실제의 평가에 초점을 두고 있다(Dunst & Trivette, 1996; Trivette & Dunst, 1998). 이 도구는 대인관계 기술, 자산기반 태도, 가족의 선택과 활동, 임상가의 반응성과 같은 4개 영역과 관련되어 있다.

조기중재 서비스 평가척도(The Early Intervention Service Assessment Scale; Aytch, Castro, & Selz-Campbell, 2004)는 특별한 도움을 필요로 하는 아동의 가족에게 제공되는 서비스의 질을 측정하는 자기평가(self-assessment) 도구다. 이는 가족중심 원칙을 고수하고 추천된 실제를 지속하도록 고안되었다. 이 도구는 자기평가 프로그램과 부모 설문으로 구성되었으며, 평가, 계획, 서비스 제공, 전환과 행정에 관련하여 질적 수준 확보를 다룬다. 평가는 부적절에서 최상까지 7점 척도로 이루어진다. 자기평가 프로그램과 부모 설문 두 가지 다 유사한 차원을 평가하므로 점수를 비교할 수 있다.

환경 목록 평가를 위한 가정 관찰(The Home Observation of Measurement of Environment Inventory: HOME)은 가정환경에서 아동에게 가능한 지원의 질과 양을 평가하는 표준화된 평가 도구다(Caldwell & Bradley, 1984). 이 도구는 영유아(6개 하위 검사), 초기 아동기(8개 하위 검사), 중기 아동기(8개 하위 검사), 초기 청소년기(7개 하위 검사)용의 4개 판이 있으며, 각 하위 검사는 대상 아동의 연령에 적합하게 구성되었다. HOME는 임상가가 일상 활동 중에 아동을 관찰하고, 또한 아동의 부모 보고를 더하여 완성한다. HOME는 아동에게 제공되는 학습 자료, 부모의 참여, 아동의 반응성과 수용성, 아동이 발달적인 성숙에서 어떻게 지지를 받고 있는지에 관한 풍부한 정보를 제공한다.

청각장애 아동을 위한 프로그램에서 가족중심 실제로의 전환이 다른 장애를 가진 아동의 프로그램보다 서서히 진행되는 것으로 보인다. 연구자들은 청각장애 아동의 중재에 관여하고 있는 26명의 임상가와 일반적인 조기중재 프로그램에 있는 22명의 임상가의 소신을 비교하였다(Brown & Bortoli, 출판 예정). 20개 항목으로 구성된 짧은 설문을 사용하여 반응자들에게 자신들의 신념을 약-중-강의 연속선상에 표시하도록 했다. 가족중심 실제에 관련된 항목은 9개였다. 결과를 보면, 임상가들은 협력적인 접근에 대해 강한 소신을 갖고 있음에도 불구하고, 부모가 추가적인 도움을 필요로 하며 어떻게 자녀와 상호작용해야 하는지를 직관적으로 알지 못한다는 강한 의견을 갖고 있었다. 또한 그들은 청각장애 아동의 중재에서 발달의 모든 영역(언어, 사회적 인지, 학습)에 초점을 두어야 한다는 데에는 강하지 않은 신념을 보였다. 흥미 있게도, 그들은 아동 발달을 평가하고 점검하는 역할에 대해 비교 집단인 일반 특수교육자들에 비해 약한 신념을 갖고 있었다.

왜 이런 당혹스러운 결과가 나왔을까? 가능한 이유는 몇 가지 요인과 관련이 있는 것으로 보인다. 첫째, 청각장애는 특히 중재의 초기 단계에서 의학적 관점에서 보게 된다. 아동이 청각장애로 진단을 받았을 때 이것은 의료나 관련 보건 영역을 피할 수 없다. 이 시기에 부모는 의료나 보건 전문가 범주에 있는 사람들을 자주 만나게 되며, 시간이 흐르면서 이러한 만남이 감소하기는 하나 학령전기 동안 지속된다. 예를 들어, 거의 모든 청각장애 아동은 청각사와 언어치료사가 진행하는 평가를 정기적으로 받을 것이다. 초기 연구(DePaepe & Wood, 2001)에 따르면 이러한 전문가들은 청각학적, 말과 언어 영역의 임상 기술들을 교육받았으며 아동 발달, 특히 학습 영역에서는 지식이 약한 것으로 스스로 평가하는 경향이 있다. 그러므로 이들 임상가들은 임상 실무에서는 높은 수준으로 훈련을 받았을지라도, 가족중심 원칙에 따르는 방법으로 부모의 요구에 맞추는 기술은 훈련이 덜 되어 있을 수 있다.

청각장애 아동 부모의 대다수는 정상 청력을 갖고 있다(Meadow-Orlans & Spencer, 1996). 의사소통 방법으로 가족이 수화 또는 구어를 선택하는 것과 관계없이, 부모와 아동의 의사소통은 가족에게 제공되는 지원에서 중심적인 이슈가 될 것이다. 전통적으로 이러한 가족과 일하는 임상가들은 중재를 아동의 언어와 의사소통 능력의 수행 목표 달성에 한정하여 집중한다(Mayne, Yoshinaga-Itano, Sedey, & Carey, 1998; Moeller, 2000; Nott, Cowan, Brown, & Wigglesworth, 2003). 이는 Brown과 Bortoli의 연구(출판 예정)에서도 확인되었다. 특별히 구어에 집중하는 프로그램에서, 중재의 일반적인 목적은 아동이 일반적인 언어 발달 이정표에 따라 임상가가 결정한 일련의 순차적인 목표를 습득하는 데 있다. 많은 부모가 세부적인 지식을 갖고 있지 못하므로, 이러한 접근에서 임상가가 주도적 위치에 있게 되며 부모는 상대적으로 힘이 약한 위치에 남게 된다. 동시에 이러한 접근은 가족의 우선순위, 요구, 강점을 인정하고 부모가 프로그램의 시작 시 가져올 수 있는 그들의 경험과 지식, 그들이 임상가의 입력과 관계없이 독립적으로 습득하는 지식과 기술을 인정하는 데 실패할 수 있다.

조기중재에서 또 다른 전통적인 접근법은 가족이 지원을 받기 위해 정기적으로 프로그램이 진행되는 장소를 찾아오고, 이들에게 센터를 기반으로 서비스를 제공하는 방법이다. 이러한 접근법은 분명히 많은 장점을 가지고 있으나 중재가 임상가의 활동 반경 안에서만 이루어지므로, 임상가가 가족의 일반적인 일상과 자원을 확인하거나 그들의 생활에 영향을 주는 스트레스와 가족이 하루하루 어떻게 반응하며 기능하는지를 알기 어렵다. 이것은 다루기 어려운 쟁점인데, 왜냐하면 어떤 지역에서는 임상가가 센터 기반이 아닌 가정 기반의 서비스를 제공하는 것이 경제적인 이유나 환경 보건과 안전 등의 이유로 허용되지 않기 때문이다.

서비스 제공 장소는 문화적 신념에도 영향을 받는다. 현재 말레이시아에서 청각장애 아동의 부모와 임상가의 신념과 실제에 관한 연구가 진행 중이다(Othman, 출판 예정). 청각장애 아동에 대한 조기중재는 말레이시아에서는 시작 단계다. 프로그램도 아직 확산되지 않아 많은 가족은 이를 접하지 못한다. 보청기와 인공와우의 사용에도 제한이 있어, 가족이 이러한 보장 기기를 스스로 제공할 수 있는 아동들만 사용하고 있다. 대부분의 조기중재 프로그램은 병원에서 제공되고, 언어재활사가 진행한다. 프로그램은 교육보다 임상적 기반이 강하다. 22쌍의 임상가와 부모를 대상으로 그들의 신념, 실제, 가족 수행력과 관련한 짧은 설문 조사와 중재 회기 동안의 비디오 촬영, 인터뷰를 진행했다. 설문지의 반응을 분석한 결과 흥미 있는 경향이 발견되었다(Othman, Brown, & Toe, 2009). 설문은 가족중심 원칙에 따라 구성하였다. 독립표본 t-검정을 실시한 결과, 임상가보다 부모들이 가족중심 원칙에 더 강한 신념을 갖고 있었다. 현장의 실제와 관련된 자료를 검토했을 때는 흥미 있는 현상이 나타났다. 예를 들어, 기대했던 것보다 아동의 진전이 없으면 부모와 임상가는 모여서 이에 대해 토론을 하고 함께 문제를 해결하려 한다고 보고했다. 이것은 양쪽이 함께 협력하는 관계를 보여 준다. 그러나 두 집단 모두, 임상가가 부모에게 집에서 하기를 기대하는 활동들을 주는 주도적 역할을 하고 있다고 보고했다. 이는 임상가가 우위에 있는 것을 의미한다. 부모와 임상가는 평가 결과가 서로 일치하지 않는 경우가 많았지만, 일반적으로 상호관계의 수준에 대해 높게 평가를 하였다. 특히 임상가는 부모와의 관계가 공적인 것이라고 보다 강하게 믿었다.

결 론

청각장애 아동 부모들의 주된 관심은 의사소통, 언어 발달, 학습, 사회성 발달, 그리고 자녀가 가족과 공동체에 통합될는지의 여부다(Brown & Remine, 2008). 여기에서부터 논리를 확장해 보면, 평가를 포함한 중재의 각 단계는 아동의 발달에 맞춘 생태문화 환경에 따라 개별화되어야 한다.

가족중심 평가는 아동의 능력을 여러 방식으로, 여러 맥락 안에서, 부모와 다른 중요한 관계자와의 협력적 파트너십을 통해 측정하는 것을 원칙으로 하는 접근 방법이다. 임상가가 이러한 접근법을 채택하면, 부모와 가족 체계는 프로그램과 평가 과정에서 가치 있는 기여자로 인식된다. Bagnato(2007)는 가족중심 원칙에 따라 실행하고자 하는 임상가들을 위한 몇 가지 핵심 가이드라인을 제공했다. 첫째, Bagnato는 임상가가 평가에 대한 책임을 팀과 공유하라고 제안한다. 팀 구성은 핵심적인 가족 구성원과 프로그램에서 아동과 가족을 지원하는 핵심 임상가로 이루어져야 한다. 팀이 성공적으로 기능하기 위해서는 공통의 신뢰와 인정을 바탕으로 하여야 하며, 가족을 고려하고 가족이 평가의 책임 선상에 있을 때 평가 과정은 보다 현실적이 된다.

평가는 시간을 두고 진행되어야 한다. 일정 기간 동안 정보를 수집함으로써, 아동에 대한 보다 전체적인 그림을 그릴 수 있다. 아동과 가족의 역량은 다양할 것이며, 이런 다양성이 반영된 정보 수집을 통해 의사결정을 했을 때 보다 현실적이고 의미가 있게 된다. 팀 리더나 사례 관리자의 역할은 사람, 환경, 기회를 아울러 평가하도록 조율하는 것이다. 이는 평가 과정의 효율성에 중추적인 역할을 하며, 합의를 위해 함께 일하는 능력, 협상, 용이성 기술이 요구된다. 평가 도구와 기기는 재미있고 아동의 동기를 유발할 수 있으며 부모에게 위협적이지 않아야 한다. 결과적으로 아동에 대한 보다 정확한 그림이 완성될 것이다.

임상가는 가족의 환경 내에서 개별 아동에게 평가 모델을 맞추려고 시도해야 한다. 협력적인 접근은 부모, 각 아동과 가족의 요구와 강점에 초점을 맞추고 부모를 포함한 전체 팀을 진행 과정에 이용한다. 이 과정에서 평가의 각 측면을 아동과 가족과 관련한 실용성, 용인성, 확실성, 공평성, 감수성, 수렴, 협력, 일치의 측면에서 주의 깊게 고려한다. 이것은 영역 간 또는 영역 전체를 통하여 수행된다. 부모의 판단과 관찰을 존중하는 신뢰가 있어야 한다. 또한 영역 간의 단일화와 통합적 팀워크를 위해 일반적인 도구를 선택해야 한다. 공식 도구의 사용에 관한 의사 결정은 기관의 팀워크 모델과 목적을 기반으로 이루어져야 한다.

평가에서 고도로 정교한 용어를 사용하는 도구는 피해야 하는데, 어떤 팀 구성원에게는 이것이 영향력을 약화시키는 것일 수 있기 때문이다. 부모가 팀의 구성원으로 들어와 있고 임상가도 배경이 다양한 것을 고려하여, 평가 결과를 보고할 때는 모든 팀 구성원이 공통적으로 사용하는 용어를 사용해야 한다. 작은 변화가 수행력 향상 또는 무엇이 더 필요한지를 보여 주는 중요한 지표이므로 아동의 발전을 민감하게 감지하는 도구를 선택하여야 한다.

기술의 사용은 평가를 용이하게 할 수 있다. 진보된 기술은 평가를 보다 쉽게 할 수 있는 잠재력이 있다. 비디오로 녹화한 변화의 증거는 매우 의미 있고 강력하다. 전산화된 기록과 웹기반 자료 정리 시스템은 개인과 집단의 정보가 어떻게 수집되고 공유될 수 있는지를 부모에게 보여 줄 수 있는 방법이다.

평가에서 진정한 가족중심 접근은 서비스가 부모를 협력적인 파트너로 받아들이고 존중하며 부모의 결정을 수용하고 다양성을 존중할 때 가능하다(Blasco, 2001). 중요한 것은 가족의 관여와 역할은 아동의 교육에 따라 평가의 각 단계마다 다양하다는 점이다. 임상가는 부모의 준비도를 관찰하고 주의를 기울이며, 각 단계에서 이를 신뢰해야 한다. 어떤 부모는 전체 과정을 거치는 동안 활동적일 수 있으나, 어떤 가족은 여러 가지 이유로 시간이 흐르며 바뀔 수 있다(Blasco, 2001).

가족중심의 가치를 채택한 임상가는 가족을 존중하고 반응을 보이며, 협력적이고 유연하게 개별화된 방법으로 가족을 대하고 가족이 아동을 지원하는 역량을 만들어 가도록 돕는다(Blue-Banning, Summers, Frankland, Nelson, & Beegle, 2004). 효과적인 가족중심 서비스 제공의 중심 요소는 임상가가 부모와 맺는 협력적 파트너 관계로 부모의 요구, 우선순위, 아동에게 제공되는 서비스의 내용을 함께 의논하고 진행하는 것이다(Woodside et al., 2001).

임상가의 성격과 특성은 자신의 내재적인 믿음에 영향을 줄 뿐 아니라, 그들이 이러한 믿음을 임상으로 어떻게 전환하는가에도 영향을 줄 것이다. Blue-Banning 등(2004)이 제안한 것처럼 효과적인 의사소통, 기여 평등에 대한 감각, 신뢰, 존경이 핵심 요소다. 이러한 것들이 임상가의 기술과 특성, 즉 신뢰성, 재치, 열린 마음, 감수성, 분별력, 학습에 대한 의지와 함께했을 때, 임상가는 평가를 포함한 모든 작업 영역에서 가족중심 실제를 효과적으로 시행할 수 있다.

참고문헌

Aytch, L. S., Castro, D. C., & Selz-Campbell, L. (2004). Early Intervention Services Assessment Scale (EISAS)–Conceptualization and development of a program quality self-assessment instrument. *Infants & Young Children, 17*(3), 236-246.

Bailey, D. B., Buysse, V., & Palsha, S. (1990). Self-ratings of professional knowledge and skills in early intervention. *Journal of Special Education, 23,* 423-435.

Bagnato, S. J. (2005). The authentic alternative for assessment in early intervention: An emerging evidence-based practice. *Journal of Early Intervention, 28*(1), 17-22.

Bagnato, S. J. (2007). *Authentic assessment for early childhood intervention best practices. The Guilford school practitioner series.* New York: Guilford Press.

Bagnato, S. J., & Neisworth, J. T. (1995). A national study of the social and treatment "invalidity" of intelligence testing in early intervention. *School Psychology Quarterly, 9*(2), 81-102.

Bagnato, S. J., Suen, H., Brickley, D., Jones, J., & Dettore, E. (2002). Child development impact of Pittsburgh's early childhood initiative (ECI) in high-risk communities: First phase authentic evaluation research. *Early Childhood Research Quarterly, 17*(4), 559-589.

Benner, S. M. (2003). *Assessment of young children with special needs: A context-based approach.* Clifton Park, NY: Delmar Learning.

Bernheimer, L. P., & Keogh, B. K. (1995). Weaving interventions into the fabric of everyday life: An approach to family assessment. *Topics in Early Childhood Special Education, 15*(4), 415-433.

Bernheimer, L. P., & Weisner, T. S. (2007). Let me just tell you what I do all day. The family story at the center of intervention research and practice. *Infants and Young Children, 20*(3), 192-201.

Bigge, J. L., & Stump, C. S. (1999). *Curriculum, assessment and instruction for students with disabilities.* Belmont, CA: Wadsworth.

Blasco, P. (2001). *Early intervention services for infants, toddlers and their families.* Boston: Allyn & Bacon.

Blue-Banning, M., Summers, J. A., Frankland, H. C., Nelson, L. L., & Beegle, G. (2004). Dimensions of family and professional partnerships: Constructive guidelines for collaboration. *Exceptional Children, 70*(2), 167-183.

Bortoli, A., & Byrnes, L. J. (2002). Enhancing the role of parents of children who are deaf or hearing impaired in education program planning. *Australian Journal of Education of the Deaf, 8,* 5-11.

Bronfenbrenner, U. (1992). Ecological systems theory. In R. Vasta (Ed.), *Six theories of child development: Revised formulations and current issues* (pp. 187-248). Philadelphia, PA: Jessica Kingsley.

Brown, P. M., & Bortoli, A. (in progress). Family-centered practice-Beliefs of practitioners in early intervention for children with hearing loss.

Brown, P. M., Abu Bakar, Z., Rickards, F. W., & Griffin, P. (2006). Family functioning, early intervention support, and spoken language and placement outcomes for children with profound hearing loss. *Deafness and Education International, 8*(4), 207-226.

Brown, P. M., & Nott, P. (2006). Family-centered practice in early intervention for oral language development: Philosophy, methods, and results. In P. E. Spencer & M. Marschark (Eds.), *Advances in spoken language development by deaf children,* (pp. 136-165). New York: Oxford University Press.

Brown, P. M., & Remine, M. D. (2008). Flexibility of programme delivery in providing effective family centred intervention for remote families. *Deafness & Education*

International, 10(4), 213-225.

Bruder, M. B. (2000). Family-centered early intervention. *Topics in Early Childhood Special Education, 122,* 105-115.

Caldwell, B. M., & Bradley, R. H. (1984). *Home Observation for Measurement of the Environment manual.* Little Rock, AR: University of Arkansas.

Cook, R. E., Tessier, A., & Klein, M. D. (1996). *Adapting early childhood curricula for children in inclusive settings* (4th ed). Englewood Cliffs, NJ: Merrill.

Crais, E., & Belardi, C. (1999). Family participation in child assessment: Perceptions of families and professionals. *Infant-Toddler Intervention: The Transdisciplinary Journal, 9,* 209-238.

Crais, E. R., Roy, V. P., & Free, K. (2006). Parents' and professionals' perceptions of the implementation of family-centered practices in early intervention. *American Journal of Speech-Language Pathology, 15*(4), 365-377.

Crais, E., & Wilson, L. (1996). The role of parents in child assessment: Self-evaluation by practicing professionals. *Infant-Toddler Intervention: The Transdisciplinary Journal, 6,* 125-143.

Crais, E., Wilson, L., & Belardi, C. (1996). The role of families in child assessment. [Unpublished survey instrument]. Chapel Hill: University of North Carolina, Division of Speech and Hearing Sciences.

Dewey, J. (1916). *Democracy and education: An introduction to the philosophy of education.* New York: MacMillan.

DePaepe, P. A., & Wood, L. A. (2001). Collaborative practices related to augmentative and alternative communication: Current personnel preparation programs. *Communication Disorders Quarterly, 22*(2), 77-86.

Dunst, C. J. (1997). Conceptual and empirical foundations of family-centered practice. In R. Illback, C. Cobb, & J. H. Joseph (Eds.), *Integrated services for children and families: Opportunities for psychological practice* (pp. 75-91). Washington, DC: American Psychological Association.

Dunst, C. J. (2002). Family-centered practices: Birth through high school. *The Journal of Special Education, 36*(3), 139-147.

Dunst, C. J., Hamby, D., Trivette, C. M., Raab, M., & Bruder, M. B. (2000). Everyday, family and community life and children's naturally occurring learning opportunities. *Journal of Early Intervention, 23*(3), 151-164.

Dunst, C. J., & Trivette, C. M. (1996). Empowerment, effective helpgiving practices and family-centered care. *Pediatric Nursing, 22,* 334-337.

Gardner, H. (1991). *The unschooled mind: How children think and how schools should teach.* New York: Basic.

Greenspan, S. I., & Meisels, S. (1994). Toward a new vision for the developmental assessment of infants and young children. *Zero to Three, 14,* 1-8.

Harbin, G. L., McWilliam, R. A., & Gallagher, J. J. (2000). Services for young children with disabilities and their families. In J. P. Shonkoff, & S. J. Meisels (Eds.), *Handbook of early childhood intervention* (2nd ed.) (pp. 387-415). New York: Cambridge University Press.

Lake, J. F., & Billingsly, B. S. (2000). An analysis of factors that contribute to parent school conflict in special education. *Remedial and Special Education, 21*(4), 240-251.

Marshall, J. K., & Mirenda, P. (2002). Parent-professional collaboration for positive behavior support in the home. *Fonts on Autism and Other Developmental Disabilities, 17*(4), 216-228.

Mayne, A. M., Yoshinaga-Itano, C., Sedey, A. L., & Carey, A. (1998). Expressive vocabulary development of infants and toddlers who are deaf or hard of hearing. *The Volta Review, 100*(5), 1-28.

McBride, S., Brotherson, M. J., Joanning, H., Whiddon, D., & Demmitt, A. (1993). Implementation of family-centered services: Perceptions of families and professionals. *Journal of early Intervention, 17,* 414-430.

McWilliam, R. A., Snyder, P., Harbin, G., Porter, P., & Munn, D. (2000). Professionals' and families' perceptions of family-centered practices in infant-toddler services. *Early Education and Development, 11*(4), 519-538.

Meadow-Orlans, K. P., & Spencer, P. E. (1996). Maternal sensitivity and the visual attentiveness of children who are deaf. *Early Development and Parenting, 5*, 213-223.

Moeller, M. P. (2000). Early intervention and language development in children who are deaf and hard of hearing. *Pediatrics, 106*(3), 43-52.

Neisworth, J. T., & Bagnato, S. J. (2004). The mis-measure of young children: The authentic assessment alternative. *Infants & Young Children, 17*, 198-212.

Nott, P., Cowan, R., Brown, P. M., & Wigglesworth, J. (2003). Assessment of language skills in young children receiving a cochlear implant or hearing aid under 2 years of age. *Journal of Deaf Studies and Deaf Education, 8*(4), 401-421.

Nuttall, E. V., Romero, I., & Kalesnick, J. (1999). *Assessing and screening preschoolers. Psychological and educational dimensions* (2nd ed.). Boston: Allyn & Bacon.

Othman, B. F. (in progress). Parent-professional relationship in the early intervention of children with hearing impairment: The Malaysian experience.

Othman, B. F., Brown, P. M., & Toe, D. M. (2009). *Early Intervention for Children with Hearing Impairment-Does Parent-Professional Relationship Matter?* Paper presented at the 11th New Zealand Early Childhood Research Conference, Wellington 21-23 January.

Piaget, J. (1952). *The origins of intelligence in children.* New York: International Universities Press.

Porter, L., & McKenzie, S. (2000). *Professional collaboration with parents of children with disabilities.* Sydney: Whurr.

Schuck L. A., & Bucy, J. E. (1997). Family rituals: Implications for early intervention. *Topics in Early Childhood Special Education, 17*(4), 477-493.

Shonkoff, J. P. (2006). *The science of early childhood development: Closing the gap between what we know and what we do.* Paper presented at the Early Childhood Forum, Melbourne, Australia, 3rd March.

Shonkoff, J. P., & Phillips, D. A. (Eds.), (2000). *From neurons to neighborhoods: The science of early childhood development.* Washington, DC: National Academies Press.

Simeonsson, J., Edmonson, R., Smith, T., Carnahan, S., & Bucy, J. E. (1995). Family involvement in multidisciplinary team evaluation: professional and parent perspectives. *Child: Care, Health and Development, 21*(3), 199-215.

Spagnola, A., & Fiese, B. H. (2007). Family routines and rituals: A context for development in the lives of young children. *Infants & Young Children, 20*(4), 284-299.

Stainback, S., & Stainback, W. (1997). *Inclusion. A guide for educators.* Baltimore: P. H. Brookes.

Steer, M. (1999). Whole of life planning for students with multiple disabilities in Australian schools. *Access, 1*(2), 19-22.

Stoner, J. B., Bock, S. J., Thompson, J. R., Angell, M. E., Heyl, B., & Crowley, E. P. (2005). Welcome to our world. Parent perspectives of interactions between parents of young children with ASD and education professionals. *Focus on Autism and Other Developmental Disabilities, 20*, 39-51.

Thompson, J. R., Meadan, H., Fansler, K. W., Alber, S. B., & Balogh, P. A. (2007). Family assessment portfolios. A new way to jump start family/school collaboration. *Teaching Exceptional Children, 39*(6), 19-25.

Trivette, C. M., & Dunst, C. J. (1998). *Family-centered helpgiving practices.* Paper presented at the 14th Annual Division for Early Childhood International Conference on Children with Special Needs, Chicago.

Turnbull, A., & Turnbull, H. (1997). *Families, professionals and exceptionality. A special partnership* (3rd ed.).

Upper Saddle River, NJ: Merrill, Prentice-Hall.

Vygotsky, L. S. (1993). *The collected works of L.S. Vygotsky: The fundamentals of defectology* (Vol. 2). In R. W. Rieber, & A. S. Carton (Eds.), J. E. Knox, & C. B. Sevens, (Trans.) New York: Plenum.

Wilson, L. L., & Dunst, C. J. (2004). Checking out family-centered helpgiving practices. In E. Horn, M. M. Ostrosky, & H. Jones (Eds.), *Family-based practices* (Young Exceptional Children Monograph Series No 5). Longmont, CO: Sopris West.

Wilson, L. L., & Dunst, C. J. (2005). Checklist for assessing adherence to family-centred practices. *CASEtools, 1*(1), 1-6.

Wilson, L. L., Mott, D. W., & Batman, D. (2004). The asset-based context matrix: A tool for assessing children's learning opportunities and participation in natural environments. *Topics in Early Childhood Special Education, 24*(2), 110-120.

Woodside, J. M., Rosenbaum, P. L., King, S. M., & King, G. A. (2001). Family-centered service: Developing and validating a self-assessment tool for pediatric service providers. *Children's Health Care, 30*(3), 237-252.

가족치료 구성의 적용

Martha A. Foster

개 관

이 장에서는 체계적 가족치료의 바탕을 이루는 주요 가정들을 사고의 방식과 변화에 대한 접근 방법으로 다루고, 가족 체계의 생각들이 청각구어 실제와 통합되는 방법을 제시하고자 한다. 청각구어 임상가에게 가족의 유형과 과정을 이해하는 정확하고 체계적인 틀을 제공하고, 이러한 요소들이 변화에 영향을 주는 중요한 것임을 깨닫게 하는 것이 쟁점이다. 가족치료의 생태 체계적 구조 모델은 가족기반 중재에 유용한 틀을 제공하며, 변화 과정에서 중요하게 나타나는 공통 요인들과 일치한다.

가족 체계 이론의 가정

20세기 중반, 과학자와 임상가들이 인간을 포함한 동물의 행동을 분석하는 과정에서 그들의 환경이나 맥락과의 관계까지 시야를 넓히기 시작하면서 가족치료와 체계 이론(system theory)이

출현하였다. 자연환경 안에서 동물을 보거나 가족 안에서 어린 아동을 볼 때 체계 이론의 범주를 적용한다. 하나의 시스템은 각각 순차적이고 유형화되는 방식으로 상호 연결되어 있고, 서로 다른 기능을 제공하는 하위 체계들로 구성되는 기본 조직 구조를 갖는 체계다. 이러한 관계기반 구조는 모든 체계를 지배하는 연결성을 강조하며, 이는 일반적인 체계 이론의 기본적 가정이다. 체계적 사고는 생물학이나 의학과 같이 이미 확립된 영역뿐 아니라 생태학, 컴퓨터 과학, 가족치료와 같은 새로운 영역에도 영향을 주었다. 관계적인 과정을 설명하는 용어들(예: 피드백)이 나타났고, 새 모델은 발달과 변화의 과정에 초점을 맞추어 '생태심리사회적(biopsychosocial)'(Engle, 1977)이나 '생태체계적(ecosystemic)'(de Shazer, 1982)과 같은 폭넓은 관점으로 본다.

가족 체계 이론의 기본은 맥락(context)의 중요성이다. 어떤 개인을 가장 잘 이해하는 방법은 그를 둘러싸고 있는 중요한 체계 내의 관계에서 파악하는 것이다. 아동의 경우 발달을 이루고 정체성을 만들어 가는 필수적인 대인 관계가 핵가족, 확대가족 체계, 중요한 가족 외 체계에서 발견된다. 가족 외 체계는 교육, 종교, 또래 집단, 의료 체계 등으로, 아동과 가족은 여기서도 상호작용을 한다. 체계치료사는 이러한 가족 외 체계가 아동과 그 가족에게 영향을 주고 상호작용하는 데 관여한다. 맥락에 관여한다는 것은, 치료사가 치료 체계에 주의 깊은 관심을 기울이며 무엇보다도 가족 및 치료를 하는 환경 특성과 지속적인 관계를 유지하는 것이 중요함을 의미한다. 이 두 가지는 성공적인 중재에 영향을 준다. 마지막으로, 가족 체계의 관점에서는 성별, 인종, 민족성 등과 같은 문화적 맥락을 모든 인간의 시도를 형성하고 영향을 주는 강력한 요인으로 인지한다. 이렇게 개인을 맥락에 중점을 두고 이해하여도 감각 손실, 건강과 신체 발달, 정서 조절, 인지 능력과 같은 개인의 능력이나 차이에 따른 중요한 관련 영역을 배제하는 것은 아니다. 이러한 개인 내의 요소들(개인적 체계를 포함하는 다른 차원에 따르는)은 어떤 포괄적인 체계 분석에서나 맥락적인 요소와 함께 숙고되어야 한다.

대략적으로 살펴보자면, 가족치료사는 어려움과 문제를 설명하기 위해 대인 관계의 상호작용(interpersonal interactions), 관계 가설의 발전(develop relational hypotheses), 개념화(conceptualizations)에 특별한 주의를 기울인다(Sprenkle, Blow, & Dickey, 1999). 치료사는 행동 · 인지 · 정서적 잉여성에 영향을 주는 반복적인 대인 관계의 연쇄와 같은 특징적인 관계 패턴을 기록한다. 이러한 패턴화된 연쇄를 확인하는 것은 가족치료 평가에서 핵심적인 부분이며, 중재의 방향을 결정하는 관계적 개념화의 형성으로 연결된다. 연쇄를 기록하고 패턴을 보며 관계적 개념화의 발달을 학습하는 것이 실제가 되며 관찰의 모델이 된다. 잉여성은 특히 문제가 되는 가족의 상호작용 패턴을 특징지으므로, 가족의 다른 상호작용 가운데서 문제 패턴을 확실히 보도록 도와준다. 임상가는 초기 단계에서 전체 가족과 만나서 가족의 중요한 패턴을 보다 빠르게 이해하고 기록하는 기회를 갖는다. 관계적인 유형이나 연쇄(sequences)는 두 사람(예: 아동이 잘못된 행동을 한다—부모가 아동에게 반응한다—아동이 잘못된 행동을 한다—부모가 반응한다), 세 사람이나 보다 큰 집단(예: 아버지가 아동을 야단친다—어머니가 아버지를 비판한다—아동은 어머니와 함께 아버지를 비판한다—아버지가 물러난다), 종종 가족 외의 개인(예: 아동이 학교에서 잘못된 행동을 한다—교사가 체벌을 한다—부모가 교사를 비판한다—학교 생활에서 아동의 잘못된 행동이 많아진다)에도 영향을 준다. 이러한 연쇄는 단순하게 행동을 나타내는 용어로 진술했으나, 각각은 인지적이며 정서적인 차원에서 유형화할 수 있다. 예를 들어, 마지막 연쇄에서 관찰된 행동 패턴을 완전히 이해하기 위해서는 부모의 믿음과 기대, 교사에 대한 그들의 감정과 학교에서 자녀의 경험에 대한 그들의 감정이 드러나야 한다.

반복되는 대인 관계의 패턴에 초점을 맞추어 보면 체계적 사고의 또 다른 가정인 순환적 인과관계라는 관점에 도달한다. 인과의 선형적인 모델, 즉 A가 B의 원인이라는 단순한 유형은 분명한 원인 요인을 확인할 수 없는 많은 대인 관계 맥락에 쉽게 적용되지 않는다. 남편이 멀리 있어서 아내가 불평을 하는 것일까 또는 아내가 불평을 해서 남편이 멀리 있는 것일까? A가 B의 원인일까 또는 B가 A의 원인일까? '다음에는 무슨 일? 그리고 또 다음은?'과 같은 피드백 추적(tracing the feedback)은 흔히 많은 대인 관계 연쇄에서 순환적 패턴을 드러낸다. 원인-결과의 방향은 연쇄의 어느 시점에서 보는가에 따라 달라지는 인위적인 것이며, 달걀이 먼저인지, 닭이 먼저인지와 같은 오랜 질문이 여기에 해당된다. 원인을 순환적으로 개념화함으로써 임상가는 유연한 사고를 갖게 되며, 가족 중 한 사람의 편을 드는 등의 미숙한 행동을 피할 수 있다. 많은 대인 관계 상황들에서 영향의 방향이 어느 쪽인지 결정하는 것은 현실적으로 불가능하다. 그러나 순환적 연쇄가 학대나 지위 남용과 관련된 대인 관계에서 관찰되었을 때(예: 부모와 아동, 교사와 학생)는 이러한 순환 고리에서 책임 있는 사람의 책임과 과실이 경감되지 않는다.

가족 체계 이론은 또한 발달적 관점의 유지를 포함한다. 아동과 성인의 정상적인 발달 패턴을 고려하는 것에 더하여, 가족 체계 치료사는 가족 생애주기의 발달적 과정에 관여한다(Carter & McGoldrick, 2006). 이러한 가족의 발달적 궤적은 구성원의 발달적 변화에 대한 반응으로 구성된다. 자녀가 성숙하고 가족 구성원이 나이가 듦에 따라 부모와 자녀의 역할과 책임은 변화하여야 한다. 예를 들어, 부부에게 자녀가 생기면, 두 사람은 양육의 요구에 따라 부부 관계의 새로운 균형을 찾아야 한다. 이들은 가사를 나누고 역할의 변화가 있어야 한다. 가족 생애주기에서 다른 단계로 넘어가는 각 시기는 가족 체계가 새로운 관계를 만들어 가는 불안정한 때다. 구성원의 발달적 변화에 맞추어 가족이 변화하거나 적응하지 않을 때 문제가 생기는 경향이 있다. 개인의 행동을 이해하는 데 발달적인 관점을 도입하고 적용하는 것과 같이, 상황을 가족 생애주기 단계의 맥락에서 파악하는 것이 새로운 관점을 제공하고 때로는 문제에 다른 방법으로 접근하도록 한다. 가족 생애주기의 틀이 광범위하게 적용될 수 있다고 가정하여도, 개별 가족의 문화적 · 민족적 · 종교적 배경의 그늘 아래서 각 단계와 기능을 이해하여야 한다.

또한 가족 체계 이론은 치료사가 문제에 초점을 맞추기보다 가족의 강점과 경쟁력 있는 영역을 강조하고 북돋우는 강점의 관점을 추구한다. 가족들은 문제가 생겼을 때가 아니라(우리는 매일 문제를 만나며 대부분의 경우 도움 없이 해결한다), 그들이 막다른 골목에 있고 어떻게 문제를 해결해야 할지 당황스러울 때 도움을 찾는 경향이 있다. 가족을 돕는 것은 이러한 당황함과 부정적인 마음 상태를 넘어서서, 가족과 치료사 양쪽에서 모두 신뢰와 창조적인 문제 해결로 나아가는 것이다. 강점의 관점은 핵심적으로 인간의 본성에서 긍정적인 면을 취하며, 변화의 가능성을 믿고, 문제가 있음에도 불구하고 개인의 적응력과 가족의 풍부한 자원을 강조한다. 이러한 사고방식을 갖고 일을 함으로써, 가족을 존중하는 태도와 그들이 상황에 동원하는 자원에 대한 개방성을 지원하며 협력적인 목표 설정 단계를 이룬다. 나아가 특히 다문화 환경에서, 강점의 관점에서 개념화하고 협력적 목표를 설정하는 것은 치료사가 문화적 기반을 둔 실제나 믿음, 또는 치료사에게 익숙하지 않은 가치를 이해하지 못하거나 무시하지 않도록 도와준다.

가족치료 모델

초창기부터 가족치료에는 넓은 범위에 있는 모델, 접근 방법, 기술들이 포함되었다. 따라서 많은 창시자가 있었고, 다양한 모델과 서로 다른 방법론이 사용되었으나, 이들 각각은 체계 이론의 틀 안에서 연결되어 있었다. 구조적 가족치료(Structural Family Therapy; Minuchin, 1974), Bowen의 다세대 모델(multigenerational model; Bowen, 1978), MRI 접근법(Bodin, 1981) 등 초기 모델의 일부는 계속 진화하였고, 많은 새로운 접근법과 모델이 시간이 지나며 필요에 따라 도입되었다. 과학적인 결과 제시에 대한 기대가 증가함에 따라, 모델들은 특정 집단을 대상으로 규정된 치료 프로토콜을 사용하며, 치료 과정과 결과를 평가하고 있다. 또한 경험적인 증거들에 따르면, 치료 방법의 차이에 관계없이 결과에 영향을 주는 치료적 관계의 질과 같은 '공통 요소'들이 가족치료의 실제를 형성한다(Sprenkle et al., 1999). 최근의 많은 가족치료 모델은 통합적이고 초학문적인 협력적 구조와 기술을 보여 주는 경향이 있으며, 다체계적이고 생태심리사회적인 관점을 보여 준다. 오늘날 가족치료의 여러 변형은 기본적으로 체계 이론을 기반으로 한 고유의 중재 방법과 구조를 갖추고, 영역의 지표를 넓히며 심화되고 있다.

다양한 범위의 가족 체계 접근법 중에서 청각구어 실제에 가장 적합한 것으로 무엇을 선택할 것인가? 가족치료의 실행보다 가족기반의 실행이 목표인 청각구어 임상가에게 가족치료 영역에서 제공할 수 있는 것은 무엇인가? 가족 체계의 사고와 청각구어 실제를 어떻게 통합할 것인가? 구조적 틀이나 모델의 사용으로 가족 체계 관점에 익숙해지면 가족이 갖고 있는 복잡한 정보들을 구조화하고, 관계 양상 및 다른 체계 수준의 처리 과정을 이야기하는 것이 가능해진다(Laszloffy, 2000). 장기간에 걸쳐 많은 가족을 동일한 시각으로 관찰한 결과, 실무자들은 풍부한 임상적 경험을 구조적으로 축적하였다. 이는 임상적 판단의 정보를 주고, 가족 상호작용의 복잡성을 구조화하는 기초 자료를 제공하며, 체계 개념의 심층 이해를 쉽게 한다.

가족의 구조적 모델

구조적 가족치료(Structural Family Therapy)는 수십 년 전 처음 언급된 이래(Minuchin, Montalvo, Guerney, Rosman, & Schumer, 1967; Minuchin, 1974; Minuchin, Rosman, & Baker, 1978; Minuchin & Fishman, 1981), 가족과 그들의 청각장애 자녀의 청각구어 실제를 위한 틀로서 지속적으로 추천되고 있다. 이러한 접근은 가족 체계 이론의 가정들에 뿌리를 두고 있으며, 그 원칙들이 광범위하게 적용되었다. 구조적 구성은 가족의 상호작용을 설명하는 언어를 제공하며 가족이 문제를 겪고 있을 때 중재의 방향을 제시한다. 또한 구조적 틀은 가족 밖의 체계들(치료적 · 교육적 · 의학적)이 어떻게 가족에게 작용하는지를 개념화하고, 가족과의 중재 과정에 대한 이해를 하는 데 유용하다. 따라서 이 접근 방법은 가족치료사뿐만 아니라 가족과 일하는 다른 전문가의 업무에 적용이 가능하다. 구조적 가족치료의 개념이 광범위하게 교수되었고, 구성 요소(예: 경계, 위계)와 기술(예: 실연)은 현재 가족치료 교수 방법과 실제의 기본이다.

구조적 가족치료는 시간의 흐름에 따라 새 아이디어와 새로운 연구 결과들을 받아들이고 흡수하는 적응력을 보이며 현실성을 유지하고 있다. 또한 구조적 접근의 최근 지견(Jones & Lindblad-Goldberg, 2002; Lindblad-Goldberg, Dore, & Stern, 1998; Minuchin, Lee, & Simon, 2006; Minuchin, Nichols, & Lee, 2007)은 사례의 개념화를 위한 통합적 모델과, 넓은 시야를 사용하여 현재의 이론과 연구를 토대로 치료 계획을 세울 것을 제안한다. 가족 수준의 상호작용 양상에 초점을 두었던 초기보다 이제는 점차 개인의 기능을 포함시켜서, 개인과 가족 관계의 패턴 안에서 생물학적·정서적·인지적 기능에 영향을 주는 양방향적인 특성을 인지하는 것으로 확대되고 있다. 예를 들어, 성인이나 부모의 우울은 결혼 생활의 갈등(Mead, 2002)이나 자녀의 부적응에 따른 어려움, 부모-자녀 관계의 문제와도 관련되어 있을 뿐 아니라(Elgar, McGrath, Waschbusch, Stewart, & Curtis, 2004; Low & Stocker, 2005), 개인의 우울 증상 자체와도 관련되어 있다. 오늘날 구조적 가족치료는 과거의 경험을 표출하고 개인적인 진술을 통해 과거와 경험의 영향, 현재 행동에 대한 개인적 의미를 인지한다(Minuchin et al., 2000).

구조적 구성의 개관

가족 구조(family structure)는 유형화되고 예측 가능한 상호작용이라고 말할 수 있으며, 가족 구성원들이 서로 관계를 맺는 방식을 특징지어 주고 그들을 기능적인 가족 집단으로 구조화한다. Minuchin(1974)은 가족 구조가 보이지 않는 기능적 요구의 세트 또는 규칙으로서, 가족 구성원 사이의 상호작용을 지배한다고 언급했다. 예를 들어, 부모는 자녀에게 잠을 잘 시간이라고 말하고 아동은 그에 따른다. 이러한 교류 패턴이 시간을 두고 반복되면서 부모-자녀 관계의 위계적 특성이 확립된다. 이러한 교류 패턴은 다른 가족 구성원 사이에서도 일어나며 가족의 구조를 결정한다. 가족의 구조가 이루는 특정한 모양은 모든 가족에게 공통적인 요인과 더불어 특정 가족에서 나타나는 특이한 요인으로 결정된다. 모든 가족은 발달적인 차이와 가족 구성원의 특별한 요구(어린 자녀와 나이 든 부모는 돌봄을 필요로 한다)에 반응하도록 위계적으로 구조화된다. 개별 가족 구성원은 각 가족 구성원의 고유한 특성에 반응하도록 스스로를 구조화한다. 예를 들어, 자녀의 만성 질환이나 장애는 부모-자녀의 관계를 부모의 과보호와 자녀의 의존성이 두드러지는 단계로 이끌며, 때로는 가족의 생애주기를 어린 자녀 단계에 멈춰 있게 한다.

다른 복합적인 유기체와 마찬가지로 가족 체계도 그 기능을 수행하고 목적에 맞추기 위하여 하위 체계로 분화된다(Minuchin, 1974). 개인, 두 사람의 관계(아버지-어머니, 아버지-아들), 또는 보다 큰 집단이 하위 체계를 이룬다. 이는 공통된 특성(예: 성별, 세대), 공통된 흥미(예: 스포츠, 요리), 가족의 역할이나 필요한 기능(예: 부모, 가계 수입)을 바탕으로 한다. 하위 체계의 구성원은 가족 단계와 환경에 따라 다양하게 변화한다. 예를 들어, 나이가 많은 형제나 조부모는 일시적으로 또는 영구적으로 부모 체계의 일원이 될 수 있다. 이혼이나 재혼의 경우 부모의 하위 체계는 새 파트너를 포함하여 확장된다. 가족 구성원은 복수의 하위 체계를 이루는데, 예를 들어 아버지와 아들은 남성이라는 하위 체계를 구성하는 동시에, 아버지는 부부와 부모라는 하위 체계의 일원이고 아들은 형제라는 하위 체계에 속한다. Minuchin(1974)은 이렇게 개인이 일생에 걸쳐 복수의 하위 체계의 구성원에 속하게 됨으로써, 여러 수준의 권위를 갖는 공식적인 경험을 하고 정체성과 관계적인 기술 형성에 기여하는 정서적 유대의 유형을 익힌다는 점을 관찰했다. 가족 생애주기 안에서 시간의 흐름에 따라 "…공통점이 사람들 사이의 교제를 가능하게 한다…. 가족 하위 체계 구조는 여러 수준에서 대인관계 기술을 경험하는 동안 '나'의 존재를 차별화하여 유지하는 과정을 훈련하는 기회를 제공한다." (Minuchin, 1974, p. 52)는 점을 개인들은 습득한다.

구조 이론에서, 하위 체계는 누가 하위 체계에 참여하며 어떤 역할을 하는가를 명시하는 경계로 정의할 수 있다(Minuchin, 1974, Minuchin et al., 2006). 경계선은 하위 체계를 갖고 있는 개인들의 접촉이나 관여의 정도를 조절하여 각 하위 체계의 통합을 유지시켜서 각각의 기능이 달성되도록 한다. 예를 들어, 부부 하위 체계는 확대가족, 자녀, 직장과 같은 외부 체계의 과도한 간섭으로부터 확실하게 구분 지어져서 파트너가 그들의 부부로서의 정체성을 유지하고 그들만의 친밀함을 누릴 수 있어야 한다. 하위 체계의 경계는 "모호하거나(diffuse) 경직된(rigid) 투과성의 양극단을 연결한 선상에서 개념화된다" (Jones & Lindblad-Goldberg, 2002, p. 7). 경계가 고도로 허용적이며 서로 관여를 많이 하고 반응적인 사람들이 있는 하위 체계는 밀착되어(enmeshed) 있다. 연속선의 다른 극단은 유리된(disengaged) 하위 체계로, 개인들은 최소한의 상호작용만을 하며 독립성을 보인다. 양극단의 관계가 지속될 때, 아동이 심리적인 문제에 이르는 경우가 발견되고 있다(Davies, Cummings, & Winter, 2004; Jacobvitz, Hazen, Curran, & Hitchens, 2004). 경계는 하위 체계의 구성원들에게 적절한 독립성과 자율을 허용함과 동시에 지나치게 경직되지 않아서, 그들이 서로를 인지하고 관계를 맺도록 해야 한다. 예를 들어, 잘 기능하는 가족에서는 부모가 자녀들 간의 갈등을 인지하고는 있으나, 가능하면 그들이 스스로 문제를 해결할 수 있는 기회를 주어서 형제자매가 상호작용과 갈등 조정의 기술을 익히게 한다.

경계는 또한 가족의 역할을 정의한다(Wood, 1985). '세대 간의 위계'는 가족 안에서 서로 다른 세대(부모, 자녀, 조부모) 간에 구분되는 과제와 책임을 정의하는 역할에 의해 형성된다. 기능을 잘하는 가족에서는 역할의 경계가 분명하며, 발달적으로 적절하게 성숙과 자율성 요구와 같은 아동의 변화에 맞추어 변화한다. 세대 간의 위계는 가족 구성원 안에서 시간의 경과에 따라 어떻게 힘과 책임이 분포하는지와 같은 역동적 특성을 반영한다. 예를 들어, 부모는 누나나 언니가 어린 동생을 돌볼 때 제한된 권위를 준다. 그러나 이 권위와 책임은 특정 시간과 상황으로 제한되며 부모가 감독을 한다. 가족은 아동이 성숙해 가는 동안에 세대 간의 위계를 유지한다.

Jones와 Lindblad-Goldberg(2002)는 다음과 같은 경우 역전된 세대 간 경계가 발생한다고 보고했다. 예를 들어, 자녀가 정서적으로 부모를 돌보는 역할과 책임을 맡는다면, 이는 발달적으로 부적절하다. 이들은 또한 세대 간 경계가 축약된 경우로 '부모가 자녀에게 또래처럼 행동하는 것'이나 부모 중 한 명이 다른 부모에 대항하여 자녀와 '세대를 가로지르는 연합'을 결성하는 경우를 지적했다. 세대 간의 위계가 붕괴되는 것은 가족 구성원들의 안정화에 문제를 초래한다. 예를 들어, 어머니와 청소년기 딸이 부모로서 무능하다고 판단한 아버지에 대항하여 세대 간의 연대를 결성할 수 있다. 이 경우 아버지는 양육의 결정에 참여하지 않고 모녀간의 고도로 밀착된 관계에서 떨어져 있음으로써 그들의 비판을 피하려 한다. 그의 회피는 결국 아버지가 무능력하고 아버지의 참여 없이도 잘 살 수 있다는 두 사람의 믿음을 강화하고 유지시켜서 이런 패턴이 지속되게 한다.

밀착과 유리라는 양극단으로 보여 준 하위 체계의 경계 구성에 따른 가족 구조에서 참여의 정도에 따른 차원 구분은 또 다른 중요한 가족 기능의 차원, 즉 가족 구성원들이 정서적으로 가깝게 느끼고 그들의 관계가 안정적이라고 느끼는 정도와 구분되어야 한다. "참여는 압도적이고 과다하다고 판단되는 경우가 있으나 가족 내의 정서적인 연결이 과도하다고 보는 경우는 없다" (Jones & Lindblad-Goldberg, 2002, p. 9). Bowlby의 애착 이론(1988)은 가족 관계의 안정 정도와 정서적 자질이 어떻게 신생아기부터 성인기까지 관계적 행동에 영향을 주는지를 설명한다. 안정적이고 정서적으로 연결되어 있는 관계는 진정과 위로의 효과가 있어, 신뢰와 정서적 자기 제어 능력의 발달을 촉진하며 아동과 성인 모두가 긍정적인 수행력을 보이는 것과 연결된다.

구조적 구성의 실증적 증거

구조적 구성과 치료는 1960년대 처음 등장한 이래 가족 변천과 치료 결과의 연구에서 실증적으로 검토되고 있다. Minuchin 등(1967, 1978)은 아동과 가족에 대한 그들의 작업에서 체계적인 관찰을 하여 모델을 개발하고 치료 결과를 검토했다. 또한 후속 연구를 통해 가족 경계선과 같은 핵심 개념들의 타당도를 확인하였다(예: Kog, Vertommen, & Vandereycken, 1987). 구조적 구성과 치료적 방법을 기반으로 한 실증적 연구 결과는 현장에서 가족, 아동과 청소년 문제의 치료에 효과적인 체계론적 치료를 확립하는 토대를 만드는 데 기여하고 있다(예: Szapocznik & Kurtines, 1989; Liddle, Rowe, Dakof, Ungaro, & Henderson, 2004; Henggeler, 1999).

구조적 가족 이론과 그 구성은 심리학, 의학, 기타 영역에서 연구와 임상 보고를 위한 풍부한 이론적 틀을 제공하고 있다. 가족 체계 이론의 가장 강력한 실증적 증거 중 일부와 구조적 가족치료의 구성은 발달 정신병리학의 영역에서 이루어진 실증적 연구의 증가에서 비롯되었다. 발달 정신병리학은 발달심리학의 한 갈래로, "시간의 흐름에 따라 적응과 부적응의 개인적 패턴의 특성, 기원, 연쇄" (Davies & Cicchetti, 2004, p. 477)를 연구한다. 가족 체계 이론의 바탕이 되며 방법론적으로 복잡 미묘한 이러한 연구들은 가족 체계 구성의 타당성과 아동과 성인에서 적응과 부적응 기능에 대한 가족 수준의 조직적 양상에 대한 증거를 제공한다. Davis 등(2004)은 유치원의 자료를 통해 기능적으로 서로 다른 네 가지 가족 패턴을 확인하였는데, 그것은 응집(cohesive, 46%), 밀착(enmeshed, 19%), 유리(disengaged, 29%), 적절(adequate, 17%)이다. 각 프로파일에는 부부 갈등, 협동 양육에서의 불일치, 부모의 심리적 조절, 지시의 일관성, 부부의 애정, 부모의 수용성에서 서로 다른 정도를 보이는 것이 반영되었다. 가족 체계 이론으로 예견할 수 있는 것과 같이 밀착과 유리의 프로파일은 높은 불안정 수준과 아동의 심리적 증상들이 연합되어 있다. Jacobvitz 등(2004)은 아동기 불안과 우울의 선행 인자로 가족 관계를 검사하고, 가족의 상호작용 패턴이 경계를 방해하는 지표임을 발견했다. 예를 들어, 가족의 상호작용은 밀착과 조종 또는 대립과 정서적으로 유리된 상호작용으로 구분되어 있고, 학령기 아동의 우울과 불안 증상을 예견한다. Shaw, Criss, Schonberg와 Beck(2004)은 다른 가족치료 모델과 구조의 핵심인 가족의 위계 구성에 대해, 부모 하위 체계와 부모의 심리적 기능의 통합 및 위계적 구조의 발달 사이의 경로를 제시함으로써 이를 뒷받침하였다. 체계 이론과 맞추어서 저자들은 또한 부적절한 가족 위계가 청소년의 반사회적 행동을 강하게 예견하는 것을 발견했다.

청각구어 실제에의 적용

이 장에서는 가족기반의 청각구어 실제가 가족 체계 이론과 구조화된 가족치료를 도입하고 형성화하는 방법을 세 부분으로 소개한다. ① 관계 형성과 치료적 협력의 확립, ② 가족 평가와 목표 설정, ③ 변화를 가져오도록 하기 위한 가족과의 체계적인 작업 등이다. 이러한 순차적인 단계는 어느 중재 과정에서나 있는 것으로, 실제로는 이들은 확고한 단계의 의미보다는 순환적 · 상호 의존적 · 상호 협력적인 과정이다.

치료 시작

임상가와 가족이 만나는 초기의 회기들은 가족기반 실제에서 매우 중요한 시기이다. 아동의 청력과 의사소통 기술에 대한 평가가 완성되어야 하며, 청각구어 실제의 과정을 설명하고 목적과 계획을 발전시킨다. 이러한 형성 기간 동안 임상가는 도움을 위한 최초의 요구에서 시작하여, 가족과 관계를 형성하고 동시에 가족 체계가 어떻게 구성되며 기능을 하는가를 알게 된다.

관계 형성: 가족과의 협력 확립

청각구어 실제에서 임상가는 장기간에 걸쳐 가족과 자주 접촉하므로, 임상가가 가족과 형성하는 관계의 질은 중재의 진행과 결과에 중요한 영향을 주게 된다. 심리치료의 문헌에 따르면 부드럽고 따뜻하게 이해를 잘 하고 상대를 존중하며 관계를 형성하는 치료사의 능력은 개인, 부부, 가족의 치료 성공에 강하게 영향을 주는 것으로 알려져 있다. 실제로 치료사-내담자의 관계는 심리치료의 수행력 결과 변화의 약 30% 정도를 차지하는 요인으로 보고되었다(Lambert, 1992). Asay와 Lambert(1999)는 "수용적, 온화함, 공감과 같은 치료사의 관계 기술들은 치료사와 대상자의 좋은 관계를 형성하는 데 있어 중요한 기본이다…. 관계 기술에 대한 훈련은 모든 다른 기술과 방법을 만들어 가는 바탕이므로 초보 치료사에게 필수적이다."(p. 43)고 말했다. Sprenkle 등(1999)은 돌봄, 따뜻함, 존중과 같은 관계적 요소들이 가족치료의 성공적인 수행에 막강한 영향을 준다는 데에 동의했다.

가족에의 합류

가족중심의 임상가는 강한 대인관계 기술에 의존하는 것에 더하여 가족과 함께할 때 유용한 전략과 중요한 주의 사항을 위해 구조 모델을 따른다. Minuchin(1974)은 '합류(joining)'라는 용어로 가족치료사가 치료적 체계를 확립하기 위해 가족 구성원과 관계를 형성하는 과정을 설명하였다. 합류는 장을 만들어 치료를 위한 토대를 준비하고 창조한다. 개인치료와 마찬가지로 가족치료에서 치료사는 가족 구성원 각각과 관계를 확립하기 위하여 좋은 대인관계 기술에 의존한다. 또한 가족치료사는 가족의 기능적 구조와 이것이 치료에 주는 영향 또는 치료로부터 받는 영향에 유념한다. 그러므로 합류는 두 단계로 발생한다. ① 각 가족 구성원과 공통의 존경과 신뢰를 바탕으로 관계를 형성하는 개인적 관계 단계, ② 임상가가 가족 체계에 들어가고, 결과적으로 가족의 조직적 구조와 치료적 연합에 영향을 주는 가족 체계 단계 등이다.

체계의 시각에서 보면 효과적인 가족 협력(family alliance)의 확립과 유지는 임상가와 가족 구성원 양쪽의 공통적인 영향과 조정이 관여하는 교류적 과정이다. 각 가족 구성원의 걱정과 경험에 따른 주장을 주의 깊게 경청하고, 관심을 보이며 비판을 하지 않는 태도를 유지하는 것은 연합의 형성을 용이하게 한다. 가족과 임상가의 관계는 시간이 흐름에 따라 양쪽 다 신뢰가 쌓이고 상대방을 보다 많이 받아들이게 되면서, 초기의 태도와 믿음을 바꾸어 간다. 강한 신뢰를 바탕으로 하는 관계는 변화가 어렵거나 도전을 받는 경우에도 가족이 중재의 틀 안에 머물도록 도와준다. 또한 효율적인 임상가는 가족과의 작업 과정을 통해, 가족–임상가 관계의 질을 모니터링하여 긴장, 불신, 소통 부재와 같은 징후를 찾아내고 대처하여 이러한 것이 연합에 영향을 주기 전에 관계를 회복시킬 수 있다. Miller, Hubble과 Duncan(2008)은 질적으로 우수한 관계를 맺고 새로운 것에 빠르게 반응하며 어려움에서 빠르게 회복되는 것은 고도로 효율적인 심리치료사들의 뚜렷한 특성 중 하나라고 보고했다.

합류는 또한 임상가가 가족 체계의 유기적 구조에 참여하는 것을 의미한다. Minuchin(1974)은 체계의 구조적 모델에 근거하여 가족에서 임상가의 '지위'가 중요하다고 언급했다. 임상가는 다른 역할과 서로 다른 힘의 수준이 반영되어 있는 위계적 지위에서 가족에 '진입'할 수 있다. 일반적으로 가족과 평행인 지위에서 협조를 청하는 것이 보다 적절함에도 불구하고("이 문제를 함께 어떻게 해결할 수 있을지 한번 봅시다."), 종종 임상가는 자신의 전문적인 경력을 확실하게 보여 주는 지위에서 가족에 접근한다("이 상황을 어떻게 다룰지 제가 의견을 말해 볼까요?"). 때로는 임상가가 가족의 경험을 인정하고 자신을 위계적으로 낮은 지위로 가정하고 접근한다("저는 이 상황에 대해 여러분의 의견을 따르고 싶습니다." 또는 "아, 이 문제를 어떻게 대처할지 저보다는 당신이 더 나은 생각을 갖고 있다고 생각합니다. 무엇을 해야 한다고 생각하세요?"). 가족과의 중재 과정에서, 임상가는 다른 지위에 있을 준비가 되어 있어서 때로는 환경의 변화에 빠르게 반응하여 자신의 지위를 변화시켜야 한다.

각 지위는 서로 다른 리더십을 나타내며, 서로 다른 방법으로 치료적 협력에 잠재적인 영향을 준다. 청각구어 임상가가 전문적인 경력을 바탕으로 중재의 초기 회기 동안에 부모의 질문과 중재 계획에 대해 신뢰할 수 있는 답변과 조언을 했다면, 스스로 강한 리더로 자리매김한 것이다. 이렇게 강하고 지시적인 리더십이 어떤 가족에게는 신뢰감과 위안을 준다. 특히 가족 구성원이 불안하거나 위기 상황에 있을 때, 가족 구성원이 임상가의 전문적인 훈련을 기반으로 한 특정한 정보와 전략을 필요로 할 때 이런 리더십이 적절할 수 있다. 또한 이러한 리더십은 위계와 전문가의 경험을 중시하는 가치관을 가진 문화적 배경의 가족과 관계를 형성할 때 중요하다. 리더십을 공유하는 것과 같이 보다 수평적인 지위를 택하는 것은 임상가와 가족이 모두 중요하다고 여기는 효과적인 협력 목표를 설정하는 데에 필수적이다. 후속되는 중재 시기에는 대부분의 가족에서, 공유할 수 있고 협력적인 관계가 가장 효과적이다. 청소년 내담자와 리더십을 공유하는 것은 청소년의 발달적 자율성을 인정하고 그들의 의지와 중재에 대한 협조를 얻는 쉬운 방법이다. 임상가가 부모의 권위를 지지하거나 예측되는 저항을 피하려는 일부 임상 상황에서는, 보다 간접적인 형태의 리더십이 유용할 수 있다. 예를 들어, 아동의 행동을 어떻게 조정할 것인지에 대한 부모의 걱정에 대해 임상가는 '한 단계 아래'의 지위를 택하여, 자신의 충고나 의견을 제시하기보다 부모의 판단과 경험에 따르도록 한다. 강점의 관점에서 부모의 능력을 인정하여, 부모가 가족의 지도자로서의 자신의 역할에 자신감을 갖고 유지하는 데 이러한 지위를 사용하는 것이다. 임상가는 가족 안에서 이상의 세 가지 리더십의 위치 중에서, 중재 단계, 상황, 가족의 피드백에 따라 탄력적으로 유연하게 자리를 바꿀 수 있다.

합류는 어머니뿐만 아니라 아버지, 형제자매, 확대가족까지 전체 가족 체계에 대한 관심을 유지한다. 부모를 포함한 전체 가족과의 회합을 통해 청각구어 임상가는 가족의 상호작용을 직접 목격하고 각 개인의 관심과 우려를 직접 청취할 수 있으며, 가족 평가와 공동의 목적 수립을 용이하게 할 수 있다. 매번 전체 가족을 만나는 것은 실현 가능하지도 않고, 또한 항상 바람직한 것도 아니다. 그러나 부모, 형제자매, 다른 가족 구성원 모두가 시작을 같이하는 것이 중요하다는 점을 분명히 했을 때, 가족 구성원들은 앞으로 진행할 가족중심 실제의 방향을 설정하고 기대 수준을 확립할 수 있다. 이런 모임을 만들기 위해서는 임상가가 부모와 형제자매의 일정과 편의에 맞추어 주중이나 아니면 저녁 시간에 집이나 다른 장소에서 모임을 갖는 유연성이 요구된다.

형제자매나 다른 친지들은 임상가가 집을 방문해서, 자신들의 공간에서 아동과 또 다른 가족 구성원의 상호작용을 관찰하는 것을 보다 편안하게 느낄 수 있다. 담당자는 그들과 상호작용하는 시간을 유보하고, 그들의 우려와 질문을 먼저 경청하고 그들이 부모 및 청각장애 아동과 상호작용하는 것을 관찰한다. 담당자는 심각한 문제 행동, 질투, 위축과 같은 문제의 징후를 보이는 상황과 영역에 주목한다. 부모가 형제자매의 우려에 대처하게 돕는 것은 가족지향 청각구어 실제에서 가치 있는 작업이다. 형제자매는 중재에서 의미 있는 참여자가 될 수 있다. 형제자매에게 역할을 주고 돕는 방법을 갖게 함으로써, 그들의 자존감을 높이고 청각장애 아동에게 관심이 집중되어 생길 수 있는 부정적인 감정을 줄여 준다.

조부모나 다른 대가족 구성원은 같은 집에 살고 있지 않아도 부모의 역할을 할 수 있으며, 또는 양육의 보조자나 지원자의 역할을 할 수 있다. 조부모가 부모의 역할을 공유할 때, 그들은 가족의 최고 하위 체계의 일부이며 초기에 드러나 있는 것보다 많은 영향을 미치게 된다. 가족에서 조부모의 역할이 밖으로 표출되지 않을 수도 있으나, 가족 위계에서 그들의 영향력과 지위는 시간이 지나며 드러날 것이다. 조부모는 특히 그들이 같은 공간에 살고 있다면 영향력이 있는 가족 구성원으로 가정한다. 그들과 함께하는 것이 지속적인 중재의 성공을 위해 중요할 것이다.

가족치료사는 핵심적인 구성원과 굳건한 관계를 발달시키기 전에 가족의 일부와 일하는 것의 잠재적 부작용을 세심하게 살피고, 어떻게 부모가 함께 팀으로 일을 하고 가족이 어떻게 기능하는가를 이해하도록 한다. 부모 중 한쪽(대부분 어머니)하고만 일하는 임상가는 그 부모를 통한 견해만을 갖고 있으며, 삼각관계나 그 부모와의 제휴에 빠질 위험성이 증가한다. 이러한 부모-임상가의 제휴는 부모 간에 이미 사전에 갈등이 있었던 경우에는 때로 예기치 못한 상황으로 발전할 수 있고, 임상가가 한쪽 부모의 관심에만 집중하게 할 수 있다. 양육/결혼 생활의 역동성에 관한 충분한 이해 없이 중재를 시작하는 것은 임상가가 의도하지 않게 결혼 생활의 갈등을 증가시키고 관계의 불균형에 기여하게 될 수도 있다. 나아가 임상가가 특별히 한쪽 부모하고만 일하는 것은 그 부모에게 과도한 스트레스와 부담을 줄 수 있다. 특히 임상가가 복잡한 진단 관련 정보들과 청각구어 실제를 설명하고, 아동에 대한 부모의 기대가 표출되기 시작하는 중재의 초기 단계에는 더욱 그러하다. 부모 한 명이 기술적이고 복잡한 정보를 다른 부모에게 설명해야 하고, 정서적인 부분에도 책임을 갖고 있다면 오해와 의사소통의 부재의 가능성은 더욱 높아진다. 예를 들어, 부모 중 한 명하고만 일을 하는 청각구어 임상가가 그 부모를 아동의 청각장애에 대해 '전문가'가 되게 한다면, 이것이 부모 사이의 갈등과 긴장을 촉발할 수도 있다. 이러한 이유로 아동의 진전에 대한 평가와 피드백, 목표 설정에 대한 논의는, 가능하면 부모 두 명이 모두 참석한 가운데 그들의 질문에 답하고 인식의 차이를 해결하는 데 도움이 되는 지지적인 청각구어 임상가가 진행하는 것이 최상이다.

아버지의 참여

어머니와 마찬가지로 중재에서 아버지의 참여를 지지하는 실증적 증거들이 축적되면서 이에 대한 논쟁이 증가하고 있다. 아버지들은 전통적인 아동 발달의 초기 연구에서 무시되었으나, 가족 안에서 아동의 정상적인 발달을 위해 어머니가 수행하는 것과는 다른 역할을 맡고 있는 것으로 드러나고 있다(Lamb, 2004; Parke, 1996). 발달 정신병리학 영역에서 아버지의 특정한 역할에 대한 연구는 소수이지만, 아버지가 아동의 비정상적인 행동에 영향을 준다는 증거는 증가하고 있다(예: Connell & Goodman, 2002). Carr(1998)는 아동의 발달, 가족 생활에서 아버지의 역할에 대한 연구를 다차원적으로 분석하여, 가족치료에서 촉진자의 역할과 아동의 발달에 미치는 위험 요소들 모두에서 아버지 참여의 영향이 과소평가되었다고 보았다. 아버지가 가족치료에 포함되어 있을 때의 가치는 이 영역의 시작부터 언급되었다. 가족치료 결과 연구에 대한 초기 문헌에 보면, Gurman과 Kniskern(1981)은 "아버지의 존재는 분명히 많은 상황에서 좋은 결과를 이끌어 낸다."(p. 750)고 결론을 내렸다. Carr(1998)는 아버지가 가족치료에 참여하는 것은 치료의 조기중단율을 낮추고 보다 성공적인 문제 해결과 관련되어 있다고 주장했다.

아버지가 자녀의 발달, 가족 생활, 가족치료의 결과에 영향을 준다는 증거들이 분명히 있음에도 불구하고 아버지는 중재 프로그램에 어머니보다 적게 포함되고 있다(Fabiano, 2007; Phares, Lopez, Fields, Kamboukos, & Duhig, 2005; Phares, Fields, & Binitie, 2006). 이렇게 아버지를 제외하는 것은 아마도 전문가와 가족 양쪽 모두에서 남성과 여성의 역할에 대한 역사적인 요소, 문화적 편견, 부모의 직장이나 가족의 일상생활의 스케줄이 반영된 결과로 보인다. 그러나 최근의 몇몇 연구는 소아 정신과 연구와 중재(Phares et al., 2005), 아동치료(Phares et al., 2006), 행동과 발달장애 아동의 부모 교육 프로그램(Chronis, Chacko, Fabiano, Wymbs, & Pelham, 2004; Fabiano, 2007; Lee & Hunsley, 2006) 영역에서 아버지의 역할에 중점을 두고 있다. 이러한 연구들은 이론적 관점에서 출발하여 아버지의 참여와 관련된 실증적 증거에 근거하여 아버지가 보다 효과적으로 참여할 수 있는 실제적인 제언을 제공한다. 각 연구자는 부모와 자녀를 중심으로 하여, 아버지를 중재에 포함시키는 것을 강력히 지지한다. 비록 아버지가 포함되고 결과에 영향을 미치는 것에 대한 연구 결과들이 아직은 충분하지 않으나, 결과들은 매우 흥미롭다. 예를 들어, Webster-Stratton(1980), Bagner와 Eyberg(2003)는 품행장애가 있는 아동의 부모 교육 프로그램에 아버지를 참여시키는 것을 평가했다. 프로그램의 종료 시점에서는 집단 간의 차이가 없었으나, 두 연구 팀 모두 치료 종료 후 평가서에서 중재에 아버지가 참여한 집단이 시간이 흐른 다음에도 진전을 보다 잘 유지하는 것으로 보고했다. Phares와 동료들(2006)은 아동중심 중재 프로그램에 부모가 모두 참여하는 것이 임상가들에게 부모가 택하는 전략의 차이나 아동에 대한 기대의 차이 같은 양육자 간의 쟁점에 직접 관여할 수 있게 한다고 언급했다. 이러한 부모 관련 쟁점의 해결이 아버지 참여와 중재의 장기 효과 간의 연관성의 기저가 되는 요소일 수 있다. 부모 하위 체계에 관련된 주제에 관여하는 것은 분명 구조적 관점의 체계적 가족치료에 적합하다.

Fabiano(2007)는 아동의 중재에서 아버지의 관여를 중시하는 경향이 증가하고 있는 가운데, 어떤 전략이 아버지를 참여시키고 또한 접근이 가능한지 문헌 고찰을 하였다. Phares 등(2005)과 Phares 등(2006)은 청각구어 실제에 적용할 수 있는 중재와 연구에서 아버지의 영향을 증가시키는 세부적인 제안을 하였다. 여기에는 무엇보다 먼저 아버지를 참여하도록 초대하는 것과 그것이 가능하도록 만드는 것이 포함된다. 임상가는 어머니를 통해 메시지를 보내지 말고 직접 아버지에게 접촉하거나 전화를 해서 아버지가 참여하도록 따뜻하게 초대를 해야 한다. 왜 그들의 참여를 원하며, 특히 그것이 자녀에게 얼마나 도움이 되는가를 설명하는 것으로, 참여에 대한 아버지들의 걱정이나 거부감에 충분히 대응할 수 있게 준비한다. 아버지가 자신이 중요하며 중재에서 특별한 역할을 맡고 있다는 것을 이해한다면, 참여가 보다 활성화될 것이다. Phares 등(2006)은 '아버지 친화적 치료 환경'이라고 그들이 일컫는 환경을 창조할 것을 제안한다. 저녁이나 주말로 회합 시간을 잡고 아동을 돌봐 주는 서비스를 찾아주는 것은 아버지의 참여를 증가시킬 것이다. 또한 중성적인 사무실 가구와 인테리어를 선택하여 아버지들에게 이 공간이 단순히 여성과 아동을 위한 곳이 아니라는 무언의 메시지를 전달한다. 아버지의 관여가 증가하는 것은 가족의 다양성과 오늘날 아동의 삶에서 많은 다른 가족의 조합이 있다는 것을 인식하게 한다. 임상가는 새아버지, 아동과 같은 주거 환경에 사는 여부에 관계없이 아동 양육에 관여하는 남성, 예를 들어 조부와도 접촉할 필요가 있다.

그러나 아버지를 '테이블에 앉히는 것'만으로는 그들의 참여를 유지하는 데 충분하지 않을 수 있다. 초기에 참여했던 아버지들도 문화적으로 정의된 어머니의 역할이나 기타 다른 요인들로 인해 관여를 축소할 수 있다. 아버지의 참여를 유지하기 위해서는 임상가의 지속적이고 주의 깊은 관심과 의식적인 주의가 필요하다. 어머니를 통해 간접적으로 접촉하기보다 이메일이나 전화를 통해 아버지와 직접적인 의사소통 창구를 유지하는 것을 추천한다. 가족치료의 과정과 성과에 대한 초기 연구를 보면 아버지와 직접 접촉을 하고, 중재 과정을 통해 아버지를 대화에 참여시킨 가족의 경우 높은 진전을 보였다(Poster, Guttman, Sigal, Epstein, & Rakoff, 1971, Carr, 1998에서 재인용). Fabiano(2007)는 일반적인 부모 교육 프로그램이 결국은 중재에 아버지를 참여시키는 것과 관련 있는 내용이 많다는 흥미 있는 결과를 제기했다. 그는 중재 프로그램의 많은 주제와 활동이 전통적으로 어머니들이 자녀와 하고 있는 것이고, 양육 상황과 의사소통 활동을 준비시키는 것은 일차적으로 어머니의 책임이 되는 경향이 있다고 지적했다. 아버지들도 자녀를 돌보며 자녀와 인지, 언어 활동에 관여하기는 하나, 스포츠나 비구조화된 놀이, 야외 활동과 같은 신체적인 여가 활동을 어머니들보다 더 많이 하고 있다(Child Trends, 2002; Fabiano,

2007에서 재인용). 아동 중재 프로그램에서 강조하는 활동은 전형적으로 일상생활에 초점을 두고 있으며, 여기에서 언어와 인지 목표를 설정한다. 이는 일반적으로 아버지보다 어머니에게 익숙할 수 있다. Fabiano는 중재 프로그램에서 자녀와 신체적이거나 외부 활동과 관련된 활동에 참여하는 기회를 제공한다면, 아버지들은 참여할 준비가 훨씬 잘 될 것이라고 제안했다. 그는 주의력결핍 과잉행동장애 아동의 부모 행동훈련 프로그램에서 부모와 자녀의 신체적 활동(축구경기)에 프로그램의 원칙들을 적용하여 실행했을 때 아버지의 참여를 높일 수 있었다고 보고했다(Fabiano, 2005, Fabiano, 2007에서 재인용).

임상가 요인: 가족에 합류하여 함께할 때의 영향

앞에서 언급한 바와 같이, 가족과 강한 업무 관계를 확립하는 것은 교류적 과정으로, 가족의 특성뿐만 아니라 '임상가의 인간성'에도 영향을 받는다. 경험이 있고 유능한 임상가는 자신의 감정적 분출의 방아쇠, 즉 어떠한 주제, 어떤 유형의 사람이나 상황이 자신의 불안과 반응도를 증가시키는가를 잘 알고 있다. 그들은 자신의 정서적 반응을 모니터링하고 조절하는 것을 배우기 위해 개인적으로 심리치료, 감독, 상담을 받아 자신의 전문적인 업무에 부정적 영향을 주지 않게 한다. Bowen은 임상 현장에서 '불안하지 않은 존재'라고 자신이 명명한 태도를 유지하는 가족치료사의 능력이 가족과의 업무에서 가장 중요한 것 중 하나라고 강조했다(Friedman, 1991). 자신을 직면하고 자기분화(self-differentiation)가 가능한 임상가는 자신의 정서적 반응에 휘둘리지 않으므로, 가족의 불안이나 높은 긴장 상황에 보다 침착하게 집중할 수 있다. 이것은 가족과 거리를 두고 냉담하게 대하라는 의미가 아니라, 적절한 전문가의 경계를 유지하여야 한다는 것이다. 자신의 가족에 관한 문제나 도전을 포함하여, 스스로를 잘 이해하고 자신의 정서적 특성을 조절하는 것을 배운 임상가는 보다 자유롭게 열린 자세로 다른 사람을 대하고, 전문적인 요소뿐만 아니라 자발성, 유머 등 인간의 다양한 정서 범위에 속하는 것까지 포함하여 상대와의 관계를 진전시킬 수 있다.

이러한 자신의 개인적인 이력의 영향을 주목하고 자기인식을 하는 것은 특히 다양한 대상자들과 일할 때 중요하다. 문화적 경쟁력을 갖기 위해서는 인종, 문화, 종교, 사회계층, 성적 정체성, 기타 요소의 영향을 인지하고 이해할 뿐 아니라 임상가의 개인적인 자질도 필요하다(Abreu, Chung, & Atkinson, 2004). 다른 사람의 경험에 대한 관심, 자신과 다른 사람을 넓은 관점으로 보는 것, 자신의 가치를 분명히 하는 것, 불안과 정서적 반응성의 조절과 연결을 유지할 수 있는 능력은 다른 사람과의 관계를 시작하고 진전시킬 수 있는 훌륭한 자질이다. 사람들은 자신의 가족과 문화적 경험으로 형성된 렌즈를 통해 다른 사람을 보려는 경향이 있으므로, 임상가가 다양한 가족을 이해하고 보다 효율적인 관계를 맺고 싶다면 새로운 렌즈를 통해 그들을 보고 다르게 관계를 맺는 방법을 찾을 것을 추천한다. 인식을 증가시키는 기회는 풍부하다. 예를 들어, 다양성 훈련, 다른 문화권으로의 여행 또는 거주, 전문가의 감독과 지도, 개인 심리치료, Bowen의 '치료사의 가족'과 같은 임상가를 위한 가족 체계 안의 접근 방법 등이 있다(Papero, 1988).

가족 평가

아동의 요구를 평가하고 중재 목표를 세우며 부모와 관계를 만드는 과정에서, 임상가는 관찰과 비공식적인 대화를 통해 가족에 관해 많은 것을 알 수 있다. 다음과 같은 차원으로 살펴보면 가족 기능에 관한 폭넓은 시각이 가능하다. ① 가족의 현재와 과거 상황(예: 생애주기 단계, 가족의 체계, 현재 환경), ② 가족의 조직적 구조, ③ 가족의 특별한 강점과 도전 등이다. 가족 평가에 사용되는 공식 프로그램이나 연구를 위한 특정한 프로토콜을 따르더라도, 임상가는 어떻게 직간접적으로 이러한 차원을 평가하고 어떤 순서로 진행할 것인지 충분히 숙고한다. 임상가의 사무실보다 집에서 만나는 것이 임상가에게 가족 간의 비공식적인 상호작용을 관찰하는 기회를 제공하며 가족에게는 보다 편안한 환경이 될 수 있다.

맥락적 관점

맥락 안에서 가족을 보는 것은 다음과 같은 사항에 대한 이해로부터 시작된다. ① 가족의 생애주기 단계, ② 가족에 영향을 주는 핵가족 이상의 체계, ③ 가족의 역사적이고 문화적인 배경 등이다. 많은 가족 체계 접근 방법은 가족 생애주기의 발달적 단계를 가족 구조와 기능을 평가하는 중요한 배경으로 사용한다. 앞에서 언급한 바와 같이, 가족의 각 발달 단계는 가족 생애의 과제와 역할, 그리고 이 과제를 수행하는 데 필요한 자원에 초점을 맞춘다. 예를 들어, 자녀가 가족에 새로이 합류하게 되면 부부는 어떻게 부모로서의 역할을 해야 하는지 파악해야 한다(어떤 유모차를 사는가? 우는 아기에게 어떻게 반응하는가?). 부부는 한 팀으로 함께 양육을 배우는가? 아니면 서로 동의하지 않는 부분들이 해결되지 않은 상태로 남으며 두 사람 사이에 거리감과 갈등이 조장되는가? 한 단계에서 과제 해결의 성공 여부는 다음 단계에서 가족에게 영향을 줄 수 있다. 예를 들어, 자녀와 어릴 때부터 팀으로 활동하는 것을 익힌 부모는 자녀가 청소년기에서 보이는 갈등에도 잘 대응하게 된다. 그러나 생애주기 틀을 사용하여 가족의 기능을 검토할 때는 다음의 두 가지 사항을 마음에 새겨 두어야 한다. 첫째, 가족이 한 단계에서 다음 단계로 넘어가는 전이 시기에는 기능을 잘하는 가족이라 하여도 어떻게 해결할 것인지 생각해 내기 전에 어려움과 갈등을 겪을 수 있다. 예를 들어, 청소년기의 시작은 가족 내 규칙과 기대가 재조정되어야 하는 시기이지만, 발달이 매끄럽게 진행되지 않으며 비일관적인 경향을 보이므로 가족 구성원들은 체계가 다시 정립되기 전에 흔히 갈등을 겪는다. 이 시기의 가족 구성원들이 문제를 겪는 것은 정상적이며, 적응을 위한 변화가 필요한 신호라는 점에 유념하는 것이 중요하다. 둘째, 혼합 가족을 단순히 핵가족의 선형적인 연속 선상에 있는 것으로 가정하면 안 된다. 이들에게는 가족 생애주기의 단계가 중첩되는 경향이 있다. 재혼은 새로운 부부, 일상에 들어오고 나가는 자녀들, 전 배우자, 새 자녀의 요구를 동시에 해결해야 한다. 이러한 모든 것을 안정적인 가족 체계 안에 융합시키는 것은 일상적인 일정이나 계획에 따르지 않으며 최상의 상황에서도 도전적인 과정이다.

맥락 안에서 가족을 보면 확대가족, 이웃, 직업, 종교, 교육, 의료 체계가 가족에 관여하는 수준을 고려하게 된다. 이렇게 가족 구성원에게 긍정적이든 부정적이든 심각한 영향을 미치는 외적 가족 체계 요인들이 중재 결과에 중요할 수 있다. 이러한 체계 중 하나에서 발생한 스트레스나 변화는 가족 구성원에게 부정적인 영향을 줄 수 있는데, 예를 들어 부모가 직장에서 일에 대한 부담이 증가했을 때다. 반면, 이러한 체계는 가족 구성원을 사회적으로 지지하고 자원을 제공하는 가치 있는 원천이 될 수 있다. 가족 구성원이 성공적으로 스트레스 상황을 극복하는 데는 확대가족과 공동체의 사회적이고 물질적인 지원이 밀접하게 연관되어 있다. Trute와 Hauch (1988)는 부모가 가족과 친지의 네트워크를 활용하는 것이 장애 아동 가족이 긍정적으로 적응하는 것과 연결됨을 발견했다. 다른 체계의 참여로 가족이 확장되는 것은 단순한 그림으로 표현할 수 있다. 가족을 의미하는 원을 그리고 거기에 다른 외부 체계를 덧붙여서 원을 그린다. 가족의 원과 중복되는 각각은 참여의 확장을 보여 준다. 각각과 관련된 지원과 스트레스는 그림에 표시할 수 있다.

마지막으로, 가족을 맥락에서 이해하기 위해 임상가는 가족의 문화적이고 역사적인 맥락을 고려해야 한다. 이러한 인구학적 요인으로는 문화, 인종, 성별, 지위, 종교, 수입, 교육, 성적 정체성, 지역 등이 있고, 이것들은 한 사람의 정체성과 집단의 소속성과 연관되어 있다. 이러한 범주에서 개인들은 매우 폭넓은 다양성을 보이므로, 집단의 정체성에 기초하여 개인에 대한 가설을 세우는 것은 피해야 한다. 그러나 이러한 차원들은 인간의 정체성에서 기본이 되는 것이며 가족 생활에 많은 방식으로 영향을 주므로 임상가가 각 가족의 이러한 인구학적 요인들을 살펴보는 것은 중요하다. 임상가가 가족 문화의 모든 면을 아는 것은 가능한 일이 아니다. 따라서 이러한 차원들을 살펴봄으로써 가족 구성원들에 대해 그들이 누구인지 편안하게 파악하는 것이 보다 중요하다. 이러한 차원과 가족의 역사적 맥락의 측면을 밝혀내는 한 가지 방법은 가계도를 사용하는 것이다(McGoldrick, Gerson, & Shellenberger, 1999). 가계도는 수 세대에 걸친 가족의 관계를 핵심 인구학적 정보, 건강 관련 자료를 통해 시각적으로 보여 준다. 가족치료사와 정신건강 실무자는 치료 과정에서 가계도를 관계적 양상(부부, 부모/자녀, 형제자매)의 흔적을 보는 데 사용한다. 이러한 기술은 또한 의학이나 다른 전문가가 가족력을 살펴볼 때와 기타 다른 여러 영역에서 전문가의 교육과 훈련을 할 때 사용된다.

가족 구조

가족들은 자신들의 구조를 냉장고 문에 붙여 두지 않는다. 그냥 그대로 생활할 뿐이다. 임상가는 가족의 행동을 관찰하여 가족의 구조를 보는 창으로 반복적인 상호작용 양상을 활용한다. 부모 교육이나 아동 중재를 위해 가족을 만나면서, 임상가는 가족을 이루는 하위 체계와 하위 체계 경계의 질, 어떻게 세대 간의 위계가 가족에서 작동하는지에 관해 알 수 있는 많은 기회를 갖게 된다. 임상가는 "누가 집안에서 자녀 양육을 돕나요?" 와 같은 질문을 통해 하위 체계를 노출시킨다(부모 체계에 조부모나 권위와 책임이 있는 나이 든 형제자매가 포함되어 있나요?). 경계와 위계는 가족 상호작용의 유형과 잉여성에서 확실해진다. 예를 들어, 부모와 자녀 사이의 세대 간 경계는 얼마나 명확한가? 부모와 자녀 간의 정보 교환(의사소통)은 적절하고 충분한가, 또는 부적절하고 불충분하거나 과한가? 아동은 자신의 이해 수준을 넘어서는 개별적 정보 때문에 불안해하는가 또는 아동이 보다 독립적일 수 있음에도 부모가 지속적으로 도움을 제공하는가(약하고 불분명한 경계)? 자녀가 학교에서 괴롭힘을 당하면서 부모에게 부담을 주기 싫어서 숨기고 있는 것을 부모가 알지 못하는가, 또는 친구들을 만나지 않아서 위험에 처한 십대를 부모가 파악하지 못하는가(경계가 지나치게 경직)? 가족에서 분명한 세대 간 위계가 있는가(결정을 하고 주제를 정하는 것이 누군가의 주도로 이루어지는가), 또는 아동의 자율성의 발달적 변화를 위한 유연성과 융통성이 있는가? 어떻게 의사 결정이 이루어지며, 어떤 원칙이 적용되고, 누가 영향을 주고 누가 따르는가? 이 모든 것은 어떻게 위계가 표출되는가를 반영한다.

임상가는 가족 간 상호작용에 문제가 있는 것으로 확정하기 전에 주의를 해야 한다. 대부분의 가족은 적절한 경계와 세대 간 위계 안에서 기능을 한다. 자녀에 관해 가끔 이야기하거나,

그들을 돕기 위해 한발 나아가는 부모들을 약한 경계나 밀착된 관계의 표출이라고 가정하면 안 된다. 가족 내에서 개입하는 행동과 고도로 감정적인 반응과 반향이 반복적으로 관찰되었을 때, 임상가는 '규칙'이 방해를 받고, 약한 경계를 나타내며, 그들의 상호작용이 지배를 받는 것으로 본다. 가족은 유형의 잉여성에서 규칙을 발견하는 '규칙이 지배하는 체계'다(Minuchin, 1974). 나아가, 앞에서 논의한 것과 같이, 가족 안의 고도의 정서적 접근성과 연결성의 정도는 밀착된 유형에서 보이는 모호한 경계와는 다른 것이다.

가족의 기능: 강점과 도전

임상가가 강점과 도전에 대해 가족과 이야기하고 중재를 위한 목표를 설정하기 시작할 때, 가족의 생애주기 단계, 가족의 체계, 문화적 · 역사적 맥락, 유기적 구조를 이해하는 것이 폭넓은 관점을 제공한다. 가족의 강점을 중심으로 작업하는 것은 가족치료와 가족기반 중재의 중요한 원칙이다. 가족 안에 지원이 있고, 가족이 자신의 강점에 접근할 수 있으면 문제의 심각도에 관계없이 변화와 성장의 가능성이 높다. 가족의 강점은 가족마다 다양하다. 예를 들어, 문제를 성공적으로 해결한 가족력, 가족의 유머와 창조성, 지지적이며 가능한 확대가족, 강한 신념, 경제적 도움, 기타 자원이 포함된다. 가족은 그들이 경험한 도전이나 부정적인 사건에 대응하는 방법이 천차만별이다. 자녀의 학교에서 벌어진 유사한 사건도 가족들에게 서로 다른 반향을 줄 것이다. 그러므로 가족이 직면한 어려움을 드러내는 것은 임상가의 가설에서 유추하는 것보다 상황에 대한 가족 평가 결과에 따르는 것이 최선이다.

앞서 언급한 바와 같이, 가족 평가의 이러한 비공식적 접근은 청각구어 중재를 시작할 때 부모 교육과 아동 평가를 하는 과정에 통합될 수 있다. 가족 평가는 또한 공식적인 면담, 가족 구성원이 완성한 자기보고서나 관찰자가 가족의 상호작용에 점수를 주는 방법으로도 측정이 가능하다(Grotevant & Carlson, 1989). 가족 평가가 공식적이든 비공식적이든 관계없이 가족 평가는 지속적인 과정이다. 가족과 작업을 하는 전 기간 동안 임상가는 가족의 맥락, 구조, 강점, 도전을 이해하여, 가족을 보다 치밀하고 섬세하게 이해하는 것을 지속적으로 확장하고 심화한다.

가족과의 체계적인 작업

이 절에서는 청각구어 실제의 진행 과정에 가족 체계 이론의 원칙과 구조적 가족치료의 구성 요소들이 적용되는 방법을 살펴보고자 한다. 임상에서 벌어지는 상황을 관련된 원칙과 구성 요소에 따라 논의하고, 주의할 점과 피해야 할 점들을 참고하게 될 것이다. 그러나 이러한 논의가 임상가가 가족과 직면하는 여러 상황을 총망라하거나, 청각구어 임상가를 위한 맞춤형 '요리책'이 될 수는 없다. 가족과 체계적으로 작업을 하는 것은 특정한 기술을 터득하는 것보다는 '체계적 사고 방법'을 기초로 한다. 이런 사고방식이 합류 과정과 가족 평가의 지침으로 임상가가 중재의 실제를 선택하는 데 적용된다.

체계론적 관점의 유지

앞에서, 가족의 합류와 가족에 대한 폭넓은 관점을 갖기 위해 청각구어 중재의 시작기에 전체 가족을 포함시키는 것이 중요하다는 점을 강조했다. 그러나 전체 가족들이 때로는 수개월에서 수년 동안 중재에 계속 참여한다는 것은 비현실적이다. Lindblad-Goldberg 등(1998)은 특히 가족의 일부와 일할 때 체계론적 관점을 지속하는 것이 결정적인 '임상적 도전'이라고 말했다. 그들은 임상가가 스스로 다음과 같은 질문을 하도록 권했다. "지금 이 시점에서 나는 체계 안의 각 개인과의 관계에서 어디에 있는가?" "임상적 경쟁력… 임상가는 '부분'과 일하는 동안에도 '전체'에 대한 인식을 유지해야 하며 항상 한 '부분'에서 일어난 일이 전체 체계를 흔들 수 있다는 것을 염두에 두어야 한다. '부주의'가 체계를 취약하게 하는 것으로 치료사에게 돌아올 수 있다." (Lindblad-Goldberg et al., 1998, p. 132)

청각구어 임상가는 체계론적 관점에서 청각장애 아동을 위한 중재가 형제자매, 부모 개인, 부모 간의 관계에 미치는 영향에 유념하면서 가족 전체에 대한 초점을 유지한다. 이 가족은 청각장애 아동에 대해 과도하게 집중을 하고 있는가? 청각장애 아동에게 가능한 한 모든 것을 해주려는 그들의 바람이 부모를 어렵게 하거나 다른 자녀나 부모 자신의 욕구를 최소화하고 있는가? 전문가적 집착과 편협한 시각을 갖고 있는 누군가가 청각장애 자녀에 대한 이 부모의 불안을 가중시키지는 않는가? 청각장애 자녀에 대한 과도한 집중에서 한발 물러나기 위해 이 가족은 청각구어 임상가의 '허가'와 '찬성'을 필요로 하는가?

모든 가족에게서 청각구어 임상가는 중재가 가족의 일상과 다른 가족 구성원의 요구와 잘 조화를 이루도록 주의하여야 한다. 또한 자신의 행동이나 태도를 통해 '많을수록 항상 더 좋다'거나, 청각장애 아동에 대한 중재가 항상 우선이 되어야 한다는 메시지를 전달하지 않도록 해야 한다(Foster, Benger, & McLean, 1981). 예를 들어, 임상가가 아동의 학교 배치나 추가 서비스의 필요성에 대해 의견을 제시하는 것에 주의해야 하는데, 이는 가족 전체에 영향을 줄 수 있기 때문이다. 따라서 임상가들은 부모를 존중하며 그들의 우려를 전달하고, 부모가 자녀를 위한 결정을 하는 과정을 돕는다. 임상가는 또한 가족과 작업을 하는 과정에서 셀 수 없이 많은 '작은 순간'에 그들이 보이는 반응이 가족 전체에게 메시지로 전달된다는 점에 주의한다. 예를 들어, 중재 중에 형제자매가 학교에서 집으로 귀가했다면, 청각구어 임상가는 부모와 하던 활동을 잠시 멈추어 형제자매가 하루 일과 중 중요한 전환 시점을 부모와 공유하도록 한다. 또는 부모 모임과 형제의 생일이 같은 날이라면, 부모 모임에 참석하기보다 형제의 생일 파티를 열어 주도록 부모에게 권한다. 한 가지 상황에 대한 임상가의 반응 자체가 가족에게 주는 영향은 제한적일 것이다. 그러나 청각구어 임상가는 가족과 밀접한 관계를 수개월 또는 수년 동안 발전시키므로, 결과적으로 가족에 대한 영향력과 그들에 대한 책임 수준이 높아진다.

청각구어 임상가는 아동과 가족 발달에 관한 지식과 장애 아동이 있는 가정에서 형제자매의 적응에 관한 선행 연구 결과를 토대로 부모가 청각장애 아동의 형제자매에게 주의를 기울이고 (Gallagher, Powell, & Rhodes, 2006), 형제자매를 대할 때의 반응이나 문제 해결 행동에 잘 대처하도록 돕는다. 임상가는 청각장애 아동에게 우선적으로 초점을 맞추나, 부모와 형제자매의 문제에 관여하는 것도 청각장애 아동을 위한 목표에 해당되며, 여기에는 다른 가족들도 포함된다. 예를 들어, 회기를 반복적으로 중단시키거나 이상 행동을 하는 형제가 있다면, 임상가는 부모에게 발달적으로 적절한 행동에 대한 기대나 행동 아래에 숨겨져 있는 정서적 문제(형제가 청각장애 아동에게 질투를 하거나 부모에게 화가 나 있는가), 양육 기술(상황의 제한, 강화 원칙의 적용)에 대해 도움을 줄 수 있는 기회로 이용한다. 임상가는 스스로 형제자매가 조정 전략을 사용하거나 말을 하는 방법을 익히는 모델이 될 수 있다. 따라서 체계론적 관점에서 형제자매의 이러한 행동은 중재 활동에 대한 방해가 아닌 중재의 일부로 받아들인다.

체계론적 관점을 유지하며, 청각구어 임상가는 부모의 관계를 부모로서 또 부부로서 지원하고 관찰한다. 가족 체계 이론과 구조적 가족치료의 핵심 신조는 강한 부모와 부부의 하위 체계가 최적의 아동 기능을 위한 토대라는 점이다. 일관된 양육, 결혼 생활의 만족, 유사한 지표들이 아동의 적응 기능을 결정하며, 반면 결혼 생활의 부조화, 약한 위계, 부모와 부부의 하위 체계의 기능 부진이 아동의 심리적 증상과 문제 행동에 기여한다는 실증적 증거들이 증가하고 있다(Davies et al., 2004; Jacobvitz et al., 2004; Shaw et al., 2004). 가족과 밀접하게 일하는 임상가는 단순한 언급으로 부모 사이의 연대를 강화할 수 있는 기회가 많다. 예를 들어, "왜 이 일을 오늘 밤 남편하고 이야기하지 않으세요? 당신 두 사람이 결정한 것을 나에게 알려 주세요." "두 분이 지난 주말에 함께 외식을 한 것은 참 좋은 일입니다."와 같이 말해 준다. 청각구어 임상가가 가족의 경계와 위계에 민감한 것은 가족의 하위 체계의 응집성과 부모의 리더십을 지지하는 것으로 작용한다.

청각장애 아동을 양육하면서 가족은 많은 문제를 만나게 되며, 어느 순간에는 가족에게 청각구어 중재보다 다른 문제가 우선순위에 있게 된다. 전문가로서 근시안적 사고를 갖고 있는 임상가는 그들의 목적과 계획표가 끊임없이 지속적으로 가족의 중심이고 전면에 있다고 가정한다. 체계론적 관점을 유지하는 청각구어 임상가는 가족의 상황에 민감하여야 하며, 필요하면 중재의 강도를 일시적으로 줄이거나 연기하여 가족이 상황에 집중할 수 있도록 한다. 가족이 중재에서 한발 물러서는 것이 필요함에도 망설이고 있다면, 아마도 이는 중재에 집중 투자를 하고 있거나 임상가를 실망시키는 것을 꺼리기 때문일 수 있다. 그러므로 임상가는 계획 변경을 지원하고 타당화하도록 가족에 대한 체계적 이해를 목표로 해야 한다.

전문가의 경계 유지

협력적인 관계 안에서 전문가의 경계를 확립하고 유지하는 것은 가족과의 체계적인 작업에서 필수적인 임상 수행 능력이다(Lindblad-Goldberg et al., 1998). 경계는 모든 전문적인 관계를 나타내며, 임상가와 가족을 보호한다. 이러한 경계가 불분명하게 되면 양쪽 모두 또는 한쪽에 해를 줄 수 있는 위험성이 증가한다. 이러한 이유로 많은 전문직의 윤리 규정에서는 전문가적 경계에 대한 표준이 들어 있다. 가족과 협력적이고 장기간에 걸친 중재중심 서비스를 제공하는 가족 청각구어 실제의 특성상 전문적 경계를 유지하는 것이 특히 중요하다. 임상가가 장기간에 걸쳐 가족과 밀접하게 일을 할 때, 특히 중재 활동이 가정 방문을 통해 이루어질 경우, 임상가는 흔히 가족의 문제에 자신이 어떻게 반응해야 하며, 어떻게 그들의 생활에 관여할지, 가족과의 접촉의 종류에 대해 유념하고 있어야 한다. Lindblad-Goldberg와 동료들(1998)은 이에 대한 원칙을 언급했다. "가족은 가족 스스로에게 책임이 있으며, 치료사는 치료에만 책임을 진다. 치료에 책임을 진다는 것이 치료사가 가족의 문제에 책임을 진다는 것을 의미하지 않는다." (p. 133) 따라서 임상가는 가족이 스스로 해결책을 찾도록 돕고, 해결책에 대한 가족의 선택을 존중한다. 자신의 전문적인 역할이나 훈련 범위를 넘는 서비스나 자원, 의견을 제공하는 것을 피한다(예: 아동 돌보기).

임상가가 가족과 매우 가깝게 일을 하는 경우, 즉 중재가 집에서 이루어진다거나 장기간에 걸쳐 이루어지는 등의 경우에 체계론적 관점을 유지하는 것이 전문가의 경계를 분명하게 유지하는 데 도움이 된다(Lindblad-Goldberg et al., 1998). 명확한 전문가의 경계 설정 없이는 임상가는 가족에 흡수되어, 의사소통과 정서적 표현에서 그들의 규칙을 따르고, 삼각관계와 같은 미기능적인 유형에 참여하게 될 위험성이 크다. 예를 들어, 부모 한쪽과 친밀하게 일을 하며 가족 갈등에 개인적으로 관여하게 된 임상가는 한쪽의 입장에 서야 한다고 강하게 느끼게 되며 스스로 부모 중 한쪽에 합류하여 상대방을 비판할 수 있다. 삼각관계는 어느 인간 체계(가족, 직장, 종교 공동체)에서나 일어나며, 두 사람이나 두 하위 체계 간의 갈등이나 긴장이 제삼자의 개입으로 조정당할 때 나타난다. 체계 내 하나의 삼각관계는 종종 다른 삼각관계를 이끌어 내고, 문제의 해결은 일반적으로 점점 더 복잡해진다. 전문가의 경계를 유지하기 위해 선물을 받는 것, 가족 행사에 초대받는 것, 개인적인 요청에 답하는 것, 전문적인 관계의 훼손을 인지하는 것에 관해 깊이 숙고해야 한다. 자신의 전문가적 역할을 유지하고 가족 역동성을 이해하는 청각구어 임상가는 가족의 문제 상황에 원하지 않게 끼어드는 일이 적으며, 전문가의 경계를 유지하는 것이 어려운 상황이 되면 신속히 감독이나 조언을 구할 것이다.

전문가의 역할과 효율적인 수행을 명확히 하는 것은 정서적 문제, 약물중독, 기타 청각구어 중재를 중대하게 방해하는 문제들이 있는 가족을 대면할 때 매우 중요하다. 가족의 문제가 청각구어 중재의 실행을 위협할 때, 임상가는 역량강화의 측면으로 가족이 스스로 문제를 해결하는 데 노력한다는 것을 포함하여 가족과 분명한 계약을 할 필요가 있다. 심각하고 만성적인 문제가 있는 가족과의 관계에서, 가족과의 관계를 밀접하게 발전시킨 친절한 임상가가 가족이 버려지고 지원을 못 받는다고 느낄 것을 우려하여 거리를 두는 것을 주저할 수 있다. 또는 임상가가 가족을 도우려는 노력으로 자신의 전문가적 경계에서 한발 더 나아갈 수 있다. 그러나 이런 종류의 상황에서, 청각구어 임상가가 중재를 계속하기 위하여 가족에게 자신의 문제에 도움을 찾도록 요구하는 것이 전문가적 책임이다. 실제로, 이러한 요구는 가족이 스스로 도움을 찾는 동기를 줄 수 있다. 그러나 그들이 이를 따르지 않거나 하려는 마음이 없다면 임상가는 중재를 중단할 준비에 들어가야 한다. 심각한 문제가 있는 가족과의 작업은 이렇게 복잡하며, 이는 임상가에게는 정서적으로 큰 스트레스가 될 수 있다. 자문이나 감독을 찾아 도움을 청하는 것이 임상가가 문제에서 벗어나고 전문적인 책임에 따른 행동을 하게 도울 수 있다.

가족 경계와 위계에 따른 업무

청각구어 임상가의 체계론적 관점은 가족 상호작용의 문제적인 유형을 확인하고 반응하는 과정에 도움이 된다. 가족이 경험했던 다른 어려운 상황들과 마찬가지로, 가족 구성원의 만성적인 질병이나 장애에 대처해야 하는 것은 시간을 두고 가족 상호작용의 유형과 역할을 모호하게 할 수 있다(Breunlin, Schwartz, & Kune-Karrer, 1992). 장애 아동의 가족에서 흔히 보이는 과잉보호, 밀착, 세대를 넘는 연합, 경직성은 "문제 주변의 유기적이고 작위적인 결과물"(p. 146)이다. 개인의 행동에 초점을 맞추거나('과도하게 보호하는 부모' '아버지의 부재' '부모 노릇을 하는 아동') 가족을 '기능 부전'으로 개념화하여 단순화하는 것이 비난과 죄의식(종종 장애 아동의 가족과 이미 밀접한 관계를 수립한 경우)을 일으킬 수 있다. 이렇게 하는 대신 Breunlin과 동료들(1992)은 질병이나 장애가 어떻게 가족에서 극단적이거나 경직된 위치를 만들었는지를 드러내도록 권한다. 그들이 사용한 용어인 '극성화(polarizations)'(예: 부모 한 명이 청각장애 아동을 보호하면 할수록, 다른 부모는 더 독립적으로 키우려 하는 것)는 문제를 지속시키고(예: 아동의 미성숙한 행동), 종종 새로운 문제를 야기한다(예: 결혼 생활의 갈등). 이런 방식은 쟁점을 청각장애에 적응하는 가족에게 집중시키며, 개인이나 가족의 기능 부전이 전반적으로 기여하는 것을 피하게 한다.

앞의 예의 연장선에서, 부모가 경직된 극단에서 벗어나게 돕기 위해 청각구어 임상가는 너무 일찍 부모 중 한 명에게 동조하는 것보다 아동을 대하는 태도가 서로 다른 각 부모의 이면에 유의하고 관심을 갖도록 한다. 임상가가 부모 중 한 명 혹은 두 사람 모두 아동을 과도하게 보호하거나 또는 반대로 독립적으로 대하는 것을 보았을 때, 부모의 행동에 문제가 있다 하여도 부모의 사랑이나 선한 의도를 인정해 준다면 부모의 방어성이 감소한다. 그들의 자녀를 위한 공통적인 관심사를 찾는 데 도움을 받고 자신이 비판을 받기보다 공감을 받고 있다고 느낀다면, 부모는 임상가의 제안에 보다 개방적이 되며 서로 지지를 할 것이다.

모든 가족에서 청각구어 임상가는 부모가 자녀와 적절한 경계를 유지하고 자녀의 입장에서 나이에 적합한 자율성(예: 자기 몸 돌보기, 말하기)을 갖게 노력하도록 격려한다. 부모가 아동에 대해 적절한 기대를 유지하는 것에 더불어, 임상가는 독립심을 위해 아동이 먼저 시도하는 것에 가치를 부여한다. 청각장애 아동의 부모가 아동의 성숙을 이끄는 중요한 방법 중 하나는 발달적으로 적절한 방법으로 아동이 청각장애에 대해 '주체성'을 갖도록 점차적으로 이끄는 것이다. 예를 들어, 초등학교 수준의 아동이 인공와우나 보청기의 배터리를 스스로 교체하는 것은 아동의 독립심을 보여 주는 타당한 수준이다. 목적을 확립하는 데 있어서, 어떤 가족에게 임상가는 단지 가이드만 제공해 주는 정도로 필요하다. 그러나 위계가 혼동되어 있거나 청각장애 자녀에게 부모가 과잉 기능을 하는 다른 가족에서는 임상가가 보다 적극적인 역할을 해서 부모의 리더십과 일관성을 지지하고 자녀 교수의 발판이 되도록 하여, 부모와 자녀 사이의 경계를 강화해 주는 것이 필요하다.

청각구어 임상가는 형제자매 안에서 역할과 책임이 어떻게 분배되는지 관찰한다. 아동에게 부여된 과제가 그들의 연령이나 발달 수준에 적합한가 또는 형제나 부모의 과도한 신체적 또는 정서적 돌봄과 같이 부적절한 책임을 감당해야 하는가? 가족 내에서 양육과 상위 역할까지 해서 성인 한 명이 맡아야 할 책임과 권위를 감당하는 '부모 같은 자녀'는 아닌가? 또는 부모가 자녀에게서 아무것도 기대하지 않거나 아주 조금만 기대하여 무의식적으로 그들에게 발달적으로 적절한 도전을 제공하는 데 실패하고 기능의 저하를 유도하는 것은 아닌가? 아동이 기술을 습득하고 책임감 있는 습관을 형성하며 자아존중감을 발달시키게 부모가 돕는 중요한 방법은, 그들에게 집안일에 대한 책임을 주거나 발달 연령에 적합한 돌봄 활동을 주는 것이다. 그러나 어떤 가정에서는 역할과 책임이 발달적으로 부적절하여 개인과 가족 하위 체계의 경계를 훼손한다. 아동 발달과 가족 체계에 대한 지식이 있는 청각구어 임상가는 부모에게 가치 있는 자원 제공자로서, 그들이 자녀에 대해 발달적으로 적절한 기대를 갖도록 이끌 수 있다. 그러나 가족이 장기간에 걸쳐 한 아동에 대해 '신생아화(infantilization)' 또는 '부모화(parentification)'와 같은 유형을 갖고 있고 변화에 저항을 보일 때는 가족 역동성의 복합성과 아동에 대한 파괴적 결과를 고려하여 정신 건강 전문가에게 의뢰하여야 한다(Jurkovic, 1997).

가족 상호작용과의 작업

실연(enactment)은 가족이나 부부 체계에서 인지적 · 정서적 · 행동적 변화에 영향을 주려는 의도로 임상가가 코치를 하는 가족이나 부모의 상호작용이다. 실연은 어떻게 관계적인 체계가 문제를 유지하는지 정보를 제공하며, 임상가가 상호작용에 개입하여 변화를 가져오는 기회를 제공한다. 예를 들어, 부모는 어린 자녀의 비협조적인 행동 때문에 도움을 요청한다. 부모에게 문제를 설명하라고 요청하는 것에 더하여 임상가는 상황을 조율할 수 있다. 즉, 부모가 아동에게 장난감을 치우라고 지시하거나 그와 유사한 명령을 하여 아동의 반대를 불러일으켜, '문제를 방 안으로' 가져오게 한다. 이것이 성공하면 이러한 간단한 실연이 문제를 둘러싼 가족의 상호작용을 드러내고 임상가가 부모와 아동에게 즉각적인 피드백을 주어 효과적으로 코치를 할 기회를 주며 부모/자녀의 긍정적인 정서적 경험이 축적되게 한다. 실연의 즉시성은 변화를 위한 강한 기술이다. 체계적 가족치료(Minuchin & Fishman, 1981)의 특질 중 하나인 실연은 다른 부부나 가족치료 모델의 핵심 요소이며(예: Johnson, 2003), 가족치료에서 핵심 기술의 하나로 간주된다(Nichols & Fellenberg, 2000; Davis & Butler, 2004). Butler, Davis와 Seedall(2008)은 임상가가 코치하는 실연이 가족과 부부 치료에서 변화를 가져오는 기본적인 기전이라는 실증적 증거와 이론적 논쟁을 제시했다. 그들은 중재 과정에의 참여를 증가시키는 것을 포함하여 가족이나 부부 관계에 직접 개입하는 것, 상호관계에서 본인의 역할과 문제에 대한 개인의 책임감을 높이는 것, 변화에 대한 저항을 줄이는 것이 긍정적인 결과와 연관이 있다고 설명했다(Bunler et al., 2008). 행동주의적 부모 교육과 매우 다른 이론적 모델에 기초한 아동 중재의 접근 방법의 연구에서도 변화 과정에서 직접 부모를 끌어들이는 방법을 사용하는 것이 긍정적 효과가 있다고 나타난다. 협력적인 목표 설정, 역할 놀이, 비디오 모델링, 현장 실습, 부모 주도 활동을 통한 부모의 능동적인 참여는 더 좋은 결과와 연결된다(Chronis et al., 2004). 나아가 앞서 언급했듯이, 아버지와 자녀 사이에 스포츠 활동과 같은 신체적 상호작용이 있는 활동을 선택하는 것은 중재에 아버지의 참여를 증가시키게 작용한다(Fabiano, 2007).

다른 여러 영역의 임상가와 마찬가지로 청각구어 임상가는 새로운 기술을 체계적으로 연습하고 변화를 강화하기 위하여 가정 과제를 줄 수 있다. 임상가가 가족에 대해 체계적으로 이해하는 것이 가정 과제의 선택과 목적에 대한 정보를 제공한다. 가정 과제는 종종 중재 기간에 시작이 된 변화를 강화하기 위해 가족 간의 상호작용 방법을 다양하게 하여 보다 많은 경험을 하도록 시도된다. 예를 들어, 어떤 가족에서 아버지가 어린 청각장애 자녀의 중재에 지엽적으로만 참여하고 있었다. 임상가가 아버지와 접촉해 온 결과, 아버지는 참여에 관심이 있었으나 자신감이 없고 아동과 많은 경험이 있는 아내에게 미루는 경향이 있었다. 임상가는 청각구어 중재 회기 중에 아버지와 아이가 직접 참여하는 활동을 제안했다. 이러한 실연은 아버지에게 임상가의 지도 아래 자녀와의 상호작용에 대한 즉각적인 경험과 강화를 주었고, 이러한 경험은 아버지와 자녀 모두에게 성공적이었다. 임상가와 부모는 그다음 주에는 부모가 함께 자녀와 활동을 하기로 하고, 각 부모가 격일로 주도적으로 활동을 진행하기로 결정했다. 임상가는 부모가 아동과 함께한 경험에 대해 활동 후에 매번 잠깐 동안이라도 이야기를 나누도록 요청했다. 이러한 가정 과제는 아버지가 자녀와 함께 참여하는 것을 구조적으로 증가시키며 부부의 협조를 격려한다. 가정 과제를 준 후에는 임상가가 주의 깊게 추적을 하는 것이 매우 중요하다. 성공적으로 가정 과제를 수행했을 때는 축하를 해야 하며 성공에 기여한 요인을 강조하고 강화한다. 앞의 예에서, 아버지는 주중에 사업차 출장을 갔으나 전화로 매일 저녁 부인과 함께 자녀의 과제를 하는 데 참여했다. 임상가는 이를 아버지가 자녀에게 헌신하며 아내를 '원거리'에서 지원하는 것으로 인정하는 기회로 한다. 임상가는 가족이 가정 과제를 전혀 하지 못하거나 부분적으로 완수하는 이유도 주의 깊게 살펴야 한다. 임상가의 비판적이지 않으며 관심을 보이는 태도가 가족을 돌아보고 실패 원인을 분석하는 데 도움이 되며, 변화하려는 가족의 시도를 방해하는 제한점을 확인할 수 있다. 예를 들어, 앞의 예에서 아버지가 가정 과제를 수행하지 않았다고 가정해 보자. 주의 깊게 찾아보면 성공적인 완성을 이끈 요소는 내재적인 갈등과 문제가 되는 극성화에 대해 부부가 개방적인 토론을 한 것이 될 수 있다. 즉, 어머니가 점점 비판적이 되면 아버지는 가족에게서 더 멀어진다. 아버지가 멀어지면 어머니는 더욱 화를 내고 비판적이 된다. 궁극적으로 임상가가 부부 상담을 의뢰할 필요가 있는 단계까지 이를 수 있다.

결 론

이 장에서는 가족치료의 생태구조적 접근법을 청각구어 중재에 적용하는 것을 살펴보았다. 구조적 접근은 가족 체계 이론이 처음 등장했을 때부터 일관되게 지속된다. 구성 요소와 구조적 관점은 직접적이고 가족치료의 이전 실제들을 넘어서는 가치이며 강한 실증적인 버팀이 있다. 이러한 구조적 모델을 기초로, 이 장에서는 개인과 가족의 기능이 어떻게 하위 체계 경계와 가족 위계와 연관이 되어 있는가에 초점을 두고 기본적인 구성의 개관을 제공했다. 구조적 구성과 이러한 모델에 기반을 둔 실증적 지원을 제공하였고, 청각구어 실제에의 적용도 고려하였다. 처음에 말한 바와 같이, 가족 체계 치료는 관계적인 체계에 관한 사고 방법이며, 변화 과정에 대해 가족과 일하는 방식이다. 이 장에서 제시한 생태구조적 모델, 구성, 기술들은 이러한 체계론적 관점에서 사고하고 일하는 것을 습득하는 틀의 하나다. 가족치료 영역에서는 청각구어 실제에 적용할 수 있는 부가적인 틀과 기술을 제공한다. 나아가 가족치료 영역을 넘어서는 기술이나 중재도 체계론적 관점에 입각하여 가족 체계 접근과 함께 양립할 수 있다. 기본적으로 체계론적 관점에서 가족에게 정보를 제공하고 가족기반으로 실제를 변화시키는 것은 체계 이론을 기본적인 바탕으로 하는 임상가의 기반이다.

참고문헌

Abreu, J. M., Chung, R., & Atkinson, D. (2004). Multicultural counseling training: Past, present, future directions. *Counseling Psychologist, 28,* 641-656.

Asay, T. P., & Lambert, M. J. (1999). The empirical case for the common factors in therapy: Quantitative findings. In M. A. Hubble, B. L. Duncan, & S. D. Miller, (Eds.), *The heart and soul of change: What works in therapy.* Washington, DC: American Psychological Association.

Bagner, D. M., & Eyberg, S. M. (2003). Father involvement in parent training: When does it matter? *Journal of Clinical Child and Adolescent Psychology, 32,* 599-605.

Bodin, A. M. (1981). The interactional view: Family therapy approaches of the Mental Research Institute. In A. S. Gurman & D. P. Kniskern (Eds.), *Handbook of family therapy.* New York: Brunner/Mazel.

Bowen, M. (1978). *Family therapy in clinical practice.* New York: Jason Aronson.

Bowlby, J. (1988). *A secure base.* New York: Basic Books.

Breunlin, D. C., Schwartz, R. C., & Mac Kune-Karrer, B. (1992). *Metaframeworks: Transcending the models of family therapy.* San Francisco: Jossey-Bass.

Butler, J. H., Davis, S. D., & Seedall, R. B. (2008). Common pitfalls of beginning therapists utilizing enactments. *Journal of Marital and Family Therapy, 34,* 329-352.

Carr, A. (1998). The inclusion of fathers in family therapy: A research based perspective. *Contemporary Family Therapy, 20*(3), 371-383.

Carter, B., & McGoldrick, M. (2006). *The expanded family life cycle: Individual, family and social perspectives* (3rd ed). Boston: Allyn & Bacon.

Chronis, A. M., Chacko, A., Fabiano, G. A., Wymbs, B. T., & Pelham, E. (2004). Enhancements to the behavioral parent training paradigm for families of children with ADHD: Review and future directions. *Clinical Child and Family Psychology Review, 7*(1), 1-27.

Connell, A. M., & Goodman, S. H. (2002). The association between psychopathology in fathers versus mothers and children's internalizing and externalizing behavior problems: A meta-analysis. *Psychological Bulletin, 128,* 746-773.

Davies, P. T., & Cicchetti, D. (2004). Toward the integration of family systems and developmental psychopathology approaches. *Development and Psychopathology, 16,* 477-481.

Davies, P. T., Cummings, E. M., & Winter, M. A. (2004). Pathways between profiles of family functioning, child security in the interparental subsystem, and child psychological problems. *Development and Psychopathology, 16,* 525-550.

Davis, S. D., & Butler, M. H. (2004). Enacting relationships in marriage and family therapy: A conceptual and operational definition of enactment. *Journal of Marriage and Family Therapy, 30,* 319-333.

de Shazer, S. (1982). *Patterns of brief family therapy: An ecosystemic approach.* New York: Guilford Press.

Elgar, F. J., McGrath, P. J., Waschbusch, D. A., Stewart, S. H., & Curtis, L. J. (2004). Mutual influences on maternal depression and child adjustment problems. *Clinical Psychology Review, 24,* 441-459.

Engle, G. L. (1977). The need for a new medical model: A challenge for biomedicine. *Science, 196,* 129-136.

Fabiano, G. A. (2007). Father participation in behavioral parent training for ADHD: Review and recommendations for increasing inclusion and engagement. *Journal of Family Psychology, 21*(4), 683-693.

Foster, M. A., Berger, M., & McLean, M. (1981). Rethinking a good idea: A reassessment of parent involvement. *Topics in Early Childhood Special Education, 1*(3), 55-65.

Friedman, E. L. (1991). Bowen theory and therapy. In A. S. Gurman, & D. P. Kniskern (Eds.). *Handbook of family therapy, Volume II,* (pp. 134-170). New York: Brunner/Mazel.

Gallagher, P., Powell, T. H., & Rhodes, C. (2006). *Brothers and sisters: A special part of exceptional families* (3rd ed.). Baltimore: Paul Brookes.

Grotevant, H. D., & Carlson, C. I. (1989). *Family assessment: A guide to methods and measures.* New York: Guilford.

Gurman, A. S., & Kniskern, D. P. (1981). Family therapy outcome research: Knowns and unknowns. In A. S. Gurman, & D. P. Kniskern (Eds.), *Handbook of family therapy* (pp. 742-775). New York: Brunner/Mazel.

Henggeler, S. W. (1999). Multisystemic therapy: An overview of clinical procedures, outcomes, and policy implications. *Child Psychology and Psychiatry Review, 4,* 2-10.

Jacobvitz, D., Hazen, N., Curran, M., & Hitchens, K. (2004). Observations of early triadic family interactions: Boundary disturbances in the family predict symptoms of depression, anxiety, and attention-deficit/hyperactivity disorder in middle childhood. *Development and Psychopathology, 16,* 577-592.

Johnson, S. M. (2003). The revolution in couple therapy: A practitioner-scientist perspective. *Journal of Marital and Family Therapy, 29,* 365-384.

Jones, C. W., & Lindblad-Goldberg, M. (2002). Ecosystemic structural family therapy. In F. W. Kaslow (Ed-in-Chief), R. F. Massey, & S. D. Massey (Vol Eds.), *Comprehensive handbook of family therapy,* Vol 3. New York: Wiley.

Jurkovic, G. J. (1997). *Lost childhoods: The plight of the parentified child.* New York: Brunner/Mazel.

Kog, E., Vertommen, H., & Vandereycken, W. (1987). Minuchin's psychosomatic family model revisited: A concept-validation study using multitrait-multimethod approach. *Family Process, 26,* 235-253.

Lamb, M. E. (2004). *The role of the father in child development* (4th ed.). New York: Wiley.

Lambert, M. J. (1992). Implications of outcome research for psychotherapy integration. In J. C. Norcross, & M. R. Goldstein (Eds.), *Handbook of psychotherapy integration* (pp. 94-129). New York: Basic Books.

Laszloffy, T. A. (2000). The implications of client satisfaction feedback for beginning family therapists: Back to basics. *Journal of Marital and Family Therapy, 26,* 391-397.

Lee, C. M., & Hunsley, J. (2006). Addressing coparenting in the delivery of psychological services to children. *Cognitive and Behavioral Practice, 13,* 53-61.

Liddle, H. A., Rowe, C. L., Dakof, G. A., Ungaro, R. A., & Henderson, C. E. (2004). Early intervention for adolescent substance abuse: Pretreatment to posttreatment outcomes of a randomized clinical trial comparing multidimensional family therapy and peer group treatment. *Journal of Psychoactive Drugs, 36*(1), 49-63.

Lindblad-Goldberg, M., Dore, M. M., & Stern, L. (1998). *Creating competence from chaos: A comprehensive guide to home-based services.* New York: W. W. Norton.

Low, S. M., & Stocker, C. (2005). Family functioning and children's adjustment: Associations among parents' depressed mood, marital hostility, parent-child hostility, and children's adjustment. *Journal of Family Psychology, 19,* 394-403.

Mead, D. E. (2002). Marital distress, co-occurring depression, and marital therapy. *Journal of Marital and Family Therapy, 28,* 299-314.

McGoldrick, M., Gerson, R., & Shellenberger, S. (1999). *Genograms Assessment and Intervention* (2nd ed.). New York: W. W. Norton.

Miller, S. D., Hubble, M. A., & Duncan, B. L. (2008). Supershrinks: What is the secret of their success? *Psychotherapy in Australia,* 2008. Reprinted in Psychotherapy.net, April 2009.

Minuchin, S. (1974). *Families and family therapy.* Cambridge,

MA: Harvard University Press.

Minuchin, S., & Fishman, H. C. (1981). *Family therapy techniques.* Cambridge, MA: Harvard University Press.

Minuchin, S., Lee, W., & Simon, G. M. (2006). *Mastering family therapy: Journeys of growth and transformation* (2nd ed). Hoboken, NJ: John Wiley.

Minuchin, S., Montalvo, B., Guerney, B., Rosman, B., & Schumer, F. (1967). *Families of the Slums.* New York: Basic Books.

Minuchin, S., Nichols, M. P., & Lee, W. (2007). *Assessing families and couples: From symptom to system.* Boston: Pearson Education.

Minuchin, S., Rosman, B., & Baker, L. (1978). *Psychosomatic families: Anorexia in context.* Cambridge, MA: Harvard University Press.

Nichols, M. P., & Fellenberg, S. (2000). The effectiveness of enactments in family therapy: A discovery-oriented process study. *Journal of Marital and Family Therapy, 26,* 143-152.

Papero, D. V. (1988). Training in Bowen Theory. In H. A. Liddle, D. C. Breunlin, & R. C. Schwartz (Eds.), *Handbook of family therapy training and supervision.* New York: Guilford Press.

Parke, R. D. (1996). *Fatherhood.* Cambridge, MA: Harvard University Press.

Phares, V., Fields, S., & Binitie, I. (2006). Getting fathers involved in child-related therapy. *Cognitive and Behavioral Practice, 13,* 42-52.

Phares, V., Lopez, E., Fields, S., Kamboukos, D., & Duhig, A. M. (2005). Are fathers involved in pediatric psychology research and treatment? *Journal of Pediatric Psychology, 30*(8), 631-643.

Shaw, D. S., Criss, M. M., Schonberg, M. A., & Beck, J. E. (2004). The development of family hierarchies and their relation to children's conduct problems. *Development and Psychopathology, 16,* 483-500.

Sprenkle, D. H., Blow, A. J., & Dickey, M. H. (1999). Common factors and other nontechnique variables in marriage and family therapy. In M. A. Hubble, B. L. Duncan, & S. D. Miller (Eds.), *The heart and soul of change: What works in therapy.* Washington, DC: American Psychological Association.

Szapocznik, J., & Kurtines, W. (1989). *Breakthroughs in family therapy with drug abusing problem youth.* New York: Springer.

Trute, B., & Hauch, C. (1988). Building on family strength: A study of families with positive adjustment to the birth of a developmentally disabled child. *Journal of Marital and Family Therapy, 14,* 185-193.

Webster-Stratton, C. (1980). The effects of father involvement in parent training for conduct problem children. *Journal of Child Psychology and Psychiatry, 26,* 801-810.

Wood, B. L. (1985). Proximity and hierarchy: Orthogonal dimensions of family interconnectedness. *Family Process, 24,* 487-507.

가족중재의 구조적 틀

Suzanne Midori Hanna

배 경

가족치료의 실제는 50여 년 전에 정신 건강과 가족 문제 치료 분야에서 시작되었다. 오늘날 여기서 파생된 전략들의 상당수는 문제 해결에 종사하고 있는 전문직에 유용하게 사용되고 있다. 회의실에서 응급실까지, 특정 중재는 건설적인 변화를 가져오는 데 매우 효율적일 수 있다. 그렇다고 청각구어 임상가가 이런 중재의 장점을 취하기 위해 가족치료사가 될 필요는 없다. 가족치료가 탈낙인화, 실용주의, 개인주의에 가치를 두는 사회 환경에서 진화했기 때문에 성공적인 중재는 이런 철학적인 틀을 적용하는 개인의 능력에 크게 좌우된다. 예를 들어, 정신 건강 혹은 가족 갈등 대신 가족기반 실제의 주된 목적은 효과적인 치료 계획을 수행하기 위한 성공적인 팀워크와 문제 해결을 달성하는 것이다(Haley, 1976; Rhoades, 2006). 이런 입장에서는 가족과 일할 때 진단적이거나 낙인이 될 수 있는 언어를 피한다. 실용주의는 가족치료에 있어서 '무엇이 문제인가?' 보다는 '무엇이 효과적인가?'를 강조한다(de Shazer, 1985). 개인주의는, 임상가가 가족 집단의 고유한 특성에 따른 중재를 선택하는 방식으로 가족과 중재를 연결하는 것과 관련된다. 한 사이즈의 옷이 모두에게 맞을 수 없는 것처럼 각기 다른 가족 형태에 적절한 다양한 접근 방법이 있고, 이는 '발달적으로 적절한 실제'로 알려져 있다(Hanna, 2007).

임상가들은 발달적으로 적절한 실제와 개별화 치료 계획에 대한 훈련을 받았으므로, 이 장에서 가족중재에 대해 배우는 것은 단지 기존의 강점을 강화하는 것이다. 가족중재의 주된 장점은 그것이 장기적인 결과를 달성하는 데에 효율적이라는 것이다. 전통적인 청각구어 실제에서 멀어지더라도 가족중재는 단기간에 긍정적 성과를 요구한다. 종종 가족중재의 효율성은 임상가들이 자신과 가족 사이의 문화적 차이를 얼마나 빠르게 극복하는가에 달려 있다. 따라서 언어의 선택 그 자체가 중요한 중재가 된다(Efran, Lukens, & Lukens, 1990). 이 장에서는 일반적인 표현을 사용하여 뜻을 효과적으로 전달하고자 했으며, 의도적으로 전문적 용어 대신 내담자 친화적인 언어를 제시하였다. 청각구어 임상가들은, 가족중재가 임상 환경에서 갈등의 중심이 되기보다는 교섭자와 지지자가 되도록 전환해 주는 또 다른 이점을 발견하게 될 것이다. 가족 구성원과 친구들이 브레인스토밍 혹은 정신교육 시간에 함께하게 되면 여러 가지 의견이 창의성을 증진시킨다. 여러 가지 격언이나 속담에서처럼 수가 많으면 좋아지는 것, 즉 두 사람은 한 사람보다 낫고 많은 일손은 일을 가볍게 만든다. 이것이 가족기반 서비스에서 팀워크와 팀 조직의 가치를 말해 준다. 팀워크의 필요성을 포함하도록 중재에 대한 관점을 넓힐 때 문제 해결을 위한 자원 또한 수적으로 증가된다(Hanna, 1997). 이는 임상가들이 다른 가족 구성원 및 친구들까지 참여를 독려하는 근거를 제공한다(McFarlane, 2002; Landau-Stanton, Clements, & Stanton, 1993).

일부 임상가는 가족의 결속이 성공적인 치료의 난관이 될 수 있다는 우려를 보일 수도 있다. 그러나 가족중재의 전형적인 특성은 문제될 만한 권력의 갈등 없이 주고받기를 허용하는 협력적인 틀이다. 사교 능력, 존중과 유머는 대부분의 가족에게 퍼져 나갈 수 있다. 사실 부모의 협조가 부족하다는 것을 인지했을 때, 임상가는 신중한 질문을 통해 부모의 행동에는 어떤 제안에 대한 다른 가족 구성원의 반응에 대해 부모들의 생각이 반영되었다는 것을 발견할 수 있다. 이러한 숨어 있는 가족 구성원들과 얼굴을 보고 선택 가능성이나 합리적 근거를 논의하게 되면, 부모 중 한 명이 받는 압력은 줄어들 것이다. 이후 임상가들은 중요한 이해 당사자들을 직접 참여시킨다. 그러므로 이 장에서는 가족치료의 여러 증거기반 모델의 기반을 형성하는 효과적인 중재에 대해 살펴본다. 이것은 임상가로 하여금 오랫동안 최선의 결과를 가져온 가족기반 실제의 틀에 접근할 수 있도록 해 줄 것이다. 따라서 이 장이 끝날 무렵에 임상가들은 팀워크를 촉진하는 유익한 중재를 계획하고, 효과적인 문제 해결책을 찾으며, 가족기반 서비스를 성공으로 이끄는 청사진을 갖게 될 것이다.

증거기반 가족치료: 공유 요소

지난 20년간 이루어진 미국에서의 가족기반 성과 연구는 약물 남용과 정신 건강 문제를 다루는 데에 가족과 협력하는 것의 가치를 지속적으로 지지해 왔다(Szapocznik et al., 2003; Henggeler et al., 1998; Clingempeel & Henggeler, 2002; Liddle, 2000; Landau et al., 2000; McFarlane, Dixon, Lukens, & Lucksted, 2003). 이러한 모델은 전통적인 치료 형태로 접근하기 힘든 내담자 집단에서 시도되었으며, 소외된 집단에서 효과적인 접근법으로 평가되었다. 따라서 이 장은 즉각적인 청각구어 중재를 받을 수 있는 자원과 역량을 가진 가족들이 아니라, 가장 어렵다고 생각되는 가족들을 대상으로 한다. 또한 확대가족, 친구, 성직자 등과 같은 사회적 구성 네트워크를 가족에 포함시켰다.

처음에는 이러한 구조적 틀이 임상가들이 치료 과정을 조직하는 것을 돕는다. 중재는 마지막 목표를 향해 아주 조심스럽게 타협해 가는 단계들로 구성된다. 여기에는 첫째, 참여(engagement), 둘째, 정신교육(psychoeducation), 셋째, 문제 해결(problem solving)이 포함된다. 이러한 단계들은 놀라울 정도로 기초적이거나 전통적인 실제를 베낀 것처럼 보일 수 있지만, 증거기반 가족치료에서는 서비스의 초기 단계에 아주 많은 시간을 할애하며, 이는 이후의 단계들을 부드럽게 진행할 수 있는 기반을 마련한다. "예방에 쓴 약 1그램은 치료에 쓴 약 1킬로그램의 가치를 지니고 있다."는 말이 이를 잘 설명한다. 가족치료 실제의 초창기에는 많은 접근법이 서로 간의 차이점을 강조했고, 공통적 요인 혹은 다음 단계의 중요성에는 거의 주목하지 않았다. 사실, 어떤 중재들의 순서는 순전히 직관에만 의존했다. 그러나 성과 연구가 좀 더 엄격해지자, 성공을 지속적으로 보고하는 데에 필요한 순서와 단계를 개괄하려는 요구가 생겼다.

임상가들은 단계라는 용어를 생각할 때, 다음의 내용을 포함하는 방향으로 발전하였다.

- 시간과 순서: 가족 내의 변화나 특정한 성과를 기대하는 중재는 신뢰와 동기가 분명해질 때까지 보류된다.
- 각 중재의 목적: 목표 설정은 협력 구축의 중요한 부분이다. 왜냐하면 서로 다른 관점이 통합되는 지점이 바로 목표이기 때문이다. 잘 개발된 목표는 '상호 승리하는' 해결책을 위한 분명한 길잡이다.
- 창의적인 대안: 어떤 때는 간접적 접근법이 발달적으로 적절하고, 어떤 때는 직접적 접근

법이 필요하다. 각 중재 형태는 고유의 장점들이 있다. 임상 실제에서 이러한 다양한 중재들은 마치 화가의 팔레트에 있는 여러 가지 색깔과 같다. 증거기반 가족치료는 각종 어려움이 예상되므로 창의성은 또한 융통성에 기여한다. 따라서 이 장에서는 각 단계에 대응하는 이러한 기초 가족기반 단계 및 중재에 대해 살펴본다.

청각구어 실제에서의 가족중재

가족치료의 최첨단 모델들은 지친 가족들이 종종 다른 전문가들과 부정적이거나 힘들었던 경험들을 자주 했다는 것을 인정하고 있다. 이런 가족들은 다시 상처받지 않기 위해 자기보호를 위한 방법들을 고안하였을지 모른다(Cunningham & Henggeler, 1999). 임상가들은 가족이 치료 성과에 전문가보다 훨씬 더 큰 영향을 미친다는 것을 인정하면서, 가족의 신뢰를 얻어야만 하고 겸손하게 다가가야 한다는 것을 안다. 이런 모델들은 '특별한 지식을 강요하는 전문가'라는 전통적 자세와 그리고 단지 '내가 그렇게 말했기 때문에' 부모가 반드시 따라야 한다는 기대를 버렸다. 따라서 개입의 '과학'은 가족의 고충, 희망, 꿈, 즉각적인 필요에 초점을 맞춘다(Diamond, Diamond, & Liddle, 2000; Dakof, Tejeda, & Liddle, 2001). 개입 중재는 단지 아동의 발달 단계에만 관련된 것이 아니라, 부모를 위해 발달적으로 적절한 특별한 목표로 나아가는 것이다(Schoenwald, Henggeler, Brondino, & Rowland, 2000). 이런 접근 방식들은 대립을 피한다. 임상가가 부모와 함께 일할 때, 전문가의 전통적인 계획은 더 큰 '전체'의 부분이 된다(Stonton & Todd, 1981).

고유한 의미에서의 개입

경영이나 의료, 사회복지 분야에서 대부분의 임상 모델은 내담자, 소비자, 환자와 친밀감을 형성해 가는 것의 중요성을 강조한다. 증거기반 가족치료사는 접근하기 힘든 부모의 참여를 유도할 때 무엇이 효과적이고 무엇이 효과적이지 않은지 체계적으로 연구해 왔다. 여기서 개입(engagement)은 친밀감을 넘어 협력이 이루어지기 위해서 꼭 필요한 동기라는 실질적인 문제로 나아간다. 문화적인 문제가 가족의 동기에 매우 큰 영향을 주므로, 개입 중재는 임상가가 가족 문화 문제를 초월하도록 해 주는 태도와 문제 해결에 관련된다(Pantin et al., 2003; Kurtines

& Szapocznik, 1995). 일반적으로 개입은 4단계 과정으로 이루어진다. ① 신뢰감 발달, ② 문화적 쟁점 간의 가교, ③ 도움과 가족의 준비도 연결, ④ 동기 부여된 목표 설정 등이다(Prochaska & Prochaska, 2005; Henggeler et al., 1998).

신뢰감 발달

임상가가 신뢰를 얻지 못한다면 매우 도전적인 상황의 부모를 돕는 것은 불가능할 것이다. 부모의 매일의 필요와 관련해서 임상가는 무엇을 제공해야 하는가? 가족들은 청각장애 아동의 임상적 치료 목적과 직접 관련이 없더라도 임상가가 그들의 부담을 덜어 주었을 때 임상가에 대한 신뢰성이 증가한다(Cunningham et al., 1999; Liddle, 2000). 가족이 짊어진 부담의 정도는 가정기반 과제와 중요한 관리 과정을 학습해야 하는 부모의 능력에 영향을 미친다. 청력손실에 더하여, 흔하게 발생하는 가족들의 부담은 가족 갈등, 각 개인들의 기능 실현, 지역사회나 재정적 체계를 이용하는 것, 보육이나 휴식 시간 조율, 교통 수단의 제한 및 불충분한 재정 등이 포함된다. 따라서 이런 문제들이 떠올랐을 때, 임상가가 진심 어린 공감과 지지를 표현하고 이러한 부담들을 가족 문화의 일부로 인정한다면 신뢰감이 증가한다. 가족들의 부담에 대해 처음부터 대화하는 것이 임상가에 대한 긍정적인 애착을 발전시킬 것이다(Mauksch, Hillenburg, & Robins, 2001).

처음으로 이런 얘기를 들으면 일부 임상가는 "나는 사례 관리자가 아니다." 라고 항의할지 모른다. 충분히 이해할 수 있는 것이, 이렇게 생각하는 임상가들은 이런 개입 활동이 임상가들이 수행하도록 훈련받은 것을 방해할 것이라고 우려한다. 이런 관점을 설명하기 위해 가족치료 전공 학생의 교육과정을 예로 들면, 그들은 자신의 일을 전적으로 '임상적' 으로, 어떤 실제적 쟁점들은 매일의 부담보다 선행 사건(precedence)으로 생각하도록 훈련을 받는다. 사실, 부담의 수준은 일부 가족에게는 문화적으로 민감한 실제에서 중심이 되는 문화적인 쟁점이다. 일부 임상가가 비슷한 조건이고 일단 전체 과정이 성공적이면 이러한 문제들은 사라진다. 은유적으로 표현하자면, 만약 길의 포장이 깨어져서 장비차가 길을 막고 공사 중이라면 돌아가는 것이 효율적이듯이, 어떤 가족들에게는 임상가가 창의적이고 예술적인 방법으로 우회적인 개입을 하는 것이 필요하다.

중재 1: 부담 수준의 평가 초기 중재는 간단하게 10~15분 정도 소요된다. 임상가는 처음 부모를 만났을 때 청각장애 가족 구성원을 돌보는 데 직면한 문제들 외에, 현재 닥친 다른 어려움은 무엇인지 질문할 수 있다. 임상가는 여기서부터 쟁점 목록을 글로 써 내려갈 수 있다. Mauksch 등(2001)은 모든 쟁점을 똑같은 깊이로 다뤄야 할 필요는 없다고 지적했다. 칠판에 쓰거나 다른 사람들이 볼 수 있도록 큰 종이에 써서 목록이 가시화되면 부모를 개입시키는 과정이 시작된다. 쓰는 행위와 쓰는 동안의 눈 맞춤은 청각, 시각과 정서적 수준에서 긍정적 반향과 관심을 주고받는다(Hanna, 2007). 다음은 면담의 이러한 측면에 대한 팁들이다.

- 임상가가 공감할 만큼 부모가 충분한 정보를 전달하도록 여유를 준다. 공감을 가져오지 못할 내용 없는 정보로는 목표를 달성하지 못한다.
- 일단 공감하게 되면, 이를 표현하고, 부모가 목록이 완성되었다고 느낀 후에는 쟁점으로 다시 돌아가도록 권고한다.
- 목록이 완성되면 부모가 각 쟁점을 중요 순서대로 순위를 매기게 하고, 각 쟁점 옆에 순위를 기록한다.
- 임상가가 도와줄 수 있는 쟁점 한 가지와 관련된 것을 찾는다. 때로 이것은 네트워킹이나 문제 해결이 될 수 있다. 또 다른 예는 그들을 위해 알아봐 주거나 다른 방법으로 그들을 옹호하는 것이다. 가족이 모르는 추가적인 서비스를 안내해 줄 곳이 있을 수도 있다. 예를 들어, 어떤 가족이 집에 노부모를 모시고 있으면서 정부 보조금을 받을 자격이 된다는 것을 모르고 있을 때 등이다.
- 문제를 해결해야 한다는 책임감으로 압박을 받지 않는다. 단순히 지지하고 있다는 것을 보여 주거나, 정보를 제공해서 가족들이 그들의 절실한 필요에 임상가가 관심을 가지고 있다고 느끼면 된다.
- 부모가 더 많은 논의 시간을 요구하는 쟁점에 집중한다. 이것은 신뢰 구축 과정의 출발점이다. 부모의 용감한 여정에 대해 걱정과 관심, 기꺼이 도와주려는 마음을 보여 주고 가족의 강점을 반영한다. 낙담하고 압도된 부모를 위해 고결함과 존중의 뜻을 전달함으로써 그들에게 용기를 북돋고 희망을 고무시킬 수 있다.
- 만약 각각의 문제가 청각구어 실제의 목적을 성공적으로 이끄는 데 중요한 요소가 아니라면 모든 문제에 대해 논의할 필요는 없다. 이 중재의 가장 중요한 성과들은, 첫째, 임상가의 공감, 둘째, 낙담한 부모를 위한 격려, 셋째, 가족에게 가장 부담이 되는 쟁점의 파악이다.

이런 몇 가지 초기 단계는 신뢰를 구축하고 즉각적인 청각구어의 관심사를 초월해 배려심 있는 의사소통을 가능하게 한다. 이 단계들은 다른 문제를 다루기 위해 마음을 열도록 해 준다. 진부하나, 단순한 진리는 바로 말보다 행동이 더 중요하다는 것이다.

문화적 쟁점 간의 가교

부담 수준에 더해, 부모의 문화적 배경은 팀의 구성원이 되고자 하는 부모의 동기에 영향을 미친다. 증거기반 가족치료는 중재 방향을 알리기 위해 발달적 위험 요인들에 대한 기존의 자료들을 사용한다(McFarlane, 2002; Henggeler et al., 1998; Dakof et al., 2001). 가족기반 실제에서 발달적으로 적합한 실제는 다양한 관점과 요인에서 '가족의 상태'를 조사하는 것과 관련된다. 이를 달성하기 위해 아동의 복지에 대해, 그리고 가족이 편안하게 받아들이는 수준에 비추어 궁극적인 법적 · 심리적 책임을 지고 있는 가족 구성원을 참여시킨다. 문화의 몇 가지 수준은 임상가가 조기에 적절히 다루지 못한다면(Stratford & Ng, 2000; Kalyanpur, Harry, & Skrtic, 2000; Marchall, 2000; Mutua & Dimitrov, 2001) 성공적인 개입을 방해한다. 초기 보고에서는 가족들이 협조적인 것 같으나 나중에 경험해 보면 문화적 또는 표현 방식의 전통 때문에 가족들이 단순히 예의를 차린 것뿐일 때 발달적 부조화가 발생한다(Cunningham et al., 1999). 가족들의 상태가 실제로 어떤지를 알기 위해서는 임상가의 방향과 비교하여, 성별과 문화에 대한 평가를 함으로써 가족 내 '하위 문화'를 밝혀낼 수 있다. 다음 세 가지 중재는 임상가가 이러한 중요한 과업을 수행하도록 돕는다. 연결을 짓는 과정은 처음에 충분한 호기심과 공감으로 이루어진다. 추후 문제 해결 과정에서 이와 같은 문제들이 같은 종교를 가진 사람들이 교육과 지원 회기에 참여하게 되는 것과 같은 특정한 방향성의 초점이 된다.

중재 2: 가족 연대기 청각구어 실제는 다양한 평가를 포함한다. 임상가가 유연하고 의도적으로 중재를 할 때 가족기반 실제에는 치료적인 가치가 있는 평가 전략이 사용되는데, 가족 연대기가 바로 그런 중재다(Caron, 1997). 가족들에게 치료 계획에 함께할 것을 요청하기 전에, 임상가는 가족의 이야기를 듣고 특히 청력손실 문제가 발생하기 전에 가족들이 어땠는지 알 수 있도록 연대기를 만들기 위해 가족 구성원들을 초대할 수 있다. 이 활동은 가족들이 말하고 싶은 이야기가 얼마나 많은가에 따라 혹은 스케줄에 따라 2~3회기가 걸리기도 한다. 이때 가족들이 긍정적인 반응을 보이면 급하게 몰아붙이지 않는 것이 중요하다. 때로는 미팅이 가족들의 연례 모임과 같은 날에 이루어질 수도 있다. 좋은 의지는 임상가의 신뢰감을 증가시키며, 일반적인 단계들은 다음과 같다.

가족의 난점	가족의 강점
• 갈등 • 오해 • 죽음 • 사고 • 질병 • 경제적 문제 • 행동 문제 • 폭력 • 차별 • 정치적 불안감	• 서로 돌본다. • 서로에게 최고가 되고자 한다. • 가족 회의에 참석하기 위해 시간을 낸다. • 큰 어려움을 견뎌 내고 여전히 가깝게 지낸다. • 열심히 일한다. • 용감하다. • 용서한다. • 한마음으로 팀워크를 보여 준다. • 의견 일치가 안 될지라도 포기하지 않는다.
가족의 대처 전략	**가족의 성공**
• 유머 감각이 있다. • 신뢰가 있다. • 낙관적이다. • 즐긴다. • 대립을 피한다. • 조심성 있고 보호적이다. • 교육과 다른 사람들의 도움을 청하고 받아들인다. • 고통스러울지라도 서로 정직하다.	• 가족 모임에 참석 • 임상가와 정보 공유 • 가족을 지지하기 위해 매일 일함 • 다른 사람의 필요를 매일 살핌 • 어려움을 인내하고 극복함 • 어려운 기간을 이겨 냄 • 부당한 경험에 대해 품위 있게 대함 • 필요로 하는 서비스를 획득함 • 사랑하는 사람의 편이 되어 줌 • 가족과 다른 사람을 위해 봉사함 • 어려운 결정을 내림 • 나쁜 취미를 극복함 • 어려운 일을 할 수 있음을 입증함 • 가치 있는 목적으로 다른 사람들을 이끎 • 영웅적인 행동을 함 • 자신의 양심을 따름

[그림 13-1] 가족 이야기에 대한 제안

① 가족의 중요한 측면을 이해하려는 태도를 표현한다. 가족들이 경험한 내용을 이용해서 이야기를 구성하도록 격려한다. 가족들의 이야기를 녹음하는 등 그들이 공유한 정보를

박스나 파일에 넣거나 저장하는 다른 방법이 사용될 수도 있다.

② 가족과 확대가족 구성원을 초대하는 과정에서 타협한다.

③ 네 가지 중요한 주제인 강점, 대처 전략, 도전, 성공 요인에 대해 설명한다.

④ 3대에 걸친 가계도를 그린다. 구성원들에게 가족 내에서 중요한 사람에 대한 이야기를 하도록 요청한다(이 장의 '부록: 가계도 예시' 참조).

⑤ 시간적 순서에 따라 중요한 사건들을 기록한 연대기를 그린다(Hanna, 2007; Suddaby & Landau, 1998). 각 사건이 가족에게 어떤 영향을 미쳤는지, 무엇을 배우고 어떻게 대처했는지, 가족 구성원 각 사람에게 순서대로 질문한다.

• 강점이나 미덕 등을 반영한 이야기를 가족들에게 제공한다([그림 13-1] 참조).

가계도와 연대기는 [그림 13-2]처럼 전략적 질문들로 구성된 시각적 활동을 제공하므로 가족치료에서는 일반적인 중재로 사용된다. 이러한 전략적 질문들은 가족들이 그들의 유산, 사회적 환경, 도움을 주는 전문가들, 가족들과의 유대관계에 대해 어떻게 생각하는지에 영향을 주는 다양한 문화를 조사할 수 있게 해 준다.

가계도는 큰 종이와 이젤을 써서, 세미나 형식으로 집단에 적용할 때 최대의 효과를 낸다(Hanna, 2007). 그러나 집에서도 사진과 기념품 등을 부엌 식탁에 펼쳐 놓고 작은 모임으로도 할 수 있는데, 이 과정 또한 따뜻하고 즐거운 활동이 될 수 있다. 아이들이 참석하면 이벤트나 사람에 대해 그림을 그리거나 애완동물이나 좋아하는 장난감을 그려 넣을 수도 있다. 어른들은 이야기가 있는 사건과 사람들의 사진을 공유할 수 있다. 이런 활동의 목적은 강점, 대처 전략, 도전과 성공에 대해 배우는 것이다. 이러한 것들이 강조되면 임상가는 가족들의 문화를 존중하고 즐기게 된다. 이런 시간을 가짐으로써 가족들은 임상가에게 긍지와 성취의 현재 모습을 보여 줄 수 있다.

임상가는 가족들의 연대기를 보면서 다음 질문들을 배경에 계속 가지고 있어야 한다.

① 누가 가족이고 누가 확대가족인가?

② 그들이 함께 어떤 일을 겪어 왔는가?

③ 가족 이야기에서 강점과 미덕은 무엇인가?

이러한 질문에 대한 대답은 강점, 대처 전략, 도전과 성공에 대한 이야기로 임상가를 이끈다.

임상가들은 실제 예를 직접 묻거나 이야기 속에서 예([그림 13-1] 참조)를 찾을 수 있다.

이러한 이야기하기는 임상가와 가족이 서로 유대관계를 갖도록 도와준다(Cunningham et al., 1999). 그들이 살아온 방식으로 그들의 삶을 바라보는 것이 중요하다. 이야기에서 가족들의 의도를 칭찬하고, 좌절에 대한 안타까움을 표시하고, 강점이 미래에 어떻게 도움이 될지 강조하면 그들은 안심하고 편안해한다(Epston & White, 1992). 청각구어 중재의 후반 단계에서 임상가들은 이런 연대기를 구성함으로써 빛을 보게 된 강점 위에 구성된 많은 제안과 방법이 있다는 것을 알게 될 것이다(Caron, 1999). 이런 연대기 없이는 가족의 삶에 전체적으로 연결되지 못함으로써 중재의 후반 단계에서 밋밋해질 수 있다. 예를 들어, 연대기에서 이야기된 것을 통해 아동의 청각장애에 대한 슬픔을 극복하도록 돕는 중재가 이루어질 수도 있다. 임상가가 청각장애 진단 이전의 삶에 대해 알게 되면 지시와 지도를 통해 좀 더 이른 단계에 가족이 행복을 되찾도록 도울 수 있다.

이와 동시에 가족 연대기는 연합과 단절 간의 긴장을 가져오는 주된 문화, 가족들의 유산, 가족 내 소문화에 대해 가족이 겪었던 경험을 밝혀낸다. [그림 13-2]에 있는 질문들은 가족들이 이런 문제와 관련해 특히 가족 구성원들이 겪은 정서적인 영향에 대한 경험을 설명하도록 돕는다. 이러한 논의는 임상가가 좀 더 공감하고 염려하며 지원할 수 있도록 촉진한다. 더불어, 가족 연대기에 나타난 어려운 문제들을 중립적이거나 긍정적인 방식으로 다룰 수 있다(Hanna, 1997; Hanna, 1995). 가족치료에서는 이것을 '재구성(reframing)'이라 부른다. 이러한 예로는 어려운 문제에 대한 설명을 할 때 가족의 강점, 성공과 대처 전략을 사용하는 것이 포함된다. 참여하는 사람들이 대화를 주도하면 그 사람들은 관심을 가지고 걱정하고 있는 것으로 볼 수 있다. 분노는 두려움이나 상처받은 감정으로 재구성된다. 지시를 끝까지 따라가지 못하는 것은 임상가가 너무 빨리 진행하고 있다는 신호다. 가족 구성원들이 가족 미팅을 피하는 것은 그들이 직장이나 학교 등의 일에 매우 바쁘다는 것을 보여 준다. 어떤 경우에도 비판이나 대립은 피해야 한다(Griffith & Griffith, 1994). 대신에 협조의 부족이, 청각장애를 알고 각 사람이 직면하게 된 딜레마를 보여 주는 메시지인지 고려해야 한다. 더 많은 임상가가 수용할 수 있는 방법으로 최근의 행동을 재구성할수록 더 많은 가족이 협조적이 될 것이다.

연대기를 만드는 것은 모든 구성원이 공평한 경청의 기회를 얻은 후에, 다양한 의견을 인정하고 이후의 문제 해결을 위한 목표가 '상호 승리하는' 해결책을 달성하는 것으로 이루어지리라는 것을 가족 구성원들에게 분명하게 하는 시간이다. 과정 중에 이러한 단계에 오기까지 임상가들은 각 구성원의 관심사와 중요한 관점을 알아주어야 한다. 예를 들어, 부부간(조부모 또

가계도에 사람이나 가족 집단 외에 간단한 메모(부록 참조)를 함으로써 다음과 같은 질문에 대한 답변을 기록할 수 있다.

A. 가족의 국가, 민족 혹은 인종 정체성 확인; 만약 구성원들이 그들의 환경에서 주변인처럼 느낀다면, 청각장애 이전에 혹은 청각장애로 불공평함을 경험한 적이 있다면,
 1. 청각장애를 경험하기 이전에, 당신이 아는 다른 가족들과 당신의 가족은 어떤 점이 독특하고 특이했습니까?
 2. 당신은 중요한 유산을 가진 집단의 출신입니다. 당신의 가족력에서 가장 자랑스러운 것은 무엇입니까?
 3. 당신의 문화 집단에 있는 다른 사람들과 비교했을 때 당신의 가족은 무엇이 가장 독특하고 특이합니까?
 4. 정의롭지 못한 점은 무엇입니까? 당신의 문화적/인종적 정체성에 대해 불공평하게 느껴졌던 경험이 있습니까?
 5. 청각장애를 경험한 다른 가족들과 비교했을 때 그들과 다르다고 느끼는 측면들이 있습니까?

B. 어머니의 과도한 부담이나 아버지의 불공평한 고정관념처럼 가족의 안녕에 핵심적인 역할을 하는 성역할
 1. 어머니와 아버지는 서로 얼마나 다릅니까?
 2. 일반적으로 (청각장애와 상관없이) 다른 여성들과 비교하여 어머니는 얼마나 독특합니까?
 3. 일반적으로 (청각장애와 상관없이) 다른 남성들과 비교하여 아버지는 얼마나 독특합니까?

C. 같은 위치를 공유하거나 특정 행동을 취할 수 있는 청각장애인 하위 문화 집단
 1. 농 사회에서 당신이 경험한 것 중에서, 큰 집단과 다른 생각이나 의견이 있습니까?
 2. 건청 사회에서 당신이 찾은 지원의 근원은 무엇입니까?

D. 특정 문제에 대해 입장을 취할 수 있는 건청인 하위 문화 집단
 1. 확대가족 중에 청각장애에 접근하는 방식에 대해 어떤 견해 차이가 있습니까?
 2. 청각장애 문제 외에 다른 가족 구성원들이 동의할 수 없는 다른 문제가 있습니까?
 3. 당신이 속한 다른 친구들이나 집단은 어떻습니까? 그들이 당신이 이러한 문제에 어떻게 접근해야 하는지에 대한 의견을 표명한 적이 있습니까?

E. 선진국에서 남을 돕는 전문가들의 문화를 낯설어하는 가족의 신념, 철학, 전통
 1. 당신의 전통에서 가족들은 보통 어떻게 다른 사람들의 도움을 받습니까?
 2. 당신이 도움이 필요할 때 교회, 이웃이나 지역사회에서 도와줄 만한 사람이 있습니까?
 3. 그들은 청각장애를 어떻게 봅니까?

F. 수적으로 열세에 있다고 느끼는 가족 구성원
 1. 가족 중에 누가 당신과 가장 가깝습니까? 누가 가장 도움을 줍니까?
 2. 누가 가장 도움이 안 됩니까? 누가 가장 동의하지 않습니까?
 3. 가족 중에 멀리 떨어져 있는 사람은 누구입니까?

G. 청각장애 이전에 상실을 경험한 이야기, 최근의 슬픔 정도 등
  1. 당신의 삶에서 겪은 세 가지 가장 어려운 경험들은 무엇입니까?
  2. 그러한 어려움들을 이겨 내는 데 도움이 된 것은 무엇입니까?
  3. 그러한 경험은 오늘날의 당신에게 어떠한 영향을 미쳤습니까?

[그림 13-2] 문화와 하위 문화를 조사하기 위한 가계도 질문

는 부모 중 한쪽)에 활동에 참여할지 어떨지 의견 일치가 되지 않으면 호기심과 전략적인 질문들이 탈구축(deconstruction)이라 불리는 과정을 통해 모든 입장을 편견 없이 이해할 수 있도록 해준다. 이런 쟁점들이 나타났을 때 임상가들은 가족치료에서 '다측면적 편파성(multidirected partiality)'으로 알려진 입장을 취한다. 이러한 입장은 각 가족 구성원이 중요한 쟁점에 대해 어떻게 견해를 확장시켜 나가는지에 대한 이해를 추구한다(Boszormenyi-Nagy & Krasner, 1986; Epston & White, 1992).

중재 3: 탈구축 [그림 13-3]은 어떻게 사람들이 특정한 견해에 도달해 가는지를 조사하는 질문들을 개괄하고 있다. 이러한 질문들은 쟁점에 대한 중요하고 개인적인 경험들을 들춰낸다. 나아가 제대로 받아들이면, 임상가와 가족 구성원이 이러한 요인들이 얼마나 강한지를 발견하게 되는 '아하'하는 순간을 가져오는 질문들이 있을 수 있다. 질문은 가족 연대기를 만드는 중에 할 수도 있고 혹은 팀의 양편 간에 의견 불일치가 발생하는 그 어떤 시간에도 사용될 수 있다. 질문들이 보여 주는 것처럼 많은 요인이 중요한 인생의 사건들(과도기, 손실, 트라우마 등)이 일어날 때 혹은 중요한 사람들의 영향으로부터 발생한다. 이러한 문제들이 확실해지면 전략적 질문들은 가족 구성원들이 변화할 준비가 되도록 자극하는 간접적인 중재가 된다.

탈구축 과정 중에 가족 구성원들의 세계관과 도움을 주기 위한 준비에 관한 가치 있는 정보를 발견한다. 친근하고 비공식적인 환경에서 탈구축은 치료 계획을 방해할 수 있는 가족 요소에 초점을 둘 수 있다. 이것은 조사하는 질문으로 시작해서 어떻게 변화에 대처할 수 있을지 상상하는 질문으로 끝난다는 것을 명심한다. 이러한 섬세한 진전은 변화의 씨앗을 심는, 너무 요구하지 않으며 공감적인 방법이다. 질문들이 아동의 안녕과 부모의 개인적인 딜레마에 초점을 맞추고 있으면 임상가들은 이러한 논의를 '마을의 어르신들', 확대가족이나 사회적 네트워크 중에서 전통을 지키는 역할을 하는 사람들을 초대해서 논의하는 과정을 통해 이득을 얻을 수 있다(가족 미팅에 대한 이후의 내용 참조). 강한 의견을 유지하는 요인들을 평가함으로써 긍정적

탈구축 질문

그 이야기를 할 때 당신은 어디에서 왔나요?
당신이 어떻게 그 결론에 이르렀는지 이해할 수 있도록 도와주시겠습니까?

이 결론에 도달하도록 한 과거의 경험은 무엇입니까?
살면서 당신의 관점에 영향을 주었던 환경은 무엇입니까?

당신의 삶에서 이러한 생각을 지지해 준 특정한 사람들이 있습니까?
당신이 속한 집단 중에 이러한 관점을 지지하는 특정한 집단이 있습니까?

당신이 속한 집단에서 대부분 가지고 있는 견해들은 무엇입니까?
당신의 집단에서 만약 누군가가 반대 의견을 보이면 무슨 일이 일어나겠습니까?
당신이 가장 신경 쓰는 사람들 중에서 다른 견해를 수용하는 것을 반대할 가능성이 있습니까?

다른 견해를 받아들이는 것이 당신의 삶을 위태롭게 합니까?
다른 견해를 고려하도록 용기를 낼 수 있게 도와주는 것은 무엇입니까?

당신이 전통 밖의 다양한 견해를 수용할 수 있다면, 당신과 이전의 영향력 사이에 생길 수 있는 긴장에 어떻게 대처하겠습니까?

동기를 부여하는 질문

이러한 영향권에 충실하게 남아 있는 것이 가장 잘 사는 길입니까? 아니면 당신은 전통에 과감히 맞설 용기를 내는 것에 대해 관심이 있습니까?

당신은 저의 지원을 받고 있다고 보고, 다른 사람들도 제가 당신에게 제공한 청각장애에 대한 똑같은 교육을 받을 수 있다면, 그것이 도움이 되겠습니까?

만약 당신이 새로운 행동 과정을 따라왔다면 이것이 당신의 희망과 꿈에 어떠한 영향을 주었습니까?

(White, 1990에서 인용)

[그림 13-3] 탈구축: 특정 견해를 발달시키기 위한 과정

이고 존중하는 관계를 지키도록 한다. 이는 또한 각 가족 구성원으로부터 기대할 수 있는 도움의 정도에 대한 실마리를 제공함으로써 임상가들의 발달적으로 적절한 실제를 도울 수 있다.

도움과 가족의 준비도 연결

일부 중재는 가족 구성원들이 한 입장에서 다른 입장으로 전환하도록 돕는다(Brown et al., 2000; Prochaska et al., 2005). 연구들은 사람들이 생활 방식에 확실한 변화를 줄 때, 사전 고려 단계, 고려 단계, 준비 단계, 행동 단계, 유지 단계로 알려진 진전의 단계들을 밟는다고 보고했다. 적절한 정보와 질문이 어떤 사람의 변화의 단계에 적절하면 한 단계에서 다음 단계로 넘어가도록 도울 수 있다. 적절하지 않은 접근은 진전을 방해한다(Miller, 2000; Meyers, Miller, Smith, & Tonigan, 2002; Brown, Melchior, Panter, Slaughter, & Huba, 2000). 많은 임상가는 가족들이 그들의 계획에 즉각 협조하기를 바라기 때문에 어떤 가족이 사전 고려 이전 단계에 있다면 아마도 실망스러울 것이다. 그러나 누가 어떤 단계에 있든지 인내하고 수용하는 것이 궁극적인 변화의 가능성을 증가시킨다. 역설적으로, '천천히 하는 것'이 곧 '빠르게 가는 것'이다.

[그림 13-4]는 청각구어 중재 실제에 참여하는 가족들에게 동기를 부여하는 방향에 대한 몇 가지 추천 사항을 개괄한 것이다. 사전 고려 단계에서 교육은 부모가 새로운 계획을 고려하도록 동기를 부여한다. 가족치료에서 증거기반 모델은 변화를 위한 위험 수준이 낮으므로 교육과 훈련에 일반적으로 사용된다. 많은 사람이 압박감이 낮은 환경에서는 기꺼이 정보를 수용한다. 임상가가 정보를 제공하도록 허용하는 것은 사실 변화를 향한 작은 단계이지만 그 가치는 매우 크다. 임상가가 강의 형태를 피하고 친근하고 비공식적인 환경을 유지한다면, 별도의 가족 구성원들과 함께하는 교육은 새로운 가능성을 찾을 수 있도록 편안한 포럼 형태로 제공하도록 한다.

고려 단계에 있는 사람들은 자신이 없고 양면적이다. 그러나 [그림 13-3]의 지침과 비슷하게 장점과 단점에 대해 조사해 보는 것이 부모가 더 협조적이 되기 위해 앞으로 나아가는 데에 필요한 새로운 자신감의 씨앗을 심는 것과 같다. 변화 모델의 이 단계는 임상가가 가족들과 함께 치료를 계획하는 데에 측정 가능하고 친화적인 접근을 할 수 있도록 안내할 수 있다. 변화를 향한 이러한 단계들은 가족들은 그들의 아이들에게 가장 좋은 것을 행하고자 하는 욕구와 상당히 다른 요인들을 가지고 있다는 것을 임상가들에게 상기시켜 준다. 이러한 단계를 거쳐 진전해 나가는 것이 어떤 사람에게는 빠르게, 또 다른 사람에게는 천천히 나타날 수 있으나, 임상가는 한 단계에서 다음 단계로 진행되고 있다는 것을 느끼도록 도와준다. 변화의 단계를 아는 것은 동기부여를 위한 목적 설정에 중요한 준비 과정이다.

지금까지의 개입 단계를 요약하면, 임상가들은 가족 연대기를 구성하는 동안 가족들의 부담의 수준을 파악하는 것을 통해, 그리고 공감, 존중과 긍정적인 재구성을 통해 신뢰감을 향상시

사전 고려 단계
이 사람은 변화에 대해 생각하지 않는다.
이 사람은 문제가 될 가능성이나 변화의 가능성을 인식할 수 있게 됨으로써 비위협적인 정보에서 이득을 얻을 수 있다.
현재 입장에 대한 회의(doubt)를 알려 주기 위한 정보 및 교육
공감과 협력(만약 다른 사람에 의해 강제로 의뢰된 경우)

고려 단계
이 사람은 결정을 못하고 변화에 동요한다(내담자가 아닌 방문자).
이 사람은 객관적인 평가를 추구할 것이다.
장점과 단점을 강조하기 위해 공격적이거나 미성숙한 대면이 아닌 탐구를 한다.
내담자 교육은 양면성을 다루기 위한 효과적인 도구다.

준비 단계
이 사람은 문제를 해결하기 위해 특정한 단계들을 밟아 나간다.
이 사람은 변화를 위한 결정에 더 자신감을 가지고 있다.
이 단계에 있는 사람들은 다음 달 내로 행동을 취할 계획이다.
지침이나 치료 옵션이 이 사람을 격려하는 데 도움이 될 수 있다.

행동 단계
이 사람은 변화를 가져오기 위해 특정한 행동을 취하고 있다.
이 사람은 행동과 환경을 외적으로 수정할 것이다.
이 사람의 변화를 위한 진정성은 아직 불안정하다.
지원과 격려는 결정을 강화하기 위해 중요하다.

유지 단계
이 사람은 행동을 달성하기 이전에 변화를 유지한다.
이 사람은 악화를 막기 위한 조치를 취한다.
이 사람은 새로운 기술의 필요성을 발견한다.
감정 풀기와 문제 해결 전략에 대한 교육은 새롭고 건강한 패턴을 발달시키는 데에 도움이 된다.

[그림 13-4] 연속적인 변화의 단계

킨다. 이러한 활동이 문화로 통하는 다리 역할을 해 준다. 다음으로, 임상가들은 가족들이 과업을 도울 준비가 되어 있는지 조사한다. 아동의 진전을 위한 특별한 목적에 대해 가장 바람직한

수준으로 돌보기 위한 준비도는 가족에 따라 다양한 단계일 것이다. 준비도의 단계는 정서적 · 심리적 · 문화적 또는 경제적 부담과 관련되어 있을 수 있다. 따라서 이런 쟁점들을 치료 계획으로 통합하는 것은 장벽을 제거하고, 부모의 안녕을 분명하게 포함하여 부모를 계획에 넣어 제시한다. 그러고 나면 이런 목적들은 상호 지원을 추구하는 팀을 원하는 임상가의 뜻을 전달한 것이다.

중재 4: 동기부여된 목표 가족의 발달 및 개인의 삶(예: 첫아이, 신혼부부, 중년 가족의 가장 어린 자녀, 각자 살고 있는 재혼하지 않은 부모)을 포함하는 발달적인 맥락에서 청력손실이 발생했다면, 이때가 바로 발달적으로 적절한 실제가 특히 중요해지는 시기다. 그러므로 목표는 각 삶의 단계에서의 독특한 어려움을 인정해야 한다(Rolland, 1994). 예를 들어, 청력손실은 갑자기 혹은 서서히 발견될 것이다. 청력손실의 발견은 가족의 적응에 어떠한 영향을 주었는가? 가족 내 성장의 어떤 과정을 방해할 수 있는가? 개발도상국의 경우 가족들은 청력손실을 치료받을 수 있는 재정적인 수단이 없을 수 있다. 가족 성장의 연속선상에서 청각장애 아동뿐만 아니라 건청 아동을 위한 중요한 발달 단계를 나타내는 발달적 목표를 포함하는 것은 중요하다. 부모가 아이 없이 외출하거나 아이의 친구들을 초대하는 것과 같은 간단한 일들이 청력손실을 발견한 후 스트레스가 시작된 초기에 중단될 수 있다. 임상가는 가족들이 이웃과 지역사회에의 참여를 회복하고 지역사회의 일원으로서 그들의 권리를 찾도록 도울 수 있다(McFarlane, 2002).

이러한 문제들은 가족 연대기에 나타난다. 그것은 전통적인 치료 계획을 보완하는 의미 있는 목표 설정을 위한 토대가 된다. 손실은 시간적인 순서로 연대기에 기록되어 있다. 이 장의 앞부분에 설명한 중재 1에서 가족의 안녕에 중요한 의미가 있는 가족들의 부담을 확인하였다. 임상가는 가족들이 이러한 문제를 극복하기 위해 함께할 수 있는 방법이 무엇인지 조사한다.

꿈과 희망 이에 더하여, 각 가족 구성원은 자신 및 다른 사람에 대한 꿈과 희망을 가지고 있다. 그것들이 무엇인지 가계도에 있는 적합한 사람 옆에 쓰도록 한다. 각 사람에게 그들의 꿈과 희망을 생각하고 써 볼 시간을 준다. 이러한 것들이 청각구어 중재를 하기 위해 필요한 희생을 하고자 하는 생각을 불어넣는가? 때로는 이러한 것들을 보여 주고 가족 구성원들에게 상기시켜 줌으로써 힘든 나날을 겪고 있는 누군가에게 힘을 줄 수 있다(Landau-Stanton et al., 1993).

후회하지 않기 부모가 고통, 좌절, 탈진과 분노의 상태에 있을 때 '후회하지 않기'가 중재의 목표가 될 수 있으며 다음과 같은 내용을 언급할 수 있다. "나는 당신의 아들이 더 나은 삶을 누리도록 하기 위해 당신이 열심히 노력해 왔으며 많은 희생을 했다는 것을 알 수 있습니다. 이 모든 세월 후에 지금의 새로운 상황이 당장에는 어렵게 보일지라도, 나는 당신이 최선을 다했다고 말할 수 있습니다. 바로 지금, 나는 당신이 어떤 죄책감이나 후회를 갖지 않도록 당신을 보호하고 싶습니다. 당신이 후회하지 않고 당당히 머리를 들고 아이를 돕기 위해 가능한 모든 것을 했다고 말하게 되리라고 확신을 갖도록 하는 것이 나의 일입니다. 당신에게 권하고 싶은 것들이 몇 가지 있을 뿐입니다. 나는 그 길의 모든 단계에서 당신과 함께할 것입니다. 우리가 함께한다면 아이가 얼마만큼 발전하는지에 상관없이 적어도 당신은 할 수 있는 모든 것을 했고 후회는 없다고 말할 수 있게 될 것입니다. 그것이 바로 내가 당신에게 바라는 것입니다. 하루에 하나씩 해 봅시다. 한번 시도해 보지 않겠습니까?"

가족들이 확신을 못 가지거나 뛰어들지 못하는 것은 그들은 압도되었다는 것을 뜻한다. 이런 경우에는 변화의 단계와 부담의 수준에 맞는 목표를 설정하는 것이 필요하다. 다음은 목표들의 이상적인 조합이다.

① 개인의 발달 돕기(희망, 꿈, 여유, 여가, 친교, 슬픔 해결, 후회하지 않기)
② 부담 다루기(역할, 책임, 팀워크, 문제 해결, 자원)
③ 변화의 단계 맞추기([그림 13-4]; 즉, 장점과 단점 탐색, 교육, 지침 획득)
④ 실제에 연관 짓기(참여, 활동, 교육, 강화)

이 안에 그들을 위한 무엇인가가 있다는 것을 구성원들이 본다면, 그들은 힘을 얻고 필요한 희생을 결심하게 된다(Cunningham et al., 1999). 임상가는 부모가 탈진하지 않도록 작은 성공에 기반을 두고 부모와 함께 목적을 조율한다. 더불어, 각 부모 교육 회기에서 배려와 공감, 격려를 제공한다. 부모들은 임상가가 그들의 안녕을 보살피고 있다는 것을 확신하게 된다. 그러고 나면 임상가는 멘토가 되어 그들의 노력과 좋은 의도를 동시에 통합하여 가족들과 친구들, 전문가 네트워크를 돕게 된다.

청각장애의 영향을 받은 가족들에게는 이런 형태의 목표 설정이 가장 호소력이 있다. 가족들의 부담 수준이 높고 그들이 사회적인 고립이나 차별을 받고 있다면, 임상가는 청각장애에 더하여 여러 가지 사회적인 어려움에 대처하는 용감하고 고귀한 행동을 하도록 도와야 할 것이다. 성공적으로 대처했거나 희생하고 함께 노력하는 것과 같은 성취를 인정해 줌으로써 가족 구성원들의 사기를 북돋울 수 있다. 이렇게 인정해 주는 것은 친구들과 교사들에게 그들이 얼마나 중요한 기여를 하는지 알려 준다. 따라서 이러한 목표 설정은 임상가의 책임을 문서화하는 것 이상이 된다. 그들의 연대기의 다음 장을 쓰는 것이 바로 가족들을 위한 계획인 것이다. 임상가와 가족 구성원들은 의미 있고 동기부여된 목표를 가지고 함께 일한다. 작은 단계들이 성취되어 갈 때, '유리잔이 절반이나 차 있다'고 보는 관점을 유지하는 것이 중요하다. 임상가가 현재의 동기부여 수준을 받아들이고 가족들의 강점을 보게 되면 가족들은 교육 회기와 가족 미팅에 좀 더 참여하려는 경향을 보일 것이다.

정신교육

변화의 단계들이 제안하듯이, 때때로 교육은 사람을 앞으로 움직이게 하는 중재가 된다. 임상가가 개입 중재에 대한 긍정적인 반응을 보게 되면 가족기반 중재의 두 번째 국면이 시작된다. 이 단계는 가족 교육 과정과 교육자, 옹호자로서의 임상가 역할을 포함한다(Parry & Duncan, 1997; Rhoades, 2006). 증거기반 가족치료에서 정신교육은 교육적 적용을 방해할 수 있는 장벽에 대한 주의를 포함한다(McFarlane, 2002; Hanna, 2007). 가족들은 지식을 배울 수 있으나 때로는 그것을 실제로 옮기기 어려워할 수 있다. 이때가 바로 정신교육이 특히 도움이 될 때다.

가족 미팅의 개최

가족 정신교육의 실질적인 성공은 심리적 · 의학적 · 교육적 세팅으로 퍼져 나간다(McFarlane, 2002). 이것은 10~20명이 참여하는 위협적이지 않은 교육적 세미나로 시작된다. 자기를 드러내는 것에 부담을 느끼지 않는 사람은 없다. 이 교육에서는 가족 구성원 어느 누구에게도 직접적인 초점을 맞추지 않고 오직 가족의 상태에 대한 정보, 성공적인 치료, 상황이 가족에게 미치는 영향, 무엇이 도움을 주고 도움을 주지 않는지, 어떤 구성원이 그들의 문제를 자발적으로 공유하는지 등에만 초점을 맞춘다. 모든 참가자는 그들의 노력에 대해 존중받는다. 리더들은 마치 사교 클럽을 시작하는 것처럼 따뜻하고 온화하게 진행한다.

청각구어 실제를 시작하는 것에 어려움을 느끼는 가족 구성원들을 가족 미팅에 참여시키는 것은 중요하다. 중재 1~4는 임상가가 가족 구성원들을 참여시키고 동기를 부여하는 데에 도움이 된다. 다음으로, 중요한 가족 구성원들 모두에게 팀워크의 중요성에 대해 알려 준다. '모두'라는 말은 가족 외에도, 청각장애를 가진 사람을 걱정하고 돌보는 많은 사람이 있다는 것을 강조한다. 비록 '모두' 참여하는 가족 미팅은 거의 없지만, 임상가가 큰 그림을 가지고 시작한다면, 결국에는 부모와 가족을 위한 자원이 되는 사람들이 더 많아질 것이며 부담은 가벼워지고 임상가는 참가자의 수에 더 큰 영향을 주게 될 것이다. 또한 참가자들은 교육과 정보를 주는 것을 목적으로 하는 환경을 편안하게 느낀다.

다음의 대화는 가족 교육 미팅이 어떠해야 하는지를 보여 준다. 임상가가 탈구축에서 시어머니의 영향에 대해 알게 된 후에는 다음과 같은 방식으로 대화를 이끌어 갈 수 있다.

어머니: (어깨를 으쓱하며) 모르겠어요. 그건 앞으로 일어날 일이 무엇인지에 달려 있다고 생각해요.

임상가: 맞아요, 새로운 분야에는 모르는 것이 많이 있을 수 있어요. 이전에 시어머니와 다른 의견을 가졌던 경험이 있나요?

어머니: 음, 제니스가 태어나기 전에 남편이 직장을 잃었던 적이 있고, 시어머니는 내가 일하는 시간 동안 아이들을 보모에게 맡기는 것을 좋아하지 않으셨어요. 지금은 남편이 직업을 다시 가졌고 문제는 없습니다. 그 기간은 길지 않았어요.

임상가: 그렇군요, 그러면 그때 당신은 일을 할 수 있었다는 거네요.

어머니: 예, 시어머니가 결국 아이들을 맡아 주셨어요. 그분이 아이들을 보호하는 방식이죠.

임상가: 그러면 시어머니는 아이들을 진정으로 돌보시는 것처럼 들리는데요, 시어머니께서 자기 생각이 강하시긴 하지만요.

어머니: 아, 그래요, 시어머니는 아이들을 굉장히 사랑하시죠. 그것에 대해서는 의문의 여지가 없어요. 시어머니는 어미닭 같으셔요.

임상가: 제니스를 새로운 방법으로 돌보는 데에 시어머니의 도움과 협조를 얻는다면, 당신에게 여러 가지로 좀 쉬워질까요?

어머니: 물론이죠. 때로는 시어머니께서 어떻게 생각하실지 몰라서, 나는 그냥 이 일에 시어머니를 연관시키지 않으려 해요. 이해하시겠어요?

임상가: 그래요, 때로는 그렇게 하는 게 더 쉬워 보인다는 것을 나도 알아요. 아마도 실험적으로 시어머니에게 약간의 정보를 주고 시어머니께서 어떻게 말씀하시는지 들어본 후에, 어머니를 좀 도와주실 수 있는지 협조를 구해 볼 수 있지 않을까요? 때로 사람들은 한 가지만 생각하지만 시간이 지나면서 새로운 생각에 익숙해지기도 하니까요.

어머니: 네, 남편은 그래요. 처음에는 제니스를 위한 부가적인 교육이 필요하다고 생각하지

않았지만 간호사가 말해 주고 나서 지금 더 나아지고 있어요.

임상가: 아, 그렇군요. 좋네요. 그러면 남편과 시어머니와 함께 가족 미팅을 하자고 요청할 수 있지 않을까요? 오래 걸리지 않을 거예요. 제 소개를 하고요, 남편과 시어머니께서 제니스에게 도움이 되는 것이 무엇이라고 생각하는지 알아낼 수 있어요. 어머니는 본인 생각을 덧붙여 주시면 되고요. 그러고 나서 다른 사람들은 청각장애가 있는 사람들을 도와주는 방법을 어떻게 배우는지 모두에게 알려 드릴게요. 우리는 한 번에 한 단계씩 밟아 나가고 제니스가 좀 더 독립적이 될 때까지 도와주기 위한 팀을 만들 수 있는지 보지요.

어머니: 글쎄요…. 선생님은 우리 시어머니가 얼마나 자기 생각이 강한지 아시잖아요!

임상가: 괜찮아요. 강한 의견을 가진 사람들을 많이 알고 있어요. 그런 분들은 대부분 좋은 의도를 가지고 있어요. 나는 시어머니가 당신을 도와주도록 격려해 볼게요. 가족을 위해 이렇게 애쓰시는데 어머니는 도움을 더 받을 자격이 있어요.

어머니: 그렇게 되면 정말 좋겠어요!

임상가: 한번 시도해 봐요. 그리고 최대한의 팀워크를 위해서 함께 노력해요. 이런 일은 시간이 걸리니까, 하룻밤 사이에 큰 변화가 있을 거라고 생각하지는 맙시다. 남편께서 그러셨던 것처럼요. 우리는 모든 사람에게 새로운 아이디어에 익숙해질 시간을 주는 거죠.

어머니: 우리는 정말 바로 그게 필요했어요!

임상가: 사실, 우리가 교육부터 시작하기로 하면, 미팅에 다른 사람들도 포함시킬 수 있어요. 어떤 게 더 좋으세요? 친구들과 다른 사람들이 청각구어 실제에 대해 더 배울 수 있도록 여러 사람을 집단으로 교육하는 시간을 계획하는 것이 도움이 될까요? 남편과 시어머니도 포함해서요. 시어머니께서 자기 생각이 강하시다면, 때로는 다른 사람들이 있는 교육 시간이 생각을 변화시키는 데에 도움이 될 수 있어요. 아니면 가까운 가족들만 먼저 '친숙해지기' 미팅을 하는 것이 더 나을까요?

가족치료에서 많은 접근이 반응 유도를 위해 신중하게 단어와 질문을 선택하는 것에 초점을 맞추었다. 이 대화를 보면 '경험' '좋은 의도' '팀워크'와 같은 단어들이 계획적으로 사용되었다. 이 단어들은 긍정적이지만, 결정적이지 않고 압박을 피한다. 이런 단어들은 다른 상황을 성공적으로 다루었고 그들이 '받아 마땅한' 것에 대해 생각해 봄으로써 그들을 지지하려는 마음과 그들이 사용할 수 있는 강점에 대한 생각을 전달한다. 이러한 친화적인 말들은 가족들의 변화를 위한 준비도를 존중한다. 결국 어머니는 엄격하게 고정된 과정이 아닌 옵션을 받았다. 팀으로서 어머니와 임상가는 어떤 옵션이 더 좋을지 재어 보고 가장 효과적인 방법을 결정한다.

중재 5: 파티하기 다음과 같은 질문들은 임상가가 가족 미팅을 개최하기 위해 집단의 크기, 시기, 미팅의 목표를 정하는 데에 지침이 된다.

① 부모는 얼마나 고립되었는가? 그리고/또는 얼마나 부담을 지고 있는가? 더 많이 고립되어 있을수록, 임상가가 가족이나 네트워크 미팅을 꾸리기 어렵다. 임상 실제가 문화적인 신념과 실제와 충돌한 것 같으면, 미팅은 영향력 있는 가족, 신앙을 기반으로 하는 이웃이나 지역 대표들을 포함할 필요가 있다. 이런 방법으로 전문가는 사회적 네트워크에서 팀워크를 이루어 가야 하는 부모의 부담을 공유할 수 있다.

② 가족 내에서 명백한 갈등이 있는가? 갈등이 더 클수록, 교육 회기 동안 갈등을 중화시키기 위해 더 큰 집단을 중재해야 한다. 이혼한 가정의 경우, 함께 일할 수 있는 능력이 있는 사람들은 양쪽에서 모두 초대한다. 양가의 협조가 있을 때 조부모, 이모, 숙모, 삼촌, 조카가 포함된다. 어떤 경우에는 청력손실이 발생한 것이 아동의 이익을 위해 모두가 협력하게 되는 동기를 제공하기도 한다.

③ 가족 구성원들은 청각장애에 대해 어느 정도로 부끄러워하는가? 부끄러움은 개인적인가, 주변 사람들이나 문화적인 요인 때문인가? 가족이 부끄러워하는 정도가 클수록 부끄러움이 최소화되도록 집단을 구성하는 것이 더 중요해진다. 그러면 아주 불편했던 개별 시간이 중요한 개입 전략이 될 수 있다. 그들은 다른 사람들이 무엇을 생각하는지 알고 싶어 하는가? 그들은 친구들이나 동료들을 초대하는 것을 부끄러워하는가? 임상가는 탈구축을 통해 이러한 감정들을 조사하는 것이 중요하다. 그럼으로써 가족 구성원들은 그들이 편안해하는 수준을 존중하는 방식으로 미팅이 구성된다는 것을 알게 된다.

④ 얼마나 많은 사람이 아동과 매일 만나는가? 만나는 사람이 많을수록 미팅에 오는 사람들이 더 많아진다!

⑤ 청각장애 아동이나 청소년에게 누가 관심이 있는가? 이런 사람들을 초대하거나 중재 기간 동안 비공식적으로 포함시킬 수 있다. 매우 자주, '중재'라는 고정관념적인 용어는 사

람들이 자신이 환영받지 못하고 있다고 결론을 내리도록 이끈다. 가족기반 실제에서 진실로부터 더 멀리 있는 것이 있어서는 안 된다. 임상가는 교육적 미팅을 조직할 때 가족 구성원들이 편안하도록 세팅하고, '모두 환영합니다'라는 입장을 취해야 한다.

⑥ 누가 부모들에게 관심을 가지고 있는가? 친구, 도움이 되는 확대가족 구성원, 신앙적인 공동체나 직장 동료 등이 있을 수 있다. 이는 가족이 탈진하지 않도록 막아 주는 아주 중요한 자원이다. 부모가 그들의 지원 네트워크를 교육하는 추가적인 부담을 주지 말고 파티를 하는 것이 어떤가?

파티를 여는 것은 신중한 제안이다. 정신교육 집단 미팅의 흥미로운 점은, 독립 가족, 여러 가족 혹은 사회적 네트워크를 구성하든지 그렇지 않든지 전통적인 치료처럼 '보이지' 않고, 전통적인 치료처럼 '행동하지' 않는다는 것인데, 이는 미국에서 통제 연구를 통해 치료 결과 자료를 얻었다(McFarlane, 2002; Attneave, 1969; Speck & Attneave, 1973).

이러한 치료적 모델은 건강 및 정신 건강과 관련된 기술적 · 의료적 접근에 익숙하지 않은 가족들에게 특히 더 적절하다. 이런 교육적 모임은 미국의 원주민 인디언의 임상에서 생겨났으며, 부족의 자원들은 몇몇 서로 다른 문제를 다루기 위해 사용되었다. 이러한 모임은 실질적인 브레인스토밍이 일어나는, 진전을 축하하는 모임부터 파티와 모임까지 다양하다. 이러한 연구기반 방법들은 전통적인 정신치료와 매우 다른데, 전통적인 정신치료에서는 사람들이 다른 공동체나 문화에서 온 전혀 모르는 사람들과 함께하는 토론에 참여한다. 선진국의 전형적인 현대적 치료 전략을 역사적 · 인류학적으로 평가해 보면 정신치료의 기원은 정신의학의 하나의 분파로 발달했으며 사람들을 사회와 관계로부터 떼어 냄으로써 치료를 시도하는 방식이라고 결론 내릴 수 있다. 샤머니즘, 신앙 요법, 기도 등 여러 가지 형태의 치료법은 지역사회를 치료 과정에 끌어들이고 치료 과정의 중요한 요소로서, 관계에서 발견할 수 있는 상호 의존성을 사용한다(Vernoff et al., 1981).

의학 관련 치료의 다른 형태처럼 청각구어 실제는 20세기 초의 중재 모델에서 기원한다. 또 다른 사람들을 치료에 포함하는 것을 보면 가족기반 중재는 그러한 실제들과는 매우 다르다는 것을 명확히 보여 준다. 21세기에 들어 이러한 혁신이 중요한 성공을 이끌었다는 충분한 증거가 있다. 작은 규모일 경우, 임상가들은 가족들에게 친한 친구를 초대해서 한 회기를 관찰하게 하자고 얘기하려는 생각을 쉽게 할 수 있다. 그러나 극도로 지친 부모가 가장 친한 친구를 회기에 초대해서 다른 사람을 교육해야 한다는 부담을 얼마나 가지게 될지 상상해 보자. 그렇게 되면 그들은 회기가 아닌 때에도 치료에 대해 이야기를 하게 되고 누군가는 자기들끼리 말을 하게 된다. 이 모든 건 부모에게 제기한 간단한 질문으로부터 온다. "누가 당신을 걱정합니까?" 걱정을 하는 사람은 참석을 한다.

문제 해결의 조직화

가족의 요구에 따라 임상가의 역할은 파티의 주최자, 교육 행사에서 지역사회를 조직하는 사람, 혹은 위기 시의 브레인스토밍 회기의 리더가 되는 것이다. 이런 각각의 역할에서 임상가는 부모들에게 일반적으로 가르치는 똑같은 정보를 사용하며, 좀 더 즐겁고 낙인을 덜 찍는 분위기와 가족이 살고 있는 지역사회에 친숙한 분위기를 조성한다. 증거기반 치료가 계속 더 나은 성과를 달성하면 이후에는 더욱더 낙인을 덜 찍는 실제로 다듬어져 나아갈 수 있다. 일단 정신교육 활동들이 더 많은 정보로 가족들과 그들의 네트워크 능력을 키워 주게 되면, 그들은 긍정적인 성과를 위한 최대한의 팀워크를 방해하는 매일의 문제들에 대한 해결책을 찾기 위해 브레인스토밍 회기에 참여하고자 하는 동기가 생길 것이다. 브레인스토밍 회기에서 사람들이 임상가와 친숙해짐에 따라 문제와 관련된 가장 적절한 사람들로 구성된 집단에서 목적 설정과 문제 해결이 일어날 것이다. 미팅의 횟수보다 미팅에 참석하는 사람들의 수가 더 중요하다. 참석한 사람들은 일단 교육을 받고 나면 현재와 미래에 훌륭한 자원이 된다(Meyers et al., 2002; Garrett, Landau-Stanton, Stanton, Stellato-Kobat, & Stellato-Kobat, 1997).

중재 6: 지역사회 브레인스토밍 브레인스토밍을 하는 방에는 큰 종이와 필기한 것을 보여주는 판이 비치되어 있어야 한다. 그리고 한 사람을 서기로 임명한다. 청각구어 원리와 일반적인 행동 지침에 대해 집단 구성원들에게 상기시키는 교육 회기에서 한 장짜리 주요 지침 요약서를 만드는 것이 좋다. 이 과정은 다음의 6단계를 거친다.

① 문제가 어떤 상황에 연관되어 있는지, 그리고 누구에게 도움을 요청할지에 대해 구체적인 용어로 기술한다. 기술한 내용은 생애의 사건들, 의사와의 갈등을 다루는 문제, 더 휴식을 원하는 가족들의 요구 등 중재 계획을 따라가는 것을 막는 장벽일 수 있다. 각 가족 구성원은 그들의 의견을 공유하고 임상가는 모두가 문제의 정의에 동의할 때까지 문제를 재구성하는 일을 한다. 예를 들어, 문제가 된 장벽은 "계획을 지켜 나갈 힘을 비축하기 위해 두 분만의 시간을 더 갖는 것이 필요해요." 또는 "애니가 화낼 때 애니의 행동을 통제

할 수 있는 방법에 대해 의견의 불일치가 있어요."와 같이 재구성될 수 있다.

② 모든 집단 구성원은 가능한 해결책을 한 가지씩 제의한다.

③ 모든 제안을 칠판에 쓴 후, 각각의 제안에 대해 어떤 장점과 단점이 있는지 집단 구성원들에게 물어본다.

④ 상황에 가장 적합한 제안을 결정하도록 가족에게 요청한다.

⑤ 누가 그들의 계획을 따르는 것을 도울 수 있는지, 돕기 위해 무엇을 할 수 있는지, 이렇게 해 보는 것을 얼마 동안 시도하고 싶은지 등 과제에 대한 구체적인 계획과 가족들이 따라야 할 단계들을 조율한다.

⑥ 모든 과정을 요약하고 계획을 따르기 위한 책임을 명확하게 한다. 계획을 향상시킬 수 있는 보고와 수정을 위한 미팅 날짜를 결정한다.

청각장애를 가진 일부 구성원은 참여하기에 너무 어릴 수도 있지만, 이 과정은 스트레스 수준이 높은 사람들에게 특히 도움이 될 것이다. 이 과정은 직선적으로 보일 수 있으나, 아주 정확한 방법으로 가족 구성원들의 발달적 위치와 맞아떨어지며 개입과 정신교육 중재 이후에 일어나도록 신중히 연출되어야 한다.

게다가 이것은 친구와 확대가족을 포함한 지원 미팅을 위한 훌륭하고 위협적이지 않은 활동이다. 가끔 가족기반 회기는 임상가들이 미팅의 구조를 잘 구성하지 못하기 때문에 받아들이기 어렵다. 이 형식은 다양한 주제에 융통성 있게 접근한다.

브레인스토밍은 중재의 두 번째 단계에서 일회성의 행사가 되거나 지속적인 활동이 될 수 있다. 부담 수준이 높을 때는 한 달에 두 번 정도가 도움이 되고, 특히 추가적인 네트워크 구성원들이 참여할 때 그렇다. 임상가는 제한된 시간 동안, 예를 들어 3개월만 회기에 참여하도록 요구함으로써 구성원들을 편안하게 해 준다. 시간에 제한을 두는 것은 참여자들이 관여되어서 불편해질 수 있는 것들을 참는 데에 도움이 된다. 그런 후에, 부담이 높은 수준으로 남아 있거나 슬픔이 길어질 때 3개월간 더 매월 브레인스토밍을 하는 것은 과도한 불편함 없이 중요한 지원을 제공한다. 이것은 또한 음식을 한 가지씩 싸 오는 저녁 모임이나 비공식적인 가벼운 점심 모임과 같은 사회적 행사로 쉽게 전환될 수 있다. 미국에서의 임상적 시도는 사교를 위한 브레인스토밍의 전 15분과 후 5분을 요구한다. 여러 연구에서 높은 수준의 부담과 고립이 가족에게 영향을 미치기 때문에 이러한 시간이 필요하다(McFarlane, 2002). 때로 브레인스토밍 회기는 청각구어 중재 활동이 여기서부터 진전될 수 있도록 충분한 창의력과 동기를 드러나게 해 준다. 그러나 다른 때에는 임상가들이 그들의 작업을 계속 방해하는 특정한 대인 관계 패턴을 다루는 것이 필요할 수 있다(McFarlane, 2002).

행동의 변화

역사적으로 많은 전문가는 이 단계야말로 진정한 임상 활동이라고 생각할 것이다. 그러나 앞서 살펴보았듯이, 가족기반 실제의 각 단계는 후속 단계들을 좀 더 효과적으로 만들기 위한 특정 목적을 성취한다. 각 단계는 이전 단계 위에 세워진다. 행동의 변화 단계에서는 이전 단계에서 패턴, 쟁점, 문제라고 표현되었던 용어들이 진단, 증상, 기능부전이란 용어로 사용된다. 성공적인 중재를 막는 어떤 상황도 문제 해결에 있어 특정 기술을 필요로 한다. 가족치료사는 이러한 것들을 관계적 패턴, 개인적 문제나 풀리지 않은 문제로 구조화한다. 전통적인 치료에서는 때로 사람이 '문제'라고 여겨진다. 가족치료에서는 패턴이 문제다. 패턴을 다루기 위해 가족치료사들은 시도해 봤던 해결책을 탐구하고 성공으로 이끄는 경우들을 찾으며 과제와 지침을 제공한다.

가족치료 초창기에 유명한 이론가들은 좋은 뜻으로 시도된 해결책이 문제를 해결하기보다는 오히려 문제를 악화시키는 경우들을 개괄하였다. 설교하기와 같은 행동은 아이들이 잘못된 행동을 했을 때 해결책으로 시도되나 비슷한 실수를 다시 저지르도록 아이들을 내버려 두는 결과를 가져온다는 비난과 불안을 가져올 뿐이다. 그러므로 이것이 반복된다면 시도된 해결책은 문제의 일부가 된다. 이러한 패턴을 다루기 위해 초기 가족치료사들은 문제 해결에 앞서 시도된 해결책을 분석하는 방법을 배웠다(Watzlawick, Weakland, & Fisch, 1974).

중재 7: 시도된 해결책의 분석 해결하지 못한 어떤 문제에 대해서도 임상가들은 시도했던 모든 해결책을 설명할 수 있으며, 다음과 같은 방식으로 상호작용과 성과를 자세히 보여 줄 수 있다.

① 언제(문제 혹은 행동이 일어나며), 실제로 무슨 일이 벌어집니까?

② 누가 무엇을 합니까? 다른 사람은 어떻게 반응합니까?

③ 그 후에는 무슨 일이 벌어집니까? 누가 무엇을 말합니까? 실제로 사람들은 무엇을 합니까?

④ 당신은 이 경우 당신의 노력이 얼마나 성공적이었다고 생각합니까?

⑤ 당신은 일이 어떻게 되면 좋겠습니까?
⑥ 성공하지 못했던 이전의 시도들을 내버려 두고 무언가 새로운 시도를 할 수 있습니까?
⑦ 도움이 되는 것으로 보이는 것을 더 할 수 있습니까?

일단 과거에 시도되었던 해결책들을 임상가들에게 가족문제 해결 사례로 제공하면 구성원들은 어떤 시도가 문제인지, 그리고 더 좋은 결과를 얻을 수 있는 다른 전략은 무엇인지를 고민하게 된다. 종종 고찰을 통해 두 가지를 달성할 수 있다. 첫째, 가족 구성원들은 더 나은 결과를 위해 변화를 원하는 행동들이 무엇인지에 대해 그들 자신의 결론에 도달하게 된다. 둘째, 가족 구성원들은 더 나은 결과를 달성했으나 성공을 반복하지 못하고 이전의 행동들로 돌아가도록 만든 시간들을 밝혀내게 된다. 이러한 경우들에서 예외를 분석하는 것은 새로운 행동을 강화하고 새로운 가능성에 대한 인식을 불러일으킨다.

중재 8: 예외의 강화 가족 구성원들은 임상가들이 어떻게 예외가 발생하는지 조사하는 시간을 가질 때 또 다른 '아하' 하는 순간을 맞이하게 될 수 있다(Epston & White, 1992). 이러한 질문들은 이전에 인식하지 못했던 과정을 드러내고 그렇지 않았으면 좌절했을 사람들을 격려해 준다.

① 당신이 그렇게 했을 때 자녀가 알아채고 더 집중하게 된 것을 알았습니까?
② 당신은 그날 정말로 스트레스를 받았는데 어떻게 냉정함을 유지할 수 있었습니까?
③ 만약 당신이 다시 그렇게 할 수 있다면 자녀에게 영향을 줄 것이라고 생각합니까?
④ 이런 성공에 대해 생각할 때 당신은 당신 자신에 대해 어떻게 느낍니까?

역사적으로 가족치료사들은 잔이 항상 '반이나 차 있다'는 것을 깨닫게 되며, 부모들이 자녀와 그들 자신을 위한 진전의 작은 단계들을 인식해 갈 때, 희망과 동기, 에너지와 헌신이 증가하게 된다. 청각구어 임상가들은 더 작은 단계들을 인식하고 격려할 수 있는 이상적인 위치에 있다. 가족 구성원들이 확신을 가지고 감사할 수 있게 되면 그들은 더 융통성 있게 갈등을 풀어 가게 된다.

중재 9: 상호 승리하는 해결책 추구 경영 전략에서 따온 '윈윈'의 개념은 양측을 상호 만족시키도록 불일치를 해결하는 것이 가능하다는 것을 의미한다. 가족기반 실제에서 이 용어는 모든 구성원이 치료 방향에서 이해 당사자라는 것을 의미한다. 청력손실로 인한 스트레스는 사람들을 갈라놓고 그들의 관계를 위협할 수 있는데, 이는 임상가들이 특별히 가족들이 여러 가지 관심을 설명하는 것을 들을 시간을 따로 가짐으로써 쉽게 해결되는 긴장들이 있다는 것을 인식하는 것이 중요하다. 상당히 자주 그들의 감정이나 선택권이 적응과 성장, 발전의 대단히 중요한 측면들에서 인생의 '큰 그림'을 구성할 수 있다. 다음 질문들은 어떻게 문제를 재구성하고 각 사람의 요구를 다루는지에 대한 아이디어를 제공한다.

① 중재 계획을 방해하는 수준의 부담이 있는가?
② 목표들은 개인의 안녕과 아동의 의사소통 진전 간에 올바른 균형을 이루고 있는가?
③ 시급하게 당면하고 있는 갈등이 정말 커다란 패턴의 일부로, 가족 연대기를 검토하고 패턴이 처음 나타났을 때의 상황과 쟁점을 정리하면 쉽게 이해되는 것인가?
④ 가족 구성원들에게 "당신의 방식으로 했더라면, 당신의 삶은 어떻게 더 좋아졌을까요? 당신의 삶이 (방금 설명한 방식으로 살 때) 더 나아졌다면, 결과적으로 어떤 다른 것을 할 수 있었을까요?" 라고 묻는다.

때로 통제하는 사람들은 두려운 존재다. 언제든 그만두려는 입장을 취하는 사람은 두려움으로부터 방어하려는 것이다. 임상가가 구성원들이 그들의 가장 취약한 감정을 인지할 수 있도록 신중하게 조사하고 초대했을 때, 문제는 특히 이러한 취약한 감정 상태를 만족시키는 더 많은 해결책으로 이끄는 용어로 재구성된다(Diamond & Liddle, 1999; McFarlane, 2002).

종종 가족 간 긴장은 구성원들이 모든 수준의 목표들(개인의 발전, 부담의 수준, 변화의 단계, 치료 계획) 간의 균형을 다시 얻을 때 감소한다. 임상가들은 자신을 가족과 친구들이 '싸움을 잘하기 위해' '좋은 상태를 유지'하게 하는 '개인 트레이너'의 역할이라고 생각할 수 있다. 이런 입장은 임상가가 각 사람의 안녕을 넘어서는 감시의 입장을 취하게 한다. 임상가들은 많은 문제를 '성장을 위한 고통'으로 재구성하려 한다. 다른 경우에는 그들이 가족 연대기와 브레인스토밍을 한 내용을 고찰하고 그들의 안녕이 유지되던 단계를 어떻게 회복할 수 있는지를 고찰할 때 갈등이 해결될 수 있다.

중재 10: 효과적인 지침 개발 전통적인 실제에서는 부모와 아동들에게 과제와 지침을 사용하지만, 가족기반 실제는 가족 과정과 관계 균형을 다루는 지침들을 추가한다(Haley, 1976). 과제는 가족 연대기의 연장선에서 시작하고, 그들의 삶의 다음 장에서 서로 보살펴 주려는 가족들의 욕구를 촉진한다. 지침은 개인의 변화의 단계에 따른다. 예를 들어, 부모가 계획을 따르기 힘들어할 때, 임상가는 장벽들(즉, 스트레스, 해결되지 않은 슬픔, 갈등하는 믿음 등)을 조사하고 장벽들이 정당한지 타당성을 살펴보고, 어떤 비판이라도 피할 수 있도록 재구성하며, 계획 대신에 한 주간 집중해야 할 쟁점들(예: 휴식 갖기, 지원을 찾아보기, 주제에 대한 부가적인 정보 찾기)을 할당해 준다. 이것은 부모들과의 교착 상태를 피하고 부모가 처해 있는 변화의 단계를 알아내며 임상가가 단지 청각구어 목표만이 아니라 전인적인 관심을 유지하도록 해 준다. 때때로 그 효과는 역설적으로 긍정적인데, 때로는 단지 비판을 덜 받아서 안도감을 느끼며, 때로는 임상가가 이러한 다양한 수준의 영향을 더 잘 이해하게 됨으로써 계획을 수정하게 된다. 어떤 경우라도 효과는 긍정적이다.

효과적인 팀워크는 가족기반 서비스의 하나의 목표이므로 이 장은 대립이나 지침에 의존할 필요 없는 보다 나은 팀워크를 지지한다. 임상가에게 상황이 다른 사람들의 안녕이나 안전에 중요하다고 생각되면 그때가 바로 의뢰를 해야 할 때다. 의학적인 비유를 하자면, 중요한 수술은 항생제를 처방하는 것보다 훨씬 복잡한 훈련을 요구한다. 가족치료에서 오래 지속되는 역할과 감정을 재조직하는 것은 이 분야에서는 중요한 수술에 해당된다. 청력손실이 본질적으로 특별한 상황이고, 청력손실 이전의 삶을 가족들이 성공적이라 느꼈고 지난 세월에 그 이상의 다른 트라우마나 손실이 없었다면, 이 장에서 설명한 중재는 향상된 결과를 가져올 것이다. 그러나 이미 오래전부터 가족에게 지속된 어려움을 청력손실이 악화시켰다면, 임상가는 이러한 어려움을 해결하기 위해 가족의 변화 단계를 조사해야 할 것이다. 가족들이 만성적인 문제들을 다루는 데에 사전 고려 단계에 있다면, 가족치료나 정신건강치료에 의뢰하는 것은 거의 소용 없다. 여기서는 설명이 필요하다. 가족 내의 변화가 피할 수 없고, 가족들 간의 의견 일치가 이루어지지 않으면 의뢰를 하는 것은 언어적으로나 비언어적으로 의견 불일치의 연장선이 될 것이다(Selvini Palazzoli, 1985). 이는 임상가의 신뢰도를 떨어뜨릴 뿐이다.

이러한 문제를 다루는 열쇠는 가족들과 친화적이고 융통성 있게 지내는 것이다. 치료적인 가치와 더불어, 임상가는 긍정적인 기반 위에 관계를 지속함으로써 장기적인 성공을 달성한다(Polcin, 2003). 일반적으로 가족 구성원들이 다른 문제들에 대한 도움을 먼저 요청하지 않는 한 팀워크에 초점을 맞추는 것이 가장 좋다.

그러고 나서 청각장애가 성장과 변화의 촉매가 된다면 임상가는 가족치료에 의뢰하거나 가족치료사로부터 의뢰를 받음으로써 가족기반 서비스의 다면적 접근에서 중요한 파트너가 된다. 의뢰 과정에서 가족치료사가 임상가와 가족들을 함께 미팅에 초대함으로써 임상가는 가족과 함께 내담자가 된다. 때때로 이것이 장벽을 허물고 가족들이 전통적인 가족치료를 편안하게 받아들이도록 해 준다. 다른 경우에는, 임상가가 회기 이외의 시간에 가족치료사와 일하고 가족치료사에게 청각장애와 관련된 쟁점들을 교육하며, 가족 연대기와 가족 지도를 공유할 수 있게 한다. 그러므로 임상가는 동기부여를 위한 목적이나 치료 계획과 관련된 요소들 간의 균형을 유지할 수 있다. 의심이 될 때는 가족들의 진전에 대해 지나치다 싶을 정도로 기대 수준을 낮춘다. 이렇게 하는 것이 치료사에 대한 신뢰감을 증진시킨다. 그리고 위기가 닥치게 되면 임상가는 변화를 일으키고 의뢰를 할 수 있는 더 큰 동력을 갖게 된다.

가족의 변화 단계를 고려할 때 문제가 만성적일수록 더 간접적인 중재를 하는 것이 원칙이다(Hanna, 1997). 어떤 면에서 이 장은 간접적인 중재의 모음이기도 하다. 각 중재는 예민하고 불안한 문제를 다루는 동안에 위협적이지 않게 제공된다. 이런 관점에서 〈표 13-1〉은 가족들이 임상가에게 도움을 요청할 수 있는 기저의 문제들을 다루는 방법에 대해 몇 가지 제안을 하고 있다.

때로는 가족의 역할과 책임이 개선되어야 할 필요가 있다. 임상가가 "메리를 포함해 아이들의 숙제 시간을 당신이 담당한다면 어떤 일이 일어날까요?" "그러면 당신에게 너무 스트레스가 될까요?" "다른 아이들은 어떻게 반응할까요?"와 같은 탐색적인 질문으로 역할 변화를 꾀할 수 있다. 가설적 질문들은 사전 고려 단계에 있는 가족들에게 변화의 씨앗을 심는 간접적인 방법이다. 이러한 질문에 대한 반응들은 임상가에게 숙제의 선택 또는 지도에 대한 정보를 제공한다. 예를 들어, 단 한 번 혹은 한 주 동안 조정 작업을 하기로 결정할 수 있다. 가족을 위한 '작업'은 작은 단계로 세분화된 새로운 패턴의 시작이 될 수 있고, 〈표 13-1〉은 어떻게 직간접적인 관점에서 쟁점에 접근하는지를 보여 준다.

표 13-1 직접 및 간접 중재의 요약

가족 요인	직접 중재	간접 중재
리더십	• 가족 내 리더십 역할에 대해 논의한다. • 책임을 맡은 누군가를 지도한다. • 책임을 맡고 다른 사람들에게 과제를 준다.	• 리더십에 대한 질문: 어떻게 리더를 맡게 되었습니까? 만약 리더를 맡지 않았다면 무슨 일이 벌어질까요? 책임을 나눠 갖는다면 어려운 점은 무엇일까요? • 전이에 대한 질문: 변화가 일어난다면 어떻게 대처할 것인가요? 인생에서 다른 전이에 대해 어떻게 대처했나요? 어떤 강점에 의존했나요? 이러한 강점을 사용한 결과는 무엇이었나요?
고립	• 어떻게 고립되었는지 그 영향과 가능한 해결책을 논의한다. • 고립과 부담(즉, 다른 사람과 더 많은 시간 보내기, 도움 요청하기)을 감소시키기 위해 지도한다.	• 역설적으로 접근. 즉, 고립의 장점 탐색: 고립이 어떤 도움이 되었나요? 고립되지 않았을 때 부가적인 스트레스에 어떻게 대처하나요? • 고립되지 않았을 때의 이점 대신에 스트레스를 언급한다.
능력과 책임감	• 어떻게 불균형이 발생하는지, 왜 가족 내에 불균형이 흔하게 나타나는지, 불균형을 방지하거나 해결을 위한 옵션이 무엇인지 설명한다. • 어떤 사람들에게는 부담을 공유하도록, 다른 사람들에게는 의사 결정에서 양보하도록 지도한다. • 돌보는 과제와 의사 결정에 대한 기대와 규칙을 명확하게 한다.	• 가족의 역할을 조사하는 질문: 여러분 각자가 가족 내에서 이 특정한 위치, 즉 관여하지 않거나 매우 관여하는 위치를 항상 유지하나요? 패턴은 어떻게 발달했나요? • 변화 가능성에 대한 질문: 상황들이 달랐던 적이 있나요? 예전에는 상황이 어땠나요? 상황이 다시 변한다면 무슨 일이 벌어질까요?
오해	• 촉진자, 중재자, 중개인이 되기 위한 허락을 구한다. • 오해가 생겼을 때 시간상의 지점을 찾기 위해 시간에 따른 상호작용을 추적한다. • 오해가 일어났던 당시에 원했던 방법대로 과거의 경험을 풀도록 돕는다(그들이 말하거나 이루어지기 원했던 일들).	• 오래된 갈등을 피하는 질문(해결 중심 치료에서 사용하는 기적의 질문) • 미래에 대한 질문: 이 일이 변하지 않는다면 향후 5년 내에 무슨 일이 있을까요?
세대 간 패턴	• 가족 연대기에서 확인된 패턴에 이름을 붙인다. • 각자의 생각을 탐구한다: 그들이 생각하는 공정한 것/불공정한 것은 무엇인지, 그들이 마땅하다고 생각하는 것이 무엇인지 등	• 탈구축([그림 13-3] 참조) • 대처 전략에 대한 질문: 변화가 당신에게는 거부나 중요한 갈등을 뜻하나요? 이러한 패턴을 변화해야 한다면, 당신은 이러한 거부감을 어떻게 대처할 것인가요?

출처: Hanna(1997)에서 인용.

결 론

이 장은 가족기반 임상가들에게 열 가지 중재를 제공하였다. 이 중재들의 대부분은 미국과 유럽에서 시행한 연구들 중 가장 성공적인 결과물이며, 지난 세기 동안 발달했던 가족치료의 전통적인 접근 방식을 능가하는 이점들이 있다. 첫째, 가족기반 치료 계획을 사용하는 것에 목적 지향적으로 초점을 맞추고 있다. 이것은 다른 발달적으로 적절한 치료 계획들과 쉽게 통합될 수 있게 해 준다. 둘째, 이런 접근법들은 가족기반 활동의 진전을 측정하는 단계를 제공하는 명확한 단계들로 이루어져 있다. 예를 들면 다음과 같다.

① 가족들은 개입 활동에 적극적으로 반응하는가?
② 임상가는 가족의 정신교육 미팅이나 파티를 시행하는가?
③ 문제 해결 회기가 가족들이 가장 압력을 느끼는 어려움을 극복하도록 도움을 주는가?
④ 아동 혹은 청소년과 함께하는 과제가 필요한 도움을 제공하는 가족의 현재 능력과 일치하는가?

중재는 팀워크와 협조를 촉진하므로 수적인 장점이 있다. 다음으로, 가족의 정신교육 회기는 브레인스토밍을 하도록 이끈다. 마지막으로, 직접적인 지침은 가족 내 새로운 대인 관계 패턴을 조성한다. 요약하면, 이런 단계들은 청각구어 중재 계획과 협력하기 어렵게 하는 장벽을 제거하는 구조적 틀을 제공한다.

부록: 가계도 예시

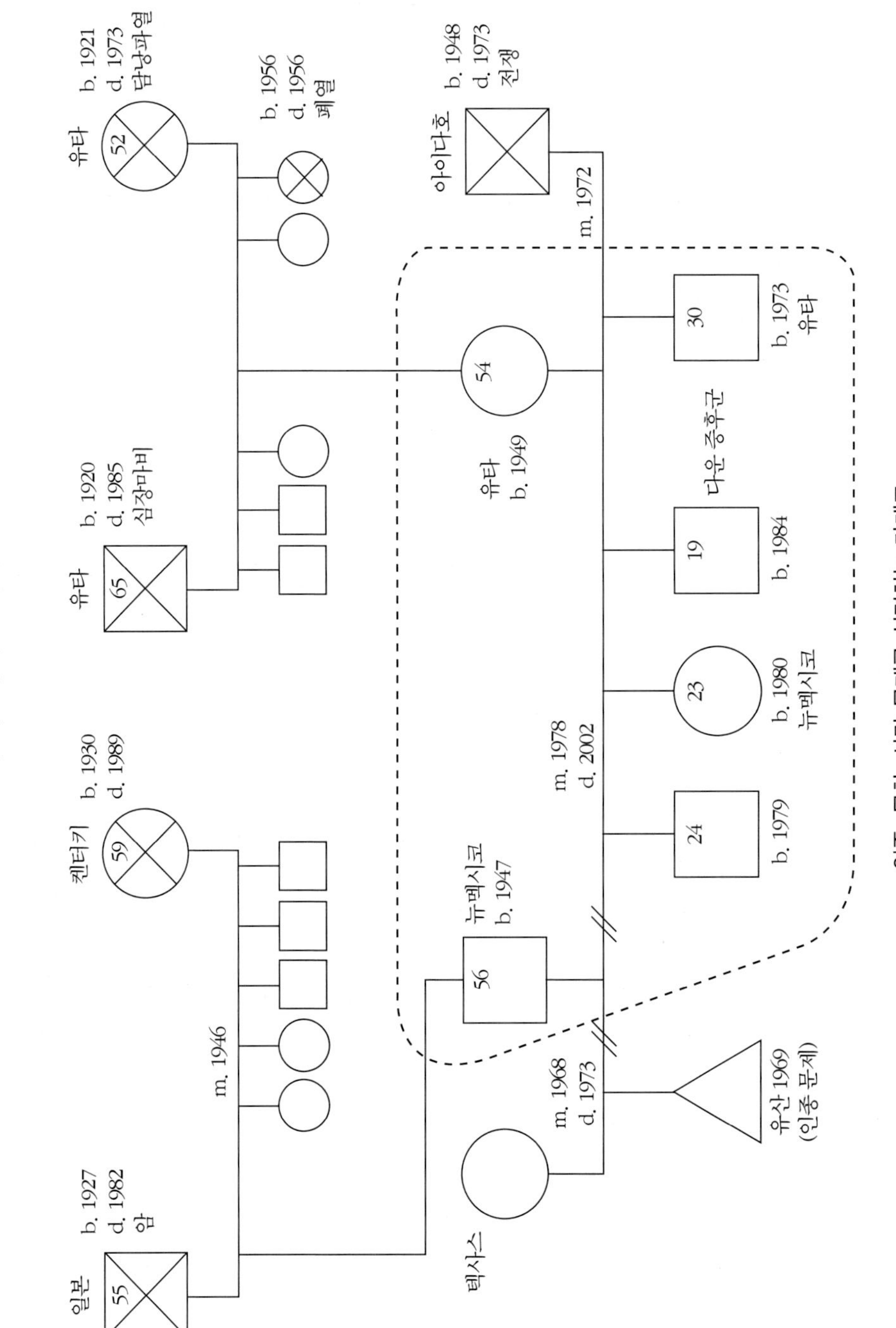

인종, 문화, 사망 문제를 설명하는 가계도

참고문헌

Attneave, C. (1969). Therapy in tribal settings and urban network intervention. *Family Process, 8*(2), 192-210.

Boszormenyi-Nagy, I., & Krasner, B. (1986). *Between give and take: A clinical guide to contextual therapy.* New York: Brunner/Mazel.

Brown, V. B., Melchior, L. A., Panter, A. T., Slaughter, R., & Huba, G. J. (2000). Women's steps of change and entry into drug abuse treatment. A multidimensional stages of change model. *Journal of Substance Abuse Treatment, 18*(3), 231-40.

Caron, W., Hepburn, K., Luptak, M., Grant, L., Ostwald, S., & Keenan, J. (1999). Expanding the discourse of care: Family constructed biographies of nursing home residents. *Families, Systems and Health, 17*(3), 323-335.

Caron, W. A. (1997). Family systems and nursing home systems: An ecosystemic perspective for the systems practitioner. In T. D. Hargrave, & S. M. Hanna (Eds.), *The aging family: New visions in theory, practice and reality* (pp. 235-258). New York: Brunner/Mazel.

Clingempeel, W. G., & Henggeler, S. W. (2002). Randomized clinical trials, developmental theory, and antisocial youth: Guidelines for research. *Developmental Psychopathology, 14*(4), 695-711.

Cunningham, P. B., & Henggeler, S. W. (1999). Engaging multiproblem families in treatment: Lessons learned throughout the development of multisystemic therapy. *Family Process, 38*(3), 265-281.

Dakof, G. A., Tejeda, M., & Liddle, H. A. (2001). Predictors of engagement in adolescent drug abuse treatment. *Journal of the American Academy of Child and Adolescent Psychiatry, 40*(3), 274-281.

de Shazer, S. (1985). *Keys to solution in brief therapy.* New York: Norton.

Diamond, G. M., Diamond, G. S., & Liddle, H. A. (2000). The therapist-parent alliance in family-based therapy for adolescents. *Journal of Clinical Psychology, 56*(8), 1037-1050.

Diamond, G. S., & Liddle, H. A. (1999). Transforming negative parent-adolescent interactions: From impasse to dialogue. *Family Process, 38,* 5-26.

Efran, J., Lukens, M., & Lukens, R. (1990). *Language, structure and change.* New York: Norton.

Epston, D., & White, M. (1992). *Experience, contradiction, narrative and imagination: Selected papers of David Epston and Michael White, 1989-1991.* Adelaide, Australia: Dulwich Centre.

Garrett, J., Landau-Stanton, J., Stanton, M. D., Stellato-Kobat, J., & Stellato-Kobat, D. (1997). ARISE: A method for engaging reluctant alcohol- and drug-dependent individuals in treatment. *Journal of Substance Abuse Treatment, 14,* 235-248.

Griffith, J. L., & Griffith, M. E. (1994). *The body speaks: Therapeutic dialogues for mind-body problems.* New York: Basic.

Haley, J. (1976). *Problem-solving therapy.* San Francisco: Jossey-Bass.

Hanna, S. M. (1995). On paradox: Empathy before strategy. *Journal of Family Psychotherapy, 6*(1), 85-88.

Hanna, S. M. (1997). A developmental-interactional model. In T. D. Hargrave, & S. M. Hanna (Eds.), *The aging family: New visions in theory, practice and reality* (pp. 101-130). New York: Brunner/Mazel.

Hanna, S. M. (2007). *The practice of family therapy: Key elements across models* (4th ed.). Pacific Grove, CA: Thomson/Brooks Cole.

Hargrave, T. D., & Anderson, W. (1992). *Finishing well: Aging and reparation in the intergenerational family.* New York: Brunner/Mazel.

Henggeler, S. W., Schoenwald, S. K., Borduin, C. M., Rowland, M. D., & Cunningham, P. B. (1998). *Multisystemic treatment of antisocial behavior in children and adolescents.* New York: Guilford Press.

Johnson, S. M. (2002). *Emotionally focused couple therapy with trauma survivors: Strengthening attachment bonds.* New York: Guilford Press.

Kalyanpur, M., Harry, B., & Skrtic, T. (2000). Equity and advocacy expectations of culturally diverse families' participation in special education. *International Journal of Disability, Development and Education, 47*(2), 119-136.

Kurtines, W. M., & Szapocznik, J. (1995). Cultural competence in assessing Hispanic youths and families: challenges in the assessment of treatment needs and treatment evaluation for Hispanic drug-abusing adolescents. *NIDA Research Monograph, 156,* 172-89.

Landau, J., Garrett, J., Shea, R. R., Stanton, M. D., Brinkman-Sull, D., & Baciewicz, G. (2000). Strength in numbers: The ARISE method for mobilizing family and network to engage substance abusers in treatment. A Relational Intervention Sequence for Engagement. *American Journal of Drug & Alcohol Abuse, 26*(3), 379-98.

Landau-Stanton, J., Clements, C. D., & Stanton, M. D. (1993). Psychotherapeutic intervention: From individual through group to extended network. In J. Landau-Stanton, & C. D. Clements (Eds.), *AIDS, health and mental health: A primary source-book* (pp. 214-265). New York: Brunner/Mazel.

Liddle, H. A. (2000). *Multidimensional family therapy treatment manual.* Rockville, MD: Center for Substance Abuse Treatment.

Marchall, J. (2000). Critical reflections on the cultural influences in identification and habilitation of children with speech and language difficulties. *International Journal of Disability, Development and Education, 47*(4), 355-369.

Mauksch, L., Hillenburg, L., & Robins, L. (2001). The establishing focus protocol: Training for collaborative agenda setting and time management in the medical interview. *Families, Systems and Health, 19,* 147-157.

McFarlane, W. (2002). *Multifamily groups in the treatment of severe psychiatric disorders.* New York: Guilford Press.

McFarlane, W. R., Dixon, L., Lukens, E., & Lucksted, A. (2003). Family psychoeducation and schizophrenia: A review of the literature. *Journal of Marital and Family Therapy, 29*(2), 223-45.

Meyers, R. J., Miller, W. R., Smith, J. E., & Tonigan, J. S. (2002). A randomized trial of two methods for engaging treatment-refusing drug users through concerned significant others. *Journal of Consulting and Clinical Psychology, 70*(5), 1182-1185.

Miller, W. R. (2000). Rediscovering fire: Small interventions, large effects. *Psychology of Addictive Behaviors, 14*(1), 6-18.

Mutua, K., & Dimitrov, D. M. (2001). Prediction of school enrollment of children with intellectual disabilities in Kenya: The role of parents' expectations, beliefs, and education. *International Journal of Disability, Development and Education, 48*(2), 179-191.

Pantin, H., Coatsworth, J. D., Feaster, D. J., Newman, F. L., Briones, E., Prado, G., Schwartz, S. J., & Szapocznik, J. (2003). Familias Unidas: The efficacy of an intervention to promote parental investment in Hispanic immigrant families. *Prevention Science, 4*(3), 189-201.

Parry, M., & Duncan, J. (1997). The relationship between increased knowledge and stress levels of parents of deaf and hearing-impaired children. *Australian Journal of Education of the Deaf, 3,* 5-10.

Polcin, D. L. (2003). Rethinking confrontation in alcohol and drug treatment: Consideration of the clinical context. *Substance Use and Misuse, 38*(2), 165-184.

Prochaska, J. O., & Norcross, J. C. (2006). *Systems of psy-*

chotherapy: A transtheoretical analysis(6th ed.). Pacific Grove, CA: Thomson/Brooks-Cole.

Prochaska, J. O., & Prochaska, J. M. (2005). An update on maximum impact practices from a transtheoretical approach. *Institute for Disease Management: Best Practices in the Behavioral Management of Chronic Disease, 1*(1), 1-16.

Rhoades, E. A. (2006). Research outcomes of auditory-verbal intervention: Is the approach justified? *Deafness and Education International, 8*(3), 125-143.

Rolland, J. (1994). *Families, illness and disability: An integrated treatment model.* New York: Basic.

Schoenwald, S. K., Henggeler, S. W., Brondino, M. J., & Rowland, M. D. (2000). Multisystemic therapy: Monitoring treatment fidelity. *Family Process, 29*(1), 83-103.

Selvini Palazzoli, M. (1985). The problem of the sibling as the referring person. *Journal of Marital and Family Therapy, 11*(1), 21-34.

Speck, R. B., & Attneave, C. (1973). *Family network: A way toward retribalization and healing in family crises.* New York: Pantheon.

Stanton, M. D., & Todd, T. C. (1981). Engaging 'resistant' families in treatment. *Family Process, 20*(3), 261-293.

Stratford, B., & Ng, H. (2000). People with disabilities in China: Changing outlook-new solutions-growing problems. *International Journal of Disability, Development and Education, 47*(1), 7-14.

Suddaby, K., & Landau, J. (1998). Positive and negative timelines: A technique for restorying. *Family Process, 37*(3), 287-298.

Szapocznik, J., Hervis, O., & Schwartz, S. (2003). *Brief strategic family therapy for adolescent drug abuse.* Washington, DC: National Institute of Drug Abuse.

Vernoff, J., Kulka, R. A., & Douvan, E. (1981). *Mental health in America: Patterns of help-seeking from 1957 to 1976.* New York: Basic.

Watzlawick, P., Weakland, J. H., & Fisch, R. (1974). *Change: Principles of problem formation and problem resolution.* New York: Norton.

White, M. (1990). *Couple therapy and deconstruction.* Washington, DC: American Association for Marriage and Family Therapy Annual Conference.

지원 제공자의 목표

Mary D. McGinnis

가족의 관점 수용

지원과 함께 교육 제공: 내용과 감정의 융합

가족중심 활동은 각 가족의 여정과 가족의 요구가 무엇인지에 대한 이해를 필요로 한다. 다운 증후군 아들을 둔 엄마 Emily Perl Kingsley(1987)는 '네덜란드에 오신 걸 환영합니다(Welcome to Holland)'라는 에세이에서 완벽한 아동에 대한 꿈의 상실을, 영원히 네덜란드에 머물게 되었지만 이탈리아를 여행하고자 하는 간절한 열망에 비유하였다. 그녀는 어떻게 한 사람이 이탈리아에서 경험하길 원했던 경이로움을 내려놓고 덜 친숙한 국가에서 또 다른 것을 찾기 시작하는지 설명한다.

> 밖으로 나가 새로운 안내 책을 사고 완전히 새로운 언어를 배워야 한다. 그러고는 예전에는 만나지 못했던 전혀 새로운 사람들을 만날 것이다.

완벽한 꿈을 잃어버렸다는 것은 받아들이기 어려운 일이다.

> 당신이 알고 지내는 모든 사람들은 이탈리아 여기저기를 왕래하느라 바쁘다…. 그리고 그곳에서 멋진 시간을 보냈다고 말한다. 당신은 남은 여생 동안 "가고자 했던 곳이 거기고, 그것이 바로 내가 계획했던 것이야."라고 말할 것이다.
>
> 그리고 결코 사라지지 않을 것 같은 고통이 계속될 것이다. 왜냐하면 그 꿈을 완전히 잃어버렸다는 것은 크나큰 상실이기 때문이다.

그러나 새로운 꿈이 생기고 감사함에 따라 변화가 일어난다.

> 그곳에서 잠시 휴식을 취하고 주위를 둘러본다. 그러고는 네덜란드에는 풍차가 있고, 튤립도 있고, 심지어는 렘브란트가 있다는 것을 주목하기 시작한다.

이 이야기는 두 가지 주제를 던져 준다. 첫째, 특수교육이라는 새로운 세계에서 부모가 반드시 배워야 할 끊임없이 확장되는 내용과, 둘째, 본래의 꿈에서 벗어나 새로운 꿈을 포용하도록 자기의 삶을 변환시키는 복합적인 감정이다. 부모의 관점에서 이러한 내용과 감정의 결합은 부모와 아동들의 삶 전체에 걸쳐 마주하게 될 무수한 지원 제공자와의 상호작용에 반영된다. 가족중심 이론에서 중요시하는 것이 내용과 감정의 융합이며, 이것이 이 장의 요점이기도 하다. 내용은 '무엇(what)'을 제공하며, 감정은 '무엇'을 포함하여 '어떻게(how)'를 제시한다.

가족중심의 관점

이 장의 첫 부분에서는 가족 교육과 지원을 위한 증거기반의 근거를 제시한다. 관련 용어에 대한 논의와 가족중심 실제의 지도 원칙에 대한 논의를 시작한다.

가족 교육/지원에 대한 용어

'지원 제공자'라는 용어는 가족과의 파트너십을 강조하기 위해 청각구어 임상가 혹은 전문가라는 단어보다 자주 이 장 곳곳에서 사용된다. '지원 제공자' 외에 '임상가'나 '전문가'와 같은 용어는, 권위와 능력에서 불평등을 내포하고 있다. 즉, 부모는 '전문가'가 아니므로 숙련가로서 전문가를 정립함이 필요함을 암시한다. '지원 제공자'라는 용어는 또한 가족 교육의 목적과 같이 가는 지원을 의미한다.

두 가지 이유에서 '부모 교육'이라는 좀 더 친숙한 용어에 대한 논쟁이 있을 수 있다. 첫째, '부모'라는 단어는 청각장애 아동의 출생에 영향을 미치는 가족 체계의 모든 구성원을 포함하지 않는다. '가족'은 지원 제공자와 함께 팀의 일원이 될 구성원으로 확대될 수 있다. 둘째, '교육'이라는 단어는 항상 학습 수용자로서의 부모, 권위자로서의 교육자라는 일방향의 관계를 의미한다. 가족의 여정의 한 부분으로 내용과 감정의 결합을 반영한 용어가 '가족 교육/지원'으로, 둘을 분리할 수 없는 개념으로 본다. 교육에는 동시적으로 지원이 따라야 하며, 이 둘은 서로 상호작용하며 성취도를 높인다.

제한된 사람들에게 단순한 지식이나 기술을 전달하는 것으로 가정하면 가족 교육/지원을 '부모 교육'으로 생각하거나 그렇게 간주하기도 한다(Ingersoll & Dvortcsak, 2006). 가족중심 활동에서는 아동의 청각장애 진단으로 영향을 받을 수 있는 가족 체계 내의 모든 사람을 고려한다. 따라서 교육/지원에는 핵가족, 즉 청각장애 아동의 형제를 포함하여 부모, 주 양육자 외에 확대 가족의 구성원도 포함된다. 앞 장의 논의에 따르면, 가족은 각 구성원이 서로 상호작용을 하고 다른 사람에게 영향을 미치는 역동적 체계다(Bronfenbrenner, 1979). 어떤 중재를 통한 성장의 촉진도 가족 체계의 모든 구성원에게 이르도록 하는 것이 필요하다.

가족 지원으로서 증거기반 실제

1985년 이후 Puckett 연구소(Dunst & Trivette, 2005; Dunst, Trivette, & Hamby, 2006)에서 Dunst와 연구 팀들은 수십 년 이상 가족과 유아기에 긍정적 영향을 준 가족중심 실제를 정리하는 것을 목표로 광범위한 연구 프로그램을 수행했다. Puckett 연구소의 증거기반 업적의 결과물들은 가족과 유아 지원 제공자 모두에게 가족 역량 지원과 강화를 위한 정보를 제공함으로써 연구와 실제 간의 차이를 연결해 주는 다리 역할을 하도록 도왔다. 이 연구는 Dunst의 연구가 수행된 노스캐롤라이나 지역의 유아와 가족/영아/학령전기 아동 프로그램(Family, Infant, and Preschool Program: FIPP)의 활동을 개념화하고 구현하는 데 사용된 Bronfenbrenner(1979)의 가족 체계 이론을 기본으로 하였다. 가족중심 실제의 다양한 환경에 기반을 둔 신념 진술은 연구를 통해 평가되고 한층

1. 가족과 가족 구성원을 항상 존엄과 존경심을 갖고 대한다.
2. 스태프들은 가족의 문화적 · 인종적 · 사회경제적 다양성에 민감하고 반응적으로 대한다.
3. 가족의 선택과 의사 결정은 프로그램 참여의 모든 수준에서 이루어진다.
4. 가족들이 충분한 정보를 가진 상태에서 결정을 하는 데 필요한 정보는 세심하고 완전하며 편견 없는 방식으로 공유한다.
5. 임상 실제는 가족들의 소망, 우선순위, 선호하는 것에 기반을 둔다.
6. 스태프들은 융통성 있고 반응적이며 개별적인 방식으로 지원과 자원, 서비스를 제공한다.
7. 가족들이 원하는 성과를 달성하기 위해 넓은 범위의 비공식적, 지역사회 그리고 공식적 지원과 자원을 사용한다.
8. 스태프들은 가족 기능을 강화하는 주된 방법으로 아동, 부모, 가족의 강점과 자산 그리고 관심을 기반으로 한다.
9. 스태프와 가족의 관계는 상호 신뢰, 존중, 의사 결정의 기반 위에서 파트너십과 협력적 특성을 갖는다.
10. 스태프들은 가족 기능을 지원하고 강화하는, 도움을 주는 스타일을 사용한다.

* Family, Infant, and Preschool Program. (2009). *Guiding principles.* http://www.fipp.org/principles.php. 인용 허가 받음.

[그림 14-1] 가족중심 실제의 지도 원리*

세련되어졌다. [그림 14-1]에는 현재 FIPP 에서 사용하는 열 가지 지도 원칙을 제시하였다.

가족중심 실제와 관련된 연구 결과를 기반으로 한 지도 원리를 제공하는 것은 지원 서비스를 제공하는 병원, 학교, 기타 기관들에게 중요한 목적이 된다. 양육자 만족도를 예측하는 가장 강력한 예측 요인은 조직 내의 가족중심 문화의 범위와, 서비스의 실제가 가족중심이라고 양육자가 지각하는 범위다(Law et al., 2003).

Dunst의 연구는 대부분 다양한 영역에서 실제와 성과 사이의 가장 의미 있는 관계를 설명하기 위해, 지원의 두 가지 영역, 특히 관계적 실제와 참여적 실제를 들고 있다(Dunst et al., 2006). 관계적 지원의 실제는 보통 훌륭한 임상의 실제와 관련된 행동들을 말하며, 열정, 공감, 적극성, 반영적 경청, 정직성, 진정성, 보살핌과 같은 능력을 포함하고 있다. 참여적 지원의 실제는 가족들의 선택과 의사 결정을 지지하고 가족들이 현재 가지고 있는 능력들을 사용하며 새로운 능력을 개발하기 위해 지원 제공자와 협력하는 것과 관련된 가족의 역량을 증진시키고 능력을 부여하는 행동들을 말한다.

[그림 14-2]와 [그림 14-3]에 도움을 주는 실제를 나열하였으며, 가족들에게 능력을 부여한다는 것은 매우 다양한 범주를 포함한다는 것을 설명하고 있다(Dempsey & Dunst, 2004). 관계적

지원 제공자들은

- 가족들이 자신들의 요구와 강점을 안다고 믿는다.
- 가족들을 긍정적인 시각으로 본다.
- 가족들의 강점에 초점을 맞춘다.
- 사적인 정보를 다른 사람에게 얘기하지 않는다는 신뢰를 준다.
- 자원과 사용 가능한 선택 사항에 대한 정보를 준다.
- 다른 전문가들과 정보를 공유하기 전에 허락을 구한다.
- 가족들에게 정직하고 진실하다.
- 가족들의 걱정을 이해하려고 노력한다.
- 가족들에 대해 따뜻하고 보살피는 태도를 가진다.
- 가족들이 새로운 기술을 학습할 수 있다고 본다.
- 가족 구성원들의 상황이나 욕구에 귀를 기울인다.

* Dunst, C. J., Trivette, C. M., & Hamby, D. W. (2006). *Family support program quality and parent, family, and child benefits.* [monograph]. Asheville, NC: Winterberry Press. 인용 허가 받음.

[그림 14-2] 관계적 지원의 실제*

지원 제공자들은

- 가족 구성원이 의사 결정을 할 때 가족들을 지원한다.
- 자신들의 요구 충족을 위해 자원을 얻을 수 있는 새로운 기술들을 배우도록 가족들을 돕는다.
- 가족들이 스스로 결정할 수 있도록 격려한다.
- 가족들이 자원을 얻기 위해 자신들의 역량과 지식을 사용하도록 격려한다.
- 가족들이 필요한 자원을 얻도록 함께 일한다.
- 가족들이 문제를 해결하고 스스로의 요구를 채울 수 있다고 믿어 준다.
- 가족들이 인생에서의 어려움에 효과적으로 대처하기 위한 새로운 기술들을 배우도록 돕는다.

* Dunst, C. J., Trivette, C. M., & Hamby, D. W. (2006). *Family support program quality and parent, family, and child benefits.* [monograph]. Asheville, NC: Winterberry Press. 인용 허가 받음.

[그림 14-3] 참여적 지원의 실제*

실제와 참여적 실제는 지원 제공자가 가족들과 맺는 계약이 될 뿐만 아니라 지원의 실제에 집중하는 정도에 대해 스태프와 프로그램을 평가하는 척도가 된다.

참여적으로 도움을 주는 실제는 언어적 성장을 포함한 다양한 영역에서 아동의 기술을 증진시키는 부모의 능력을 향상시킨다. 양육자가 평행적 발화(parallel talk)나 고쳐 말하기(recasting)와 같은 구체적인 언어 기술을 학습하도록 지원하는 것은 아동의 빠른 언어 발달과 긍정적인 상관이 있다(Kaiser & Hancock, 2003). 어린 아동들의 양육자들을 위한 가족중심 코칭과 중재 프로그램인 Hanen 센터(2007) 과정을 이수한 어린 아동의 양육자들은 상호작용에 더 효과적이 되었다고 하였다. 즉, 양육자들은 덜 지시적이고, 어린 인공와우 아동들이 상호작용을 이끌도록 더 허용하게 되었으며, 대화 방법도 좀 더 편안해졌다(Paganga, Tucker, Harrigan, & Lutman, 2001).

지원 제공자들이 양육자의 자기효능감과 역량강화를 증가시킬 때 청각장애 아동의 언어적 성과에 긍정적 효과가 있다(DesJarclin, 2003, 2005, 2006; DesJarclin & Eisenberg, 2007). Luterman은 양육자의 자기효능감과 그들 아동들의 이득 간의 관계를 다음과 같이 설명했다. "당신이 부모들을 잘 보살피면, 아동들이 좋아진다…. 부모의 자아존중감을 키워 주는 것보다 더 강력한 중재 기술은 없다." (Luterman, 1999, p. 84)

가족들의 정보에 대한 실질적인 요구는 어떤 서비스를 받을 수 있고, 어디서 받을 수 있는지와 같은 문제를 초월한 것이다. 그러나 다음의 부모 인터뷰를 인용한 것에서 볼 수 있듯이, 가족들이 필요로 하는 것은 바로 희망이라는 통찰을 가지기 위해 나아가야 한다.

> 당신은 성공을 보여 주어야 합니다. 아마도 내가 당신에게 강조하는 것이 바로 이것입니다. 내 남편은 농인 사람들이 얼마나 실업률이 높은지, 또 다른 여러 부정적인 면과 낙인이 따라다닌다는 것을 읽고 있습니다. 그래서 우리는 어디엔가 희망이 있다는 것을 알려 주는 다른 면들을 알아야 할 필요가 있습니다(Fitzpatrick, Angus, Durieux-Smith, Graham, & Coyle, 2008, p. 44).

가족 교육/지원 제공의 구조 틀

이 절에서는 성인 학습, 코칭 및 전환 학습의 이론을 포함하여 가족 교육/지원의 이론적인 기반을 제공하고, 가족 교육/지원에서 증거기반 최선의 실제를 개괄한다. 양육자들의 역량강화를 위해서 구체적인 언어를 사용하는 것의 중요성을 논의한다. 또한 양육자들을 위한 지식

기반의 내용과 획득을 포함한 지식기반을 제공한다.

성인학습 이론

성인학습 이론의 원리(Knowles, 1996)는 가족 교육/지원과 관련된 실제에 대한 정보를 준다. 또한 성인학습 이론은 가족 교육/지원에서 코칭 모델을 만들기 위해 사용되어 왔다(Hanft, Rush, & Shelden, 2004; Harlin, 2000). 성인학습 이론의 원리는 성인들이 다음과 같은 경우에 가장 잘 학습한다고 주장한다. ① 자율성과 자기주도, ② 자신의 삶의 경험과 관련될 때, ③ 목표 지향적, ④ 적절성, ⑤ 실제적, ⑥ 존중받음 등이다. 지원 제공자들은 양육자들과 신뢰하고 존중하는 관계를 확립했을 때, 가족들의 목표가 무엇인지에 대해 알 수 있을 때, 가족들의 문화와 삶의 경험에 적절한 실제적인 문제들을 도울 수 있을 때 학습을 촉진한다. 가족 교육/지원을 위한 모델로서의 코칭에 대한 문헌들(Hanft et al., 2004; Harlin, 2000)은 가족의 역량을 키우도록 이끄는 반영과 피드백이 순환하는 구조를 제공한다.

코칭 과정

코칭 과정의 구조는 다섯 가지 구성 요소를 포함하는데, 개시, 관찰, 행동, 반영, 평가가 그것이다. 개시하는 동안 지원 제공자와 가족은, 가족이 바라는 성과를 기반으로 함께 계획을 짠다. 관찰은 양육자가 기술을 연습하는 동안 지원 제공자가 관찰하거나 지원 제공자가 기술을 시범 보이는 것을 양육자가 관찰하는 것이다. 관찰은 또한 아동에게 가장 효과적인 것을 알아내기 위해 아동의 행동과 행동의 맥락 사이의 상호 관련성을 조사하는 것도 포함된다. 행동은 일반적으로 양육자가 실제 상황에서 기술이나 전략을 행동에 옮길 때 발생한다. 행동은 또한 가족들이 다가오는 가족 행사에서 상황을 조정하기 위해 어떤 기술이나 전략이 필요한지 확신을 가지고 있지 않을 때에도 나타날 수 있다. 반영은 코칭 관계에서 가장 중요한 과정이며, 다른 형태의 교육/지원과 코칭을 구별해 준다. 개방형 질문을 통해 지원 제공자는 양육자가 코칭 과정에서 배운 새로운 지식, 기술, 태도를 반영하도록 지도한다. 이런 피드백 메커니즘은 양육자가 새로운 학습에 대해 스스로 평가하고 동화하는 방법을 제공한다. 양육자가 자기반영을 한 후에 지원 제공자는 양육자가 스스로를 발견하고 달성하는 능력을 증진하는 지식, 기술, 태도 측면에서 새로이 학습한 것을 확인하고 인정해 주며 판단하지 않는 태도로 피드백을 제공한다. 평가는 가족을 위한 역량강화의 다음 단계에 대해 공동으로 결정한 계획과 형성되어야 할 코칭 관계의 조정에 대한 합의를 포함한다.

지원 제공자와 양육자는 한 번의 상호작용 동안 코칭의 5단계를 여러 차례 순환한다. 개시와 평가는 항상 각 코칭 주기의 일부이면서 코칭 관계의 양단으로서 부가적인 무게를 갖는다. 관계를 수립할 때 개시 단계는 관계의 구조, 모든 입장의 기대, 관계의 한계와 제한에 대한 합의를 포함한다. 평가 단계는 가족이 다른 형태의 서비스나 다른 지원 제공자로 옮겨 갈 때 코칭 단계의 마지막에서 무게가 더해진다.

코칭 모델은 지원 제공자 역할의 진정한 본질이 각 가족 구성원에게 능력을 부여하는 목적을 달성하기 위해 어떻게 변해야 하는가를 보여 준다. 전문가를 숙련되어 있는 '강단 위의 현자'로 보는 전통적인 교훈적 모델은, Stinson과 Milter(1996)가 최초로 설명했던 '조력하는 안내자'로서의 지원 제공자로 변해야 한다.

전환 학습

지원 제공자들은 양육자를 위해서 일한다기보다 양육자들과 함께 일하기 때문에 전환을 통해 양육자들을 지원한다. 한 부모의 이야기(Oliphant, 2007)에서 설명했듯이, 부모는 자녀의 청각장애에서 행복을 발견하는 과정을 통해 자신들의 꿈에 대한 생각이 변한다. 양육자가 자신과 아이의 강점을 발견하기 시작했을 때 전환적 또는 전환 학습이 발달한다. Mezirow (2000)가 처음 설명한 것처럼, 그것은 "사고, 감정이나 행동의 기본 전제에 깊고 구조적인 변화를 경험하는 것을 말한다. 세상에 존재하는 방식을 극적으로 그리고 영구적으로 바꾸는 것은 바로 의식의 전환이다. 이런 전환은 우리 자신에 대한 이해… 다른 사람과의 관계… 삶의 대안적 방식을 보는 관점, 그리고 평화와 개인적인 즐거움…을 위한 가능성을 지각하는 것과 관련된다"(O'Sulivan, Morrell, & O'Connor, 2002, p. xvill).

전환적 학습을 가져오는 도구는 코칭 모델의 일부로서 반영적 대화 또는 적극적이고 건설적인 경청이다. 지원 제공자는 반영 과정을 통해 가족 구성원들이 인생의 위기 후에 그들 삶을 재조직하고 그들의 관점을 감정적으로 그리고 영적으로 전환함으로써 삶의 새로운 의미를 찾아가도록 도울 수 있다. 반영적인 대화는 지원 제공자가 메시지 이면의 내용과 감정 모두를 포함하여 화자가 말한 것을 이해하기 위해 사용하는 촉진 과정이다. 그다음에 청자는 메시지로부터 얻어 낸 해석을 화자와 검토한다. 화자는 자신의 말에 담겨 있는 내용이나 감정을 방어할 필요가 없을 때, 자신의 이야기가 받아들여졌다고 느끼며 자신의 메시지에 집착하지 않고 보다 정확하게 평가할 수 있다. 지원 제공자는 감정이 지식이나 기술만큼 타당한 주제라고 여겨지는 안전한 학습 환경을 가족 구성원들에게 제공한다.

많은 지원 제공자가 그들이 내용에 관련한 것으로 인식하는 쟁점을 다루는 것을 양육자들의 감정을 다루는 것보다 편안하게 느낀다. Moses와 Kearney(1995), Moses(2009)가 지원 제공자를 돕기 위해 개발한 기억에 남는 도구 중의 하나는 ENUF를 연습함으로써 슬픔과 전환의 과정을 촉진한다. ENUF는 감정에 초점을 맞춘 반응을 통해, 개인적 기준에 따른 판단을 하지 않으며 무조건적으로 공감하는 것으로 정의할 수 있다. ENUF의 연습은 기술이나 전략 이상의 것이다. 이것은 지원 제공자와 가족 사이의 모든 상호작용의 근간을 이루는 태도의 모음이다. ENUF를 연습함으로써 지원 제공자는 그들의 역량을 좀 더 가족을 향해 이끌어 갈 수 있다. 가족교육 프로그램에서 대부분 빠져 있지만 매우 중요한 요소는 정서적인 연결과 지원으로, 가족들은 격려를 받고 지도를 받으며 희망을 갖는다.

언어의 힘

지원 제공자들이 양육자에게 어떤 언어를 사용하는가는 가족 교육/지원을 위한 신뢰 분위기를 구축하기 위해 매우 중요하다. 지원 제공자들은 언제 가족들과 대화를 시작할지 신중하게 선택해야 한다. 대화를 계획한다는 것은 구체적인 어휘의 선택이나 질문인지 진술인지, 특정한 대명사를 주의 깊게 사용하는 것에 대해 생각하는 것뿐만 아니라 신중한 몸짓 언어, 얼굴 표정, 톤을 만드는 억양에 대해 생각하는 것을 포함한다. 무엇을 말하는지가 아니라 어떻게 말하는지가 중요하다. 이런 모든 요소가 가족과의 대화를 유도하거나 중단되게 한다. 그러나 대화를 수

- 아이를 위한 당신의 목표는 무엇입니까?
- 당신의 목표를 달성하기 위해 제가 어떻게 도울 수 있겠습니까?
- 당신의 목표를 달성하기 어렵게 하는 것들로는 무엇이 있습니까?
- 집에서 어떤 지원을 받습니까? 당신의 아이를 돌보는 데에 누가 도움을 줍니까?
- 당신의 아이에 대한 걱정은 무엇입니까?
- 지금 당장 알아야 할 필요가 있는 것들은 무엇입니까?

[그림 14-4] 직접적 질문들

럽하고 신중하게 선택된 질문들을 하기 위해, 스크립트를 선택하기 전에 주의 깊게 듣는 것이 가장 먼저 요구되는 행동이다.

지원 제공자는 처음에 양육자들이 자신들의 상황, 감정, 어려움, 소망을 얘기하는 것을 경청함으로써 공감을 형성한다. [그림 14-4]처럼 직접적인 질문들이 일반적으로 이 단계에서 최선이다. 이때 양육자는 지원 제공자가 가족과 그들의 아이에 대해 진심으로 관심이 있다는 것을 알게 된다.

[그림 14-5]와 같이 탐사적 질문하기는 지원 제공자가 상황을 보다 더 확실히 이해하도록 도울 수 있다. 아동들의 학습은 그들의 삶에서 벌어지는 일에 영향을 받고, 지원 제공자는 더 정보를 많이 가질수록 양육자가 목표를 달성할 수 있도록 좀 더 보조할 수 있다. 종종 양육자는 "집에서 아이 행동에 문제는 없나요?"와 같은 적접적인 질문에 부정적으로 답하기도 한다. 그러나 지원 제공자는 좀 더 탐사적으로 질문을 함으로써 양육자가 자신들의 걱정거리를 말하도록 도울 수 있다. '일상적인 날들'에 대한 대화를 통해 하루의 시간과 활동이 기록되면 양육자는 아이의 목표에서 매우 중요한 것을 깨달아 정보가 증가할 것이다.

일단 탐사적 질문과 반영적 경청을 통해 양육자와 아동의 상황에 대한 사실들이 명확해졌다

제가 당신의 삶에 대해 좀 더 잘 알기 위해서 종이에 써 가면서 당신의 하루를 공유해도 될까요? 눈 뜨는 시간부터 잠 드는 시간까지 당신의 스케줄을 적어 봅시다.

예를 들어, 양육자들은 다음과 같은 내용을 알아낼 수 있다.

- 아이는 몇 시간 정도 자나요?
- 아이가 일상적으로 하는 스케줄이 있나요?
- 아이는 언제, 얼마나, 무엇을 먹나요?
- 아이의 자조 기술(옷 입기, 먹기, 목욕하기 등)은 어떤가요?
- 아이의 놀이 시간 활동은 무엇인가요?
- 어른들이나 다른 아이들이 아이의 하루에 어떤 관여를 하나요?
- 무엇이 아이에게 동기를 부여하나요?
- 아이는 어떤 상황에서 돌출 행동을 하나요? 양육자는 그것을 어떻게 다루나요?
- 양육자가 매일의 재미있고 의미 있는 활동들을 통해 아이의 언어, 말, 듣기, 인지, 놀이, 사회적 상호작용에서 기술을 습득할 수 있는 환경을 만들도록 지원 제공자가 도울 수 있는 방법은 무엇인가요?

[그림 14-5] 탐사 질문들(예: '삶에서의 어떤 하루')

면, 지원 제공자는 가족들이 지원을 원하는 분야를 확인할 수 있게 돕기 시작할 수 있으며, 또한 그들의 목표를 향해 가족들을 지원할 수 있다.

양육자와 지원 제공자 간에 지속적으로 정보가 교환되는 가깝고 빈번한 접촉은 문제가 덜 생기는 관계로 발전한다. 때때로, 새로운 정보는 부정적 결과를 가져올 수 있는 것으로 인지될 가능성이 있다. 예를 들어, 평가 결과를 공유하는 것은 평가 결과가 양육자가 지각하고 있는 아동의 강점과 많이 다르다면 상당히 스트레스가 될 수 있다. 다음과 같은 경우가 아니라면 양육자는 아동의 기술을 강화하기 위한 행동 계획에서 앞으로 전진할 수 없다.

- 양육자는 상황과 관련된 사실들을 이해하고 동의한다.
- 양육자가 문제 해결을 위한 협력에 지원 제공자를 초대한다.

[그림 14-6]에 제시된 목록은 행동과 감정에 대한 공유된 이해와 지식을 정립하고 양육자들이 능력을 가지도록 지원하는 것을 돕는 데에 사용하는 구체적인 언어들이다. 지원 제공자는 양육자가 알거나 느끼는 것이 무엇인지 가정하지 않으면서 지각이 정확한지를 항상 체크한다는 것을 주목하라. 또한 양육자가 지원 제공자에게 제안을 하도록 허락할 때만 제안을 한다는 것을 주목하라. 양육자가 제안을 들을 준비가 안 되어 있다면 공유된 이해는 아직 달성되지 않은 것이다. 양육자는 반영적 경청을 통해 좀 더 지원할 필요가 있다.

특정 행동에 대한 이해 확립

- 나는 (당신의 아이가 …하다는 것을) 알겠습니다, 느낍니다, 생각합니다.
- 당신의 아이가 …하다는 것을 당신은 아시나요, 느끼나요, 생각하나요?
- 당신의 아이가 왜 …하다고 생각하나요, 느끼나요?
- 그것에 대해 얘기해 주세요.
- …합시다(부모가 달성하기 원하는 구체적인 행동)

'당신은 …해야 합니다.'와 같은 표현은 양육자의 자아존중감을 해칠 수 있지만, '…합시다' '우리는…'과 같은 표현을 씀으로써 지원적인 관계를 확립할 수 있다.

부모의 감정에 대한 이해 확립

- 저는 당신에 대해 … 느낌이 드네요. 제가 이해한 것은…
- 이것이 맞나요? 제가 제대로 알아들었나요? 이것이 어째서인가요?
- 그건 진짜 무섭게, 짜증나게 속상하게(등등) 들리네요.

- 이것이 당신이 느끼는 것인가요?
- 그건 정말 나도 무섭네요/짜증나네요/속상하겠네요 등.
- 이것이 당신이 느끼는 방식인가요?

행동에 대해 가능한 이유 탐색

- (그 행동이) 우리에게 시사하는 바가 무엇이라고 생각하세요?
- 그것에 대해 (아동의 이름)이 우리에게 알려 주고 싶은 바가 무엇이라고 생각하세요?
- 그것에 대해 얘기해 봅시다(일어나고 있는 것에 대해 좀 더 깊은 이야기를 한다).

관찰된 변화에 대해 긍정적인 피드백 제공

- 당신은 정말 좋은 어머니입니다. 왜냐하면…
- 당신은 정말 헌신적이고, 양심적이고, 잘 보살피고, 사려 깊고, 주의 깊고, 똑똑하고, 열심이군요.
- 당신은 아이가 …하도록 열심히 싸우고 있군요.
- 당신이 …한 측면을 보세요.

의식적인 수준으로 문제를 끌어올림

- 일이 어떻게 되어 가고 있나요?
- 나는 당신이…(최근에 자주 지각한다는 것을, 피곤해 보인다는 것을, 회의에 빠졌다는 것을) 알아요.
- 아무 문제 없나요?
- 뭔가 이야기하고 싶으신 것이 있나요?
- 이런 것들이 우리가 학교에서 관찰한 것들이에요. 집에서는 어떤가요?
- (앉아서 아이를 부모와 함께 관찰하면서) 무엇을 볼/알아챌/느낄 수 있나요?
- 아기가 집에서, 학교에서 얼마나 자주 …한지 한번 기록해 볼까요?
- 수업을 녹화해서 함께 보면서 …을 관찰해 봅시다.
- 집에서, 학교에서 …의 일기/일지를 쓸 수 있어요.

문제를 다시 생각해 봄

- 당신에 대해 생각해 왔어요.
- 우리가 얘기했던 것에 대해 생각해 봤어요. 그리고 그에 대한 생각이 좀 더 있어요. 이에 대해 함께 얘기해 볼까요?

협력적인 문제 해결

양육자의 상황과 감정에 대한 보다 분명한 그림을 그린 후에, 그리고 양육자가 특정 상황/행동에 대한 걱정을 언급한 후에

- 그것에 대해 어떻게 하기를 원하세요? 그것에 대해 우리가 어떻게 할 수 있다고 생각하세요?
- 함께 브레인스토밍을 해 보고 어떤 아이디어가 떠오르는지 볼까요?
- 제안할 것이 있으세요?

[그림 14-6] 양육자의 역량강화를 지원하기 위한 구체적인 언어

이해하고 공감하는 지원 제공자의 능력 배양

대부분의 지원 제공자는 아주 기술적인 정보들을 이해하고 이용하도록 훈련받아 왔는데, 예를 들면 구어 발달을 최대로 이끌어 내기 위해 가능한 한 어린 시기에 청각피질을 자극하는 데 적절한 청각 보장구를 사용하는 것이 필요하다는 것과 같은 정보다. 지원 제공자는 아동들이 청각 보장구를 지속적으로 착용하지 않는다는 것도 알아내고 양육자가 '책임'을 잘 수행하고 있는지 우려할 수 있다. 지원 제공자가 감정보다 내용에 집중할 때 가족과 지원 제공자의 관계는 긴장될 수 있다. 양육자의 입장에서 보면 아동에게 청각 보장구를 지속적으로 착용시킨다는 것이 죽음, 이혼, 혹은 질병과 같은 상황보다 덜 고려될 수도 있다. 양육자가 지원 제공자와 중요한 행사에 대해 공유하는 것을 편안하지 않게 생각할 수도 있고 또는 그럴 시간이 없을 수도 있다. 만약 지원 제공자가 이해와 공감 혹은 동정하는 마음으로 접근하지 못한다면 그 관계는 빠르게 망가질 수 있다. 진실한 동정과 함께 부드럽게 탐색하는 대화는 종종 지원 제공자가 양육자를 이해하고 지원하기 위해, 들어야 할 필요가 있는 배경 정보를 이끌어 낼 것이다. "나는 당신에 대하여 생각해 봤어요. 요즘 어떻게 지내세요? 당신은 최근에 조금 스트레스를 받고 있는 것처럼 보여요. 지금 이야기할 시간 있으세요?" 지원 제공자는 양육자가 어떤 일들을 겪고 있는지 듣고 싶은 순수한 마음을 전달한다. 그러면 양육자는 지원 제공자에게 마음을 털어놓게 된다.

'봉투 열기' 연습

지원 제공자가 공감적 가치관을 발달시키도록 돕는 연습은 전문가 준비 과정의 필수 요소일 뿐 아니라 보수교육에서 매년 할 필요가 있다. 봉투 열기는 스태프들이 공감적이고, 판단하지 않으며, 무조건적으로 감정에 초점을 맞추도록 유지하기 위해 연초에 사용 수 있는 훈련이다. 가능하다면 상담사가 훈련을 이끌고 그렇지 않다면 다른 지원 제공자가 그 역할을 할 수도 있다. 훈련 리더는 봉투 위에는 간단한 양육자 시나리오가 적혀 있고, 안에는 시나리오와 관련해 더 구체적인 정보가 감추어져 있는 봉투를 준비한다. 시나리오는 리더가 알고 있는 실제 가족 이야기를 사용할 수 있다. 지원 제공자들을 두 팀으로 나누고 한 팀은 양육자 역할을, 다른 한 팀은 지원 제공자 역할을 한다. 팀 구성원들은 모두 함께 시나리오를 읽는다. 다음은 시나리오의 예다.

> 루카스 부인은 지난 두 달 동안 일주일에 몇 번씩 아이를 학교에 늦게 데리고 왔다. 아이는 수업 일부를 놓침에 따라 학교생활은 빗나가고 어긋난 행동이 나타나기 시작했다. 학교 담당자들이 이러한 문제로 그녀와 접촉하려 하였으나 루카스 부인은 피하는 것처럼 보였다. 지원 제공자는 루카스 부인과 어떤 대화를 해야 할까?

다 읽은 후에 팀 구성원들은 루카스 부인과의 만남과 관련해서 대본에 따라 역할극을 한다. 약 3~4분간 역할극을 한 후 각 팀은 봉투를 열고 추가적으로 제공된 정보를 읽는다.

> 루카스 부인의 남편은 한 달 전에 집을 떠났다. 남편의 수입이 없기에 집세를 낼 수가 없었고 급기야 집을 나가라는 경고를 받았다. 그녀는 더 이상 어린이집 비용을 감당할 수 없어 보육 방식이 변했다. 그녀의 아들은 친척집을 전전하며 맡겨졌다. 지원 제공자는 루카스 부인과 어떤 대화를 나눠야 하는가?

그다음 각 팀들은 이러한 내용에 따라 양측의 입장에 대해 역할극을 한다. 양육자가 처한 문제에 대면할 때 지원 제공자는 즉각적으로 좀 더 공감적이 되고, 보통 첫 번째 역할극에서 메시지의 내용에만 집중한 것을 후회한다. 이후에 가족들과 대면할 때 지원 제공자들은 양육자들이 그들의 새로운 꿈을 네덜란드라는 '다른' 나라에서 만들어 가며 항상 예기치 못한 일들을 다루고 있음을 기억하고 '봉투 열기'를 떠올리게 될 것이다.

반영적 경청 연습

반영적 경청 연습은 특수아동의 가족들이 겪는 슬픔의 단계를 연구한 심리학자 Moses(2009)가 설계한 것이다. Moses의 회의에서는 지원 제공자들을 3개의 팀으로 나눈다. 한 팀은 양육자, 다른 한 팀은 지원 제공자, 나머지 한 팀은 관찰자 역할을 한다. '양육자' 팀은 전문가로서의 경험에서 시나리오를 고르고 지원 제공자에 대한 불평이나 어려운 질문을 한다. 지원 제공자 팀은 시나리오에서 해답을 이끌어 내기 전에 양육자의 어려움이나 불만에 초점을 맞춘 감정을 가져보려고 시도한다. 지원 제공자 팀은 양육자 팀의 감정을 들어보려는 시도를 한 후에 자신들의 생각을 양육자 팀에게 전달하고 역할극은 끝난다. 관찰자 팀은 지원 제공자 팀이 얼마나 잘 경청하고 자신들의 의견을 잘 전달했으며, 양육자의 내용만이 아니라 감정에 반응했는가의 관점에서 관찰한 것을 기록한다. 이런 활동이 단지 역할극일 뿐이라고 볼 수도 있다. 하지만 양육자 팀이 연습이 끝날 때 자신들의 문제를 잘 듣고 자신들의 감정이 불안, 공포나 분노인지, 위로를 받았는지를 실제로 보고하고, 지원 제공자 팀은 실제로 양육자의 감정을 느끼고 그것을 이해했기 때문에 더 잘 접근할 수 있었다고 보고한다면, 그것은 의외로 강력한 도구가 될 수 있다. 이 연습의 핵심은 양육자의 어떤 질문이나 어려움, 불만의 기저에는 초점이 되는 감정이 항상 있다는 것을 지원 제공자가 깨닫도록 돕는 것이다.

청각구어 조기중재의 실제

이 장은 가족 교육/지원 패러다임은 가족중심 실제의 특징인 융통성을 보여 주며, 최선의 증거기반 실제와 맥락을 같이하는 몇 가지 가족 교육/지원의 패러다임을 설명하는 것으로 결론을 내리고 있다.

가족 지원과 교육을 위한 부모의 공헌

1925년 Spencer와 Louise Tracy의 아들 존이 심도 청각장애로 진단받은 후 Louise Treadwell Tracy는 청각장애 아동이 구어로 의사소통할 수 있는 방법을 연구하는 데에 자신의 시간과 열정을 바쳤다. 그녀의 노력으로 존은 말을 배우고 일상적인 삶을 살 수 있게 되었다. 1942년 Tracy 부인은 12명의 청각장애 아동의 엄마들로부터 도움을 요청받음으로써 캘리포니아 주 로스엔젤레스에 John Tracy 클리닉을 설립하고 무료로 세계적인 서비스를 제공하게 되었다.

그녀 자신이 장애 아동의 부모였기에 Tracy 부인은 양육자들을 교육하는 것뿐만 아니라 그들을 감정적으로 지원하는 것 또한 중요하다는 것을 알았다. 처음부터 John Tracy 클리닉은 지원 제공자가 가르치는 가족 교육 수업과 정신건강 전문가가 이끄는 가족 지원 그룹을 통해 '희망, 안내 그리고 격려'를 제공해 오고 있다. 〈표 14-1〉은 John Tracy 클리닉에서 제공하는, 다양한 배경과 요구를 가진 양육자들을 위해 고안된 가족중심 서비스들의 다양성과 유연성을 보여 주고 있다.

표 14-1 가족들을 위한 서비스의 다양성과 유연성

서비스	시간	빈도	언어
현장 프로그램: 학기(9~5월)			
부모교육반			
금요 가족학교	낮	주 1회	영어, 스페인어 통역
학령전기	낮	월 1회	영어, 스페인어 통역
학령전기 및 일반	저녁	격주	영어, 스페인어 통역
부모 지원 그룹			
금요 가족학교	낮	주 1회	영어, 스페인어 통역
학령전기	낮	월 1회	영어, 스페인어 통역
학령전기 및 일반	저녁	격주	영어, 스페인어
부모 안내 & 지원			
학령전기 부모의 날	낮	주 1회	영어, 스페인어, 스페인어 통역
학령전기 청각구어 치료	낮	주 1~4회	영어, 스페인어, 스페인어 통역, 각국어 통역
가정 시연: 부모-영아 청각구어 치료	낮	주 1회	영어, 각국어 통역
현장 프로그램: 여름학기(6~8월)			
부모 및 형제자매 교육반			
학령전기 국제반(3주)	낮	3일간 종일	영어
학령전기 국제반: 스페인어(2주)	낮	3일간 종일	스페인어
로스엔젤레스 학령전기(2주)	낮	3일간 종일	영어
부모 및 형제자매 지원 그룹			
학령전기 국제반(3주)	낮	주당 4일간	영어
학령전기 국제반: 스페인어(2주)	낮	주당 4일간	스페인어
로스엔젤레스 학령전기(2주)	낮	주당 4일간	영어
부모 형제 안내 & 지원			
청각구어 치료: 학령전기 국제반(3주)	낮	주당 1~4일간	영어
청각구어 치료: 학령전기 국제반(2주)	낮	주당 1~4일간	스페인어
청각구어 치료: 로스엔젤레스 학령전기(2주)	낮	주당 1~4일간	영어, 스페인어, 스페인어 통역
청각학적 평가(상담지원 포함)	낮		영어, 스페인어, 한국어
평가: 말, 언어, 듣기(필요에 따라 상담지원)	낮		영어, 스페인어
선별검사: 작업치료, 감각통합, 기타 발달 영역(상담지원 제공)	낮		영어, 스페인어, 한국어
센터중심 부모-영아 놀이 그룹	낮	주 1회	영어, 스페인어 통역, 스페인어

원격 프로그램: 연중(John Tracy 클리닉 웹사이트)			
부모를 위한 원격 교육(메일, 인터넷, 전화) **DHH 영아 과정 & 학령전기 과정	항시		영어, 스페인어
시각 및 청각장애 아동들의 부모를 위한 원격 교육(메일)	항시		영어, 스페인어
부모교육 DVDs	항시		영어 자막, 스페인어 자막
개인적인 지원 편지, 전화통화	항시		영어, 스페인어
비디오스트리밍 서비스: 부모 자신의 말로 전하는 부모의 이야기	항시		영어 자막, 스페인어 자막
다운로드 가능한 문서 & FAQs(예: 웹사이트 채팅박스)	항시		영어, 스페인어
인터넷 부모 동창 그룹	항시		영어

문화적 및 언어적 고려 사항

청각구어 서비스가 제공되고 있는 다언어 사회에서는 가족 요구를 위한 계획을 세울 때 문화적 · 언어적 다양성 문제를 고려해야 한다. 각각의 문화에 따라 정보와 지원이 공유되는 방식에 대한 견해와 선호도가 서로 다를 수 있다. 한 연구에서 한국의 어머니들은 일반적으로 전화나 대면 상담보다 이메일을 통한 의사소통을 선호했는데, 그들은 영어교육을 주로 활자를 통해 받았기 때문에 글로 의사소통하는 것이 발음이나 다른 의사소통상의 오해를 하는 장벽을 피할 수 있기 때문이다(Yang & McMullen, 2003). 양육자가 한 언어보다 다른 언어를 더 편하게 여기는지, 말하기나 읽기보다 듣기를 더 편안해하는지도 고려해야 할 부분이다.

John Tracy 클리닉에서는 스페인어를 사용하는 가족들이 증가하여 이들을 위한 더 융통성 있는 전달 방법을 고안하였다. 2개 국어를 말하는 스태프를 고용함으로써 스페인어를 사용하는 더 많은 가족이 학령전기 프로그램에 참여하게 되었으며 부모-영아 가정시범 프로그램은 통역을 계속 사용하고 있다. 청각장애 아동들도 하나 이상의 언어를 배울 수 있다는 것을 보여 주는 연구를 알려 주고, 양육자가 그들의 가족 내에서 언어 계획을 세우도록 돕는 부모 수업 모듈을 최근에 개발하였다. 스페인어를 쓰는 부모들이 통역을 제공하는 개별 FM 시스템을 사용하는 스페인어 통역 시스템을 계속 사용하기보다는, 각 수업 모듈마다 영어 수업과 스페인어 수업을 동시에 개설하였다. 슬라이드 자료, 사인, 차트, 유인물, 활동 그리고 토의가 모두 스페인어로 직접 제공된다.

양육자들은 자신들의 모국어로 좀 더 직접적이고 적절하며 완전하게 감정을 표현한다. 한 아버지는 자신의 딸이 스페인어로 말할 수 있기를 소망하는 내용으로 '그 마음의 언어'라는 감동적인 시를 썼다. 수업과 지원 그룹에서 모국어를 사용할 수 있을 때 가족들의 행동은 괄목할 만한 변화를 보였다. 참가자들은 이전에 영어로 제공되는 수업에서도 질문을 했지만, 스페인어 수업에서는 질문의 수가 극적으로 증가했다. 사실, 수업의 구조는 총체적으로 변했다. 참가자 소개는 훨씬 더 참여적인 분위기로 변했고, 가족들은 새로운 참가자들이 합류할 때 더 많은 이야기를 공유했다. 스페인어 부모 교실은 모듈 I에 5개 수업, 모듈 II에 5개 수업이 제공된다. 모듈 III에 이르러서는 수업 시간에 의견을 당당히 말하고, 통역을 통해 수업을 들을 때보다 더 쉽게 접근하여, 대부분의 스페인어 사용 가족들이 능력 있는 지지자들이 되어 갔다.

클리닉에서는 국제적인 여름 회기 프로그램 셋 중 하나에서도 스페인어 교실을 확장했다. 세계 각국에서 스페인어로 말하는 가족들이 회기에 참여한다. 영어로 진행되든 또는 스페인어로 진행되든 두 가지 유형의 여름 회기의 구조는 같으며, 아동 · 형제자매 · 확대가족 구성원 등을 위한 집중적인 진단 기간을 제공하고, 언어 · 말 · 듣기 · 청각학 및 다른 관심 영역에 대한 평가를 포함한다. 가족들은 교실에서 하루에 몇 시간씩 보내게 되는데, 1시간은 지원 그룹에서, 상호작용 지도 시간과 청각구어 치료는 매일 제공된다. 가족들은 모두 John Tracy 클리닉 근처의 기숙사에서 지낸다. 대부분의 가족에게 이 프로그램에서 갖게 되는 가장 강력한 경험은 그들의 감정과 걱정을 공유하는 양육자들의 집단을 알게 된다는 것이다.

양육자와 연결하는 다양한 방법

John Tracy 클리닉처럼 청각구어 지원 제공자는, 부분적으로는 사설 기관, 학교나 클리닉 또는 병원에 있는가에 따라 양육자와 확대가족 구성원들이 내용과 기술을 습득하는 다양한 방법을 제공하는 길을 찾는다. 어떤 경우에는 단기간 또는 장기간 집중 모델에서 부모 집단을 위한 공식적인 수업을 제공할 수도 있다. 다른 경우에는 이제 시작하는 부모들에게 다양한 내용 영역에 대한 집중적인 개론 과목을 제공하고 아니면 가족들의 요구나 필요가 생길 때 그에 기반을 둔 주제를 가족들과 토의할 수도 있다. 다양한 시기에 가족 구성원들이 필요로 하는 일반적인 주제들을 〈표 14-2〉에 제시하였다.

표 14-2 교육/지원 구성 요소

학령전기	15개 반(1년간 매 1시간) 5개 반/6개 모듈/졸업생 모듈 1시간 수업, 1시간 지원 그룹 스페인어 통역을 제공하는 영어 수업/스페인어 수업 영어 지원 그룹과 스페인어 지원 그룹을 분리함	
여름학기	34개 반(3주간 매 1시간) 1일당 약 3개 수업, 1주당 약 11개 수업 각 수업일마다 1시간 지원 그룹	
주제	주요 내용	실습 활동의 예
청각학	귀 해부 및 생리, 진단, 청신경병증, 청력도 해석, 다양한 보청 및 청각 보조기기	아동의 청력도 분석하기
언어	의사소통 접근법, 언어 vs. 말, 수용언어 vs. 표현언어, 수용언어 전략, 표현언어 전략, 비공식적/공식적 언어평가, 2개 이상의 구어 발달	접근법에 대한 비디오 자료, 장난감이나 음식을 가지고 수용언어/표현언어 활동, 비공식적 평가 연습, 자발화 표집, 공식적 평가 비디오
듣기	말의 음향학적 특성, 듣는 대로 말해요, 뇌가소성, 청각처리 과정의 4단계, 조건화된 반응, 기기 및 듣기 체크, 링 6개음 검사, 듣기를 배우는 소리들, 음향음성학, 음향학적 강조, 청각적 기술 교육과정	스피치뷰어로 포먼트 시연, 6dB 원칙 시범, 조건화된 반응, 청각적 기술 활동 비디오, 장난감으로 청각적 활동 실습
구어	구강운동 발달 및 평가, 국제음성기호, 모음과 자음 분류, 구어 발달 단계, 음성적 vs. 음운적 비공식적/공식적 평가 및 발달	구강운동 선별검사 사용, 음성적/음운적 평가 및 교수 비디오 자료
문해 능력	독서 통계, 독서기술 공유, 읽기발달 단계, 언어와 문해 능력, 음운인식과 문해발달, 경험책	다양한 유형의 책읽기 비디오 자료(반복적, 운율 등), 경험책 만들기 실습
감각통합	자기조절 및 행동, 감각자극—7가지 감각, 감각조직, 각성상태, 감각통합평가, 의뢰를 위한 지표, 물리치료 및 작업치료	부모 자신의 감각 문제에 대해 토의
의학적 측면	유전학 검사 및 연구, 관련 증후군, 농의 의학적 측면, 귀의 병리학	유전 연구 목록
법적 문제	다양한 입법 활동, 아동과 부모의 권리/의무, 적법 절차, 적법성 준거, 개별화교육계획(IEPs), 주류화 또는 통합, 학교 지원, 평가 동의	IEP 역할놀이, 웹사이트, IEP 샘플, IEP 스크립트, 집단 문제해결
부모 되기	아동발달, 일정, 규칙, 일상생활, 섭식/먹기, 잠자는 시간, 배변훈련, 발달적 행동관리, 경험책	가정 규칙, 일정 만들기 실습, 경험책 만들기 실습(행동, 규칙 등), 상업용 비디오
사회적인 상호작용	놀이의 단계, 언어와 놀이단계의 상호작용, 촉진 기술	놀이단계와 언어단계 비디오

인지	Piaget의 인지단계, 언어와 인지의 상호작용, 추상적 사고, 범주화, 가정하기와 문제 해결	인지활동 비디오, 상상 역할놀이, 사보타주, 함께 읽는 동안 가정하기
양육자 지원 그룹	다른 양육자의 경험 나누기, 슬픔 단계, 정서적 지원, 전환 공유	성별, 아동의 연령, 초급반, 고급반, 국제반, 국내반 등에 따라 그룹 나눔
형제자매	형제자매의 감정 다루기, 행동 관리, 형제자매 지원 그룹, 형제자매를 위한 말하기 기술	형제자매의 감정목록, 부모와 형제자매 사이에 편지 주고받기
패널	미래에 대한 희망, 부모, 이중언어 부모, 초등학교 연령 아동, 청소년, 성인	

로스앤젤레스 지역의 몇몇 청각구어 지원 제공자에게 비공식적 설문을 시행하였으며, 일부 사설 기관에서 일하는 제공자들은 Luterman의 조언에 따라 부모들에게 두 가지 질문, 즉 "어떤 느낌이 드세요?"와 "무엇을 알고 싶으세요?"(1987)를 사용하는 것으로 밝혀졌다. 즉, 그들은 각 가족에게 표준화된 내용의 교육과정을 수행하기보다는 양육자들과 자연스럽게 상호작용하면서 내용과 감정 모두를 다루고 있었다.

인터넷은 가족과 지원 제공자에게 교육과 지원 분야에 더 많은 융통성을 제공하는 강력한 매개체가 되었다(Porter & Edirippulige, 2007). 요즈음 대부분의 가족은 인터넷에서 엄청나게 많은 양의 정보를 찾아본 다음 실제 서비스를 찾아간다. 그들은 웹사이트, 블로그, 비디오블로그, 소셜 네트워크(예: Facebook, Myspace), Youtube 비디오, 그리고 리스트서브, 대화방 또는 메시지 보드의 부모 토의 포럼을 이용한다.

많은 조직이 부모를 위한 정보 제공 웹사이트를 운영한다. 예를 들어, John Tracy 클리닉의 경우도 영어 버전 웹사이트와 스페인어 버전 웹사이트를 가지고 있다. 가족을 위한 정보들은 아동과 가족들에 대한 비디오(영어와 스페인어), 다운로드받을 수 있는 정보, 문서, 자주 하는 질문(FAQs)이 있다. 클리닉 비디오는 영어와 스페인어로 Youtube에서 볼 수 있으며 소셜 네트워킹 커뮤니티는 John Tracy 클리닉의 Facebook 페이지에서 이용 가능하다(이 장의 '부록: 온라인 지원 목록' 참조).

인터넷의 또 다른 능력은 최근의 원거리 청각구어 치료를 위한 화상 회의 시스템을 포함한다(Duncan, Nichols, & Cheng, 2008). 이런 목적을 위한 화상 회의 시스템의 사용은 '원격치료(Telepractice)'라는 용어로 사용되며, 이는 "임상가와 내담자 또는 임상가와 임상가를 연결하여 평가, 중재 그리고/또는 상담을 원거리에서 할 수 있도록 지원하는 서비스 제공을 위한 원격 통신 기술의 응용"(American Speech-Language-Hearing Association, 2005, p. 1)이다. 비디오 회의와 원격 회의는 또한 가족 교육 수업을 제공하는 데에 사용될 수 있으며, 가족과 가족을 연결하고 가족과 지원 그룹 촉진자들을 연결하는 데에도 사용될 수 있다.

가족 요구에 맞춘 융통성 있는 예약 스케줄뿐만 아니라, 인터넷은 지원 제공자가 가족에게 융통성을 제공하고 맞벌이 가족들을 모으며, 조부모나 다른 확대가족 구성원들을 관여하게 할 수 있는 또 다른 방법이다. Skype 같은 무료 소프트웨어는 웹에서 서로 보면서 할 수 있는 가족 미팅이나 개인치료 회기를 촉진하기 위해 사용될 수 있다.

동료로서의 양육자: 학교에서 양육자와 연결

교사로 일하는 청각구어 임상가는 양육자와 관계를 구축할 기회가 거의 없기 때문에 가족에게 접근하기 위해서는 좀 더 구조화된 프로그램을 만들어야 한다. 교실 지원 제공자는 아동들을 위한 풍부한 교육적 환경을 제공하는 데에 가족들을 참여시키기 위해 '동료로서의 양육자' 혹은 '파트너로서의 부모'를 고안해 낼 수 있다.

목적은 지원 제공자가 가족들을 환영하고 관계를 수립할 수 있는 교실로 이끄는 것이다. 일단 관계가 수립되면, 가족들은 집에서 그들의 아이를 위해 풍부한 언어적 환경을 제공하는 기술을 사용하는 데에 편안하고 자신감 있으며 능력을 갖출 수 있도록 이끌고 지도해 달라고 요구할 만큼, 지원 제공자를 편안하게 여기게 될 것이다.

지원 제공자와의 관계는 또한 주고받기를 가능하게 할 것이다(우선, 각 아동은 독특하고 소중하다는 것을 일깨워 주고 도와주는 형태로 '주기'를 많이 한다). 계속 연락을 주고받는 것은 중요한데, 왜냐하면 적절한 의사소통 없이는 작은 문제가 곧 큰 문제가 될 수 있기 때문이다. 〈표 14-3〉은 청각구어 교실을 위한 '동료로서의 양육자' 프로그램의 개요다.

표 14-3 청각구어 교육 세팅에서 '동료로서의 양육자'를 위한 계획

1. 집으로 편지 보내기	학교가 시작하기 전에 각 가족에게 당신의 사진을 포함하여 당신에 대한 소개를 한다. 당신의 경력, 철학, 당해 연도 프로그램의 주제와 목표를 간략하게 설명한다. 알리지 않고 잠깐 들리더라도 한번 참여해 볼 수 있도록 가족들을 초대한다. 당신의 집 전화번호를 양육자에게 알려 주고, 특정 시간대에 전화하면 어떤 문제에 대해서도 대화를 나눌 수 있음을 알게 한다. 필요한 경우 가족들에게 통역을 제공한다.
2. 전화로 확인하기	아동에 대해 이야기를 나눈다. 가족들에게 아동의 서류를 검토했다는 것과, 가족들의 올해의 목표가 무엇인지 알고 싶다는 것을 알려 준다. 가족참여에 대해 편지에 쓴 내용을 다시 한번 반복한다.

3. 전화 받으세요!	아동에 대한 혹은 아동이 성취한 것에 대한 작은 재미있는 이야기를 공유하기 위해 자주 전화한다. 가족들이 당신으로부터 무언가 지원이 되고 아이에 대해 긍정적인 것을 들을 수 있기 때문에 당신의 전화를 기다리게 되는 것이 좋다.
4. 가족 알아 가기	가족의 목표와 걱정, 아동에 대해 당신이 무엇을 알기를 원하는지 묻는다. 주중/주말은 보통 어떻게 보내는가? 집에 가지고 있는 매체는 어떤 종류(DVD, CD, 등. 나중에 이런 것들을 집으로 보낼 수 있도록)인가?
5. 가능한 한 자주 소식지 발간하기	아동의 활동, 미술작품, 기타 사진 등으로 편지를 꾸민다. 영어를 읽지 못하는 가족들을 위해 이야기에 대한 설명을 사진에 삽입한다. 부모 되기 또는 의사소통 기술에 관한 현실적인 조언을 포함한다.
6. 교실 혹은 사무실 공간에 가족 센터 만들기	센터로 온 가족들을 환영한다. 센터는 활동의 중심이 되고 다른 가족들과 함께 교실, 클리닉 또는 소풍에서 어떤 일이 일어나는지에 대한 최근 상황을 알려 준다. 책장에 있는 게시판 또는 게시판 밑의 탁자, 스태프나 다른 부모와 즉석에서 읽거나 대화할 수 있는 편안한 의자들을 배치한다. 이때 포함되어야 하는 것은 다음과 같다. • A.G. Bell 멤버십 요람(책자) • 스페인어 기사를 포함한 *Volta Voices* • *The Volta Review*와 다른 저널들 • 다른 교육 프로그램들의 팸플릿 • Hanen 센터의 도서/기사 • 인공와우 회사에서 나온 교육 자료들(모국어로 된 것) • 양육자를 위한 웹사이트가 정리된 컴퓨터 • 육아 프로그램들을 볼 수 있는 DVD 플레이어(Hanen 센터는 여러 가지 언어로 구성된 자료들을 보유하고 있음) • 가족에게 보여 주기 위해 아동을 촬영한 캠코더 • 빌려갈 수 있는 아동 도서, 영어를 배우고 있는 양육자들을 위한 이중언어 버전 • 빌려갈 수 있는 가족 자원 도서 • 금주의 주제: 간략히 쓰인 정보, 교육 주제에 대한 다양한 사진들(기기의 문제 해결, 아동을 무료로 데려갈 수 있는 곳 등) • 가족들이 교실에 있을 때 참여할 수 있는 과제를 보여 주는 설명이 달린 사진들, 예를 들어, 자르기 재료, 색칠하기, 미술 활동 모델, 복사된 재료, 교실에서 혹은 아동에게 읽어 줄 책들, 소집단 활동, 간식, 수학 플래시 카드 등이 있다.
7. 가족 지원 그룹 만들기	가족들로부터 주제 목록을 받는다. 가장 많은 양육자가 올 수 있는 시간을 찾는다. 관심 있는 화자들을 모은다. 양육자들이 간식을 준비해 올 수 있도록 목록을 돌린다. 처음에는 그룹토의를 촉진하지만, 어떻게 하는지 알고 나면 그룹을 이끌고 싶어 할 양육자들이 있을 수 있다는 것에 신경을 쓴다. 적절한 경우 이끄는 역할을 돌아가며 한다. 내용과 감정 사이의 주제를 균형 있게 한다. 주제: 부모 되기(배변훈련, 훈육 등), 의사소통 기술(언어수업의 하나로 가게 가서 물건 사기), 감정(특수아동이 있다는 것이 배우자와 다른 아이들에게 미치는 영향). 화자들을 위한 무료 지역사회 자원을 찾는다. 병원은 사회복지사를 제공해 줄 수도 있다. 이상적으로는 양육자들을 위한 지원 단체는 그들의 감정에 대한 토의를 촉진하기 위해 정신건강 지원 제공자가 이끈다(예: 사회복지사, 결혼/가족 치료사, 심리학자).

8. 각 아동별로 비디오 녹화하기, 혹은 양육자가 수업에 참여하도록 skype 서비스 이용하기	캠코더를 빌린다. 교실에서 간단한 활동 시에 보이는 아동의 행동(예: 책읽기, 수학공식 외우기, 이야기 시간에 말하기, 줄반장 하기 등)을 녹화한다(5~10분을 초과하지 않는다). 녹화된 테이프를 집으로 보낸다. 그러고 나서 아동이 하기 시작한 기술에 대해 이야기하기 위해 전화한다. 대안적으로, 양육자가 아동의 교실에서의 상호작용에 대해 알 수 있도록 무료 Skype 화상 회의 시간을 잡는다.
9. 장기자랑하기	가족들은 아동이 자신이 맡은 부분이나 노래 연습, 의상 만들기, 간식 준비를 하도록 돕는다. 장기자랑은 아동이 자기가 읽은 것을 바탕으로 만든 연극이거나 교육과정 중 어떤 것에라도 연관된 것일 수 있다. 가족들은 자신들의 아이들을 보러 와서, 간식과 음료를 먹으며 다른 가족들과 함께 모여 이야기하는 것을 좋아할 것이다. 일 년 중에 몇 번은 작은 장기자랑의 날을 개최함으로써 아동과 양육자 모두의 기술이 연간 과정 위에 구축될 수 있다.
10. 가족 교육/지원 프로그램 평가 및 수정하기	매년 당신의 프로그램의 여러 측면에 대한 피드백을 빈번하게 구한다. 양육자들이 작성할 수 있는 인쇄된 설문지를 가족 센터에 비치한다. 피드백에 따라 프로그램을 조정한다. 연말에 집으로 설문지(모국어로 된)를 보내어 가족들이 프로그램의 각 측면들에 대해 어떤 것들이 좋은지 묻는다. 설문지는 간략하고, 읽기 쉬우며, 작성하기 쉽도록 만든다. 작성하지 못한 부모들을 위해 부모 센터에 설문지를 비치한다. 설문지를 작성하는 것보다는 이야기하기 원하는 가족들을 위해 전화로 후속 조치한다.

최종 결과는 지원 제공자가 가족들의 신념과 목표를 존중하고 가치 있게 여기면서, 양육자에 대해 진정으로 생각한다는 것을 전달하는 것이다. 양육자들은 그들의 아이들의 발달을 위해 지원 제공자들이 파트너로서 진정으로 노력했다는 것에 매우 고마워할 것이다.

결 론

지원 제공자는 정서적 지원과 교육적 지원을 조합하여 제공함으로써 가족들의 삶에 의미심장한 변화를 이루어 낼 수 있다(Dunst et al., 2006). 네덜란드에서 만족감, 안정감 그리고 자신감을 가지기 위해 가족들이 반드시 얻어야 하는 수많은 전문적인 정보가 있다는 것을 깨달음과 함께, 어렵지만 양육자들은 당신이 얼마나 많이 보살피고 있는가를 알게 될 때까지 당신이 얼마나 많이 아는가에 대해 별로 신경 쓰지 않는다는 것을 반드시 기억해야 한다. 가족들이 지원되는 내용을 들을 만큼 충분히 신뢰할 수 있으려면 먼저 지원 제공자와 정서적 수준에서 연결되었다는 느낌을 가져야 한다. 변화가 가장 극적으로 그리고 오래 일어나는 단계가 바로 그 감정 단계다. 이러한 연결되었다는 느낌은 가족들에게 자신들을 희망과 능력으로 무장할 힘이 오래 지속되게 하는 효과를 제공한다. Maya Angelou의 생각은 가족들과 일하는 지원 제공자의 마음을 잘 보여 준다.

> 나는 사람들이 당신이 한 말을 잊을 것이라는 걸 알게 되었다.
> 사람들은 당신이 무엇을 했는지도 잊어버릴 것이다.
> 그러나 사람들은 당신이 무엇을 느끼게 했는지는 절대 잊지 못할 것이다.

부록: 온라인 자원 목록

가족중심 지원의 증거기반 실제

Orelena Hawks Puckett Institute–www.Puckett.org

- 아동, 부모, 가족, 지역사회, 공/사립 기관의 능력과 강점을 확장하는 증거기반 실제의 적용을 장려한다.

Center for Evidence-Based practice–www.evidencebasedpractices.org

- 연구 수행, 실제기반 연구 역량 강화, 증거기반 산출물을 통해 조기중재, 유아교육, 부모 및 가족 지원, 가족중심 실제에 있어서 연구와 실제 간의 간극을 연결한다.

Center for Excellence in Early Childhood Education–www.ceecenc.org

- 증거기반 학령전기 학급 활동을 적용하고 사용하도록 촉진한다.

Center for Innovative and Promising Practices–www.innovativepractices.org

- 아동, 부모 및 가족의 역량을 배양하고 향상시키기 위해 혁신적이고 전망 있는 가족 지원, 조기중재 및 유아교육 관련 실제를 개발한다.

Center for Early Literacy Learning–www.earlyliteracylearning.org

- 장애, 발달 지체, 위험 요인을 가지고 태어난 0~5세 아동의 부모 및 양육자, 조기중재 임상가에게 증거기반 초기 문해학습의 실제를 적용하고 유지하도록 한다.

Research and Training Center on Early Childhood Development-www.researchtopratice.info

- 연구에 기반을 둔 효과적인 조기중재 실제에 대한 정보를 제공한다.

Core Knowledge Curriculum-www.coreknowledge.org

- E. D. Hirsh Jr.가 집필한 문화적 문해학습에 대한 책에 기반을 두고 학령 전부터 8학년까지 적용할 수 있는 교육과정, 학습 계획 및 활동을 제공한다.

Winterberry Press-www.wbpess.com

- 다양한 평가, 실제, 연구 주제를 포함한 조기중재, 유아교육, 가족 지원, 가족 자원 프로그램, 지역사회 개발 자료를 출판한다.

Family, Infant, and Preschool Program-www.fipp.org

- 노스캐롤라이나 주 모건튼 지역의 조기 교육과 가족 지원 프로그램. 가족의 신념과 가치뿐만 아니라 문화와 인종적 배경에 대한 존중에 기반을 둔 가족중심 실제를 이용하여 가족들과 파트너십을 가지고 일한다.
- 워크숍(현장 서비스 또는 웹기반), 실습 경험, 코칭하기와 기타 학습 지원을 제공한다.

가족 교육, 지원 및 자원 목록

AG Bell Association for the Deaf and Hard of Hearing-www.agbell.org

- 아동기 청력손실과 조기 진단 및 중재의 중요성에 대한 이해를 돕기 위해 가족들, 의료 서비스 제공자들, 교육 전문가들을 위한 국제적인 도움을 준다.
- 지지, 교육, 연구, 재정적 도움을 제공한다.

International Affiliates of Alexander Graham Bell Association-http://www.agbell.org/DesktopDefault.aspx?p=International_Locations

- Alexander Graham Bell 협회의 사명을 공유하는 국제적 조직들의 목록이다.
- 국제적 조직의 전문가들을 돕기 위해 프로그램을 강화하기 위한 피드백과 제안을 제공하는 외교적 성격의 프로그램을 포함한다.

AG Bell Academy of Listening and Spoken Language Specialists–http://www.agbellacademy.org/locate-therapist.htm

- 전 세계적으로 분포하는 LSLS 목록(북아메리카, 남아메리카, 유럽, 아시아, 호주)

Beginnings–http://www.ncbegin.org/

- 출생에서 21세에 이르는 농이나 난청 아동들의 가족들을 위한 중심 자원으로서 정서적인 지원과 정보에의 접근을 제공한다.
- 영어와 스페인어로 제공

Equal Voice for Deaf Children–www.evdcweb.org

- 부모들을 위한 교육 계획을 제공하며 많은 내용이 개발 중에 있다.

John Tracy Clinic–www.jtc.org

- 세계적으로 어린 난청 아동들을 위한 부모중심 서비스를 무료로 제공한다. 가족들에게 희망, 지침, 격려를 제공한다.
- 가족들을 위한 원거리 학습 프로그램(영어와 스페인어, 23개 언어를 사용하는 국제적 조직에서 사용)이 있으며, 부모–영아, 학령 전 아동, 청각학 여름 프로그램, 가족 교육과 지원, 교사 교육 대학원 과정을 영어와 스페인어로 현장에서 제공한다.

Listen-Up–www.listen-up.org

- 청각장애 아동과 부모들의 구체적인 요구에 맞추어 개발된 정보와 성과물
- 청력손실과 관련된 정보, 답변, 도움, 아이디어, 자원, 이외의 여러 가지를 원스톱 온라인 사이트에서 제공한다.

Oral Deaf Education–http://www.oraldeafed.org

- 부모 자원과 부모 지침(영어와 스페인어로)
- 미국, 영국, 캐나다, 호주에 있는 프로그램 목록

My Baby's Hearing–www.babyhearing.org

- Boys Town National Research Hospital에서 제작한 부모와 전문가들을 위한 농에 관련된 다양한 주제에 대한 온라인 자원이다.
- 영어와 스페인어로 제공

참고문헌

American Speech-Language-Hearing Association. (2005). *Speech-language pathologists providing clinical services via telepractice: Position statement.* Rockville, MD: American Speech-Language-Hearing Association (www.asha.org/policy).

Bronfenbrenner, U. (1979). *The ecology of human development: Experiments by nature and design.* Cambridge, MA: Harvard University Press.

Dempsey, L., & Dunst, C. J. (2004). Help-giving styles as a function of parent empowerment in families with a young child with a disability. *Journal of Intellectual and Developmental Disability, 29,* 50-61.

DesJardin, J. L. (2003). Assessing parental perceptions of self-efficacy and involvement in families of young children with hearing loss. *The Volta Review, 103*(4), 391-409.

DesJardin, J. L. (2005). Maternal perceptions of self-efficacy and involvement in the auditory development of young children with prelingual deafness. *Journal of Early Intervention, 27,* 193-209.

DesJardin, J. L. (2006). Family empowerment: Supporting language development in young children who are deaf or hard of hearing. *The Volta Review, 106*(3), 275-298.

DesJardin, J. L., & Eisenberg, L. S. (2007). Maternal contributions: Supporting language development in young children with cochlear implants. *Ear and Hearing, 28*(4), 456-469.

Duncan, J., Nichols, A., & Cheng, K. (2008). *AVT videoconferencing for adolescents.* Presentation to Alexander Graham Bell Association International Convention, Milwaukee, WI, 28 June.

Dunst, C. J., Trivette, C. M., & Hamby, D. W. (2006). *Family support program quality and parent, family, and child benefits* [monograph]. Asheville, NC: Winterberry Press.

Dunst, C. J., & Trivette, C. M. (2005). *Measuring and evaluating family support program quality* [monograph]. Asheville, NC: Winterberry Press.

Family, Infant, and Preschool Program. (n.d.). 11 paragraphs. Guiding principles. Retrieved 12 February 2009 from http://www.fipp.org/principles.php.

Fitzpatrick, E., Angus, D., Durieux-Smith, A., Graham, I. D., & Coyle, D. (2008). Parents' needs following identification of childhood hearing loss. *American Journal of Audiology, 17,* 38-49.

The Hanen Centre. (2007). *It takes two to talk.* Toronto. Retrieved 16 October 2009 from http://www.hanen.org.

Hanft, B. E., Rush, D. D., & Shelden, M. L. (2004). *Coaching families and colleagues in early childhood.* Baltimore: Brookes.

Harlin, R. (2000). Developing reflection and teaching through peer coaching. *Focus on Teacher Education, 1*(1), 22-32.

Ingersoll, B., & Dvortcsak, A. (2006). Including parent training in the early childhood special education curriculum for children with autism spectrum disorder. *Journal of Positive Behavior Interventions, 8*(2), 79-87.

Kaiser, A., & Hancock, T. (2003). Teaching parents new skills to support their young children's development. *Infants and Young Children, 16,* 9-21.

Kingsley, E. P. (1987). "Welcome to Holland©." 3 paragraphs. Retrieved 21 February 2009 from http://www.ndsccenter.org/resources/package1.php. Excerpted and reprinted by permission of Emily Perl Kingsley.

Knowles, M. (1996). Adult Learning. In R. Craig (Ed.), *Training and development: A guide to human resource development* (pp. 253-264). New York: McGraw Hill.

Law, M., Hanna, S., King, G., Hurley, P., King, S., Kertoy, M., & Rosenbaum, P. (2003). Factors affecting family-centered service delivery for children with disabilities.

Child: Care, Health, and Development, 29, 357-366.

Luterman, D. M. (1987). *Deafness in the family.* Boston: College-Hill Press.

Luterman, D. M. (1999). *The young deaf child.* Baltimore: York Press.

Mezirow, J., & Associates. (2000). *Learning as transformation: Critical perspectives on a theory in progress.* San Francisco: Jossey-Bass.

Moses, K. (2009). *Engaging parents of children with special needs.* Presentation at the February 6 Children with Hearing Loss Workshop in Laramie, WY.

Moses, K., & Kearney, R. (1995). *Transition therapy: An existential approach to facilitating growth in the light of loss.* Evanston, IL: Resource Networks.

Oliphant, A. (2007). Finding blessings in our child's deafness: The transformation of dreams. In S. Schwartz (Ed.), *Choices in deafness: A parents' guide to communication options* (pp. 279-293). Bethesda, MD: Woodbine House.

O'Sullivan, E., Morrell, A., & O'Connor, M. (Eds.). (2002). *Expanding the boundaries of transformative learning: Essays on theory and praxis.* New York: Palgrave Macmillan.

Paganga, S., Tucker, E., Harrigan, S., & Lutman, M. (2001). Evaluating training courses for parents of children with cochlear implants. *International Journal of Language and Communication Disorders, 36*(Suppl), 517-522.

Porter, A., & Edirippulige, S. (2007). Parents of deaf children seeking hearing loss-related information on the Internet: The Australian experience. *Journal of Deaf Studies and Deaf Education, 12*(4), 518-529.

Stinson, J. E., & Milter, R. G. (1996). Problem-based learning in business education: Curriculum design and implementation issues. *New Directions for Teaching and Learning, 68,* 33-42.

Yang, H., & McMullen, M. B. (2003). Understanding the relationships among American primary-grade teachers and Korean mothers: The role of communication and cultural sensitivity in the linguistically diverse classroom. *Early Childhood Research and Practice, 5*(1), 1-15.

가족 회고담

Eileen Cadwell, Sabine Werne, and Claire Harris

배 경

이 장은 청각장애 자녀를 둔 부모 세 명의 회고담이다. 이들은 모두 가족 생애주기에서 각기 다른 단계에 있고, 따라서 아동과 가족의 상황은 모두 다르다. 첫 번째 부모인 에일린 캐드웰은 필리핀 사람으로 유럽계 미국인과 결혼하여 두 아들을 두었고, 작은 아들 리암이 청각장애다. 리암은 학령전기 아동으로, 이들 가족은 하와이에 살고 있으나 외가 쪽 조부모는 필리핀에, 친가 쪽 조부모는 미국 본토에 살고 있다.

두 번째 부모인 사빈 베르너는 독일계이고, 남편 역시 독일계다. 네 아들을 두었는데 그 중 둘째가 초등학생 크리스찬이다. 그들의 확대가족은 모두 독일 내 같은 도시에 살고 있다. 직계가족은 영어를 제2 외국어로 능숙하게 사용한다.

세 번째 부모인 클레어 해리스는 유럽계로, 영국에서 태어나 1970년대 중반에 호주 남부의 애들레이드로 이민을 왔다. 그녀는 16세 안젤리카와 14세 에드윈 두 아이를 두었다. 클레어는 아이들의 아버지와 결혼을 하지 않은 상태로 10년 동안 함께 살다가, 아이들이 6세와 4세일 때 헤어졌다. 클레어는 현재 조프와 5년째 사귀고 있다. 자녀들은 서로 다른 고등학교에 다니고 있고, 에드윈은 심도 난청과 아스퍼거 증후군으로 진단을 받았다. 조프는 영국에서 왔고 애들레이드에 살고 있으며, 다른 가족은 아무도 없다. 클레어의 확대가족들은 애들레이드, 호주 전역, 영국에 흩어져 있다. 다음은 어머니들을 통해 알게 된 이들 가족의 이야기다.

에일린 캐드웰

리암은 4세 6개월이고, 형 라일리는 11세다. 우리는 마우이의 섬에 살고 있다. 리암은 12개월 때 첫 번째 인공와우 수술을 받았고, 약 두 달 전에 두 번째 수술을 받았다. 우리는 하와이 정부가 지원하는 이무아 가족 서비스(Imua Family Services)에 따라 신생아청각선별검사를 통해 리암의 청각장애를 발견했다. 리암은 출산 직후 시행한 신생아청각선별검사를 통과하지 못했으나, 이는 그가 제왕절개로 태어났기 때문일 수도 있다는 말을 들었다. 그러나 리암은 퇴원 전에 행해진 추후 검사도 통과하지 못했다. ABR 검사가 생후 2개월 때 이루어졌고, 그때 리암이 양측성 심도 난청임을 알게 되었다.

이무아 가족 서비스의 코디네이터가 즉시 우리 집을 방문했다. 조기중재 전문가는 우리가 리암이 필요로 하는 서비스를 확인하는 데 정말 많은 도움을 주었다. 그녀는 우리에게 청각장애와 관련된 정보가 있는 인쇄물을 주었고, 거기에는 다양한 서비스 지원에 대한 내용이 실려 있었다. 사실, 수화나 토털 커뮤니케이션을 하는 사람들이 먼저 우리에게 접근해 왔다. 우리는 기본적으로 수지적 의사소통/수화나 토털 커뮤니케이션에 중점을 둔 의사소통 양식을 먼저 알게 되었고, 이후 다른 의사소통 양식도 있다는 것을 알게 되었다. 인터넷을 통해 청각구어 접근법을 접하고서 우리는 이 방법이 리암과 우리에게 최선이라는 것을 알게 됐다.

우리는 청각구어 접근법에 대해 알아 가며 절망에서 어느 정도 벗어나게 되었다. 우리는 청각구어 접근법이 리암을 위해 우리가 할 수 있는 최선이라고 생각했지만, 당시 우리 주변의 조기중재 전문가조차도 청각구어 의사소통 양식에 대해 아는 바가 전혀 없었다. 우리는 조기중재 서비스 제공자와 마우이 공립학교가 모두 토털 커뮤니케이션에 중점을 두고 있다는 것을 알게 됐다. 오아후 섬의 청각사를 비롯하여 어느 누구도, 청각구어 실제에 대해서는 물론이고 구화 의사소통에 대해서 논의조차 하지 않았다. 인터넷이 없었다면 우리는 청각구어 접근법과 같은 다른 방법이 지구상에 존재하고 있다는 것을 알 수 없었을 것이다. 수화 사용에 대한 압력이 상상할 수 없을 만큼 강했다.

인터넷으로 청각구어 실제에 대해 알게 된 후, 우리는 이 방법이 마우이에서는 불가능하다는 것을 깨달았다. 청각구어 서비스가 가능한 곳으로 가기 위해서는, 우리를 지원해 주는 든든한 시스템이 있는 하와이를 떠나야 한다는 생각에 슬퍼졌다. 그러다가 청각구어 임상가의 웹사이트를 찾았고 희망을 갖게 됐다. 우리는 그녀가 답을 줄지도 모른다는 희망을 갖고 "한번만 읽어 주세요."라는 이메일을 보냈다. 그리고 그녀는 우리가 기대했던 것보다 빠르게 답을 주었다. 이것이 우리가 청각구어 실제에 대해 알게 되고 우리의 일상생활로 받아들여서 리암이 듣고 말하는 방법을 배우도록 돕게 된 과정이다.

리암이 6개월 되었을 때 인터넷으로 만난 청각구어 치료사가 처음으로 일주일간 우리 집을 방문하였고, 리암이 14개월이 되었을 때 두 번째로 일주일간 방문했다. 첫 방문 기간에 지역의 조기중재 서비스 제공자는 우리 집을 방문하여 리암의 듣고 말하기를 돕는 전략들을 배울 수 있게 했으나, 리암의 담당 치료사(조기중재 서비스 제공자)는 청각구어를 배우는 데 관심이 거의 없었다. 결국 우리 가족은 지역사회의 지원 없이 이러한 전략을 실행했다.

그 후 이무아 소속의 치료사가 한두 명 바뀐 후에 다행히도 정말 우리를 돕고 싶어 하는 사람을 만날 수 있었다. 지역의 언어재활사였던 그녀는 우리가 리암을 위해 원하는 것에 잘 맞추어 주었고, 청각구어 치료사가 마우이를 두 번째 방문했을 때는 청각구어 접근법을 배우려는 노력을 기울였다. 이 언어재활사와 리암의 청각사가 리암을 위한 우리의 의사소통 양식의 선택을 적극적으로 지원한 유일한 전문가들이었다. 또한 우리는 이메일을 통해 본토의 청각구어 치료사와 정기적으로 의사소통했다. 그녀가 처음 마우이에 왔을 때, 리암은 6개월로 보청기를 끼고 있었다. 8개월 후 그녀가 마우이에 다시 왔을 때는 리암이 인공와우 이식을 받은 후였다. 그녀의 첫 번째 방문과 두 번째 방문 기간에 우리는 청각구어 접근법에 대한 훈련을 받았다.

우리는 청각구어 접근법의 개념과 전략을 매일의 일상생활에서 리암에게 어떻게 사용하는지를 배웠다. 필리핀에서 온 리암의 할머니도 리암의 '언어 도우미'의 한 사람이 되기 위해 와우 이식 후 초기 몇 달 동안 청각구어 치료법을 열심히 배우고 사용했다. 그녀는 리암과 영어와 필리핀어 두 가지로 의사소통을 하였고, 나머지 가족은 리암과 영어를 사용했다. 우리의 장거리 임상가는 질문이나 우려에 대해 이메일로 즉시 답을 주었다. 우리가 주고받는 이메일은 이제 드물어졌는데, 그것은 리암의 평가가 종료되었고 3세가 되기 전에 수용 언어와 표현 언어에서 리암이 이미 또래보다 앞서 갔기 때문이다. 리암의 두 번째 와우 이식 후에는 잠시 동안 청각구어 임상가와 이메일을 다시 시작했다.

본토의 청각구어 임상가의 첫 방문이 있은 지 1년 후, 나와 가족은 남편이 전일제 직장을 그만두는 것으로 결정을 내렸다. 내가 갖고 있는 의료보험이 남편의 것보다 유리했기 때문이다. 한 사람의 수입으로 사는 것이 쉽지는 않았으나, 우리는 기꺼이 이런 결정을 했다. 이것이 우리 아들이 단기간에 놀라운 발전을 보이게 한 요인이었다. 다시 시간을 돌린다 해도 내 남편은 결정을 바꾸지 않을 것이고, 이는 우리 모두 마찬가지다.

리암이 3세 될 때까지, 경제적인 압박 외에도 우리는 물리치료와 작업치료 서비스를 받는 데에 커다란 어려움을 겪었다. 왜냐하면 우리 섬의 생활비가 비쌌기 때문에, 대부분의 전문가는 마우이에 단기간 동안만 머물렀다. 결국 짧은 시간 동안 물리치료사와 작업치료사가 두세 번 바뀌었고, 그것은 우리에게 큰 스트레스였다.

또 다른 문제는 마우이 섬에는 와우 이식 후 맵핑을 할 수 있는 청각사가 없었기 때문에 맵핑을 위해 매번 오아후 섬으로 가야만 했던 점이다. 한 번 방문했을 때 리암의 요구와 진전에 대해 청각사뿐 아니라 다른 치료사들과도 직접 함께 이야기를 할 수 있는 환경이 만들어진다면 얼마나 좋을까. 그러나 이런 환경은 리암의 경우에는 절대로 이루어지지 않았다. 또한 우리가 갖고 있는 의료보험은 다른 섬으로 와우 이식과 관련한 여행을 하는 경비를 리암과 부모 중 한 명 분만 지불했다. 그러나 남편과 나는 두 사람 다 참여하기를 원했으므로, 모든 가족이 함께 가는 것으로 결정했다. 따라서 2년 동안 총 8회에 걸쳐 매번 청각사를 보러 갈 때마다 우리는 수백 달러를 지불해야 했다.

다른 가족을 위한, 또는 우리 자신을 위한 소원 한 가지를 말하라고 한다면, 우리가 사는 지역에 청각구어 임상가가 있기를 소망한다. 우리가 무언가를 바꿀 수 있었다면, 리암과 같은 와우 이식 사용자의 요구에 맞춘 프로그램을 진행하는 유아나 학령전기 프로그램을 만드는 것이었다. 나는 인터넷에서 이러한 서비스를 받는 부모들을 만나고 정말 부러웠다. 지금 회고담을 쓰면서, 그동안 내가 힘들고 아픈 기억들을 억제하고 있었다는 것을 깨달았다. 왜냐하면 잊고 있었던 당시의 절망과 스트레스를 생생하게 다시 느낄 수 있었기 때문이다. 리암은 이제 학업과 사회성에서 모두 다 잘하고 있으나, 그가 아주 어렸을 때 우리는 정말 외로웠다.

사빈 베르너

우리 가족은 6명이다. 남편 디트리히, 나, 11세인 첫 아들 알렉스, 9세인 둘째 크리스찬, 7세인 셋째 플로리안, 그리고 5세인 막내 토비아스다. 확대가족들과 함께 우리는 독일에서 네 번째 큰 도시인 쾰른의 교외에 산다.

진 단

둘째 아들 크리스찬은 정상 청력으로 태어났고 생후 6개월까지 신체 발달이 빠르고 환한 미소를 보여 주는 건강한 아기였다. 어느 날, 그는 매우 아팠고 우리는 근처 병원의 응급실로 아기를 데려갔다. 의사는 즉시 세균성 뇌막염이라는 진단을 내렸다. 크리스찬은 거의 죽은 듯이 보였다. 악몽과 같은 이 상황이 내 마음을 산산이 부셔 버렸다. 다행히 크리스찬은 병원에서 4주간 치료를 받은 후 회복되었고, 우리는 이제 모든 것이 좋아졌다는 말을 들었다. 그러나 4주 후에 나는 그가 듣지 못한다는 것을 알아차렸다. 우리는 병원에서 다시 검사를 받고자 애썼으나 의사는 우리가 과잉 반응을 하는 부모라고 하며 청력검사를 하려 하지 않았다. 우여곡절 끝에 ABR 검사를 하였고, 결과는 크리스찬의 청력이 양측성 심도 난청인 것으로 나타났다. 진단을 내린 의사는 크리스찬이 와우 이식이 필요한 심한 농이기 때문에 앞으로 말은 한 마디도 할 수 없을 거라고 말했다. 그는 2개월간의 보청기 적용 기간을 제안했다. 그 의사는 크리스찬의 와우가 골화가 진행되어 문제가 될 수 있다는 사실을 완전히 무시했다. 우리는 그 의사의 조언에 따를 생각이 없음을 분명히 했다. 진단 후 즉시 나는 심리적으로 큰 충격을 받아 우울해졌고, 다음 24시간 동안 아들과 재미있는 상호작용을 할 수 없었다.

극복을 위한 정보와 지원 찾기

진단을 받은 지 한 시간 후, 남편과 나는 우리가 무엇을 해야 하는지 온라인으로 가이드를 찾았다. 우리는 독일의 여러 포털 사이트에 가장 시급한 질문들을 올렸고, 몇 분 후 곧 답변들이 올라왔다. 답변들을 통해 와우 이식에 관해 알게 되면서, 우리 아들의 경우에는 와우의 골화(뇌막염 후 후유증)에 대해 즉각적으로 관심을 가져야 한다는 것을 알게 되었다. 골화가 진행되면 최적의 와우 이식은 어려워진다. 나는 우리가 시간을 낭비하면 안 되는 것을 즉시 깨달았고, 우리에게 필요한 모든 정보를 남편이 모으도록 돕는 데에 힘을 기울였다.

우리가 즉시 받은 많은 답변 중에서, 2년 전에 우리와 같은 상황에 처한 딸을 둔 독일 가족이 있었다. 그들은 집으로 우리를 초대했고, 우리는 그들의 딸을 만났다. 우리는 그 아이가 와우 이식 후에 얼마나 말을 잘하는지를 보고 완전히 놀랐다. 그 소녀는 폭풍 치듯 말을 쏟아냈고,

부모가 속삭이는 소리까지 다 들었다. 그 부모들은 자신들이 청각구어 접근법을 따랐다고 말해 주었다. 우리는 즉시 이 접근법이 바로 우리가 아들을 위해 원하는 것이라고 결정을 내렸다. 그 가족 덕분에 우리는 의사, 조기중재 센터, 치료사들의 주소를 구했다. 나는 우울에서 벗어나 완전히 180도 방향을 바꾸어 내 아들에게 언어, 노래, 사랑의 물결을 주었다.

그다음에는 내 아들이 농이라는 사실에 대해 다시 돌아볼 시간적 여유가 없었다. 우리는 계속 앞으로 나아가야만 했다. 우리는 전화나 온라인으로 끊임없이 접촉을 했다. 우리 아이가 농이라는 진단을 받은 지 24시간 이내에 우리는 세 가지 일을 했다. ① 와우의 골화에 대해 잘 알고 있어서 와우 이식 수술을 위한 '빠른 트랙'을 통해 2주 후에 약속을 잡아 준 하노버 대학교 와우이식 센터로 가기로 결정했다. ② 지역의 조기중재 센터에 연락을 취했다. ③ 지역의 언어치료사와 접촉을 했다. 결과적으로, 우리 아들은 그 당시 세계에서 가장 어린 나이에 양이 와우 이식을 받은 아동이 되었다. 아직 영아기였으나 크리스찬은 농으로 진단을 받은 지 4주 만에 와우 이식을 받았다.

우리는 가족과 친구들과 의논을 하였고, 모두 크리스찬이 듣고 말하는 데 도움이 되고, 그가 뇌막염 발병 이전에 갖고 있던 삶에 이르게 하는 것은 무엇이든 해야 한다는 데에 동의하였다. 우리에게 결속이 강한 가족과 훌륭한 지원을 해 주는 친구들이 있었던 것은 정말 행운이다. 그들은 우리를 위해 여러 정보를 찾아주었고, 내가 크리스찬을 데리고 여러 약속 시간에 맞춰 다닐 때, 다른 자녀들을 돌봐 주었다.

우리는 아들을 위해 많은 결정을 하느라 바쁜 상황이었지만, 그래도 아들이 청각장애라는 것을 떠올리면 슬프고 그의 미래에 대해 걱정이 앞섰다. 뇌막염이 그의 뇌의 다른 부분도 손상을 주어 단순히 청각장애만이 아니고 평형 감각의 불균형, 운동 발달의 지체 등이 발생할 수도 있다는 것도 걱정이 되었다. 이 모든 것에도 불구하고 우리는 앞으로 나아갔다. 우리가 바른 결정을 했다고 일관되게 생각하지만, 항상 확신에 차 있지는 않았다. 초기에는 모르는 것에 대한 두려움이 컸지만, 이제 우리는 희망을 갖고 있다.

기대의 조정

진단을 받은 첫 주 동안에는 크리스찬이 '따라잡을 수 있을 것'이라는 생각을 가졌다. 청력 손실과 평형 문제 외에 크리스찬은 다 좋아 보였다. 따라서 우리는 전문가들이 말했던 다른 부정적인 이야기들은 모두 믿지 않기로 마음을 정했다. 희망과 높은 기대를 갖고, 크리스찬이 상황에 대처하는 데 필요한 모든 지원을 해야 한다는 것이 우리의 믿음이었다. 우리는 "그는 이거, 저거는 할 수 없을 거야."란 말을 절대로 수용하지 않고 항상 아들을 믿었다. 뇌막염에서 살아나 미소를 짓는 아이는 더 많은 가능성을 갖고 있다.

처음에 우리는 어떤 희망, 어떤 기대를 할 수 있는지 확신이 없었기 때문에 모든 방향을 열어 두었다. 0~6세 아동을 위한 조기중재 프로그램이 있는 근처 농학교를 접촉했다. 결혼 전에 나는 특수교사로 일을 했고, 대학 재학 중에 그 학교를 방문한 적이 있다. 우리가 그 학교 가까이 살고 있기도 했지만, 많은 전문가가 아들을 그 학교에 보내라고 추천했다. 조기중재 서비스에서 학교로의 전이는 순조로웠다. 우리는 여러 영역의 치료사와 바로 약속을 잡았는데, 감각통합 치료를 하는 물리치료사와 언어치료사도 포함되었다. 진단 직후부터 지역의 언어치료사를 비롯한 여러 전문가가 우리와 일을 했다. 농학교 교사와 조기중재 치료사는 우리의 슬픔과 절망을 이해했으나, 우리의 '비현실적으로' 높은 기대를 진정으로 지원해 주지는 않았다.

이것은 와우이식 센터의 전문가들이 항상 '정상' 수준을 추구하던 것과는 대조되었다. 우리는 높은 기대를 갖고 있었기 때문에, 우리와 기대를 공유하지 않는 전문가들과 일하는 것을 빠르게 중단했다. 나는 내 아이가 더 많은 잠재력을 갖고 있다는 것을 그 전문가들에게 이해시키는 데에 시간과 에너지를 소비할 여유가 없었다.

우리는 여러 번 농학교가 우리 주변에 있고 거기에 다닐 수 있는 게 얼마나 행운이었는가를 말했지만 이제 더 이상 그곳은 우리가 원하는 곳이 아니었다. 우리는 이 도시에서는 크리스찬이 듣고 말하기를 배우도록 돕는 방법을 얻을 수 없다는 사실을 깨달았다. 또한 인터넷상에 올린 우리 아들의 와우 이식 이야기에 대해 농인 공동체의 어떤 사람들은 우리를 공격했다. 이러한 일로 고통을 겪으며, 우리가 크리스찬을 위해 원하지 않는 것을 확실히 알게 됐다. 농인 공동체의 사람들은 우리와 매우 다른 기대를 갖고 있었다. 그들은 우리의 요구와 맞지 않았다.

우리가 크리스찬을 위해 행한 모든 결정에 영향을 준 중요한 모델은 그의 큰형 알렉스다. 그는 '정상'이란 범주와 우리 아이들에게 우리가 원하는 것의 모델이었다. 우리는 크리스찬에게 같은 기회를 주기 위한 방법들을 찾았다. 우리는 크리스찬이 독일어와 영어를 듣고 말하기를 원했다. 크리스찬의 큰형 알렉스가 항상 우리의 '목표'였다.

쾰른의 치료사는 우리에게 일찍부터 크리스찬이 듣고 말하는 것을 배우도록 돕겠다고 말했다. 그녀는 우리가 크리스찬이 영어와 독일어를 배우기를 원한다는 것을 알고는 영국과 미국의 청각구어 치료사와 접촉하도록 독려했다. 이는 와우 이식을 받은 아동의 이중언어 사용에 대해 보다 많은 정보를 수집하기 위해서였다. 그러나 우리의 서비스 제공자는 이제까지 성공적으로 이중언어를 사용하는 청각장애 아동을 만나 본 적이 없었기 때문에 이중언어 사용에 대해 매우 회의적이었다.

우리는 수화 교실과 '자연스러운 구화' 접근법 교실에도 참석했다. 그러나 그곳에서 우리가 행복하지 않다는 것을 곧 깨달았다. 이들 프로그램의 치료사들의 기대는 우리 생각보다 낮았고, 그들은 우리를 충분히 독려하지 않았다. 이러한 접근법의 치료 회기는 아주 초기에는 괜찮았으나 곧 크리스찬도 더 이상 좋아하지 않고 회기에 참여하려 하지 않았다. 나는 이곳의 모든 전문가에게 절망을 느꼈다. 어떤 도움을 받을 것인지 상상하기도 어려웠고 우리가 만나는 치료사나 교사와 함께하는 것이 행복하지 않았다. 기본적으로 지역의 전문가들은 우리의 기대를 공유하지 않았다. 그들은 우리의 요구를 몰랐고 신경을 쓰는 것 같지 않았다. 그들 중 일부는 나에게 우리 아들을 치료하는 것이 단순히 자신의 직업이기 때문이라는 것을 분명히 보여 주었다.

그동안 나는 몇 군데의 온라인 목록을 찾아서 토론 그룹에 참여했다. 미국의 어머니 그룹이 가장 활발하게 활동하고 있었고, 그들에게서 청각구어 접근법에 관해 알게 되었다. 내가 청각구어 접근법에 관해 읽었을 때, 나는 이것이 크리스찬과 우리 가족이 원하던 것이라는 것을 즉각 알 수 있었다. 또한 우리가 많은 일을 했지만 우리의 기대를 충족하기에는 못 미친다는 것도 알게 되었다. 와우 이식을 받은 자녀와 청각구어 접근법을 따르는 미국의 어머니들이 조언을 해 주었으나 나는 내가 바르게 하고 있는지를 확신할 수 없었기 때문에 끊임없이 그보다 많은 것을 찾았다.

나는 청각구어 접근법에서는 청각장애 아동을 일반학급에 두는 것을 알게 되었고, 그것이야말로 우리가 원하는 것이었다. 그러나 또한 나는 크리스찬을 통합 환경에 넣는 것 자체가 커다란 모험이 될 수 있다는 것도 알게 되었다. 그 당시 나는 아들에 대한 나의 믿음을 완전히 회복하고, 그의 미래에 대해서도 낙관적으로 생각하기로 한 상태였다. 그것은 크리스찬에 대한 높은 수준의 기대도 되살렸다. 그가 형처럼 이중언어를 배우지 못할 이유가 없지 않을까? 처음에 우리가 우리 아이들에게 계획했던 것들을 못할 이유가 있을까? 큰아이 알렉스는 3세에 모든 과목을 영어로 교육하는 근처 국제 학교에 다니기 시작했다. 크리스찬의 상황이 안정되자, 나는 교장에게 다음 연도에 크리스찬이 그 학교에 입학할 수 있을지 물어보았다. 놀랍게도(우리는 크리스찬의 통합을 추진하는 과정에서 이미 독일의 학교 시스템에서 좋지 않은 경험을 하고 있었다), 교장은 매우 열린 사고를 지닌 개방적인 분으로, 크리스찬이 단지 와우 이식을 한 농아라는 이유만으로 입학을 거절당하는 일은 없다고 단정적으로 말했다.

그날부터 나는 나의 기대를 보다 키울 수 있었으나, 또한 그것이 가능하다고 말해 줄 수 있는 사람의 지원이 필요하다고 느끼게 되었다. 크리스찬이 2세가 되었을 때(셋째 아이가 태어난 해), 나는 미국의 청각구어 프로그램 중에서 외국의 가족에게 서비스 제공이 가능한 곳의 목록을 요청했다. 해외 방문이 가능한 청각구어 치료사에게 이메일을 보냈고, 그녀는 우리 집에 와서 우리 가족과 함께 작업을 하는 것에 동의했다. 이 치료사는 나를 바르게 코칭하기 시작했고, 내게 다음에 무엇을 해야 하는지 목표와 아이디어를 주었다. 그녀는 크리스찬이 와우 이식기를 잘 사용할 수 있도록 가르쳐 주면서, 청력손실 자체가 다른 정상 청력의 아동과 같은 수행력을 보이지 못하는 핑계가 되지 못한다고 강하게 말했다. 그녀는 크리스찬이 와우 이식을 양 귀에 하고 듣고 있으므로, 건청 아동과 같은 발달을 기대할 수 있다고 말했다. 그녀의 기대는 '농아동 치고 잘한다'가 아니라 진정으로 잘하는 것이었다. 우리의 파트너십은 이렇게 시작됐다.

우리의 청각구어 치료사

그 후 몇 년 동안 우리는 이 미국 청각구어 치료사의 서비스를 받았다. 그녀는 500마일을 날아서 세 차례 우리를 방문했다. 그녀는 크리스찬의 생활에서 중요한 가족 구성원, 즉 세 형제와 조부모, 이모를 만났다. 그녀는 국제 학교를 찾아가 크리스찬의 교사, 교장을 만나 이야기하고, 다른 교실과 집단 수업에서 우리 아들을 관찰했다. 그리고 다음 해에 우리 아들을 맡을 교사와도 이야기를 나누었다. 그녀는 우리 관계의 시작부터 우리의 기대와 목적을 알고 있었다.

청각구어 치료사는 필요한 지원을 제공할 때 전문가답게 행동하였고, 나는 크리스찬의 어머니로서 해야 하는 것을 할 수 있었다. 그녀는 우리가 갖고 있는 높은 기대 수준에 모두 동의했고 오히려 그보다 더 앞서 갔다. 그녀에게 지나치게 높다거나 할 수 없다는 것은 없었다. 환상적인 추진력이었다. 내가 걱정거리를 말하면, 그녀는 내가 그녀에게 준 정보를 바탕으로 우리의 상황에 따라 조언이나 제안을 했다. 우리의 걱정에 대한 그녀의 피드백에는 다음 단계에서 무엇을 찾아야 하며 앞으로 어떤 진전이 있을 것인가에 대한 내용도 포함되었다. 때로 그녀는 우리에게 일상에서 벗어나 여유를 찾으라고 말했다. 그녀는 어머니처럼 매우 따뜻하게 나를 돌보았으며 우리 가족에게 무슨 일이 벌어지고 있는지, 나를 밀어붙여야 할지 또는 잠깐 쉬게 할지를 늘 생각하고 있었다. 나는 그녀가 크리스찬을 진심으로 돌보며 그가 진전을 보이면 행복해하는 것을 느낄 수 있었다. 그녀에게는 우리와의 작업이 단순한 '직업'이 아니었다.

크리스찬이 외동이 아니었기 때문에, 그에게 매일 구조화된 언어 회기를 제공하는 것은 어려웠다. 나는 높은 의지를 갖고 있었지만 실제로 이를 실행하기가 어려웠다. 대신 매일의 일상생활에서, 즉 빨래할 때, 요리할 때, 청소할 때 등에서 언어 활동의 기회를 만들었다. 때때로 나는 내가 충분히 하지 못하고 있다고 생각했고, 또는 테이블에 앉아 치료 회기처럼 진행하면 훨씬 더 잘할 수 있다고 느꼈다. 나는 많은 노력을 했지만 현실은 마음먹은 대로 다 할 수는 없었다.

'우리의' 청각구어 치료사는 우리 가족의 상황을 어느 누구보다 잘 이해했다. 우리가 주고받은 수많은 이메일과 지난 3년간의 세 차례 방문을 통해 그녀는 우리 가족의 일원이 되었다. 그녀는 우리의 상황을 언급한 나의 이메일에 의견을 달아 주었다. 그녀의 요구에 따라 나는 크리스찬의 진전에 대한 정보를 정상 발달 체크리스트에 표시해서 계속 보내고 있다. 우리는 서로 피드백을 주고받아, 항상 다음 단계에서 해야 할 일을 알고 있다. 그녀는 우리의 욕구, 걱정, 기분 좋음과 나쁨을 항상 인지하고 있다. 우리의 청각구어 임상가는 청각구어 치료법을 어떻게 우리의 정상적인 일상에 접목시킬지를 보여 주었다. 사실 다른 전문가들이 그녀가 한 것처럼 우리의 요구를 대면할 수 없었던 데에는 우리가 충분히 마음을 열지 않았기 때문인 점도 있었던 것 같다.

나는 청각구어 치료사의 코칭을 통해 많은 도움을 받는 유형의 사람이다. 그녀는 나에게서 책임을 거둬 가지 않았고, 이메일을 통한 그녀의 코칭은 최종적으로 내가 자신감을 회복하는 데 도움을 주었다. 가장 중요한 것은 그녀가 우리에게 용기를 준 것이다. 우리가 크리스찬에게서 기대하는 것이 완전히 비현실적인 것이 아니며, 또한 우리가 아들의 청각장애를 받아들이지 않는다는 의미가 아니란 것을 임상가인 그녀에게서 듣고 우리는 안도하였다.

의사소통은 미국에 있는 청각구어 치료사와 나의 관계에서 중요한 열쇠다. 우리 사이에는 여전히 동의하지 않는 것들도 있다. 우리가 크리스찬에 관한 결정을 내리기 전에 우리는 그녀의 의견, 의사와 청각사의 의견을 구하고 논의했다. 그러나 그들의 의견을 모은 후에, 우리 스스로 결정을 내렸다. 우리의 청각구어 치료사는 우리 가족에게 누구보다 많은 말을 해 주었다. 나는 그녀가 없었다면 크리스찬이 오늘날 어떻게 되었을지 생각하기도 싫다. 나는 우리에게 정말로 행운이 있었다는 것을 안다. 가장 나쁜 상황(지역에 좋은 치료사가 없었던 것)이 우리 가족에게는 오히려 가장 좋은 일로 바뀌었다. 지금 크리스찬은 학교에서 인기 있는 아이이고, 친구들이 많다. 그는 피아노를 치고, 노래를 부르며, 뛰어난 축구선수다. 그는 학년을 월반했고, 다른 형제들처럼 영어와 독일어를 유창하게 말한다. 지금의 크리스찬은 전형적인 발달을 하는 9세 소년의 삶과 다른 점이 없다. 우리는 그를 위해 최고의 선택을 했다는 것을 알고 후회가 없으며, 과거로 돌아가도 같은 선택을 할 것이다.

다른 가족과 임상가를 위한 조언

- 청각장애 아동과 일을 한 경험이 있는 많은 전문가를 만났다. 그들은 "크리스찬이 농아동치고 아주 잘하는 거예요."라고 말을 하며, 내가 좋아할 거라고 생각했다. 그러나 이런 말은 오히려 나를 불편하게 했다. 나는 그들이 우리 아이들에 대한 기대 수준을 높여 주기를 바란다.
- 때로는 모자란 것이 더 나은 경우도 있다. 도움을 받기 위해 많은 치료사가 필요한 것은 아니다. 나는 전문가들이 청각장애 아동을 대한 경험이 많다고 해서 부모의 높은 기대치에 대해서도 어떻게 해야 하는지 안다는 뜻은 아니라는 것은 깨닫지 못한 채 청각장애 아동과의 경험이 많은 전문가들을 만나고 우리가 '해야 할 일'을 했다고 생각했다.
- 나는 내 아들이 청각장애 진단을 받았을 때 바로, 누군가가 청각구어 접근법이 무엇인지 설명해 주었더라면 좋았다고 생각한다.
- 진단을 받고 나서 일 년 동안, 나는 누군가가 내 아들에 대한 우리의 높은 기대를 함께해 주기를 간절히 원했다. 우리는 그를 앞으로 나가게 하는 것과 가족이 목표로 향하게 하는 것을 도울 사람을 원했다. 모든 전문가는 부모의 높은 기대를 공유해야 한다.
- 내 생활은 그동안 천국과 지옥을 오락가락했다. 그 시기에 주변에 전문가가 있어서 우리를 지속적으로 지원해 주었다면 좋았을 것이다. 내가 전문가에게 보다 긍정적인 압력을 받았다면 더 잘할 수 있었거나 또는 정서적으로 보다 빨리 회복되었을 것이다. 내 아들이 뇌막염에 걸렸다는 충격에서 벗어나 가정의 일과 일상으로 돌아오기까지는 1년 반이 걸렸다. 지금도 나는 가끔 짧은 기간이지만 우울한 상태에 빠진다.
- 수술, 맵핑, 일반적 의료적 처치 면에서 우리는 매우 행복했다. 우리는 의사와 청각사를 신뢰했고, 그들은 우리의 높은 기대를 지지했다. 우리가 크리스찬의 기기에 관해서나, 그의 듣는 수준에 대해 우려가 있을 때면, 청각사는 하루 이틀 안에 약속을 잡아 주었다. 그녀는 우리의 우려를 경청하고 그에 대해 설명을 잘 해 주었다. 모든 가족은 공감하는 의사와 청각사가 있는 인공와우 프로그램과 연결되어야 한다.
- 인터넷의 장점을 모두 활용하라. 우리는 항상 인터넷을 통해 일반적인 정보를 모았고, 우리를 지원할 수 있는 다른 가족들과 연결되었다. 인터넷은 우리의 모든 결정에서 중요한 요인이었다. 아직도 인터넷은 정보, 일반적인 지원, 도움, 격려, 아이디어를 구할 수 있는 좋은 창구다. 인터넷에서 우리는 뇌막염으로 청력손실이 발생할 수 있다는 것을 알았고,

의사의 반대에도 불구하고 크리스찬이 청력검사를 받게 했다. 또한 항생제에 이독 성분이 있는 것, 인공와우의 가능성, 청각구어 접근법에 대한 모든 것도 알게 되었다. 부모와 전문가들은 우리가 온라인상으로 올린 질문에 대해 활발하게 논쟁을 하였다. 인터넷이 없었다면, 우리는 지금 여기까지 올 수 없었을 것이다. 우리가 온라인으로 영어권 공동체에 접속하고 자료를 접할 수 있었던 것은 행운이었다. 바로 거기에서 우리는 가장 중요한 정보들을 접했다.

- 우리는 우리 아들이 청각장애로 진단을 받았던 병원의 담당자에게 우리의 이름과 전화번호를 남기고, 새로 청각장애로 진단을 받은 다른 부모들에게 그것을 전달해 달라고 요청했다. 그러나 그들은 하지 않았고, 내가 이유를 묻자 잊었다고 했다. 유사한 상황에 있는 다른 부모에게 세세한 정보를 제공하는 것이 필요하다. 이러한 적극적인 조직망과 자조그룹을 각 나라의 언어로 만들 수 있다. 이것이 온라인으로 이루어지면, 부모는 그들이 가장 필요로 할 때 즉각적인 지원을 받을 수 있다.
- 우리는 크리스찬(운동 문제도 포함)과 막내(언어 발달 문제)를 담당한 많은 치료사를 만났다. 개인적으로 내가 배운 것은 아동과의 작업을 자신만의 '일'로 보지 않는 치료사를 필요로 한다는 점이다. 나는 함께 참여하기를 원한다. 각 회기는 부모와 치료사가 질문을 하고, 아이디어를 교환하고, 목표를 조정하고, 기대치를 세우는 시간이 되어야 한다. 나는 임상가가 가족의 말에 귀를 기울이고, 그들의 능력을 강화해야 한다고 생각한다. 또한 부모의 기대가 높지 않다면, 부모에게 자녀를 믿고 기대 수준을 올리게 도와야 할 것이다.
- 청각구어 임상가는 부모의 삶을 이끌 수 없고, 자녀에게서 부모의 위치를 대체할 수도 없다. 그들은 부모가 비탄의 시기에서 벗어나 '정상으로 돌아오는' 길을 찾고, 농아동이 듣고 말하는 것을 돕도록 재미있게 일하는 것을 도와야 한다. 그러나 부모가 아직 그렇게 할 수 없다면 임상가는 이를 받아들이고 부모에게 시간을 더 주거나, 필요하면 그들의 기대를 낮춰 주어야 한다(이는 아마도 부모가 준비가 될 때까지 단기간이 될 것이다). 이러한 과정은 미국의 '우리' 청각구어 치료사가 바로 우리에게 제공한 것이다. 시간이 지나면서 일반적인 '친구 관계'는 아니지만, 나는 우리의 청각구어 치료사가 모든 일에서 신뢰할 수 있는 존경하는 친구로 느껴진다. 내가 크리스찬과 행복한 순간을 만났을 때, 예를 들어 학교에서 어머니날 행사와 같은 일이 있으면 제일 처음 드는 생각은 "이 기쁨을 '우리' 청각구어 치료사와 나누고 싶다."다.

클레어 해리스

나는 아이가 두 명 있다. 안젤리카는 16세이고, 에드윈은 14세다. 나는 아이들 아버지와 10년을 살다가, 아이들이 어렸을 때 헤어졌다. 에드윈은 심도 난청이며, 9세 때 아스퍼거 증후군 진단을 받았다. 안젤리카와 에드윈은 둘 다 예쁜 아기였다. 안젤리카는 순한 여자 아기였고, 에드윈은 잘 웃는 남자 아기였다. 하지만 에드윈은 잠을 잘 자지 않았다. 에드윈은 항상 움직였고, 말을 안 듣는 것처럼 행동했다. 사람들은 이러한 행동의 차이가 단순히 남자 아기이기 때문이라고 했지만 나는 확신이 없었다. 에드윈은 한밤에 일어나서 이상한 소리를 내며 몇 시간을 깨어 있었다. 그는 귓병과 다른 질병에 자주 걸렸다. 나는 끊임없이 의사를 만나러 병원에 가야 했고, 에드윈을 재울 방법을 찾기 위해 부모를 위한 상담 전화로 계속 전화를 했다.

검사와 기술

에드윈의 초기 영아기는 매우 스트레스가 많은 시기로, 모든 가족은 수면 부족 상태로 시간을 보냈다. 주치의는 아기를 밤에 재우기 위해 냉장고에 별 차트를 붙이는 방법도 권했지만, 나는 '아이는 내 말을 안 들으니까 소용이 없어.'라고 생각했던 것을 기억한다. 나는 에드윈이 듣지 못한다고는 전혀 생각하지 않았다. 밤에 그를 재우기 위해 모든 전략을 동원했지만 아무것도 도움이 되지 않았다. 돌이켜 보면, 의료진은 청각장애의 가능성과 아동의 발달과 의사소통에 주는 영향을 무시했다는 생각이 든다. 또한 장애가 가족 역동성과 형제자매에게 주는 영향 또한 거의 무시되었다고 생각한다. 나는 일찍부터 우리가 병원을 오가는 동안에도 안젤리카를 위한 시간을 갖는 것이 중요하다는 것을 인지하고 있었다. 우리는 이것을 가능하게 하는 방법들을 만들었다. 예를 들어, 일주일에 한 번은 학교가 끝나는 시간에 맞추어 안젤리카를 데리러 가서, 함께 점심을 먹고 이야기를 나누고, 일반적인 일들을 같이 하는 시간을 만들었다. 딸아이는 반듯하게 잘 자란 어린 숙녀였고 우리가 지금까지 지내 온 여정을 고려하여 현실감을 갖고 있었다. 안젤리카가 나의 '스트레스 모니터'와 같은 시간도 있었지만, 우리는 서로 이야기를 나누었고, 그녀는 형제자매 지원 그룹에 들어가 많은 도움을 받았다. 아이들에게 시간을 주고, 그들이 어떻게 나갈 것인지 이야기하도록 '허용'하는 것이 중요하다.

결국 나는 소아과 의사를 찾아갔고, 그는 에드윈이 이름을 불러도 반응이 없다고 말하며, 청력검사를 제안했다. 몇 주를 기다린 뒤에 에드윈은 생후 19개월에 청력검사를 받았다. 갓 졸업한 청각사가 검사를 진행했고, 우리에게 에드윈이 고도 난청이라고 말했다. 그녀는 자신의 진단에 매우 흥분한 것처럼 보였지만, 나는 크게 충격을 받았고 눈물이 쏟아졌다. 태즈매니아에 살고 있는 내가 제일 좋아하는 외할머니가 농인이었으므로, 나는 검사 결과가 의사소통 측면에서 의미하는 바를 정확히 알고 있었다. 나는 함께 모여서 이야기하고 먹고 마시기를 좋아하는 가족에서 자랐다. 우리는 추억, 이야기, 책, 영화, 농담들을 공유했고, 가족 안에서는 이야깃거리가 넘쳐났다. 나는 에드윈이 이런 가족의 삶의 일부가 되기를 원했다.

에드윈이 최종적으로 청각장애 진단을 받기까지 길고 어려운 여정이었지만, 일단 진단이 이루어지고 난 뒤에는 모든 것이 빠르게 진행됐다. 진단 후 즉시 에드윈의 귀 본을 만들었고, 에드윈은 2주 후 생후 20개월에 첫 번째 보청기를 받았다. 처음에 보청기는 잘 작동하는 것 같았고 에드윈이 말을 하려는 첫 번째 시도가 분명한 것처럼 보였다. 나는 '좋아, 귀 뒤의 기계 장치가 모든 일을 다 쉽게 만들 거야.'라고 생각했다. 그러나 그것은 맞지 않았고, 에드윈이 유창하게 말을 하기에 이르는 길고 어려운 길의 시작이었을 뿐이다.

두 달이 지나 보청기가 작동을 멈춘 것처럼 보였고 결국 에드윈은 보다 강력하고 큰 보청기를 갖게 되었다. 보청기를 교체하고 난 직후에는 새 보청기가 도움이 되는 것 같았고, 에드윈은 낱말 몇 개를 배우고, 강아지가 짖자 '멍멍'이라고 소리를 냈다. 그러나 그 이후 매우 어려운 시기가 찾아왔다. 그는 잠을 더 적게 자고, 밤이면 더 큰 소리로 많은 시간 동안 이상한 소리를 냈다. 나는 뭔가가 심각하게 잘못되었다고 생각하기 시작했다.

결국 나는 에드윈을 멜버른으로 데려가서 우리가 살고 있는 애들레이드에서는 불가능한 뇌간반응 검사를 받게 했다. 뇌간반응 검사 결과 에드윈은 심도 난청으로 진단을 받았다. 애들레이드로 돌아와서 CT 검사를 받았고, 그가 전정도수관확장증임을 알게 되었다. 담당 이비인후과 의사는 인공와우 이식을 권했고, 에드윈은 2세 6개월에 수술을 받았다. 나는 수술에 대한 거부감을 갖고 있었지만 심도 난청으로 진단을 받은 후에는 결정이 쉬웠다.

와우를 이식받은 후 첫 6개월은 큰 변화가 없었다. 에드윈은 모든 창문을 닫고 집 안에 있을 때에만 어음 처리기를 착용했다. 이 시기는 아이들의 아버지인 조프와 나에게 암흑기였고, 나는 수술을 받기로 한 결정이 잘못이었다고 생각했다. 에드윈은 매우 위축되었고, 진전이 전혀 없었다. 나는 무언가가 잘못 됐다는 것을 깨달았다. 나는 잘 웃고 행복하던 내 아들을 잃었다고 생각하게 되었고, 수면 부족으로 급격히 지쳤다. 조프도 많은 스트레스를 받았고, 이는 우리 사이의 관계를 악화시켜서, 결국 우리는 에드윈이 4세, 안젤리카가 6세 때 헤어졌다. 우리는 어떤 숨돌릴 공간도 찾을 수가 없었다. 조프는 호주에 가족이 없었고, 내 가족은 호주의 다른 도시나 해외에 살고 있었다. 조프는 두 아이를 사랑하고 가까운 관계를 유지했지만, 두 아이의 교육과 양육에 대한 모든 의사 결정은 나 혼자 해야 했다.

조기중재로 전이

진단을 받은 후, 공교육 시스템인 교육/아동 복지국(Department of Education and Children's Services: DECS)의 '공무원'이 우리 집을 방문했다. 그녀의 역할은 에드윈에게 가능한 조기중재 방법의 선택에 대해 설명하는 것이었다. 그녀는 우리에게 수화, 구화, 토털 커뮤니케이션에 관해 정보를 주었지만 이는 오히려 나에게 혼동을 주었다. '나는 에드윈이 나처럼 말을 하기를 원하니까, 누가 그것을 도와줄 수 있는지 말해 주세요.'라는 생각을 했던 것을 기억한다. 음성언어는 내 가족의 문화이고, 나는 수화에 대한 정보를 알고 싶지도 않았고 알 필요도 없었다.

나는 각 조기중재 기관을 방문해 보았다. 우리 지역에서 구화교육을 하는 최고의 농교육 기관으로 이름이 나 있는 곳을 세 차례 방문했으나 확신이 들지 않았다. 그 기관의 임상가는 자기가 하는 말이 '중립적 조언'이라고 했지만, 어쨌든 나는 확신이 없었다. 어떤 방문 때, 어두컴컴한 방에 있는 아이들 그룹을 보았다. 그들 모두가 와우 이식을 받은 아동들인데, /ssss/ 소리 내는 것을 배우고 있었다. 마치 중세 암흑 시대의 한 장면 같았다.

결국 조프와 나는 DECS의 농교육 교사(TOD)가 주 1회 집을 방문하는 것이 우리 가족을 위해 최선이라고 결정했다. 에드윈과 나에게는 집이라는 환경이 가장 편안하고 안젤리카도 함께할 수 있으므로 최선이라고 생각했다. 게다가 나는 매우 지쳐 있었다. 생후 20개월부터 에드윈은 농교육 교사를 만나게 되었다. 이 교사를 만난 것은 우리에게 행운이었다. 그녀는 최고였다. 그녀는 나에게 아들과 어떻게 해야 하는지 많은 것을 가르쳐 주었다. 그러나 과정은 힘들었다. 그녀가 '청각구어법'에 대해 언급한 것이 기억나기는 하지만, 나는 그것에 대해 잘 알지 못했다. 그녀는 내가 에드윈을 가르치는 방법을 배우도록 도와주었다. 우리가 하는 것은 기본적으로 독화 없이 그가 주의를 기울여서 듣도록 가르치는 청각적 연습이었고, 이는 시작부터 옳은 방향이라고 확실히 느낄 수 있었다. 그녀가 자료와 장난감을 가져와 빌려 주어서, 나는 일주일 동안 에드윈과 그것들을 사용할 수 있었다.

나는 여러 가지 이유로 가정방문 서비스가 필요하다고 믿었다. 나는 센터 중심의 조기중재 서비스 기관을 방문해 보았으나 편안하게 느껴진 곳은 한 곳도 없었다. 나는 계속 혼란스러웠다. 나는 구어로 방향을 잡아 줄 전문가와 다른 농아동의 부모를 만나고 싶었다. 최종적으로 나는 훌륭한 부모 지원 그룹에 합류할 수 있었다.

우리의 첫 번째 농교육 교사는 와우 이식 기기와 관련된 에드윈의 문제에 주목했다. 그는 기기를 계속 끼고 있지 않았고, 집 밖으로 나가기를 싫어했다. 그는 조용한 환경을 선호하는 것처럼 보였다. 그녀는 에드윈의 청각 서비스 담당을 바꾸게 하는 데 핵심 인물이었지만, 문제는 에드윈의 청각사를 바꾸려면 치료 서비스도 바꾸어야만 했다. 그것은 두 개의 서비스가 하나로 묶여 있었기 때문이다. 결국 우리는 농교육 교사에게 완전히 만족하고 있었지만, 중재 서비스를 바꿀 수밖에 없었다. 우리의 삶은 또다시 혼돈의 세상으로 떨어졌고, 이는 전체 가족에게 스트레스였다. 더 이상 집으로 교사가 오지 않았다. 에드윈과 나는 농교육 교사와 좋은 상호작용 관계를 발달시켰으나, 이제는 조기중재 서비스를 받기 위해 센터를 찾아가야 했다. 자녀가 장애를 갖고 있으면 정서적으로 취약해진다. 좋은 지원 서비스를 찾는 것이 중요하고, 좋은 서비스를 잃는 것은 재앙과 같다. 우리의 삶에 연이어 힘든 사건들이 발생하는 것 같았다. 그러나 그 시점에서 나는 이렇게 말도 안 되는 시스템에 대해 의문을 제기할 위치에 있지 않았다. 새 청각사가 에드윈을 보기 시작한 후, 에드윈은 어음 처리기를 계속 끼기 시작했다. 우리는 다시 에드윈이 진전을 보이는 것을 보았다.

학교와 중복장애 진단

에드윈은 청각구어 센터의 통합 유치원에 입학했고, 매주 치료를 받았으며, 감각 통합을 위한 작업치료를 많이 받았다. 그는 지속적인 진전을 보였다. 센터는 우리가 에드윈의 초등학교를 선택하는 과정도 지원을 해 주었다. 에드윈은 표현 언어가 아주 조금씩 나오기 시작했다. 나는 누나인 안젤리카를 생각해서 다른 학교를 선택했다. 에드윈은 학교에서 특수교육 보조원의 도움을 받았고, 학교를 방문하는 청각구어 임상가의 지원도 받았다.

에드윈이 정규 교육과정에 들어간 후부터는 매주 농교육 교사의 방문 서비스를 지속적으로 받았다. 하지만 어떤 일이 벌어지고, 무엇을 하고 있는지 아는 것은 더욱 어려워졌다. 학교의 다른 관계자들과 함께 하는 부모-교사 면담은 그의 진전에 관해 논의하는 기회가 되었다. 조기중재를 받을 때는 주별 목표와 변화를 보고받았지만, 학교에서는 연례 보고서만 제공되었다.

에드윈이 9세가 되었을 때, 그는 보다 심각한 어려움을 보이기 시작했다. 의사는 '심각한 정신과적 단절'이라고 칭했다. 병원에서는 그가 아마도 아스퍼거 증후군이나 다른 발달적 문제가 있을 거라는 말을 하고는, 우리에게 집으로 가라고 했다. 아무런 지원이 없었다. 나는 심리학자와 정신과 의사가 진행하는 값비싼 평가에 대한 비용을 지불할 용의가 있었지만, 아무도 나에게 평가를 받을 것인지 물어보지도 않았다. 내 아들은 극도로 스트레스 상태에 있었다. 그는 먹지도 않고 자지도 않았다. 그는 환상을 보고 자해 행동을 하기 시작했다. 나는 직장에 출근을 할 수 없었고, 에드윈은 학교에 갈 수가 없었다. 우리 둘 다 집 밖으로 나갈 수가 없었다. 의료진은 내 감정을 확인하지 않았다. 그들은 에드윈을 의료 네트워크에 등록하지 않았다. 나는 진심으로 사람들이 가족을 지원하지 않는다고 느꼈다. 나의 확대가족만이 유일한 지원군이었다.

나의 삶에는 스트레스가 많았다. 나는 전일제 직장을 다녔고, 우리 가족을 위해 경제적 지원이 필요했다. 에드윈의 누나인 안젤리카도 나의 주의를 필요로 했다. 나는 아픈 엄마였지만, 그녀는 양질의 돌봄을 요구했다. 나는 충분히 잠을 잔 적이 없다. 삶의 번잡성과 복잡성이 모든 수준을 초과하여 심각하게 문제가 되는 상황이었다. 새로운 배우자를 만나서 함께 살기 시작하면서, 보다 통제가 가능해졌다. 그는 에드윈과 안젤리카를 진심으로 지지했고, 에드윈을 돕는 데에 지속적으로 참여했으며, 안젤리카와 나를 위해 시간을 만들었다. 그 당시는 각자에게 충분한 시간을 찾는 것이 과제였다.

그러나 중복 진단의 과정을 통해, 나는 청각구어 치료사들과 파트너십을 갖고 있다고 느끼게 되었다. 우리는 훌륭한 청각구어 임상가들을 만났고, 이들과의 관계는 내 아들과 내 가족과의 작업 내내 지속되었다. 청각구어 임상가는 또한 나에게 정말 도움이 되어 주는 확대가족을 지원하고 그들에게 정보를 제공했다.

학교에 입학할 시기가 오자, 나는 많은 부모와 같은 경험을 하게 되었다. 우리 아들에게 최선이라고 내가 생각하는 것과 교육자들이 생각하는 것 사이에서의 조용하지만 치열한 갈등과 같은 것이다. 에드윈이 조기중재를 받을 때, 우리는 처음에 공교육 서비스에 다녔지만, 청각사를 바꾸고 나서 사교육의 비영리 서비스를 받았다. 특정한 서비스가 다른 것보다 절대적으로 나은 것은 아니었다. 끊임 없는 조정과 협상이 있었다. 나는 내가 효과적인 협상자라고 생각하며, 항상 이러한 회의에 준비를 하고 갔다. 나는 교사가 아니었지만 학령기 장애 아동의 학교생활에 대한 전문 워크숍에 참석해서 많은 것을 배웠다. 여러 사람이나 상황과 자꾸 대립해야 하는 것이 사실 곤혹스러우며, 그것이 더구나 자녀에 대한 것일 때는 정서적으로 롤러코스터를 타는 것과 같았다. 나는 여기서 서비스 제공 기관에, 예를 들어 주정부의 교육부에도 뛰어나고 다른 사람의 말을 경청하는 매우 도움이 되는 사람들이 있었다는 것을 밝힌다. 그러나 이것은 종종 특정 개인의 자질로 격하된다.

현재 에드윈은 뛰어난 특수교육 서비스를 제공하는 근처의 고등학교에 다닌다. 그는 그에게 맞게 수정된 교과과정을 따르는 수학, 과학, 영어를 제외하고는 다른 아이들과 같은 과목을 듣는다. 그는 동아리에 가입했고, 학교 캠프에도 참석한다. 에드윈은 아스퍼거 소년 그룹에 합류했고, 이 그룹은 같은 나이의 소년들의 사교 클럽으로, 거기에서 친구를 두 명 사귀었다. 그는 이제 더 이상 학교에서 청각구어 치료를 받지 않는다. 그 이유는 정부가 더 이상 치료비를 지원하지 않으며, 개인이 부담하기에는 너무 비싸기 때문이다. 그에게 책정된 자금은 특수교육과 학교 지원 인력에 사용되었다. 나는 그가 학교 밖에서 그에게 정말 도움이 되는 청각구어 치료를 더 받을 수 있는지 부가적인 도움을 찾고 있다. 에드윈은 유창하게 영어를 말하며 명료하게 말을 한다. 다른 모든 고등학생처럼, 그는 강점과 약점이 있다. 그는 예술에서 재능을 보였는데, 이는 예술가였던 외할아버지의 재능을 이어받은 것 같다.

나의 의사 결정 과정

돌이켜 보면, 나는 개인적인 경험, 연구 결과, 전문가나 다른 부모와의 대화를 바탕으로 의사 결정을 한 것 같다. 내 외할머니가 농인이었어서 나는 듣기가 어려워서 생기는 의사소통의 어려움을 잘 알고 있었다. 외할머니는 나의 인생에서 매우 중요한 사람이었다. 그녀가 나이가 들수록 의사소통이 안 되는 것은 큰 스트레스였다. 나는 에드윈이 진단을 받은 직후, 그가 나와 같은 언어로 말을 하게 해야 한다는 것을 알았다. 나는 에드윈에게 책을 읽어 주고 싶었고, 그가 비 소리, 음악 소리, 새 소리, 할아버지의 농담, 할머니의 목소리를 듣기를 원했다.

의사 결정의 과정 동안, 나는 종종 내가 역량이 부족하다고 느끼며 여러 가지가 혼란스러웠다. 어느 경우에는 지속적으로 전투를 준비하는 사람 같았다. 자기주장이 강한 사람이라면 이런 상황이 괜찮았겠지만 나는 어려웠다. 나는 끊임없이 에드윈을 돕기 위한 방법을 찾는 조정자였다. 지금까지도 나는 내가 옳은 결정을 했는지 잘 모르겠다. 나는 지금도 에드윈, 나, 우리 가족을 도와줄 서비스를 찾고 있다. 때로는 죄책감도 많이 든다.

내가 내린 많은 결정을 돌아보면, 그중에 많은 것은 잘했다는 생각이 안 든다. 나는 우리 아들이 더 잘할 수 있었고, 우리가 지금까지도 계속 되고 있는 이 힘든 여정을 따르지 않을 수도 있었다고 생각한다. 에드윈은 신생아 중환자실에서 청력손실의 진단을 받지 않은 상태로 퇴원해서 집으로 왔다. 그는 '고위험' 아기였지만 청력검사는 전혀 이루어지지 않았다. 나는 이 부분은 어느 정도 병원의 의학적인 태만의 결과라 생각한다.

우리는 많은 좋은 전문가를 만났지만, 또 너무 많은 사람이 내 아들의 삶에 관여했다. 그것은 마치 수천 명의 출연진이 등장하는 것과 같았으며, 그들을 조정하는 것도 나에게는 힘든 일이었다. 또한 기술의 발전도 매우 빨라서, 인공와우나 FM 기기들이 계속 업그레이드되었다. 부모들이 이를 따라가며 이해하기 위해서는 간단한 청각학 수업을 들어야 할 정도다.

임상가와의 관계

어떤 임상가들은 정말 많은 도움을 주었고, 나와 아들은 그분들과 좋은 관계를 발전시켰다. 이런 임상가들을 만나면 나는 이들에게서 서비스를 계속 받고자 했는데, 많은 것을 배울 수 있었기 때문이다. 그들의 경험과 특성을 이해하는 능력은 나를 안심시켰다. 그러나 어떤 임상가들은, 특히 병원에 있는 분들은 때로 거만하고 멸시하는 듯한 태도와 내 아들과 그의 잠재력에 대한 나의 기대에 부정적인 반응을 보였다. 예를 들어, 에드윈이 자폐와 청각장애의 중복 진단을 받기 전에, 의료 임상가는 "당신은 에드윈이 할 수 있는 게 뭐고 할 수 없는 게 뭔지를 생각해야 합니다." 또는 "당신이 했던 것을 살펴보세요. 당신은 그의 요구에 끌려 다니고 있습니다."라고 말했다. 나는 흥분되고 화가 났다. 나는 나의 양육 기술과 나와 아들의 관계가 비판을 받는다고 느꼈고, 동시에 '당신은 우리의 삶이 어떤지 도저히 알 수 없잖아.' 라는 생각을 했다.

때로는 부정을 했다. 이는 내 아들이 처음으로 아스퍼거의 가능성을 진단받은 9세 때의 일이다. 나는 진단이 잘못 되었다고 믿었다. 때로는 단순히 정보를 전달하는 과정에서의 무감각이 나를 화나게 했다. 역시 병원의 임상가들은 대개 무감각했다. 초기에 병원의 임상가들은 나의 감정을 전혀 고려하지 않았다. 나에게는 무거운 의무에 대한 정보와 가능한 진단(농, 아스퍼거 증후군, 자폐, 실행증, 전반발달장애, 난독증, 일반학교에 갈 수 없을 것)에 대한 정보만이 주어졌다. 이러한 정보는 차갑고 냉정하고 매정한 방식으로 전달되었다.

나는 장애가 가족 역동성과, 특히 어머니에게 주는 영향에 대해 잘 아는 가족 상담가가 중복 장애의 진단을 전달하는 과정에 관여해야 한다고 믿는다. 또한 많은 훌륭한 의료와 교육 임상가도 부모를 어떻게 상담하고 전체 가족과 어떻게 공감하는지에 대한 기본적인 훈련을 받아야 한다고 생각한다.

또한 모든 것이 한곳에 모여 있어 한 번에 서비스를 받을 수 있는 곳이 매우 도움이 된다. 청각구어 치료와 청각적인 중재가 함께 제공될 때, 나는 숨 쉴 공간과 치료와 지원이 같이 제공된다는 안도감을 느낄 수 있었다.

나는 한 청각구어 임상가에게 나의 확대가족에게 청각구어 접근법의 과정을 설명해 줄 수 있는지 물어보았고, 그녀는 그렇게 해 주었다. 그것은 매우 도움이 되었다. 청각구어 접근법이 전혀 도움이 되는 것 같지 않았던 조기중재의 초기 시기에 가족들은 나에게 수화를 사용하기를 권했다. 그러나 그들은 청각구어 임상가와 이야기를 나눈 후에 치료를 훨씬 잘 이해하게 되었다.

청각구어 부모들의 희망 목록

진단: 완전한 신생아청각선별검사의 시행과 검사 직후에 가족 상담, 청각 서비스, 가족의 문화를 존중하는 조기중재 서비스가 모두 연결되기를 바란다.

정보: 진단 후, 상담가가 청각장애의 역사와 이러한 서비스에 준 영향을 설명해 줬으면 좋겠다. 기관들은 항상 서로 경쟁하고 다툼이 있는 것처럼 보인다. 서비스를 둘러싼 투명성이 부모의 이해를 증진시킨다. 확대가족에게도 정보를 제공하여, 모든 가족 구성원이 당신의 선택과 청각구어 치료법을 이해할 수 있게 하면 좋겠다.

의학적 지원: 일반 의사, 소아과 의사, 다른 모든 병원의 임상가들은 농의 영향과 전정도수관 확장증 등의 가능성, 중복장애의 가능성을 항상 염두에 두고, 이러한 중복장애는 가족에게 더 많은 정서적 충격을 줄 수 있다는 것에 주의하기 바란다.

정부 지원: 정부 지원 기관에서 청각구어 접근법의 뛰어난 결과를 인정해 주기 바란다.

선택: 서비스 선정, 청각교육, 기타 비의료적 서비스에 대해 선입관이나 편견 없이 선택할 수 있기를 원한다.

다학문적 팀: 나는 의료와 교육 서비스 제공자 간에 보다 원활한 의사소통이 있기를 바란다. 아동과 가족이 가장 흥미 있어 하는 것에 집중하고 아동의 사례 관리자로서 용이하게 서비스에 접근하는 사람이 도움이 된다. 많은 부모는 서비스와 지원을 위해 지나치게 긴 대기 목록과 제한된 재원으로 인한 서비스 이용의 어려움 등과 끊임없이 싸워야 한다. 너무 많은 병원의 임상가가 아동의 발달과 복지에는 관심이나 생각이 없다. 이것은 부모를 매우 의기소침하게 만든다.

지원과 서비스로의 접근: 나는 아동과 가족에게 필요한 모든 지원 치료 서비스, 청각 서비스, 감각통합 치료 등에 접근할 수 있기를 원한다. 구어 의사소통을 선택한 모든 부모가 검증된 청각구어 임상가를 만나는 것이 가능해지기를 원한다. 나는 같은 생각을 가진 부모와 사회적 지원, 같은 생각을 가진 부모와 전문가의 멘토링, 가족 상담, 형제자매 지원이 쉽게 이루어지기를 바란다. 또한 유치원과 초 · 중등학교 과정으로 지원이 전이되기를 원한다.

찾아보기

편저자 소개

Ellen A. Rhoades

국제청각구어협회에서 수여하는 '올해의 청각구어 치료사'와 AG Bell 청각구어학회에서 수여하는 '올해의 전문가' 및 '올해의 프로그램', 난청인 연맹에서 수여하는 '대인 의사소통 부문 Nitchie 상'을 비롯하여 다수의 수상 경력을 지닌 국제적인 컨설턴트이자 강사, 멘토다. 35세 이상 성인을 대상으로 하는 청각구어 치료사로서 4개의 청각구어 프로그램을 만들고 감독하였으며, AG Bell 청각구어학회로부터 청각언어 및 구어 전문가 청각구어 치료사 자격을 부여받았다. 그녀 자신이 선천성 난청으로 인공와우를 이식받았다.

Jill Duncan

농학교 교사로, Richard Kretschmer와 Laura Kretschmer, Roberta Truax에게 수학하였고 Helen Beebe와 함께 근무했으며, 현재는 호주와 미국에서 주요 교육직에 재직하고 있다. 그녀는 농교육 분야의 혁신 및 서비스와 관련하여 다수의 수상 경력을 지니고 있다. AG Bell 청각구어학회로부터 청각언어 및 구어 전문가 청각구어 치료사 자격을 부여받았다.

저자 소개

Rod G. Beattie

심리학과 특수교육으로 학사학위, 교육청각학으로 석사학위를, 특수교육으로 박사학위를 취득함. 2002년부터 호주 시드니에 있는 왕립 농·맹 연구소(Royal Institute for Deaf and Blind Children: RIDBC)의 Renwick Centre에서 대학원 프로그램의 책임자로 재직하고 있음. 이 프로그램은 교사·전문가 교육과정으로 뉴캐슬 대학교와 함께 진행됨. 1985년부터 박사 후 교사 교육과정에 참여하고 있음. 주요 강의 과목은 언어 발달, 교육청각학과 더불어, 청각학과 말, 언어, 보완적 청각 기술의 교육과정임. 현재 그의 주요 연구 주제는 전문적 실제에서 윤리적 차원의 반영임.

Nathalie Duque Bello

왕따 해결을 위한 학생·부모·교육자 연합(Students United with Parents and Educators to Resolve Bullying: SUPERB)의 상임이사이며, 치료적 해결 상담센터(Therapeutic Solutions Counseling Center)를 설립한 임상 책임자임. 그녀의 경력을 보면, 다양한 연령층에 있는 다양한 영역의 환자를 1,000명 넘게 치료하였음. 연구, 결혼 및 가족치료 석사 과정 학생의 교육, 왕따 반대 정책 개진 등을 위해 노바사우스이스턴 대학교의 교수 및 브로워드 지역 공립학교의 교직원들과 긴밀하게 협력함. 현재 노바사우스이스턴 대학교의 결혼과 가족치료 학과에서 박사 과정을 밟고 있으며 동 대학원에서 석사학위를 취득하였음. 플로리다 대학교에서 심리학과 교육학으로 학사학위를 취득하였으며, 최우수 학생으로 졸업함.

Anita Bernstein

1994년부터 캐나다 온타리오에 있는 청각장애 아동을 위한 기구인 VOICE에서 치료와 훈련 프로그램 책임자로 재직 중임. 전문가 청각구어 훈련과 멘토링 및 직접 중재를 제공하는 지방 청각구어 프로그램을 감독하고, 청각구어 치료 멘토링과 훈련을 제공하기 위해 요크 대학교에서 강의함. 이전 경력으로는 몬트리올 구화학교에서 순회교사로 재직하였고, 학령 전 서비스의 코디네이터로 일하면서 부모-영아 프로그램을 개발하였음. 유아특수교사 및 청각구어 치료사 자격이 있으며, Agnes와 Daniel Ling 박사의 지도하에 맥길 대학교의 청각구어재활 과정에서 석사학위를 받음. 국제 청각구어 자격증 위원회(Certification of Council for Auditory Verbal International)의 전 임원이었고, 2000년 AGBell 협회에서 올해의 전문가 상을 받았음.

Anna M. Bortoli

호주 멜버른 대학교의 특수교육과에서 강사로 재직 중임. 이전 경력으로는 국립학교와 사립 특수학교의 교장으로 근무함. 주요 연구 주제는 통합교육, 학생 지지팀과 협력하기, 사회적 관심, 자폐증 및 주의력결핍 과잉행동장애(ADHD)에 관련한 다양한 문제 등임. 현재 왕립아동병원(Royal Children's Hospital)에서 두 개의 다학문 클리닉(ADHD & SFP)과 협력하고 있음. 주로 진단에 의뢰된 아동을 위한 교육 진단을 하고 있음.

Tommie V. Boyd

노바사우스이스턴 대학교의 인문 · 사회과학 대학원에서 가족치료학과 학과장이자 부교수로 재직 중임. 교수 과목은 체계적 사고와 가족치료, 의료적 가족치료 등임. 30여 년간의 임상적 경험과 석사 · 박사 과정 학생들의 훈련 및 감독 경험으로 학생과 환자의 변화와 성장에 관심을 갖고 있음. MFT 영역에서 학습 성과와 능력 평가, 의료적 문제, 노령화 등에 관련된 주제로 발표함.

Patricia Margaret Brown

호주 멜버른 대학교 사범대학의 부교수로 재직 중임. 청각장애인을 위한 교사로 재직하였으며, 청각장애와 특수교육 교사 훈련에 참여함. 조기중재가 주 전공임. 연구 관심은 조기 언어와 의사소통 발달, 부모-아동 상호작용, 사회성 발달, 조기 문해 발달 등임. 호주에서 대규모 연구 프로젝트를 이끌고 있으며, 국제저널인 *Deafness and Education International*의 호주판 편집자임.

Eileen Caldwell

필리핀에서 출생하고 성장하였으며, 현재 하와이의 마우이에서 남편 및 두 자녀와 함께 살고 있음. 고등학교 이후부터는 하와이와 필리핀에서 교육을 받았음. 현재 호텔 업계에서 전일제로 일하고 있음.

Alice Eriks-Brophy

청각구어재활 영역에서 석사학위를 취득하였고, 의사소통장애 영역에서 박사학위를 취득함. 현재 캐나다의 토론토 대학교 언어병리학과 부교수로 재직 중임. 주요 강의 과목은 청각재활, 조음 발달과 장애 등임. 연구 영역은 청각장애 아동의 조기중재에서 부모 참여의 역할 검증과 조기진단 및 청각장애 아동에 대한 구어교육 조기중재 프로그램의 성과에 관련한 것임. 이전 경력으로는 청각장애 학생을 위한 몬트리올 구화학교에서 순회교사로 근무하였으며, 캐나다의 퀘벡 지역에서 초등학교 교사로 근무하였음.

Martha Foster

1973년에 벤터빌트 대학교의 피바디 대학에서 발달과 임상심리학으로 박사학위를 취득함. 발달장애 아동을 위한 중재에 관심을 가지고 체계이론과 가족치료 연구를 하면서 강의와 연구, 임상적 방향을 설정함. 1978년 조지아 주립대학교의 심리학과에 합류했으며, 현재 동 대학교에서 부교수로 재직 중임. 주요 연구 분야는 두뇌 손상 아동을 위한 가족중심 중재와 부부를 위한 시스템 치료임. 대학에서 심리학 클리닉과 치료심리학 졸업 프로그램을 지도함. 현재까지 30년 넘게 가족 및 부부 치료를 실행하고 있음.

Suzanne Midori Hanna

사이버대학교인 앨리지 대학교의 휴먼 서비스 학과에 임상연구자이자 교수로 재직 중임. 주요 관심사는 적절한 서비스를 받지 못하는 집단을 위한 증거기반의 가족치료를 제공하고자 하는 비영리 단체에 대한 컨설팅과 훈련, 평가 등임. 저서로 『가족치료의 활용: 모델들의 주요 요소(*The Practice of Family Therapy: Key Elements Across Models*)』가 있고, 『나이가 드는 가족: 이론, 실제, 현실의 새로운 시각(*The Aging Family: New Visions in Theory, Practice and Reality*)』의 공동 편집자임. 그녀의 중재적 모델은 몸, 마음, 영혼의 교차와 가족치료의 발전적 · 전략적 · 서사적 모델 간의 관계에 많은 관심이 있음. 자신의 통합적 가족치료 모델에 영향을 미친 것이 성별, 인종, 문화, 계급, 출생 순위 그리고 Milton Erickson이라고 함. 일리노이의 결혼과 가정 컨설팅 서비스의 부부치료 분야에서 특별 연수를 받았고, 미국립보건원이 후원하는 프로젝트 팀에서 증거기반 가족치료의 세 가지 모델을 교육받음.

Claire Harris

영국의 세인트 아이브스 콘윌에서 출생하고 그곳에서 유년기를 보냄. 1970년대 이민 프로그램이 진행되던 때에 가족들과 호주로 이민을 감. 애들레이드 대학교에서 사회문화 인류학을 공부했으며, 현재는 다큐멘터리를 제작하고 있음.

Mary D. McGinnis

John Tracy 클리닉에서 교사 교육 감독으로 재직 중임. 샌디에이고 대학교와 John Tracy 클리닉이 공동으로 진행하는 대학원 청각장애 교육 프로그램을 운영함. 1968년부터 공립학교와 사립학교, House Ear Institute, John Tracy 클리닉에서 청각장애 아동들과 가족들을 대상으로 연구를 진행함. 학문적 배경은 영문학 학사, 교육학 석사, 언어학 석사, 언어학 박사이며, 캘리포니아 주의 네 가지 교육 관련 자격증(초등 · 중등 영어교육, 농교육, 행정 서비스)을 갖고 있음. 미국 청각장애교육 위원회와 AG Bell 아카데미에서 청각과 구어 전문가/청각구어 치료사(LSLS Cert AVT)로 인정받음. 『청각기술 교육과정과 구화의 사회적 상호작용에 대한 지침(*Auditory Skills Curriculum, Oralingual Social Interaction Skills Guidelines*)』과 『나와 나의 세계(*Me and My World*)』를 공동 저술함. *Social and Sexual Aspects of Living for the Hearing Impaired*의 편집자이며, NECCI를 공동 설립했고, 『NECCI 교육과정(*The NECCI In-service Curriculum*)』을 저술함.

Robyn Phillips

1987년 둘째 아들 Alexander가 심한 청각장애로 진단받기 이전까지 간호사와 중학교 교사로 근무하였음. 이후 청각장애 전공으로 교육학 학사를 받고, 농교육으로 교육학 석사를 취득함. 2000년에 LSLS Cert. AVT가 되었고, 현재 호주 남부의 애들레이드에 있는 Cora Barclay 센터의 프로그램 운영자로 재직하고 있음. 이 프로그램에서는 1세부터 19세까지의 청각장애 아동 및 학생 170명을 지원하고 있음.

Anne Hearon Rambo

가족치료사로 30년 이상 활동 중임. 노바사우스이스턴 대학교에서 대학원생들을 대상으로 20년 넘게 가족치료에 대해 강의함. 『치료 실제(*Practicing Therapy*)』와 『나는 우리 아이가 더 잘한다는 것을 안다: 교육 정책에 실망한 부모를 위한 지침(*I know my child can do better: A frustrated parent's guide to educational options*)』을 포함해서 다양한 학술지와 논문을 저술함. 현재 브로워드 자치주의 공립학교에서 인턴을 관리하고 있고, 학교와 관련된 가족치료 사례들을 발표하고 있음. 공립학교의 이민 가정 아동과 저소득 가정 아동을 대상으로 한 연구로 2002년 플로리다 결혼과 가족치료 협회가 수여한 다양성 기여상을 수상한 바 있음. 대학 행정가인 Irving Rosenbaum과 결혼했으며, 툴레인 대학교에서 정치학을 전공하고 있는 Rachel Rambo의 자랑스러운 어머니임.

Sabine Werne

소울메이트인 Dietrich와 결혼함. 독일 쾰른 출신으로 특수교육 학위를 취득하였으며, 현재 네 자녀 Alex, Christian, Florian과 Tobias를 키우는 전업주부로 가족 구성원 모두 독일어와 영어를 사용함.

Liz Worley

학력은 간호학 학사, 교육학 석사, 상담학 준석사, 결혼과 가정 상담 준석사 과정을 수료함. 호주 남부의 Cora Barclay 센터의 가정상담가이자 관계치료사로 재직 중임. 애착이론을 상담에 통합한 생물심리학적 접근을 활용함. 교외 지역에서 간호사로 활동한 적이 있으며, 지역사회 건강관리, 건강관리 평가와 상담, 상담 학생 지도, 연구, 학부모와 아동들과의 조기중재 교육 관련 분야에서 활동한 바 있음. 건강관리, 관계, 조기중재 연구에 대한 관심은 Jessica, Michael, Sarah와 Alex라는 네 자녀를 둔 어머니이자 아내로서의 열정, 호기심, 책임감과 관련됨. 가족은 사랑, 인내, 안식처의 참된 의미를 알려 준 가장 훌륭한 선생님이라고 생각함. 개인적으로 감각장애를 위한 조기중재 과정에서 아이와 함께하는 부모의 역할을 경험하였음. 호주 시골 마을 출생이지만 주로 미국에서 생활하고 공부하였으며 세계 여행을 좋아함. 평생학습을 실천하는 학생임.

역자 소개

■ **윤미선**(Yoon, Misun)

이화여자대학교 대학원 석사(언어병리 전공)

이화여자대학교 대학원 박사(청각장애언어재활 전공)

전 한국언어치료전문가협회 부이사장

전국 언어치료학과협의회 회장

현 한국언어청각임상학회 부회장

나사렛언어청각센터장

나사렛대학교 재활과학대학 언어치료학과 교수

〈저서 및 역서〉

청각장애 아동의 부모를 위한 지침서(저, 군자출판사, 2007)

와우이식 청각장애인을 위한 듣기 연습(저, 군자출판사, 2011)

의사소통장애의 진단과 평가(공저, 학지사, 2012)

21세기의 농교육(공역, 시그마프레스, 2014)

말지각검사의 실제(공저, 학지사, 2015)

■ **장선아**(Chang, Son-A)

이화여자대학교 대학원 석사(특수교육 전공)

연세대학교 언어병리학협동과정 대학원 박사(청각장애언어재활 전공)

University of Iowa, Hospitals and Clinics, Department of Otorhinolaryngology, Cochlear implant, Research audiologist

전 언어재활사협회 총무

현 전국 언어치료학과협의회 총무

한국언어청각임상학회 상임이사

우송대학교 언어치료 · 청각재활학부 교수

〈저서 및 역서〉

Hearing Loss in Musicians: prevention and management (공저, Plural Publishing, 2009)

아동의 조음음운장애 치료(공역, 박학사, 2011)

언어치료인과 청각학도를 위한 청각학 개론(공역, 시그마프레스, 2015)

말지각검사의 실제(공저, 학지사, 2015)

■ **박현옥**(Park, Hyun-Ok)

이화여자대학교 대학원 석사(특수교육 전공)

이화여자대학교 대학원 박사(유아특수교육 전공)

전 이화여자대학교 발달장애아동센터 연구원

현 한국자폐학회 회장

한국유아특수교육학회 부회장

백석대학교 유아특수교육과 교수

〈저서 및 역서〉

자폐아동을 위한 마음이해 향상 프로그램(저, 학지사, 2011)

아스퍼거 패밀리가 사는 법(공역, 한울림, 2013)

SCERTS 모델: 자폐범주성 장애 아동을 위한 종합적 교육 접근(공역, 학지사, 2014)

■ **이미숙**(Lee, Misook)

한림대학교 사회복지대학원 석사(청각학 전공)

한림대학교 대학원 박사(언어청각학 전공)

전 우송대학교 언어치료 · 청각재활학부 교수

가야대학교 언어치료 청각학과 교수

현 지음청각언어연구소 소장

청능사자격검정원 이사

한국청각언어재활학회 교육이사

〈저서〉

국가직무능력표준(NCS, National Competency Standards)–표준 및 활용 패키지(공저, 2013, 한국산업인력공단)

청각장애 아동을 위한 청각구어 중재의 실제
-가족중심 접근-
Auditory-Verbal Practice: Toward a Family-centered Approach

2016년 2월 15일 1판 1쇄 인쇄
2016년 2월 25일 1판 1쇄 발행

엮은이 • Ellen A. Rhoades · Jill Duncan
옮긴이 • 윤미선 · 장선아 · 박현옥 · 이미숙
펴낸이 • 김진환
펴낸곳 • (주) 학지사
04031 서울특별시 마포구 양화로 15길 20 마인드월드빌딩
대표전화 • 02-330-5114 팩스 • 02-324-2345
등록번호 • 제313-2006-000265호

홈페이지 • http://www.hakjisa.co.kr
페이스북 • https://www.facebook.com/hakjisa

ISBN 978-89-997-0848-0 93370
정가 20,000원

이 도서의 국립중앙도서관 출판시도서목록(CIP)은 서지정보유통지원시스템 홈페이지(http://seoji.nl.go.kr)와 국가자료공동목록시스템(http://www.nl.go.kr/kolisnet)에서 이용하실 수 있습니다.
(CIP 제어번호: CIP2015031641)